Apache + PHP7 + MySQL

PHP EXPRESS

신윤환 지음

생능출판

지은이 **신윤환**

「Big Data 환경에서 Needle Points 선정을 위한 생체 데이터의 패턴 분석」으로 이학박사 학위를 취득하였고 중소벤처기업부 정보화융합기술 전문위원과 중소기업기술정보진흥원, 정보통신기획평가원, 기상청, 한국콘텐츠진흥원에서 연구개발지원사업 평가위원으로 활동하고 있습니다. 주요저서로는 《Linux & Unix 정복하기》, 《프로그램 개발을 위한 첫 걸음 C Programming 정복하기》, 《Apache+PHP+MySQL로 웹 데이터베이스를 구축하는 PHP Programming 정복하기》, 《CentOS7으로 쉽게 터득하는 Linux 시스템 구축 실무 테크닉》, 《XAMPP에서 쉽게 연출하는 PHP7 웹 프로그래밍 실무 테크닉》, 《소프트웨어 창의력 향상을 위한 Python3 START-UP》 등이 있습니다.

Apache + PHP7 + MySQL

PHP EXPRESS

초판인쇄 2020년 1월 3일
초판발행 2020년 1월 15일

지은이 신윤환
펴낸이 김승기
펴낸곳 (주)생능출판사 / **주소** 경기도 파주시 광인사길 143
출판사 등록일 2005년 1월 21일 / **신고번호** 제406-2005-000002호
대표전화 (031)955-0761 / **팩스** (031)955-0768
홈페이지 www.booksr.co.kr

책임편집 권소정 / **편집** 신성민, 김민보, 유제훈 / **디자인** 유준범
마케팅 최복락, 김민수, 심수경, 차종필, 백수정, 최태웅, 명하나, 김범용, 김민정
인쇄 · 제본 (주)상지사P&B

ISBN 978-89-7050-996-9 93000
정가 31,000원

- 이 도서의 국립중앙도서관 출판예정도서목록(CIP)은 서지정보유통지원시스템 홈페이지(http://seoji.nl.go.kr)와 국가자료공동목록시스템(http://www.nl.go.kr/kolisnet)에서 이용하실 수 있습니다. (CIP제어번호: 2019049219)

이 책을 펼치는 순간부터 PHP 전문가가 될 수 있습니다!

※ 손쉬운 환경 구축 + 간결한 콘텐츠

초보자도 쉽게 PHP 환경을 구축할 수 있습니다.
상세한 설명과 콘텐츠의 명확한 동작 원리의 쉬운 이해로 학습 의욕을 높여줍니다.

※ 핵심 원리 → 풍부한 예제와 연습 문제 → 프로젝트로 이어지는 학습체계

기본 핵심 원리의 충분한 이해를 도와주는 예제와
본문에서 배운 내용을 함축해 놓은 핵심요약 및 연습 문제,
실무에서 바로 응용할 수 있는 실전 프로젝트를 단계별로 구성하여
기승전결의 학습 완성도를 높였습니다.

※ 배움의 기쁨을 만끽할 수 있는 IT 교과서

예제의 소스 코드에 대한 자세한 설명을 담았습니다.
학습자가 필요한 공부가 될 수 있도록 방법을 제시합니다.

머리말

XAMPP 패키지의 등장으로 Apache, PHP, MariaDB를 간단하게 설치하여 실습환경을 쉽고 편리하게 구축할 수 있게 되어 잠시 침체기에 접어들었던 PHP 웹 프로그래밍이 다시금 많은 사랑과 관심을 받게 되었습니다.

이 책은 프로그램을 전혀 할 줄 모르는 프로그래밍 입문자도 쉽게 배울 수 있도록 PHP 프로그래밍 환경 구축부터 기본적인 문법과 실전 프로그래밍에 이르기까지 자세한 설명으로 배움의 재미와 실력 향상의 긍지를 느낄 수 있도록 크게 5개의 단원으로 구분하여 집필하였습니다.

Part 01 | PHP 환경 구축과 프로그래밍 입문
Part 02 | PHP 프로그램 모듈화
Part 03 | DBMS 관리와 SQL 명령어
Part 04 | PHP 연동과 세션
Part 05 | 실력 향상을 위한 실전 PHP 프로젝트

첫 번째 단원에서는 PHP 프로그래밍 환경 구축과 PHP 프로그래밍 파일작성, 기본 문법 및 연산자의 종류에 대해 다루었고 두 번째 단원에서는 조건과 상황에 맞는 프로그램과 배열 및 함수에 대해 다루었습니다. 세 번째 단원에서는 DBMS 관리와 SQL 명령어에 대해 다루었으며 네 번째 단원에서는 DBMS와 PHP 연동, FORM 태그와 PHP 연동, PHP 파일 시스템, 쿠키와 세션에 대해 다루었습니다. 마지막 단원에서는 실력 향상을 위한 실전 PHP 프로젝트에 대해 관리자 모드와 사용자 모드로 구분하여 다루었습니다.

각 단원에 들어서면 장별로 꼭 알아두어야 할 사항들을 핵심요약으로 함축하였으며 배운 내용을 스스로 풀어볼 수 있도록 예제 프로그램을 제시하여 배운 지식을 프로그램으로 승화할 수 있도록 자신감을 심어 놓았습니다. 이 책을 선택하신 모든 독자분이 즐겁고 재미있게 공부하여 PHP 프로그래밍의 실력을 탄탄하게 다지기를 바랍니다.

이 책이 완성되기까지 많은 정성을 기울여 좋은 책으로 탄생하기 위해 노력해 주신 생능출판사 임직원 여러분과 편집부 권소정님께 감사를 드립니다. 그리고 좋은 강의와 학업 증진을 위해 많은 조언과 격려를 아낌없이 베풀어 주시는 주위의 교수님들께도 깊은 감사의 말씀을 드립니다.

항상 진지한 열의와 젊음의 패기를 가지고 열심히 들어주는 학생들에게도 감사와 희망의 기쁨으로 가득 찬 내일의 시간을 전하고 싶습니다. 그리고 이 책이 완성되기까지 깊은 사랑으로 믿고 의지하며 물심양면으로 보필해 준 아내 김경미에게 기쁜 마음과 희망찬 미래를 가득 담은 내일을 고이 접어 드립니다.

당당함을 잃지 않는 당신이 바로 주인공입니다.
지은이 신윤환

이 책의 구성

환경 구축

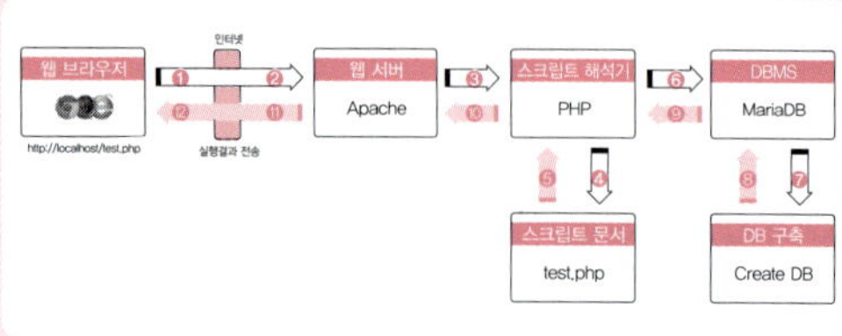

웹 언어와 HTML의 차이점을 살펴보고 웹 서버와 클라이언트를 동작하기 위한 원리를 이해하며 PHP 프로그래밍 환경 구축을 위해 관련 패키지 다운로드 및 설치에 대해 쉽게 전개하였습니다.

제어문과 함수

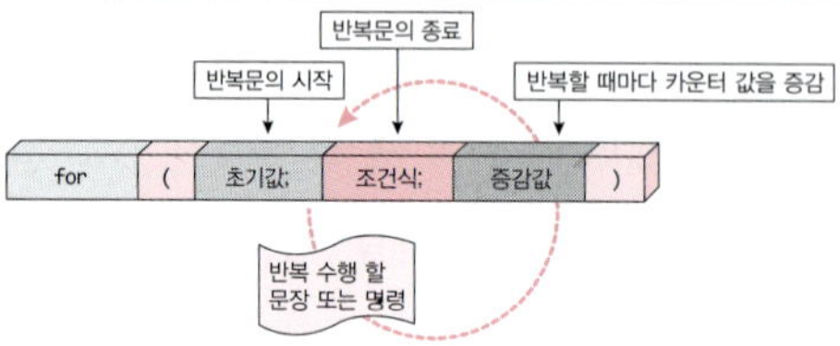

PHP 프로그램에서 사용되는 연산자와 조건 및 상황에 맞는 프로그램을 배우기 위해 조건문, 반복문, 분기문 등을 쉽게 이해할 수 있도록 전개하였으며 프로그램의 모듈화에 대해 상세히 기술하였습니다.

DBMS

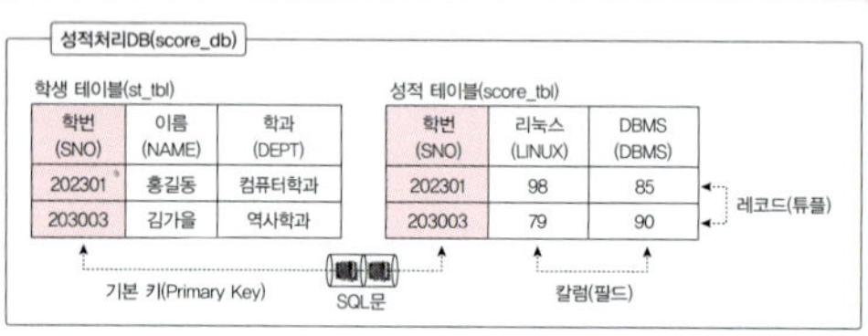

응용 프로그램과 데이터의 중재자 역할에 대해 살펴보고 DBMS의 특징과 MariaDB 접속 및 종료 방법과 SQL 쿼리문 사용 방법에 대해 쉽게 설명하였습니다.

APM 연동

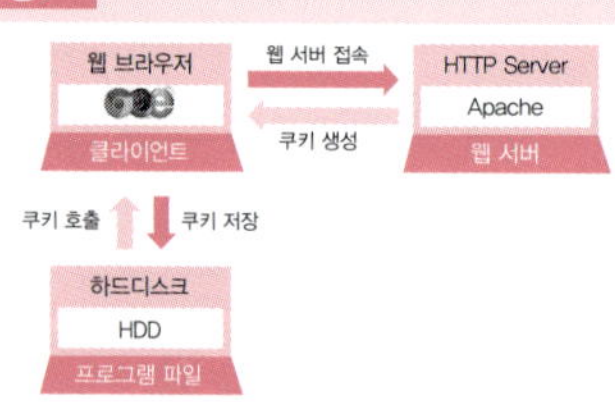

PHP 프로젝트를 위한 Apache 웹 서버, PHP, MariaDB로 구성된 APM 연동 방법을 초보자도 쉽게 따라 할 수 있도록 체계적으로 설명하였습니다.

실전 예제

| 예제 5-1 |

• **Step 01** | 배열을 사용하여 선언한 5개 과목에 대해 for문으로 반복 수행을 거쳐 총점을 산출한 다음 평균을 산출하는 프로그램을 다음과 같이 작성합니다.

ex5-1.php

```
<?php

   echo "<B> ♣ 배열을 사용한 5개 과목의 총점과 평균 산출  </B><br>";
   echo "------------------------------------------------ <br>";
```

PHP 프로젝트 실습을 위한 코드와 프로그램 문법에 대해 쉽게 이해할 수 있도록 실전 예제를 충분히 다루었습니다.

소스 설명

/ 소스 설명 /

• MySQL 서버와 DB 접속

7행은 MySQL 서버에 접속하기 위한 명령이고 8행은 apm_db에 접속하기 위한 명령입니다. die( ) 함수는 에러 메시지를 출력하고 프로그램 실행을 종료하는 함수입니다.

• 날짜의 형식 지정

10행부터 12행은 '년-월-일'의 형식으로 날짜의 형식을 지정하고 변수 $dat에 저장합니다.

PHP 프로그램 실력 향상을 위해 소스 코드에 대한 자세한 설명으로 실전 PHP 프로젝트를 완벽하게 구현할 수 있도록 기술하였습니다.

핵심 요약

01 쿠키는 사용자가 웹서버에 접속하여 로그인 하였을 때 접속과 관련된 어떠한 정보를 클라이언트 컴퓨터에 저장해 놓은 것을 의미하며 쿠키를 갖고 있는지를 구분하여 회원인지 아닌지를 판별합니다.

02 쿠키는 기억할 수 있는 총 용량이 4KB를 넘을 수 없기 때문에 많은 정보를 기억해야 하는 경우에는 쿠키를 사용하지 않고 데이터베이스를 사용합니다. 데이터베이스를 사용하면 상태를 확인하기 위해 매번 데이터베이스에 접속하여 그 정보를 가지고 와야 합니다. 쿠키와 데이터베이스를 이용하는 두 가지 방법은 나름대로 장단점을 가지고 있으며 두 가지 방법을 함께 사용하기도 합니다.

각 장별로 중요한 내용을 핵심요약으로 정리하여 다시 한번 기억할 수 있도록 기술하였습니다.

연습 문제

※ 반환(return) 값과 인자 세 개를 갖는 함수

덧셈 연산을 하는 hap($a, $b, $c)함수 호출
▶ 연산결과 : 8 + 6 + 5 = (19)

뺄셈 연산을 하는 cha($a, $b, $c)함수 호출
▶ 연산결과 : 100 - 10 - 5 = (85)

곱셈 연산을 하는 gob($a, $b, $c)함수 호출
▶ 연산결과 : 8 * 8 * 8 = (512)

나눗셈 연산을 하는 nanu($a, $b, $c)함수 호출
▶ 연산결과 : 80 ÷ 5 ÷ 3 = (5.33333333333)

각 단원에서 반드시 알아두어야 할 내용에 대해 혼자 해보기 위한 실습문제를 제시하여 실력을 피드백할 수 있도록 구성하였습니다.

차례

PART 01

PHP 환경 구축과 프로그래밍 입문

CHAPTER 01
PHP 프로그래밍 환경 구축

Section 01 웹 언어 종류와 구동 방식

Section 02 PHP 프로그래밍 환경 구축

Section 03 웹 서버 구동과 DB 접속

핵심요약

연습문제

학습목표

- 웹 언어의 종류와 구동 방식에 대해 이해할 수 있습니다.
- PHP 기반 서버와 클라이언트 동작 원리를 이해할 수 있습니다.
- Windows 운영체제에서 XAMPP 환경을 구축할 수 있습니다.
- PHP 개발 에디터를 설치하고 사용할 수 있습니다.

SECTION 01

웹 언어 종류와 구동 방식

1 웹 언어 종류

가장 많이 사용되고 있는 웹 언어는 PHP, JSP, ASP의 세 가지 웹 프로그래밍 언어입니다. PHP, JSP, ASP의 특징에 대해 간단하게 살펴보도록 하겠습니다.

PHP

PHP^Hypertext Preprocessor^는 많은 함수를 기본적으로 제공하고 있으므로 배우기가 쉽고 응용하기가 편리합니다. PHP는 운영체제가 윈도우뿐만 아니라 리눅스, 유닉스 계열에서도 사용할 수 있기 때문에 PHP로 작성된 프로그램은 웹 서버의 운영체제가 바뀌더라도 소스를 거의 수정하지 않고 그대로 사용할 수 있습니다. 그리고 PHP와 가장 연동이 잘 맞는 데이터베이스는 MySQL^MariaDB^이며 그 외 Oracle, Informix 등 다양한 데이터베이스를 지원하고 있습니다.

JSP

JSP^Java Server Pages^는 Java를 기반으로 웹 환경에 사용할 수 있도록 개발된 웹 언어로 주로 보안성을 우선으로 하는 은행이나 대형 쇼핑몰, 대기업 등에서 많이 사용되고 있습니다. Java는 운영체제에 의존하지 않는 독립된 플랫폼을 가지고 있어 JSP로 완성된 웹 프로그램에 대해서는 운영체제가 바뀌더라도 다시 개발해야 하는 불편함은 없지만 객체지향을 주축으로 운영되기 때문에 Java에 대한 사전 지식이 없으면 프로그래밍하기가 어렵다는 단점이 있습니다.

ASP

ASP(Active Server Pages)는 Windows 운영체제에서 많이 사용되고 있으며 Windows 2000 이후 운영체제에서는 IIS(Internet Information Server)를 사용하여 웹 서버를 설정한 다음 MS-SQL을 연동하여 웹 프로그래밍을 완성합니다. 윈도우 운영체제에 익숙한 사용자들은 선호하지만 리눅스나 유닉스 운영체제에서는 사용하지 못하는 아쉬움이 있습니다.

이와 같이 살펴본 바와 같이 ASP는 운영체제의 제한된 윈도우 환경에서만 구축할 수 있고 JSP는 Java의 객체지향에 대한 충분한 이해와 응용이 필요한 반면 PHP는 누구든지 손쉽게 배울 수 있다는 장점이 있습니다.

2 웹 언어 구동 방식

HTML은 클라이언트 측에서 실행되고 결과화면을 나타내지만 PHP는 웹 서버가 반드시 구축되어 있어야만 결과 화면을 볼 수가 있습니다. 그 이유는 서버 측에서 명령을 해석하고 클라이언트 측(웹 브라우저)에 수행된 결과를 보내주는 과정이기 때문입니다.

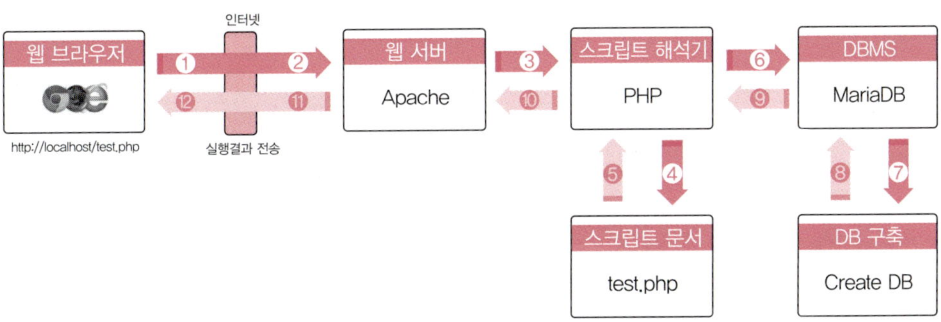

[그림 1-1] 웹 서버와 클라이언트 동작 원리

① 웹 브라우저에서 http://localhost 또는 http://127.0.0.1을 입력합니다.

② 이미 저장되어 있는 웹 문서 test.php가 있다면 Apache 웹 서버에게 요청합니다.
(http://localhost/test.php)

③ Apache는 PHP에게 저장되어 있는 test.php 파일에 대해 전송을 요청합니다.

④ PHP는 저장되어 있는 test.php 파일을 찾습니다.

⑨ 찾은 test.php 파일을 클라이언트가 볼 수 있도록 해석합니다.

⑩ PHP는 해석된 test.php 파일을 Apache 웹 서버에게 전송합니다.

⑪ Apache는 해석된 파일을 http://localhost/test.php로 클라이언트에게 전송합니다.

⑫ 클라이언트는 웹브라우저를 통해 test.php 파일의 결과화면을 봅니다.

SECTION

02 PHP 프로그래밍 환경 구축

1 APM 패키지의 구성요소

PHP를 이용하여 웹 문서를 작성하려면 우선적으로 웹 서버 Apache와 PHP, MySQL^MariaDB 프로그램을 설치해야 합니다. 우리가 많이 사용해 왔고 익숙하게 들어봤던 MySQL은 ORALE사에 인수되었으며 ORALE사의 라이선스 정책에 포함되었기 때문에 이를 동조하지 않는 주요 핵심 개발자들이 별도로 데이터베이스 도구를 개발했는데 이것이 바로 MariaDB입니다.

APM 패키지 구성요소 중에서 MariaDB를 사용해야 하는 가장 큰 이유는 언제 유료화될지 모른다는 시대적 배경과 오픈 소스의 관계형 데이터베이스 관리시스템^RDBMS이기 때문입니다. 우리는 실습을 위해 Windows 운영체제에서 Apache, PHP, MySQL^MariaDB을 따로 설치하는 불편함을 덜고 가장 대중적인 PHP 개발환경을 제공하는 XAMPP 패키지를 설치하여 실습하도록 하겠습니다.

XAMPP는 Apache, PHP 7, MariaDB 패키지 형태로 제공하고 있으며 윈도우, 리눅스, Mac OS 운영체제 환경에서 설치할 수 있도록 무료로 제공되고 있습니다. 오픈 소스인 XAMPP 패키지는 설치와 사용방법이 매우 간단하고 쉬우므로 PHP를 배우고자 하는 사람이라면 누구라도 손쉽게 APM 패키지 환경을 설정하여 사용할 수 있습니다.

≪ XAMPP 패키지의 구성요소 ≫
- Apache
- MariaDB
- PHP 7
- Perl

2 XAMPP 오픈 소스 패키지 다운로드

여기서는 XAMPP 패키지 다운로드 사이트에 접속하여 최신 버전을 다운로드합니다. 필자는 집필 당시 최신 버전인 Windows 운영체제 기반 XAMPP v7.3.11 버전을 다운로드하였습니다. 독자분들은 최신 버전을 다운로드하여 설치하기 바랍니다.

| 예제 1-1 |

- **Step 01** | 웹브라우저 화면에서 https://www.apachefriends.org/index.html 사이트에 접속하여 [XAMPP for Windows] 버전을 클릭합니다.

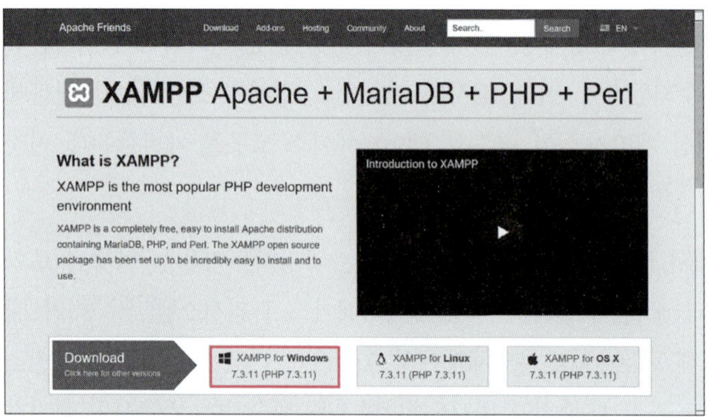

[그림 1-2] XAMPP 패키지 다운로드 사이트

- **Step 02** | 선택한 XAMPP 패키지를 실행합니다.

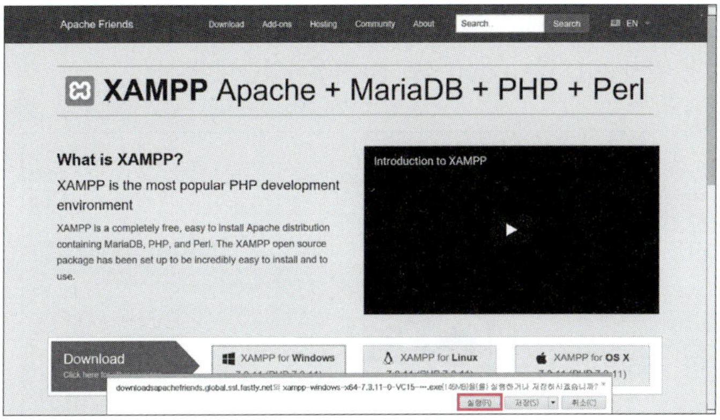

[그림 1-3] XAMPP 패키지 실행

3 XAMPP 패키지 설치

XAMPP 패키지 설치과정을 단계별로 차근차근 설치하면 됩니다.

| 예제 1-2 |

- **Step 01** | XAMPP 오픈 소스 패키지 설치 초기화면에서 〈Next〉를 누른 다음 설치할 소프트웨어 목록에서 〈Next〉를 누릅니다.

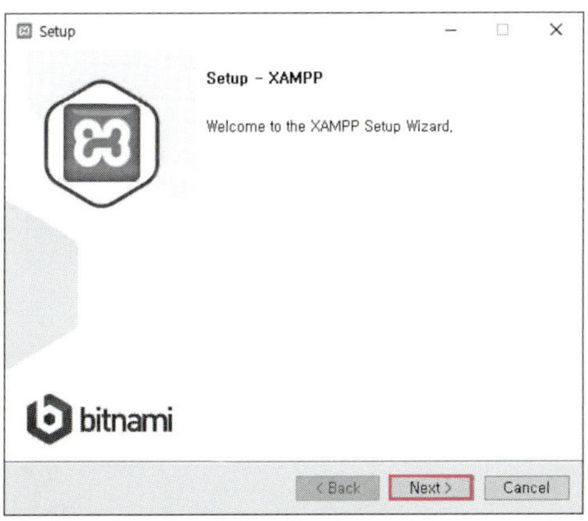

[그림 1-4] XAMPP 패키지 설치 초기화면

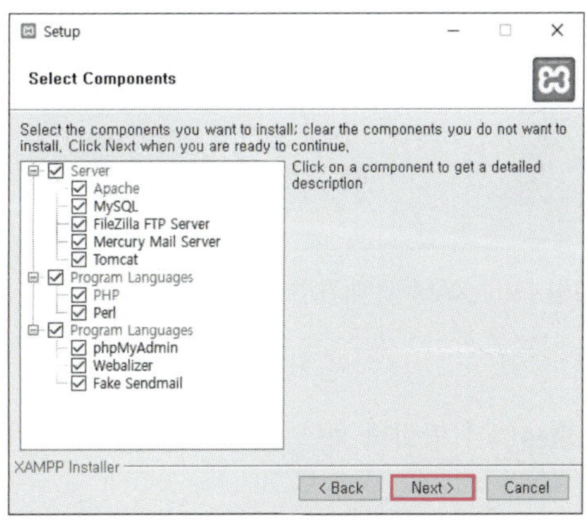

[그림 1-5] 설치할 소프트웨어 목록

• **Step 02** | XAMPP를 설치할 경로를 지정하고 제공하는 어플리케이션 사이트 안내를 살펴본 다음 〈Next〉를 누릅니다. 필자는 D:₩xampp 경로를 지정하였습니다.

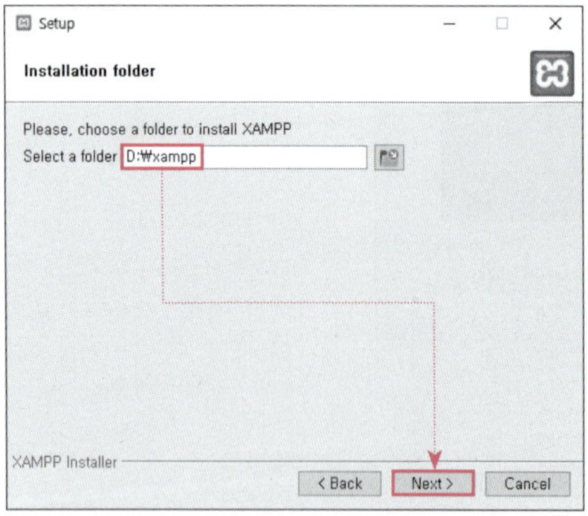

[그림 1-6] XAMPP 패키지 설치경로 지정

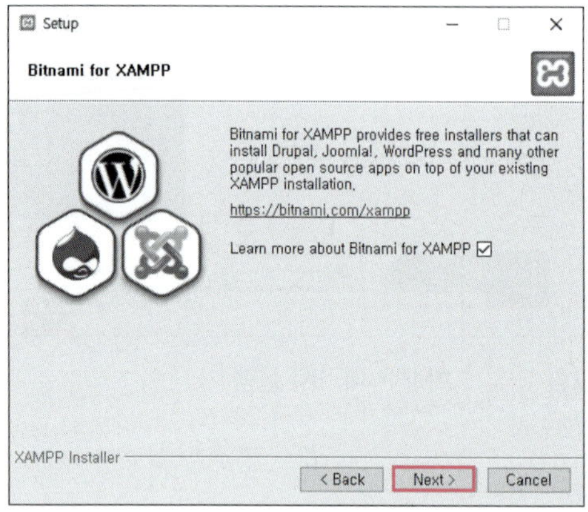

[그림 1-7] 제공하는 어플리케이션 사이트 안내

• **Step 03** | XAMPP 패키지 설치가 시작되면 잠시 기다립니다.

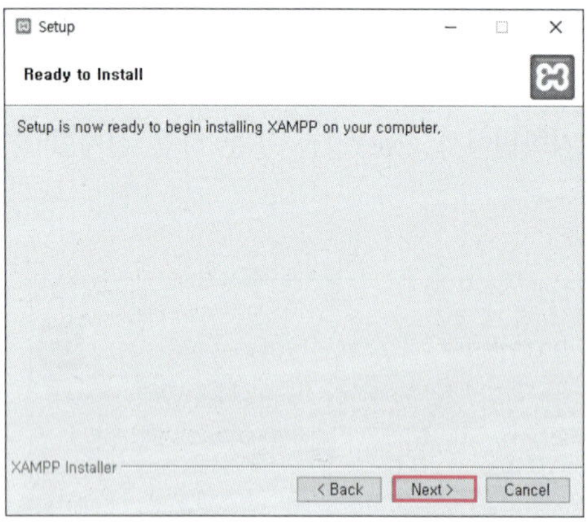

[그림 1-8] XAMPP 패키지 설치 시작

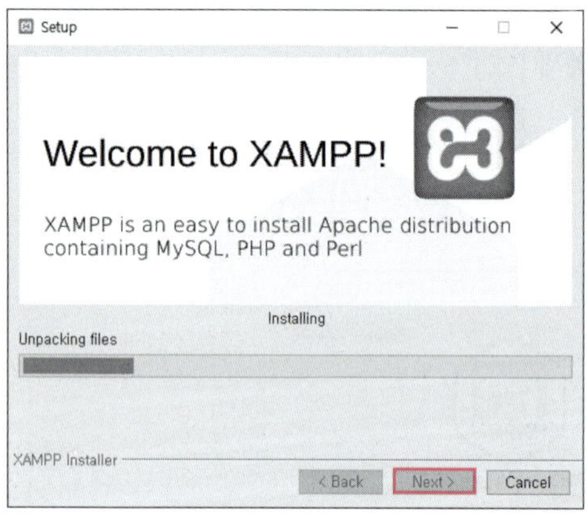

[그림 1-9] XAMPP 패키지 설치 중

• **Step 04** | 방화벽 보안 경고 화면이 나타나면 〈액세스 허용〉을 누릅니다.

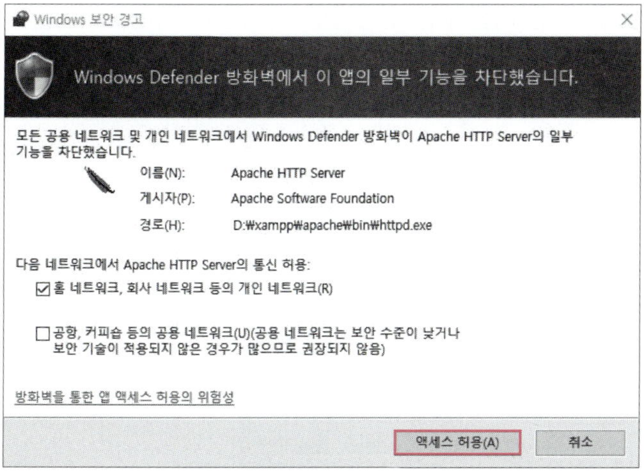

[그림 1-10] Windows 방화벽 보안 경고

- **Step 05** | 〈Finish〉 버튼을 눌러 언어를 선택하고 〈Save〉를 클릭하면 XAMPP 패키지 설치가 모두 완료됩니다.

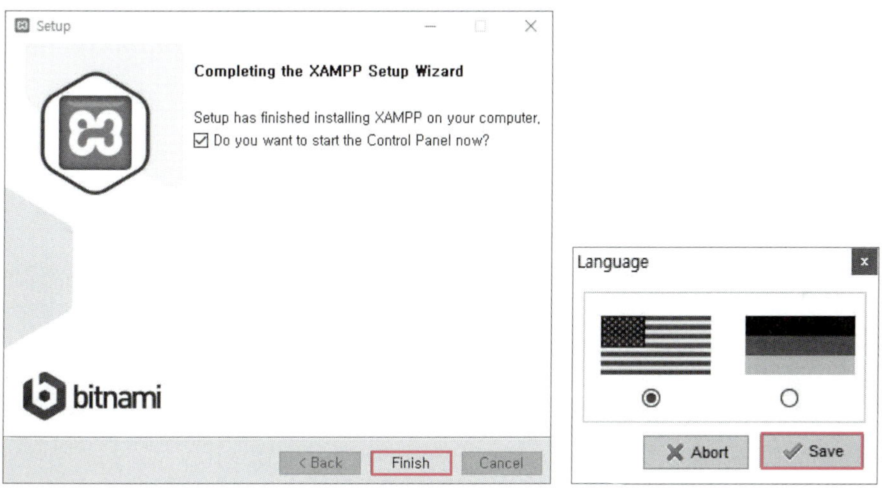

[그림 1-11] XAMPP 패키지에서 사용할 언어 선택

4 XAMPP에서 사용할 모듈 선택

XAMPP 컨트롤 패널이 자동으로 나타나면 사용하고자 하는 Apache와

MySQL[MariaDB] 모듈을 선택합니다. 컨트롤 패널 실행파일은 D:₩xampp₩xampp-control.exe 경로에 있습니다.

| 예제 1-3 |

• **Step 01** | 컨트롤 패널에서 Apache와 MySQL 모듈을 선택하여 각각 〈Start〉를 누릅니다.

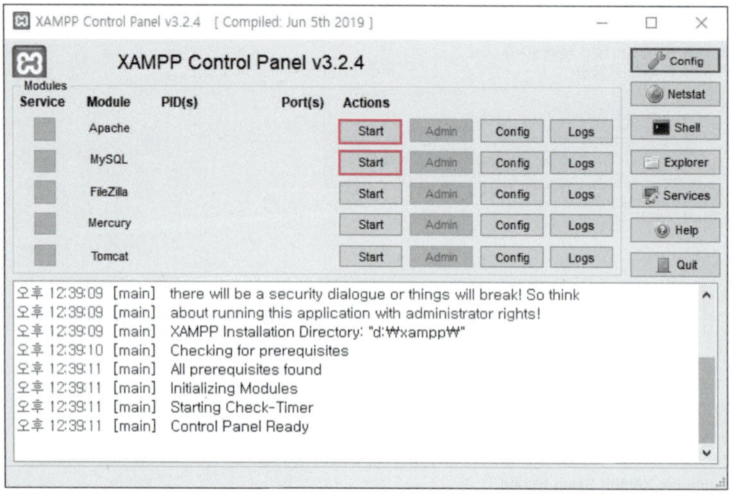

[그림 1-12] XAMPP 컨트롤 패널에서 Apache와 MySQL 구동

• **Step 02** | Apache와 MySQL이 구동되면서 해당 포트 번호를 화면에 보여줍니다.

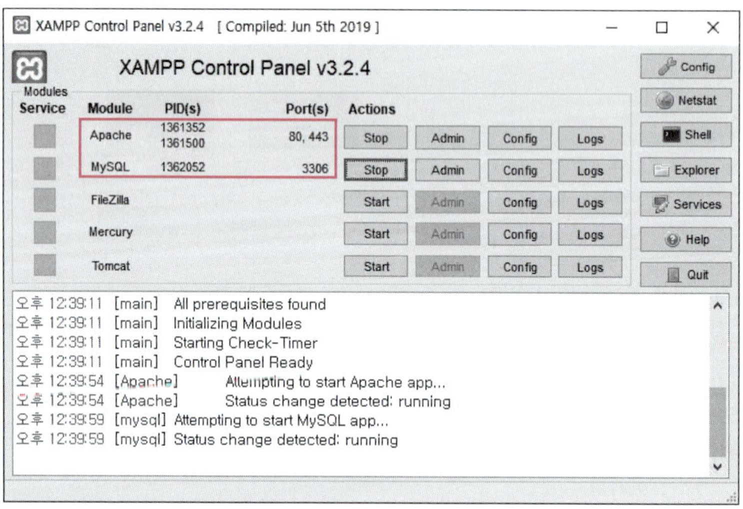

[그림 1-13] Apache와 MySQL 모듈 서비스 시작

SECTION

03 웹 서버 구동과 DB 접속

1 Apache 웹 서버 구동 확인

선택한 Apache 모듈이 정상적으로 구동되고 있는지를 다음 예제를 통해 웹 브라우저에서 확인하도록 하겠습니다.

| 예제 1-4 |

- **Step 01** | 주소창에 http://localhost 또는 http://127.0.0.1과 같이 입력하여 Apache 웹 서버가 정상적으로 동작하는지를 확인합니다.

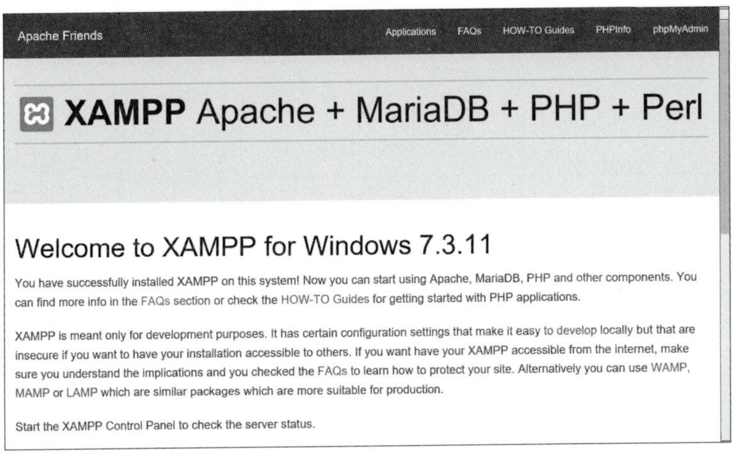

[그림 1-14] 로컬호스트 접속 성공

- **Step 02** | 만약 XAMPP 컨트롤 패널에서 Apache 웹 서버 모듈을 가동하지 않았거나 패키지가 제대로 설치되지 않았을 경우 다음 그림과 같은 화면이 출력됩니다.

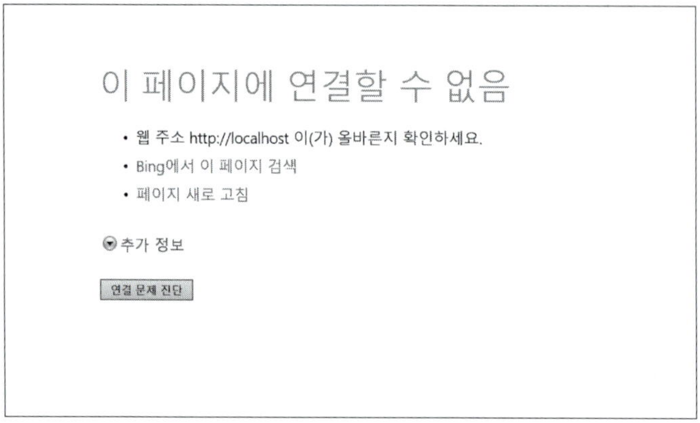

[그림 1-15] Apache 웹 서버가 구동되지 않을 경우

2 MySQL 접속 및 종료

여기서는 MySQL^{MariaDB} 모듈이 정상적으로 구동되고 있는지를 살펴보고 MySQL에 접속하고 종료하는 과정을 실습하도록 하겠습니다.

| 예제 1-5 |

- **Step 01** | 컨트롤 패널 오른쪽의 [Shell]을 누릅니다.

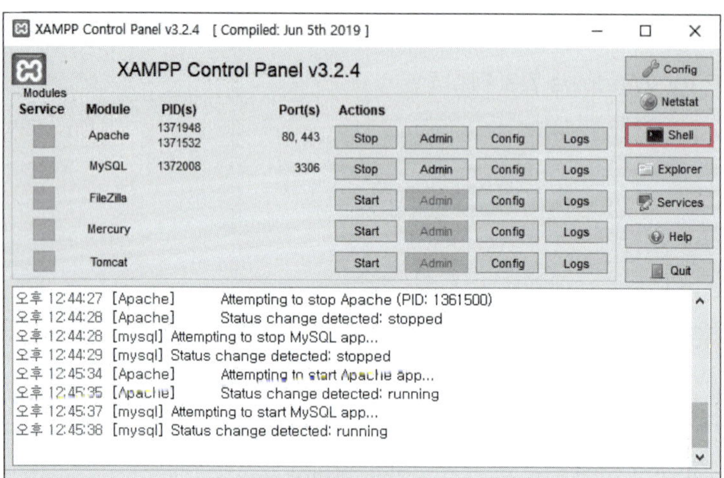

[그림 1-16] 컨트롤 패널에서 [Shell] 실행

• **Step 02** | 명령 창에서 mysql -uroot 명령을 다음과 같이 입력하여 MySQL^MariaDB에 접속을 시도합니다.

```
# mysql -uroot
```

```
XAMPP for Windows - mysql -uroot

Setting environment for using XAMPP for Windows.
cskis@CSKISA-PC d:\xampp
# mysql -uroot
Welcome to the MariaDB monitor.  Commands end with ; or \g.
Your MariaDB connection id is 8
Server version: 10.4.8-MariaDB mariadb.org binary distribution

Copyright (c) 2000, 2018, Oracle, MariaDB Corporation Ab and others.

Type 'help;' or '\h' for help. Type '\c' to clear the current input statement.

MariaDB [(none)]> _
```

[그림 1-17] root 계정으로 MySQL 접속 성공

• **Step 03**_MySQL^MariaDB을 종료하고자 할 때는 exit 명령을 사용하면 됩니다.

```
MariaDB [(none)]> exit
```

```
XAMPP for Windows
cskis@CSKISA-PC d:\xampp
# mysql -uroot
Welcome to the MariaDB monitor.  Commands end with ; or \g.
Your MariaDB connection id is 8
Server version: 10.4.8-MariaDB mariadb.org binary distribution

Copyright (c) 2000, 2018, Oracle, MariaDB Corporation Ab and others.

Type 'help;' or '\h' for help. Type '\c' to clear the current input statement.

MariaDB [(none)]> exit
Bye

cskis@CSKISA-PC d:\xampp
# _
```

[그림 1-18] MySQL 접속 종료

아직은 MySQL^MariaDB에 대해 자세히 배우지 않았습니다. 일단 여기서는 XAMPP 패키지로 설치한 Apache 웹 서버와 MySQL^MariaDB 접속이 잘 되는지에 대해서만 살펴보고 자세한 내용은 해당 단원에서 자세하게 다루기로 하겠습니다.

3 PHP 개발 에디터 설치

여기서는 PHP 프로그램을 개발하기 위한 에디터의 종류와 설치과정에 대해 살펴보도록 하겠습니다.

에디터의 종류

PHP는 텍스트 기반 스크립트로 별도의 개발도구 없이 메모장이나 텍스트 편집기 등을 이용하여 작성이 가능하며 PHP 실습을 위해 사용되는 에디터들은 EditPlus, DesyEdit, UltraEdit, AcroEdit, Sublime Text, Aptana Studio, AcroEdit, Notepad++, Eclipse 등 다양한 에디터들이 제공되고 있습니다.

PHP 실습을 위한 에디터의 선택은 개인 취향에 따라 사용하기 편리한 에디터를 선택하여 사용하면 됩니다. 이 책에서는 Notepad++를 기반으로 PHP 개발환경 설정 및 소스 코드를 작성하도록 하겠습니다.

Notepad++ 다운로드 및 설치

Notepad++는 다양한 언어를 사용하여 개발할 수 있는 무료 개발툴로써 EditPlus 보다 막강한 기능들이 내장되어 있으므로 사용법만 제대로 숙지한다면 PHP 프로그램을 작성함에 있어 막강한 개발툴이라고 할 수 있겠습니다. 다음 예제를 통해 Notepad++를 설치하는 과정을 수행합니다.

| 예제 1-6 |

- **Step 01** | https://notepad-plus-plus.org 사이트에서 최신 버전의 Notepad++ 설치파일을 다운로드합니다.

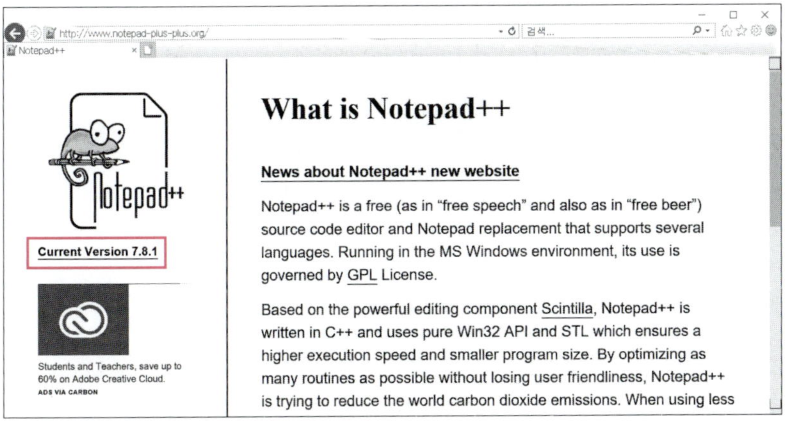

[그림 1-19] Notepad++ 다운로드 사이트

• **Step 02** | Notepad++를 설치하는 과정에서 가장 먼저 사용할 언어를 선택합니다. 여기서는 '한국어'를 선택하고 〈OK〉를 누릅니다.

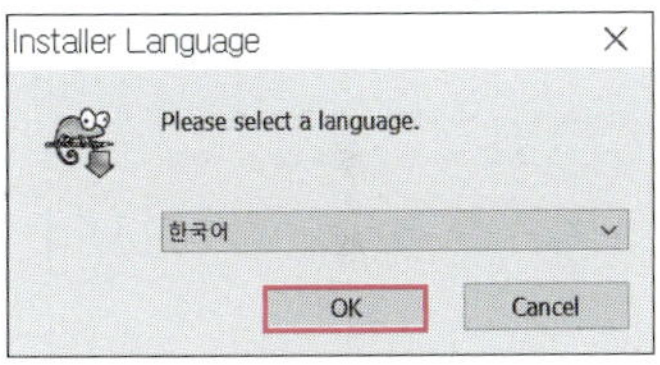

[그림 1-20] 언어 선택

• **Step 03** | 설치를 시작하기 위해 〈다음〉을 누른 다음 사용권 계약을 동의합니다.

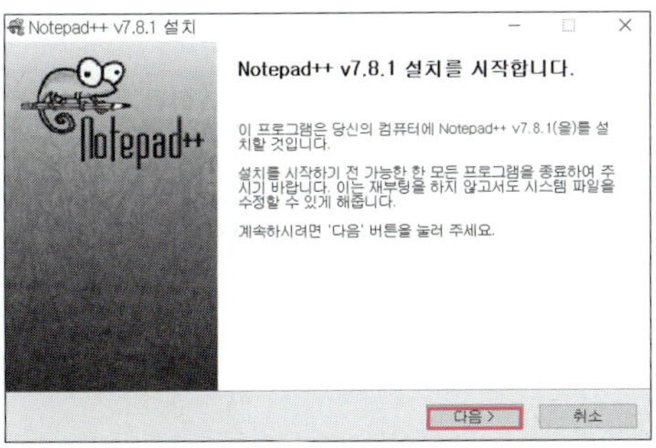

[그림 1-21] Notepad++ 설치 시작

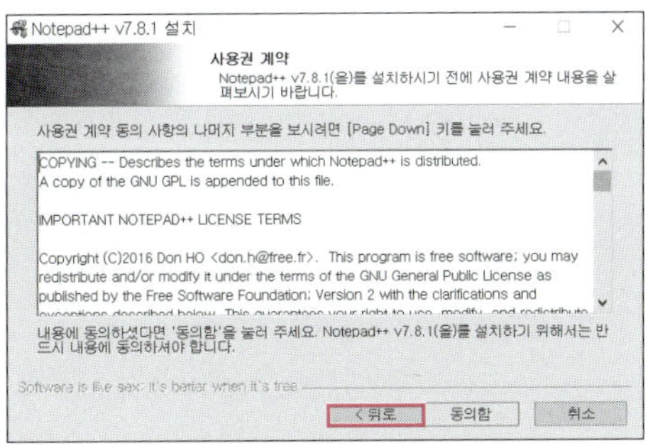

[그림 1-22] 사용권 계약 동의

• **Step 04** | 설치할 경로와 구성요소는 그대로 두고 〈다음〉을 누릅니다.

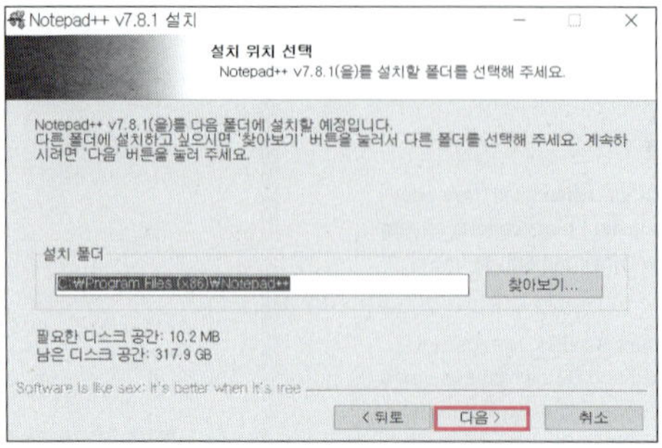

[그림 1-23] 프로그램 설치 위치 지정

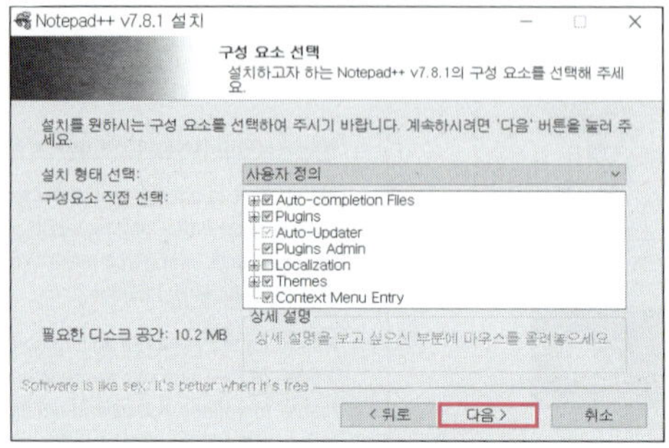

[그림 1-24] 설치할 구성요소 선택

• **Step 05** | '☑ Create Shortcut on Desktop' 항목을 선택한 다음 설치가 완료되면 〈마침〉을 누릅니다.

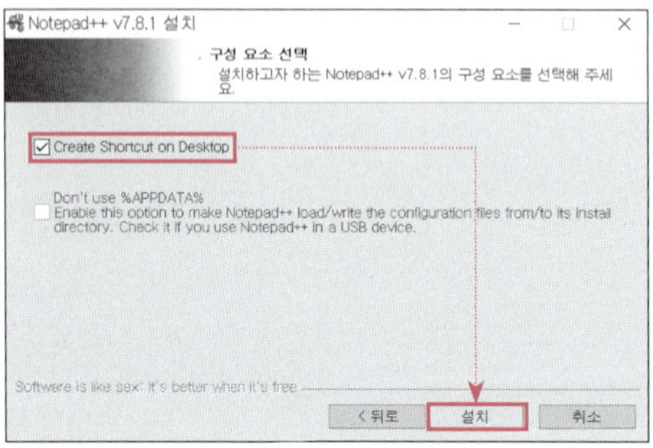

[그림 1-25] 설치할 부가적 요소 선택

[그림 1-26] 노트패드 프로그램 설치 완료

• **Step 06** | 설치가 완료되면 Notepad++ 초기화면이 나타납니다.

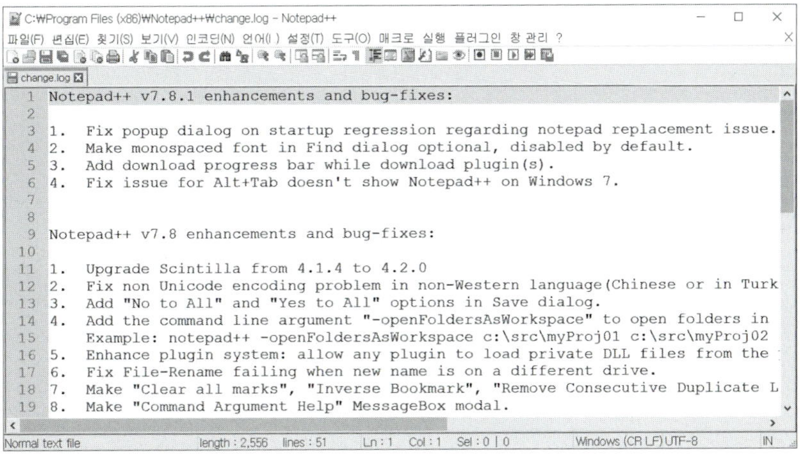

[그림 1-27] 노트패드 에디터 초기화면

• **Step 07** | 메뉴의 [설정 ▸▸ 스타일 설정]을 선택하여 노트패드 스타일을 설정합니다.

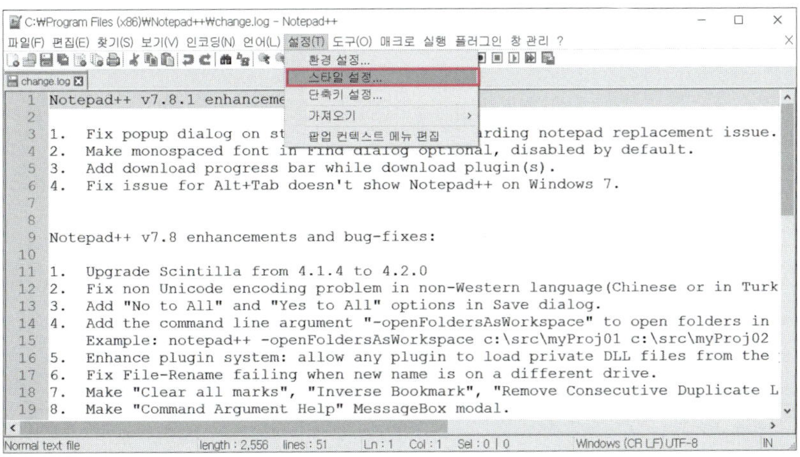

[그림 1-28] 노트패드 스타일 설정

• **Step 08** | 노트패드 에디터에서 사용할 언어와 스타일, 색상과 글꼴 스타일 등을 변경할 수 있습니다.

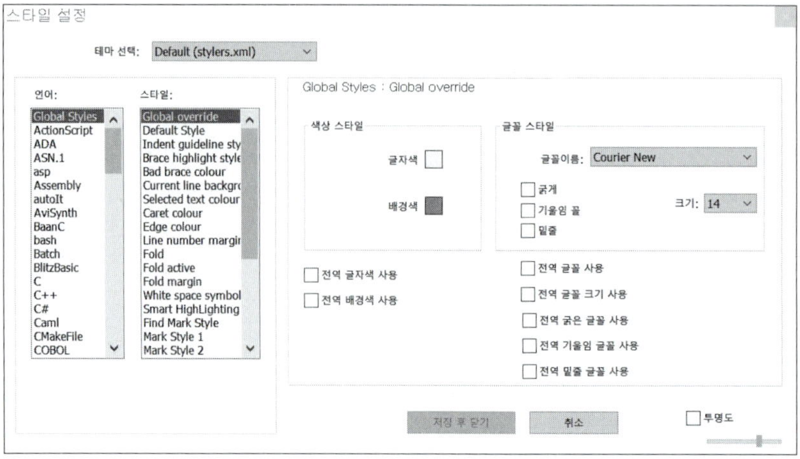

[그림 1-29] 노트패드 스타일 설정 옵션

• **Step 09** | 노트패드의 환경을 설정하기 위해 메뉴에서 [설정 ▸▸ 환경 설정]을 클릭합니다.

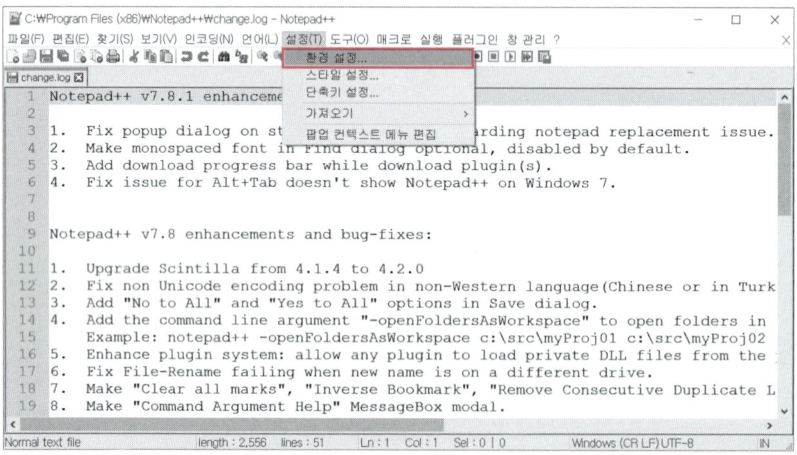

[그림 1-30] 노트패드 환경 설정

• **Step 10** | 노트패드에서 작업하고자 하는 기본 디렉터리를 설정합니다. 필자는 [yhs] 디렉터리를 새로 생성하여 D:\xampp\htdocs\yhs와 같이 경로를 지정하였습니다. 작업 디렉터리의 위치는 각자 알아서 설정하기 바랍니다.

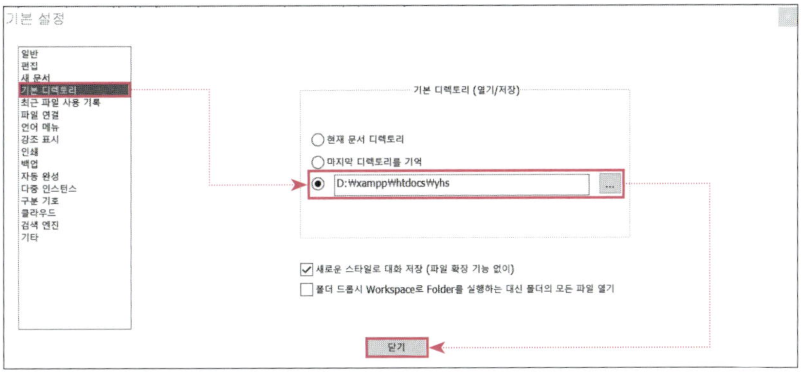

[그림 1-31] 기본 디렉터리 경로 지정

4 XAMPP 환경 설정

PHP 프로그램을 본격적으로 작성하기 전에 PHP와 MySQL 환경변수 설정 방법에 대해 먼저 살펴보도록 하겠습니다. 환경변수 설정은 노트패드를 사용하는 것이 메모장을 사용하는 것보다 훨씬 편리합니다.

XAMPP 컨트롤 패널에서 환경 설정

- **Step 01** | XAMPP 컨트롤 패널에서 Apache의 [Config ▸▸ PHP(php.ini)]을 클릭합니다.

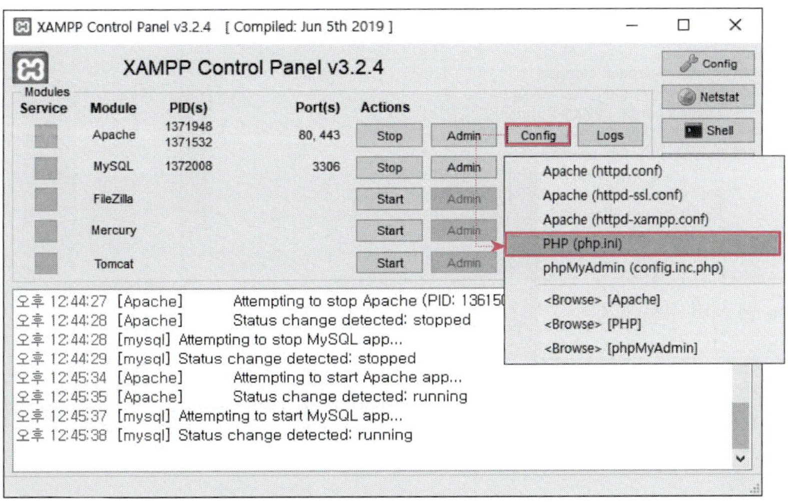

[그림 1-32] XAMPP 패키지에서 PHP 환경 설정 파일 선택

• **Step 02** | 메모장이 자동으로 활성화되면서 php.ini 파일 내용을 보여줍니다.

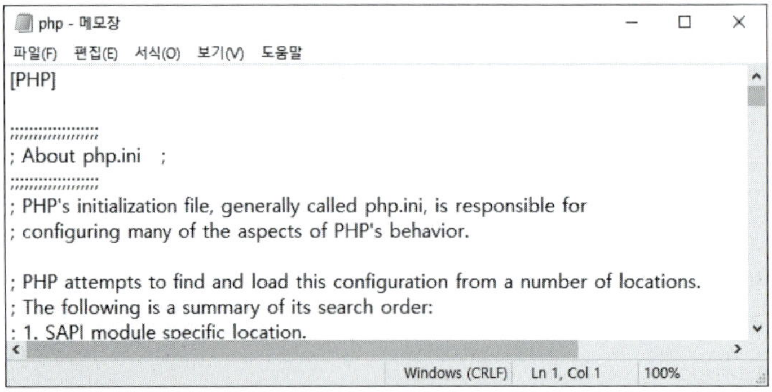

[그림 1-33] 환경 설정을 위한 php.ini 파일 내용

Notepad++ 창에서 환경 설정

• **Step 01** | XAMPP 환경 설정을 수행하기에 앞서 XAMPP 컨트롤 패널에서 구동 중인 Apache 웹 서버를 잠시 중지시킵니다.

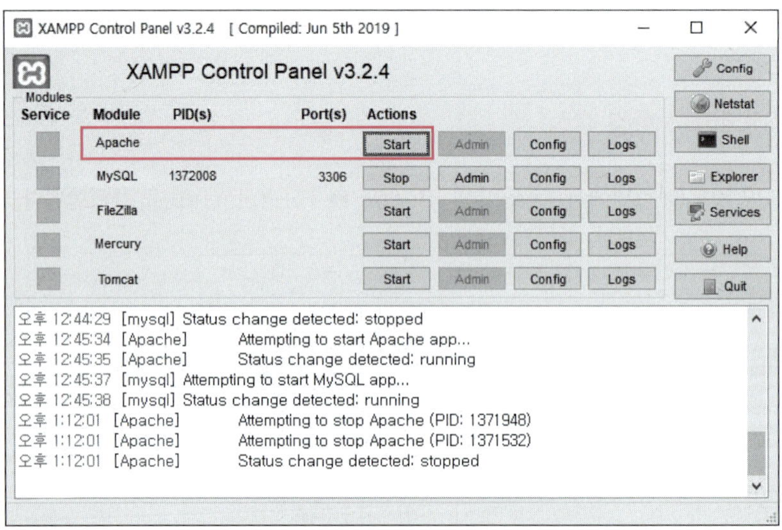

[그림 1-34] Apache 웹 서버 구동 멈춤

• **Step 02** | 찾고자 하는 php.ini 파일에 대해 확장자명까지 명확하게 확인할 수 있도록 [윈도우 탐색기] 창에서 '☑ 파일 확장명'을 선택하여 체크 표시를 활성화합니다.

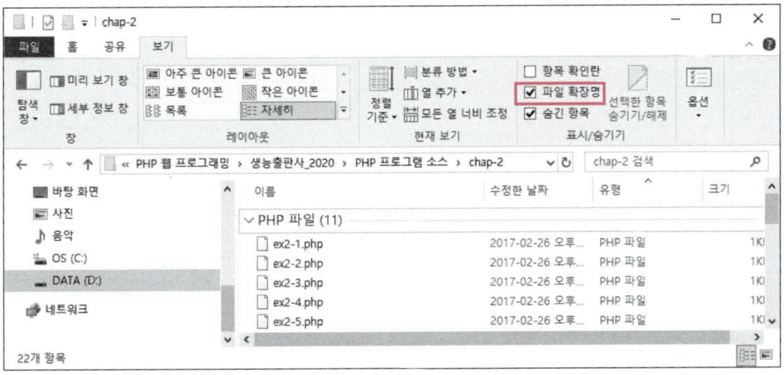

[그림 1-35] 파일의 확장명이 나타나도록 설정

타임존 설정

타임존은 PHP 프로그램을 개발할 때 시각에 대한 설정 기준을 정하는 과정입니다.

- **Step 01** | 노트패드 화면에서 D:₩data₩xamp₩php 폴더 안에 존재하는 PHP 환경 설정 파일인 php.ini 파일을 연 다음 메뉴의 [편집 ▸▸ 찾기] 또는 단축키 Ctrl+F를 눌러 [찾기] 창이 나타나면 timezone 단어를 입력하여 검색한 다음 해당 코드 라인으로 이동합니다.

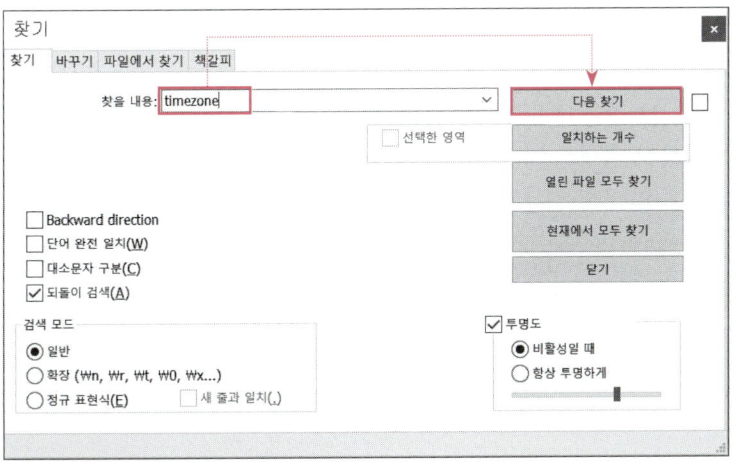

[그림 1-36] 키워드를 입력하여 검색

- **Step 02** | [Date] 아래 ;date.timezone= 부분을 찾아서 맨 앞의 세미콜론(;)을 제거하고 타임존을 date.timezone = Asia/Seoul과 같이 입력한 다음 저장합니다.

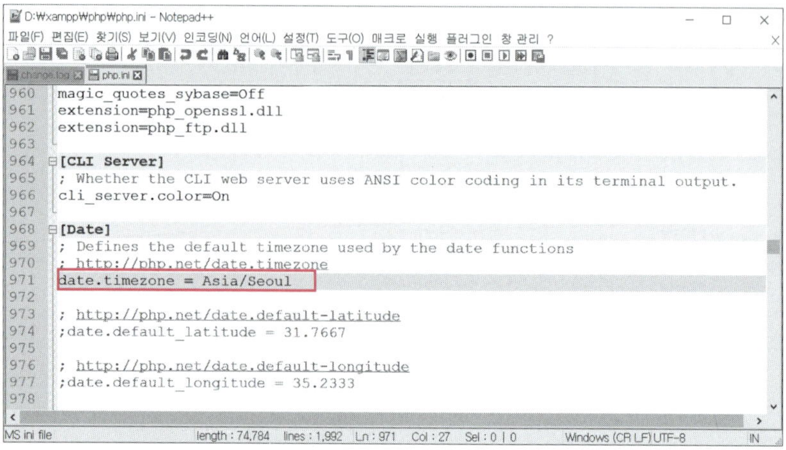

[그림 1-37] 타임존을 Asia/Seoul로 설정

php.ini 파일 내용에서 타임존 환경 설정 라인이 971행에 존재하는 것으로 보여주지만 독자 여러분들의 컴퓨터 환경에서는 라인 번호가 다를 수 있으므로 참고하기 바랍니다. 맨 앞에 있는 세미콜론은 주석문을 의미하므로 세미콜론을 제거한다는 의미는 명령을 수행할 수 있도록 환경변수를 설정한다는 의미입니다.

업로드 설정

노트패드의 메뉴에서 [편집 ▸▸ 찾기] 또는 단축키 Ctrl+F를 눌러 [찾기] 창이 나타나면 file_uploads 단어를 입력하여 검색한 다음 해당 코드 라인으로 이동합니다. 업로드 설정은 파일의 업로드 허용 여부와 파일 업로드 개수, 최대 업로드 파일 사이즈, 스크립트 최대 실행시간, 메모리 등에 대해서도 환경을 설정할 수 있습니다. 여기서는 따로 업로드 설정은 수행하지 않고 기본으로 설정되어 있는 상태를 그대로 유지하기 위해 설정된 상태만 확인합니다.

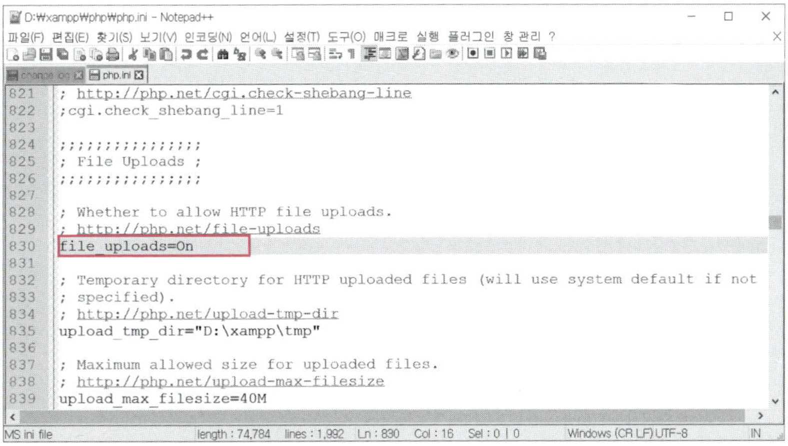

[그림 1-38] 파일 업로드 환경 설정 상태 확인

php.ini를 변경한 후에는 파일을 저장한 다음 반드시 Apache 서버를 다시 시작해 주어야 변경된 환경 설정이 적용됩니다.

5 XAMPP 패키지에서 MySQL 환경변수 설정

XAMPP 패키지에서 MySQL[MariaDB] 환경 설정은 D:₩xampp₩mysql₩bin₩my.ini 파일에서 설정합니다. 노트패드의 메뉴에서 [편집 ▸▸ 찾기] 또는 단축키 Ctrl+F를 눌러 [찾기] 창이 나타나면 mysqld 단어를 입력하여 검색한 다음 해당 코드 라인으로 이동합니다.

my.ini 파일에서는 MySQL[MariaDB] 환경을 다양하게 설정할 수 있지만 단 한 글자만이라도 틀리게 입력할 경우 MySQL[MariaDB] 데이터베이스가 구동되지 않으므로 주의를 기울여서 환경변수를 설정해야 합니다. my.ini 설정은 변경하지 않고 설정된 상태 그대로 둡니다.

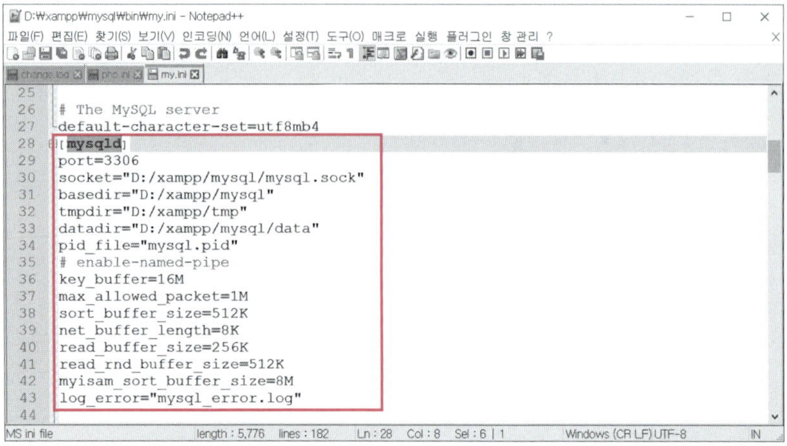

[그림 1-39] MySQL 환경 설정 상태 확인

여기서는 기존에 설정되어 있는 my.ini 파일의 환경 설정 상태에 대해 아무것도 변경하지 않은 상태 그대로 두고 노트패드 창을 닫아줍니다. 여기서도 마찬가지로 MySQL의 환경 변수를 설정하기 위해서는 먼저 MySQL^MariaDB 구동을 중지시켜 놓고 환경변수 설정을 수행해야 합니다.

핵심요약

01 가장 많이 사용되고 있는 웹 언어는 PHP, JSP, ASP의 세 가지 웹 프로그래밍 언어입니다. PHP는 운영체제가 Windows뿐만 아니라 리눅스, 유닉스 계열에서도 사용할 수 있으며 웹 서버의 운영체제가 바뀌더라도 소스를 거의 수정하지 않고 그대로 사용할 수 있습니다.

02 웹 언어와 HTML의 차이점은 웹 서버가 구축된 환경에서 결과를 보여주는 PHP와 웹 서버의 존재 유/무를 무시하고 결과화면을 웹브라우저를 통해 보여주는 HTML과는 커다란 차이가 있습니다.

03 HTML은 클라이언트 측에서 실행되고 결과 화면을 나타내지만 PHP는 웹 서버가 반드시 구축되어 있어야만 결과 화면을 볼 수가 있습니다. 그 이유는 서버 측에서 명령의 해석을 하고 클라이언트 측(웹 브라우저)에 결과를 보내지는 과정이기 때문입니다.

04 MariaDB를 사용해야 하는 이유는 MySQL처럼 언제 유료화될지 모른다는 시대적 배경과 오픈 소스의 관계형 데이터베이스 관리시스템RDBMS이기 때문입니다.

05 웹 서버와 클라이언트 동작 원리는 다음과 같습니다.

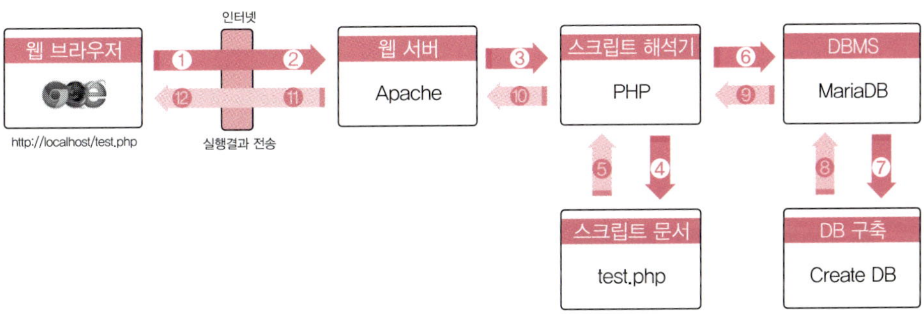

연습문제

01 다음 글을 읽고 빈 괄호를 채우시오

(1) PHP는 운영체제가 Windows뿐만 아니라 (   ), 유닉스 계열에서도 사용할 수 있으며 웹 서버의 (   )가 바뀌더라도 소스를 거의 수정하지 않고 그대로 사용할 수 있습니다.

(2) XAMPP는 (   ), PHP 7, (   ) 패키지 형태로 제공하고 있으며 윈도우, 리눅스, 맥 OS 운영체제 환경에서 설치할 수 있도록 무료로 제공되고 있습니다.

(3) 웹 언어와 HTML의 차이점은 (   )가 구축된 환경에서 결과를 보여주는 PHP와 웹 서버의 존재 유/무를 무시하고 결과화면을 (   )를 통해 보여주는 HTML과는 커다란 차이가 있습니다.

02 웹 언어의 종류별 특징에 대해 서술하시오.

(1) PHP –

(2) JSP –

(3) ASP –

03 웹 서버와 클라이언트의 동작 원리 그림을 보고 순차적인 번호에서 수행하는 과정을 설명하시오.

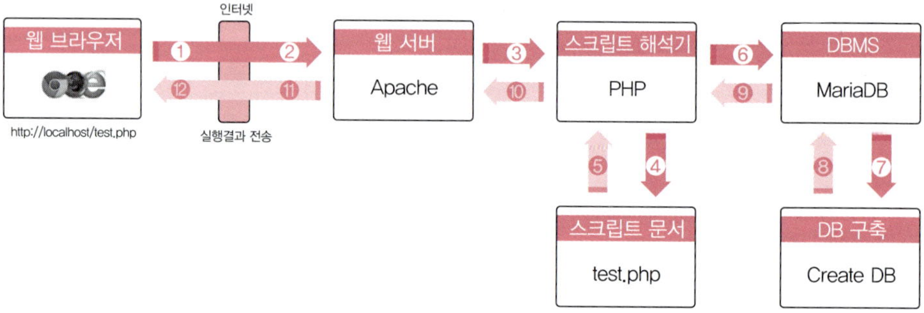

CHAPTER 02

PHP 프로그래밍 입문

학습목표

- PHP 프로그램의 문법구조에 대해 이해할 수 있습니다.
- PHP 파일작성과 실행하는 방법에 대해 이해할 수 있습니다.
- 주석문이 필요한 이유에 대해 이해할 수 있습니다.
- 변수와 상수가 필요한 이유와 데이터 타입에 대해 이해할 수 있습니다.

SECTION 01

PHP 문법구조와 저장경로

PHP는 다른 웹 언어에 비해 배우기 쉽고 간결하며 빠른 소스 코드의 작성으로 프로그래밍 생산성을 한층 높일 수 있습니다. PHP의 문법은 간결하고 필요한 기능을 쉽게 전달할 수 있는 명령 형식을 갖추고 있기 때문에 그만큼 빠르게 PHP 프로그램을 작성 할 수 있습니다. 그리고 소스 코드의 오류가 발생된 부분에 대해서도 정확하게 웹 브라우저를 통해 알려줌으로써 프로그래밍의 정확성과 생산성을 동시에 이룰 수 있도록 편리한 기능을 제공해 줍니다.

JSP나 ASP는 오라클이나 MS-SQL 또는 다른 데이터베이스와 연동하기 위해 각각 JDBC나 ODBC의 까다로운 설정 과정을 반드시 수행해야 하지만 PHP에서 사용되는 MySQL[MariaDB] 데이터베이스를 연결하기 위해서는 몇 줄의 코드를 작성하는 것만으로도 쉽게 설정할 수 있습니다.

1 PHP 프로그램 문법구조

PHP 코드를 작성하기 위해서 문법의 처음과 끝을 알리는 방법으로는 세 가지의 형태가 있습니다.

```
❶ <?php ... ?>          // XML이나 XHTML 안에 PHP 코드를 내장시켜 사용할 때의 방법
❷ <script language = "php"> ... </script>      // PHP가 스크립트 언어임을 표현
❸ <? ... ?>             // 이전 버전에서 사용하던 방식
```

XML이나 XHTML안에 PHP 코드를 내장시켜 놓고 사용하고자 할 때는 확실한 구분을 위해 〈?php ... ?〉 형식을 사용하는 것이 바람직합니다. 이와 같은 세 가지 방법 중에서

가장 많이 사용하는 〈?php ... ?〉의 형식으로 PHP 프로그램 소스 코드를 작성하도록 하겠습니다.

PHP에서의 모든 문장은 C 언어나 Perl과 같이 문장의 종료에는 세미콜론;을 사용하고 echo문은 겹따옴표 안에 있는 내용을 출력하는 명령이며 ECHO 명령은 알파벳 대/소문자를 구별하지는 않습니다. 그리고 줄을 바꾸기 위해서는 〈br〉이라는 html 태그를 사용합니다.

```
<?php
  echo "처음으로 작성하는 php입니다.<br>";
?>
```

2 PHP 파일 저장경로 지정

작성한 PHP 파일을 저장하기 위해 경로를 먼저 지정하도록 하겠습니다. XAMPP 패키지에서 기본값으로 세팅되어 있는 [htdocs] 폴더는 루트 디렉터리를 의미합니다. 루트 디렉터리란 피라미드에서 가장 위에 존재하는 폴더를 의미하며 PHP 소스 파일을 웹 브라우저에서 실행할 때 경로명을 단순하게 줄이기 위해 사용됩니다.

[htdocs] 폴더는 Apache 웹 서버의 루트 디렉터리에 해당되는 폴더이며 웹 브라우저의 주소 입력 창에 여러 경로를 주지 않기 위함이지만 모든 파일을 [htdocs]에만 저장한다면 웹 프로그램의 장르별 구분이 혼잡해집니다. 이와 같은 혼잡성을 해결하기 위해서는 본인의 이니셜 또는 파일 성격에 맞도록 하위 폴더명을 작성하여 타인이 작성해 놓은 php 소스 파일과 구분하여 관리할 필요가 있습니다.

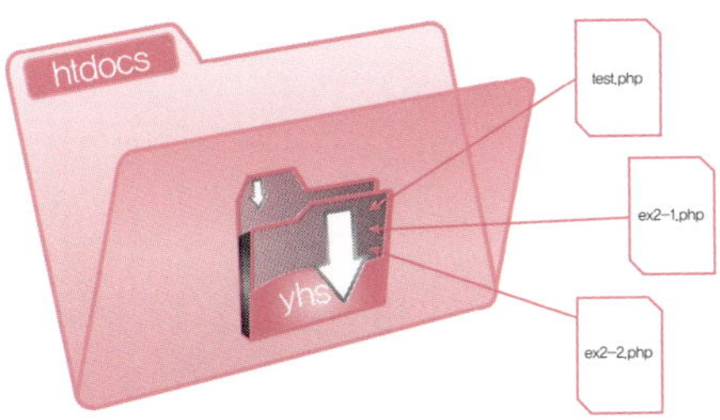

[그림 2-1] PHP 파일 저장경로 지정

SECTION

02 PHP 파일작성 및 실행

1 파일작성 및 실행 결과 확인

[섹션 1]에서 다루었던 test.php 파일을 본격적으로 코딩하기 위해 Notepad++에서 작성한 다음 d:₩xampp₩yhs₩chap-2 폴더에 test.php 파일명으로 저장하여 브라우저에서 실행하는 과정에 대해 자세히 살펴보도록 하겠습니다.

Notepad++에서 test.php 파일 작성

Notepad++에서 PHP 소스 파일을 작성한 다음 웹 브라우저 화면에서 실행하는 과정을 살펴보기 위해 test.php 파일을 작성하도록 하겠습니다.

| test.php |

- **Step 01** | PHP 파일을 작성하기 위해 Notepad++ 화면의 메뉴에서 [언어 ▸▸ P ▸▸ PHP]를 선택합니다.

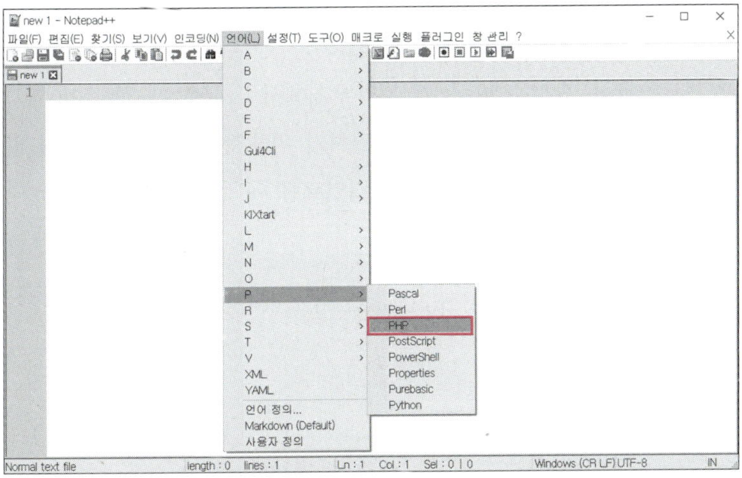

[그림 2-2] 파일형식 PHP로 선택

- **Step 02** | 소스 코드를 작성하여 D:₩xampp₩htdocs₩yhs₩chap-2 파일경로에 test.php 파일명으로 저장합니다.

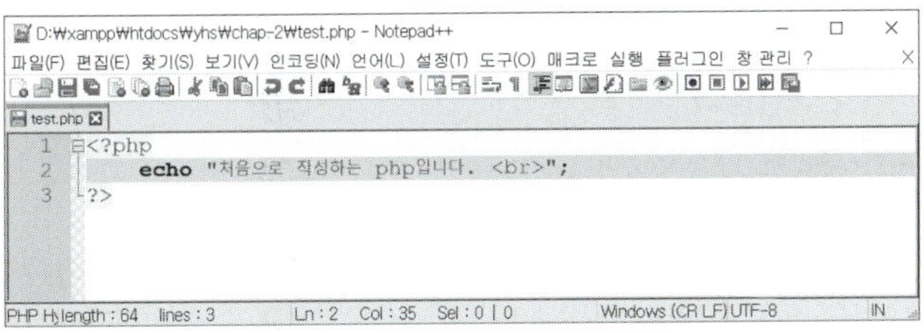

[그림 2-3] PHP 소스 코드 작성

- **Step 03** | 웹 브라우저의 주소창에 http://localhost/yhs/chap-2/test.php를 입력하여 실행 결과를 확인합니다.

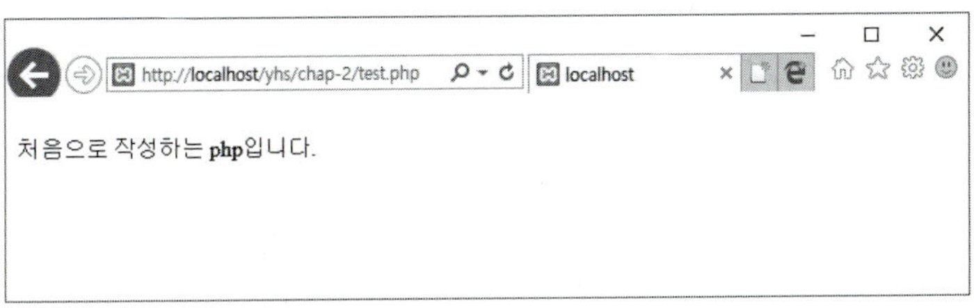

[그림 2-4] test.php 실행 결과

한글 지원 설정

Notepad++에서 PHP 프로그램을 작성한 다음 웹 브라우저에서 실행할 때 한글이 깨지는 현상이 나타날 수도 있습니다. 이와 같은 증상을 해결하기 위해서는 한글이 깨지지 않고 온전하게 지원될 수 있도록 Notepad++의 메뉴에서 [인코딩 ▸▸ UTF-8로 변환]을 다음 그림과 같이 설정해 주면 됩니다.

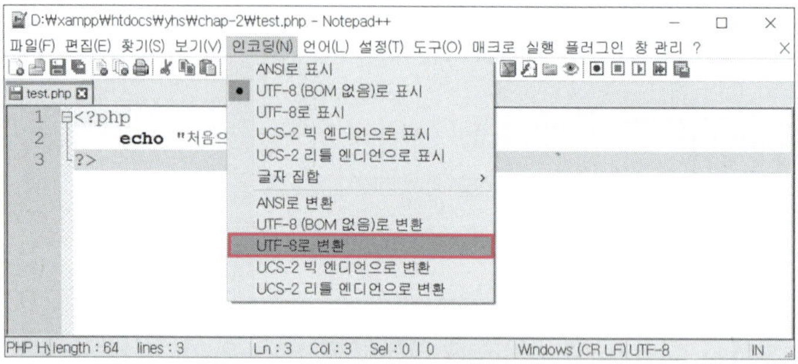

[그림 2-5] 파일 인코딩 UTF-8 변환

2 echo문

echo문은 C 언어의 printf( ) 함수와 C++ 언어의 cout( ) 함수와 같은 기능을 수행하는 출력문 입니다. 화면에 출력하고자 하는 문자열을 "..."와 같이 겹따옴표 안에 지정하여 문자열을 출력할 때 사용합니다. echo문은 알파벳의 대/소문자를 구별하지 않으므로 대문자 ECHO로 사용해도 똑같이 동작합니다.

| 예제 2-1 |

• **Step 01** | echo문을 사용하여 문자열을 출력하는 프로그램을 다음과 같이 작성합니다.

ex2-1.php

```
<?php
  echo "<br>echo문을 활용하는 예제입니다. <br>";
  ECHO "ECHO를 대문자로 사용해도 같은 동작을 합니다..<BR>";
  echo "<hr>";
```

```
05     echo "₩"hr₩"태그는 줄을 그려줍니다..<br>";
06     ECHO "겹따옴표가 출력되게 하려면 ₩와 같이 사용합니다.<br>";
07     echo "₩"컴퓨터₩", ₩"노트북₩", ₩"운영체제₩"는 필수 <br>";
08  ?>
```

• **Step 02** | 웹 브라우저에서 [예제 2-1]을 실행합니다.

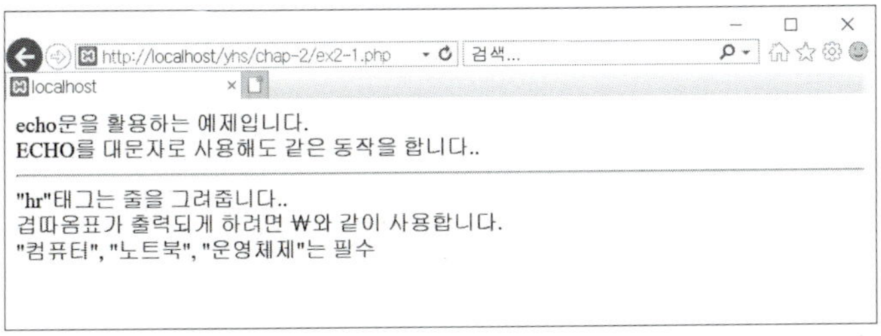

[그림 2-6] ex2-1.php 실행 결과

/ 소스 설명 /

• php프로그램의 시작과 끝

1행의 <?php는 프로그램의 시작을 8행의 ?>는 끝을 나타내는 의미이며 문장의 끝을 나타내는 세미콜론(;)은 반드시 붙여야 합니다.

• ₩ 표시의 사용

5행과 7행에 사용된 ₩" 또는 \"는 겹따옴표가 출력되도록 사용하기 위해 원(₩)화 또는 역슬래시 (\)의 표시와 함께 사용합니다. 특수문자 $를 출력할 때는 ₩$ 또는 \$와 같이 사용됩니다.

• echo와 ECHO

echo문을 사용함에 있어 알파벳의 대소문자를 구별하지 않으므로 대문자나 소문자 어느 것을 사용해도 똑같이 동작합니다.

3 주석문

주석문Comment은 프로그램을 작성할 때 만든 사람과 날짜, 그리고 소스 파일에 대한 설명 등을 기입하여 소스 파일을 효율적으로 관리하고자 할 때 사용되는 일종의 설명문에 해당됩니다. 주석문은 해당 프로그램에 전혀 지장을 주지 않습니다. 다만 프로그램의 이해를 돕기 위해 사용되며 주석문의 사용 방법은 다음과 같습니다.

```
/* … */ 여러 줄로 주석문을 사용할 때의 정의
//  한 줄 주석문 사용할 때의 정의
#  한 줄 주석문 사용할 때의 정의
```

다음 예제에서 주석문 활용방법에 대해 자세히 살펴보도록 하겠습니다.

| 예제 2-2 |

- **Step 01** | 프로그램 수행에는 전혀 지장이 없는 주석문을 사용하여 프로그램을 다음과 같이 작성합니다.

ex2-2.php

```
<?php
  echo "<br>■ 주석문을 사용하는 방법을 소개합니다.<br><hr>";
  echo "/* …  */   여러 줄로 설명하는 주석문을 사용<br>";
    /* 주석문을 여러 줄로 사용하려면
       처음과 끝을 주석 처리합니다. */
  echo "//    한 줄로 주석문을 사용<br>";        // 한 줄로 표현
  echo "# 한 줄로 주석문을 사용할 때의 방법"    # 한 줄로 표현
?>
```

- **Step 02** | 웹 브라우저에서 [예제 2-2]를 실행합니다.

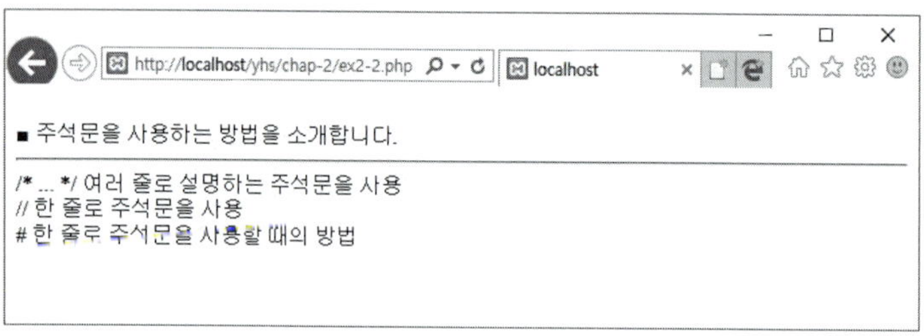

[그림 2-7] ex2-2.php 실행 결과

/ 소스 설명 /

- **여러 줄의 주석문**

  여러 줄로 주석 처리하려면 4행과 같이 /* 로 시작하여 주석의 끝을 나타내는 5행의 */ 로 구간을 설정합니다. /* ... */ 이 구간은 프로그램에서 무조건 무시하게 됩니다.

- **한 줄의 주석문**

  한 줄로 주석문을 정의하려면 6행의 //와 7행의 #를 사용하여 표기하고 //와 # 다음의 글자들은 PHP 프로그램에서 무조건 무시합니다.

- **주석문의 활용**

  주석문은 프로그램을 작성하면서 해당 코드의 설명 또는 프로그램의 업데이트 날짜 등을 표기하여 프로그램을 좀 더 이해하기 쉽고 체계적으로 관리하는데 편리합니다.

4 PHP와 HTML의 관계

HTML 안에 PHP 태그를 첨부할 수도 있습니다. PHP는 열기 태그 <?php에서 시작하여 닫기 태그 ?>까지 작성된 코드를 해석하고 닫기 태그 이후에 작성된 태그는 그냥 넘겨주기 때문에 PHP 태그 영역과 외부는 완전히 독립적으로 존재하게 됩니다. 이와 같은 방법으로 HTML 안에 PHP 코드를 첨부할 수 있도록 해 줍니다. 다음 예제를 통해 PHP와 HTML의 관계를 자세히 살펴보도록 하겠습니다.

| 예제 2-3 |

- **Step 01** | HTML 태그문자에 PHP를 추가해서 사용하는 프로그램을 다음과 같이 작성합니다.

ex2-3.php

```
<html>
  <head>
    <title> HTML 안에 PHP 첨부하기 </title>
  </head>
    <body>
    <font size=5  color=blue  face=휴먼엣체>
```

```
07        <?php
08      echo "<br> HTML 안에 PHP를 첨부합니다. ";
09        ?>
10      </font> <br>
11    </body>
12 </html>
```

• **Step 02** | 웹 브라우저에서 [예제 2-3]을 실행합니다.

[그림 2-8] ex2-3.php 실행 결과

/ 소스 설명 /

• <title>...</title> 태그

<head>태그 안에서 사용되는 <title>태그는 인터넷에서 정보검색을 할 때 키워드로 사용되는 부분으로 반드시 넣어서 사용하는 것이 바람직합니다.

• HTML과의 연동

7행, 8행, 9행에 PHP태그가 삽입되었습니다. HTML과 PHP의 연동이 많이 활용되는 부분은 폼(FORM) 태그로 회원가입 신청서 등을 작성하는데 유용하게 활용됩니다.

SECTION

03 변수와 상수

1 변수와 상수 이해하기

PHP 웹 언어는 변수를 선언할 때 반드시 앞에 $를 붙여서 사용해야 합니다. 예를 들어 변수이름을 var라고 선언한다면 $var와 같이 선언해야 하며 변수 선언 시 숫자 또는 특수문자 @, #, %, &, -, ... 등을 변수명 앞에 $3sum와 같이 숫자를 먼저 선언하거나 $-var와 같이 하이픈을 사용해서는 안 됩니다. 반드시 $sum3과 같이 알파벳을 변수명의 첫 글자로 선언해야 합니다.

그리고 두 단어를 변수로 정의하고자 할 때는 중간에 Shift+-을 눌러 밑줄(_)이 삽입되도록 $my_name과 같이 사용해야 합니다. 변수를 선언할 때의 알파벳 대/소문자는 반드시 구분되기 때문에 같은 철자라 하더라도 다른 변수로 인식됩니다.

변수는 대입하는 값에 따라 변수에 대입하는 값이 상황에 따라 변할 수 있지만 상수는 변수에 대입하는 값으로 변하지 않는 어떤 일정한 값을 의미합니다. 다음 예제를 통해 변수와 상수에 대해 자세히 살펴보도록 하겠습니다.

| 예제 2-4 |

- **Step 01** | 3개의 변수를 선언하고 초기값을 대입한 다음 변수에 저장된 값을 출력하는 프로그램을 다음과 같이 작성합니다.

ex2-4.php

```
<?php
  echo "<br>■ 변수 선언하여 출력하기 <br>";
  $num = 53;                          // 정수형 변수
  $Num = 268.37;                      // 실수형 변수
  $s _ name = "홍길동";                // 문자열형 변수
```

```
06    echo "----------------------<br>";
07    echo "1. ₩$num = $num <br>";
08    echo "2. ₩$Num = $Num <br> ";
09    echo "3. ₩$s_name = $s_name ";
10  ?>
```

• **Step 02** | 웹 브라우저에서 [예제 2-4]를 실행합니다.

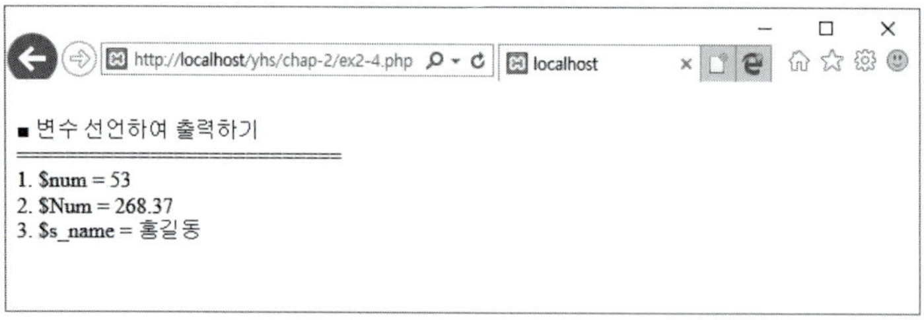

[그림 2-9] ex2-4.php 실행 결과

/ 소스 설명 /

• 변수의 대/소문자 구분

3행의 $num과 4행의 $Num의 변수는 전혀 다른 변수입니다. 철자는 같지만 대/소문자의 구분은 엄격하게 구별됩니다.

• 변수의 데이터 타입

3행, 4행, 5행에 각각 대입된 값의 데이터 타입이 다르기 때문에 $num은 정수형, $Num은 실수형, $s_name은 문자열형으로 처리됩니다.

2 변수 선언과 데이터 타입 지정

PHP에서는 변수를 선언할 때 데이터 타입[Data type]을 따로 지정하지 않습니다. 그 이유는 변수에 대입해 주는 값에 따라 데이터 타입이 결정되기 때문입니다. 다음 예제를 통해 변수의 선언과 데이터 타입이 적용되는 과정에 대해 자세히 살펴보도록 하겠습니다.

| 예제 2-5 |

• **Step 01** | 변수 선언과 데이터 타입을 지정하여 출력하는 프로그램을 다음과 같이 작성합니다.

ex2-5.php

```
01 <?php
02
03   echo "<br>1. 정수형 변수 선언입니다...<br>";
04     $var_int = 150;
05     echo "₩$var_int = $var_int  <br><br>";
06
07   echo "2. 실수형 변수 선언입니다... <br>";
08     $var_float = 3.141592;
09     echo "₩$var_float = $var_float <br><br> ";
10
11   echo "3. 문자열형 변수 선언입니다... <br>";
12     $var_char = "웹언어";
13     echo "₩$var_char = $var_char  ";
14
15 ?>
```

• **Step 02** | 웹 브라우저에서 [예제 2-5]를 실행합니다.

[그림 2-10] ex2-5.php 실행 결과

/ 소스 설명 /

• 변수의 데이터 타입

4행, 8행, 12행은 각각 대입된 값에 따라 정수형 변수 $var_int, 실수형 변수 $var_

float, 문자열형 변수 $var_char로 정해집니다.

- 화면에 변수명을 그대로 출력

5행, 9행, 13행에서 echo ₩$var_int = ... 라고 표현한 것은 화면에 출력될 때 선언한 변수명을 문자열 그대로 보여주기 위함입니다. 운영체제가 한글모드에서는 원(₩), 영문모드에서는 역슬래시(\)를 붙여줍니다. 겹따옴표를 출력하기 위해서는 ₩", 특수문자를 $를 출력하려면 ₩$와 같이 선언하면 됩니다.

3 같은 이름의 변수 중복 선언

변수를 사용함에 있어 앞에서 선언된 변수를 그대로 사용하면 나중에 대입한 값의 형태에 따라 데이터 타입이 치환됩니다. 예를 들어 변수 $var에 정수 값을 대입하여 $var=123으로 선언하고 같은 변수명에 실수 값 $var=38.52를 입력하면 중복 선언 된 다음부터 변수 $var는 실수형으로 사용됩니다. 이와 같은 데이터 타입의 변화에 대해 다음 예제를 통해 자세히 살펴보도록 하겠습니다.

| 예제 2-6 |

- **Step 01** | 여기서는 같은 이름의 변수를 중복해서 사용할 경우 데이터 타입의 변화는 어떻게 바뀌는지에 대한 프로그램을 다음과 같이 작성합니다.

ex2-6.php

```
<?php
  echo "<br>■ 같은 변수명의 데이터 타입 변환 <br>";
  echo "================================ <br>";
  $var = 123;
  echo " 1. ₩$var=123 변수의 데이터 타입 : ";
  echo gettype($var);
  $var = 38.52;
  echo "<br> 2. ₩$var=38.52 변수의 데이터 타입 : ";
  echo gettype($var);
?>
```

- **Step 02** | 웹 브라우저에서 [예제 2-6]을 실행합니다.

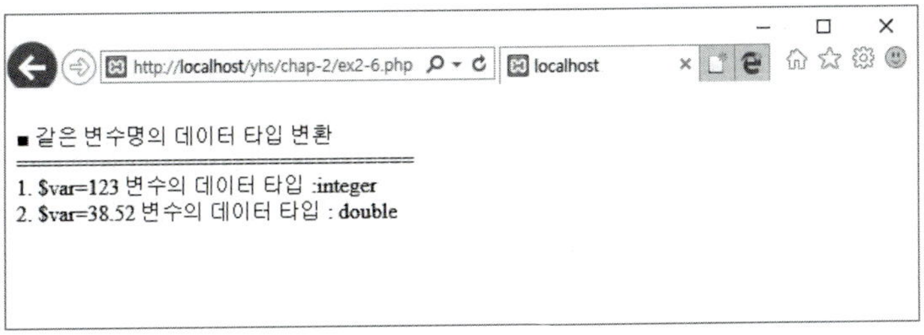

[그림 2-11] ex2-6.php 실행 결과

/ 소스 설명 /

- 동일한 변수를 중복사용

  4행의 변수 $var의 데이터 타입은 정수형이고 7행의 변수 $var의 데이터 타입은 실수형이 됩니다. 이와 같이 같은 변수를 중복 사용하게 되면 변수는 자동적인 타입 변환이 일어나게 됩니다.

- gettype( ) 함수

  6행과 9행에서 정의된 gettype($var)는 사용된 변수 $var의 데이터 타입을 확인하기 위하여 사용됩니다.

4 연산결과에 따른 타입 변환

다음 예제는 운영체제=87, 웹그래픽=96, 정보보안=73의 세 과목 성적에 대한 총점과 평균을 구하는 프로그램으로 평균점수에서 연산결과에 따른 변수의 타입 변환이 나타납니다. 다음 예제를 통해 자세히 살펴보도록 하겠습니다.

| 예제 2-7 |

- **Step 01** | 3과목에 대한 총점과 평균을 산출하는 프로그램을 다음과 같이 작성합니다.

ex2-7.php

```
<?php
  echo "<br>■ 3과목의 총점과 평균 구하기 <br>";
```

```
03    echo "================================ <br>";
04    $os = 87;
05    $grp = 96;
06    $sec = 73;
07
08    $sum = $os + $grp + $sec;
09    $avg = $sum/3;
10
11    echo "> 운영체제 : $os 점<br>";
12    echo "> 웹그래픽 : $grp 점<br>";
13    echo "> 정보보안 : $sec 점<br>";
14    echo "---------------------------- <br>";
15    echo "> 과목총점 : $sum 점<br>";
16    echo "> 평균점수 : $avg 점<br>";
17    echo "---------------------------- <br>";
18    echo "> ₩$avg의 데이터 타입 : ";
19    echo gettype($avg);
20 ?>
```

• **Step 02** | 웹 브라우저에서 [예제 2-7]을 실행합니다.

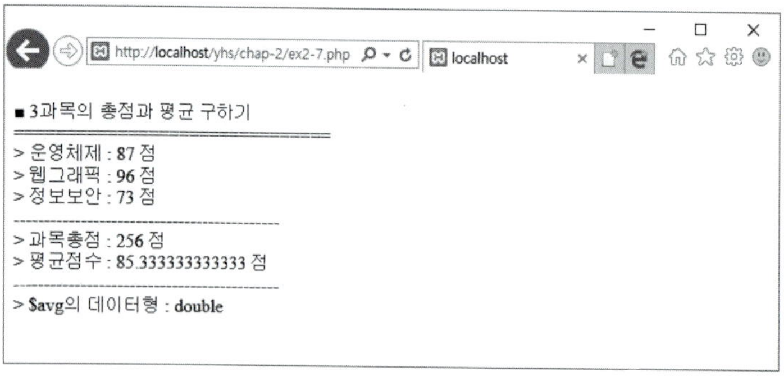

[그림 2-12] ex2-7.php 실행 결과

/ 소스 설명 /

• 변수 선언과 값 입력

4행, 5행, 6행은 변수를 선언하고 $os=87, $grp=96, $sec=73 값을 입력하면 정수형 변수로 활용됩니다.

- **총점과 평균**
  8행에서는 3과목의 총점을 변수 $sum을 선언하여 저장하고 9행의 변수 $avg에는 평균점수를 저장합니다.

- **연산결과 후 데이터 타입을 gettype() 함수로 확인**
  9행의 평균을 구하는 공식 $avg = $sum/3의 연산 결과값은 85.3333333333으로 연산결과는 실수 값이 출력됩니다. 19행의 gettype()함수로 변수의 데이터 타입을 확인합니다.

5 정수의 오버플로우 타입 변환

오버플로우[Overflow]란 선언된 변수에 저장할 수 있는 값의 허용범위를 초과하는 경우를 의미합니다. 오버플로우가 발생하게 되면 결과값은 전혀 엉뚱한 값이 출력될 수 있기 때문에 데이터 타입의 변환을 수행해야만 정상적인 결과값을 출력할 수 있습니다.

예를 들어 정수형으로 선언된 변수의 연산 결과가 정수형 값의 표현 범위 -2147483648~2147483647을 초과하게 되는 경우에는 계산된 결과값의 데이터 타입은 정수형이 아닌 실수형으로 자동 타입 변환이 발생하게 됩니다.

변수의 데이터 타입과 결과값에 대해 살펴보려면 var_dump( ) 함수를 사용합니다. 이 함수를 var_dump(변수명)과 같이 선언하게 되면 변수가 가지고 있는 데이터 타입을 출력해 줍니다. 이와 같이 변수의 데이터 타입이 변환되는 과정을 var_dump( ) 함수를 사용하여 확인하는 과정에 대해 다음 예제 프로그램에서 자세히 살펴보도록 하겠습니다.

| 예제 2-8 |

- **Step 01** | 정수형 변수의 표현범위를 초과할 경우 발생되는 오버플로우와 데이터 타입 변환 결과를 확인하기 위해 다음과 같이 프로그램을 작성합니다.

ex2-8.php

```
<?php
  echo "<br>■ 정수의 오버플로우 타입 변환 <br>";
  echo "============================== <br>";

  $num = 2147483647;
```

```
06    echo "1. 변수 ₩"₩$num₩" 의 출력결과 : ";
07    var_dump($num);      // 선언된 변수의 데이터 타입과 값 출력
08    echo "<br>.........[정수형으로 출력]<br><br>";
09    echo "---------------------------- <br>";
10    $num += 1;           // $num = $num + 1과 같음
11    echo "2. 변수 ₩"₩$num +1₩" 의 출력결과 : ";
12    var_dump($num);      // 선언된 변수의 데이터 타입과 값 출력
13    echo "<br>.........[실수형으로 출력]<br><br>";
14  ?>
```

• **Step 02** | 웹 브라우저에서 [예제 2-8]을 실행합니다.

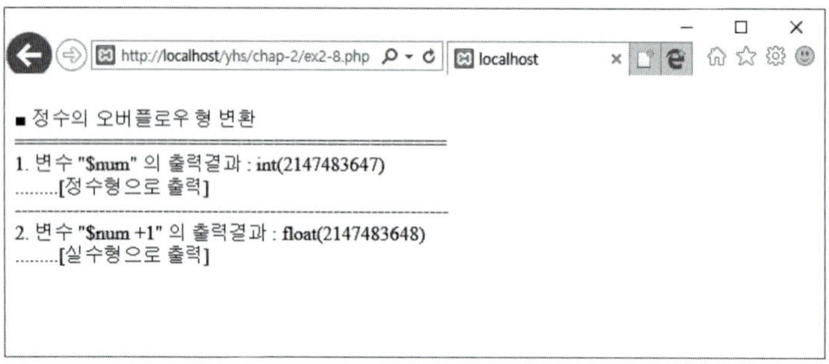

[그림 2-13] ex2-8.php 실행 결과

/ 소스 설명 /

• 정수의 값 표현 범위

정수형 값의 표현 범위(-2147483648~2147483647)

• var_dump( ) 함수

7행과 12행에 선언된 var_dump(변수명)함수는 변수의 데이터 타입과 값을 출력 해 주는 함수입니다.

• 오버플로우 타입 변환

$num=2147483647의 값은 정수의 표현 범위에 속하지만 $num += 1 ($num = $num + 1과 같음)은 정수의 표현 범위에서 1을 초과하는 2147483648의 연산 결과값이 되므로 데이터 타입은 정수형이 아닌 실수형으로 타입 변환이 발생합니다.

6 문자열 안에서의 변수 해석

여기서는 문자열 변수 $name을 선언하여 홍길동을 대입하고 echo문을 이용하여 홍길동을 출력하고자 할 때 문자열이 아닌 변수를 활용하는 방법에 있어서 몇 가지 주의해야 할 사항들이 있습니다.

echo문 안에 문자열과 변수를 한꺼번에 선언할 때 문자열과 변수를 붙여서 선언하게 되면 변수가 아닌 문자열로 취급되어 결과값이 아닌 문자열로 출력되게 되므로 이 부분을 주의해서 선언해야 합니다. 이와 같은 현상을 다음 예제를 통해 직접 체험하기로 하겠습니다.

| 예제 2-9 |

- **Step 01** | 문자열 안에서의 변수 해석에 대한 유의사항에 대해 프로그램을 다음과 같이 작성합니다.

ex2-9.php

```
<?php
  echo "<br>■ 문자열 안에서의 변수 해석 <br>";
  echo "========================== <br>";
  $name = "홍길동";
  echo "허균의 $name전 입니다...<br>";
  echo "허균의 $name 전 입니다...<br>";
  echo "{$name}전은 허균이 지었습니다...<br>";
?>
```

- **Step 02** | 웹 브라우저에서 [예제 2-9]를 실행합니다.

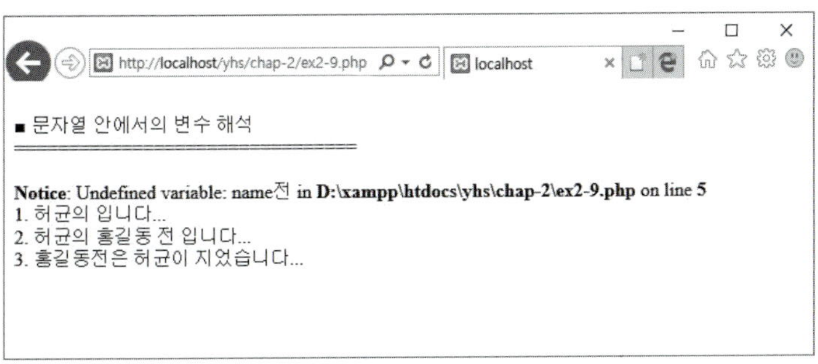

[그림 2-14] ex2-9.php 실행 결과

/ 소스 설명 /

- 변수 해석

  5행과 같이 변수를 사용하면 '홍길동'이라는 문자열이 출력되지 않습니다. 그 이유는 변수를 "$name전"으로 인식하기 때문입니다. 6행에서 선언한 "$name[한 칸 띄고] ˇ 전"과 같이 변수와 문자열을 구분해 주어야 합니다.

- 중괄호의 사용

  7행에서와 같이 중괄호{ }로 변수를 묶어주면 문자열과 붙어있어도 구분되므로 정상적으로 출력됩니다.

7 환경변수의 속성

PHP 웹 언어에서 사용하는 변수는 우리가 만들어 사용하는 변수이외에 외부에서 들어오는 변수들도 있습니다. 특히 시스템과 관련된 변수들이 상당히 많은데 이와 같은 변수들을 환경변수라고 합니다. PHP에서 제공되는 환경변수를 확인하려면 phpinfo( ) 함수를 사용하면 많은 환경변수를 볼 수 있습니다. 이 환경변수들은 시스템에 관한 정보를 가지고 있으며 반드시 대문자로만 선언해야 합니다.

PHP 웹 언어 또는 Apache 서버, MySQL[MariaDB]을 설치하는 과정에 따라 특정 변수가 생기지 않을 수도 있으며 시스템에 따라 그 값이 다르게 설정될 수도 있습니다. 환경변수에 $를 앞에 붙여 프로그램에서 환경변수가 가지는 속성 값들을 사용할 수도 있습니다. PHP 웹 언어에서 제공되는 많은 환경변수 중에 우리가 자주 사용하게 될 환경변수에 대해서만 자세히 살펴보도록 하겠습니다.

8 자주 사용되는 환경변수

환경변수들을 프로그램에서 사용할 때에는 반드시 대문자로 기술해야 하며 앞에 $를 붙여서 사용합니다. PHP 웹 언어에서 제공되는 환경변수는 많지만 자주 사용되는 환경변수에 대해서만 살펴보도록 하겠습니다. 자주 사용되는 환경변수와 속성 값을 다음 표와 같이 정리하였습니다.

[표 2-1] 자주 사용되는 환경변수와 속성값

환경변수	속성값
$_SERVER ['SERVER_NAME']	서버 이름
$_SERVER ['SERVER_PROTOCOL']	서버의 프로토콜
$_SERVER ['SERVER_PORT']	서버의 포트
$_SERVER ['SERVER_ADDR']	클라이언트의 IP 주소
$_SERVER ['SCRIPT_FILENAME']	실행중인 파일의 절대 경로
$_SERVER ['SCRIPT_NAME']	실행중인 파일의 이름
$_SERVER ['PHP_SELF']	현재 실행중인 프로그램의 이름 (PHP관련 환경변수)

다음 예제를 통해 자주 사용되는 환경변수와 속성값에 대해 자세히 살펴보도록 하겠습니다.

|예제 2-10|

- **Step 01** | Apache 서버와 관련된 환경변수의 속성값을 출력하는 프로그램을 다음과 같이 작성합니다.

ex2-10.php

```php
<?php
  echo "<br><b> ■ Apache 서버와 관련된 환경변수 </b><hr>";
  echo " 1. 서버이름       [ <b>" . $_SERVER ['SERVER_NAME'] . "</b>]<br>";
  echo " 2. 서버의 프로토콜     [ <b>" . $_SERVER ['SERVER_PROTOCOL'] . "</b>] <br>";
  echo " 3. 서버의 포트번호     [ <b>" . $_SERVER ['SERVER_PORT'] . "</b>]<br>";
  echo " 4. 클라이언트의 IP 주소         [ <b>" . $_SERVER ['SERVER_ADDR'] . "</b>]<br>";
  echo " 5. 실행중인 파일의 경로         [ <b>" . $_SERVER ['SCRIPT_FILENAME'] . "</b>]<br>";
  echo " 6. 실행중인 파일의 이름         [ <b>" . $_SERVER ['SCRIPT_NAME'] . "</b>]<br>";
  echo " 7. 현재 실행중인 프로그램의 이름   [ <b>" . $_SERVER ['PHP_SELF'] . "</b>]<br>";
?>
```

• **Step 02** | 웹 브라우저에서 [예제 2-10]을 실행합니다.

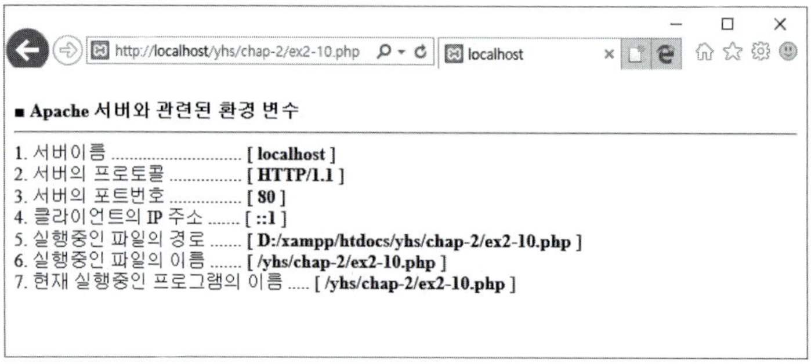

[그림 2-15] ex2-10.php 실행 결과

위 그림과 같이 지금 실습하고 있는 컴퓨터의 Apache 웹 서버와 관련된 환경변수들이 모두 출력된 것을 볼 수 있습니다. 서버의 이름과 프로토콜 및 포트 번호와 클라이언트의 IP 주소가 출력되었으며 현재 실행 중인 파일의 경로와 파일의 이름 그리고 현재 실행 중인 프로그램의 이름에 대한 정보가 모두 출력되었습니다.

이와 같이 PHP 프로그램 문법구조와 사용되는 변수 및 상수에 대해 살펴봤습니다. PHP는 HTML과 밀접한 관계를 가지고 있으며 주석문은 프로그램을 작성할 때 효율적으로 파일에 대한 내용을 설명하는 글로서의 역할을 충실히 수행하면서도 프로그램 실행에는 전혀 지장을 주지 않는다는 것을 알게 되었습니다.

그리고 변수의 선언과 데이터 타입을 지정하는 방법과 자동으로 데이터 타입의 타입 변환이 발생되는 경우에 대해서도 예제를 통해 살펴봤습니다. 마지막으로 환경변수의 속성에 대해서도 다루었습니다. 다음 장에서는 연산자의 종류에 대해서 다루도록 하겠습니다.

핵심요약

01 PHP는 다른 웹 언어에 비해 배우기 쉬우며 간결하고 빠른 소스의 작성으로 프로그래밍의 생산성을 한층 높일 수 있습니다. PHP의 문법이 간결하고 필요한 기능을 쉽게 전달할 수 있는 명령 형식을 갖추고 있기 때문에 그만큼 빠르게 소스 프로그램을 작성 할 수 있으며 소스 코드의 오류가 발생된 부분을 정확하게 브라우저를 통해 알려줌으로써 프로그래밍의 정확성과 생산성을 동시에 이룰 수 있도록 제공해 줍니다.

02 PHP 코드를 작성하기 위해서 문법의 처음과 끝을 알리는 방법으로는 세 가지의 형태가 있습니다.

```
❶ <?php ... ?>        // XML이나 XHTML 안에 PHP 코드를 내장시켜 사용할 때의 방법
❷ <script language = "php"> ... </script>      // PHP가 스크립트 언어임을 표현
❸ <? ... ?>           // 이전 버전에서 사용하던 방식
```

03 PHP에서의 모든 문장은 C언어나 Perl과 같이 문장의 종료에는 세미콜론;을 사용하고 echo문은 겹따옴표 안에 있는 내용을 출력하는 명령이며 ECHO 명령은 알파벳 대/소문자를 구별하지는 않습니다.

04 XAMPP 패키지에서 기본값으로 세팅되어 있는 [htdocs] 폴더는 루트 디렉터리를 의미합니다. 루트 디렉터리란 피라미드에서 가장 위에 존재하는 폴더를 의미하며 php 소스 파일을 웹 브라우저에서 실행할 때 경로명을 단순하게 줄이기 위해 사용됩니다.

05 echo문은 C언어의 printf( ) 함수와 C++에서의 cout( ) 함수와 같은 의미로 화면에 "..." 겹따옴표 안에 있는 문자열을 출력하는 데 사용됩니다. echo문을 사용함에 있어서 알파벳의 대/소문자를 구별하지 않으므로 대문자 ECHO로 사용해도 똑같이 동작합니다.

06 주석문Comment은 프로그램을 작성할 때 만든 사람과 날짜 등을 기입하여 효율적으로 파일을 관리하고자 할 때 사용되는 주석문은 해당 프로그램에 전혀 지장을 주지 않으며 프로그램의 이해를 돕기 위해 사용됩니다. 주석문의 사용 방법은 다음과 같습니다.

```
/* … */ 여러 줄로 주석문을 사용할 때의 정의
//  한 줄 주석문 사용할 때의 정의
#  한 줄 주석문 사용할 때의 정의
```

07 HTML 안에 PHP 태그를 첨부할 수도 있습니다. PHP는 열기 태그 〈?php에서부터 닫기 태그 ?〉까지 발견된 코드를 해석하고 닫기 태그 이후에 작성된 태그는 그냥 넘겨주기 때문에 PHP 태그 영역과 외부는 완전히 독립적으로 존재하게 되는 것입니다. 이와 같은 방법으로 HTML 안에 PHP 코드를 첨부할 수 있도록 해 줍니다.

08 PHP 웹 언어는 변수를 선언할 때 반드시 앞에 $를 붙여서 사용해야 합니다. 예를 들어 변수이름을 var라고 선언한다면 $var와 같이 선언해야 하며 변수 선언 시 특수문자 @, #, %, &, -, … 등 변수명 앞에 $3sum와 같이 숫자를 먼저 선언하거나 $-var와 같이 하이픈을 사용해서는 안 됩니다. 반드시 $sum3과 같이 알파벳을 변수명의 첫 글자로 선언해야 합니다.

09 변수를 선언할 때의 알파벳 대/소문자는 반드시 구분되기 때문에 같은 철자라 하더라도 다른 변수로 인식됩니다. 상수는 변수에 대입되는 어떤 일정한 값을 의미합니다.

10 PHP에서는 변수를 선언할 때 데이터 타입data type을 따로 지정하지 않습니다. 변수 데이터 타입의 결정은 변수를 선언하고 그 변수에 대입해 주는 값에 따라 변수의 데이터 타입이 결정되기 때문입니다.

11 변수의 데이터 타입은 변수를 선언하고 그 변수에 대입해 주는 값에 따라 변수의 데이터 타입이 결정되며 연산 결과값에 따라 더 큰 데이터 타입으로 타입 변환이 자동으로 발생합니다. 그리고 변수의 데이터 타입을 확인하기 위해서는 gettype(변수명)함수를 사용합니다.

12 변수를 사용함에 있어 앞에서 선언된 변수를 그대로 사용하면 나중에 대입한 값의 형태에 따라 데이터 타입이 치환됩니다. 예를 들어 변수 $var에 정수 값을 대입하여 $var=123이라고 선언하고 같은 변수명에 실수 값 $var=38.52를 입력하면 중복 선언된 다음부터 변수 $var는 실수형으로 사용됩니다.

13 정수형으로 선언된 변수의 연산 결과가 정수형 값의 표현 범위(-2147483648~2147483647)를 초과하게 되는 경우에는 계산된 결과값의 데이터 타입은 정수형이 아닌 실수형으로 타입 변환이 발생합니다.

14 PHP에서의 변수는 우리가 만들어 사용하는 변수이외에 외부에서 들어오는 변수들이 있습니다. 특히 시스템과 관련된 변수들이 상당히 많은데 이와 같은 변수들을 환경변수라고 합니다.

15 환경변수들은 프로그램에서 사용할 때 반드시 대문자로 기술해야 하며 앞에 $를 붙여서 사용합니다. PHP에서 제공하는 환경변수는 많지만 자주 사용되는 환경변수에 대해서만 살펴보면 다음과 같습니다.

■ 자주 사용되는 환경변수와 속성값

환경변수	속성값
$_SERVER ['SERVER_NAME']	서버 이름
$_SERVER ['SERVER_PROTOCOL']	서버의 프로토콜
$_SERVER ['SERVER_PORT']	서버의 포트
$_SERVER ['SERVER_ADDR']	클라이언트의 IP 주소
$_SERVER ['SCRIPT_FILENAME']	실행중인 파일의 절대 경로
$_SERVER ['SCRIPT_NAME']	실행중인 파일의 이름
$_SERVER ['PHP_SELF']	현재 실행중인 프로그램의 이름 (PHP관련 환경변수)

연습문제

01 다음 글을 읽고 빈 괄호를 채우시오

(1) PHP의 문법이 간결하고 필요한 기능을 쉽게 전달할 수 있는 (　　　　) 형식을 갖추고 있기 때문에 그만큼 빠르게 소스 프로그램을 작성 할 수 있으며 소스 코드의 오류가 발생된 부분을 정확하게 (　　　　)를 통해 알려줌으로써 프로그래밍의 정확성과 생산성을 동시에 이룰 수 있도록 제공해 줍니다.

(2) PHP에서의 모든 문장은 C언어나 Perl과 같이 문장의 종료에는 (　　　　)을 사용하고 echo문은 (　　　　) 안에 있는 내용을 출력하는 명령이며 ECHO 명령은 알파벳 대/소문자를 구별하지는 않습니다.

(3) XAMPP 패키지에서 기본값으로 세팅되어 있는 (　　　　) 폴더는 루트 디렉터리를 의미합니다. 루트 디렉터리란 피라미드에서 가장 위에 존재하는 폴더를 의미하며 php 소스 파일을 (　　　　)에서 실행할 때 경로명을 단순하게 줄이기 위해 사용됩니다.

(4) HTML 안에 PHP 태그를 첨부할 수도 있습니다. PHP는 열기 태그 (　　　　)에서부터 닫기 태그 (　　　　)까지 발견된 코드를 해석하고 닫기 태그 이후에 작성된 태그는 그냥 넘겨주기 때문에 PHP 태그 영역과 외부는 완전히 독립적으로 존재하게 되는 것입니다.

(5) PHP에서는 변수를 선언할 때 데이터 타입을 따로 지정하지 않습니다. 변수 데이터 타입의 결정은 변수를 (　　　　)하고 그 변수에 대입해 주는 (　　　　)에 따라 변수의 데이터 타입이 결정되기 때문입니다.

(6) 변수를 사용함에 있어 앞에서 선언된 변수를 그대로 사용하면 나중에 대입한 값의 형태에 따라 데이터 타입이 (　　　　)됩니다. 예를 들어 변수 $var에 정수 값을 대입하여 $var=123이라고 선언하고 같은 변수명에 실수 값을 $var=38.52라고 입력하면 중복 선언 된 다음부터 변수 $var은 (　　　　)으로 사용됩니다.

02 PHP 프로그램에서 주석문을 사용하는 의미를 설명하시오.

03 자주 사용되는 환경변수의 속성값에 대해 빈 괄호를 채우시오.

환경변수	속성값
$_SERVER ['SERVER_NAME']	( )
$_SERVER ['SERVER_PROTOCOL']	( )
$_SERVER ['SERVER_PORT']	( )
$_SERVER ['SERVER_ADDR']	( )
$_SERVER ['SCRIPT_FILENAME']	( )
$_SERVER ['SCRIPT_NAME']	( )
$_SERVER ['PHP_SELF']	( )

CHAPTER 03
연산자의 종류

학습목표

- PHP 프로그램에서 사용하는 연산자에 대해 이해할 수 있습니다.
- 증감 연산자와 감소 연산자의 사용 용도에 대해 이해할 수 있습니다.
- 연산식에서 사용되는 복합 연산자의 표현방법에 대해 이해할 수 있습니다.
- 비트와 문자열의 혼합연산에 대해 이해할 수 있습니다.

SECTION 01

산술 연산자와 증감 연산자

PHP에서도 일반 프로그래밍 언어와 마찬가지로 여러 가지 연산자들을 제공하며 연산자들을 이용하여 사칙연산(+, -, *, /), 나머지 연산(%), 증가(++), 감소(--) 등의 산술 연산자와 대입, 비교, 논리, 비트 연산자 등을 수행할 수 있습니다.

1 산술 연산자

산술 연산자는 더하기+, 빼기-, 곱하기*, 나누기/, 나머지% 연산자를 이용하여 연산을 수행하기 위한 연산자들 입니다. 두 개의 변수의 값 $a = 8, $b = 5의 산술연산 결과를 다음 표와 같이 정리하였습니다.

[표 3-1] 산술 연산자의 사용 예

산술 연산자	사용 예 ($a = 8, $b = 5)	결과값
덧셈 연산자 : +	$a + $b	13
뺄셈 연산자 : -	$a - $b	3
곱셈 연산자 : *	$a * $b	40
나누기 연산자 : /	$a / $b	1.6
나머지 연산자 : %	$a % $b	3

다음 예제를 통해 2개의 변수를 선언한 다음 [표 3-1]에서 살펴본 산술 연산자를 적용하여 결과값을 산출하는 과정에 대해 자세히 살펴보도록 하겠습니다.

| 예제 3-1 |

• **Step 01** | 2개의 변수를 선언하고 각각 8과 5의 값을 대입한 다음 산술 연산자를 통해 계산하는 프로그램을 다음과 같이 작성합니다.

ex3-1.php

```
<?php
  echo "<br><B>■ 산술 연산자의 활용 프로그램 </B><br>";
  echo "==================================== <br>";
  $a = 8;
  $b = 5;

  $value = $a + $b;
  echo "$a + $b = $value ..... 덧셈 결과 <br>";

  $value = $a - $b;
  echo "$a - $b = $value ..... 뺄셈 결과 <br>";

  $value = $a * $b;
  echo "$a * $b = $value ..... 곱셈 결과 <br>";

  $value = $a / $b;
  echo "$a / $b = $value ..... 나눗셈 결과 <br>";

  $value = $a % $b;
  echo "$a % $b = $value ... 나머지 연산 결과<br>";
?>
```

• **Step 02** | 웹 브라우저에서 [예제 3-1]을 실행합니다.

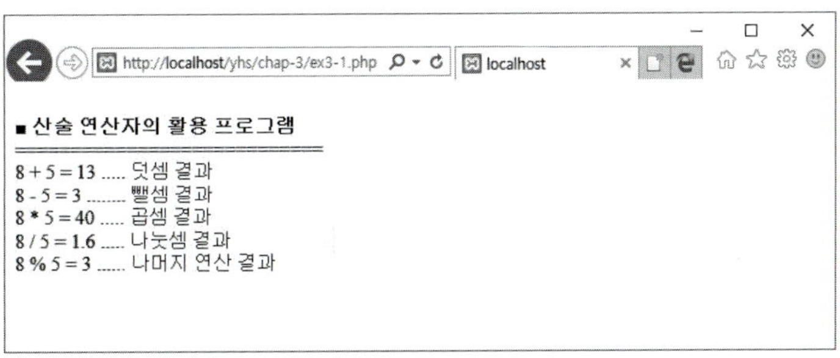

[그림 3-1] ex3-1.php 실행 결과

나머지 연산자인 %는 홀수와 짝수를 판별하기 위해 2로 나누어 나머지가 0이면 짝수, 0이 아니면 홀수의 형태로 많이 사용됩니다. 또한 3의 배수일 경우에는 3으로 나누어서 나머지가 0이면 3의 배수이고 0이 아니면 3의 배수가 아닌 형태로 배수의 관계를 판별할 때도 많이 사용되므로 반드시 기억해 두길 바랍니다.

/ 소스 설명 /

- 정수형 변수 선언

  4행, 5행은 $a = 8, $b = 5의 값을 입력하여 정수형 변수 $a와 $b를 선언합니다.

- 연산결과

  7행, 10행, 13행, 16행, 19행의 연산 결과는 덧셈, 뺄셈, 곱셈, 나눗셈, 나머지 연산의 결과값을 $value 변수에 저장하여 출력합니다.

2 증감 연산자

증가 연산자Increment:++는 해당 변수의 값을 1 증가시키고 감소 연산자Decrement:--는 해당 변수의 값을 1 감소시킵니다. 증감 연산자는 변수의 값을 증감과 동시에 치환을 수행하는 연산자로 항상 변수에 대해서만 적용됩니다.

여러 개의 연산식과 같이 증감 연산자를 이용할 경우 증감 연산자를 변수의 앞에 사용 할 때와 변수의 뒤에 사용할 때 변수의 값에 대한 증감의 변화는 다르게 적용됩니다. 증감 연산자의 사용 예를 다음 표와 같이 정리하였습니다.

[표 3-2] 증감 연산자의 사용 예

증감 연산자	사용 예	의미
증가 연산자 ++	$a++	변수 $a의 값을 먼저 반환하고 1을 증가시킵니다.
	++$a	먼저 1을 증가시키고 변수 $a를 반환합니다.
감소 연산자 --	$a--	변수 $a의 값을 먼저 반환하고 1을 감소시킵니다.
	--$a	먼저 1을 감소시키고 변수 $a를 반환합니다.

증가 연산자 : ++

증가 연산자[Increment]는 변수의 값을 1 증가 시켜줍니다. 예를 들어 $a = 5라고 할 때 $b = $a++의 연산식에서 변수 $a와 $b의 값을 출력한다면 $a = 6, $b = 5가 출력됩니다. 그리고 연산식 $b = ++$a라고 선언되면 출력되는 값은 $a = 6, $b = 6으로 증가 연산자를 변수의 앞에 선언할 경우와 변수의 뒤에 선언할 경우 변수의 값은 다르게 연산됩니다.

다음 예제를 통해 증가 연산자를 변수 앞에 선언[전위]했을 때와 변수 뒤에 선언[후위]했을 때의 차이점에 대해 자세히 살펴보도록 하겠습니다.

| 예제 3-2 |

- **Step 01** | 변수의 값이 $a = 5를 선언하고 $b = $a++ 일 때 변수 $a와 $b의 대입되는 값이 증감 값에 의해 변화된 결과값을 출력하는 프로그램을 다음과 같이 작성합니다.

ex3-2.php

```
<?php
  echo "<br><B>■ 2개의 변수를 선언하여 증가 연산자의 변화된 값 출력 프로그램</B><br>";
  echo "=================================================================== <br>";
  echo " 1. ₩$a = 5 일 때, ₩$b = ₩$a++ 의 연산결과 ₩$a와 ₩$b의 값은 ? <br>";
  echo "=================================================================== <br>";

  $a = 5;
  $b = $a++;

  echo "₩$a = $a ... 변수 ₩$a에 1이 증가된 값이 출력 <br>";
  echo "₩$b = $b ... 변수 ₩$a의 값이 1증가되기 전 값이 ₩$b에 대입<br>";

  echo "------------------------------------------------------------------- <br>";
  echo " 2. ₩$a = 5 일 때, ₩$b = ++₩$a 의 연산결과 ₩$a와 ₩$b의 값은 ? <br>";
  echo "------------------------------------------------------------------- <br>";

  $a = 5;
  $b = ++$a;

  echo "₩$a = $a ... 변수 ₩$a의 값이 1이 증가된 값이 출력 <br>";
  echo "₩$b = $b ... 변수 ₩$a의 값이 먼저 1 증가되어 ₩$b에 대입<br>";

?>
```

• **Step 02** | 웹 브라우저에서 [예제 3-2]를 실행합니다.

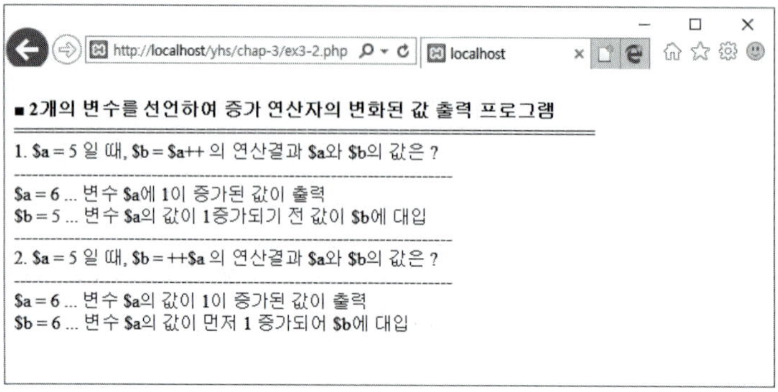

[그림 3-2] ex3-2.php 실행 결과

/ 소스 설명 /

• <B>...</B> 태그

2행에서 사용된 <B>...</B> 태그는 글씨를 진하게 설정해 주는 태그입니다.

• 특수문자 ■ 출력

2행의 문장 맨 앞에 표시된 ■ 특수문자는 한글 미음 'ㅁ'을 입력하고 [한자]키를 눌러 해당 특수문자를 선택하여 사용합니다.

• 증가연산자 ++를 변수 뒤에 선언

8행의 $b = $a++ 연산식을 살펴보면 $b에 먼저 $a를 입력한 다음 변수 $a의 값을 1 증가시키라는 의미로 변수 $b의 값은 변수 $a의 값에서 1이 증가되지 않은 값으로 대입됩니다.

• 증가연산자 ++를 변수 앞에 선언

18행의 $b = ++$a 연산식에서 먼저 변수 $a의 값을 1 증가시킨 다음 변수 $b에 대입하라는 의미로 변수 $b의 값은 변수 $a에서 1이 증가된 값으로 대입됩니다.

• 변수 $a = 5를 두 번 선언한 이유

7행과 17행에서 $a = 5를 각각 선언한 이유는 7행에서 선언한 변수 $a = 5의 값이 8행의 $b = $a++ 연산식에 의해 변수 $a의 값이 $a = 6으로 증가되기 때문에 17행에서 다시 $a = 5를 선언하지 않고 그대로 18행의 $b = ++$a 연산식을 적용하면 변수 $a와 $b의 값은 각각 $a = 7, $b = 7로 출력됩니다. [ex 3-2.php] 의 17행을 // $a = 5와 같이 주석 처리한 다음 그 결과를 살펴보면 무슨 의미인지를 알 수 있습니다.

감소 연산자 : --

감소 연산자Decrement는 증가 연산자와 반대로 변수의 값을 1 감소시켜 치환하는 연산자입니다. 증가 연산자와 마찬가지로 감소 연산자를 변수 앞에 선언할 경우와 뒤에 선언할 경우에 따라서 치환되는 변수의 값은 다르게 연산됩니다. 다음 예제를 통해 감소 연산자를 변수의 앞에 선언전위했을 때와 변수의 뒤에 선언후위했을 때 변수의 값이 어떻게 변하는지에 대해 자세히 살펴보도록 하겠습니다.

예제 3-3

• **Step 01** | 변수 $a = 8 일 때 감소 연산자를 연속해서 사용할 경우 변화된 변수의 값을 출력하는 프로그램을 다음과 같이 작성합니다.

ex3-3.php

```
<?php
  echo "<br><B>■ ₩$a = 8 일 때 감소 연산자의 연속 사용</B><br>";
  echo "============================================ <br>";

  $a = 8;

  $a--;
  echo "₩$a--를 선언할 경우 ₩$a = $a <br>";
  --$a;
  echo "--₩$a를 선언할 경우 ₩$a = $a  <br><br>";

  $b = $a--;
  echo "₩$b = ₩$a-- 일 때, ₩$a = $a, ₩$b = $b <br>";

  $b = --$a;
  echo "₩$b = --₩$a 일 때, ₩$a = $a, ₩$b = $b <br>";
?>
```

• **Step 02** | 웹 브라우저에서 [예제 3-2]를 실행합니다.

[그림 3-3] ex3-2.php 실행 결과

/ 소스 설명 /

- **변수 $a = 8의 값이 $a = 7, $a = 6으로 감소 연산**

  5행에서 선언된 변수 $a = 8의 값은 7행에서 $a-- 감소 연산을 거쳐 변수 $a의 값이 1 감소된 $a = 7이 됩니다. 7행에서 변수 $a의 값이 감소된 $a = 7을 9행에서 --$a 다시 한 번 감소 연산되어 10행에 출력되는 변수 $a의 값은 $a = 6이 됩니다.

- **$b = $a-- 연산에서 변수 $a와 $b에 대입되는 값**

  12행의 $b = $a-- 연산에서 변수 $a의 값은 1 감소된 $a = 5가 출력되지만 변수 $b에 대입되는 값은 감소 연산자가 변수 $a--의 뒤에 붙어있기 때문에 $b = 6으로 1 감소되기 전의 값이 대입됩니다.

- **$b = --$a 연산에서 변수 $a와 $b에 대입되는 값**

  12행까지 감소 연산이 세 번 수행되었기 때문에 15행 $b = --$a에서 연산될 때 변수 $a의 값은 $a = 5를 가져오게 됩니다. 15행의 감소 연산을 수행하여 변수 $a의 최종값은 $a = 4가 됩니다. 이와 같이 변수를 한 번만 선언하고 계속해서 감소 연산자를 사용할 경우에는 처음 선언된 변수 $a의 값에서 1씩 감소되는 것을 알 수 있습니다.

다음 예제를 통해 2개의 변수에 선언한 초기 값에 대해 증감 연산자를 사용하여 증감 연산 결과값이 어떻게 산출되는지에 대해 살펴보도록 하겠습니다.

| 예제 3-4 |

- **Step 01** | 2개의 변수 값을 각각 $a = 13, $b = 8과 같이 한 번만 선언하고 중복된 증감 연산의 결과값 $a, $b, $c를 출력하는 프로그램을 다음과 같이 작성합니다.

ex3-4.php

```
<?php
  echo "<br><B>■ 증감 연산자의 사용</B><br>";
  echo "================================ <br>";

  $a = 13;
  $b = 8;
  echo "1. ₩$a = $a, ₩$b = $b 의 초기 값으로 <br>";
  echo "--------------------------------- <br>";

  $c = ++$a - $b--;
  echo "₩$c = ++₩$a - ₩$b-- 일 때 <br>";
  echo "₩$a = $a, ₩$b = $b, ₩$c = $c <br>";

  echo "--------------------------------- <br>";
  echo "2. 변화된 ₩$a = $a, ₩$b = $b 의 값으로 <br>";
  echo "--------------------------------- <br>";

  $c = --$a + $b++;
  echo "₩$c = --₩$a + ₩$b++ 일 때 <br>";
  echo "₩$a = $a, ₩$b = $b, ₩$c = $c <br><br>";
?>
```

• **Step 02** | 웹 브라우저에서 [예제 3-4]를 실행합니다.

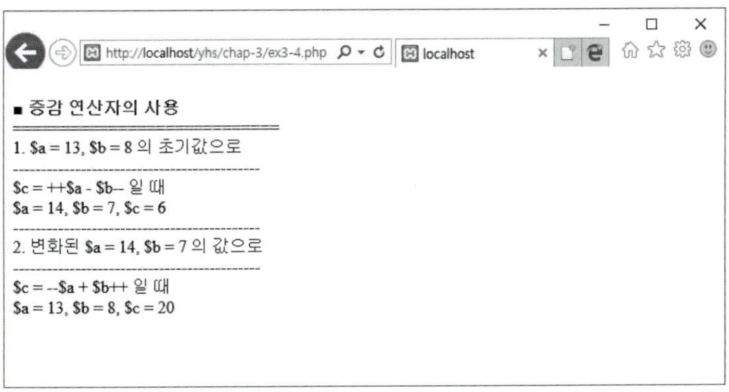

[그림 3-4] ex3-4.php 실행 결과

/ 소스 설명 /

- `$c = ++$a - $b--` **연산**

  10행에서 두 개의 변수 값 $a = 13, $b = 8을 대입하여 증감 연산을 수행하면 각각의 변수에 대입되는 값은 $a = 14, $b = 7, $c = 6 이 됩니다.

- `$c = --$a + $b++` **연산**

  18행에서 증감연산이 수행 될 때의 변수 $a와 $b의 값은 10행의 연산 결과로 바뀐 값 $a = 14와 $b = 7의 값으로 증감 연산이 수행되어 $a = 13, $b = 8, $c = 20 이 각각 출력됩니다.

SECTION 02

대입 연산자와 비교 연산자

1 대입 연산자

대입 연산자는 오른쪽의 값을 왼쪽에 대입할 때 사용하는 연산자입니다. 변수를 선언하고 그 변수에 값을 $var=123과 같이 선언할 때 변수 $var와 숫자 123이 같음을 나타내는 것은 결코 아닙니다. 우측에 있는 숫자 123을 좌측에 있는 변수 $var에 대입하라는 의미입니다.

대입 연산자는 = 기호를 사용하고 $a = $a +5의 연산식은 복합 연산자 += 를 사용하여 간단하게 $a += 5로 표현할 수 있습니다. 또한 문자열을 대입할 때는 .= 연산자를 사용하여 변수와 문자열을 한꺼번에 출력할 수 있도록 한 라인에 함께 선언할 수도 있습니다. 복합 연산자를 사용하여 결과값을 산출하는 사용 예와 표현방법을 다음 표와 같이 정리하였습니다.

[표 3-3] 대입 연산자와 동일한 복합 연산자의 표현

복합 연산자	사용 예	동일한 표현	결과값	의미
+=	$a = 3 $a += 5	$a = 3 $a = $a + 5	8	$a = 3 + 5의 결과값 대입
-=	$a = 8 $a -= 5	$a = 8 $a = $a - 5	3	$a = 8 - 5의 결과값 대입
*=	$a = 2 $a *= 5	$a = 2 $a = $a * 5	10	$a = 2 * 5의 결과값 대입
/=	$a = 35 $a /= 5	$a = 35 $a = $a / 5	7	$a = 35 / 5의 결과값 대입
%=	$a = 7 $a %= 5	$a = 7 $a = $a % 5	2	$a = 7 % 5의 결과값 대입
.=	$a = "대한" $a .= "민국" echo "$a"	$a = "대한" $a = $a."민국" echo "$a"	대한민국	변수 $a에 $a."민국"의 문자열 대입

다음 예제를 통해 대입 연산자와 복합 연산자의 활용방법에 대해 자세히 살펴보도록 하겠습니다.

예제 3-5

• **Step 01** | 대입 연산자와 복합 연산자를 사용하여 연산 결과값과 문자열의 결합 결과를 출력하는 프로그램을 다음과 같이 작성합니다.

ex3-5.php

```
<?php
  echo "<br><B>■ 대입 연산자의 사용 </B><br>";
  echo "============================== <br>";

  $a = 3;
  $a += 5;
  echo "₩$a = 3 <br>";
  echo "₩$a += 5 <br>연산결과 ...  <B>$a</B><br>";
  echo "--------------------------- <br>";

  $a = 7;
  $a %= 5;
  echo "₩$a = 7 <br>";
  echo "₩$a %= 5 <br> 나머지 연산결과 ...  <B>$a</B><br>";
  echo "--------------------------- <br>";

  $a = "대한";
  $a .= "민국";
  echo "₩$a = ₩"대한₩" <br>";
  echo "₩$a .= ₩"민국₩"<br>";
  echo "문자열 출력 결과 ... <B>$a</B><br>";
?>
```

• **Step 02** | 웹 브라우저에서 [예제 3-5]를 실행합니다.

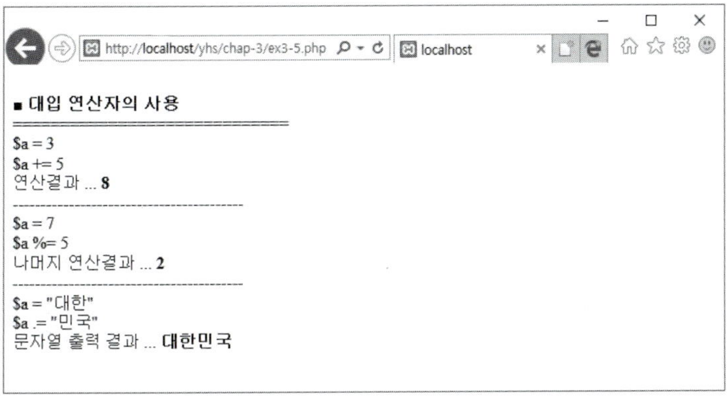

[그림 3-5] ex3-5.php 실행 결과

/ 소스 설명 /

- `$a += 5` 연산

  6행의 `$a += 5` 연산은 `$a = $a + 5`와 같은 의미로 5행에 선언된 변수 `$a = 3`의 값을 입력 받아 `$a = 3 + 5`의 연산 결과 8을 변수 `$a = 8`에 대입하여 출력합니다.

- `$a %= 5` 연산

  12행의 나머지 구하는 연산 `$a %= 5`의 연산은 `$a = $a % 5`와 같은 의미로 11행에 선언된 변수 `$a = 7`의 값을 입력 받아 `$a = 7 % 5`의 연산 결과 나머지 2의 값을 변수 `$a = 2`에 대입하여 출력합니다.

- 문자열의 결합

  17행에 문자열 변수 `$a = "대한"`을 선언하고 18행에 `$a .= "민국"`으로 선언된 문자열 대입 연산은 `$a = $a . "민국"`과 같은 의미로 문자열 "대한"과 "민국"이 점(.)으로 결합되며 변수 `$a = "대한민국"`이 대입되어 출력됩니다.

2 비교 연산자

비교 연산자는 제어문[if~else문, switch문]과 반복문[for문, while문, do~while문] 등의 조건식에서 많이 사용되는 연산자입니다. 비교 연산자는 두 가지 조건을 비교하여 참일 경우 명령을 수행하고 거짓일 경우 명령을 수행하지 않는 방법으로 프로그램의 진행 순서를 결정할 수 있습니다. 비교 연산자의 사용 예를 다음 표와 같이 정리하였습니다.

[표 3-4] 비교 연산자의 사용 예

비교 연산자	사용 예	의미
==	$a == $b	$a와 $b의 값이 같으면 참
!=	$a != $b	$a와 $b의 값이 다르면 참
<>	$a <> $b	$a와 $b의 값이 다르면 참
>	$a > $b	$a가 $b의 값보다 크면 참
<	$a < $b	$a가 $b의 값보다 작으면 참
>=	$a >= $b	$a가 $b의 값보다 크거나 같으면 참
<=	$a <= $b	$a가 $b의 값보다 작거나 같으면 참

SECTION

03 논리 연산자와 비트 연산자

1 논리 연산자

논리 연산자 또한 비교 연산자와 마찬가지로 연산의 결괏값으로 참과 거짓을 반환하는 연산자입니다. 논리 연산자는 제어문과 반복문에서 주로 많이 사용되며 2개 이상의 비교 연산자들을 조합해서 사용할 때에도 많이 사용됩니다. 논리 연산자의 사용 예를 다음 표와 같이 정리하였습니다.

[표 3-5] 논리 연산자의 사용 예

논리 연산자	사용 예	의미
and	\$a and \$b	\$a와 \$b 모두가 참이면 참
or	\$a or \$b	\$a와 \$b 중에서 어느 하나라도 참이면 참
xor	\$a xor \$b	\$a와 \$b 중에서 하나만 참이면 참
!	!\$a	\$a가 거짓이면 참
&&	\$a && \$b	\$a와 \$b 모두가 참이면 참
||	\$a || \$b	\$a와 \$b 중에서 어느 하나만이라도 참이면 참

논리 연산자 중에서 주어진 2개 이상의 조건이 모두 참일 경우에 사용하는 and 논리 연산자는 &&와 같이 선언할 수도 있습니다. 그리고 2개 이상의 조건이 주어졌을 때 어느 하나의 조건이라도 참일 경우 사용하는 or 논리 연산자는 ||와 같이 선언할 수도 있습니다. and와 &&, or와 || 논리 연산자는 같은 의미를 갖는 연산자로 사용자의 편의에 따라 선택하여 사용할 수 있습니다.

2 비트 연산자

비트 연산자는 0과 1로 조합된 2진수의 형태로 연산을 수행하며 객체가 갖는 값을 비트 단위 또는 비트 간의 연산을 수행할 수 있도록 지원합니다. 비트 연산자의 사용 예를 다음 표과 같이 정리하였습니다.

[표 3-6] 비트 연산자의 사용 예

비트 연산자	사용 예	의미
&	$a & $b	$a와 $b의 단위 비트간의 논리곱
|	$a | $b	$a와 $b의 단위 비트간의 논리합
^	$a ^ $b	$a와 $b의 단위 비트간의 xor
~	~$a	$a의 단위비트를 부정(0을 1로, 1을 0으로 변환)
<<	$a << 3	$a의 비트열을 3비트 만큼 왼쪽으로 이동(시프트)
>>	$a >> 2	$a의 비트열을 2비트 만큼 오른쪽으로 이동(시프트)

다음 예제를 통해 비트 연산자의 활용방법에 대해 자세히 살펴보도록 하겠습니다.

| 예제 3-6 |

- **Step 01** | 비트 연산자를 사용하여 주어진 변수의 값이 어떻게 변화되는지를 출력하는 프로그램을 다음과 같이 작성합니다.

ex3-6.php

```
<?php
  echo "<br><B>■ ₩$a = 5, ₩$b = 8 일 때 ";
  echo "비트 연산자의 활용 </B><br>";
  echo "====================================== <br>";

  $a = 5;        // 2진수 0101
  $b = 8;        // 2진수 1000

  $c = $a & $b;
  $d = $a | $b;
  $e = $a << 3;
```

```
12    $f = $b >>2;
13
14    echo "₩$a & ₩$b = <B>$c</B>";
15    echo " ...  0101 * 1000 = <B>0000</B> <br>";
16    echo "------------------------------------ <br>";
17    echo "₩$a | ₩$b = <B>$d</B>";
18    echo " ... 0101 + 1000 = <B>1101</B><br>";
19    echo "------------------------------------ <br>";
20    echo "₩$a << 3 = <B>$e</B> <br>";
21    echo " ... 0101 왼쪽으로 3비트 이동 후 <B>101000</B><br>";
22    echo "------------------------------------ <br>";
23    echo "₩$b >> 2 = <B>$f</B> <br>";
24    echo " ... 1000 오른쪽으로 2비트 이동 후 <B>0010</B><br>";
25  ?>
```

• **Step 02** | 웹 브라우저에서 [예제 3-6]을 실행합니다.

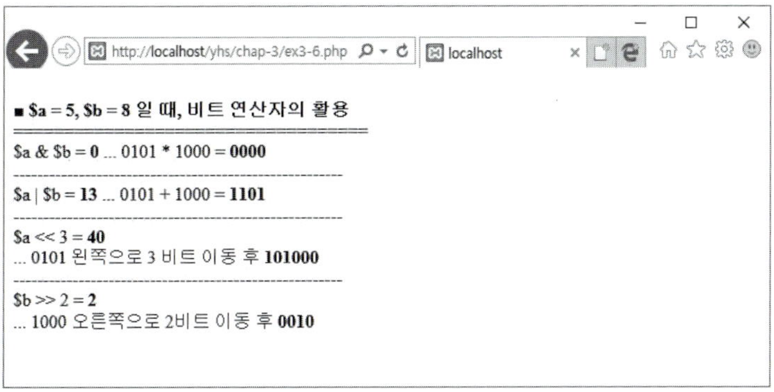

[그림 3-6] ex3-6.php 실행 결과

/ 소스 설명 /

• 변수의 값을 2진수로 이해

6행의 변수 $a = 5는 2진수로 0101 이고 7행의 변수 $b = 8은 2진수로 1000이며 10진수를 2진수로 진법 변환할 때는 8421의 값을 활용하면 편리합니다.

• 곱셈과 덧셈

9행의 $c = $a & $b의 연산에 있어서 10진수가 아닌 2진수로 연산하는 과정을 이해해야 하며 연산의 결과값이 0101 * 1000 = 0000으로 10진수 0이 되고 10행의 $c = $a | $b의 연산 결과값은 0101 + 1000 = 1101 입니다. 10진수로 환산하면 13이 됩니다.

- 좌 시프트 연산

  11행의 $e = $a << 3 연산에서 $a의 10진수 값 5를 2진수로 환산하면 0101이므로 2진수의 숫자를 왼쪽으로 3자리 이동하면 101000이 되며 10진수 40이 됩니다.

- 우 시프트 연산

  12행의 $f = $b >> 2 연산에서 $b의 10진수 값 8을 2진수로 환산하면 1000이므로 2진수의 숫자를 오른쪽으로 2자리 이동하면 0010이 되며 10진수 2가 됩니다.

- 비트 연산의 도움말

  15행, 18행, 21행, 24행은 비트 연산이 되는 과정을 2진수로 표기하여 이해하기 쉽도록 설명한 부분입니다.

비트 혼합 연산

다음 예제를 통해 비트 혼합 연산결과를 산출하는 과정에 대해 자세히 살펴보도록 하겠습니다.

| 예제 3-7 |

- **Step 01** | 대입과 비트 혼합 연산 결과값을 출력하는 프로그램을 다음과 같이 작성합니다.

ex3-7.php

```
<?php
  echo "<br><B>■ 대입, 비트 혼합 연산의 결과  </B><br>";
  echo "==================================== <br>";

  $a = 8;
  echo "변수의 값이 ₩$a = 8 일 때 연산 결과값은? <br>";
  echo "-------------------------------------------------- <br>";
  $b = $a * ($a++ >> 3);
  echo "1. ₩$b = ₩$a * (₩$a++ >> 3)의 연산결과 <br> ";
  echo " ... <B>₩$a = $a, ₩$b = $b </B><br>";
  echo "-------------------------------------------------- <br>";
  $c = ++$a - $b--;
  echo "2. ₩$c = ++₩$a - ₩$b-- 의 연산결과 <br> ";
  echo " ... <B>₩$a = $a, ₩$b = $b, ₩$c = $c</B> <br>";
?>
```

• **Step 02** | 웹 브라우저에서 [예제 3-7]을 실행합니다.

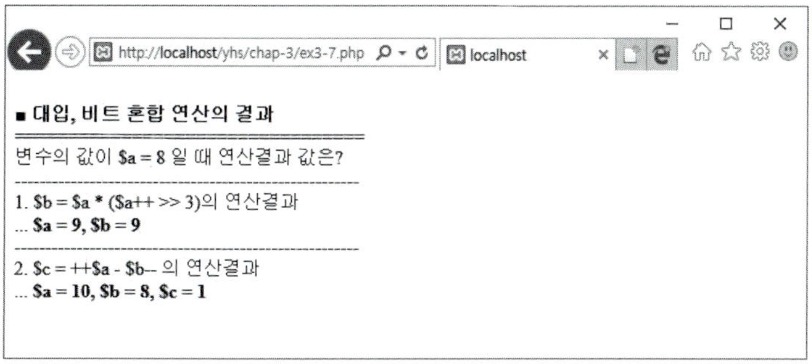

[그림 3-7] ex3-7.php 실행 결과

/ 소스 설명 /

• 대입, 비트연산

8행의 `$b = $a * ($a++ >> 3)` 연산은 대입 연산자와 비트 연산자가 혼합된 연산식으로 가장 먼저 괄호 안에 있는 `($a++ >> 3)`중에서 `$a++`가 우선적으로 연산되고 `$a`의 값은 9가 되어 `$b = 9 * (9 >> 3)`의 연산을 수행합니다. 9(1001)를 오른쪽으로 3비트 시프트 연산을 하면 1(0001)이 되므로 `$b = 9 * (1)`의 연산결과 `$a = 9, $b = 9`가 됩니다.

• 증감, 대입 연산

12행 `$c = ++$a - $b--` 의 증감연산에서 변수 `$a`의 값은 8행에서 연산된 `$a = 9`의 값으로 `++$a` 증가 연산을 하면 변수 `$a = 10`의 값이 출력됩니다. 변수 `$b`의 값도 8행의 연산 결과 `$b = 9`의 값으로 감소 연산 `$b--` 한 결과 `$b = 8`의 값이 출력됩니다.

• 증감 연산자의 위치

12행의 연산에서 변수 `$c`의 값을 계산할 때는 증감 연산자가 변수의 앞과 뒤에 위치한 것에 따라 연산 결과가 다르게 산출되며 `$c = 10 - 9` 의 연산으로 결과값이 `$c = 1` 이 됩니다. 그 이유는 변수 `++$a`와 `$b--` 증감 연산자의 위치가 다르기 때문입니다.

비트와 문자열 혼합 연산

다음 예제를 통해 비트와 문자열 혼합 연산의 결과에 대해 자세히 살펴보도록 하겠습니다.

| 예제 3-8 |

• **Step 01** | 비트와 문자열 혼합 연산의 결과를 출력하는 프로그램을 다음과 같이 작성합니다.

ex3-8.php

```
01 <?php
02   echo "<br><B>■ 비트, 문자열 혼합 연산의 결과  </B><br>";
03   echo "=========================================<br>";
04
05   $a = 5;
06   $a += 3;
07
08   $c = "우리들은 ";
09   $c .= "만난지 꼭 ";
10
11   $d = $a >> 3;
12
13   echo "$c $d 년째 입니다...";
14 ?>
```

• **Step 02** | 웹 브라우저에서 [예제 3-8]을 실행합니다.

[그림 3-8] ex3-8.php 실행 결과

/ 소스 설명 /

• 복합 연산

5행에서 변수 $a = 5의 값을 대입하고 6행의 $a += 3 연산에서 결과값은 $a = 8이 산출됩니다.

- 문자열의 결합과 비트 연산

  8행과 9행에서 선언된 문자열의 결합 연산자 $c .= "만난지 꼭"을 이용하여 문자열은 "우리들은 만난지 꼭"으로 결합됩니다. 11행의 $d = $a >> 3 비트 연산이 계산되어 $ = 1의 결과값이 산출되어 13행의 출력문에서 "우리들이 만난지 꼭 1년째입니다..."가 출력됩니다.

이와 같이 PHP 프로그램에서 사용되는 연산자의 종류에 따라 산술, 증감, 대입 연산자와 비교, 논리, 비트 연산자를 사용하는 방법에 대해 실습하였습니다. 다음 장에서는 조건문과 분기문, 반복문에 대해서 다루도록 하겠습니다.

01 PHP에서도 일반 프로그래밍 언어와 마찬가지로 여러 가지 연산자들을 제공하며 연산자들을 이용하여 사칙연산$^{+,\ -,\ *,\ /}$, 나머지$^{\%}$, 증가$^{++}$, 감소$^{--}$ 등의 산술 연산자와 대입, 비교, 논리, 비트 연산자 등을 수행할 수 있습니다.

02 산술 연산자는 더하기$^{+}$, 빼기$^{-}$, 곱하기*, 나누기$^{/}$, 나머지$^{\%}$ 연산자를 이용하여 연산을 수행하기 위한 연산자들입니다. 두 개의 변수의 값 $a = 8, $b = 5의 산술연산 결과는 다음과 같습니다.

■ 산술 연산자의 사용 예

산술 연산자	사용 예 ($a = 8, $b = 5)	결과값
덧셈 연산자 : +	$a + $b	13
뺄셈 연산자 : -	$a - $b	3
곱셈 연산자 : *	$a * $b	40
나누기 연산자 : /	$a / $b	1.6
나머지 연산자 : %	$a % $b	3

03 증가 연산자++는 해당 변수의 값을 1 증가하고 감소 연산자--는 해당 변수의 값을 1 감소시킵니다. 증감 연산자는 변수의 값을 증감과 동시에 치환을 수행하는 연산자로 항상 변수에 대해서만 적용되며 여러 개의 연산식과 같이 증감 연산자를 이용할 경우 증감 연산자를 변수의 앞에 사용 할 때와 변수의 뒤에 사용할 때 변수의 값에 대한 증감의 변화는 다르게 적용됩니다.

■ 증감 연산자의 사용 예

증감 연산자	사용 예	의미
증가 연산자 ++	$a++	변수 $a의 값을 먼저 반환하고 1을 증가 시킵니다.
	++$a	먼저 1을 증가시키고, 변수 $a를 반환합니다.
감소 연산자 --	$a--	변수 $a의 값을 먼저 반환하고 1을 감소 시킵니다.
	--$a	먼저 1을 감소시키고, 변수 $a를 반환합니다.

04 대입 연산자는 = 기호를 사용하고 $a = $a +5의 연산식은 += 의 복합 연산자를 사용하여 간단하게 $a += 5로 표현할 수 있습니다. 또한 문자열을 대입할 때는 .= 연산자를 사용합니다.

■ 대입 연산자와 동일한 복합 연산자의 표현

복합 연산자	사용 예	동일한 표현	결과값	의미
+=	$a = 3 $a += 5	$a = 3 $a = $a + 5	8	$a = 3 + 5의 결과값 대입
-=	$a = 8 $a -= 5	$a = 8 $a = $a - 5	3	$a = 8 - 5의 결과값 대입
*=	$a = 2 $a *= 5	$a = 2 $a = $a * 5	10	$a = 2 * 5의 결과값 대입
/=	$a = 35 $a /= 5	$a = 35 $a = $a / 5	7	$a = 35 / 5의 결과값 대입
%=	$a = 7 $a %= 5	$a = 7 $a = $a % 5	2	$a = 7 % 5의 결과값 대입
.=	$a = "대한" $a .= "민국" echo "$a"	$a = "대한" $a = $a."민국" echo "$a"	대한민국	변수 $a에 $a."민국"의 문자열 대입

05 비교 연산자는 제어문(if~else문, switch문)과 반복문(for문, while문, do~while문)등의 조건식에서 많이 사용되며 두 가지 조건을 비교하여 참일 경우 명령을 수행하고 거짓일 경우 명령을 수행하지 않는 방법으로 프로그램의 진행 순서를 결정할 수 있습니다.

■ 비교 연산자의 사용 예

비교 연산자	사용 예	의미
==	$a == $b	$a와 $b의 값이 같으면 참
!=	$a != $b	$a와 $b의 값이 다르면 참
<>	$a <> $b	$a와 $b의 값이 다르면 참
>	$a > $b	$a가 $b의 값보다 크면 참
<	$a < $b	$a가 $b의 값보다 작으면 참
>=	$a >= $b	$a가 $b의 값보다 크거나 같으면 참
<=	$a <= $b	$a가 $b의 값보다 작거나 같으면 참

06 논리 연산자도 비교 연산자와 마찬가지로 연산의 결과값으로 참과 거짓을 반환하는 연산자이며 주로 제어문과 반복문에서 많이 사용되고 비교 연산자들을 여러 개 조합할 때에도 사용됩니다.

■ 논리 연산자의 사용 예

<table>
<tr><th>논리 연산자</th><th>사용 예</th><th>의미</th></tr>
<tr><td>and</td><td>$a and $b</td><td>$a와 $b 모두가 참이면 참</td></tr>
<tr><td>or</td><td>$a or $b</td><td>$a와 $b 중에서 어느 하나라도 참이면 참</td></tr>
<tr><td>xor</td><td>$a xor $b</td><td>$a와 $b 중에서 하나만 참이면 참</td></tr>
<tr><td>!</td><td>!$a</td><td>$a가 거짓이면 참</td></tr>
<tr><td>&&</td><td>$a && $b</td><td>$a와 $b 모두가 참이면 참</td></tr>
<tr><td>||</td><td>$a || $b</td><td>$a와 $b 중에서 어느 하나만이라도 참이면 참</td></tr>
</table>

07 비트 연산자는 0과 1로 조합된 2진수의 형태로 연산을 수행하며 객체가 갖는 값을 비트 단위 또는 비트 간의 연산을 수행할 수 있도록 지원합니다.

■ 비트 연산자의 사용 예

<table>
<tr><th>비트 연산자</th><th>사용 예</th><th>의미</th></tr>
<tr><td>&</td><td>$a & $b</td><td>$a와 $b의 단위 비트간의 논리곱</td></tr>
<tr><td>|</td><td>$a | $b</td><td>$a와 $b의 단위 비트간의 논리합</td></tr>
<tr><td>^</td><td>$a ^ $b</td><td>$a와 $b의 단위 비트간의 xor</td></tr>
<tr><td>~</td><td>~$a</td><td>$a의 단위비트를 부정(0을 1로, 1을 0으로 변환)</td></tr>
<tr><td><<</td><td>$a << 3</td><td>$a의 비트열을 3비트 만큼 왼쪽으로 이동(시프트)</td></tr>
<tr><td>>></td><td>$a >> 2</td><td>$a의 비트열을 2비트 만큼 오른쪽으로 이동(시프트)</td></tr>
</table>

연습문제

01 다음 증감 연산의 결과값을 산출하시오.

(1) $a=5, $b=3.82일 때, $b += $a의 결과값 ... ($a=　　　), ($b=　　　)

(2) $a=13, $b=8일 때, $c = ++$a − $b—의 결과값
.... ($a=　　　), ($b=　　　), ($c=　　　)

02 다음 비트 연산의 결과값을 산출하시오.

(1) $a=5일 때, $b = $a 《 2의 결과값 ... ($b=　　　)

(2) $a=8일 때 $b = $a 》 3의 결과값 ... ($b=　　　)

03 다음 문자열 결합에 대한 출력결과를 나타내시오.

(1) $a="오늘", $b="날씨"일 때 echo $b .= $a; 의 출력 결과 ____________

(2) $a="Good", $b="Study", $c = "Student"일 때 echo $c .= $a;의
출력 결과 ____________

PART 02

PHP 프로그램 모듈화

CHAPTER 04
조건과 상황에 맞는 프로그램

학습목표

- 조건문이 무엇인지에 대해 이해할 수 있습니다.
- 조건문에 따른 반복문을 사용할 수 있습니다.
- 분기문의 종류와 사용방법에 대해 이해할 수 있습니다.
- 조건과 상황에 맞는 PHP 프로그램을 작성할 수 있습니다.

SECTION

01 조건문

조건문이라 함은 프로그래밍 언어에서 순차적이 아닌 어떤 조건에 따라 처리될 명령을 달리할 필요가 있을 때 사용하기 위해 만들어졌으며 주어진 조건의 참 또는 거짓에 따라 실행되는 코드가 선택되어 각각 다른 명령을 수행하도록 합니다. 조건문에는 대표적으로 if문과 switch문이 있습니다.

1 if문

if문의 종류에는 단순 if문과 if~else문 그리고 다중 if~else문이 있습니다. if문의 종류별로 자세히 살펴보도록 하겠습니다.

단순 if문

단순 if 문은 주어진 조건이 참이면 명령을 수행하지만 조건이 거짓일 경우에는 명령을 수행하지 않습니다. 단순하게 주어진 조건이 참일 경우에만 명령을 수행하도록 정의할 때 사용됩니다. 다음 예제를 통해 단순 if문 활용방법에 대해 살펴보도록 하겠습니다.

| 예제 4-1 |

• **Step 01** | 어린이는 입장료를 50%를 할인해 주는 프로그램을 다음과 같이 작성합니다.

ex4-1.php

```
<?php
   echo "<br><B> ■ 어린이(10세이하)의 입장료 50% 할인 </B><br>";
   echo "======================================== <br>";
```

```
04
05      $fee = 5000;          // 입장료
06      $age = 8;             // 나이
07
08      if ($age <= 10)
09      {
10        $fee *= 0.5;        // $fee = $fee * 0.5 와 같음
11        echo " {$age}세는 어린이이므로 50% 할인된 <br>요금 {$fee}원 입니다...<br><br>";
12      }
13      echo "---------------------------------------- <br>";
14      echo ">> 기본 입장료는 5,000원 입니다... <br>";
15  ?>
```

• **Step 02** | 웹 브라우저에서 [예제 4-1]을 실행합니다.

[그림 4-1] ex4-1.php 실행 결과

/ 소스 설명 /

• **변수 선언과 정수 입력**

5행의 변수 $fee는 입장료 5,000원을 입력한 변수로 $fee=5000을 입력하고 6행의 $age 변수는 나이를 입력하기 위한 변수로 선언하여 $age=8을 입력합니다.

• **조건문** `if($age <= 10)`

8행에서의 조건 if($age <= 10)은 10세이하 어린이는 입장료 5,000원에서 50%를 할인해 주는 혜택을 검사하는 조건문입니다. 6행에서 나이를 $age = 8을 입력하였기 때문에 어린이에 해당되므로 9행부터 12행까지의 문장이 수행됩니다.

• `$fee *= 0.5`

10행에서 주어진 연산식은 대입연산자의 활용으로 `$fee = $fee * 0.5` 와 같은 의미를 갖습니다. 프로그램 코딩 과정에서 많이 사용되는 연산식이므로 꼭 알아두는 것이 바람직합니다. 또한 11행에서 변수를 중괄호`{$age}`로 묶은 것은 문자열과 변수의 구분을 확실하게 수행하기 위함입니다.

다음 예제는 주어진 조건식이 거짓으로 판별 날 경우 if문 안에 있는 문장을 수행하지 않는 예제입니다.

예제 4-2

• **Step 01** | 어린이의 나이가 11세인 경우 나이 제한을 둔 조건의 판별이 거짓이 되기 때문에 if문 안에 있는 문장을 수행하지 않는 프로그램을 다음과 같이 작성합니다.

ex4-2.php

```php
01 <?php
02   echo "<br><B> ▣ 어린이(10세 이하)의 입장료 50% 할인 </B><br>";
03   echo ==============================================<br>";
04
05   $fee = 5000;            // 입장료
06   $age = 11;              // 나이 8세를 11세로 수정
07
08   if ($age <= 10)         // 거짓
09   {
10     $fee *= 0.5;          // $fee = $fee * 0.5 와 같음
11     echo " {$age}세는 어린이이므로 50% 할인된 <br>요금 {$fee}원 입니다...<br>";
12   }
13
14   echo "기본 입장료는 5,000원 입니다... <br>";
15 ?>
```

• **Step 02** | 웹 브라우저에서 [예제 4-2]를 실행합니다.

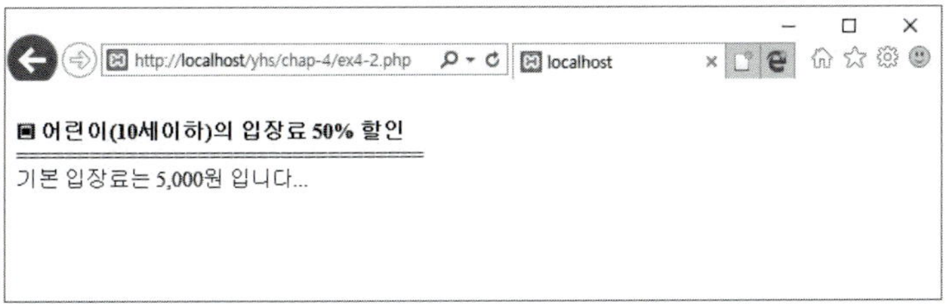

[그림 4-2] ex4-2.php 실행 결과

/ 소스 설명 /

- **변수 선언과 정수 입력**

  5행의 변수 $fee는 입장료 5,000원을 입력한 변수로 $fee=5000을 입력하고 6행의 $age 변수는 나이를 입력하기 위한 변수로 선언하여 $age=11을 입력합니다.

- **조건문** `if($age <= 10)`

  8행에서의 조건 `if($age <= 10)`은 10세이하 어린이는 입장료 5,000원에서 50%를 할인해 주는 혜택을 검사하는 조건문입니다. 6행에서 나이를 $age = 11을 입력하였기 때문에 어린이에 해당되지 않으므로 9행부터 12행까지의 문장은 수행되지 않습니다.

- `$fee *= 0.5`

  10행에서 주어진 연산식은 대입연산자의 활용으로 `$fee = $fee * 0.5` 와 같은 의미를 갖습니다. 프로그램 코딩 과정에서 많이 사용되는 연산식이므로 꼭 알아두는 것이 바람직합니다. 또한 11행에서 변수를 중괄호{$age}로 묶은 것은 문자열과 변수의 구분을 확실하게 수행하기 위함입니다.

if~else문

if~else문은 주어진 조건이 참 또는 거짓에 따라 각각 다른 문장을 수행합니다. if문은 주어진 조건이 참이면 문장을 수행하고 else문은 주어진 조건이 거짓이었을 때 수행하게 될 문장을 지정해 줍니다. 다음 예제를 통해 자세히 살펴보도록 하겠습니다.

| 예제 4-3 |

- **Step 01** | 곱셈의 결과값에 따라 홀수와 짝수를 판별하는 프로그램을 다음과 같이 작성합니다.

ex4-3.php

```
01 <?php
02   echo "<br><B>■ 곱셈 연산 결과값의 홀/짝수 구별</B><br>";
03   echo "=================================================== <br>";
04   echo "> 선언한 변수 : ₩$a=15, ₩$b=23 <br><br>";
05   $a = 15;
06   $b = 23;
07   $gob = $a * $b;
08
09   if($gob %2 == 0)
10   {
11     echo "> 조건(₩$gob%2==0)이 참일 때 수행하는 명령입니다. <br><br>";
12     echo " ..... 곱셈의 연산 결과값 {$gob}는 짝수입니다.";
13   }
14
15   else
16   {
17     echo "> 조건(₩$gob%2==0)이 거짓일 때 수행하는 명령입니다. <br><br>";
18     echo " ..... 곱셈의 연산 결과값 {$gob}는 홀수입니다.";
19   }
20 ?>
```

• **Step 02** | 웹 브라우저에서 [예제 4-3]을 실행합니다.

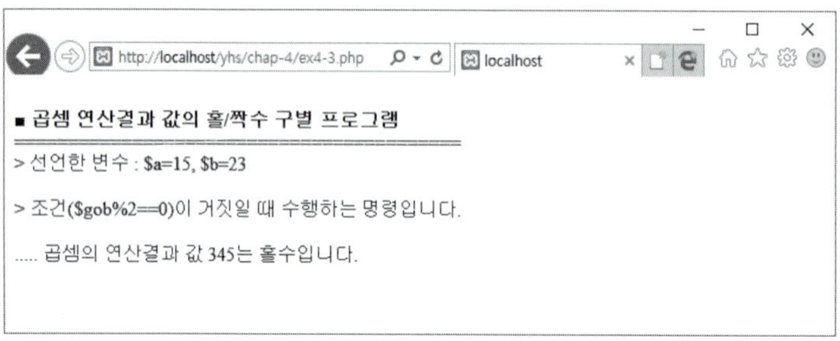

[그림 4-3] ex4-3.php 실행 결과

/ 소스 설명 /

• 변수 선언과 정수 입력

5행, 6행은 변수 a, b를 선언하여 값을 입력하고 7행은 두 변수의 곱을 저장할 변수 $gob을 선언하여 연산식을 정의합니다.

- **조건문** `if($gob%2 == 0)`
  9행에서의 조건 `if($gob%2 == 0)`은 두 수의 연산 결과값이 저장된 $gob의 값을 2로 나누어 나머지가 0이면 짝수가 되는 것을 의미합니다. 두 수의 연산 결과값이 짝수가 나오면 조건식이 참이 되므로 if구문 안의 문장을 수행하게 되지만 결과값은 홀수이기 때문에 15행의 else 구문이 수행됩니다.

- **조건식의 결과는 거짓이므로** `else` **구문 안의 문장을 수행**
  두 변수 $a=15, $b=23의 연산결과 $gob=345의 값은 홀수로 9행의 조건식은 거짓이기 때문에 15행의 else 구문 안에 있는 문장이 수행됩니다. 참고로 if문과 else문 안에 중괄호로 코드 블록을 선언한 것은 if문의 영역과 else문의 영역을 확실하게 정의하기 위함입니다. 수행하고자 하는 문장이 두 줄 이상일 경우에는 반드시 중괄호를 선언해야 합니다.

다음 예제는 전공 80점 이상이고 교양 75점 이상이면 졸업시험을 PASS 하게 됩니다. 그렇지 않으면 NON PASS 되는 두 가지 조건을 모두 참인 경우 명령을 수행하게 되는 예제입니다. if(조건문 and 조건문)에서 두 조건을 모두 참으로 하려면 and 또는 && 연산을 수행합니다.

예제 4-4

- **Step 01** | 전공 점수가 80점 이상이고 교양 점수는 75점 이상인 경우 졸업시험을 PASS~ 메시지를 출력하는 프로그램을 다음과 같이 작성합니다.

ex4-4.php

```
<?php
  echo "<br><B>■ 전공 80점이상, 교양 75점이상은 졸업시험 PASS </B><br>";
  echo "============================================ <br>";

  $var1 = 89;      // 전공 점수
  $var2 = 78;      // 교양 점수

  if($var1 >= 80 and $var2 >= 75)
  {
    echo "> 전공 {$var1}점, 교양 {$var2}점은 졸업시험 <I> PASS~ </I> <br>";
```

```
11        echo "> 축하합니다...";
12    }
13
14    else
15    {
16        echo "> 전공 {$var1}점, 교양 {$var2}점은 졸업시험 <I> NON PASS~ </I><br>";
17        echo "> 분발하세요...";
18    }
19 ?>
```

• **Step 02** | 웹 브라우저에서 [예제 4-4]를 실행합니다.

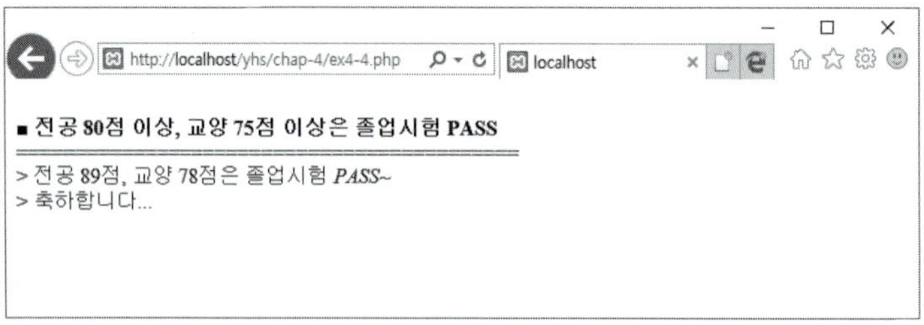

[그림 4-4] ex4-4.php 실행 결과

/ 소스 설명 /

• 점수 입력

5행에는 전공점수를 변수 $var1=89를 입력하고 6행에는 교양점수를 변수 $var2=78을 입력합니다.

• 조건문 `if($var1 >= 80 and $var2 >= 75)`

8행에서의 조건 `if($var1 >= 80 and $var2 >= 75)`은 전공점수 $var1=89와 교양점수 $var2=78의 점수는 두 가지 조건에 모두 참인 경우에만 if구문 안의 문장들을 수행하게 됩니다. 조건을 `if($var1 >= 80 && $var2 >= 75)`와 같이 and 대신 &&로 선언해도 같은 수행결과를 보여줍니다.

• `and(&&)` 연산자

and 연산자는 or 연산자와 달리 두 가지의 조건이 모두 참인 경우에만 if 구문 안의 문장들을 수행하며 만일 둘 중의 어느 하나라도 거짓이라면 else 구문 안에 있는 문장들을 수행하게 됩니다.

- 이탤릭체 <I> ... </I>
  10행과 16행에 선언된 <I> PASS~ </I>와 <I> NON PASS~ </I>는 이탤릭체를 선언하기 위한 태그 문자입니다.

앞의 [예제 4-4]에서 전공과목인 $var1=89점인 점수를 $var1=65점으로 바꾸어 실행하게 되면 두 가지 조건 중 전공과목의 조건은 거짓, 교양과목의 점수 $var2=78의 조건은 참이 되지만 if(조건문 and 조건문)에서는 어느 하나라도 거짓이 되면 조건문 전체가 거짓이 되므로 else 구문 안에 있는 문장들을 수행하게 됩니다.

| 예제 4-5 |

- **Step 01** | 전공 점수는 80점 미만으로 설정하고 교양 점수는 75점으로 설정하여 전공 점수가 미달인 경우 졸업시험 통과 여부에 대한 메시지를 출력하는 프로그램을 다음과 같이 작성합니다.

ex4-5.php

```
01 <?php
02   echo "<br><B>■ 전공 80점 이상, 교양 75점 이상은 졸업시험 PASS </B><br>";
03   echo "================================================== <br>";
04
05   $var1 = 65;      // 전공 점수를 80점 미만으로 설정
06   $var2 = 78;      // 교양 점수는 75점 이상
07
08   if($var1 >= 80 && $var2 >= 75)    // and를 &&로 교체
09   {
10     echo "> 전공 {$var1}점, 교양 {$var2}점은 졸업시험 : <I> PASS~ </I> <br>";
11     echo ">축하합니다...";
12   }
13
14   else
15   {
16     echo "> 전공 {$var1}점, 교양 {$var2}점은 졸업시험 : <I>NON PASS~</I> <br>";
17     echo "> 분발하세요...";
18   }
19 ?>
```

- **Step 02** | 웹 브라우저에서 [예제 4-5]를 실행합니다.

[그림 4-5] ex4-5.php 실행 결과

다중 if~else문 : if~elseif ... else

다중 if~else문은 주어진 조건이 여러 개일 때 사용되며 if문을 반복해서 사용하는 것보다 훨씬 효율적입니다. 그 이유는 먼저 만족하는 조건이 있을 경우에는 나머지 조건들은 검사하지 않기 때문입니다. 다음 예제를 통해 다중 if~else문에 대해 살펴보도록 하겠습니다.

| 예제 4-6 |

- **Step 01** | 입장료를 10세 이하는 50%, 65세 이상은 80%, 군인은 면제해 주는 프로그램을 다음과 같이 작성합니다.

ex4-6.php

```php
<?php
  echo "<br><B>■ 입장료 할인 적용 프로그램  </B><br>";
  echo "========================================== <br>";
  echo "> (10세 이하 50%, 65세 이상 80%, 군인은 면제)<br>";
  echo "------------------------------------------ <br>";

  $fee = 5000;          // 입장료
  $age = 88;            // 나이
  $sol = "군인";         // 군인

  if($sol == "시민")
    echo "> {$sol}은 무료 입장입니다...<br>";

```

```
14   else
15
16     if ($age <= 10)
17     {
18       $fee *= 0.5;  // $fee = $fee * 0.5 와 같음
19       echo "> {$age}세는 어린이이므로 50% 할인된 5,000 * 0.5 = {$fee}으로<br>";
20       echo "> 요금은 {$fee}원 입니다...<br>";
21     }
22
23     elseif ($age >= 65)
24     {
25       $fee *= 0.2;  // $fee = $fee * 0.2 와 같음
26       echo "> {$age}세는 경로우대로 80% 할인된 5,000 * 0.2(1-0.8) = {$fee}으로<br>";
27       echo "> 요금은 {$fee}원만 내면 됩니다...<br>";
28     }
29
30     else
31       echo "> 기본 입장료는 5,000원 입니다... <br>";
32 ?>
```

• **Step 02** | 웹 브라우저에서 [예제 4-6]을 실행합니다.

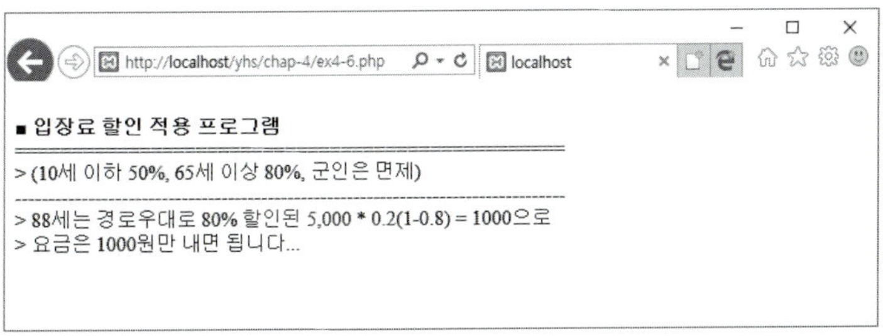

[그림 4-6] ex4-6.php 실행 결과

/ 소스 설명 /

• 변수 선언

7행의 $fee=5000 변수는 입장료, 8행의 $age=88 변수는 나이, 9행의 $sol="군인" 변수는 군인과 시민을 구별하기 위한 변수를 선언합니다.

• if...else 문의 중첩

11행에서 선언된 if($sol == "시민")에 대응하는 else 구문은 14행에 선언된 부분이며 9행에서 선언된 변수 $sol="군인"은 11행의 조건에 거짓이 되므로 11행에서 선언된 if 구문 안에 있는 문장은 수행되지 않습니다.

- else문 안에서 또 다시 선언된 if ... else문

  16행부터의 if ... else문은 "군인"이 아닌 "시민"들에 대한 조건문을 elseif로 선언된 것입니다. 먼저 16행의 if($age <= 10)조건은 나이가 10세 이하인지를 검사하는 조건이고 23행의 elseif($age >= 65)조건은 나이가 65세 이상인지를 검사하는 조건입니다. 16행의 if문에 대응하는 else문은 30행입니다.

- 16행부터 21행까지의 if문

  16행부터의 21행까지의 if문은 나이가 8행에서 주어진 변수 $age의 대입된 값이 10세 이하인지를 판단하는 조건으로 8행에서 주어진 변수는 $age=88이므로 주어진 조건에 거짓이 되므로 다음에 제시된 23행의 조건을 검토합니다.

- 23행부터 28행까지의 elseif문

  16행에서 주어진 조건이 거짓이기 때문에 23행의 elseif($age >= 65)의 조건을 8행의 나이를 저장한 변수 $age=88을 비교한 결과 참이기 때문에 24행부터 28행까지의 문장들을 수행하게 됩니다.

- 할인율의 적용

  19행에서는 50%의 할인율이 적용되기 때문에 입장료 변수 $fee = $fee * 0.5의 연산식으로 산출하고 25행에서는 80%의 할인율이 적용되기 때문에 100%-80%의 결과 20%에 해당하는 입장료 $fee = $fee * 0.2를 산출합니다.

- 문자열로 표현하기 위한 연산

  19행에서 선언된 5,000 * 0.5 = {$fee} 부분은 연산식이 아니고 문자열로 표현한 것이며 결과값 {$fee}만 출력 값입니다. 26행의 5,000 * 0.2(1-0.8) = {$fee}도 마찬가지로 결과값이 저장된 변수 {$fee}를 제외하고는 모두 문자열로 출력됩니다.

다음 예제는 3과목 점수에 대한 총점과 평균을 구한 다음 등급을 다중 if~else문으로 출력하는 예제입니다.

| 예제 4-7 |

- **Step 01** | 3과목 점수에 대한 총점과 평균, 등급을 구하고 등급에 대해서는 다중 if~else

문을 사용하여 A+등급부터 F등급까지를 출력하는 프로그램을 다음과 같이 작성합니다.

ex4-7.php

```
<?php
  echo "<br><B> ■ 3과목의 총점과 평균과 등급 산출 프로그램 </B><br>";
  echo "=============================================== <br>";

  $net = 88;
  $sec = 79;
  $win = 95;
  $sum = $net + $sec + $win;
  $avg = $sum/3;

  echo " > 네트워크 : {$net} 점 <br>";
  echo " > 정보보안 : {$sec} 점 <br>";
  echo " > 운영체제 : {$win} 점 <br>";
  echo "---------------------------------------- <br>";
  echo " > 과목총점 : {$sum} 점 <br>";
  echo " > 평균점수 : {$avg} 점 <br>";
  echo "---------------------------------------- <br>";
  echo " > 점수등급 : ";

  if($avg >= 95 && $avg <= 100)
    echo "A+";

  elseif($avg >= 90 && $avg <= 94)
    echo "A0";

  elseif($avg >= 85 && $avg <= 89)
    echo "B+";

  elseif($avg >= 80 && $avg <= 84)
    echo "B0";

  elseif($avg >= 75 && $avg <= 79)
    echo "C+";

  elseif($avg >= 70 && $avg <= 74)
    echo "C0";
```

```
37
38      elseif($avg >= 65 && $avg <= 69)
39        echo "D+";
40
41      elseif($avg >= 60 && $avg <= 64)
42        echo "D0";
43
44      else
45        echo "F";
46
47      echo "<br>------------------------------------- <br>";
48   ?>
```

• **Step 02** | 웹 브라우저에서 [예제 4-7]을 실행합니다.

[그림 4-7] ex4-7.php 실행 결과

/ 소스 설명 /

• 3과목의 점수 입력

5행, 6행, 7행은 3과목의 점수를 변수로 선언하여 $net=88, $sec=79, $win=95 각각 입력합니다.

• 총점과 평균 구하기

8행의 연산식 $sum = $net + $sec + $win을 이용하여 총점을 구하고 9행의 연산식 $avg = $sum/3으로 평균점수를 구해 변수 $avg에 저장합니다.

• 평균점수에 따른 등급의 조건은 변수 $avg

9행에서 산출된 평균점수에 해당되는 등급 A+(95~100), A0(90~94), B+(85~89), B0(80~84), C+(75~79), C0(70~74), D+(65~69), D0(60~64), F(60점미만)의 출력을 점수 구간에 맞도록 and(&&)연산을 이용하여 20행부터 47행까지 if($avg >= 95 && $avg <= 100), elseif($avg >= 90 && $avg <= 94)... else를 선언합니다.

-
태그의 생략 의미

  18행의 'echo "점수등급 : " '다음에
태그를 사용하지 않은 이유는 줄 바꿈 없이 같은 줄에 등급이 표시되기 위함입니다.

- 18행에 점수등급 : B+ 출력

  9행에서 산출된 $avg=87.3333333333의 평균점수는 26행에서 선언된 elsief($avg >= 85 && $avg <= 89)의 조건문에 해당되므로 27행의 출력문 'B+'가 18행의 '점수등급 : ' 다음에 출력되어 결과는 '점수등급 : B+' 가 나타납니다.

- 마지막 줄에 줄표(---)

  47행에서 선언된 줄표(---)앞에
태그를 사용한 것은 if ~ elseif ... else에서 주어진 출력문 'echo "A+
" ' 다음에
태그를 계속해서 선언하는 번거로움을 덜기 위함입니다.

2 switch문

if문은 참, 거짓을 판별해서 해당하는 문장을 수행하는 반면 switch문은 여러 가지 케이스 중에서 하나를 선택할 때 사용됩니다. switch(변수)를 사용하기 위해서는 선언된 변수의 값이 주어진 여러 가지 case 중에서 하나를 선택합니다.

다음 예제에서 변수 $a=3이라고 선언할 때 해당되는 case가 선택되어 해당 문장을 수행하는 예제입니다.

예제 4-8

- **Step 01** | 변수 $a=3을 선언할 때 해당 값의 case문을 출력하는 프로그램을 다음과 같이 작성합니다.

ex4-8.php

```
<?php

  echo "<br><B> ■ 변수 ₩$a=3을 선언할 때의 switch문 활용 프로그램 </B><br>";
  echo "=================================================== <br>";

  $a = 3;

  switch($a)
  {
    case 0:
      echo " > 변수 ₩$a는 숫자 0 입니다... <br> ... <B>₩" case 0: 적용 ₩"</B><br>";
      break;

    case 1:
      echo " > 변수 ₩$a는 숫자 1 입니다... <br> ... <B>₩" case 1: 적용 ₩"</B><br>";
      break;

    case 2:
      echo " > 변수 ₩$a는 숫자 2 입니다... <br> ... <B>₩" case 2: 적용 ₩"</B><br>";
      break;

    case 3:
      echo " > 변수 ₩$a는 숫자 3 입니다... <br> ... <B>₩" case 3: 적용 ₩"</B><br>";
      break;

    default:
      echo " > 변수 ₩$a = {$a}는 0, 1, 2, 3 이외의 숫자입니다... <br>";
  }

?>
```

• **Step 02** | 웹 브라우저에서 [예제 4-8]을 실행합니다.

[그림 4-8] ex4-8.php 실행 결과

/ 소스 설명 /

- 변수의 선언과 값 입력

  6행에서는 변수를 선언하고 $a = 3의 값을 입력합니다.

- switch(조건)

  8행의 switch($a)는 조건 $a에 대한 변수가 가지고 있는 값으로 case 0:, case 1:, case 2:, case 3:, default: 중에서 변수가 가지고 있는 값에 해당되는 22행의 case 3: 구문 안에 있는 문장들을 수행합니다.

- break문

  12행, 16행, 20행, 24행에 있는 break는 해당 case문의 명령들을 수행한 다음 case 구문을 벗어나게 해주는 역할을 합니다. 만약 break문을 생략하게 된다면 break문을 만날 때까지 여러 개의 case 구문을 거치게 됩니다.

- default

  26행의 default:는 앞에서 제시된 case 0:, case 1:, case 2:, case 3:에 해당되지 않을 경우 default: 구문을 수행하게 됩니다. if문에서의 else와 같은 의미를 지닙니다.

- case 다음에는 반드시 한 칸 띄우고 숫자

  10행, 14행, 18행, 22행에서 제시된 case문 다음에 숫자는 반드시 한 칸을 띄우고 숫자를 입력해야 올바르게 동작합니다.

[예제 4-8]의 6행에서 정의된 변수 $a = 3의 값을 $a = 65로 바꾸어 실행하면 결과는 "변수 $a=65는 0, 1, 2, 3 이외의 숫자입니다..."가 출력됩니다. 그리고 switch문으로 작성된 프로그램을 if~else문을 사용하여 프로그램을 작성한다면 다음 예제와 같이 변환할 수 있습니다.

| 예제 4-9 |

• **Step 01** | 변수 $a=3을 선언한 다음 선언한 값에 해당하는 조건을 검사하여 해당 메시지를 출력하는 프로그램을 다음과 같이 작성합니다.

ex4-9.php

```
<?php

  echo "<br><B> ■ [예제 4-8]의 switch문을 if~else문으로 변환 프로그램 </B><br>";
  echo "=========================================================== <br>";

  $a = 3;

  if($a == 0)
  {
    echo " > 변수 ₩$a는 숫자 0 입니다... <br> ... <B>₩" case 0: 변환 ₩"</B><br>";
  }

  elseif($a == 1)
  {
    echo " > 변수 ₩$a는 숫자 1 입니다... <br> ... <B>₩" case 1: 변환 ₩"</B><br>";
  }

  elseif($a == 2)
  {
    echo " > 변수 ₩$a는 숫자 2 입니다... <br> ... <B>₩" case 2: 변환 ₩"</B><br>";
  }

  elseif($a == 3)
  {
    echo " > 변수 ₩$a는 숫자 3 입니다... <br> ... <B>₩" case 3: 변환 ₩"</B><br>";
  }

  else
  {
    echo " > 변수 ₩$a = {$a}는 0, 1, 2, 3 이외의 숫자입니다... <br>";
  }

?>
```

- **Step 02** | 웹 브라우저에서 [예제 4-9]를 실행합니다.

[그림 4-9] ex4-9.php 실행 결과

/ 소스 설명 /

- if문 활용

  8행의 if($a == 0)은 switch문에서의 case 0에 해당되는 조건입니다.

- elseif문 활용

  13행의 elseif($a == 1)은 switch문에서의 case 1에 해당되고 18행은 case 2, 23행은 case 3에 해당됩니다.

- else문

  28행에 정의된 else문은 switch문에서의 default에 해당되므로 앞에서 8행, 13행, 18행, 23행에서 주어진 조건에 해당되지 않는 경우에만 명령을 수행합니다.

다음 예제는 월을 나타내는 1~12 사이의 숫자를 변수에 대입하여 28일, 30일, 31일까지 있음을 switch문으로 나타내는 예제입니다. 31일에 해당하는 월은 1, 3, 5, 7, 8, 10, 12월이고 30일에 해당하는 월은 4, 6, 9, 11월이며 2월은 평년을 기준으로 28일까지 있습니다. 1부터 12이외의 숫자가 변수에 대입되었을 경우에는 default: 구문에서 유효범위가 아닌 숫자가 입력되었다는 메시지가 출력됩니다.

|예제 4-10|

- **Step 01** | 변수에서 주어진 숫자에 따라 해당 월의 일자를 출력하는 프로그램을 다음과 같이 작성합니다.

ex4-10.php

```
<?php

  echo "<br><B> ■ switch문을 이용하여 월의 날짜를 표현하는 프로그램  </B> <br>";
  echo "-------------------------------------------- <br>";

  $mon = 2;          // 2월을 의미
  echo "> 변수 ₩$mom = 13 일 때의 출력문 ..... <br><br>";
  switch($mon)
  {
    case 1:
    case 3:
    case 5:
    case 7:
    case 8:
    case 10:
    case 12;
      echo " > {$mon} 월은 31일까지 있습니다... <br>";
      break;

    case 4:
    case 6:
    case 9:
    case 11:
      echo " > {$mon} 월은 30일까지 있습니다... <br>";
      break;

    case 2:
      echo " > {$mon} 월은 28일(평년기준)까지 있습니다... <br>";
      break;

    default:
      echo " > {$mon} 는(은) 월을 나타내는 1~12이외의 숫자입니다... <br>";
  }

?>
```

• **Step 02** | 웹 브라우저에서 [예제 4-10]을 실행합니다.

[그림 4-10] ex4-10.php 실행 결과

/ 소스 설명 /

- 변수 선언

  6행의 변수 `$mon = 2`를 선언한 것은 2월의 평년기준 날짜를 알기 위함입니다.

- `switch($mon)`

  8행에서의 switch(조건)에서 변수로 선언된 $mon에 입력된 값이 2이므로 27행의 case 2에 해당됩니다. 출력결과는 '2월은 28일(평년기준)까지 있습니다...'가 출력됩니다.

- `break`문을 한 번만 정의

  10행부터 16행까지 case 1:, case 3:, case 5:, case 7:, case 8:, case 10:, case 12:를 정의하고 18행에서 break문을 한 번만 선언한 이유는 1, 3, 5, 7, 8, 10, 12월의 날짜가 모두 31일까지인 공통적인 속성을 가지고 있기 때문에 17행의 명령을 같이 사용할 수 있도록 수행하기 위함입니다.

- `default`문

  31행의 default문에서 처리할 명령은 변수 $mon에 대입되는 숫자가 1~12 이외의 숫자가 대입되었을 때 메시지가 출력되도록 32행에 정의합니다.

이와 같이 주어진 조건이 참인지 거짓인지에 대해 판별하여 해당하는 명령을 수행하는 if~else문과 주어진 변수에 해당하는 case를 선택하는 switch문에 대해 자세히 살펴봤습니다. 다음 섹션에서는 반복문에 대해 다루도록 하겠습니다.

SECTION

02 반복문

반복문은 1부터 100까지 누적되는 합을 구하거나 2~9단까지 구구단을 차례로 출력하기 위한 반복적인 작업을 수행할 때 사용합니다. 반복문 중에서 가장 많이 사용되는 반복문은 for문, while문, do~while문이 있습니다. 초보자가 반복문을 한꺼번에 모두 다 이해하기에는 다소 무리가 있으므로 세 가지 반복문 중에서 어느 하나라도 확실하게 숙지해 둔다면 나머지 두 개의 반복문은 쉽게 이해할 수 있습니다. 먼저 for문에 대해 자세히 살펴보도록 하겠습니다.

1 for문

for문은 초기값, 조건식, 증감값의 세 가지 수식을 이용하여 for(초기값; 조건식; 증감값)으로 표현합니다. 각 수식의 구분은 세미콜론;으로 구분합니다. 초기값은 반복의 시작을 나타내고 조건은 계속해서 반복을 수행할 것인지를 판단하며 증감값은 한 번 반복할 때마다 값을 증가 또는 감소시키는 역할을 수행합니다.

for문의 동작 원리

반복문 중에서 반복하고자 하는 횟수를 정확히 알고 있는 경우에는 for문을 사용하고 반복 횟수를 정확하게 알지 못할 경우에는 while문을 사용합니다. 우선 for문이 동작하는 순서에 대해 살펴보도록 하겠습니다.

반복문 중에서 for문을 충분히 이해한다면 다른 반복문도 쉽게 이해할 수 있습니다. for문에서 동작하는 반복문의 원리를 다음 그림과 같이 나타냈습니다.

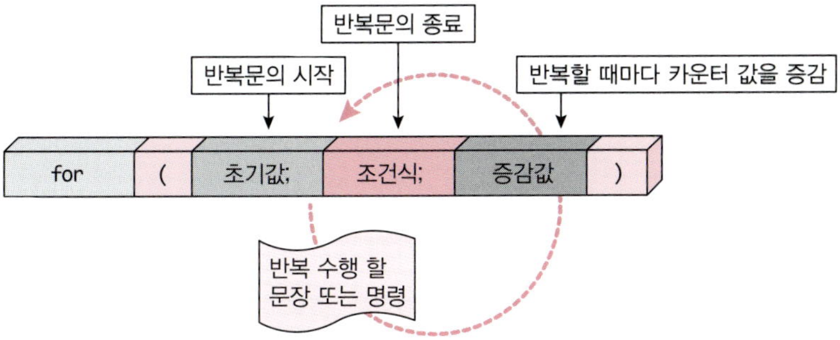

[그림 4-11] for문의 동작 원리

for문의 동작 순서

for문을 배우기 위해서는 반드시 숙지해야 할 사항이 있습니다. 그것은 바로 for문의 동작 순서입니다. for문의 동작 순서를 충분히 이해한다면 for문을 보다 쉽게 사용하는데 많은 도움이 됩니다.

for문이 동작하는 순서는 ①, ②~⑦까지의 동작을 조건이 참일 경우 계속 반복 작업을 수행합니다. 반복문이 반복 수행을 멈추는 순간은 조건이 거짓이 되는 순간입니다. 즉 조건이 거짓이 될 때까지 반복문을 수행한다는 의미입니다. for문의 동작 순서를 다음 그림과 같이 나타냈습니다.

```
    ①  ②  ⑤
for($count = 1; $count <= 10; $count++)
{                                          ④ ⑦
③ ⑥ echo " {$count} 번째 출력 ………… {$count} <br>";
}
```

[그림 4-12] for문의 동작 순서

① 변수 $count의 초기값 $count=1을 선언
② 조건 참, 거짓을 판별
③ 조건이 참이면 문장을 수행
④ 문장을 수행한 다음 $count의 값 1 증가
⑤ 다시 조건의 참, 거짓을 판별
⑥ 조건이 참이면 문장을 반복 수행
⑦ 문장을 수행한 다음 $count의 값 1 증가

다음 예제는 1부터 10까지의 숫자를 10회 반복해서 출력하는 프로그램입니다. 반복문을 사용하지 않을 경우에는 echo문을 10회 작성해야 하지만 for문을 사용하게 되면 echo문장은 단 한 줄만 코딩해도 됩니다. 다음 예제를 통해 자세히 살펴보도록 하겠습니다.

|예제 4-11|

• **Step 01** | 1부터 10까지 for문을 사용하여 반복해서 10회를 출력하는 프로그램을 다음과 같이 작성합니다.

ex4-11.php

```
<?php

  echo "<br><B> ■ 1부터 10까지 for문으로 반복 출력하는 프로그램 </B><br>";
  echo "================================================== <br>";

  for($count = 1; $count <= 10; $count++)
  {
    echo " > {$count} 번째 출력 .......... count = {$count} <br>";
  }

?>
```

• **Step 02** | 웹 브라우저에서 [예제 4-11]을 실행합니다.

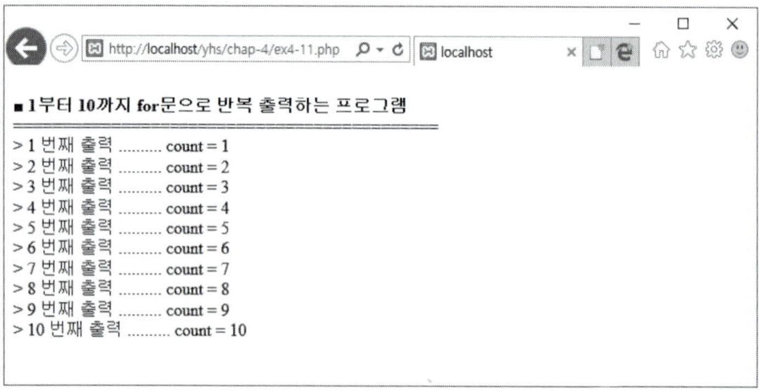

[그림 4-13] ex4-11.php 실행 결과

[그림 4-13]에서 보는 바와 같이 1부터 10까지 총 10회에 걸쳐 echo문이 출력되었습니다.

/ 소스 설명 /

- `for($count=1; $count<=10; count++)`의 의미

  6행에 선언된 for문의 의미는 초기값 $count=1을 시작으로 변수 $count의 값이 조건 $count<=10 에 참인지 거짓인지를 판별하고 참이면 8행의 문장을 수행한 다음 변수 $count의 값을 1 증가시킵니다. 증가 된 변수 $count=2의 값으로 조건 $count<=10을 판단하여 참이면 8행의 문장을 수행하고 다시 변수 $count의 값을 증가시키는 반복을 조건이 참인 동안에는 계속 수행합니다.

- `{$count}`의 의미

  8행에서의 {$count}는 문자열과 변수를 정확하게 구별해 주기 위해서 중괄호 { }로 묶은 것입니다.

다음 예제는 for문을 사용하여 1부터 10까지 누적되는 합을 구하는 예제입니다.

| 예제 4-12 |

- **Step 01** | for문을 사용하여 1부터 10까지 누적되는 합을 1+2+3+...+9+10 = 55와 같이 산출하여 출력하는 프로그램입니다. 다음과 같이 코드를 작성합니다.

ex4-12.php

```
<?php

  echo "<B> ■ 1부터 10까지 for문을 이용한 누적 합계를 출력하는 프로그램 </B><br>";
  echo "============================================================ <br>";

  $sum = 0;               // 누적 합이 저장될 변수의 선언과 초기화

  for($count = 1; $count <= 10; $count++)
  {
    $sum += $count;       // $sum = $sum + $count
    echo " > {$count} 까지 누적 합 : [ {$sum} ] .......... count = {$count} 번째 수행 <br>";
  }

?>
```

누적 합을 저장할 변수는 반드시 0으로 초기화 해 주어야만 정확한 결과값을 얻을 수 있습니다. 누적 합이 저장될 변수를 0으로 초기화하지 않을 경우에는 컴퓨터에 존재하는 가비지Garbage 값이 포함되어 원하지 않는 전혀 엉뚱한 값이 결과값으로 출력될 수도 있기 때문입니다.

• **Step 02** | 웹 브라우저에서 [예제 4-12]를 실행합니다.

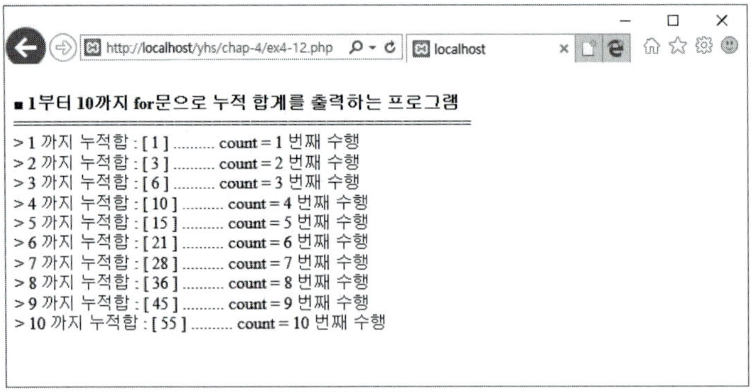

[그림 4-14] ex4-12.php 실행 결과

/ 소스 설명 /

• 누적 합을 저장할 변수의 선언

6행에 선언된 변수 $sum=0 은 for문이 반복하면서 누적되는 합계를 저장하기 위한 변수입니다.

• $sum += $count

10행에서의 $sum += $count는 $sum = $sum + $count와 같은 의미입니다.

다음 예제는 구구단을 출력하기 위해 이중 for문을 사용하는 예제입니다.

|예제 4-13|

- **Step 01** | 이중 for문을 이용하여 구구단을 2~9단까지 출력하는 프로그램을 다음과 같이 작성합니다.

ex4-13.php

```php
<?php

  echo "<br><B> ※ 구구단 출력 프로그램 ※</B><br>";
  echo "================================= <br>";

  for($dan = 2; $dan <= 9; $dan++)            // 구구단 2~9단까지를 선언
  {
    echo " < {$dan} 의 단 > <br>";
    echo "------------------ <br>";

    for($count = 1; $count <= 9; $count++)  // 곱해지는 수 1~9
    {
      $gob = $dan * $count;
      echo "{$dan} x {$count} = {$gob} <br> ";
    }
  echo "------------------ <br>";
  }

?>
```

이중 for문은 자칫 혼돈하기 쉽지만 바깥쪽의 for문과 안쪽의 for문에 대한 의미를 정확하게 이해한다면 그다지 어려움은 없을 것입니다. [예제 4-13]에서 실습한 구구단의 경우 바깥쪽 for문에서는 2~9단까지를 선언하고 안쪽에 for문에서는 각 단별로 곱해지는 수 1~9를 선언하여 중첩 for문을 수행하게 됩니다.

- **Step 02** | 웹 브라우저에서 [예제 4-13]을 실행합니다.

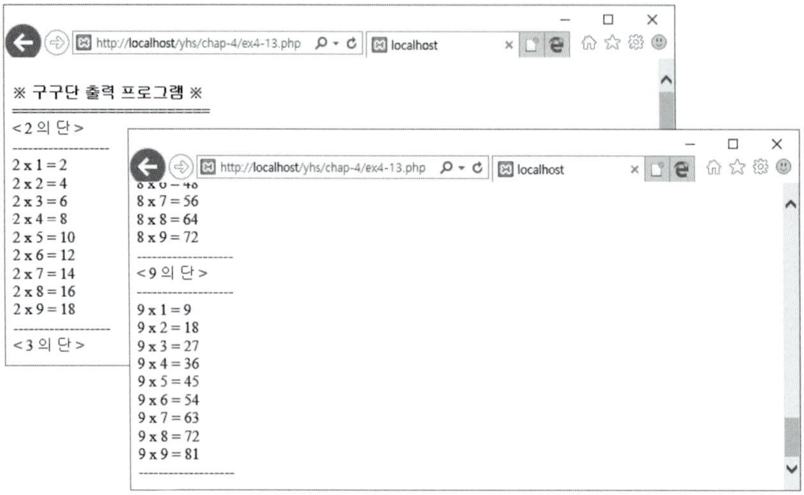

[그림 4-15] ex4-13.php 실행 결과

실행 결과 화면에서 보는 바와 같이 2단부터 9단까지 구구단이 모두 출력되었습니다.

/ 소스 설명 /

- **바깥쪽의 `for($dan=2; $dan<=9; $dan++)`문 선언**

  6행에 선언된 for문은 17행의 중괄호까지가 바깥쪽의 for문의 영역이며 2~9단까지의 구구단을 출력하기 위해 초기값을 $dan=2로 선언하고 조건을 $dan<=9로 선언하였으며 2부터 1씩 증가하도록 $dan++의 증감값을 선언합니다.

- **< {$dan} 의 단 >**

  8행의 'echo "< {$dan} 의 단 >"'출력문은 구구단의 몇의 단을 출력하는지를 보여주기 위해서 선언하였으며 바깥쪽의 for문 영역 안에 있음을 주의해야 합니다.

- **안쪽의 `for($count=1; $count<=9; $count++)`문 선언**

  11행에 선언된 for문은 15행의 중괄호까지가 안쪽의 for문 영역이며 1~9까지 곱해지는 수를 반복해서 출력하기 위해 초기값을 $count=1로 선언하고 조건을 $count<=9로 선언하였으며 초기값 1부터 1씩 증가하도록 $count++의 증감값을 선언합니다.

- **곱셈의 연산 결과 표현**

  13행에 선언된 $gob 변수는 구구단의 결과를 저장하기 위해 $gob = $dan x $count로 선언하였으며 14행은 출력결과를 표현하기 위한 문장들을 선언합니다.

2 while문

while문은 for문과 달리 표현되는 문법은 다르며 반복하고자 하는 횟수를 정확히 알지 못할 경우 사용되는 반복문입니다.

while문의 동작 원리

while문이 for문과 다른 점이 있다면 for(초기값; 조건식; 증감값)문은 한 줄에 모두 선언하는 반면 while문은 초기값을 먼저 선언하고 그 다음에 조건을 선언하여 조건이 참일 동안만 주어진 문장들을 반복적으로 수행한 다음 증감값으로 주어진 초기값에 증감값을 적용합니다. while문의 동작 원리를 다음 그림과 같이 나타냈습니다.

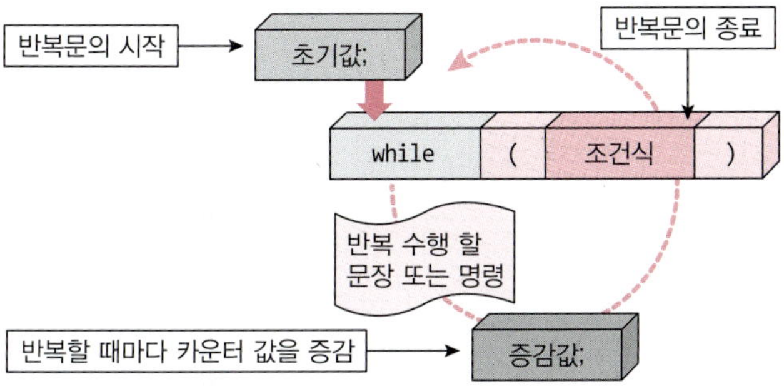

[그림 4-16] while문의 동작 원리

while문의 동작 순서

while문이 동작하는 순서는 ①, ②~⑦까지의 동작을 조건이 참일 경우 계속 반복 작업을 수행합니다. while문은 몇 번을 반복 수행할 것인지가 정해지지 않았을 경우에 사용하면 편리한 반복문입니다. for문은 초기값과 조건식, 증감값이 모두 하나의 행에 가지런하게 선언하는 반면 while문은 초기값과 조건식, 증감값을 순서에 의해 각기 다른 코드 라인에 선언한다는 차이점만 다릅니다. while문의 동작 순서를 다음 그림과 같이 나타냈습니다.

```
① $count=1;
② while($count <= 10)      ⑤
   {
③ ⑥ echo "{$count} 번째 출력 ......... {$count} <br>";
④ ⑦  count++;
   }
```

[그림 4-17] while문의 동작 순서

① 변수 $count의 초기값 $count=1을 선언
② 조건 참, 거짓을 판별
③ 조건이 참이면 문장을 수행
④ 문장을 수행한 다음 $count의 값 1 증가
⑤ 다시 조건의 참, 거짓을 판별
⑥ 조건이 참이면 문장을 반복 수행
⑦ 문장을 수행한 다음 $count의 값 1 증가

처음 반복문을 배우는 입장에서는 두 가지 반복문 for문과 while문 중에서 while문이 반복문을 이해하는데 더 쉽다는 생각이 들 수도 있습니다. 그 이유는 초기값, 조건식, 증감값을 각각 따로 선언하기 때문입니다. 어떠한 반복문의 형태가 더 많이 사용되는지에 대한 의문이 생긴다면 개인별 취향에 따라 다르겠지만 코딩이 간편한 for문이 더 많이 사용된다고 할 수 있습니다.

그렇다고 모든 반복문에 for문을 사용해야 한다는 의미는 아닙니다. 다만 반복할 횟수를 정확히 알고 있는 경우에는 for문을 사용하고 반복 횟수를 정확히 알기가 어려운 상황에서는 while문을 사용하는 것이 효과적입니다. 이와 같은 차이점을 기억하고 있다면 반복문을 코딩할 때 많은 도움이 될 수 있습니다.

while문은 초기값 $count = 1을 먼저 선언하고 조건식 while($count 〈= 10)에서 변수가 현재 가지고 있는 값이 while(조건)에 참인지 거짓인지를 판별하고 참인 경우 while문의 코드 블록[중괄호 구간]내에 있는 문장들을 수행합니다. 다음 예제를 통해 while문의 사용방법에 대해 자세히 살펴보도록 하겠습니다.

|예제 4-14|

- **Step 01** | while문을 이용하여 1부터 10까지 숫자를 1씩 증가시키면서 10회 출력하는 프로그램을 수행하기 위해 다음과 같이 코드를 작성합니다.

ex4-14.php

```php
<?php

  echo "<br><B> ■ while문으로 1부터 10까지 출력하는 프로그램 </B><br>";
  echo "============================================== <br>";

  $count = 1;              // 초기값 선언

  while($count <= 10)      // 조건
  {
    echo $count. " 번째 숫자입니다...  count = {$count} <br>";
    $count++;              // 증감값
  }

?>
```

- **Step 02** | 웹 브라우저에서 [예제 4-14]를 실행합니다.

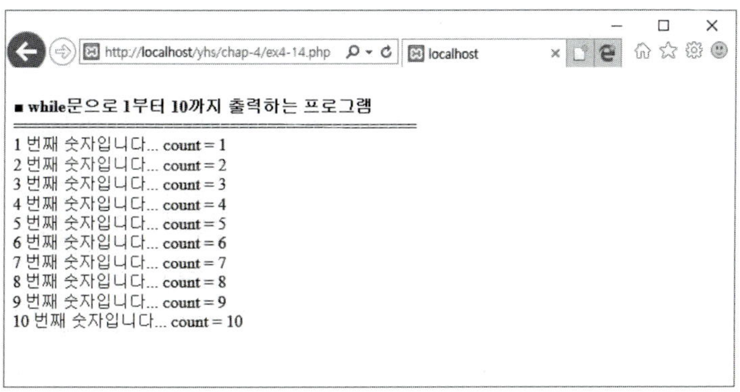

[그림 4-18] ex4-14.php 실행 결과

while문에서 카운트 변수가 어떻게 변화되는지를 증감값과 연계하여 충분히 이해하기 바랍니다. 그리고 while문이 반복을 멈추는 순간에 카운트 변수는 얼마의 값을 가지고 있는지에 대해서도 자세히 살펴보도록 합니다.

/ 소스 설명 /

- 초기값 변수 선언

  6행에 선언된 변수 $count=1은 while문에서 반복의 시작을 알리기 위해서 초기값을 선언합니다.

- 반복의 조건문

  8행의 while($count<=10) 조건문에서 6행의 주어진 초기값 $count=1은 조건이 참으로 10행의 문장을 출력한 다음 11행의 증감값 $count++에서 변수의 값을 1 증가 된 $count=2의 값으로 8행에서 선언된 while($count<=10) 조건문을 검토하여 참이면 10행의 문장을 반복 수행합니다.

- 문자열의 결합

  10행에서 변수 $count.에 점(.)을 선언한 것은 오른쪽의 문자열과의 결합을 의미합니다.

다음 예제는 1부터 10까지의 범위에서 짝수의 합을 구하는 프로그램입니다. 여기에서 중점적으로 봐두어야 할 부분은 초기값과 증감값의 활용입니다. 예제에서는 짝수의 합을 구하지만 초기값만 바꾸어 준다면 홀수의 합을 산출하는 프로그램 또한 아주 쉽게 작성할 수 있습니다. 또한 3의 배수, 5의 배수의 누적 합을 산출할 때도 요긴하게 사용되는 예제이므로 꼭 알아두기를 권장합니다.

| 예제 4-15 |

- **Step 01** | while문을 이용하여 1부터 10까지 누적되는 짝수의 합을 구하는 프로그램을 다음과 같이 작성합니다.

ex4-15.php

```
<?php

  echo "<br><B> ■ while문으로 1부터 10까지 짝수의 합을 출력하는 프로그램 </B><br>";
  echo "============================================================ <br>";

  $count = 2;                // 초기값 선언
  $sum = 0;                  // 누적 합 변수 선언

  while($count <= 10)        // 조건
```

```
10     {
11       echo $count." 까지 누적 합 ";
12
13       $sum += $count;                // $sum = $sum + $count 와 같음
14       $count += 2;                   // $count = $count + 2 와 같음
15
16       echo " ..... [ {$sum} ] <br>";
17     }
18   echo "------------------------------------------- <br>";
19   echo " ▶ 짝수의 합 = [ {$sum} ] <br>";
20   echo "------------------------------------------- <br>";
21 ?>
```

• **Step 02** | 웹 브라우저에서 [예제 4-15]를 실행합니다.

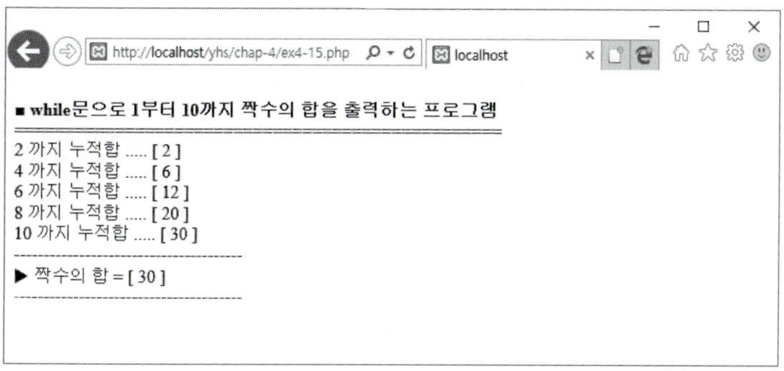

[그림 4-19] ex4-15.php 실행 결과

/ 소스 설명 /

• 변수 선언

6행의 변수 $count=2를 선언한 것은 while문에서 짝수를 반복하기 위한 초기값의 선언이며 7행에서 선언한 변수 $sum=0은 누적되는 합을 저장하기 위한 변수입니다.

• 반복 수행

9행의 조건 while($count<=10)이 참인 동안에는 10행부터 17행까지의 문장들을 계속 반복 수행합니다.

• 대입 연산자

13행의 $sum+=$count는 $sum=$sum+$count와 같은 의미이며 반복될 때의 누적 합을 구하는

연산식입니다. 14행의 $count+=2는 $count=$count+2와 같은 의미로 짝수의 합을 구하기 위해 초기값 $count=2에 2씩 증가되는 값으로 $count+=2를 선언합니다.

- 초기값과 증감값

  6행의 초기값 $count=2는 짝수의 시작됨을 알리는 의미이고 14행의 증감값 $count+=2는 짝수의 속성을 나타내는 의미로 2씩 증가됩니다.

다음 예제는 홀수의 합을 구하는 예제입니다. [예제 4-15] 프로그램에서 간단하게 소스 코드를 수정하여 홀수의 합을 출력하는 과정에 대해 자세히 살펴보도록 하겠습니다.

예제 4-16

- **Step 01** | [예제 4-15] 프로그램의 짝수의 합을 구하는 프로그램을 홀수의 합을 구하는 프로그램으로 바꾸고자 한다면 카운터 변수의 초기값을 $count=2에서 $count=1로 치환하면 됩니다. 이 과정을 수행하기 위해 다음과 같이 프로그램을 작성합니다.

ex4-16.php

```
01 <?php
02
03   echo "<B> ♣ while문을 이용하여 1부터 10까지 홀수의 합  </B><br>";
04   echo "--------------------------------------------- <br>";
05
06   $count = 1;              // 초기값 선언
07   $sum = 0;                // 누적 합 변수 선언
08
09   while($count <= 10)      // 조건
10   {
11     echo $count." 까지 누적 합 ";
12
13     $sum += $count;        // $sum = $sum + $count 와 같음
14     $count += 2;           // $count = $count + 2 와 같음
15
16     echo " ..... [ {$sum} ] <br>";
17   }
18   echo "--------------------------------------------- <br>";
19   echo " ▶ 홀수의 합 = [ {$sum} ] <br>";
20   echo "--------------------------------------------- <br>";
21 ?>
```

- **Step 02** | 웹 브라우저에서 [예제 4-16]을 실행합니다.

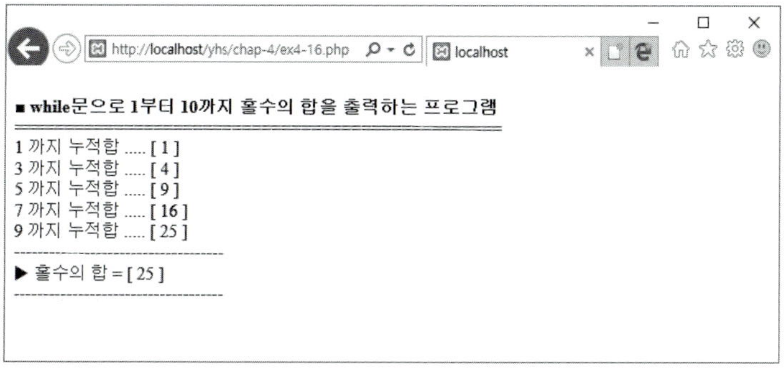

[그림 4-20] ex4-16.php 실행 결과

/ 소스 설명 /

- 초기값의 의미

  6행의 초기값인 변수 $count=2의 값을 $count=1로 바꾸어 프로그램을 실행하면 간단하게 홀수의 합을 구할 수 있습니다.

- 증감값의 역할

  14행에 선언된 $count+=2의 증감값을 3의 배수의 합 구하는 프로그램으로 만들고자 한다면 증가되는 값을 $count+=3, 6행의 초기값을 $count=3으로 선언하면 3의 배수의 합을 구할 수 있습니다.

다음 예제는 1부터 30까지 3의 배수의 합을 while문으로 구하는 예제입니다.

| 예제 4-17 |

- **Step 01** | while문을 사용하여 1부터 30까지 3의 배수의 합을 구하는 프로그램을 다음과 같이 작성합니다.

ex4-17.php

```
<?php

  echo "<B> ♣ 1부터 30까지 3의 배수의 합  </B><br>";
  echo "------------------------------ <br>";
```

```
    $count = 3;              // 초기값 선언
    $sum = 0;                // 누적 합 변수 선언

    while($count <= 30)      // 조건
    {
      echo $count." 까지 누적 합 ";

      $sum += $count;        // $sum = $sum + $count 와 같음
      $count += 3;           // $count = $count + 3 와 같음

      echo " ..... [ {$sum} ] <br>";
    }
    echo "---------------------------- <br>";
    echo " ▶ 3의 배수의 합 = [ {$sum} ] <br> ";
    echo "---------------------------- ";

?>
```

• **Step 02**_웹 브라우저에서 [예제 4-17]을 실행합니다.

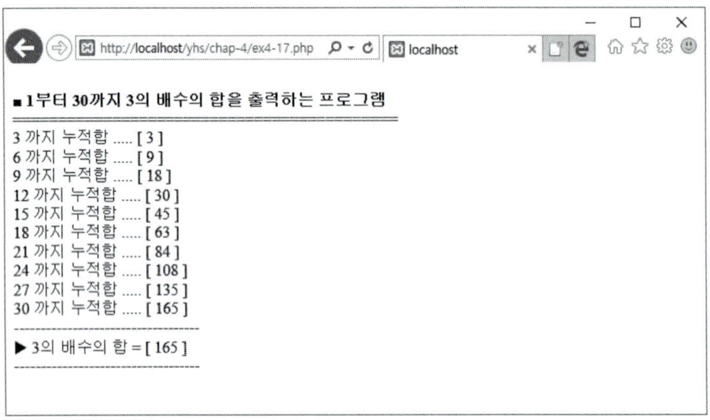

[그림 4-21] ex4-17.php 실행 결과

3 do~while문

do~while문은 while문과 비슷하지만 조건의 참, 거짓을 검사하기도 전에 무조건 한 번은 명령을 수행하는 특별한 차이점이 있습니다.

do~while문의 동작 원리

do~while문의 특징은 무조건 한 번은 수행하고 난 다음 조건이 참인지 거짓인지를 판별한다는 점입니다. 조건식은 do문이 끝나는 코드 블록 뒤의 while(조건);과 같이 선언합니다. 여기에서 주의해야 할 사항은 조건식 뒤에 오는 세미콜론;을 반드시 선언해야 한다는 부분입니다. do~while문의 동작 원리를 다음 그림과 같이 나타냈습니다.

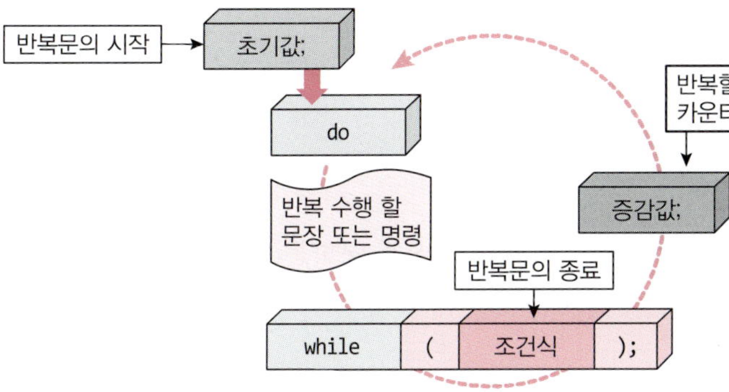

[그림 4-22] do~while문의 동작 원리

do~while문의 동작 순서

do~while문의 동작 순서는 while문과 거의 비슷하지만 다른 점이 있다면 무조건 한 번은 수행하고 난 다음에 조건식을 판별한다는 부분입니다. 이 부분만 주의한다면 do~while문은 쉽게 사용할 수 있습니다. do~while문에서 명령을 반복 수행하는 순서를 다음 그림과 같이 나타냈습니다.

```
① $count = 1;
② do ⑥
   {
③     echo "{$count} 번째 출력 .......... {$count} <br>";
④     $count++;
⑤   } while($COUNT <= 10);
⑦
```

[그림 4-23] do~while문의 동작 순서

① 변수 $count의 초기값 $count=1을 선언
② do문을 무조건 수행
③ echo 명령을 수행
④ 카운트 변수 $count의 값 1 증가
⑤ 조건의 참, 거짓 판별
⑥ 조건의 참이면 ②의 과정으로 돌아가서 do문을 반복 수행하고 거짓이면 ⑦의 과정으로 반복 종료
⑦ 조건이 거짓이면 반복문 수행 종료

다음 예제는 1부터 10까지 누적되는 합을 do~while문으로 구하는 예제입니다.

|예제 4-16|

- **Step 01** | do~while문을 이용하여 1부터 10까지 누적되는 합을 구하는 프로그램을 다음과 같이 작성합니다.

ex4-18.php

```
<?php
  echo "<br><B> ■ do~while문으로 1부터 10까지의 합을 출력하는 프로그램 </B><br>";
  echo "============================================================ <br>";
  $count = 1;                    // 초기값 선언
  $sum = 0;                      // 누적 합 변수 선언

  do
  {
    echo $count." 까지 누적 합 ";
    $sum += $count;              // $sum = $sum + $count 와 같음
```

```
        $count ++;
        echo " ..... [ {$sum} ] <br>";
    } while($count <= 10);            // 뒤에 세미콜론(;)이 붙음에 주의

    echo "----------------------------------------- <br>";
    echo " ▶ 1부터 10까지의 합 = [ {$sum} ] <br> ";
    echo "----------------------------------------- ";
?>
```

• **Step 02**_웹 브라우저에서 [예제 4-18]을 실행합니다.

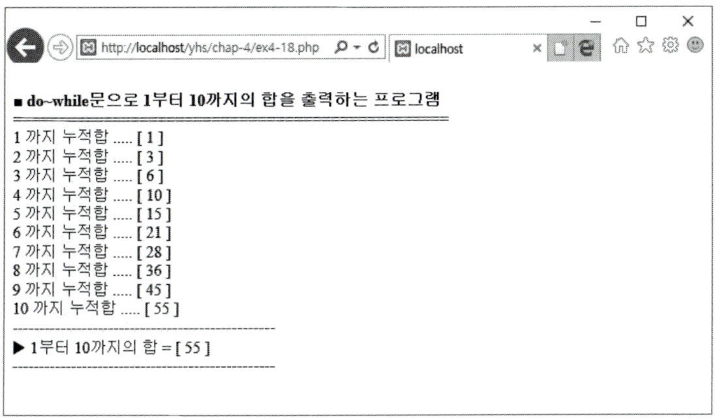

[그림 4-24] ex4-18.php 실행 결과

SECTION

03 분기문

분기문은 프로그램을 수행함에 있어서 지정된 특정 위치로 이동하는 제어명령을 의미하며 코드블록 내에서 프로그램 실행을 종료하거나 다른 특정 위치로 이동할 때 주로 사용합니다.

1 break문

break문은 반복문을 탈출할 때 사용합니다. 앞에서 switch문을 배울 때 break문의 사용에 대해 미리 살펴봤습니다. break문이 동작하게 하려면 해당 조건을 수행하여 break문으로 하여금 반복문을 탈출할 수 있도록 코드를 작성해야 합니다. while문에서 break문이 수행하는 과정을 다음 그림과 같이 나타냈습니다.

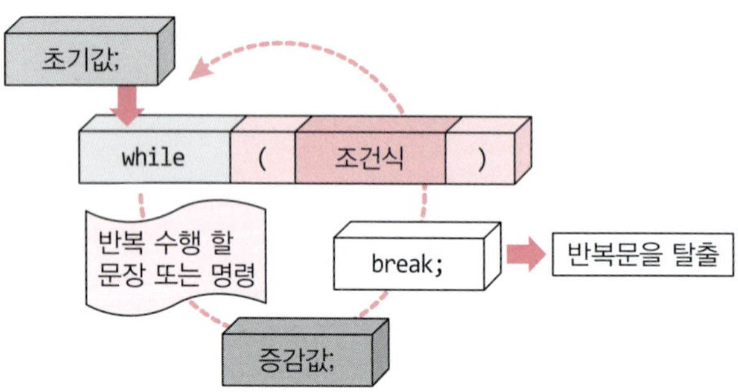

[그림 4-25] break문의 동작 원리

다음 예제는 카운트 변수가 10을 초과하게 되면 break문에 의해 반복문을 탈출하는 예제입니다.

|예제 4-19|

- **Step 01** | 카운트 변수가 10을 초과하는지를 조건식에서 판단하여 반복문을 계속해서 수행할 것인지 아니면 반복문을 break 명령으로 탈출할 것인지에 대한 프로그램을 수행하기 위해 다음과 같이 코드를 작성합니다.

ex4-19.php

```
<?php
  echo "<br><B> ■ break문으로 반복문을 탈출하는 프로그램  </B><br>";
  echo "============================================= <br>";
  $sum=0;
  $cnt=1;
  while (1) {
    $cnt++;                    // 카운트 변수
    if($cnt > 10)  {           // 카운트 변수가 10을 초과하는지 판별
      break;                   // 카운트 변수가 10을 초과하면 탈출
    }
  $sum += $cnt;                // 10까지의 합
  }
  echo " ▶ 1 + 2 + ... 9 + 10 까지의 합 ..... <b> [ {$sum} ] </b><br> ";
  echo "--------------------------------------------- <br> ";
  echo ".... 10을 넘으면 break로 반복문을 탈출";
?>
```

- **Step 02** | 웹 브라우저에서 [예제 4-19]를 실행합니다.

[그림 4-26] ex4-19.php 실행 결과

2 continue문

continue문은 반복문의 조건식으로 이동할 때 사용합니다. 반복문의 내부에서 continue 문을 만나면 조건문으로 무조건 이동하게 됩니다. continue문은 반복문 내에서 짝수의 합을 구하거나 홀수의 합을 구할 때 활용되며 반복문에서 사용되는 continue문은 반복 수행할 문장 또는 명령을 무시하고 반복문의 조건식으로 이동하라는 명령을 수행합니다. while문에서 continue문의 동작 원리를 다음 그림과 같이 나타냈습니다.

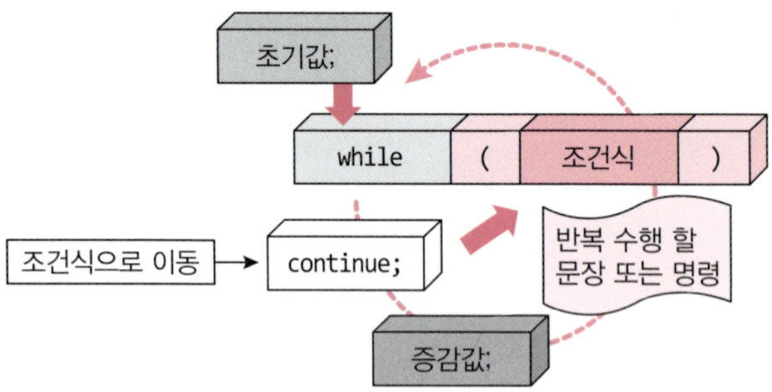

[그림 4-27] continue문의 동작 원리

다음 예제는 짝수의 합을 구하기 위해 나머지 연산자를 사용하여 if문으로 판별하고 짝수의 경우에만 누적 합을 구할 수 있도록 continue문을 사용하는 예제입니다.

|예제 4-20|

• **Step 01** | 나머지 연산자 %를 사용하여 1부터 10까지 짝수의 합을 구하는 프로그램을 다음과 같이 작성합니다.

ex4-20.php

```
<?php
  echo "<br><B> ■ continue문을 이용하여 조건문으로 이동하는 프로그램 </B><br>";
  echo "=========================================================== <br>";
  $cnt = 0;              // 카운트 변수
  $sum = 0;              // 누적 합 변수
  while ($cnt < 10)  {
    $cnt++;
    $a = $cnt % 2;       // 카운트 변수를 2로 나누어 변수 $a에 저장
```

```
    if($a != 0)  {
      continue;            // 누적 합을 저장하지 않고 반복문으로 이동
    }
  $sum += $cnt;            // 짝수의 합
  }
  echo " ▶ 1부터 10까지 짝수의 합 ..... <b> [ {$sum} ] </b><br> ";
  echo "------------------------------------------ <br>";
  echo " ▶ 홀수는 continue문에 의해 반복문으로 다시 돌아감 </b><br> ";
?>
```

1부터 10까지 짝수의 합을 구하는 과정에서 짝수를 판별하기 위해 나머지 연산자 %를 사용하여 카운트 변수를 2로 나누어 나머지가 0이 아니면 누적 합에 저장하지 않고 다시 반복문의 시작으로 이동하라는 continue문의 사용방법을 충분히 익혀두길 바랍니다.

• **Step 02** | 웹 브라우저에서 [예제 4-20]을 실행합니다.

[그림 4-28] ex4-20.php 실행 결과

이와 같이 제어문에 대해 자세히 살펴봤습니다. 제어문은 프로그래밍 언어에서 순차적이 아닌 어떤 조건에 따라 처리될 명령을 달리할 필요가 있을 때 사용하기 위해 만들어진 명령문입니다. 주어진 조건의 참 또는 거짓에 따라 실행되는 코드가 선택되어 각각 다른 명령을 수행하도록 합니다. break문과 continue문은 반복문에서 자주 사용하는 제어문이므로 반드시 기억해 두길 바랍니다. 다음 장에서는 배열과 함수에 대해 다루도록 하겠습니다.

핵심요약

01 제어문이라 함은 프로그래밍 언어에서 순차적이 아닌 어떤 조건에 따라 처리될 명령을 달리할 필요가 있을 때 사용하기 위해 만들어졌으며 주어진 조건의 참 또는 거짓에 따라 실행되는 코드는 선택되어 각각 다른 명령을 수행하도록 합니다. 제어문에는 대표적으로 if문과 switch문이 있습니다.

02 분기문은 주어진 조건이 참인지 거짓인지 판별에 따라 실행되는 코드를 구분하여 수행하도록 정의하는 문장을 의미합니다. 분기문에는 대표적으로 if~else문과 switch문이 있습니다.

03 단순 if문은 주어진 조건이 참이면 명령을 수행하지만 조건이 거짓일 경우에는 명령을 수행하지 않습니다. 단순하게 주어진 조건이 참일 경우에만 명령을 수행하도록 정의할 때 사용됩니다.

04 if~else문은 주어진 조건이 참 또는 거짓에 따라 각각 다른 문장을 수행하도록 하며 if문은 주어진 조건이 참이면 문장을 수행하고 else문은 주어진 조건이 거짓이었을 때 수행하게 될 문장을 지정해 줍니다.

05 다중 if문은 주어진 조건이 여러 개일 때 사용되며 if문을 반복해서 사용하는 것보다 효율적입니다. 그 이유는 먼저 만족하는 조건이 있을 경우에는 나머지 조건들은 검사하지 않기 때문입니다.

06 if문은 참, 거짓의 둘 중의 하나를 선택해서 수행하는 반면 switch문은 여러 가지 중에서 하나를 선택할 때 사용됩니다. switch(변수)를 사용하기 위해서는 선언된 변수의 값이 주어진 여러 가지 case중에서 하나를 선택합니다.

07 반복문이라 함은 1부터 100까지 누적되는 합을 구하거나 구구단 2~9단까지 차례로 출력하기 위한 반복적인 작업을 수행하기 위해서 사용됩니다. 가장 많이 사용되는 반복문은 for문, while문, do~while문이 있습니다.

08 for(초기값; 조건식; 증감값)문은 세 가지 수식으로 표현되는데 각 수식의 구분은 세미콜론;으로 합니다. 초기값은 반복의 시작을 나타내고 조건은 계속해서 반복을 수행할

것인지를 판단하며 증감값은 한 번 반복할 때마다 값을 증가 또는 감소시키라는 의미입니다.

■ for문의 동작 원리

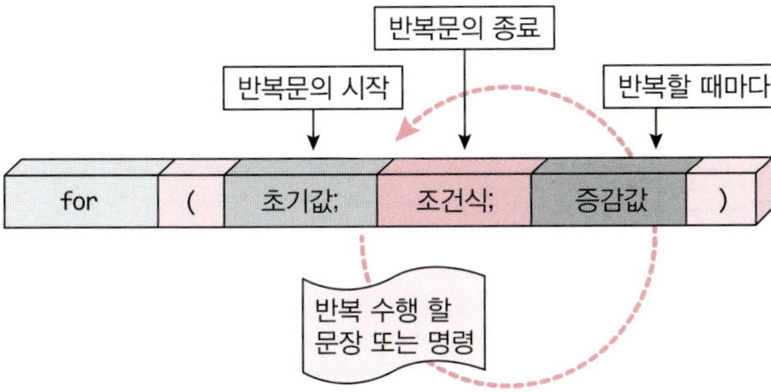

■ for문의 동작 순서

for문이 동작하는 순서는 ①, ②~⑦까지의 동작을 조건이 참일 경우 계속 반복합니다.

```
       ①        ②          ⑤
for($count = 1; $count <= 10; $count++)
{                                   ④ ⑦
③ ⑥ echo " {$count} 번째 출력 ………… {$count} <br>";
}
```

① 변수 $count의 초기값 $count=1을 선언
② 조건 참, 거짓을 판별
③ 조건이 참이면 문장을 수행
④ 문장을 수행한 다음 $count의 값 1증가
⑤ 다시 조건의 참, 거짓을 판별
⑥ 조건이 참이면 문장을 반복 수행
⑦ 문장을 수행한 다음 $count의 값 1증가

09 while문은 for문과 달리 표현되는 문법은 다르지만 반복되는 반복문임에는 틀림없습니다. 다만 for문과 다른 점이 있다면 for문은 한 줄에 for(초기값; 조건식; 증감값)을 모두 표현하는 반면 while문은 초기값을 먼저 선언하고 그 다음에 조건을 선언하여 조건이 참일 동안만 주어진 문장들을 반복적으로 수행한 다음 증감값으로 주어진 초기값에 증감값을 적용합니다.

■ while문의 동작 원리

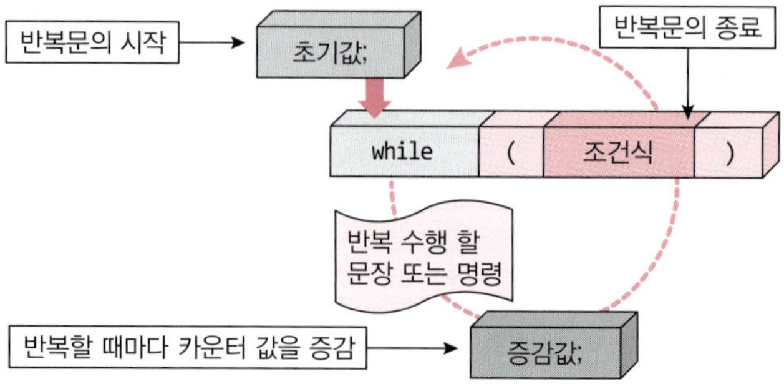

■ while문의 동작 순서

```
① $count=1;
② while($count <= 10)      ⑤
   {
③ ⑥ echo "{$count} 번째 출력 .......... {$count} <br>";
④ ⑦  count++;
   }
```

① 변수 $count의 초기값 $count=1을 선언
② 조건 참, 거짓을 판별
③ 조건이 참이면 문장을 수행
④ 문장을 수행한 다음 $count의 값 1증가
⑤ 다시 조건의 참, 거짓을 판별
⑥ 조건이 참이면 문장을 반복 수행
⑦ 문장을 수행한 다음 $count의 값 1증가

11 do~while문은 while문과 비슷하지만 조건의 참, 거짓을 검사하기도 전에 무조건 한 번은 명령을 수행하는 차이점이 있습니다. 즉 do문에서 선언된 문장들을 무조건 수행하고 나서 do문이 끝나는 코드블록 뒤의 while(조건)을 검사하기 때문입니다. do~while문은 while(조건); 뒤에 오는 세미콜론에 주의해야 합니다.

■ do~while문의 동작 원리

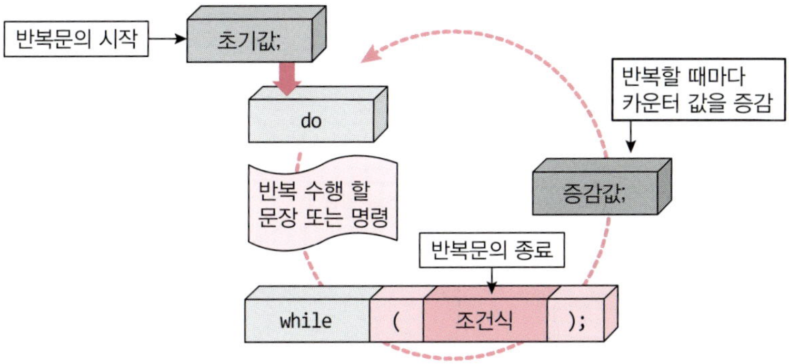

■ do~while문의 동작 순서

```
① $count = 1;
② do ⑥
   {
③     echo "{$count} 번째 출력 .......... {$count} <br>";
④     $count++;
⑤   } while($COUNT <= 10);
⑦
```

① 변수 $count의 초기값 $count=1을 선언
② do문을 무조건 수행
③ echo 명령을 수행
④ 카운트 변수 $count의 값 1증가
⑤ 조건의 참, 거짓 판별
⑥ 조건의 참이면 ②의 과정으로 돌아가서 do문을 반복 수행하고 거짓이면 ⑦의 과정으로 반복 종료
⑦ 조건이 거짓이면 반복문 수행 종료

12 break문은 반복문을 탈출할 때 사용하고 continue문은 반복문의 조건문으로 이동할 때 사용합니다.

▪ break문의 동작 원리

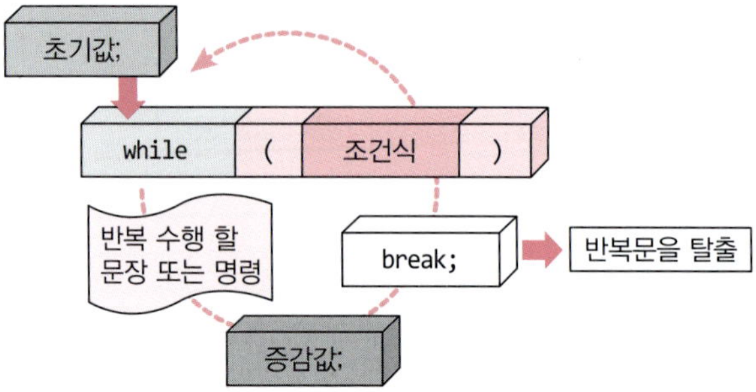

13 반복문의 내부에서 continue문을 만나면 조건문으로 무조건 이동합니다. 그런 다음 조건문이 참이면 코드블록 내부의 명령들을 다시 실행하고 거짓이면 반복문을 종료합니다.

▪ continue문의 동작 원리

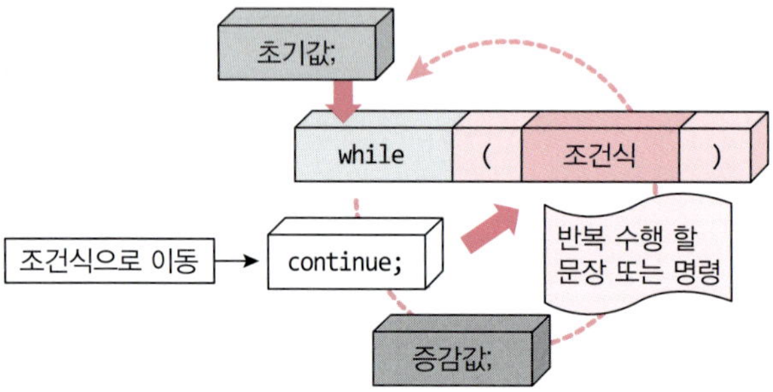

연습문제

01 다음 글을 읽고 빈 괄호를 채우시오

(1) 제어문이라 함은 프로그래밍 언어에서 (   )이 아닌 어떤 (   )에 따라 처리될 명령을 달리할 필요가 있을 때 사용하기 위해 만들어졌으며 주어진 조건의 참 또는 거짓에 따라 실행되는 코드는 선택되어 각각 다른 명령을 수행하도록 합니다.

(2) 분기문은 주어진 (   )이 참인지 거짓인지 판별에 따라 실행되는 (   )를 구분하여 수행하도록 정의하는 문장을 의미합니다. 분기문에는 대표적으로 if~else문과 switch문이 있습니다.

(3) do~while문은 while문과 비슷하지만 조건의 참, 거짓을 검사하기도 전에 무조건 한 번은 명령을 수행하는 차이점이 있습니다. 즉 (   )에서 선언된 문장들을 무조건 수행하고 나서 (   )이 끝나는 코드블록 뒤의 while(조건)을 검사하기 때문입니다.

02 세 과목의 점수를 변수에 입력하고, 총점과 평균을 구한 다음 평균 점수의 구간에 따라 출력형태가 아래와 같이 출력되도록 프로그램을 작성하시오. (if~elseif...else)

〈점수 구간〉

점수	90~100	80~89	70~79	60~69	60 미만
출력	매우 우수	우수	보통	미흡	매우 미흡

〈출력 형태〉

```
■ 3 과목의 총점과 평균, 등급 구하기
----------------------------------------
국어 : 92 점
영어 : 93 점
수학 : 95 점
----------------------------------------
총점 : 280 점
점수 : 93.33점(소수점 둘째자리까지만 출력)
----------------------------------------
등급 : 매우 우수
----------------------------------------
```

03 알파벳 대/소문자의 구별 없이 a가 입력되면 "봄", b가 입력되면 "여름", c가 입력되면 "가을", d가 입력되면 "겨울"이 출력되도록 switch문으로 프로그램을 작성하시오.

〈출력 형태〉

```
▣ 봄, 여름, 가을 ,겨울 switch문으로 출력하기
------------------------------------------------
▼ 입력된 알파벳 .......... [ A ]
------------------------------------------------
제일 좋아하는 계절은 "봄" 입니다.
```

04 이중 for문을 사용하여 9단에서 2단까지 구구단을 출력하는 프로그램을 작성하시오.

〈출력 형태〉

```
9x9=81  9x8=72  9x7=63  .....  9x2=18  9x1=9
8x9=72  8x8=64  8x7=56  .....  8x2=16  8x1=8
  :
  :
2x9=18  2x8=16  2x7=14  .....  2x2=4  2x1=2
```

05 1부터 100까지 5의 배수의 합을 while문으로 구하는 프로그램을 작성하시오.

〈출력 형태〉

```
■ while문을 이용한 5의 배수의 합 출력
--------------------------------
 1부터 100까지 5의 배수의 합 ..... [        ]
```

06 do~while문을 사용하여 10부터 1까지 출력되는 프로그램을 작성하시오.

〈출력 형태〉

```
■ do~while문을 사용하여 10부터 1까지 출력
-----------------------------------
 10  9  8  7 .....  2  1
```

07 continue문을 사용하여 1부터 10까지의 홀수의 합을 while문으로 구하는 프로그램을 작성하시오.

〈출력 형태〉

```
■ continue문을 사용하여 1부터 10까지 홀수의 합
---------------------------------------
 1 3 5  ..... 9 10 = [          ]
```

CHAPTER 05
배열과 함수

학습목표

- 배열이 무엇인지에 대해 이해할 수 있습니다.
- 일차원 배열과 다차원 배열을 구별할 수 있습니다.
- 함수가 무엇인지에 대해 이해할 수 있습니다.
- PHP 프로그램을 필요에 따라 모듈화시킬 수 있습니다.

SECTION

01 배열

배열Array이라 함은 동일한 이름의 변수를 여러 개 사용하고자 할 때 유용하며 각각의 원소를 구별하기 위해 키key값으로 구성됩니다. 키 값은 인덱스index라고도 하며 항상 0부터 시작함을 주의해야 합니다. 지금까지는 변수를 $a, $b, $sum 정도의 몇 개 안 되는 변수를 선언하여 사용해 왔지만 성적처리 프로그램 또는 쇼핑몰에서의 동일한 인물에 대한 여러 개의 과목 또는 여러 상품의 구매 등을 다루기 위해서는 배열이 반드시 필요합니다. 배열의 키 값은 차원에 따라 1차원 배열, 2차원 배열, 3차원 배열 등으로 구분되며 2차원 배열이상을 다차원 배열이라고도 합니다.

1 일차원 배열

일차원 배열은 한 사람에 대한 여러 개의 과목 점수를 산출할 때 사용되며 키 값으로는 정수형 또는 문자열형이 사용됩니다. 5과목의 점수에 대한 성적처리 프로그램을 만들기 위해 $score라는 변수를 사용하여 배열을 선언하게 되면 원소의 개수는 5개가 되고 키 값(인덱스)은 0부터 4까지의 정수가 사용되어 $score[0], $score[1], $score[2], $score[3], $score[4]가 됩니다. 배열을 사용할 때 메모리에 저장되는 공간을 다음과 같이 나타낼 수 있습니다.

85	93	77	69	98
$score[0]	$score[1]	$score[2]	$score[3]	$score[4]

배열을 사용하지 않는다면 5과목의 변수 이름을 일일이 정해주어야 하는 불편함이 따릅니다. 예를 들어 운영체제는 변수 $os, 프로그램은 $pgm, 정보보안은 $scr, 웹그래픽은 $grp, 데이터베이스는 $db 등으로 선언해야 하는 불편함이 있습니다.

만약 과목의 수가 10개가 넘고 한 사람에 대한 10개의 과목에 대한 성적처리가 아니고 한 클래스 40명에 대해 10개의 과목에 대한 성적처리를 한다고 할 때 변수의 이름은 무려 400개나 됩니다. 이와 같은 불편함을 해소하기 위해 배열로 선언하고 배열을 사용하여 앞에서 배운 반복문을 활용한다면 400개에 해당하는 성적처리를 손쉽게 해결할 수 있습니다. 다음 예제를 통해 자세히 살펴보도록 하겠습니다.

| 예제 5-1 |

- **Step 01** | 배열을 사용하여 선언한 5개 과목에 대해 for문으로 반복 수행을 거쳐 총점을 산출한 다음 평균을 산출하는 프로그램을 다음과 같이 작성합니다.

ex5-1.php

```
<?php

  echo "<B> ♣ 배열을 사용한 5개 과목의 총점과 평균 산출  </B><br>";
  echo "--------------------------------------------- <br>";

  $score[0] = 85;     // 배열의 선언과 초기값 입력
  $score[1] = 93;
  $score[2] = 77;
  $score[3] = 69;
  $score[4] = 98;

  $sum = 0;           // 총점을 저장할 변수

  for($c = 0; $c <=4; $c++)
  {
    $sum += $score[$c];   // $sum = $sum + $score[$c] 와 같음
    $cnt = $c+1;          // 0번째가 아니라 1번째부터 표시
    echo "{$cnt}번째 과목점수 :  $score[$c] ... ( 누적합 = {$sum} ) <br>";
  }

  $avg = $sum/5;   // 평균

  echo "--------------------------------------------- <br>";
  echo " ▶ 5과목총점 ..... {$sum} <br> ";
  echo " ▶ 5과목평균 ..... {$avg} <br>";
```

```
26    echo "------------------------------------------- ";
27
28  ?>
```

• **Step 02** | 웹 브라우저에서 [예제 5-1]을 실행합니다.

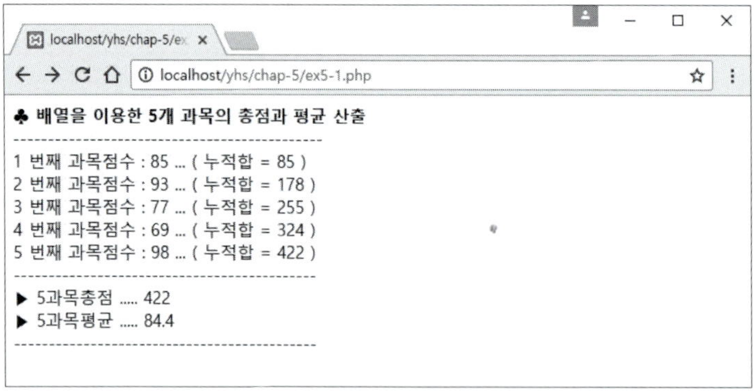

[그림 5-1] ex5-1.php 실행 결과

/ 소스 설명 /

• 배열의 선언과 점수 입력

6행부터 10행까지는 5개 과목의 점수를 배열변수 $score에 입력합니다. 배열변수는 5개의 원소 $score[0], $score[1], $score[2], $score[3], $score[4]를 가지게 되며 각각의 배열변수에 점수를 입력합니다.

• 총점을 저장할 변수

12행에서는 총점을 저장하기 위해 변수 $sum을 선언하고 0의 값으로 초기화 합니다. 총점으로 사용하고자 하는 변수를 $sum=0 으로 초기화 하는 이유는 변수를 선언만 하고 초기화 하지 않을 경우 예상치 못한 엉뚱한 값이 출력될 수도 있기 때문입니다.

• 반복 수행

14행의 반복문 for($c=0; $c<=4; $c++)은 5과목에 대한 점수의 총점을 산출하기 위해 조건이 참인 동안 15행부터 19행까지 반복 수행하게 됩니다.

• 키 값(인덱스)의 출력 속성

17행의 $cnt=$c+1은 과목의 '1번째 과목점수 :, ... , 5번째 과목점수 :'를 출력하기 위함입니다. 키 값은 0부터 시작하기 때문에 0번째... 라는 표현보다는 1번째... 라는 표현을 출력하기 위해 $c+1을 더해준 것입니다.

- 총점 구하기

  16행의 '$sum+=$score[$c]'는 '$sum=$sum+$score[$c]'와 같은 의미이며 [$c]는 14행에서 선언된 for($c=0; $c<=4; $c++)키 값을 의미합니다.

- 총점이 누적되는 과정

  18행의 '..... (누적합 = {$sum})'은 14행의 for문이 반복 수행하면서 총점 $sum을 구하는 과정을 출력하기 위한 선언이며 $score[$c]는 6행부터 10행까지 배열변수에 입력된 점수를 출력합니다.

- 평균 산출

  21행은 총점이 저장된 변수 $sum을 5과목으로 나누어 $avg=$sum/5 변수에 저장하여 24행에서는 총점 $sum을 출력하고 25행에서는 평균을 $avg를 출력합니다.

다음 예제는 배열 함수를 사용하여 5개 과목에 대한 총점과 평균을 산출하는 예제입니다.

| 예제 5-2 |

- **Step 01** | array( ) 함수를 사용한 배열을 생성하여 5개 과목의 총점과 평균을 산출하는 프로그램을 다음과 같이 작성합니다.

ex5-2.php

```
<?php

  echo "<B> ♣ array( ) 함수를 사용한 5개 과목의 총점, 평균 </B><br>";
  echo "-------------------------------------------- <br>";

  $score = array(85, 93, 77, 69, 98);  // array( ) 함수를 사용한 점수 입력

  $sum = 0;                 // 총점을 저장할 변수

  for($c = 0; $c <=4; $c++)
  {
    $sum += $score[$c];     // $sum = $sum + $score[$c] 와 같음
    $cnt = $c+1;            // 0번째가 아니라 1번째부터 표시
```

```
    echo "{$cnt}번째 과목점수 :  $score[$c] ... ( 누적합 = {$sum} ) <br>";
  }

  $avg = $sum/5;   // 평균

  echo "------------------------------------------- <br>";
  echo " ▶ 5과목총점 ..... {$sum} <br> ";
  echo " ▶ 5과목평균 ..... {$avg} <br>";
  echo "------------------------------------------- ";

?>
```

• **Step 02** | 웹 브라우저에서 [예제 5-2]를 실행합니다.

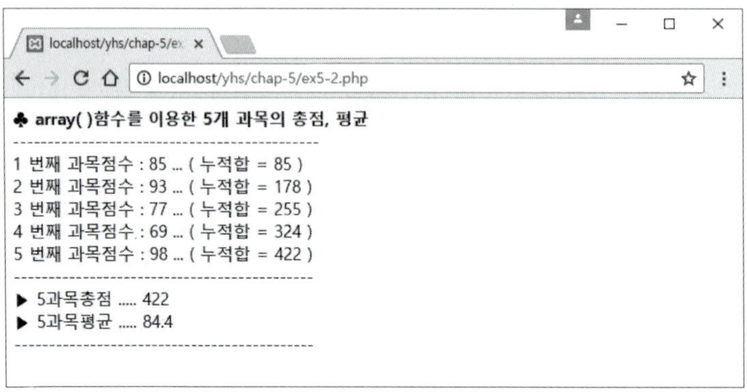

[그림 5-2] ex5-2.php 실행 결과

2 다차원 배열

다차원 배열은 2차원 배열과 3차열 배열을 의미합니다. 2차원 배열과 3차원 배열의 특성에 대해 살펴보도록 하겠습니다.

2차원 배열

2차원 배열은 행과 열의 속성을 가지는 배열로 한 사람이 아닌 두 사람 이상의 복수 과목에 대한 성적처리를 수행할 때 사용합니다. 2차원 배열을 사용하는 것이 프로그램을 효율적으로 코딩하고 관리할 수 있습니다. 2명의 3과목 점수에 대한 총점과 평균 구하는 프로그램을 변수 $score라는 변수를 사용하여 2차원 배열을 선언하게 되면 원소의 개수는 2행 3열의 6개가 됩니다.

배열의 구성요소를 나타내는 키 값인 인덱스는 $score[0][0], $score[0][1], $score[0][2], $score[1][0], $score [1][1], $score[1][2]과 같이 처리되어 메모리 저장되는 공간을 확보합니다. 예를 들어 2차원 배열을 사용하여 2명에 대한 3과목 점수의 총점과 평균을 산출하는 프로그램을 작성한다고 할 때 array( ) 함수를 사용하여 처리할 수 있습니다.

■ 첫 번째 학생의 세 과목 점수

85	93	77
$score[0][0]	$score[0][1]	$score[0][2]

■ 두 번째 학생의 세 과목 점수

63	71	59
$score[1][0]	$score[1][1]	$score[1][2]

다음 예제에서는 array( ) 함수를 사용하지 않는 방법과 array( ) 함수를 사용하여 프로그램을 작성하는 방법에 대해 비교하여 살펴보도록 하겠습니다.

| 예제 5-3 |

• **Step 01** | array( ) 함수를 사용하지 않고 2명 3과목에 대한 총점과 평균을 산출하는 프로그램을 다음과 같이 작성합니다.

ex5-3.php

```
<?php

  echo "<B> ♣ 2명의 3과목에 대한 총점과 평균 </B><br>";
  echo "------------------------------------- <br>";

  $score[0][0] = 85;
  $score[0][1] = 93;
```

```
$score[0][2] = 77;

$score[1][0] = 63;
$score[1][1] = 71;
$score[1][2] = 59;

for($a = 0; $a <= 1; $a++)
{
  $sum = 0;               // 총점
  $num = $a+1;            // 학생을 구분하기 위한 변수 (1번째...)

  echo "<B> ● {$num} 번째 학생 </B> <br> ";

  for($b = 0; $b <=2; $b++)
  {
    $mok = $b+1;          // 과목을 구분하기 위한 변수 (과목 1...)
    echo "과목 {$mok} 의 점수 : {$score[$a][$b]} 점 <br> ";

    $sum += $score[$a][$b];    // $sum = $sum + $score[$a][$b] 와 같음
    $avg = $sum/3;
  }

  echo "------------------------------------ <br>";
  echo " o 학생 {$num}의 총점 ..... {$sum} 점<br> ";
  echo " o 학생 {$num}의 평균 ..... {$avg} 점<br>";
  echo "------------------------------------ <br> ";
 }

?>
```

• **Step 02** | 웹 브라우저에서 [예제 5-3]을 실행합니다.

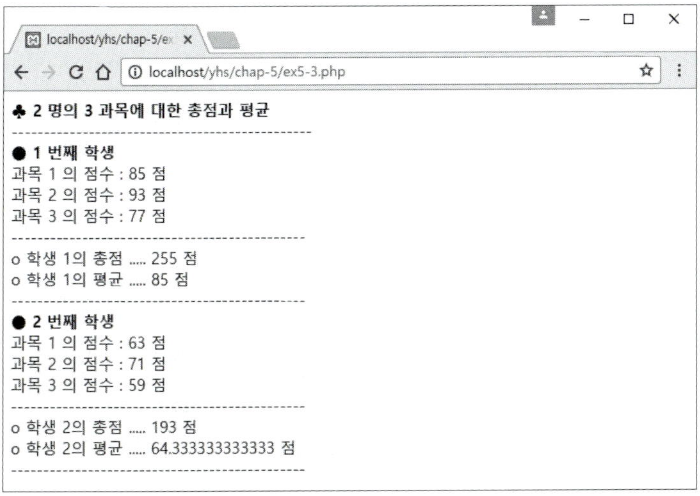

[그림 5-3] ex5-3.php 실행 결과

/ 소스 설명 /

- 배열 선언과 점수 입력

  6행부터 8행까지는 첫 번째 학생에 대한 3과목의 점수를 입력하고 10행부터 12행까지는 두 번째 학생에 대한 3과목의 점수를 각각 입력합니다.

- 중첩된 for문

  14행의 바깥쪽 for($a=0; $a<=1; $a++)문은 2명의 학생에 대한 성적을 출력하기 위한 반복문으로 배열의 원소는 2개입니다. 변수 $a에는 0과 1의 배열 원소를 나타내며 14행의 for문 구간은 34행까지입니다. 21행의 안쪽 for($b=0; $b<=2; $b++)문은 바깥쪽 for문에서 먼저 수행되는 학생 1명에 대한 3과목의 점수를 반복해서 출력합니다. 21행의 for문에 선언된 변수 $b는 배열 원소 0, 1, 2에 해당되므로 3과목에 대한 점수의 출력을 반복 수행합니다.

- 학생 카운트 변수

  17행에 선언된 변수 $num은 '...번째 학생'을 표현하기 위한 카운트 변수로 배열의 키 값(인덱스)은 항상 0부터 시작하므로 '0번째 학생'으로 표기되지 않기 위해서 변수에 숫자 1을 더해줍니다. 즉 $num=$a+1에서 변수 $a는 14행의 for문에서 선언된 학생의 수를 가리키는 변수이기 때문에 카운트 변수로 사용할 $num 변수에 1을 증가시킵니다.

- 과목의 카운트 변수

  23행에 선언된 변수 $mok은 3과목을 카운트하기 위한 변수로 '과목 0의 점수'가 출력되는 것을 방지하지 위하여 숫자 1을 더해 '과목 1의 점수'로 출력합니다.

• 총점과 평균 구하기

26행은 $sum=$sum+$score[$a][$b]는 1명의 학생에 대한 3과목의 총점을 구하고 27행의 $avg=$sum/3 연산식으로 1명의 학생에 대한 3과목 점수의 평균을 산출합니다.

다음 예제는 배열 함수를 사용하여 2명의 3과목에 대한 성적을 처리하는 예제입니다.

| 예제 5-4 |

• **Step 01** | 이번에는 array( ) 함수를 사용하여 2명의 3과목에 대한 성적을 처리하는 프로그램에 대해 다음과 같이 코드를 작성합니다.

ex5-4.php

```
<?php

  echo "<B> ♣ array( ) 함수를 사용한 총점과 평균 </B><br>";
  echo "------------------------------------ <br>";

  $score = array(array(98, 96, 95), array(88, 66, 75));

  for($a = 0; $a <= 1; $a++)
  {
    $sum = 0;              // 총점을 저장할 변수의 선언과 초기화
    $num = $a+1;           // 학생을 구분하기 위한 변수 (1번째...)

    echo "<B> ● {$num} 번째 학생 </B> <br> ";

    for($b = 0; $b <=2; $b++)
    {
      $mok = $b+1;         //과목을 구분하기 위한 변수 (과목 1...)
      echo "과목 {$mok} 의 점수 : {$score[$a][$b]} 점 <br> ";

      $sum += $score[$a][$b];        // $sum = $sum + $score[$a][$b] 와 같음
      $avg = $sum/3;                 // 평균 산출
    }

  echo "------------------------------------ <br>";
```

```
25    echo " o 학생 {$num}의 총점 ..... {$sum} 점<br> ";
26    echo " o 학생 {$num}의 평균 ..... {$avg} 점<br>";
27    echo "---------------------------------- <br> ";
28    }
29
30  ?>
```

• **Step 02** | 웹 브라우저에서 [예제 5-4]를 실행합니다.

[그림 5-4] ex5-4.php 실행 결과

/ 소스 설명 /

• `array( )` 함수 사용

6행에는 2명의 세 과목 점수를 `$score=array(array(98, 96, 95), array(88, 66, 75))` 함수를 사용하여 선언합니다.

• 중첩된 `for`문의 의미

8행에서 선언된 `for($a=0; $a<=1; $a++)`은 2명의 점수를 출력하기 위해 반복되는 부분이고 15행의 `for($b=0; $b<=2;, $b++)`는 3과목의 점수를 출력합니다.

3차원 배열

3차원 배열은 2차원 배열에서 가지는 원소의 구성요소에 한 가지가 더 추가되는데 그것은 바로 [면]입니다. 3차원 배열에서의 원소의 구성요소는 [면][행][열]로 이루어져 있으며 [면]이 가장 앞에 있습니다. 예를 들어 통계자료집에 있는 데이터를 사용하려고 할 때 가장 먼저 찾아야 하는 것은 바로 페이지입니다. 즉 페이지는 3차원 배열에서 바로 [면]에 해당됩니다.

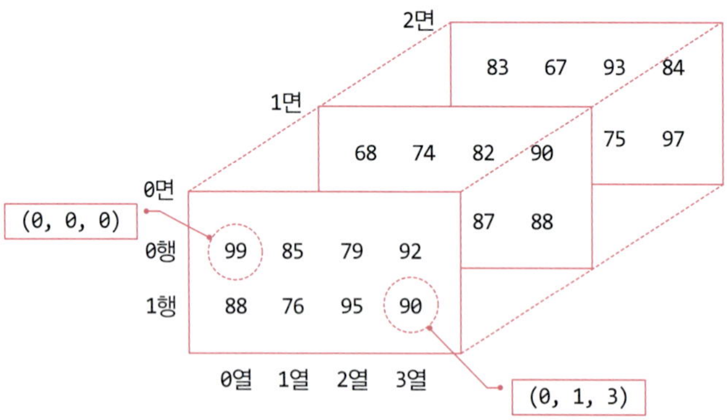

[그림 5-5] 3차원 배열요소의 구성도

SECTION

02 함수

함수function는 일련의 작업을 수행하도록 모듈화 시켜 프로그램을 체계적으로 만들어 줍니다. 하나의 함수를 만들어 놓으면 계속해서 재사용할 수 있다는 장점이 존재합니다. 함수의 정의는 사용자가 직접 정의하는 함수와 PHP에서 제공되는 라이브러리 함수가 있습니다.

1 사용자 정의 함수

사용자가 직접 함수의 이름과 함수 안에 수행할 명령들을 작성하는 것을 사용자 정의 함수라고 합니다. 다음 예제를 통해 사용자 정의 함수에 대해 자세히 살펴보도록 합니다.

| 예제 5-5 |

- **Step 01** | 사용자 정의 함수인 meeting( ) 함수를 정의한 다음 함수를 호출하는 프로그램을 다음과 같이 작성합니다.

ex5-5.php

```
<?php

  echo "<B> ※ 사용자가 직접 정의하는 meeting( ) 함수 </B> <br>";
  echo "----------------------------------------------- <br>";

  function meeting()        // meeting( ) 함수 정의
  {
    echo " 님의 소개를 부탁합니다... <br>";
  }
```

```
10
11    echo " <B> ₩" 홍길동 ₩" </B> ";
12    meeting();          // 함수 호출
13
14    echo " <B> ₩" 일지매 ₩" </B> ";
15    meeting();          // 함수 호출
16
17    echo " <B> ₩" 성춘향 ₩" </B> ";
18    meeting();          // 함수 호출
19
20  ?>
```

• **Step 02** | 웹 브라우저에서 [예제 5-5]를 실행합니다.

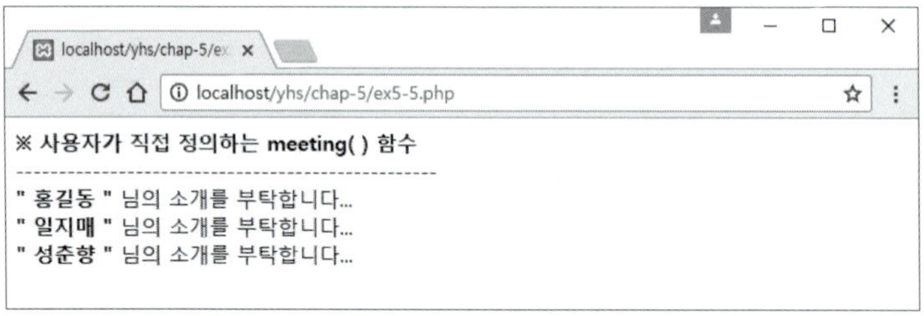

[그림 5-6] ex5-5.php 실행 결과

/ 소스 설명 /

• 함수 정의

6행의 function meeting( )은 함수를 정의하기 위한 문장으로 meeting( )이라는 이름을 가진 함수를 정의합니다. 함수를 정의하기 위해선 "function 함수명( )"으로 정의해야 하며 함수의 이름은 사용자가 예약어를 제외한 어떠한 이름을 함수명으로 정의해도 되지만 가급적이면 함수 안에 있는 명령을 대표할 수 있는 단어를 정의하는 것이 바람직합니다.

• 함수의 호출

12행에서는 meeting( ) 함수를 호출해 11행의 echo "<B>₩"홍길동₩"</B>" 다음에 함수 meeting( )에 선언된 "echo " 님의 소개를 부탁합니다...
""이 출력되도록 합니다. 15행, 18행에서도 meeting( ) 함수를 호출해 각각 해당되는 문장들을 출력합니다.

- ₩"와 <B>... </B> 사용

  11행, 14행, 17행에 선언된 '₩"'는 이름 앞, 뒤에 겹따옴표(")가 나타나도록 하는 의미이며 <B>...</B>는 이름을 진하게 나타나도록 하는 태그문자입니다.

인자를 포함하는 함수

다음 예제는 덧셈을 수행하는 hap( ) 함수와 뺄셈을 수행하는 cha( ) 함수를 정의하고 각각 함수를 호출할 때 필요한 인자를 포함합니다. 인자라 함은 함수 안에 콤마로 구분되며 hap($a, $b) 또는 hap(10, 20)과 같이 함수의 괄호 안에 있는 변수나 숫자를 의미합니다.

| 예제 5-6 |

- **Step 01** | 인자를 포함하는 사용자 정의 함수를 정의한 다음 호출하는 프로그램을 다음과 같이 작성합니다.

ex5-6.php

```
<?php

  echo "<B> ※ 인자를 포함하는 hap( ) 함수와 cha( ) 함수 정의</B> <br>";
  echo "--------------------------------------------------- <br>";

  function hap($a, $b)                // hap(인자1, 인자2) 함수 정의
  {
    $sum = $a + $b;
    echo " 덧셈 연산 : hap(₩$a, ₩$b) 함수 ... {$a} + {$b} = {$sum} <br>";
  }

  function cha($c, $d)                // cha(인자1, 인자2) 함수 정의
  {
    $sub = $c - $d;
    echo " 뺄셈 연산 : cha(₩$c, ₩$d) 함수 ... {$c} - {$d} = {$sub} <br>";
  }

  hap(10, 20);                        // hap($a, $b) 함수 호출
  cha(300, 123);                      // cha($c, $d) 함수 호출
```

```
20    echo "------------------------------------------------ <br>";
21    hap(569, 783);
22    cha(35, 158);
23
24  ?>
```

• **Step 02** | 웹 브라우저에서 [예제 5-6]을 실행합니다.

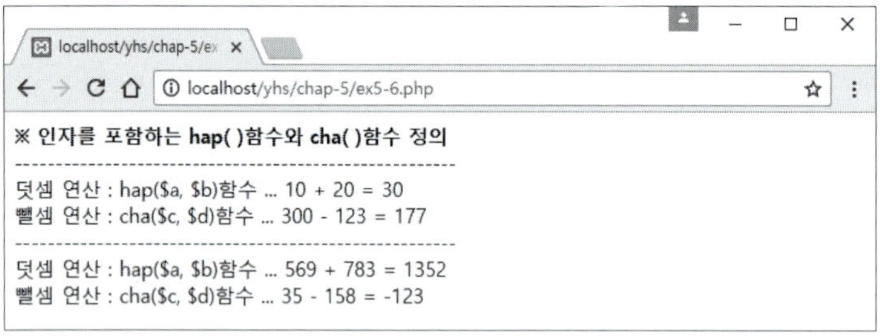

[그림 5-7] ex5-6.php 실행 결과

/ 소스 설명 /

• 인자를 포함하는 함수

6행의 hap($a, $b) 함수 안에 있는 변수명을 '인자'라고 하며 18행에서 호출되는 함수 hap(10, 20) 안에 있는 숫자 또한 인자입니다.

• 함수의 호출

함수를 호출하는 18행의 hap(10, 20)은 6행의 hap($a, $b) 함수의 변수 $a와 $b에 각각 복사되어 8행의 연산식을 통해 9행의 형식으로 출력됩니다. 12행에 선언된 cha($c, $d) 함수도 19행의 cha(300, 123)의 숫자가 변수 $c와 $d에 각각 복사되고 14행의 연산을 통해 15행의 형식으로 출력됩니다.

return 값을 갖는 함수

return 값이라 함은 함수를 호출할 때 반환되는 값을 의미하며 프로그램을 실행하다가 return 키워드를 만나게 되면 수행 중이던 함수를 중단하고 산출된 결과값을 반환합니다. 이 과정에서 return문 다음 행부터 존재하는 명령은 수행하지 않고 모두 무시되기 때문에 주의를 기울여야 합니다. 즉 return문 다음에 주어진 명령은 수행하지 않는다는 것을 의미합니다. 다음 예제를 통해 자세히 살펴보도록 하겠습니다.

| 예제 5-7 |

- **Step 01** | 반환값을 갖는 문자열 함수를 정의한 다음 호출하여 출력하는 프로그램을 다음과 같이 작성합니다.

ex5-7.php

```
<?php

  echo "<B> ※ 반환(return) 값을 갖는 문자열 함수</B> <br>";
  echo "---------------------------------------- <br>";

  function string($str)       // string(인자) 함수 정의
  {
    $str = $str. " 프로그래밍 <br>";
    return $str;
    echo " return 다음 문장은 출력될까요 ??? ";
  }

  echo " 문자열 함수 string(₩$str) 호출 결과<br> ... ";
  echo string(" PHP ");
  echo "---------------------------------------- <br>";

?>
```

- **Step 02** | 웹 브라우저에서 [예제 5-7]을 실행합니다.

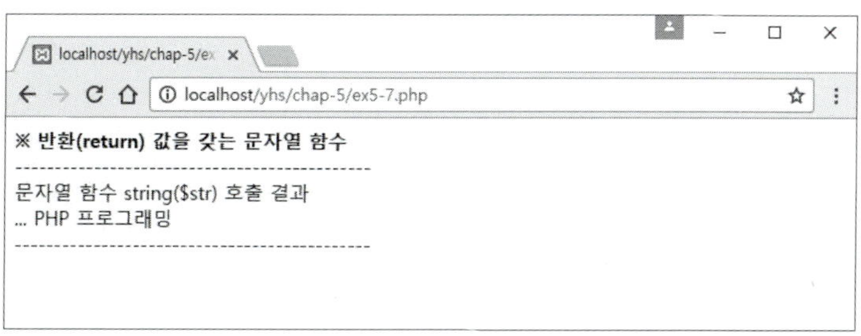

[그림 5-8] ex5-7.php 실행 결과

/ 소스 설명 /

- 문자열 함수 선언과 호출

  6행의 string($str) 함수는 문자열 인자 1개를 갖는 문자열 함수이며 8행에서 선언된 변수 $str=$str. " 프로그래밍
"은 14행에서 호출되는 string(" PHP ") 함수의 인자 'PHP'와 문자열이 결합되어 14행에서의 출력문은 'PHP 프로그래밍'으로 출력됩니다.

- return의 역할

  9행에서 선언된 'return $str'의 의미는 변수 $str이 가지고 있는 값을 반환하라는 의미입니다. 10행에 주어진 출력문 'echo "return 다음 문장은 출력될까요???"'는 수행되지 않고 무시됩니다. 그 이유는 reutrn 다음 행의 명령이기 때문입니다.

다음 예제는 함수를 정의하고 호출할 때 필요한 인자를 함께 선언하여 함수를 호출하는 과정에 대해 다루고 있습니다. 함수를 호출할 때 주어지는 인자를 실 매개변수라 하고 함수를 정의한 부분의 인자를 형식 매개변수라고 합니다. 실 매개변수와 형식 매개변수에 대해 다음 예제를 통해 자세히 살펴보도록 합니다.

| 예제 5-8 |

- **Step 01** | 반환 값과 3개의 인자를 갖는 사용자 정의 함수를 정의한 다음 호출하여 결과를 출력하는 프로그램을 다음과 같이 작성합니다.

ex5-8.php

```
<?php

  echo "<B> ※ 반환(return) 값과 인자 세 개를 갖는 함수</B> <br>";
  echo "-------------------------------------------- <br>";

  function gob($a, $b, $c)        // gob(인자1, 인자2, 인자3) 함수 정의
  {
    echo " 곱셈 연산을 하는  gob(₩$a, ₩$b, ₩$c) 함수 호출 <br>";
    echo "... {$a} * {$b} * {$c} = ";
    return $a * $b * $c;
  }

  $mul = gob(5, 5, 5);
```

```
14    echo "{$mul} <br>";
15    echo "-------------------------------------------- <br>";
16
17    $mul = gob(10, 100, 1000);
18    echo "{$mul} <br>";
19    echo "-------------------------------------------- <br>";
20
21  ?>
```

• **Step 02** | 웹 브라우저에서 [예제 5-8]을 실행합니다.

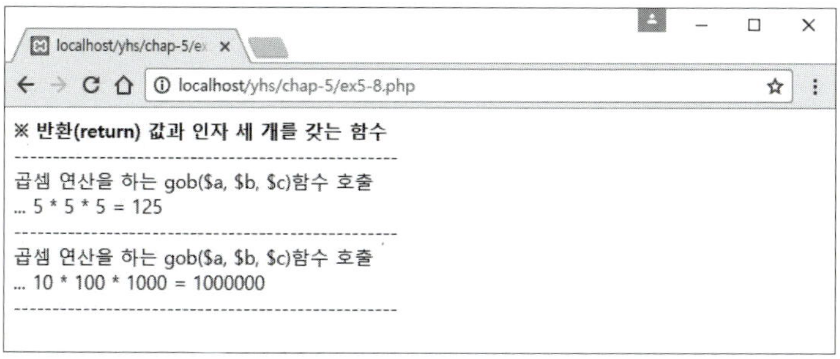

[그림 5-9] ex5-8.php 실행 결과

/ 소스 설명 /

• 3개의 인자를 갖는 함수

6행의 선언된 `function gob($a, $b, $c)` 함수를 정의하고 10행의 반환 값 `return $a*$b*$c`를 통해 3개의 인자가 가지는 정수를 곱한 결과를 반환합니다.

• 함수의 호출

13행에서 3개의 인자를 가진 함수를 변수 `$mul=gob(5, 5, 5)`와 같이 선언하여 세 인자의 곱셈결과를 변수에 저장하여 14행에서 출력합니다.

다음 예제는 for문을 사용한 코드를 사용자 함수로 정의한 다음 호출하여 누적합을 구하는 예제입니다.

| 예제 5-9 |

• **Step 01** | for문을 사용한 코드를 사용자 정의 함수로 정의한 다음 함수를 호출하여 1부터 주어진 숫자까지의 합을 구하는 프로그램을 다음과 같이 작성합니다.

ex5-9.php

```
<?php

  echo "<B> ※ 1부터 주어진 숫자까지의 합 (for문을 함수 정의)</B> <br>";
  echo "-------------------------------------------------- <br>";

  function cnt($a, $b)      // 반복문에서 활용할 인자 $a, $b
  {
    $sum = 0;               // 누적합을 저장할 변수
    for($a = 1; $a <= $b; $a++)
    {
      $sum += $a;           // $a부터 $b까지의 누적합 산출
    }
    echo "함수 cnt(₩$a, ₩$b) 안에 for문을 정의하여 누적합 산출 <br>";
    return $sum;
  }

  $sta = 1;                 // 시작되는 숫자
  $end = 10;                // 끝나는 숫자

  $tot = cnt($sta, $end);
  echo "{$sta} 부터 {$end} 까지의 누적 합계 : {$tot} <br>";
  echo "-------------------------------------------------- <br>";

  $end = 50;
  $tot = cnt($sta, $end);
  echo "{$sta} 부터 {$end} 까지의 누적 합계 : {$tot} <br>";
  echo "-------------------------------------------------- <br>";

?>
```

• **Step 02** | 웹 브라우저에서 [예제 5-9]를 실행합니다.

[그림 5-10] ex5-9.php 실행 결과

/ 소스 설명 /

- 함수 정의

  6행의 cnt($a, $b) 함수는 for문에서 반복하기 위한 초기값 $a와 어디까지 반복할 것인지를 저장할 인자 $b의 속성을 지닙니다.

- 반복문 선언

  9행의 반복문 for($a=1; $a<=$b; $a++)는 1부터 $b의 값까지 1씩 증가하면서 11행의 누적되는 합 $sum+=$a를 반복 수행한 다음 14행의 반환값 return $sum을 선언합니다.

- 1부터 어디까지의 합

  17행의 변수 $sta=1과 18행의 변수 $end=10의 의미는 누적되는 합을 1부터 10까지 산출하기 위한 선언입니다.

- 함수의 호출

  20행에서 cnt( ) 함수를 호출하여 변수 $tot=cnt($sta, $end)의 인자에 각각 1과 10을 복사합니다. 11행의 $sum+=$a 연산식을 수행하여 누적되는 합계를 변수 $tot에 저장합니다.

- 누적 합 출력

  21행에서는 20행에서 함수를 호출하여 1부터 10까지의 누적합계가 산출된 변수 $tot의 누적 합을 출력합니다. 24행부터 26행까지는 1부터 50까지의 누적합계가 출력됩니다.

다음 예제는 사용자 정의 함수를 정의하고 홀수와 짝수를 구하고자 할 때 각각의 함수를 호출하는 예제입니다.

| 예제 5-10 |

- **Step 01** | while문을 사용하여 홀수와 짝수를 구하는 사용자 정의 함수 2개를 정의하고 각각 함수를 호출하는 프로그램을 다음과 같이 작성합니다.

ex5-10.php

```
<?php

  echo "<B> ※ while문을 사용한 hol( ) 함수와 jak( ) 함수 정의</B> <br>";
  echo "--------------------------------------------------- <br>";

  function hol($a, $b)
  {
    $hol_sum = 0;
    $a=1;

    while($a <= $b)
    {
      echo " {$a}, ";
      $hol_sum += $a;
      $a+=2;
    }
    echo "홀수의 합을 구하는 hol( ) 함수 호출 <br>";
    return $hol_sum;
  }
  $sta = 1;
  $end = 10;

  $hol_tot = hol($sta, $end);
  echo "..... {$sta} 부터 {$end} 까지의 홀수의 합 : {$hol_tot} <br>";
  echo "--------------------------------------------------- <br>";

  function jak($c, $d)
  {
    $hol_sum = 0;
    $c=2;

    while($c <= $d)
    {
```

```
34            echo " {$c}, ";
35            $jak_sum += $c;
36            $c+=2;
37        }
38        echo "짝수의 합을 구하는 jak( ) 함수 호출 <br>";
39        return $jak_sum;
40    }
41
42    $jak_tot = jak($sta, $end);
43    echo "..... {$sta} 부터 {$end} 까지의 짝수의 합 : {$jak_tot} <br>";
44    echo "---------------------------------------------------- <br>";
45
46 ?>
```

• **Step 02** | 웹 브라우저에서 [예제 5-10]을 실행합니다.

[그림 5-11] ex5-10.php 실행 결과

/ 소스 설명 /

• 홀수의 합을 구하는 hol( ) 함수

6행에 정의된 hol( ) 함수는 1부터 10까지 홀수의 합을 산출하기 위한 함수로 구간은 25행까지이며 홀수의 합을 저장하기 위한 8행의 $hol_sum=0 변수를 초기화합니다.

• 반복문 선언

9행의 변수 $a=1은 while문을 사용하기 위한 초기값이며 11행의 while($a<=$b) 조건에서 변수 $b가 가지는 의미는 2행의 $end=10을 처리하기 위함입니다.

• 1부터 10까지의 홀수만 출력

13행의 'echo "{$a}."'은 11행의 while($a<=$b)문이 반복되는 동안 15행의 $a+=2의 증감

값을 통해 1, 3, 5, 7, 9가 출력되고 14행의 $hol_sum+=$a는 홀수의 합을 산출합니다.

- 홀수의 합 출력

  23행은 홀수의 합이 계산된 hol( ) 함수를 호출하여 변수 $hol_tot=hol($sta, $end)에 저장합니다. 20행과 21행에 선언된 $sta=1, $end=10은 hol( ) 함수를 적용할 1부터 10까지의 영역을 의미합니다. 24행에서 1부터 10까지의 홀수의 합이 저장된 변수 $hol_tot의 값이 출력됩니다.

- 짝수의 합을 구하는 jak( ) 함수

  27행에 정의된 jak( ) 함수는 1부터 10까지 짝수의 합을 산출하기 위한 함수로 구간은 44행까지이며 짝수의 합을 저장하기 위한 29행의 변수를 $jak_sum=0으로 초기화합니다.

- 초기값의 의미

  30행의 변수 $c=2는 1부터 10까지 짝수의 합을 구하기 위한 초기값의 선언이며 34행의 'echo "{$c}, "'는 32행의 while문 반복 수행으로 2, 4, 6, 8, 10이 출력됩니다. hol( ) 함수와 jak( ) 함수가 다른 부분은 초기값의 선언과 함수의 이름만 다를 뿐 근본적인 문장의 형태는 거의 비슷합니다.

2 문자열 관련 함수

문자열은 바이트의 집합으로 구성되며 공백도 한 개의 바이트 문자로 취급됩니다. PHP에서 제공되는 문자열 관련 함수는 다양하게 제공되지만 그 중에서 자주 사용되는 문자열 관련 함수에 대해서만 다음 표와 같이 정리하였습니다.

[표 5-1] 문자열 관련 함수

함수명	기능
crypt( )	단방향 암호화
strtoupper( )	문자열의 알파벳을 모두 대문자로 변환
strtolower( )	문자열의 앒파벳을 모두 소문자로 변환
strlen( )	문자열의 길이 반환
ord( )	문자에 해당하는 아스키코드값을 반환
chr( )	아스키코드값에 해당하는 문자를 반환

nl2br( )	"New Line to HTML, "태그로 Enter↵ 친 부분을 줄 바꿈
echo( ), print( )	문자열을 출력
printf( ), sprintf( )	형식이 있는 문자열 출력
substr( )	문자열에서 자르기를 시작할 위치를 왼쪽에서부터 배열수로 설정
strchr( )	문자열을 자르기 시작할 문자열의 문자로 위치를 표시
chop( )	문자열의 뒷부분에 있는 공백을 제거
trim( )	문자열의 앞과 뒤에 있는 공백을 제거 (앞 ltrim(), 뒤 rtrim()로 제거)
explode( )	문자열을 배열로 반환
str_replace( )	임의의 문자열에서 특정 문자를 다른 문자로 변경
preg_match( )	임의의 문자열에서 찾을 문자열이 존재하면 1, 아니면 0을 반환
strcmp( )	두 개의 문자열에서 첫 글자의 아스키코드값에 따라 1,0,-1을 반환
addslashes( )	역슬래시(\ 또는 ₩) 삽입
stripslashes( )	역슬래시(\ 또는 ₩) 삭제

문자열 암호화 함수 : crypt( ) 함수

crypt( ) 함수는 단방향 암호화 함수로 개인정보 유출을 막기 위한 도용 방지에 효과적입니다. 사용자가 등록한 비밀번호는 데이터베이스에 암호화 되어 저장되기 때문에 암호화된 비밀번호는 사용자에 의해 원래 비밀번호와 함께 있을 때만 유효합니다. 그렇기 때문에 관리자에 의한 도용 또한 방지할 수 있습니다. crypt( ) 함수는 단방향 암호화이므로 복호화는 안 됩니다. 다음 예제를 통해 자세히 살펴보도록 하겠습니다.

| 예제 5-11 |

- **Step 01** | 라이브러리 함수인 crypt( ) 함수를 적용하여 단방향 암호화를 수행하는 프로그램을 다음과 같이 작성합니다.

ex5-11.php

```
<?php

  echo "<B> ※ 단방향 암호화 crypt( ) 함수 적용</B> <br>";
  echo "---------------------------------------------------------- <br>";

  $char = "ok8563";
```

```
echo " ■ 암호화가 안된 비밀번호 : {$char} <br><br>";

$passwd = crypt($char, '');
echo " ■ 암호화된 비밀번호 : {$passwd} <br>";
echo "------------------------------------------------------ <br>";

$inpw = "ok8563";
if(crypt($inpw) == $passwd)
{
  echo " ■ 비밀번호가 일치하는지를 알아보기 위한 if문 <br><br>";
  echo " ★★ welcome !!! 비밀번호 확인 완료 !!! welcome ★★<br>";
  echo "------------------------------------------------------ <br>";
}
else
{
  echo " ??? 비밀번호가 틀렸습니다... ??? <br>";
  echo " !!! 다시 확인하시기 바랍니다... !!! <br>";
}

?>
```

• **Step 02** | 웹 브라우저에서 [예제 5-11]을 실행합니다.

[그림 5-12] ex5-11.php 실행 결과

/ 소스 설명 /

- 비밀번호 저장

  6행은 변수 `$char`에 비밀번호 `ok8563`을 `$char="ok8563"`과 같이 입력하고 7행에서 암호화가 안 된 비밀번호를 출력합니다.

- 암호화 함수 사용

  9행은 암호화 함수를 사용한 `crypt($char)` 함수를 변수 `$passwd=crypt($char, '')`에 입력하고 암호화가 제대로 되었는지 10행의 출력문에서 확인합니다. `''`는 salt 값을 crypt 함수가 알아서 설정합니다.

- 비밀번호 확인

  13행은 기존 비밀번호를 새로운 변수 `$inpw="ok8563"`에 저장하고 `crypt( )` 함수를 사용합니다. 14행에서 `if(sha1($inpw) == $passwd)`문으로 비밀 번호의 일치 여부를 확인합니다.

- else

  13행의 변수 `$inpw="ok8563"`에 대입한 비밀번호가 당초 비밀번호를 저장했던 6행의 변수 `$char="ok8563"`과 일치하지 않으면 에러 메시지를 출력합니다.

다음 예제는 암호화 함수를 사용하여 웹 브라우저 화면에 나타나는 암호를 매번 다르게 수행되도록 하는 예제입니다.

| 예제 5-12 |

- **Step 01** | 라이브러리 함수인 crypt( ) 함수를 사용하여 웹 브라우저 화면을 [새로 고침] 할 때마다 암호가 매번 다르게 암호화 되도록 명령을 수행하는 프로그램을 다음과 같이 작성합니다.

ex5-12.php

```php
<?php

  echo "<B> ※ crypt( ) 함수의 암호화가 매번 다르게 출력 </B> <br>";
  echo "------------------------------------------------ <br>";

  $a = "abc123";      // 암호화할 문자열

```

```
08    echo "암호로 지정한 문자열 : abc123 <br><br>";
09    echo "암호화 : ";
10    echo crypt($a, '');
11    echo "<br>------------------------------------------- <br>";
12
13  ?>
```

이 예제에서 유심히 살펴봐야 할 부분은 10행의 echo crypt($a, '') 부분입니다. crypt( ) 함수를 사용할 때는 반드시 salt 값을 선언해 주어야 합니다. [예제5-12]의 10행과 같이 salt 값을 ''로 표기하게 되면 PHP가 알아서 salt 값을 부여합니다.

• **Step 02** | 웹 브라우저에서 [예제 5-12]를 실행합니다.

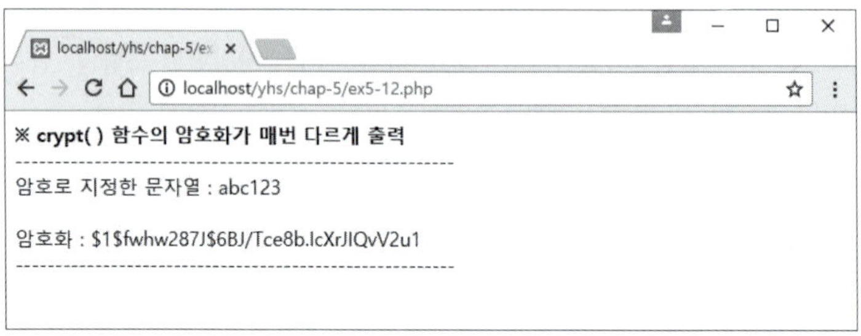

(a) 암호화 실행 결과-1

(b) 암호화 실행 결과-2

[그림 5-13] ex5-12.php 실행 결과

crypt( ) 함수의 사용에 있어서 crypy($a)와 같이 인자를 1개만 선언할 경우에는 암호화된 문자열이 매번 다르게 출력되는 것을 앞의 [예제 5-12]를 통해서 확인하였습니다. 암호화된 문자열의 시작을 임의의 문자열로 지정해 주게 되면 지정된 문자열부터 암호화가 설

정됩니다. 이와 같이 암호화가 수행되도록 하려면 암호화의 기본 값으로 선언할 "인자2"를 선언해 주면 됩니다. 다음 예제를 통해 자세히 살펴보도록 합니다.

|예제 5-13|

- **Step 01** | 라이브러리 함수인 crypt( ) 함수를 사용할 때 웹 브라우저에서 [새로 고침]을 수행하더라도 암호가 변하지 않고 일정하게 출력되도록 설정하는 프로그램을 다음과 같이 작성합니다.

ex5-13.php

```
<?php

  echo "<B> ※ crypt( ) 함수의 암호화가 일정하게 출력 </B> <br>";
  echo "--------------------------------------------- <br>";

  $a = "abc123";      // 암호화할 문자열
  $b = "pw";          // 암호화의 기본 값

  echo "암호로 지정한 문자열 : abc123 <br><br>";
  echo "암호화 : ";
  echo crypt($a, $b);
  echo "<br>--------------------------------------------- <br>";

?>
```

- **Step 02** | 웹 브라우저에서 [예제 5-13]을 실행합니다.

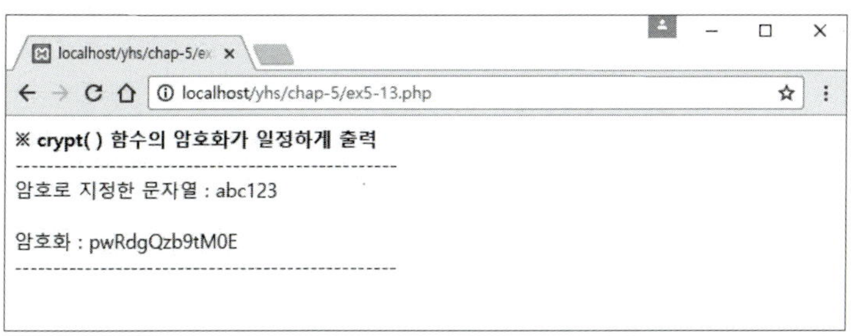

[그림 5-14] ex5-13.php 실행 결과

/ 소스 설명 /

- 암호화할 문자열 저장

  6행의 암호화할 문자열 abc123을 변수 $a="abc123"에 저장합니다.

- 암호화 기본 값 선언

  7행은 암호화 되는 문자열이 자주 바뀌는 것을 방지하기 위해 변수 $b="pw"를 선언하여 암호화의 기본 값을 적용합니다.

- 암호화된 문자열의 확인

  11행은 암호화된 문자열을 출력하기 위해 crypt($a, $b)를 선언합니다. [ex 5-12.php]에서는 암호화할 문자열만 선언 crypt($a) 했을 뿐 기본 값을 선언하지 않았기 때문에 실행할 때마다 암호화된 문자열은 다르게 출력됩니다.

문자열의 알파벳 대 · 소문자의 변환 함수 : strtoupper( ) 함수, strtolower( ) 함수

주어진 문자열의 알파벳을 모두 대문자로 바꾸려면 strtoupper( ) 함수를 사용하고 문자열을 모두 소문자로 바꾸려면 strtolower( ) 함수를 사용합니다. 다음 예제를 통해 자세히 살펴보도록 하겠습니다.

예제 5-14

- **Step 01** | 라이브러리 함수인 strtolower( ) 함수를 사용하여 제시된 문자열을 대문자 또는 소문자로 변환하는 프로그램을 다음과 같이 작성합니다.

ex5-14.php

```
<?php

  echo "<B> ※ 문자열의 대.소문자 변환 함수 </B> <br>";
  echo "---------------------------------- <br>";

  $a = "Best Student";
  echo "■ 제시된 문자열 .....  <B> {$a} </B> <br>";
  echo "---------------------------------- <br>";

```

```
10    $str1 = strtoupper($a);    // 문자열을 대문자로 변환
11    echo " 1. 대문자로 변환 : <B> {$str1} </B> <br>";
12
13    $str2 = strtolower($a);    // 문자열을 소문자로 변환
14    echo " 2. 소문자로 변환 : <B> {$str2} </B> <br>";
15    echo "-------------------------------- <br>";
16
17  ?>
```

• **Step 02** | 웹 브라우저에서 [예제 5-14]를 실행합니다.

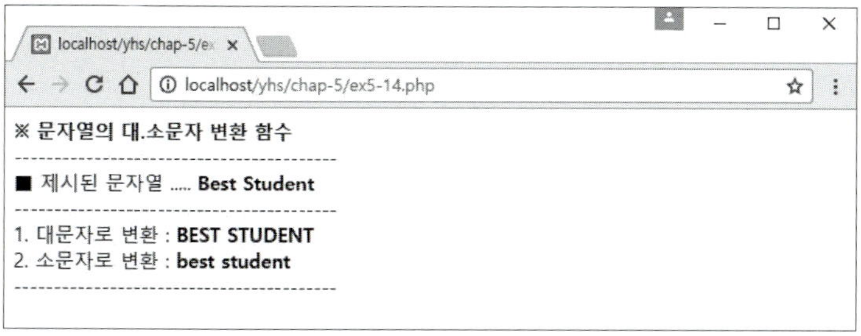

[그림 5-15] ex5-14.php 실행 결과

/ 소스 설명 /

• 문자열을 대문자로 변환

10행의 $str1=strtoupper($a) 함수 사용은 변수 $a="Best Student"의 문자열을 모두 대문자 BEST STUDENT로 변환합니다.

• 소문자로 변환

13행의 $str2=strtolower($a) 함수 사용은 변수 $a="Best Student"의 문자열을 모두 소문자 best student로 변환합니다.

문자열의 길이 반환 함수 : strlen( ) 함수

strlen( ) 함수는 문자열의 길이를 반환해 주는 함수로 회원가입 서식 등에서 입력한 문자열을 확인하고 체크할 때 유용하게 사용됩니다. 영문 알파벳은 1byte이고 한글은 한 글자

가 2byte이므로 문자열의 길이도 영문과 한글은 두 배의 차이가 납니다. 다음 예제를 통해 살펴보도록 하겠습니다.

|예제 5-15|

- **Step 01** | strlen( ) 함수를 사용하여 문자열의 길이를 산출한 다음 문자열의 길이 값과 주어진 문자에 해당하는 아스키코드 값을 ord( ) 함수를 사용하여 출력하는 프로그램을 다음과 같이 작성합니다.

ex5-15.php

```
<?php

  echo "<B> ※ 문자열의 길이와 아스키코드 값의 반환 함수 </B> <br>";
  echo "---------------------------------------------- <br>";

  $a = "안녕하세요.";
  echo "Q. 제시된 문자열 :  <B> {$a} </B> <br>";

  $str1 = strlen($a);        // 문자열을 길이를 반환
  echo " A. 문자열의 길이 : <B> {$str1} </B> <br>";
  echo "---------------------------------------------- <br>";

  $b = 'B';
  echo "Q. 제시된 알파벳 :  <B> {$b} </B> <br>";

  $str2 = ord($b);           // 문자의 아스키코드 값 반환
  echo " A. {$b}의 아스키코드 값 : <B> {$str2} </B> <br>";
  echo "---------------------------------------------- <br>";

?>
```

- **Step 02** | 웹 브라우저에서 [예제 5-15]를 실행합니다.

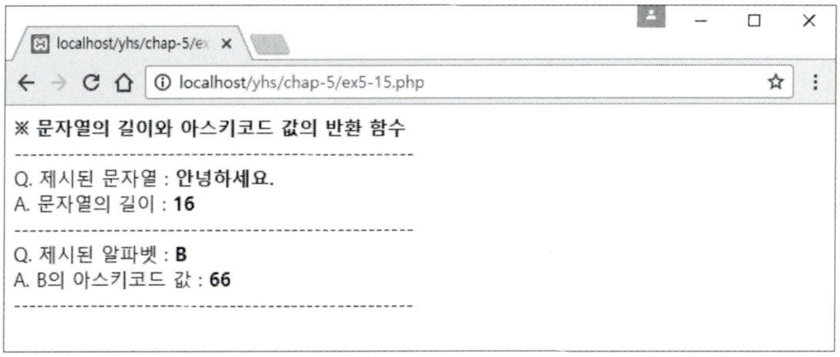

[그림 5-16] ex5-15.php 실행 결과

/ 소스 설명 /

- 문자열의 길이 반환

  9행의 변수 $str1=srtlen($a)는 6행의 "안녕하세요."문자열에 대한 길이 11을 반환합니다.

- 아스키코드 값

  16행의 변수 $str2=ord($b)는 13행의 알파벳 B의 아스키코드 값 66을 반환합니다.

다음 예제는 텍스트 상자에 한글 10자만 입력할 수 있도록 문자열의 길이를 반환해 주는 strlen( ) 함수를 사용한 프로그램입니다. HTML에서 다루고 있는 〈form〉태그는 아직 배우지 않았지만 많이 사용되는 태그이므로 미리 사용방법에 대해 살펴두는 것이 바람직합니다.

다음 예제를 통해 FORM 태그 사용방법에 대해서 살펴보고 좀 더 구체적인 내용에 대해서는 9장에서 자세히 다루기로 하겠습니다. 이 예제를 통해 입력한 문자열을 출력하려면 반드시 [예제 5-17] 프로그램이 존재해야 합니다.

|예제 5-16|

- **Step 01** | 웹 브라우저 화면의 텍스트 상자에 10자 이내 글을 남긴 다음 전송하는 프로그램을 다음과 같이 작성합니다.

ex5-16.php

```
<form method="post" action="ex5-17.php">
  <b> ▼ 남기는 글 (10자 이내) </b><hr>
  <input type="text" size=30 name="a">
  <input type="submit" value=" 보내기 ">
</form>
```

• **Step 02** | 웹 브라우저에서 [예제 5-16]을 실행합니다.

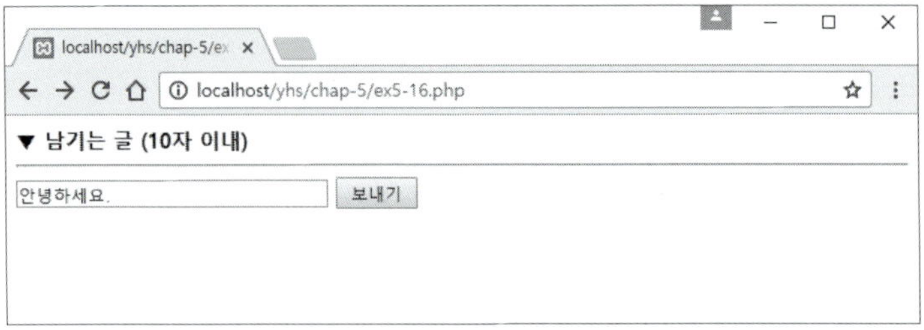

[그림 5-17] 문자열을 입력하고 〈보내기〉 버튼 클릭

다음 예제는 [예제 5-16]에서 텍스트 상자에 입력한 문자열 전송을 받기 위한 프로그램입니다. 데이터의 전송방식이 POST 방식으로 설정하였으므로 문자열을 받아서 처리할 때의 방식도 POST 방식으로 처리해야 합니다. 예제를 통해 자세히 살펴보도록 합니다.

|예제 5-17|

• **Step 01** | 폼 태그에서 입력된 문자열을 POST 방식으로 받아서 출력하는 프로그램을 다음과 같이 작성합니다.

ex5-17.php

```
<?php
  $a = $_POST['a']; // <form>태그에서 post방식으로 전송 받음.(반드시 선언해야 함)
  $b = strlen($a);   // 텍스트 상자에 입력된 문자열의 길이
  echo "<b> ▼ 남긴 글 내용</b> ..... {$b} byte  <br><hr>";
  if($b <= 20)        // 문자열의 길이가 20byte 초과를 참, 거짓으로 구분 수행
  {
    echo " $a ";
  }
  else
  {
    $c =  $b - 20 ;
    echo " x. Error  :  {$c} byte 가 초과<br><br><hr>";
    echo " o. 20byte 이내로 작성해야 합니다... ";
  }
?>
```

• **Step 02** | 웹 브라우저에서 [예제 5-17]을 실행합니다.

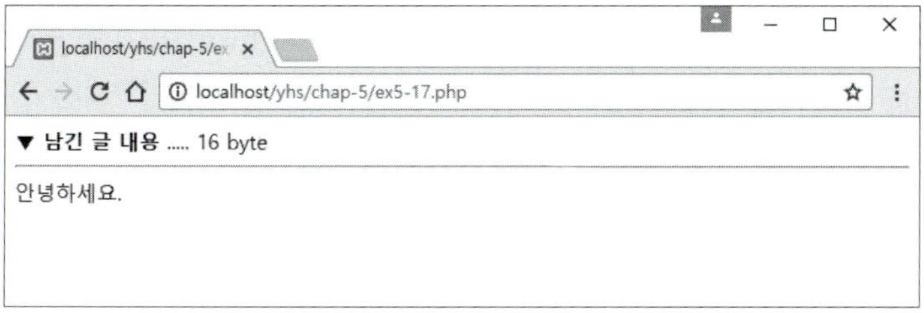

[그림 5-18] 정상 범위의 문자열 출력

문자열의 길이를 초과 입력할 경우

이번에는 제시한 문자열의 길이를 의도적으로 초과하여 입력할 경우 수행되는 명령은 어떻게 출력되는지를 살펴보도록 하겠습니다. 이 과정을 수행하기 위해 [예제 5-16] 프로그램의 실행화면에서 제한하는 문자열의 길이 20byte를 초과하여 입력한 다음 〈보내기〉 버튼을 누르게 되면 다음과 같은 실행 결과가 나타납니다.

• **Step 03** | 이번에는 20byte를 초과하는 문자열 입력하고 〈보내기〉 버튼을 클릭합니다.

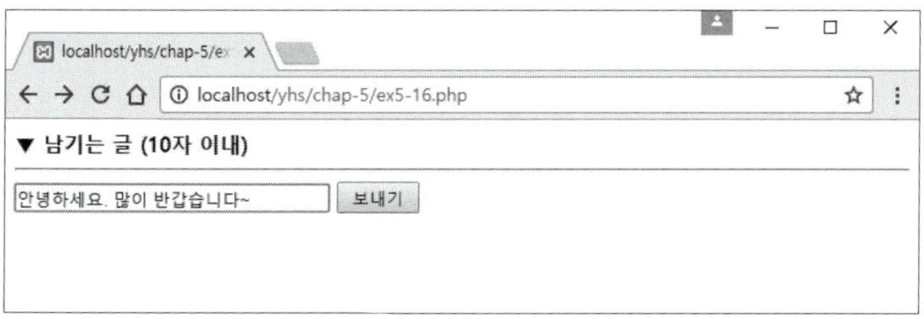

[그림 5-19] ex5-16.php 실행 결과

• **Step 04** | 다음 화면은 허용범위 20byte를 초과하여 전송할 때의 나타나는 화면입니다.

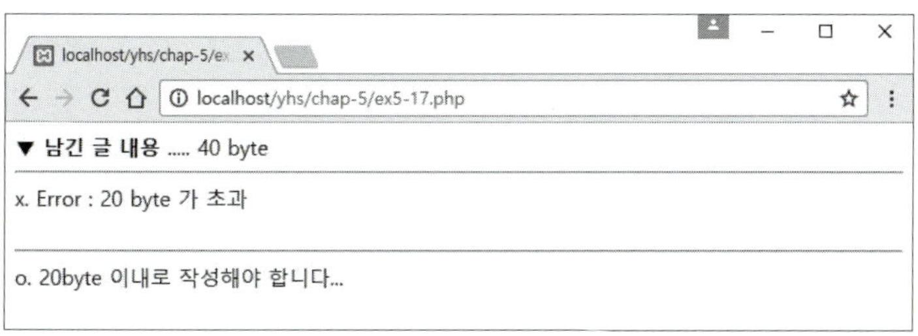

[그림 5-20] ex5-17.php 실행 결과

줄을 바꾸어주는 함수 : nl2br( ) 함수

nl2br( ) 함수는 New Line to HTML 〈br〉 태그를 의미하는 함수로 〈form〉태그의 입력 양식에서 내용을 입력할 때 Enter↵를 눌러주게 되면 줄이 강제로 바뀌게 됩니다. 이와 같이 문자열을 입력하고 나서 Enter↵를 눌러 행이 바뀌게 될 때 웹 브라우저의 결과 화면에 정상적으로 줄 바꿈이 수행되어 출력되도록 하기 위해 nl2br( ) 함수를 사용합니다. 이 함수를 사용하게 되면 Enter↵를 누른 부분이 줄 바꿈 명령으로 수행될 수 있도록 〈br〉태그로 변환해 줍니다.

|예제 5-18|

- **Step 01** | 텍스트 영역에 여러 줄로 입력된 문자열을 전송해 주는 프로그램을 다음과 같이 작성합니다.

ex5-18.php

```
<form method="post" action="ex5-19.php">
  <b> ▼ 추천하고 싶은 글을 입력하세요. </b><hr>
  <textarea rows="3" cols="30" name="a">
  </textarea><br>
  <input type="submit" value=" 보내기 ">
</form>
```

- **Step 02** | 웹 브라우저에서 [예제 5-18]을 실행합니다.

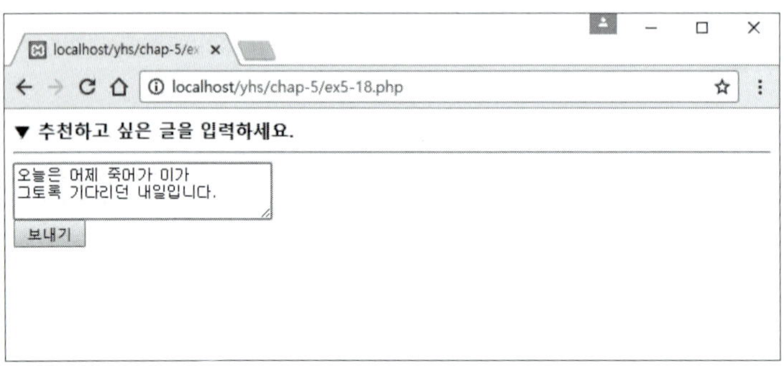

[그림 5-21] 텍스트 영역에 문자열 입력 후 〈보내기〉 버튼 클릭

다음 예제는 [예제 5-18]프로그램의 텍스트 영역에 입력한 문자열을 받아서 출력하는 예제이며 텍스트는 POST 방식을 사용하여 전송되도록 프로그램을 작성하였습니다.

|예제 5-19|

- **Step 01** | 텍스트 영역에 입력된 문자열을 POST 방식으로 전송받아 출력하는 프로그램을 다음과 같이 작성합니다.

ex5-19.php

```
01 <?php
02   $a = $_POST['a'];  // post방식으로 전송 받음.(반드시 선언해야 함)
03   $a = nl2br($a);
04   echo " ▼ 추천하는 글  </b><hr>";
05   echo "$a";
06 ?>
```

- **Step 02** | 웹 브라우저에서 [예제 5-19]를 실행합니다.

[그림 5-22] Enter↵ 키 값을 〈br〉 태그로 변환하여 출력

/ 소스 설명 /

- 텍스트 영역

  [예제 5-18]의 3행 <textarea rows="3" cols="30" name="a">는 텍스트영역을 3행 30열로 설정하고 텍스트영역의 이름을 name=a로 설정합니다.

- POST 방식으로 받음

  [예제 5-19]의 2행 $a=$_POST['a']는 [예제 5-18]의 텍스트영역 name=a에서 전송된 문자

열을 POST 방식으로 받습니다. GET 방식은 $a=$_GET['a']와 같이 하면 됩니다.

- nl2br( ) 함수

  [예제 5-18]에서 텍스트영역 name=a에 입력된 문자열을 nl2br($a) 함수를 사용하여 Enter↵ 를 누른 부분에서 줄 바꿈을 합니다.

문자열과 아스키코드 변환 함수 : ord( ) 함수, chr( ) 함수

문자열을 아스키코드로 바꿀 때는 ord( ) 함수를 사용하고 아스키코드를 문자열로 바꿀 때는 chr( ) 함수를 사용합니다. 알파벳 대문자 A~Z까지의 아스키코드 값은 65~90까지이고 알파벳 소문자 a~z의 아스키코드 값은 97~122까지입니다. 다음 예제를 통해 알파벳과 아스키코드 값의 상관관계에 대해 살펴보도록 하겠습니다.

| 예제 5-20 |

- **Step 01** | 알파벳과 아스키코드 값을 사용하여 알파벳이 출력되도록 chr( ) 변환함수를 사용한 프로그램을 다음과 같이 작성합니다.

ex5-20.php

```
<?php

  echo "<B> ※ 아스키코드 값을 사용한 알파벳 출력 chr( ) 함수 </B> <br>";
  echo "---------------------------------------------------- <br>";

  echo "■ 알파벳 대문자 A~Z 출력 <br>";

  for($a = 65; $a <= 90; $a++)
  {
    echo chr($a);
    echo "  ";
  }
  echo "<br> ---------------------------------------------------- <br>";

  echo "■ 알파벳 소문자 a~z 출력 <br>";

```

```
17      for($a = 97; $a <= 122; $a++)
18      {
19        echo chr($a);
20        echo "  ";
21      }
22      echo "<br> ------------------------------------------------- <br>";
23
24    ?>
```

• **Step 02** | 웹 브라우저에서 [예제 5-20]을 실행합니다.

[그림 5-23] ex5-20.php 실행 결과

/ 소스 설명 /

• 알파벳 대문자 출력

8행의 for($a=65; $a<=90; $a++)문은 알파벳 대문자를 출력하기 위한 아스키 코드 값을 반복해서 10행과 11행을 출력합니다. 이 때 10행의 chr($a) 함수는 특정 숫자에 해당하는 아스키 문자를 반환해 주는 함수입니다.

• 알파벳 소문자 출력

17행의 for($a=97; $a<=122; $a++)문은 알파벳 소문자를 출력하기 위한 아스키 코드 값을 반복해서 19행과 20행을 chr($a) 함수를 사용하여 출력합니다.

문자열 출력 함수 : echo( ) 함수, print( ) 함수

문자열을 출력해주는 함수 중에서는 지금까지 자주 사용해왔던 echo( ) 함수 이외에

print( ) 함수를 사용할 수도 있습니다. 출력 내용 중에서 문자열 태그 등은 큰 따옴표를 표시하고 수식과 변수는 따옴표를 사용하지 않습니다.

```
echo (문자열)
print (문자열)
```

형식이 있는 출력 함수 : printf( ) 함수, sprintf( ) 함수

printf( ) 함수는 입력받은 내용에 형식을 지정하여 출력하는 함수로 첫 번째 인자에는 % 기호를 사용한 형지정어를 입력하여 출력할 형식을 설정합니다. 두 번째 이후의 인자에는 출력할 내용 또는 전달받은 변수를 설정합니다. printf( ) 함수는 자체 출력 기능을 가지고 있지만 sprintf( ) 함수는 출력 내용 설정만 가능합니다.

```
printf (형지정어, 변수1, 변수2,... 변수n)
sprintf (형지정어, 변수1, 변수2,... 변수n)
```

형식이 있는 출력 함수의 출력형태 예약어에 대해 다음 표와 같이 정리하였습니다.

[표 5-2] 출력 함수의 출력형태 예약어

형지정어	의미
%	값을 출력할 곳에 표시
b	정수를 취급하고 2진수로 표현
c	정수를 취급하고 ASCII 코드 값에 해당하는 문자로 표현
d	정수를 취급하고 부호가 있는 10진수로 표현
u	정수를 취급하고 부호가 없는 10진수로 표현
f	float로 취급하고 실수로 표현
o	정수로 취급하고 8진수로 표현
s	문자열로 취급하고 표현
x	문자열로 취급하고, 16진수(소문자)로 표현
X	문자열로 취급하고, 16진수(대문자)로 표현

다음 예제는 프로그램 수행 결과를 형식 있는 계산식으로 출력하는 예제입니다.

|예제 5-21|

- **Step 01** | printf( ) 함수와 spritf( ) 함수를 사용하여 형식 있는 계산식을 출력하는 프로그램을 다음과 같이 작성합니다.

ex5-21.php

```
<?php
  echo "<B> ※ print( ) 함수를 사용한 형식있는 계산식 출력 </B> <br>";
  echo "------------------------------------------------------ <br>";
  $a = 82.563;
  $b = 96.802;
  $ab = $a * $b;
  $form1 = sprintf ("₩ %0.2f", $a*$b);        // 소수점 둘째자리까지 출력
  $form2 = sprintf ("₩ %0.3f", $a / $b);     // 소수점 셋째자리까지 출력
  echo "■ 변수 ₩$a=82.563 , ₩$b=96.802 일 때 <br>";
  print "------------------------------------------------------ <br>";
  printf (" 1.  %0.3f 와 %0.3f 의 덧셈의 결과 ......... [%0.2f]", $a, $b, $a + $b);
  echo "<br>";
  printf (" 2.  %0.3f 와 %0.3f 의 뺄셈의 결과 ......... [%0.3f]", $a, $b, $a - $b);
  echo "<br>";
  echo " 3. $a 와 $b 의 곱셈의 결과 .....[{$form1}] <br>";
  echo " 4. $a 와 $b 의 나눗셈의 결과 ......[{$form2}] <br>";
  print "------------------------------------------------------ <br>";
?>
```

- **Step 02** | 웹 브라우저에서 [예제 5-21]을 실행합니다.

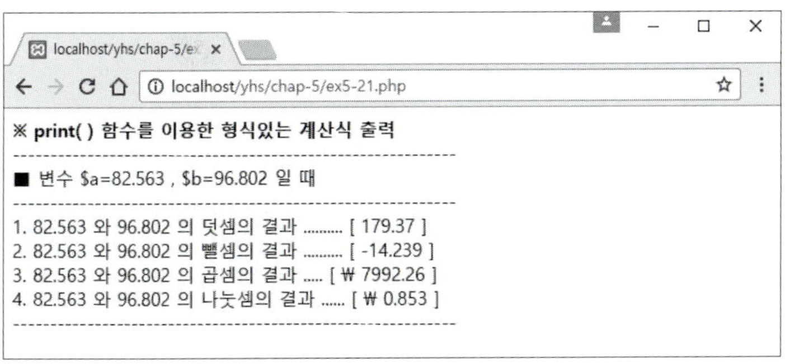

[그림 5-24] ex5-21.php 실행 결과

문자열을 잘라주는 함수 : substr( ) 함수, strchr( ) 함수

문자열의 길이를 잘라주는 함수 중에서 substr( ) 함수는 문자열에서 자르기를 시작할 위치를 왼쪽에서부터 0, 1, 2, ... 로 시작하는 배열수로 설정하고 strchr( ) 함수는 자르기 시작할 문자열의 문자로 위치를 표시합니다.

```
substr (문자열, 자르기 시작할 문자열 배열수, 문자열의 길이)
strchr (문자열, 자르기 시작할 문자열)
```

문자열에서 자를 위치를 지정할 때 영문과 기호는 글자당 1byte 이므로 0, 1, 2, 3, ... 순으로 배열수를 설정하지만 한글은 글자당 2byte 이므로 0, 1 → 2, 3 → 4, 5 순으로 배열수를 설정합니다. 다음 예제를 통해 자세히 살펴보도록 하겠습니다.

|예제 5-22|

- **Step 01** | 주어진 문장에서 제한된 길이만큼 잘라서 출력하는 프로그램을 다음과 같이 작성합니다.

ex5-22.php

```
<?php
  echo "<B> ※ 문자열을 잘라서 출력하는 함수 사용 </B> <br>";
  echo "---------------------------------------------- <br>";
  $a = "오늘은 어제 죽어간 이가 그토록 기다리던 내일이다.";
  $b = "Have a good time.";
  echo " > 주어진 문장 :  $a <br> ";
  echo " > 주어진 문장 :  $b <br> ";
  echo "---------------------------------------------- <br>";
  $str [0] = substr($a, 3);           // '오'를 잘라내고 나머지 문자열 출력
  $str [1] = substr($a, 6, 10);       // '오늘'을 잘라내고 '은 어제' 문자열 출력
  $str [2] = substr($a, -10);         // 문자열 오른쪽에서부터 '일이다.' 문자열 출력
  $str [3] = substr($a, -17, 10);     // 문자열 오른쪽에서부터 '던 내일' 문자열 출력
  $str [4] = substr($b, 4);           // 'Have'를 잘라내고 나머지 문자열 출력
  $str [5] = substr($b, 5, 6);        // 'a'부터 6개의 문자열 'a good' 출력
  $str [6] = substr($b, -10, 4);      // 문장의 끝에서 4글자 'good'를 출력
  $str [7] = strchr ($a, "이가");     // '이가'로 시작하는 위치부터 출력
```

```
    $str [8] = strchr ($b, "g");          // 'g'로 시작하는 위치부터 출력

    for($a = 0; $a <= 8; $a++)
    {
      echo " 배열[{$a}] ...  [ " .  $str[$a]  . " ] <br>";    // 자른 문자열 출력
    }
    echo "---------------------------------------------- <br>";
 ?>
```

• **Step 02** | 웹 브라우저에서 [예제 5-22]를 실행합니다.

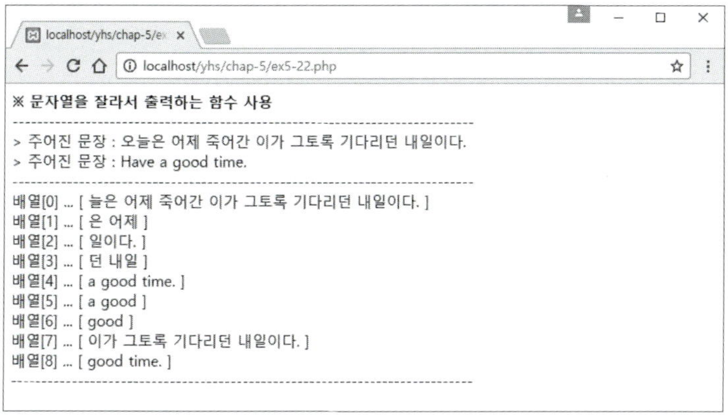

[그림 5-25] ex5-22.php 실행 결과

문자열의 공백을 제거하는 함수 : chop( ) 함수, trim( ) 함수

chop( ) 함수는 문자열의 뒷부분에 있는 공백을 제거 해 주고 trim( ) 함수는 문자열의 앞과 뒤에 있는 공백을 제거 해 줍니다. 앞부분의 공백 제거는 ltrim( ) 함수를 사용하고 문자열의 뒤에 있는 공백을 제거할 때는 rtrim( ) 함수를 사용합니다.

```
chop (문자열)     // 문자열의 뒷부분에 있는 공백을 제거
trim (문자열)     // 문자열의 앞과 뒤에 있는 공백을 제거
```

다음 예제를 통해 문자열의 공백을 제거하는 함수에 대해 자세히 살펴보도록 하겠습니다.

|예제 5-23|

• **Step 01** | 주어진 문자열의 공백을 제거하는 프로그램을 다음과 같이 작성합니다.

ex5-23.php

```
<?php
  echo "<B> ※ 문자열의 공백을 제거하는 함수 사용 </B> <br>";
  echo "------------------------------------------------ <br>";
  $a = "          www.spacezone.kr          ";
  $b = chop($a);
  $c = trim($a);
  echo " 1. 공백있는 문자열 ............................ |" . $a . "|  <br>";
  echo " 2. chop( ) 함수로 문자열 끝의 공백 제거 ........... |" . $b . "|  <br>";
  echo " 3. trim( ) 함수로 문자열의 앞과 뒤에 공백 제거 ....... |" . $c . "|  <br>";
?>
```

• **Step 02** | 웹 브라우저에서 [예제 5-23]을 실행합니다.

[그림 5-26] ex5-23.php 실행 결과

[예제 5-23]을 통해 수행한 결과 문자열 " www.spacezone.kr "의 앞과 뒤에 공백을 넣어 변수 $a에 저장한 다음 chop( ) 함수를 사용하여 문자열의 뒤에 있는 공백을 제거하고 trim( ) 함수를 사용하여 문자열의 앞과 뒤에 있는 공백을 모두 제거되어 출력된 결과를 확인하였습니다.

문자열을 배열로 만드는 함수 : explode( ) 함수

explode( ) 함수는 문자열의 분할기준을 공백으로 설정하면 띄어쓰기를 기준으로 문자열을 나눌 수 있으며 나눈 다음에는 각각의 문자를 배열로 만들어주는 함수입니다.

```
explode (분할기준 문자, 문자열)
```

다음 예제를 통해 문자열을 배열로 만드는 함수에 대해 자세히 살펴보도록 하겠습니다.

|예제 5-24|

• **Step 01** | explode( ) 함수를 사용하여 문자열의 공백을 사용해 배열로 만드는 프로그램을 다음과 같이 작성합니다.

ex5-24.php

```
<?php
  echo "<B> ※ 문자열을 배열로 만드는 함수 사용 </B> <br>";
  echo "-------------------------------------- <br>";
  $a = "컴퓨터게임 영화감상 번지점프 ";
  $b = explode(" ", $a);          // 공백으로 분할 구분
  echo " ▼ 가장 즐거운 취미 생활 순서 <br>";
  echo "-------------------------------------- <br>";
  for($c = 0; $c < 3; $c++)
  {
    echo " 순위 " . ($c+1) . " .......... $b[$c] <br>";
  }
?>
```

• **Step 02** | 웹 브라우저에서 [예제 5-24]를 실행합니다.

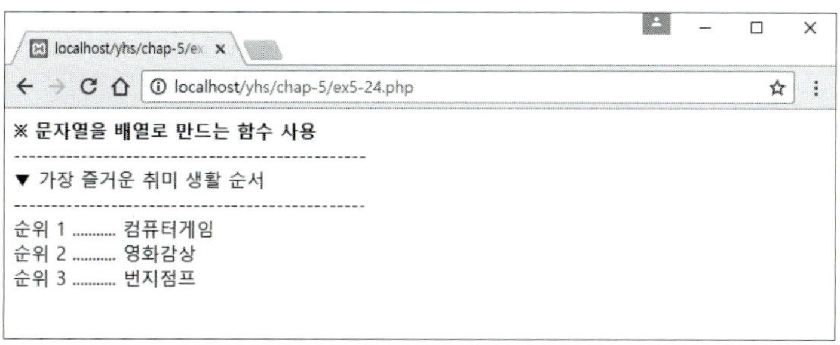

[그림 5-27] ex5-24.php 실행 결과

/ 소스 설명 /

- 문자열 분할

  4행의 변수 $a="컴퓨터게임 영화감상 번지점프"에 입력된 문자열 사이에 한 칸씩의 공백을 문자열의 분할 기준으로 하고 5행의 $b=explode(" ", $a)에서 공백을 기준으로 문자열을 분할하여 변수 $b에 대입합니다.

- 배열 사용

  변수 $b에 대입된 3개의 문자열을 8행의 for($c=0; $c<3; $c++)문을 활용하여 10행의 1차원 배열로 선언된 문장을 반복 수행합니다.

- 순위 표현

  10행의 .($c+1)은 배열의 인덱스가 0부터 시작하므로 순위로 표현할 때에는 1을 더해줍니다. 앞에 있는 점(.)은 echo문에서 출력할 때 왼쪽과 오른쪽의 문자열을 같이 출력하라는 문자열 대입연산자입니다.

문자열 변경 함수 : str_replace( ) 함수

str_replace( ) 함수는 임의의 문자열에서 특정 문자를 다른 문자로 바꾸어주는 함수이며 사용형식은 다음과 같습니다.

```
str_replace("특정 문자", "바꿀 문자", 임의의 문자열)
```

다음 예제를 통해 문자열 변경함수의 사용에 대해 자세히 살펴보도록 하겠습니다.

| 예제 5-25 |

- **Step 01** | 특정 문자를 str_replace( ) 함수를 사용하여 다른 문자로 변경하여 출력하는 프로그램을 다음과 같이 작성합니다.

ex5-25.php

```
<?php
  echo "<B> ※ 특정 문자를 다른 문자로 변경하는 함수 사용 </B> <br>";
  $a = " Hi speed ";
  $b = str_replace("H", " ", $a);
```

```
    $c = str _ replace("ed", "ak", $a);
    echo "-------------------------------------------------- <br>";
    echo " ▶ 입력된 문자열 ........................... <b> ₩"{$a}₩" </b> <br>";
    echo "-------------------------------------------------- <br>";
    echo " 1. str _ replace(₩"H₩", ₩" ₩", ₩$a) 의 결과 ........  <b> {$b} </b><br>";
    echo " 2. str _ replace(₩"ed₩", ₩"ak₩", ₩$a) 의 결과 ...  <b> {$c} </b>";
?>
```

• **Step 02** | 웹 브라우저에서 [예제 5-25]를 실행합니다.

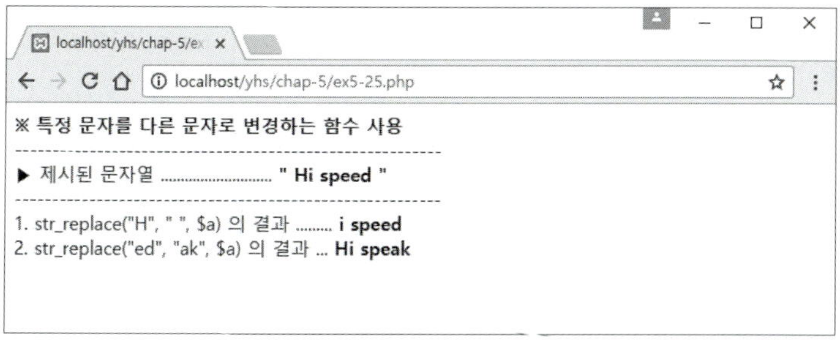

[그림 5-28] ex5-25.php 실행 결과

[예제 5-25]를 통해 str_replace( ) 함수를 사용하여 제시된 문자열 Hi speed에서 알파벳 H를 공백 ""으로 변경하고 ed를 ak로 변경하여 출력된 문자열의 결과에 대해 살펴봤습니다.

문자열 검색 함수 : preg_match( ) 함수

preg_match( ) 함수는 임의의 문자열에서 찾을 문자열이 존재하면 1을 반환해 주고 존재하지 않으면 0을 반환해 주는 함수입니다. 함수의 인수에는 구획문자 /를 표기한 문자열과 검색할 문자열을 표기합니다.

```
preg _ match(/찾을 문자열/, 검색할 문자열)
```

다음 예제를 통해 문자열 검색 함수의 사용방법에 대해 자세히 살펴보도록 하겠습니다.

|예제 5-26|

• **Step 01** | 주어진 문자열에서 preg_match( ) 함수를 사용하여 찾을 문자열을 검색한 다음 검색한 문자열을 출력하는 프로그램을 다음과 같이 작성합니다.

ex5-26.php

```
01 <?php
02   echo "<B> ※ 문자열에서 검색 단어 존재 확인 </B> <br>";
03   $a = " 당신은 행복한 사람입니다. ";
04   $b = "/행복/";
05   $c = preg_match($b, $a);
06   echo "---------------------------------------------- <br>";
07   echo " ■ 검색할 문자열 ... <b> ₩"{$a}₩" </b> <br>";
08   echo "   ...  [ 검색단어 : <b> $b </b>]<br>";
09   echo "---------------------------------------------- <br>";
10   if($c)
11     echo "▶ 검색 결과 : <b> {$b} </b>을(를) 찾았습니다.";
12   else
13     echo "▶ 검색결과 :  <b> {$b} </b>은(는) 없는 단어입니다.";
14 ?>
```

• **Step 02** | 웹 브라우저에서 [예제 5-26]을 실행합니다.

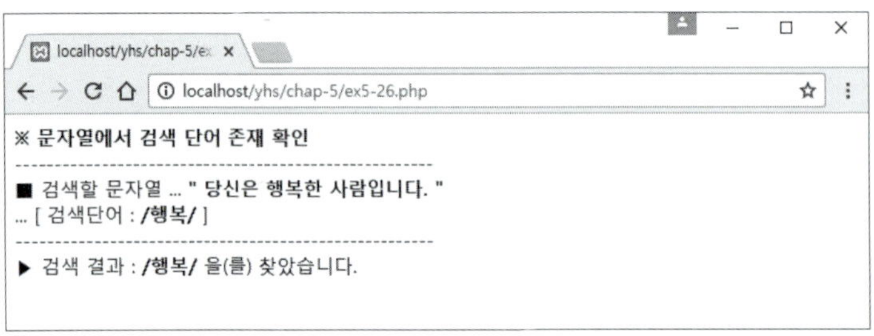

[그림 5-29] ex5-26.php에서 검색단어 '/행복/' 실행 결과

• **Step 03** | [예제 5-26] 프로그램의 4행에서 검색할 단어를 '/우정/'으로 변수 $b에 저장한 다음 웹 브라우저 화면에서 실행합니다.

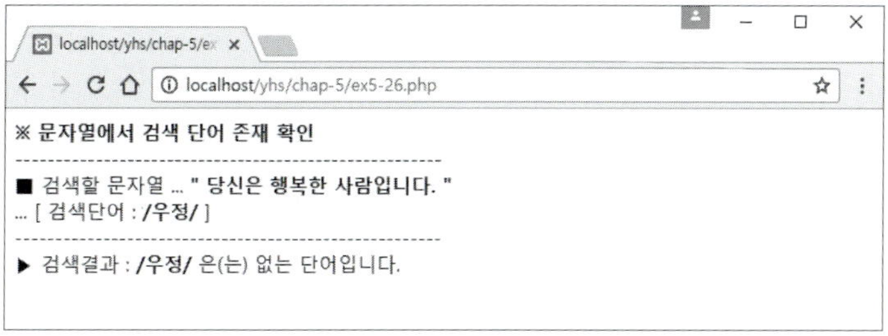

[그림 5-30] ex5-26.php에서 검색단어 '/우정/' 실행 결과

문자열 유효성 검사 : preg_match( ) 함수

문자열을 검색하는 preg_match( ) 함수를 사용하면 인터넷에서 회원가입할 때 신청하는 아이디에 대해 허용되는 범위를 설정할 수 있습니다. 예를 들어 아이디를 구성할 수 있는 문자열은 알파벳[A~Z, a~z]과 숫자[0~9] 그리고 언더바(_)만 사용하여 아이디를 구성할 수 있도록 제한하고 신청한 아이디의 유효성을 검사할 수 있습니다.

```
preg_match("'^[A-Za-z0-9_]+$'", $변수명)
```

다음 예제를 통해 문자열 유효성 검사방법에 대해 자세히 살펴보도록 하겠습니다.

|예제 5-27|

- **Step 01** | 아이디 구성 문자열의 유효성 검사를 수행한 다음 주어진 문자열[알파벳, 숫자, 언더바]만 사용할 수 있도록 전개하는 프로그램을 다음과 같이 작성합니다.

ex5-27.php

```
<?php
  echo "<B> ※ 입력한 ID 유효성 검사 </B> <br>";
  echo "------------------------------------------------ <br>";
  $id = "Ncs_8500";
  echo " > 신청한 ID ... <b> ₩"{$id}₩" </b> <br>";
  echo "------------------------------------------------ <br>";
  if(preg_match("'^[A-Za-z0-9_]+$'", $id))
  {
    echo "> 신청한 아이디 [{$id}]은(는) 사용할 수 있는 ID 입니다. <br> ";
```

```
10      echo "> 좋은 아이디를 신청하셨습니다... <br> ";
11    }
12    else
13    {
14      echo "> 신청한 아이디 [{$id}]은(는) 지원하지 않는 형식입니다. <br> ";
15      echo "> 아이디는 대/소문자 알파벳과 숫자, 언더바(_)만 허용됩니다. <br> ";
16    }
17    echo "-------------------------------------------- <br>";
18  ?>
```

[예제 5-27] 프로그램은 코드 4행에 다른 문자열을 Ncs 8500과 같이 사이에 공백을 입력하여 아이디를 구성할 경우 12행~16행에 해당하는 메시지가 출력됩니다. 이 부분을 자세히 살펴보도록 합니다.

• **Step 02** | 웹 브라우저에서 [예제 5-27]을 실행합니다.

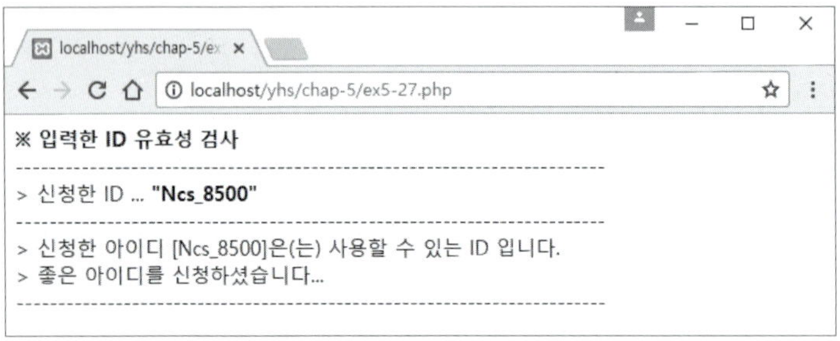

[그림 5-31] ex5-27.php 실행 결과

문자열 비교 함수 : strcmp( ) 함수

strcmp( ) 함수는 두 개의 문자열을 인수로 받아 그 값을 비교하는 함수로 입력한 두 개의 문자열의 크기에 따라 반환되는 값은 다릅니다. 문자열이 크다는 것은 문자열의 개수보다 첫 글자의 아스키코드값을 비교한다는 것을 의미하므로 이 부분을 주의해서 살펴봐야 합니다. 예를 들어 strcmp($str, $a)와 같이 두 개의 문자열 중에서 어느 것이 큰 것인지에 대해 첫 번째 문자를 비교하여 반환되는 값의 결과를 다음 표와 같이 정리하였습니다.

[표 5-3] 문자열 비교 함수 반환값 의미

문자열 비교	반환값	의미
$str > $a	1	$str의 첫 문자 아스키코드값 > 문자열 $a의 첫 문자 아스키코드값
$str = $a	0	$str의 첫 문자 아스키코드값 = 문자열 $a의 첫 문자 아스키코드값
$str < $a	-1	$str의 첫 문자 아스키코드값 < 문자열 $a의 첫 문자 아스키코드값

다음 예제를 통해 문자열 비교 함수에 대해 자세히 살펴보도록 하겠습니다.

|예제 5-28|

• **Step 01** | strcmp( ) 함수를 사용하여 주어진 문자열을 비교한 다음 문자열의 비교에 따른 인증결과를 반환값으로 출력하는 프로그램을 다음과 같이 작성합니다.

ex5-28.php

```
<?php
  echo "<B> ※ 문자열을 비교하여 인증결과 출력 </B> <br>";
  echo "------------------------------------------ <br>";
  $chr = "KS1234 ";  // 알파벳 대문자 아스키코드값 : 65~90 (A~Z)
  $a = "AOS3987";
  $b = "KS1234 ";
  $c =  "au88";        // 알파벳 소문자 아스키코드값 : 97~122 (a~z)
  $val [0] = strcmp ($chr, $a);
  $val [1] = strcmp ($chr, $b);
  $val [2] = strcmp ($chr, $c);
  for ($s = 0; $s <= 2; $s++)
  {
    if($val [$s])
      echo ($s+1) .  "  . 인증 실패 ..... 출력값 : [ $val[$s] ] <br>";
      else echo ($s+1) .  " . 인증 성공...... 출력값 :  [ $val[$s] ] <br>";
  }
?>
```

• **Step 02** | 웹 브라우저에서 [예제 5-28]을 실행합니다.

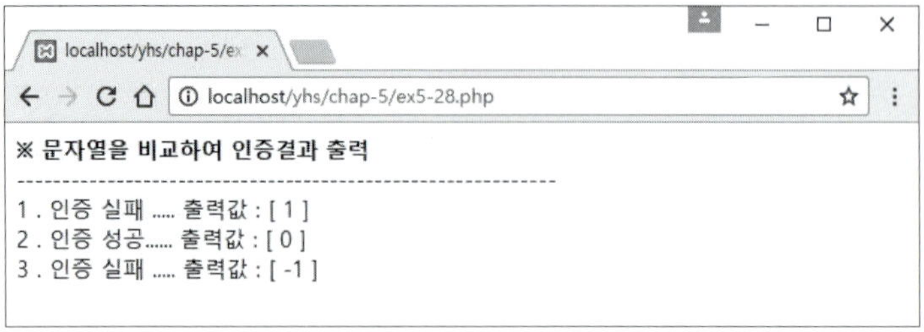

[그림 5-32] ex5-28.php 실행 결과

역슬래시 삽입과 제거 : addslashes( ) 함수, stripslashes( ) 함수

역슬래시\ 또는 ₩는 큰따옴표나 작은따옴표를 표시할 때 사용하는데 문자열에 포함되어 있는 따옴표 앞에 역슬래시를 삽입할 때는 addslashes( ) 함수를 사용하고 따옴표 앞에 입력되어 있는 역슬래시를 제거할 때는 stripslashes( ) 함수를 사용합니다.

```
addslashes (문자열)        // 역슬래시 삽입
stripslashes (문자열)      // 역슬래시 제거
```

다음 예제를 통해 역슬래시 삽입과 제거방법에 대해 자세히 살펴보도록 하겠습니다.

|예제 5-29|

- **Step 01** | 역슬래시\ 또는 원₩ 표시에 대한 삽입과 제거에 필요한 함수를 사용하는 프로그램을 다음과 같이 작성합니다.

ex5-29.php

```
<?php
  echo "<B> ※ 역슬래시 삽입과 제거 </B> <br>";
  echo "----------------------------------- <br>";
  $a = "You're my best friend. ";
  $b  = "공부는 ₩' 열정 ₩' 입니다. ";

  $add1 = addslashes($a);     // 역슬래시 삽입
  $add2 = addslashes($b);
```

```
    echo " {$add1} <br> {$add2} <p>";

    $str1 = stripslashes($a);    // 역슬래시 제거
    $str2 = stripslashes($b);
    echo " {$str1} <br> {$str2} ";
?>
```

• **Step 02** | 웹 브라우저에서 [예제 5-29]를 실행합니다.

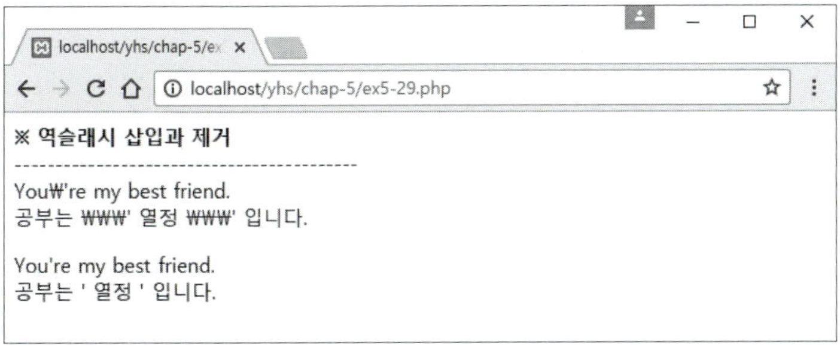

[그림 5-33] ex5-29.php 실행 결과

2 날짜와 시간 관련 함수

날짜와 시간 관련 함수는 날짜와 시간 정보를 출력해 주는 함수입니다. 함수의 종류를 살펴보면 시간을 계산해 주는 함수, 마이크로초를 계산하는 함수, 날짜의 유효성을 검사하는 함수 등이 존재합니다. 날짜와 시간 관련 함수 중에서 날짜와 시간 정보 출력 함수에 대해 먼저 살펴보도록 하겠습니다.

날짜와 시간정보 출력 함수 : date( ) 함수

date( ) 함수는 날짜와 시간을 형식화된 문자열로 출력하며 date("Y")로 선언하게 되면 올해가 몇 년도인지를 네 자리로 표현해 줍니다. 날짜와 시간함수의 출력 형식에 대해 다음 표와 같이 정리하였습니다.

[표 5-4] 날짜와 시간함수 출력 형식

format	의미		출력
A	오전, 오후	오전, 오후를 대문자로 표시(a는 소문자로 표시)	AM, PM(am, pm)
D	요일	세 자리 문자로 요일 표시	Sun~Sat
F	월	완전한 문자로 월 표시	January~December
h	시간	0이 붙는 12시간 표시 (g는 0이 없는 12시간)	0~12(1~12)
H	시간	0이 붙는 24시간 표시 (G는 0이 없는 24시간)	00~23(0~23)
i	분	0이 붙는 분 표시	00~59
j	일	0이 없는 일 표시 (d는 0이 붙는 일 표시)	1~31(01~31)
l	요일	완전한 문자로 요일 표시	Sunday~Saturday
M	월	세 자리 문자로 월 표시	Jan~Dec
n	월	n은 0이 없는 월 표시 (m은 0이 붙는 월 표시)	1~12(01~12)
s	초	0이 붙는 초 표시	00~59
t	날짜수	해당 월의 날짜 수 표시	28~31
Y	년도	네 자리로 년도 표시 (y는 두자리 년도 표시)	예 : 2009(09)
z	경과일수	해당 년도의 몇 일째 표시	0~365

다음 예제를 통해 날짜와 시간 정보 함수의 사용방법에 대해 자세히 살펴보도록 하겠습니다.

예제 5-30

- **Step 01** | date( ) 함수를 사용하여 오늘의 날짜와 영문 표기 그리고 올 한해가 시작한지 몇 일째인지와 이 번 달은 며칠까지 있는지를 출력하는 프로그램을 다음과 같이 작성합니다.

ex5-30.php

```
<?php

  echo "<B> ※ 오늘의 날짜와 시간을 출력하는 date( ) 함수 </B> <br>";
  echo "--------------------------------------------- <br>";

  $today1 = date("Y년 n월 j일 (요일 : D )");
  $today2 = date("l / d / F / Y ");
  echo "오늘의 날짜 ..... {$today1} <br>";
  echo "영문의 표기 ..... {$today2} <br>";
```

```
10
11      $now = date("h시 i분 s초 (A)");
12      echo "지금의 시각 .....  {$now} <br>";
13
14      echo "-------------------------------------------- <br>";
15      $cnt = date("z");
16      $tocnt = $cnt+1;
17      echo "올 해가 시작한지 {$tocnt} 일째 되는 날이고 <br>";
18
19      $mon = date("n");
20      $mck = date("t");
21      echo "이번 달 {$mon}월은 {$mck}일까지 있습니다... <br>";
22      echo "-------------------------------------------- <br>";
23
24    ?>
```


• **Step 02** | 웹 브라우저에서 [예제 5-30]을 실행합니다.

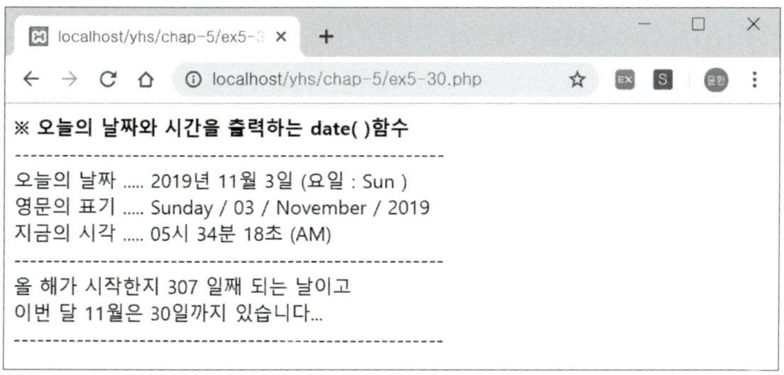

[그림 5-34] ex5-30.php 실행 결과

/ 소스 설명 /

• 오늘의 날짜

6행의 변수 $today1=date("Y년 n월 j일 (요일 : D)")는 2019년 11월 3일 (요일 : Sun)와 같이 오늘의 날짜와 요일을 출력합니다.

• 날짜의 영문 표기

7행의 변수 $today2=date("l/d/F/Y")는 'Sunday/03/November/2019'와 같이 오늘의 날짜와 요일을 영문으로 출력합니다.

- 현재의 시각

  11행의 변수 $now=date("h시 I분 s초 (A)")는 05시 34분 18초 (AM)과 같이 현재의 시각을 출력합니다.

- 오늘이 몇 일째

  15행의 변수 $cnt=date("z")는 0~365일로 표현되는 형식이므로 오늘의 날짜가 3일인 경우 '2일째'로 표기됩니다. 우리가 표현하기에는 11월 3일은 '올해가 시작한지 307일째 되는 날'로 표현하기 위해 16행의 변수 $cnt에 1을 더해 $tocnt=$cnt+1로 출력합니다.

- 이번 달은 몇 일까지

  19행 $mon=date("n")의 인자 n은 0이 없는 월을 의미하고 20행 $mck=date("t")의 t는 이번 달에 대한 날짜가 며칠까지 있는지를 출력합니다.

시간을 계산해 주는 함수 : time( ) 함수, mktime( ) 함수

time( ) 함수와 mktime( ) 함수는 모두 1970년 1월 1일 0시 0분 0초를 기준으로 지나간 시간을 초단위로 계산해 주는 함수입니다. time( ) 함수는 인수를 설정할 수 없는 반면 mktime( ) 함수는 인수에 계산하고 싶은 시간을 설정하여 1970년부터 사용자가 입력한 시간까지의 시간을 계산할 수 있습니다. time( ) 함수로 계산된 시간부터 지정된 날짜를 설정한 mktime( ) 함수로 계산된 시간을 빼면 지정된 날짜부터 현재까지의 시간을 계산할 수 있습니다.

```
time ( )
mktime (시간, 분, 초, 월, 일, 년)
```

다음 예제를 통해 시간을 계산해 주는 함수의 사용방법에 대해 자세히 살펴보도록 하겠습니다.

|예제 5-31|

- **Step 01** | 계산 기준일인 1970. 1. 1일부터 현재까지 경과된 본인의 생일에 대해 시간과 날짜 수로 출력하는 프로그램을 다음과 같이 작성합니다.

ex5-31.php

```
<?php
  $a = time( );                              // 1970. 1. 1일부터 현재까지 지난 시간
  $b = mktime(8, 35, 20, 10, 3, 2002);       // 본인 생일
  $c = $a - $b;
  $d = intval($c / 86400);                   // 1일(86400=24x60x60)을 초로 환산
  echo "<B> ※ time( ) 함수와 mktime( ) 함수의 사용 </B> <br>";
  echo "--------------------------------------------- <br>";
  echo "> 본인생일 : 2002. 10. 3일 8:35:00 출생 <br>";
  echo "> 계산기준일 : 1970. 1. 1일 00:00:00 부터 <br>";
  echo "--------------------------------------------- <br>";
  echo "> 현재까지<b> {$a}초</b>가 경과되었으며 <br>";
  echo "> 당신의 생일까지 <b>{$d}일</b>이 경과되었습니다. <br>";
  echo "--------------------------------------------- <br>";
?>
```

- **Step 02** | 웹 브라우저에서 [예제 5-31]을 실행합니다.

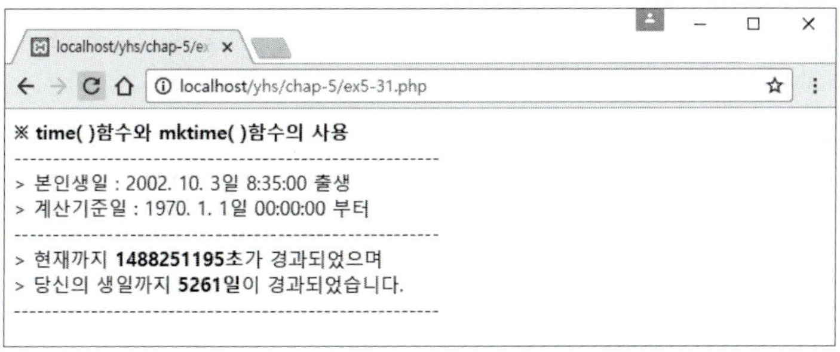

[그림 5-35] ex5-31.php 실행 결과

다음 예제는 함수를 사용하여 시작일부터 종료일까지의 날짜와 시간 수를 구하는 예제입니다.

|예제 5-32|

- **Step 01** | mktime( ) 함수와 date( ) 함수를 사용하여 시작일부터 종료일까지의 날짜와 시간 수를 구하는 프로그램을 다음과 같이 작성합니다.

ex5-32.php

```
01 <?php
02    $start = mktime(7, 00, 15, 1, 1, 2000);        //시작일 시각
03    $std1 = date("Y-m-d일 H:i:s 부터", $start);     //년-월-일 시:분:초 형식으로 출력
04    $end = mktime(23, 59, 55, 12, 31, 2030);       //종료일 시각
05    $std2 = date("Y-m-d일 H:i:s 까지", $end);       //년-월-일 시:분:초 형식으로 출력
06    $count =  $end - $start ;
07    $total1 = intval($count / 86400);             // 1일(24x60x60=86400)단위로 환산
08    $total2 = intval(($count % 86400) / 3600);    // 일수를 제외한 시간
09    echo "<B> ※ mktime( ) 함수와 date( ) 함수의 사용 </B> <br>";
10    echo "---------------------------------------- <br>";
11    echo "■ 시작일 : {$std1} <br>";
12    echo "---------------------------------------- <br>";
13    echo "■ 종료일 : {$std2} <br>";
14    echo "---------------------------------------- <br>";
15    echo " 시작일부터 종료일까지<b> {$count}초</b>가 경과되었으며 <br>";
16    echo " 날짜로 환산하면 <b>{$total1}일 {$total2}시간</b>이 경과되었습니다. <br>";
17 ?>
```

• **Step 02** | 웹 브라우저에서 [예제 5-32]를 실행합니다.

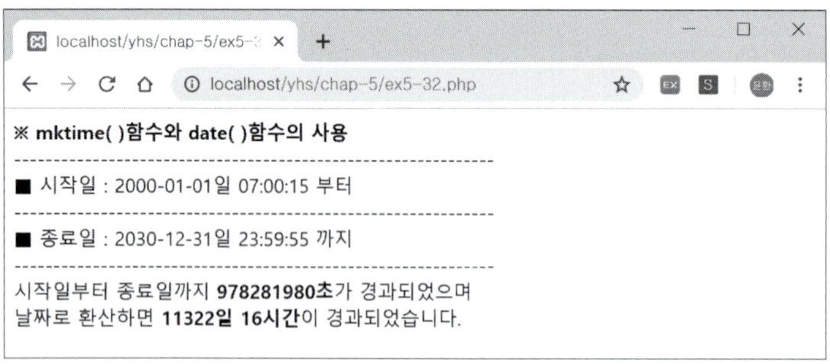

[그림 5-36] ex5-32.php 실행 결과

/ 소스 설명 /

• date( ) 함수

2행의 $start = mktime(7, 00, 15, 1, 1, 2000)은 (시, 분, 초, 월, 일, 년)으로 표기되는 형식을 보기 편한 '년-월-일 시:분:초'의 형식으로 설정하기 위해 3행의 $std1 = date("Y- m-d일 H:i:s 부터", $start)을 정의합니다. 4행도 마찬가지로 5행의 형태로 정의합니다.

• 일수 계산

7행의 `$total1 = intval($count / 86400)`은 일수(86400=24x60x60)을 계산하고 8행의 `$total2 = intval(($count % 86400) / 3600)`은 일수를 제외한 시간수를 산출합니다. `intval( )` 함수는 인수에 입력한 값을 정수 값으로 처리해주는 함수입니다.

마이크로초를 계산하는 함수 : microtime( ) 함수

microtime( ) 함수는 프로그램 명령을 실행할 때 걸린 수행시간을 마이크로 초 단위로 계산해 주는 함수입니다. 이 함수를 사용하게 되면 순식간에 처리되는 아주 짧은 수행시간도 계산하여 출력할 수 있습니다.

```
$변수명 = microtime( )
```

다음 예제를 통해 마이크로초를 계산하는 함수의 사용방법에 대해 자세히 살펴보도록 하겠습니다.

|예제 5-33|

• **Step 01** | 1부터 1000까지 누적되는 합을 구하는데 얼마나 걸리는지 시간을 산출하는 프로그램을 다음과 같이 작성합니다.

ex5-33.php

```
<?php
  $start = microtime( );       // 문서가 실행하는데 걸린 시간 구함
  echo "<B> ※ 1부터 1000까지 합을 구하는데 걸린 시간 </B> <br>";
  echo "-------------------------------------------- <br>";
  echo " <<<<< 처리 시작 >>>>> <br>  ● start ▶ {$start} <br> ";
  $n = 1000;
  $sum = 0;
  for($c = 1; $c <= $n; $c++)
    $sum += $c;        // $sum = $sum + $c와 같음
  echo "----------------------------------------- <br>";
  echo "  1부터 {$n} 까지의 합 ..... {$sum} <br>";
```

```php
    echo "----------------------------------------- <br>";
    $end = microtime( );      // 문서가 실행돼서 계산을 완료할 때까지의 걸린 시간
    echo " <<<<<  처리 완료 >>>>> <br> ● end ▶  {$end} <br>";
    echo "----------------------------------------- <br>";
?>
```

• **Step 02** | 웹 브라우저에서 [예제 5-33]을 실행합니다.

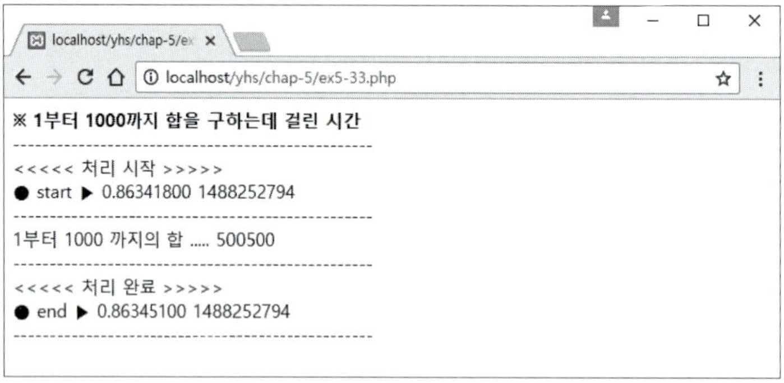

[그림 5-37] ex5-33.php 실행 결과

날짜의 유효성을 검사하는 함수 : checkdate( ) 함수

checkdate( ) 함수는 날짜의 형식이 제대로 입력되었는지에 대해 유효성을 검사하는 함수입니다. 인수에 입력한 월, 일, 년도의 형식이 올바르면 true(참), 잘못된 형식을 입력하면 false(거짓)의 값을 출력합니다. 년도는 0~32767, 월은 1~12, 일은 선택한 월의 가능일자로 체크합니다. 다음 예제를 통해 날짜의 유효성을 검사하는 방법에 대해 살펴보도록 합니다.

| 예제 5-34 |

• **Step 01** | 입력한 날짜가 해당 월에 해당하는 일수와 맞는지 날짜의 유효성을 검사하는 프로그램을 다음과 같이 작성합니다.

ex5-34.php

```php
<?php
    echo "<B> ※ 날짜의 유효성을 검사하는 함수 </B> <br>";
    echo "---------------------------------- <br>";
```

```
04    $m = 10;        // 월
05    $d = 31;        // 일
06    $y = 2030;      // 년
07    echo " ■ 입력한 날짜 : <B>$y . $m . $d </B> <br>";
08    echo "---------------------------------- <br>";
09    $chk = checkdate($m, $d, $y);   // 날짜의 유효성 검사
10    if($chk)
11      echo " > 날짜의 형식이 옳게 입력되었습니다. <br>";
12    else
13
14        echo " > 날짜의 형식이 맞지 않습니다... <br>";
15        echo " > 날짜의 형식을 다시 확인하기 바랍니다. <br>";
16
17    echo "---------------------------------- <br>";
18  ?>
```

• **Step 02** | 웹 브라우저에서 [예제 5-34]를 실행합니다.

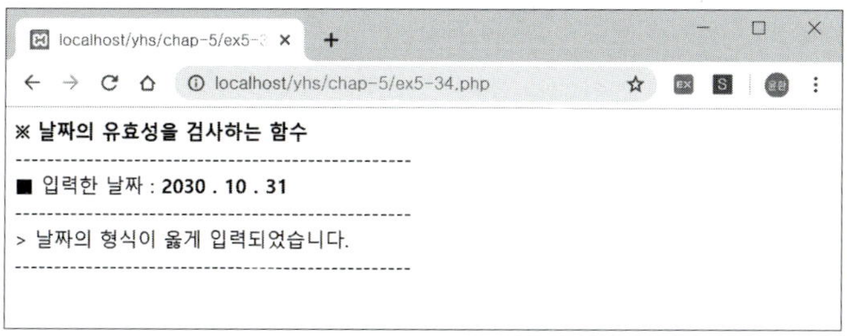

[그림 5-38] 날짜 2030. 10. 31 실행 결과

• **Step 03** | [예제 5-34]의 5행에 입력한 날짜를 33으로 변경하고 웹 브라우저 화면에서 실행합니다.

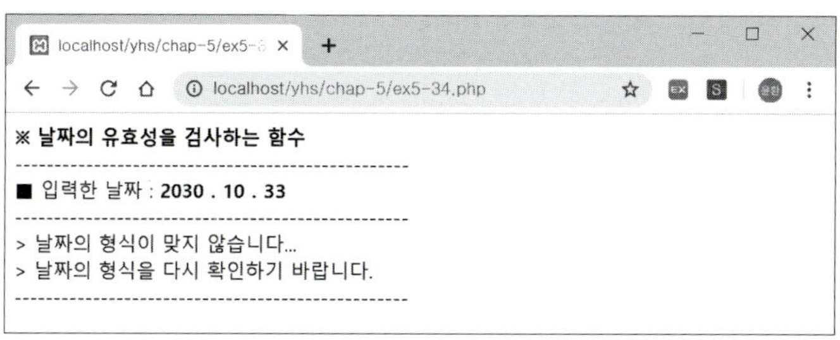

[그림 5-39] 날짜 2030. 10. 33 실행 결과

실행 결과 화면에서 보는 바와 같이 입력한 날짜 33은 10월의 31일과 다르다는 유효성 검사가 정상적으로 수행되었습니다.

3 변수 관련 함수

PHP에서는 변수를 선언할 때 데이터 타입을 따로 지정하지 않는다는 부분에 대해서는 이미 앞에서 다루었습니다. 기존에 선언된 변수의 값에 대한 종류가 무엇인지를 알고 싶거나 지정한 데이터 타입으로 변수의 값을 변환하고자 할 때 사용되는 함수를 변수 관련 함수라고 합니다. 변수 관련 함수의 종류를 다음 표와 같이 정리하였습니다.

[표 5-5] 변수 관련 함수의 의미

함수	의미
gettype(변수 값)	변수의 종류를 반환
settype(변수 값, 변경할 변수의 데이터 타입)	변수의 데이터 타입을 변경
intval( )	변수 값을 정수형 값으로 변환
doublelevel( )	변수 값을 실수형 값으로 변환
strval( )	변수를 문자형 값으로 변환
isset( )	변수가 존재하는지를 확인
unset( )	변수를 삭제
empty( )	변수 값이 존재하면 참, 아니면 거짓 값을 반환
is_array( )	변수의 데이터 타입이 배열인지를 확인
is_double( )	변수의 데이터 타입이 double형인지를 확인
is_bool( )	변수의 데이터 타입이 bool형인지를 확인
is_integer( )	변수의 데이터 타입이 integer형인지를 확인
is_null( )	변수의 데이터 타입의 값이 없는지를 확인
is_numeric( )	변수의 데이터 타입이 숫자인지를 확인
is_object( )	변수의 데이터 타입이 객체인지를 확인
is_resource( )	변수의 데이터 타입이 resource 타입인지를 확인
is_string( )	변수의 데이터 타입이 문자형인지를 확인

변수 관련 함수는 지정된 변수의 종류를 반환하고 변수의 데이터 타입을 변경할 수도 있으며 변수의 데이터 타입이 맞으면 1의 값을 반환합니다. 다음 예제는 변수에 입력된 값에 따라 결정되는 데이터 타입의 종류를 확인하기 위해 변수 관련함수를 사용한 프로그램입니다.

| 예제 5-35 |

- **Step 01** | gettype( ) 함수를 사용하여 주어진 변수의 데이터 타입을 확인하고 출력해 주는 프로그램을 다음과 같이 작성합니다.

ex5-35.php

```
<?php
  echo "<B> ※ 변수의 종류를 확인하는 함수 </B> <br>";
  echo "---------------------------------------------- <br>";
  $a = 2345.987;
  $b = -85;
  echo " > 변수 ₩$a=2345.987 의 데이터형 :   " . gettype($a) . "<br>";
  echo "---------------------------------------------- <br>";
  echo " > 변수 ₩$b=-85 의 데이터형이  <br>";
  echo " > 정수형이면 1, 아니면 0을 출력됩니다. <br>";
  echo "---------------------------------------------- <br> ";
  echo " ■ 확인결과 : ". is_integer($b) ;
?>
```

- **Step 02** | 웹 브라우저에서 [예제 5-35]를 실행합니다.

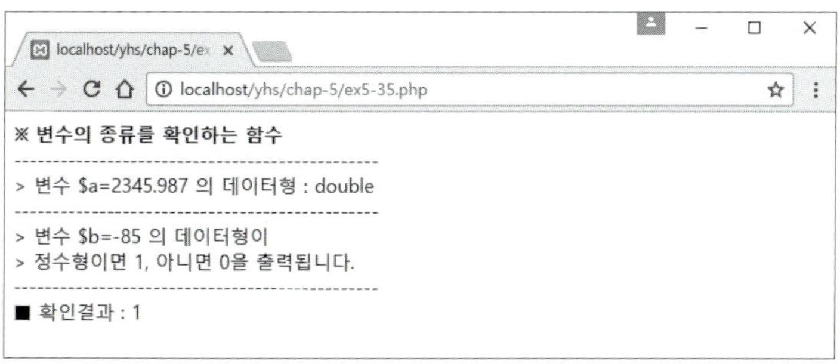

[그림 5-40] ex5-35.php 실행 결과

/ 소스 설명 /

- 변수 선언

  4행과 5행에 변수 $a와 $b를 선언하고 각각 값을 대입하여 6행과 9행에서 변수의 이름을 출력하기 위해 ₩를 변수 앞에 ₩$a, ₩$b와 같이 삽입합니다.

- 문자열 대입 연산자

  6행과 9행에서 사용된 점(.)은 echo문을 연결해서 출력하라는 의미입니다.

  선언한 변수의 데이터형 검사

  9행의 is_integer($b) 함수의 선언은 변수 $b에 대입한 변수의 값이 정수형인지를 확인합니다. 확인 결과 변수가 정수형이면 1을 출력하고 아니면 0을 출력하라는 의미입니다.

4 수학 관련 함수

수학 관련 함수에는 세 자리마다 특별한 기호를 표시할 수 있는 함수와 절대값으로 반환해 주는 함수, 소수점 자리수 처리올림, 버림, 반올림 함수, 지수승 함수, 제곱근 계산 함수, 로그 계산 함수, 파이값 리턴 함수, 10진수와 16진수 변환 함수, 최댓값과 최솟값을 구하는 함수, 랜덤값 산출 함수 등이 있습니다. 수학 관련 함수의 종류와 의미를 다음 표와 같이 정리하였습니다.

[표 5-6] 수학 관련 함수의 종류와 의미

함수	의미
mumber_format( )	세 자리마다 기호를 표시(예: 12,345)
abs( )	절대값으로 반환 (예: -5 → 5)
ceil( )	소수점 자리를 무조건 올림
floor( )	소수점 자리를 무조건 버림 (제거)
round( )	소수점 자리수를 지정하는 인수를 받아 반올림
pow( )	지수승 계산 (예:3의 5승 → pow(3,5))
sqrt( )	인수의 제곱근 계산(입력 값에 루트를 붙여 계산)
log( )	로그를 계산 (예:log(숫자, 밑수))
pi( )	파이값(3.141592...)을 반환

dechex( )	10진수를 16진수로 변환
hexdec( )	16진수를 10진수로 변환
max( )	입력한 인수들 중에 최댓값 반환
min( )	입력한 인수들 중에 최솟값 반환
rand( )	정수형의 랜덤값을 반환
nt_rand( )	rand( ) 함수보다 진보적인 난수를 발생해 주고 실행속도 빠름

세 자리마다 기호를 표시 : number_format( ) 함수

number_format( ) 함수는 금액을 표현할 때 세 자리마다 콤마를 표시하거나 실수 값에 대해 천 단위마다 기호를 표시해 줄 때 사용되는 함수입니다. 소수점 자리는 삭제되지만 소수점 자리와 소수점 자리 문자로 표시할 문자를 인수로 입력하여 소수점 자리를 지정할 수 있습니다. 소수점 자리는 반올림으로 표시되며 사용형식은 다음과 같습니다.

```
number _ format(실수, 표시할 소수점 자리 수, 소수점 자리 문자, 천 단위 표시문자)
```

다음 예제를 통해 세 자리마다 기호를 표시하는 방법에 대해 자세히 살펴보도록 하겠습니다.

|예제 5-36|

- **Step 01** | 주어진 숫자를 세 자리마다 기호 표시와 소수점 자리 수를 지정하여 출력하는 프로그램을 다음과 같이 작성합니다.

ex5-36.php

```
<?php
  echo "<B> ※ 세 자리마다의 기호 표시와 소수점 자리수 지정 </B> <br>";
  $a = 12345678.987;
  echo "-------------------------------------------------- <br>";
  echo " ▶ 변수 ₩$a = 12345678.987 의 표시와 지정<br>";
  echo "-------------------------------------------------- <br>";
  echo "1. 세 자리마다 콤마 표시 :   " . number _ format($a) . "<br>";
  echo "     ........ (소수점 자리이하 삭제됨) <br>";
  echo "-------------------------------------------------- <br>";
```

```
10     echo "2. 세 자리마다 콤마 표시와 소수점 표시 : ";
11     echo number_format($a, "2", ".", ",") . "<br>";
12     echo "     ..........(소수점 2자리미만 반올림 됨) <br>";
13     echo "---------------------------------------------------- <br>";
14     echo "3. 세 자리마다 @ 표시와 소수점 표시 #기호 : ";
15     echo number_format($a, "2", "#", "@") . "<br>";
16     echo "     ..........(소수점 2자리미만 반올림 됨) <br> ";
17     echo "---------------------------------------------------- <br>";
18  ?>
```

• **Step 02** | 웹 브라우저에서 [예제 5-36]을 실행합니다.

[그림 5-41] ex5-36.php 실행 결과

/ 소스 설명 /

• 세 자리마다 콤마 표시

7행의 number_format($a)는 변수 $a=12345678.987의 값을 세 자리마다 콤마를 표시하라는 의미이며 소수점이하는 삭제됩니다.   는 공백을 두 번 띄우라는 의미입니다.

• 세 자리마다 @표시와 소수점 #표시

15행의 number_format($a, 2, "#", "@")는 변수 $a의 값을 소수 둘째자리(반올림 됨)까지 구하고 소수점 기호는 #으로 표시되며 전체 값에 대해서는 세 자리마다 @를 표시합니다.

절대값으로 반환 : abs( ) 함수

음의 정수의 값을 양의 정수로 반환할 때 사용되는 함수입니다. 이 함수는 절대값이 필요로 할 때 사용되는 함수입니다.

```
abs(숫자)
```

소수점 자리를 올림, 버림, 반올림 : ceil( ) 함수, floor( ) 함수, round( ) 함수

ceil( ) 함수는 소수점 자리를 무조건 올림으로 처리하고 floor( ) 함수는 소수점 자리를 제거하며 round( ) 함수는 소수점 자리수를 지정하는 인수를 받아 반올림 해 줍니다. 이 함수들은 소수점 자리 수에 대해 소수점이 있는 위치에서 끝처리를 올림, 버림, 반올림할 때 사용됩니다. 다음 예제를 통해 소수점 자리를 처리하는 방법에 대해 자세히 살펴보도록 하겠습니다.

|예제 5-37|

- **Step 01** | 주어진 실수에 대해 올림과 버림, 반올림을 수행하는 프로그램을 다음과 같이 작성합니다.

ex5-37.php

```
<?php
  echo "<B> ※ 소수점 자리를 올림, 버림, 반올림  </B> <br>";
  $a = 88.123456;
  echo "---------------------------------------- <br>";
  echo " ▶ 변수 ₩$a = 88.123456 의 소수점 처리 <br>";
  echo "---------------------------------------- <br>";
  echo "  1. 무조건 올림 ...... " . ceil($a) . "<br><br>";
  echo "  2. 무조건 버림 ...... " . floor($a) . "<br><br>";
  echo "  3. 소수 3자리미만 반올림 ....... " . round($a, 3) . "<br><br>";
?>
```

- **Step 02** | 웹 브라우저에서 [예제 5-37]을 실행합니다.

[그림 5-42] ex5-37.php 실행 결과

지수승 계산 : pow( ) 함수

pow( ) 함수는 인수의 지수승을 계산해주는 함수로 계산할 수와 지수승을 인수로 받아서 계산합니다. 3^5의 경우 변수 $a=3, $b=5, pow($a, $b)와 같이 3에 대한 5승의 연산을 수행합니다.

```
pow(계산할 수, 지수승)
```

다음 예제는 주어진 변수 값을 대상으로 지수승을 계산하는 프로그램입니다. 예제를 통해 pow( ) 함수의 사용방법에 대해 살펴보도록 합니다.

|예제 5-38|

- **Step 01** | pow( ) 함수를 사용하여 주어진 값의 지수승을 계산하여 출력하는 프로그램을 다음과 같이 작성합니다.

ex5-38.php

```
<?php
  echo "<B> ※ 변수 ₩$a = 3,  ₩$b = 5 일 때의 지수승  </B> <br>";
  echo "---------------------------------------------------- <br>";
  $a = 3;
  $b = 5;
  $abpow = pow($a, $b);
  if(!$abpow)
```

```
    echo " Error ... 계산을 할 수 없습니다.";
  else
    echo " ▶ 수행결과 : {$a} 의 {$b} 승은 {$abpow} 입니다... <br>";
?>
```

• **Step 02** | 웹 브라우저에서 [예제 5-38]을 실행합니다.

[그림 5-43] ex5-38.php 실행 결과

제곱근 계산 : sqrt( ) 함수

sqrt( ) 함수는 인수의 제곱근의 값을 반환하는 함수로 입력 값에 루트Root를 붙여 계산합니다.

```
sqrt(변수 또는 숫자)
```

다음 예제는 주어진 변수 값을 대상으로 sqrt( ) 함수를 사용하여 제곱근 계산을 수행하는 프로그램입니다.

|예제 5-39|

• **Step 01** | sqrt( ) 함수를 사용하여 주어진 값의 제곱근을 계산한 다음 올림, 버림, 반올림 형식으로 지정하여 출력하는 프로그램을 다음과 같이 작성합니다.

ex5-39.php

```
<?php
  echo "<B> ※ 변수 ₩$a = 83 일 때, 제곱근 계산하기  </B> <br>";
  echo "-------------------------------------------------- <br>";
```

```
    $a = 83;
    $asqrt = sqrt($a);
    echo " ▶ {$a} 의 제곱근 ... {$asqrt} <br>";
    echo "--------------------------------------------------- <br>";
    echo "  1. 소수점 올림 .................... ₩$a = " . ceil($asqrt) . "<br>" ;
    echo "  2. 소수점 버림 .................... ₩$a = " . floor($asqrt) . "<br>" ;
    echo "  3. 소수점 2자리미만 반올림 ..... ₩$a = " . round($asqrt, 2) . "<br>" ;
?>
```

• **Step 02** | 웹 브라우저에서 [예제 5-39]를 실행합니다.

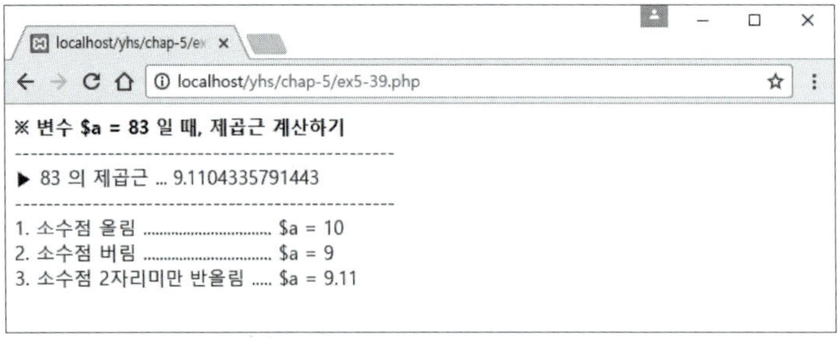

[그림 5-44] ex5-39.php 실행 결과

로그 계산 : log( ) 함수, log10( ) 함수

로그를 계산하는 함수로 log(숫자, 밑수) 함수는 입력한 숫자의 자연로그를 계산하고 log10(숫자) 함수는 밑수를 10( )으로 계산합니다.

```
log(숫자, 밑수)
log10(숫자)
```

다음 예제를 통해 로그를 계산하는 방법에 대해 자세히 살펴보도록 하겠습니다.

|예제 5-40|

• **Step 01** | 주어진 숫자에 대해 log( ) 함수와 log10( ) 함수를 사용하여 로그 계산을 출력하는 프로그램을 다음과 같이 작성합니다.

ex5-40.php

```
<?php
  echo "<B> ※  log( ) 함수와 log10( ) 함수  </B> <br>";
  echo "---------------------------------------- <br>";
  $a = 23;
  $val1 = log(23);
  $val2 = log10(23);
  echo " ▶ 변수 ₩$a = 23 일 때 로그 계산하기 <br>";
  echo "---------------------------------------- <br>";
  echo "  1. log(23) ........................ {$val1} <br>" ;
  echo "  2. log10(23) ..................... {$val2} <br>" ;
?>
```

• **Step 02** | 웹 브라우저에서 [예제 5-40]을 실행합니다.

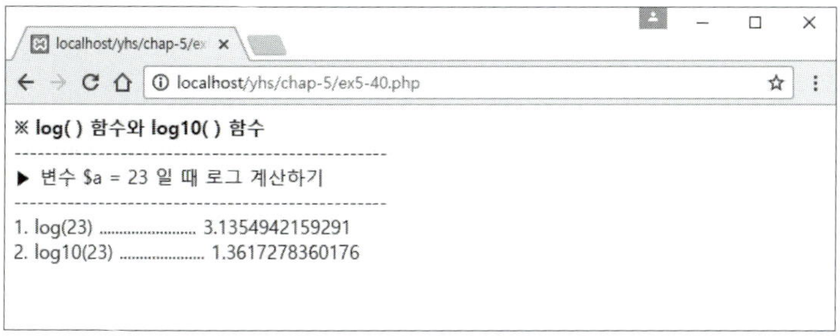

[그림 5-45] ex5-40.php 실행 결과

파이값 리턴 : pi( ) 함수

파이π란 원의 지름이 1인 원주의 길이를 의미하며 약 3.141592...의 값을 가집니다. pi( ) 함수는 π의 값을 정확하게 반환해 주는 함수이며 상수로도 사용할 수 있습니다. 상수로 사용할 때는 M_PI로 사용됩니다.

```
pi( )
M _ PI
```

다음 예제를 통해 파이값을 리턴하는 방법에 대해 자세히 살펴보도록 하겠습니다.

|예제 5-41|

- **Step 01** | pi( ) 함수를 사용하여 원의 넓이와 둘레를 계산하는 프로그램을 다음과 같이 작성합니다.

ex5-41.php

```
<?php
  echo "<B> ※ pi( ) 함수를 사용한 원의 넓이와 둘레  </B> <br>";
  echo "------------------------------------- <br>";
  $a = 5;
  $val1 = $a * $a * pi( );       // 또는 pow($a, 2) * pi( )
  $val2 = $a * 2 * M_PI;
  echo " ▶  원의 반지름 ₩$a = 5 일 때  <br>";
  echo "------------------------------------- <br>";
  echo "  1. 원의 넓이 ..................... {$val1} <br>" ;
  echo "  2. 원의 둘레 ..................... {$val2} <br>" ;
?>
```

- **Step 02** | 웹 브라우저에서 [예제 5-41]을 실행합니다.

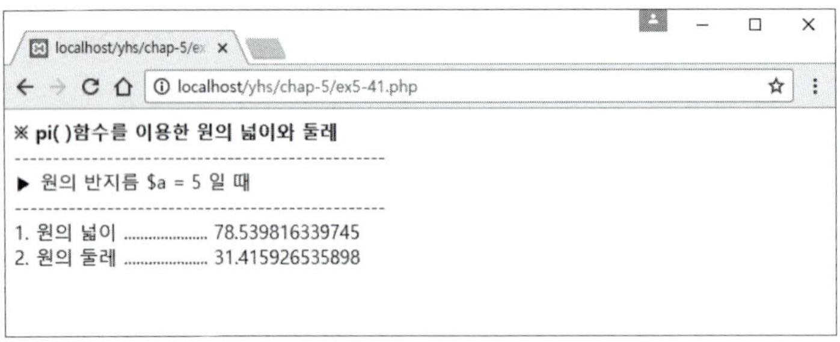

[그림 5-46] ex5-41.php 실행 결과

10진수와 16진수의 변환 : dechex( ) 함수, hexdec( ) 함수

10진수를 16진수로 변환할 때는 dechex( ) 함수를 사용하고 16진수를 10진수로 변환할 때는 hexdec( ) 함수를 사용합니다. HTML에서 색상을 표현하는 색상코드는 16진수로 사용되고 있으므로 이 함수를 편리하게 사용할 수 있습니다.

```
dechex(10진수)      // 10진수를 16진수로 변환
hexdec(16진수)      // 16진수를 10진수로 변환
```

다음 예제를 통해 10진수와 16진수의 진법 변환과정에 대해 자세히 살펴보도록 하겠습니다.

|예제 5-42|

- **Step 01** | dechex( ) 함수와 hexdec( ) 함수를 사용하여 10진수 255와 16진수 ef를 16진와 10진수로 변환하는 프로그램을 다음과 같이 작성합니다.

ex5-42.php

```
<?php
  echo "<B> ※ dechex( ) 함수와 hexdec( ) 함수  </B> <br>";
  echo "---------------------------------------- <br>";
  $a = 255;        // 10진수
  $b = "ef";       // 16진수
  $val1 = dechex($a);
  $val2 = hexdec($b);
  echo " ▶  10진수 255, 16진수 ef 일 때  <br>";
  echo "---------------------------------------- <br>";
  echo "  1. 10진수 255를 16진수로 변환 .......... {$val1} <br>" ;
  echo "  2. 16진수 ef를 10진수로 변환 .......... {$val2} <br>" ;
?>
```

- **Step 02** | 웹 브라우저에서 [예제 5-42]를 실행합니다.

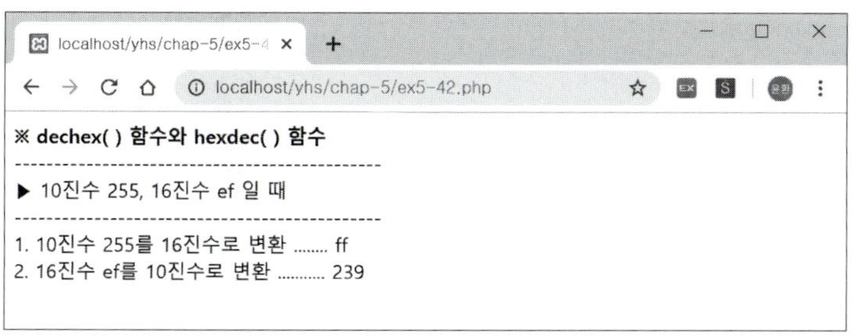

[그림 5-47] ex5-42.php 실행 결과

최댓값, 최솟값 : max( ) 함수, min( ) 함수

입력한 인수 중에서 최댓값을 구하려면 max( ) 함수를 사용하고 최솟값을 구하려면 min ( ) 함수를 사용합니다. 문자열은 0으로 취급되며 0과 같은 값이 비교될 때는 가장 왼쪽에 위치해 있는 값이 최댓값으로 선택됩니다.

참과 거짓에서 참은 최댓값으로 계산되어 1의 값을 반환하고 거짓은 최솟값으로 계산되어 빈 공백을 반환합니다. 배열은 실수와 문자열보다 항상 우위에 위치하며 배열과 배열과의 비교 시에는 배열의 개수로 최댓값과 최솟값을 구분합니다.

```
max(인수1, 인수2, ... 인수n)        // 인수 : 배열, 실수, 문자열
min(인수1, 인수2, ... 인수n )
```

다음 예제를 통해 최댓값과 최솟값을 구하는 과정에 대해 자세히 살펴보도록 하겠습니다.

|예제 5-43|

- **Step 01** | max( ) 함수와 min( ) 함수를 사용하여 주어진 숫자들 중에서 최댓값과 최솟값을 구하는 프로그램을 다음과 같이 작성합니다.

ex5-43.php

```
<?php
echo "<B> ※ max( ) 함수와 min( ) 함수  </B> <br>";
echo "------------------------------------------------------------- <br>";
echo " <B>▶  최댓값 구하기 max( ) 함수  </B><br>";
echo "------------------------------------------------------------- <br>";
echo " max(88, 123, -76, 529) ............................................ [ ";
echo max(88, 123, -76, 529) .  "] <br>";

echo " max(0, '문자열', false, true, 850) ............................... [ ";
echo max(0, '문자열', false, true, 850)   .  "] <br>" ;

echo " max('문자열', 0) ................................................... [" ;
echo max('문자열', 0)   . " ] <br>" ;

echo " max(0, '문자열') ................................................... [ " ;
```

```
echo max(0, '문자열')  . " ] <br>" ;
echo " max(max(8, array(3, 9, 5), true)) ............................... [ " ;
echo max(max(8, array(3, 9, 5), true))  .  "] <br>" ;
echo " max(max(808, array(99, 76), array(5, 8, 2))) ... [ " ;
echo max(max(808, array(99, 76), array(5, 8, 2)))   . " ] <br>" ;
echo "------------------------------------------------------------- <br>";
echo " <B>▶  최솟값 구하기 min( ) 함수 </B> <br>";
echo "------------------------------------------------------------- <br>";
echo " min('문자열', 0, -65, false, true) .............................. [ " ;
echo min('문자열', 0, -65, false, true)  . " ] <br>" ;  // 문자열은 공백을 출력
echo " min(array(23, 5, 9)) ............................................. [ " ;
echo min(array(23, 5, 9))  . " ] <br>" ;
echo " min(array(2, 3), array(2, 8, 7), 35) ............................ [ " ;
echo min(array(2, 3), array(2, 8, 7), 35)  . " ] <br>" ;
echo "------------------------------------------------------------- <br>";
?>
```

• **Step 02** | 웹 브라우저에서 [예제 5-43]을 실행합니다.

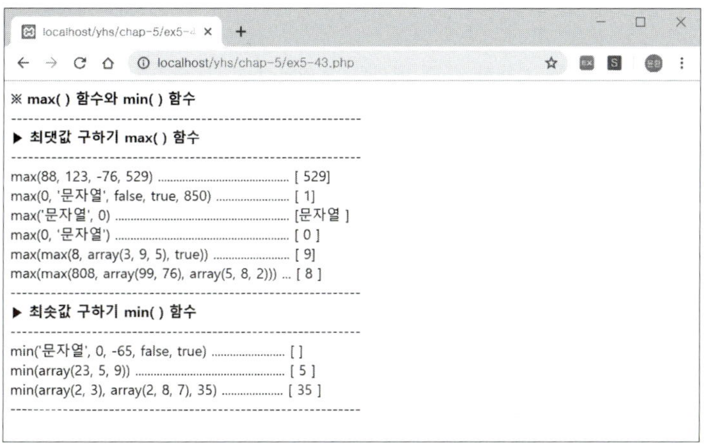

[그림 5-48] ex5-43.php 실행 결과

랜덤값 산출 : rand( ) 함수, mt_rand( ) 함수

rand( ) 함수와 mt_rand( ) 함수는 랜덤값을 수행하는 함수입니다. 이 함수들은 정수형의 랜덤값을 구해주는 함수로 매개변수를 설정하지 않으면 32768까지의 수에서 난수를 골라줍니다. 만일 특정 영역에서 난수를 구하고 싶을 경우에는 최솟값과 최댓값을 인수로 설정해 주면 됩니다. rand( ) 함수와 mt_rand( ) 함수의 기능은 같지만 mt_rand( ) 함수가 보다 진보적인 난수를 발생해 주고 실행속도 또한 빠릅니다.

```
rand( )
rand(최솟값, 최댓값)
mt_rand( )
mt_rand(최솟값, 최댓값)
```

다음 예제를 통해 랜덤값을 산출하는 과정에 대해 자세히 살펴보도록 하겠습니다.

|예제 5-44|

• **Step 01** | 주어진 3개의 메시지 중에서 랜덤하게 1개의 메시지를 선택하여 출력하는 프로그램을 다음과 같이 작성합니다.

ex5-44.php

```
<?php
  echo "<B> ※ mt_rand( ) 함수를 사용한 랜덤 메시지  </B> <br>";
  echo "-------------------------------------------------- <br>";
  echo " <B>▶  3가지 중에서 어떤 메시지가 출력?  </B><br>";
  echo "-------------------------------------------------- <br>";
  echo " 1. 서울특별시 ...  [첫 번째 메시지]  <br>";
  echo " 2. 부산광역시 ...  [두 번째 메시지]  <br>";
  echo " 3. 광주광역시 ...  [세 번째 메시지]  <br>";
  echo "-------------------------------------------------- <br>";
  echo " ▶ 랜덤하게 출력되는 메시지  <br>";
  $a = mt_rand(1, 3);        // mt_rand(최솟값, 최댓값)
  switch($a)
  {
    case 1:
      echo " > ₩"서울특별시₩"가 선택되었습니다.  ";
```

```
          break;
        case 2:
          echo " > ₩"부산광역시₩"가 선택되었습니다. ";
          break;
        case 3:
          echo " > ₩"광주광역시₩"가 선택되었습니다. ";
        break;
    }
?>
```

※ srand( ) 함수의 사용 생략

PHP4.2.0이하 버전에서는 rand( ) 함수를 사용할 경우 난수를 초기화 해주는 srand( ) 함수를 사용했지만 PHP4.2.0 상위 버전부터는 자동으로 실행되므로 srand( ) 함수를 생략해도 됩니다.

• **Step 02** | 웹 브라우저에서 [예제 5-44]를 실행합니다.

[그림 5-49] "서울특별시" 선택

• **Step 03** | 웹 브라우저에서 [예제 5-44]를 한 번 더 실행합니다.

[그림 5-50] "부산광역시" 선택

• **Step 04** | 웹 브라우저에서 [예제 5-44]를 또 한 번 더 실행합니다.

[그림 5-51] "광주광역시" 선택

mt_rand( ) 함수를 사용한 프로그램 [예제 5-44]를 실행하게 되면 실행할 때마다 세 가지 메시지 중에서 랜덤하게 선택된 하나의 메시지가 출력됩니다. 웹 브라우저의 URL주소 옆에 있는 [새로 고침] 버튼을 눌러 여러 번 실행하면 그 때마다 다른 메시지가 출력되는 것을 확인할 수 있습니다.

다음 예제는 알파벳과 숫자를 입력한 변수를 배열로 설정한 다음 mt_rand( ) 함수로 발생한 값에 해당하는 문자 8개를 골라서 화면에 출력하는 예제입니다. 보통 랜덤 password를 생성할 때 이 방법이 많이 사용됩니다.

|예제 5-45|

- **Step 01** | 알파벳과 숫자, 특수문자를 포함하여 랜덤 암호를 만드는 프로그램을 다음과 같이 작성합니다.

ex5-45.php

```
<?php
  echo "<B> ※ 랜덤 password 만들기  </B> <br>";
  echo "------------------------------------------------- <br>";
  $pw = "abcdefghijklmnopqrstuvwxyz0123456789$&@!";  // 알파벳과 숫자, 특수문자 포함
  $val ="";
    for($a = 0; $a < 8; $a++)
    {
      $val .= $pw [ mt_rand( ) % strlen($pw) ] ;    // 문자열의 길이 함수 strlen( )
    }
  echo " ▶ 생성된 password  ......... [ <b> $val </b> ] <br>";
  echo "------------------------------------------------- <br>";
?>
```

- **Step 02** | 웹 브라우저에서 [예제 5-45]를 실행합니다.

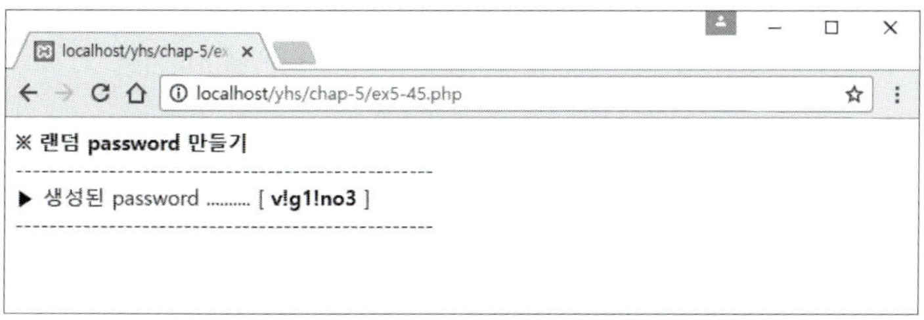

[그림 5-52] ex5-45.php 실행 결과

mt_rand( ) 함수와 strlen( ) 함수를 통해서 반환된 값은 실제로는 임의의 값이 아니고 단지 임의의 값을 흉내 내는 것에 지나지 않습니다. 일반적으로 랜덤 함수는 현재의 시간정보를 사용해서 난수를 발생시킵니다. 만약 랜덤 함수를 호출할 때마다 시간을 같은 값으로 주면 항상 동일한 순서로 같은 값이 반환됩니다.

컴퓨터는 임의의 판단을 할 수 없는 기계이므로 주어진 프로그램의 형태로만 계산하기 때문에 랜덤함수를 사용하여 반환된 값은 절대로 임의의 값이 아닙니다. 그렇기 때문에 로

또복권의 추첨방식을 디지털이 아닌 공을 뽑는 아날로그 방식으로 진행하는 것이 그 이유가 됩니다.

수학 관련 함수는 단지 수학 계산식의 값만을 실행하는 역할만 수행하는 것이 아니고 수학을 사용한 다양한 기능에 활용됩니다. 무엇보다도 많은 응용력이 필요한 부분이므로 실제로 제작된 소스를 통해 수학 관련 함수가 어떻게 응용되어서 사용되는지를 눈여겨 봐둘 필요가 있습니다.

/ 소스 설명 /

- 패스워드로 활용할 문자열 입력

  4행의 $pw=abcdefghijklmnopqrstuvwxyz0123456789$&@!는 패스워드로 활용할 문자열을 변수에 저장합니다. 5행에서는 사용할 변수 $val을 선언하고 ""로 초기화 합니다.

- 패스워드 8자리

  6행의 for($a=0; $a<8; $a++)문은 패스워드로 활용할 8자리를 출력하기 위해 7행의 문장을 반복 수행합니다.

- 나머지 연산자(%) 사용

  mt_rand( ) 함수는 영역을 나머지 연산자(%)를 사용해서 설정할 수 있습니다. mt_rand( ) 값을 구하고 싶은 최댓값으로 나머지를 계산하면 0부터 최댓값 사이의 난수를 구할 수 있습니다. 즉 mt_rand( ) % 10은 0부터 10까지의 정수형 난수를 생성한다는 의미입니다.

- 문자열 길이 strlen( ) 함수

  8행에서 난수를 문자 개수로 나눈 나머지에 해당하는 문자열을 변수 $val에 대입하면 for문에 의해 실행된 결과가 참조식으로 나열됩니다.

5 배열 함수

배열 함수에는 배열 값 정렬 함수, 배열의 개수 구하는 함수, 배열을 분리하는 함수, 구분자로 배열을 열거하는 함수 등이 있습니다. 배열 관련 함수의 종류와 의미를 다음 표와 같이 정리하였습니다. 먼저 배열 값을 정렬하는 함수부터 살펴보도록 하겠습니다.

[표 5-7] 배열 관련 함수의 종류와 의미

함수	의미
sort( )	배열 값 정렬
count( ), sizeof( )	배열의 개수를 반환 (두 함수의 기능은 같음)
explode( )	설정한 분리문자를 사용하여 문자열을 분리해 배열 값으로 할당
implode( ), join( )	분리된 문자열을 결합문자로 결합, explode( ) 함수와 상반관계

배열 값 정렬 : sort( ) 함수

sort( ) 함수는 배열변수에 저장되어 있는 값들을 작은 값에서 큰 값으로 정렬하거나 알파벳순으로 정렬해서 다시 배열변수에 대입해 주는 함수로 인수에는 보통 배열변수를 넣으며 그 외의 배열방법을 사용하기도 합니다.

```
sort (배열변수, 배열방법)
```

■ 배열의 3가지 방법

```
SORT_REGULAR : 일반적인 비교
SORT_NUMERIC : 수치적으로 비교
SORT_STRING : 문자열로 비교
```

다음 예제를 통해 sort( ) 함수를 사용하여 배열 값을 정렬하는 과정에 대해 자세히 살펴보도록 하겠습니다.

|예제 5-46|

• **Step 01** | sort( ) 함수를 사용하여 주어진 3개의 숫자를 작은 수부터 큰 수까지 오름차순으로 정렬하여 출력하는 프로그램을 다음과 같이 작성합니다.

ex5-46.php

```php
<?php
  echo "<B> ※ sort( ) 함수로 출력된 값을 오름차순으로 정렬  </B> <br>";
  echo "-------------------------------------------------- <br>";
```

```
04    $a = array(23, 9, 15);
05    echo " ■ sort( ) 함수 사용 전 .....    ";
06    for($c = 0; $c <= 2; $c++)
07    {
08      echo "<B> $a[$c]    </B>";
09    }
10    echo "<br> --------------------------------------------- <br>";
11    sort ($a);
12    echo "■ sort( ) 함수 사용 후 .....    ";
13    for($c = 0; $c <= 2; $c++)
14    {
15      echo "<B>  $a[$c]    </B>";
16    }
17    echo "<br> --------------------------------------------- <br>";
18  ?>
```

• **Step 02** | 웹 브라우저에서 [예제 5-46]을 실행합니다.

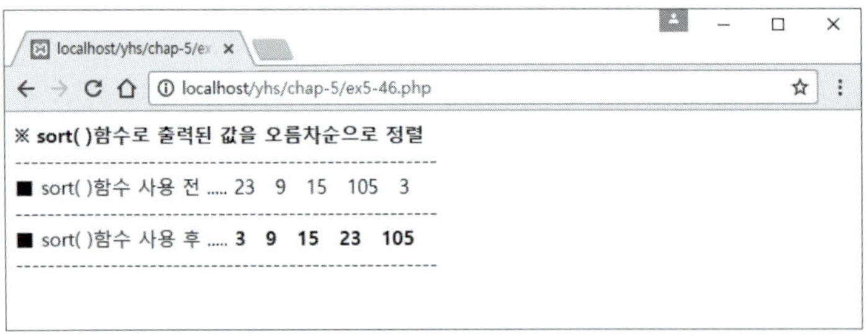

[그림 5-53] ex5-46.php 실행 결과

/ 소스 설명 /

• sort( ) 함수

4행의 $a=array(23, 9, 15)로 선언된 배열을 sort( ) 함수를 사용하기 전에는 23 9 15와 같이 선언된 그대로 출력되지만 11행의 sort($a) 함수를 사용한 다음에 출력되는 결과값은 9 15 23과 같이 오름차순으로 정렬됩니다.

• 공백문자

8행과 15행에 사용된 는 출력되는 숫자를 구분하기 위한 공백문자입니다.

배열의 개수를 구하는 함수 : count( ) 함수, sizeof( ) 함수

배열의 개수를 구해주는 함수로 sizeof( ) 함수는 count( ) 함수의 또 다른 함수명이며 사용방법은 동일합니다. count_recursive 모드를 사용하면 여러 개의 배열로 구성된 배열의 개수를 계산할 때 유용하게 사용됩니다.

```
count (배열변수, [count _ recursive])
```

다음 예제를 통해 배열의 개수를 구하는 방법에 대해 자세히 살펴보도록 하겠습니다.

|예제 5-47|

- **Step 01** | count( ) 함수와 sizeof( ) 함수를 사용하여 주어진 배열의 개수를 구하기 위해 프로그램을 다음과 같이 작성합니다.

ex5-47.php

```
<?php
  echo "<B> ※ 배열의 개수를 구하는 count( ), size( ) 함수 사용  </B> <br>";
  echo "------------------------------------------------------ <br>";
  $a = array ("노트북", "데스크탑", "네비게이션", "PDP", "MP3");
  echo " ■ ₩$a = array (노트북, 데스크탑, 네비게이션, PDP, MP3)<br>";
  echo "------------------------------------------------------ <br>";
  $aco = count($a);
  $asi = sizeof($a);
  echo " ▶ connt( ) 함수 사용 ..... <b> {$aco} 개 </b><br>";
  echo "------------------------------ <br>";
  echo " ▶ sizeof( ) 함수 사용 ..... <b> {$asi} 개 </b><br>";
?>
```

- **Step 02** | 웹 브라우저에서 [예제 5-47]을 실행합니다.

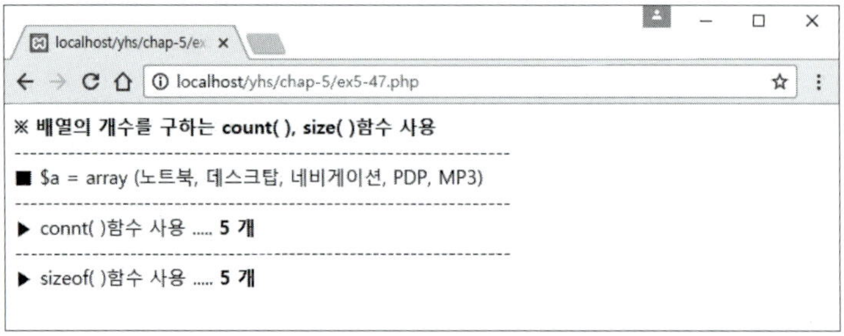

[그림 5-54] ex5-47.php 실행 결과

배열을 분리하는 함수 : explode( ) 함수

explode( ) 함수는 설정한 분리문자를 사용하여 문자열을 분리해 각각의 값을 배열값으로 할당해주는 함수입니다. 이 함수는 분리개수를 인수로 사용하여 설정한 수만큼만 배열을 만들어줍니다.

```
explode ("분리문자", 문자열 선언 변수, [분리개수])
```

다음 예제를 통해 배열을 분리하는 함수를 사용하는 방법에 대해 자세히 살펴보도록 하겠습니다.

|예제 5-48|

- **Step 01** | 주어진 문장 중에서 슬래시 "/"를 분리문자로 선언하여 배열에서 주어진 문자열을 분리하여 출력하는 프로그램을 다음과 같이 작성합니다.

ex5-48.php

```
<?php
  echo "<B> ※ 배열을 분리하는 exlode( ) 함수 사용  </B> <br>";
  echo "------------------------------------------------------ <br>";
  $str = "노트북 / 데스크탑  / 네비게이션 / PDP / MP3";
  $a = explode("/" , $str);
  echo " ■ ₩$string = ₩"노트북 / 데스크탑  / 네비게이션 / PDP / MP3₩"<br>";
  echo "------------------------------------------------------ <br>";
  echo " ▼ explode( ) 함수 : <b>분리문자 ₩" / ₩"를 사용한 결과 </b><br><br>";
```

```
    for($c = 0; $c < 5; $c++)
    echo "[ " . $a[$c] . "] ";
    echo "<br>----------------------------------------------------- ";
?>
```

• **Step 02** | 웹 브라우저에서 [예제 5-48]을 실행합니다.

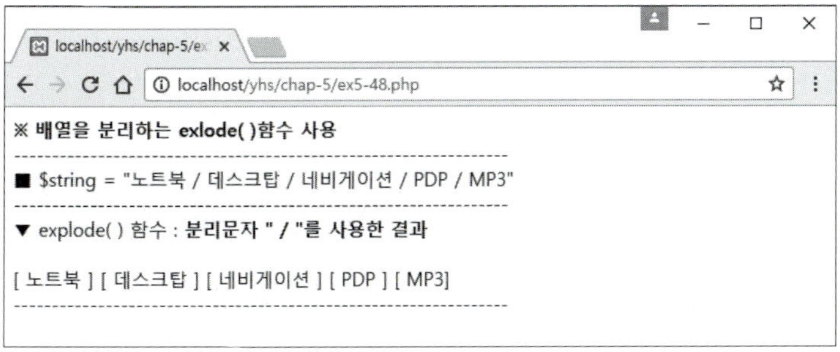

[그림 5-55] ex5-48.php 실행 결과

하나의 문자열로 만들어 주는 함수 : implode( ) 함수, join( ) 함수

implode( ) 함수와 join( ) 함수는 지정된 문자를 사용하여 배열에 등록된 내용을 하나의 문자열로 만들어 주는 함수입니다. 이 두 함수는 explode( ) 함수와 상반되는 기능을 제공합니다. implode( ) 함수와 join( ) 함수의 이름은 다르지만 수행하는 기능은 동일합니다.

```
implode ("결합문자", 문자열 선언 변수)
join ("결합문자", 문자열 선언 변수)
```

다음 예제를 통해 여러 개의 문자열을 하나의 문자열로 만들어 주는 함수의 사용방법에 대해 자세히 살펴보도록 하겠습니다.

|예제 5-49|

• **Step 01** | 주어진 단어들에 대해 결합문자를 사용하여 문자열을 연결하여 출력하는 함수를 사용한 프로그램을 다음과 같이 작성합니다.

ex5-49.php

```
<?php
  echo "<B> ※ 결합문자로 연결해서 출력하는 implode( ), join( ) 함수  </B> <br>";
  echo "--------------------------------------------------- <br>";
  $str = array("TV", "PDP", "MP3");
  $a = implode(" / " , $str);        // 결합문자 " / " 를 사용
  $b = join(" ** ", $str);
  echo " ■ ₩$str = array(₩"TV₩", ₩"PDP₩", ₩"MP3₩")일 때 함수 사용<br>";
  echo "---------------------------------------------- <br>";
  echo " ▼ explode( ) 함수 : <b>결합문자 ₩" / ₩"를 사용한 결과 </b><br>";
  echo "   [ " . $a . " ] <br>";
  echo "---------------------------------------------- <br>";
  echo " ▼ join( ) 함수 : <b>결합문자 ₩" ** ₩"를 사용한 결과 </b><br>";
  echo "  [ " . $b . " ] <br>";
  echo "--------------------------------------------------- <br>";
?>
```

• **Step 02** | 웹 브라우저에서 [예제 5-49]를 실행합니다.

[그림 5-56] ex5-49.php 실행 결과

이와 같이 배열과 함수에 대해 살펴봤습니다. 배열이라 함은 동일한 이름의 변수를 여러 개 사용하고자 할 때 유용하며 각각의 원소를 구별하기 위해 Index라고 하는 키 값을 사용합니다. 배열에 대해 1차원 배열과 다차원 배열[2, 3차원]에 대한 의미와 사용방법에 대해 실습하였습니다.

함수는 일련의 작업을 수행하도록 모듈화 시켜 프로그램을 체계적으로 만들어주고 하나의

함수를 만들어 놓으면 계속해서 재사용할 수 있다는 프로그램의 효율성을 적극 활용할 수 있으며 함수에는 사용자가 직접 정의하는 사용자 정의 함수와 프로그램 컴파일러에서 제공하는 라이브러리 함수가 있습니다. 다음 장에서는 데이터베이스와 DBMS에 대해 다루도록 하겠습니다.

핵심요약

01 배열[Array]이라 함은 동일한 이름의 변수를 여러 개 사용하고자 할 때 유용하며 각각의 원소를 구별하기 위해 키[key]값으로 구성됩니다. 키 값은 인덱스[index]라고도 하며 항상 0부터 시작함을 주의해야 합니다.

02 2차원 배열을 사용하여 프로그램을 작성할 때 array( ) 함수를 사용하면 훨씬 효율적으로 프로그램을 수행할 수 있습니다.

03 3차원 배열은 2차원 배열에서 가지는 원소의 구성요소에 한 가지가 더 추가되는데 그것은 바로 [면]입니다. 3차원 배열에서 원소의 구성요소는 [면][행][열]로 이루어져 있으며 [면]이 가장 앞에 있습니다.

04 함수[function]는 일련의 작업을 수행하도록 모듈화 시켜 프로그램을 체계적으로 만들어 주고 하나의 함수를 만들어 놓으면 계속해서 재사용할 수 있다는 장점이 존재합니다. 함수의 정의는 사용자가 직접 정의하는 함수와 php에서 제공되는 라이브러리 함수가 있습니다.

05 return 값이라 함은 함수를 호출할 때 반환되는 값을 의미하며 프로그램을 실행하다가 return 키워드를 만나게 되면 수행 중이던 함수를 중단하고 산출된 결과값을 반환합니다. 이 과정에서 return문 다음 행부터 존재하는 명령은 수행하지 않고 모두 무시되기 때문에 주의를 기울여야 합니다.

06 문자열은 바이트의 집합으로 구성되며 공백도 한 개의 바이트 문자로 취급됩니다. PHP에서 제공되는 문자열 관련 함수는 다양하게 제공되지만 그 중에서 자주 사용되는 문자열 관련 함수는 다음 표와 같습니다.

■ 문자열 관련 함수

함수명	기능
crypt( )	단방향 암호화
strtoupper( )	문자열의 알파벳을 모두 대문자로 변환
strtolower( )	문자열의 앞파벳을 모두 소문자로 변환
strlen( )	문자열의 길이 반환

ord( )	문자에 해당하는 아스키코드값을 반환
chr( )	아스키코드값에 해당하는 문자를 반환
nl2br( )	"New Line to HTML, "태그로 [엔터]친 부분을 줄 바꿈
echo( ), print( )	문자열을 출력
printf( ), sprintf( )	형식이 있는 문자열 출력
substr( )	문자열에서 자르기를 시작할 위치를 왼쪽에서부터 배열수로 설정
strchr( )	문자열을 자르기 시작할 문자열의 문자로 위치를 표시
chop( )	문자열의 뒷부분에 있는 공백을 제거
trim( )	문자열의 앞과 뒤에 있는 공백을 제거 (앞 ltrim(), 뒤 rtrim()로 제거)
explode( )	문자열을 배열로 반환
str_replace( )	임의의 문자열에서 특정 문자를 다른 문자로 변경
preg_match( )	임의의 문자열에서 찾을 문자열이 존재하면 1, 아니면 0을 반환
strcmp( )	두 개의 문자열에서 첫 글자의 아스키코드값에 따라 1,0,-1을 반환
addslashes( )	역슬래시(\ 또는 ₩) 삽입
stripslashes( )	역슬래시(\ 또는 ₩) 삭제

07 crypt( ) 함수는 단방향 암호화 함수로 개인정보 유출을 막기 위한 도용 방지에 효과적입니다. 사용자가 등록한 비밀번호는 데이터베이스에 암호화 되어 저장되기 때문에 암호화된 비밀번호는 사용자에 의해 원래 비밀번호와 함께 있을 때만 유효합니다. 그렇기 때문에 관리자에 의한 도용 또한 방지할 수 있습니다. crypt( ) 함수는 단방향 암호화이므로 복호화는 안 됩니다.

08 주어진 문자열의 알파벳을 모두 대문자로 바꾸려면 strtoupper( ) 함수를 사용하고 문자열을 모두 소문자로 바꾸려면 strtolower( ) 함수를 사용합니다.

09 strlen( ) 함수는 문자열의 길이를 반환해 주는 함수로 회원가입 서식 등에서 입력한 문자열을 확인하고 체크할 때 유용하게 사용됩니다. 영문 알파벳은 1byte이고 한글은 한 글자가 2byte이므로 문자열의 길이도 영문과 한글은 두 배의 차이가 납니다.

10 nl2br( ) 함수는 New Line to HTML 〈br〉 태그를 의미하는 함수로 〈form〉 태그의 입

력양식에서 내용을 입력할 때 Enter↵를 눌러주게 되면 줄이 강제로 바뀌게 됩니다. 이와 같이 문자열을 입력하고 나서 Enter↵를 눌러 행이 바뀌게 될 때 웹 브라우저의 결과 화면에 정상적으로 줄 바꿈이 수행되어 출력되도록 하기 위해 nl2br( ) 함수를 사용합니다.

11 문자열을 아스키코드로 바꿀 때는 ord( ) 함수를 사용하고 아스키코드를 문자열로 바꿀 때는 chr( ) 함수를 사용합니다.

12 printf( ) 함수는 입력받은 내용에 형식을 지정하여 출력하는 함수로 첫 번째 인자에는 % 기호를 사용한 형지정어를 입력하여 출력할 형식을 설정합니다. 두 번째 이후의 인자에는 출력할 내용 또는 전달받은 변수를 설정합니다. printf( ) 함수는 자체 출력 기능을 가지고 있지만 sprintf( ) 함수는 출력 내용 설정만 가능합니다.

```
printf (형지정어, 변수1, 변수2,... 변수n)
sprintf (형지정어, 변수1, 변수2,... 변수n)
```

■ 출력함수의 출력형태 예약어

형지정어	의미
%	값을 출력할 곳에 표시
b	정수를 취급하고 2진수로 표현
c	정수를 취급하고 ASCII 코드 값에 해당하는 문자로 표현
d	정수를 취급하고 부호가 있는 10진수로 표현
u	정수를 취급하고 부호가 없는 10진수로 표현
f	float로 취급하고 실수로 표현
o	정수로 취급하고 8진수로 표현
s	문자열로 취급하고 표현
x	문자열로 취급하고, 16진수(소문자)로 표현
X	문자열로 취급하고, 16진수(대문자)로 표현

13 문자열의 길이를 잘라주는 함수로 substr( ) 함수는 문자열에서 자르기를 시작할 위치를 왼쪽에서부터 0, 1, 2, ... 로 시작하는 배열수로 설정하고 strchr( ) 함수는 자르기 시작할 문자열의 문자로 위치를 표시합니다.

14 chop( ) 함수는 문자열의 뒷부분에 있는 공백을 제거 해 주고 trim( ) 함수는 문자열의 앞과 뒤에 있는 공백을 제거 해 줍니다. 앞부분의 공백 제거는 ltrim( ) 함수를 사용하고 문자열의 뒤에 있는 공백을 제거할 때는 rtrim( ) 함수를 사용합니다.

15 explode( ) 함수는 문자열의 분할기준을 공백으로 설정하면 띄어쓰기를 기준으로 문자열을 나눌 수 있으며 나눈 다음에는 각각의 문자를 배열로 만들어주는 함수입니다.

```
explode (분할기준 문자, 문자열)
```

16 str_replace( ) 함수는 임의의 문자열에서 특정문자를 다른 문자로 바꾸어 주는 함수이며 사용형식은 다음과 같습니다.

```
str _ replace("특정 문자", "바꿀 문자", 임의의 문자열)
```

17 preg_match( ) 함수는 임의의 문자열에서 찾을 문자열이 존재하면 1을 반환해 주고 존재하지 않으면 0을 반환해 주는 함수로 함수의 인수에는 구획문자 /를 표기한 문자열과 검색할 문자열을 표기합니다.

```
preg _ match(/찾을 문자열/, 검색할 문자열)
```

18 문자열을 검색하는 preg_match( ) 함수를 사용하면 인터넷에서 회원가입할 때 신청하는 아이디에 대해 허용되는 범위를 설정할 수 있습니다. 예를 들어 아이디를 구성할 수 있는 문자열은 알파벳A~Z, a~z과 숫자0~9 그리고 언더바(_)만 사용하여 아이디를 구성할 수 있도록 제한하고 신청한 아이디의 유효성을 검사할 수 있습니다.

```
preg _ match("'^[A-Za-z0-9 _ ]+$'", $변수명)
```

19 strcmp( ) 함수는 두 개의 문자열을 인수로 받아 그 값을 비교하는 함수로 입력한 두 개의 문자열의 크기에 따라 반환되는 값은 다릅니다. 문자열이 크다는 것은 문자열의 개수보다 첫 글자의 아스키코드 값을 비교하기 때문에 주의해야 할 사항입니다.

■ 문자열 비교 함수 반환값 의미

문자열 비교	반환값	의미
$str > $a	1	$str의 첫 문자 아스키코드값 > 문자열 $a의 첫 문자 아스키코드값
$str = $a	0	$str의 첫 문자 아스키코드값 = 문자열 $a의 첫 문자 아스키코드값
$str < $a	-1	$str의 첫 문자 아스키코드값 < 문자열 $a의 첫 문자 아스키코드값

20 역슬래시\ 또는 ₩는 큰따옴표나 작은따옴표를 표시할 때 사용하는데 문자열에 포함되어 있는 따옴표 앞에 역슬래시를 삽입할 때는 addslashes( ) 함수를 사용하고 따옴표 앞에 입력되어 있는 역슬래시를 제거할 때는 stripslashes( ) 함수를 사용합니다.

21 date( ) 함수는 날짜와 시간을 형식화된 문자열로 출력하며 date("Y")로 선언하게 되면 올해가 몇 년도인지를 네 자리로 표현해 줍니다.

■ 날짜와 시간함수 출력 형식

format	의미		출력
A	오전,오후	오전, 오후를 대문자로 표시(a는 소문자로 표시)	AM, PM(am, pm)
D	요일	세 자리 문자로 요일 표시	Sun~Sat
F	월	완전한 문자로 월 표시	January~December
h	시간	0이 붙는 12시간 표시 (g는 0이 없는 12시간)	0~12(1~12)
H	시간	0이 붙는 24시간 표시 (G는 0이 없는 24시간)	00~23(0~23)
i	분	0이 붙는 분 표시	00~59
j	일	0이 없는 일 표시 (d는 0이 붙는 일 표시)	1~31(01~31)
l	요일	완전한 문자로 요일 표시	Sunday~Saturday
M	월	세 자리 문자로 월 표시	Jan~Dec
n	월	n은 0이 없는 월 표시 (m은 0이 붙는 월 표시)	1~12(01~12)
s	초	0이 붙는 초 표시	00~59
t	날짜수	해당 월의 날짜 수 표시	28~31
Y	년도	네 자리로 년도 표시 (y는 두자리 년도 표시)	예 : 2009(09)
z	경과일수	해당 년도의 몇 일째 표시	0~365

22 time( ) 함수와 mktime( ) 함수는 모두 1970년 1월 1일 0시 0분 0초를 기준으로 지나간 시간을 초단위로 계산해주는 함수입니다. time( ) 함수는 인수를 설정할 수 없는 반면 mktime( ) 함수는 인수에 계산하고 싶은 시간을 설정하여 1970년부터 사용자가 입력한 시간까지의 시간을 계산할 수 있습니다. time( ) 함수로 계산된 시간부터 지정된 날짜를 설정한 mktime( ) 함수로 계산된 시간을 빼면 지정된 날짜부터 현재까지의 시간을 계산할 수 있습니다.

23 microtime( ) 함수는 프로그램 명령을 실행할 때 걸린 수행시간을 마이크로 초 단위로 계산해 주는 함수입니다. 이 함수를 사용하게 되면 순식간에 처리되는 아주 짧은 수행시간도 계산하여 출력되도록 할 수 있습니다.

24 checkdate( ) 함수는 날짜의 형식이 제대로 입력되었는지 유효성을 검사하는 함수로 인수에 입력한 월, 일, 년도의 형식이 올바르면 true, 잘못된 형식을 입력하면 false의 값을 출력합니다. 년도는 0~32767, 월은 1~12, 일은 선택한 월의 가능일자로 체크합니다.

25 변수 관련 함수는 지정된 변수의 종류를 반환하고 변수의 데이터 타입을 변경할 수도 있으며 변수의 데이터 타입이 맞으면 1의 값을 반환합니다. 변수 관련 함수의 종류는 다음과 같습니다.

■ 변수 관련함수 의미

함수	의미
gettype(변수 값)	변수의 종류를 반환
settype(변수 값, 변경할 변수의 데이터 타입)	변수의 데이터 타입을 변경
intval( )	변수 값을 정수형 값으로 변환
doublelevel( )	변수 값을 실수형 값으로 변환
strval( )	변수를 문자형 값으로 변환
isset( )	변수가 존재하는지를 확인
unset( )	변수를 삭제
empty( )	변수 값이 존재하면 참, 아니면 거짓 값을 반환
is_array( )	변수의 데이터 타입이 배열인지를 확인

is_double( )	변수의 데이터 타입이 double형인지를 확인
is_bool( )	변수의 데이터 타입이 bool형인지를 확인
is_integer( )	변수의 데이터 타입이 integer형인지를 확인
is_null( )	변수의 데이터 타입의 값이 없는지를 확인
is_numeric( )	변수의 데이터 타입이 숫자인지를 확인
is_object( )	변수의 데이터 타입이 객체인지를 확인
is_resource( )	변수의 데이터 타입이 resource 타입인지를 확인
is_string( )	변수의 데이터 타입이 문자형인지를 확인

26 수학 관련함수는 세 자리마다 기호 표시, 절대값, 반올림, 랜덤값 등을 산출할 수 있는 다양한 함수를 지원하고 있습니다.

■ 수학 관련함수 의미

함수	의미
mumber_format( )	세 자리마다 기호를 표시(예: 12,345)
abs( )	절대값으로 반환 (예: -5 → 5)
ceil( )	소수점 자리를 무조건 올림
floor( )	소수점 자리를 무조건 버림(제거)
round( )	소수점 자리수를 지정하는 인수를 받아 반올림
pow( )	지수승 계산 (예:3의 5승 → pow(3,5))
sqrt( )	인수의 제곱근 계산(입력 값에 루트를 붙여 계산)
log( )	로그를 계산 (예:log(숫자, 밑수))
pi( )	파이값(3.141592...)을 반환
dechex( )	10진수를 16진수로 변환
hexdec( )	16진수를 10진수로 변환
max( )	입력한 인수들 중에 최댓값 반환
min( )	입력한 인수들 중에 최솟값 반환
rand( )	정수형의 랜덤값을 반환
nt_rand( )	rand( ) 함수보다 진보적인 난수를 발생해 주고 실행속도 빠름

27 number_format( ) 함수는 금액을 표현할 때 세 자리마다 콤마를 표시하거나 실수 값에 대해 천 단위마다 기호를 표시해줄 때 사용되는 함수입니다. 소수점 자리는 삭제되지만 소수점 자리와 소수점 자리 문자로 표시할 문자를 인수로 입력하여 소수점 자리를 지정할 수 있습니다. 소수점 자리는 반올림으로 표시되며 사용형식은 다음과 같습니다.

```
number_format(실수, 표시할 소수점 자리 수, 소수점 자리 문자, 천 단위 표시문자)
```

28 ceil( ) 함수는 소수점 자리를 무조건 올림으로 처리하고 floor( ) 함수는 소수점 자리를 제거하며 round( ) 함수는 소수점 자리수를 지정하는 인수를 받아 반올림 해 줍니다. 이 함수들은 소수점 자리 수에 대해 소수점이 있는 위치에서 끝처리를 올림, 버림, 반올림할 때 사용됩니다.

29 pow( ) 함수는 인수의 지수승을 계산해주는 함수로 계산할 수와 지수승을 인수로 받아서 계산합니다. 3^5의 경우 변수 $a=3, $b=5, pow($a, $b)로 3에 대한 5승의 연산을 수행합니다.

```
pow(계산할 수, 지수승)
```

30 sqrt( ) 함수는 인수의 제곱근의 값을 반환하는 함수로 입력 값에 루트(Root)를 붙여 계산합니다.

```
sqrt(변수 또는 숫자)
```

31 로그를 계산하는 함수로 log(숫자, 밑수) 함수는 입력한 숫자의 자연로그를 계산하고 log10(숫자) 함수는 밑수를 10( )으로 계산합니다.

```
log(숫자, 밑수)
log10(숫자)
```

32 파이$^{\pi}$란 원의 지름이 1인 원주의 길이를 의미하며 약 3.141592...의 값을 가집니다. pi( ) 함수는 π의 값을 정확하게 반환해 주는 함수이며 상수로도 사용할 수 있습니다. 상수로 사용할 때는 M_PI로 사용됩니다.

```
pi( )
M _ PI
```

33 10진수를 16진수로 변환할 때는 dechex( ) 함수를 사용하고 16진수를 10진수로 변환할 때는 hexdec( ) 함수를 사용합니다. HTML에서 색상을 표현하는 색상코드는 16진수로 사용되고 있으므로 이 함수를 편리하게 사용할 수 있습니다.

```
dechex(10진수)        // 10진수를 16진수로 변환
hexdec(16진수)        // 16진수를 10진수로 변환
```

34 입력한 인수들 중에서 최댓값을 구하려면 max( ) 함수를 사용하고 최솟값을 구하려면 min( ) 함수를 사용합니다. 문자열은 0으로 취급되며 0과 같은 값이 비교될 때는 가장 왼쪽에 위치해 있는 값이 최댓값으로 선택됩니다. 참과 거짓에서 참은 최댓값으로 계산되어 1의 값을 반환하고 거짓은 최솟값으로 계산되어 빈 공백을 반환합니다.

35 rand( ) 함수와 mt_rand( ) 함수는 랜덤값을 수행하는 함수입니다. 이 함수들은 정수형의 랜덤값을 구해주는 함수로 매개변수를 설정하지 않으면 32768까지의 수에서 난수를 골라줍니다. 만일 특정 영역에서 난수를 구하고 싶을 경우에는 최솟값과 최댓값을 인수로 설정해 주면 됩니다. rand( ) 함수와 mt_rand( ) 함수의 기능은 같지만 mt_rand( ) 함수가 보다 진보적인 난수를 발생해 주고 실행속도 또한 빠릅니다.

```
rand( )
rand(최솟값, 최댓값)
mt _ rand( )
mt _ rand(최솟값, 최댓값)
```

36 PHP에서 제공되는 배열 관련함수는 배열 값의 정렬, 배열의 개수 반환, 배열 값 할당, 결합 등의 함수를 제공하고 있습니다.

■ 배열 관련함수 의미

함수	의미
sort( )	배열 값 정렬
count( ), sizeof( )	배열의 개수를 반환 (두 함수의 기능은 같음)
explode( )	설정한 분리문자를 사용하여 문자열을 분리해 배열 값으로 할당
implode( ), join( )	분리된 문자열을 결합문자로 결합, explode( ) 함수와 상반관계

37 sort( ) 함수는 배열 변수에 저장되어 있는 값들을 작은 값에서 큰 값으로 정렬하거나 알파벳순으로 정렬해서 다시 배열 변수에 대입해 주는 함수로 인수에는 보통 배열 변수를 넣으며 그 외의 배열방법을 사용하기도 합니다.

```
sort (배열 변수, 배열 방법)
```

38 sort( ) 함수에서 사용되는 배열 방법은 다음과 같이 3가지의 방법이 있습니다.

```
SORT_REGULAR : 일반적인 비교
SORT_NUMERIC : 수치적으로 비교
SORT_STRING : 문자열로 비교
```

39 배열의 개수를 구해 주는 함수로 sizeof( ) 함수는 count( ) 함수의 또 다른 함수명이며 사용방법은 동일합니다. count_recursive 모드를 사용하면 여러 개의 배열로 구성된 배열의 개수를 계산할 때 유용하게 사용됩니다.

```
count (배열 변수, [count_recursive])
```

40 explode( ) 함수는 설정한 분리문자를 사용하여 문자열을 분리해 각각의 값을 배열 값으로 할당해주는 함수입니다. 이 함수는 분리개수를 인수로 사용하여 설정한 수만큼만 배열을 만들어줍니다.

```
explode ("분리문자", 문자열 선언 변수, [분리개수])
```

연습문제

01 다음 글을 읽고 빈 괄호를 채우시오

(1) 배열이라 함은 (　　)한 이름의 (　　)를 여러 개 사용하고자 할 때 유용하며 각각의 원소를 구별하기 위해 키(key)값으로 구성됩니다. 키 값은 인덱스라고도 하며 항상 0부터 시작함을 주의해야 합니다.

(2) 함수는 일련의 작업을 수행하도록 (　　　　) 시켜 프로그램을 체계적으로 만들어 주고 하나의 함수를 만들어 놓으면 계속해서 (　　　　)할 수 있다는 장점이 존재합니다. 함수의 정의는 사용자가 직접 정의하는 함수와 php에서 제공되는 라이브러리 함수가 있습니다.

(3) return 값이라 함은 함수를 (　　　　)할 때 반환되는 값을 의미하며 프로그램을 실행하다가 return 키워드를 만나게 되면 수행 중이던 함수를 (　　　　)하고 산출된 결과값을 반환합니다. 이 과정에서 return문 다음 행부터 존재하는 명령은 수행하지 않고 모두 무시되기 때문에 주의를 기울여야 합니다.

(4) 주어진 문자열의 알파벳을 모두 대문자로 바꾸려면 (　　　　　　　) 함수를 사용하고 문자열을 모두 소문자로 바꾸려면 (　　　　　　) 함수를 사용합니다.

(5) chop( ) 함수는 문자열의 (　　　　)에 있는 공백을 제거 해 주고 trim( ) 함수는 문자열의 (　　　　)에 있는 공백을 제거 해 줍니다. 앞부분의 공백 제거는 ltrim( ) 함수를 사용하고 문자열의 뒤에 있는 공백을 제거할 때는 rtrim( ) 함수를 사용합니다.

(6) ceil( ) 함수는 소수점 자리를 무조건 (　　　)으로 처리하고 (　　　　) 함수는 소수점 자리를 제거하며 (　　　) 함수는 소수점 자리수를 지정하는 인수를 받아 반올림 해 줍니다.

02 배열을 사용하여 5개 과목에 대한 총점과 평균을 구하는 프로그램을 보고 빈 칸을 채우시오.

```
<?php
    echo "<B> ♣ array( ) 함수를 사용한 5개 과목의 총점, 평균 </B><br>";
    echo "----------------------------------------------- <br>";
    $score = [            ] (85, 93, 77, 69, 98);
    $sum = 0;
    for($c = 0; [            ] $c++)
    {
```

```
  $sum += [          ]
  $cnt = $c+1;
  echo "{$cnt}번째 과목점수 :  $score[$c] ... ( 누적합 = [          ] ) <br>";
  }
  $avg = [          ]
  echo "----------------------------------------- <br>";
  echo " ▶ 5과목총점 ..... {$sum} <br> ";
  echo " ▶ 5과목평균 ..... {$avg} <br>";
  echo "----------------------------------------- ";
?>
```

03 hap(덧셈), cha(뺄셈), gob(곱셈), nanu(나눗셈) 네 개의 사용자 정의함수를 선언하고 반환값과 인자 세 개를 갖는 함수를 호출하여 사칙연산을 수행하는 프로그램을 작성하시오.

〈출력 형태〉

```
※ 반환(return) 값과 인자 세 개를 갖는 함수
---------------------------------------------
덧셈 연산을 하는 hap($a, $b, $c)함수 호출
▶ 연산결과 : 8 + 6 + 5 = ( 19 )
---------------------------------------------
뺄셈 연산을 하는 cha($a, $b, $c)함수 호출
▶ 연산결과 : 100 - 10 - 5 = ( 85 )
---------------------------------------------
곱셈 연산을 하는 gob($a, $b, $c)함수 호출
▶ 연산결과 : 8 * 8 * 8 = ( 512 )
---------------------------------------------
나눗셈 연산을 하는 nanu($a, $b, $c)함수 호출
▶ 연산결과 : 80 ÷ 5 ÷ 3 = ( 5.33333333333 )
---------------------------------------------
```

04 다음과 같이 주어진 동안의 날짜와 시간을 산출하는 프로그램을 작성하시오.

〈출력 형태〉

```
※ mktime( )함수와 date( )함수의 사용
---------------------------------------------------------
■ 시작일 : 2005-08-08일 12:00:00 (am) 부터
---------------------------------------------------------
■ 종료일 : 2020-12-25일 05:15:25 (am) 까지
---------------------------------------------------------
시작일부터 종료일까지 [ 485,417,725초 ]가 지났으며
날짜로 환산하면 [ 5,618일 6시간 ]이 지났습니다.
```

05 다음과 같이 출력되도록 number_format( ) 함수를 사용하여 프로그램을 작성하시오.

〈출력 형태〉

```
※ 세 자리마다의 기호 표시와 소수점 자리수 지정
------------------------------------------------------------------------
▶ 변수 $a = 857624768.859576 의 표시와 지정
------------------------------------------------------------------------
1. 세 자리마다 콤마 표시 : 857,624,769
........ (소수점 자리이하 삭제됨)
------------------------------------------------------------------------
2. 세 자리마다 콤마 표시와 소수점 표시 : 857,624,768.86
..........(소수점 2자리미만 반올림 됨)
------------------------------------------------------------------------
3. 세 자리마다 @ 표시와 소수점 표시 #기호 : 857@624@768#86
..........(소수점 2자리미만 반올림 됨)
------------------------------------------------------------------------
```

06 mt_rand함수와 for문 활용을 사용하여 패스워드 6자리(알파벳과 숫자 0~9 사용)를 생성하는 프로그램을 작성하시오.

〈출력 형태〉

```
※ 랜덤 password 만들기
-------------------------------------------------------
▶ 생성된 password .......... [ tncnfz3r ]
-------------------------------------------------------
```

PART 03

DBMS 관리와 SQL 명령어

CHAPTER 06
데이터베이스와 DBMS

학습목표

- 데이터베이스가 무엇인지에 대해 이해할 수 있습니다.
- DBMS의 종류와 용도에 대해 이해할 수 있습니다.
- DBMS 쿼리문을 사용할 수 있습니다.
- 데이터베이스에 접속할 수 있는 권한에 따라 계정을 관리할 수 있습니다.

SECTION 01

데이터베이스의 정의

1 데이터베이스의 개념

데이터베이스DB:DataBase란 어느 한 조직의 여러 응용 시스템들이 공유할 수 있도록 통합, 저장된 운영 데이터의 집합을 의미합니다. 데이터베이스는 주변에 흩어져 있는 많은 데이터들을 컴퓨터를 이용하여 필요한 목적에 따라 통합된 데이터로 저장할 때 동일 데이터의 중복을 배제하여 중복성을 최소화해야 합니다. 그 이유는 중복된 데이터들은 데이터베이스를 이용하는 측면에서의 효율성을 저하시키기 때문입니다.

운영 데이터는 조직의 존재 목적이나 유용성 면에서 필수적인 데이터의 집합으로 지속적인 데이터를 의미하며 한 조직에서 여러 응용 프로그램이 공동으로 소유 및 유지 가능할 수 있는 공용 데이터로서의 활용도 역시 중요한 사항입니다.

데이터베이스는 많은 데이터를 모아 사용하고자 하는 목적에 따라 특정한 형식에 의거 저장되어 가공처리 되는 것을 의미합니다. 그냥 흩어져 있는 데이터만을 수집하는 것이 아니고 수집하는 방법과 절차에 대해서 다루고 있는 분야입니다. 보다 쉽게 설명한다면 데이터를 저장할 때 무작위로 저장하는 것이 아니라 테이블의 형태로 저장해 두고 필요에 따라 데이터를 가공 처리해서 용도에 맞는 데이터를 사용한다는 의미입니다.

2 데이터베이스의 특징

데이터베이스는 제4차 산업혁명4IR:Fourth Industrial Revolution에서 정보통신기술ICT의 융합으로 이루어낸 혁명시대에 데이터를 수집하고 관리하는 중요한 위치를 차지하게 되었습니다. 이 혁명의 핵심은 인공지능, 로봇공학, 사물 인터넷, 무인 운송수단, 3차원 인쇄, 나노 기술 등과 같은 6대 분야에서 새로운 기술혁신으로 자리매김하고 있으므로 물리적, 생물학적, 디지털적 빅 데이터에 입각해서 통합시키고 경제 및 산업 등 모든 분야에 영향을 미치는 다양한 신기술을 반영함에 있어 데이터베이스는 모든 데이터 관리 분야에 있어서 근간이 되는 학문으로 재조명 받고 있는 추세입니다.

데이터베이스는 질의에 대한 실시간 처리 및 응답을 처리할 수 있도록 실시간 접근Real-time accessibility과 삽입, 삭제, 갱신을 통해서 현재의 데이터를 동적으로 유지할 수 있는 계속적인 변화Continuous evolution를 제공하며 여러 사용자가 동시에 공용할 수 있는 동시 공유Concurrent sharing와 위치나 주소가 아닌 내용 즉 값에 따라 참조할 수 있는 내용에 의한 참조Content reference의 특징을 지니고 있습니다.

3 데이터베이스의 구성요소

데이터베이스의 구성 요소로는 테이블Table, 필드Field, 레코드Record의 3가지가 있으며 테이블은 필요한 목적에 따라 사용하게 데이터를 필드 단위로 구분해 놓은 표와 같다고 표현할 수 있습니다. 예를 들어 수강신청에 따른 명단 테이블을 만든다면, 학번, 성명, 신청과목의 형태로 구분할 때 학번, 성명, 신청과목을 필드라고 하며 한 사람에 대한 학번과 성명, 신청과목을 표현한 행을 하나의 레코드라고 합니다.

출석부에 표기된 학번, 성명, 출석일, ... 등을 보편적으로 하나의 표라고 알고 있지만 데이터베이스에서는 어떤 목적을 가지고 있는 하나의 테이블로 정의되며 이 테이블을 이용할 경우 편리성을 제공하기 위해서는 반드시 필드를 상세하게 정의하는 것이 바람직합니다. 데이터베이스의 기본 구성요소를 살펴보기 위해 다음 그림과 같이 나타냈습니다.

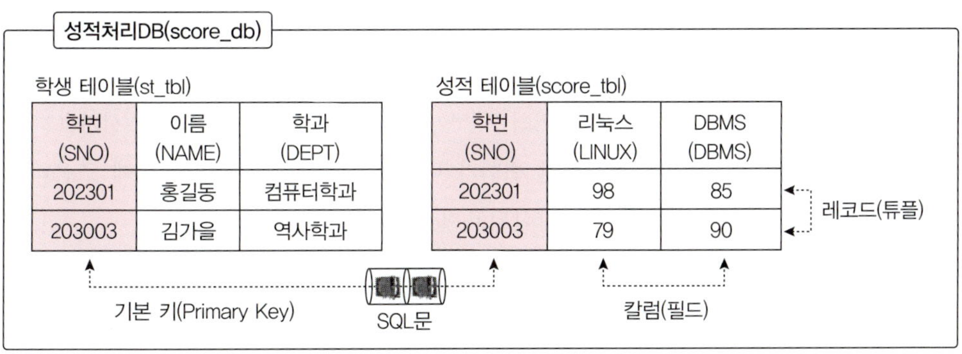

[그림 6-1] 데이터베이스의 구성요소

SECTION 02

DBMS

1 DBMS의 개념

데이터베이스 관리 시스템(DBMS:DataBase Management System)이란 응용 프로그램과 데이터의 중재자로서 모든 응용 프로그램들이 데이터베이스를 공유할 수 있도록 관리해 주는 소프트웨어 시스템입니다. DBMS의 궁극적인 목적은 데이터의 독립성을 제공하는 것입니다.

2 DBMS의 특징

데이터의 독립성에는 응용 프로그램에 영향을 주지 않고 데이터베이스의 논리적인 구조를 변경시킬 수 있는 논리적 데이터의 독립성과 응용 프로그램의 논리적 구조에 영향을 주지 않으며 데이터베이스의 물리적 구조를 변경시킬 수 있는 물리적 데이터의 독립성이 있습니다. 앞으로 우리가 배우게 될 MariaDB도 DBMS의 한 종류이며 그 외에도 MSSQL, Infomix, Oracle 등이 있습니다.

데이터베이스 형태로 저장된 방대한 양의 각종 정보를 체계적으로 관리하는 것을 DBMS라고 할 수 있습니다. 그렇다고 해서 데이터베이스를 직접 응용 프로그램들이 조작하는 것은 아니고 데이터베이스를 조작하는 별도의 소프트웨어의 역할을 바로 DBMS라고 합니다. 인공지능(AI), 사물 인터넷(IOT), 빅 데이터(Big Data), 모바일(Mobile) 등 첨단 정보통신기술(ICT)이 경제와 사회 전반에 융합되어 혁신적인 변화가 나타나는 4차 산업혁명 시대에 즈음하여 DBMS의 활용도는 모든 산업 분야로 확산되고 있습니다.

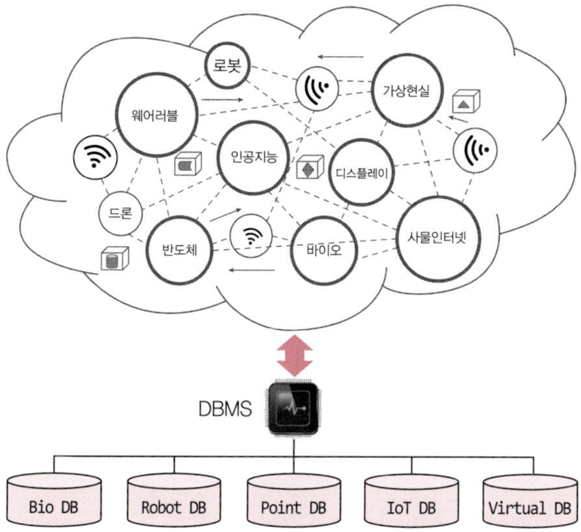

[그림 6-2] 4차 산업혁명에서 DBMS의 활용 분야

SECTION

03 MariaDB의 특징

우리가 많이 사용해 왔고 익숙하게 들어봤던 MySQL은 ORALE사에서 인수되어 라이선스 정책에 포함되었기 때문에 이를 동조하지 않는 주요 핵심 개발자들이 별도로 데이터베이스 도구를 개발했는데 이것이 바로 MariaDB 입니다.

우리가 실습할 DBMS로 MariaDB를 선택한 이유는 언제 유료화 될지 모른다는 시대적 배경과 오픈 소스의 관계형 데이터베이스 관리시스템RDBMS이기 때문입니다. 윈도우 운영체제에 설치한 XAMPP 패키지에서는 MariaDB를 기본 DBMS로 제공하고 있으므로 이를 기반으로 DBMS를 배우고 실습하도록 하겠습니다.

1 MariaDB 접속 및 종료

MariaDB를 접속하는 방법은 두 가지 중에서 하나의 방법을 선택할 수 있습니다. 첫 번째 방법은 명령 프롬프트 창에서 MariaDB 실행파일인 mysql.exe가 존재하는 디렉터리로 이동해서 MariaDB를 접속하는 방법이 있습니다.

두 번째 방법으로는 이미 앞에서 설치한 XAMPP 패키지의 컨트롤 패널에서 [Shell]을 선택해서 접속하는 방법이 존재합니다. 두 번째 방법은 1장에서 살펴보았으므로 여기서는 첫 번째 방법으로 MariaDB에 접속하는 방법에 대해 살펴보도록 하겠습니다.

MariaDB를 시작하기 위해서는 실행 파일인 mysql.exe가 어떤 폴더에 존재하는지를 먼저 살펴봐야 합니다. 이미 설치한 XAMPP 패키지는 Apache와 PHP, MariaDB를 모두 한꺼번에 패키지로 설치하였으므로 윈도우 탐색기를 사용하여 D:₩xampp₩mysql₩bin 폴더 안에 존재하는 실행파일 mysql.exe의 위치를 먼저 파악합니다.

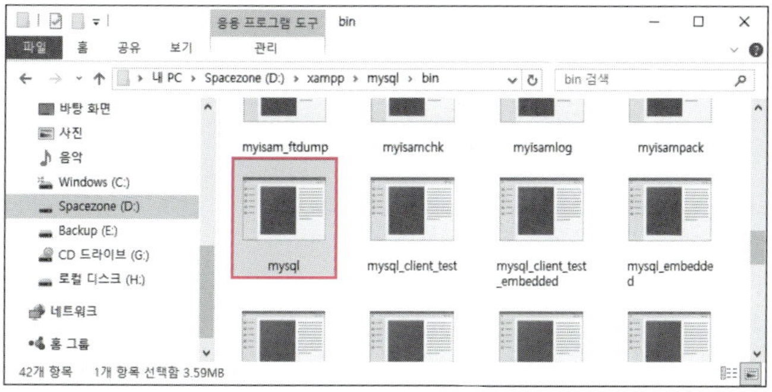

[그림 6-3] mysql.exe 실행 파일 존재 위치 확인

MariaDB 접속

실행파일 mysql.exe의 위치를 확인하였으면 명령 프롬프트 창에서 MariaDB 접속을 위한 과정을 다음 예제와 같이 수행합니다.

| 예제 6-1 |

- **Step 01** | 명령 프롬프트 창을 실행하기 위해 화면의 왼쪽 하단의 [Windows 검색] 란에 명령 프롬프트를 실행하기 위해 cmd를 입력하고 Enter↵를 눌러 명령 프롬프트 창을 활성화합니다.

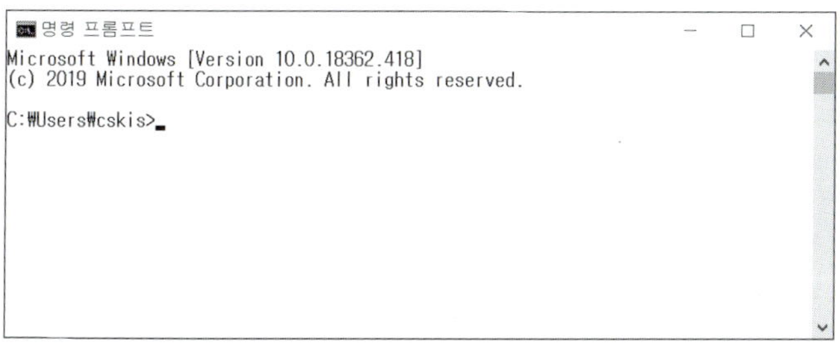

[그림 6-4] 명령 프롬프트 창 활성화

- **Step 02** | 명령 프롬프트 창에서 D:₩xampp₩mysql₩bin 디렉터리로 이동하기 위해 다음과 같이 명령을 수행합니다. mysql.exe 파일이 존재하는 디렉터리의 위치는 설치과정에 따라 경로가 다르게 나타날 수 있기 때문에 반드시 확인한 다음 이 과정을 수행하기 바랍니다.

```
C:₩Users₩cskis>d:
D:₩>cd ₩xampp₩mysql₩bin
```

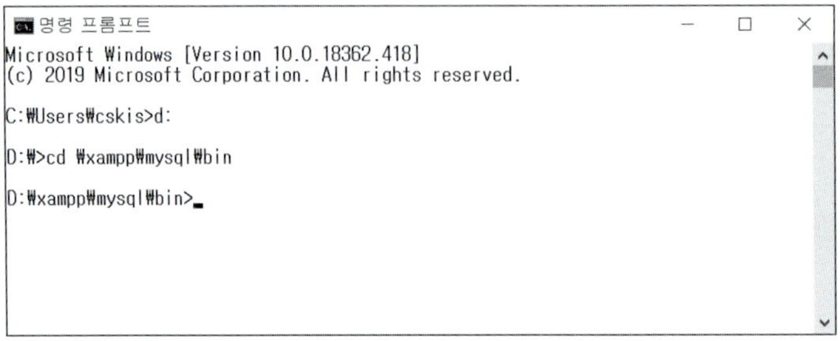

[그림 6-5] mysql.exe 파일이 존재하는 디렉터리로 이동

• **Step 03** | MariaDB에는 아직 관리자 패스워드가 지정되어 있지 않으므로 다음과 같이 명령을 수행하여 MariaDB에 접속을 시도합니다.

```
D:₩xampp₩mysql₩bin>mysql -hlocalhost -uroot
```

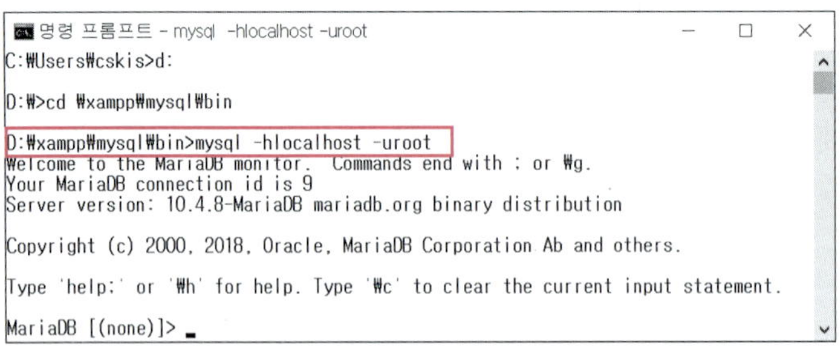

[그림 6-6] MariaDB 접속 성공

MariaDB 종료

접속된 MariaDB를 종료하는 방법에 대해서는 다음 예제를 통해 살펴보도록 하겠습니다.

| 예제 6-2 |

접속된 MariaDB를 종료하려면 exit, QUIT, ₩q 명령 중에서 어느 하나를 입력한 다음 [Enter↵]를 누르면 MariaDB 접속이 종료됩니다. 다음 과정의 실습을 위해 일단 여기서는 접속된 MariaDB를 아래와 같이 명령을 수행하여 종료합니다.

```
MariaDB[(none)]> exit
```

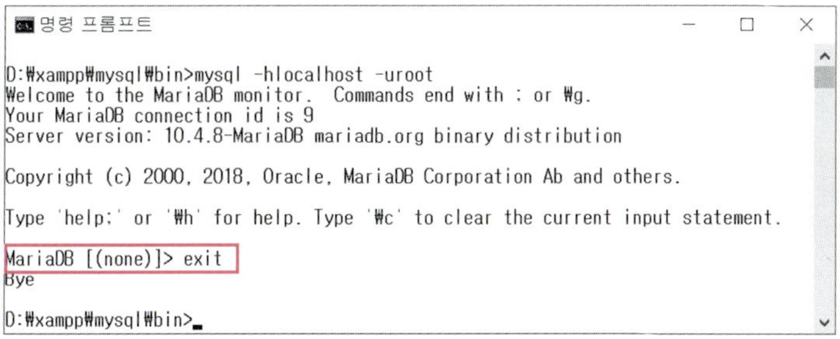

[그림 6-7] MariaDB 접속 종료

2 MariaDB 접속에 따른 호스트와 계정이름

MariaDB에 접속할 때 수행한 mysql -hlocalhost -uroot 명령이 무엇을 의미하는지에 대해 다음 표와 같이 정리하였습니다. localhost는 기본값으로 설정되어 있으므로 생략하고 mysql -uroot와 같이 접속해도 됩니다.

[표 6-1] 호스트와 계정 옵션

옵션	의미
-h	연결하려는 호스트의 이름이나 주소 (본인 컴퓨터를 지칭하는 localhost)
-u	mysql에 등록된 사용자 (관리자 계정으로 접속 -uroot)
-p	-u 옵션의 사용자에 대한 패스워드 (기본 설정값 apmsetup)

3 MariaDB 접속을 위한 배치파일 생성

명령 프롬프트 창에서 D:₩xampp₩mysql₩bin 디렉터리로 이동하기 위해 수행했던 명령을 접속할 때마다 입력해야 한다는 점은 번거로운 작업입니다. 이러한 과정을 하나의 키워드로 함축하여 설정해 놓으면 매번 반복해야 하는 과정을 한 번에 처리할 수 있습니다. 이와 같은 파일을 배치파일이라고 하며 배치파일을 생성하는 방법은 다음 예제에서 다루고 있는 과정으로 진행하면 됩니다.

| 예제 6-3 |

- **Step 01** | 명령 프롬프트 창에서 mysql.exe 파일이 존재하는 D:₩xampp₩mysql₩bin 디렉터리로 이동하는 과정을 간단하게 배치파일로 대체하기 위해 다음과 같이 명령을 수행합니다. 이 과정을 생략하려면 환경설정에서 PATH 설정을 변경해 주면 됩니다.

```
C:₩Users₩cskis>copy con m.bat
d:
cd ₩xampp₩mysql₩bin
^Z                          // [Ctrl]+Z
          1개 파일이 복사되었습니다
```

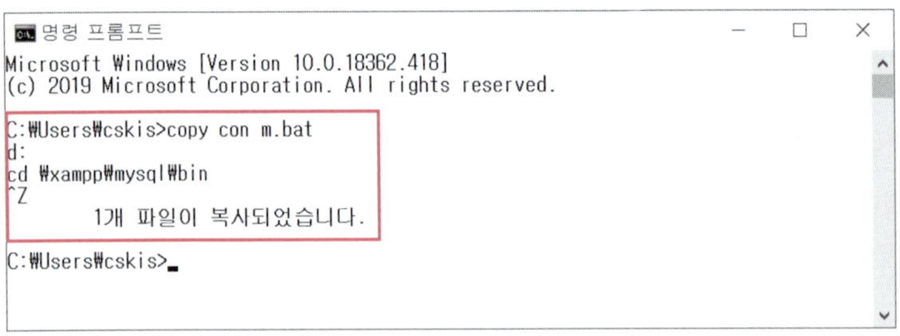

[그림 6-8] 배치파일 실행

- **Step 02** | 배치파일 이름을 m.bat로 생성하였으므로 명령 프롬프트 창에서 간단하게 알파벳 m을 입력하고 [Enter↵]를 누르면 D:₩xampp₩mysql₩bin 디렉터리로 이동하게 됩니다.

```
C:₩Users₩cskis>m
```

[그림 6-9] m.bat 배치파일 생성

- **Step 03** | 매번 수행하기가 번거로운 과정을 m.bat 배치파일을 생성함으로써 간편하면서도 편리하게 D:₩xampp₩mysql₩bin 디렉터리로 이동할 수 있습니다. 다음 과정 수행을 위해 아래와 같이 명령을 수행하여 MariaDB에 접속합니다.

```
D:₩xampp₩mysql₩bin>mysql -uroot
```

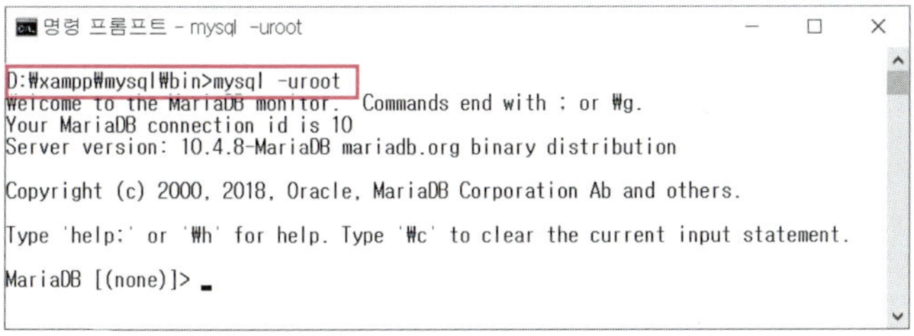

[그림 6-10] MariaDB에 접속

SECTION

04 DBMS 쿼리문

DBMS 쿼리문Query Language이란 데이터베이스를 사용할 때 데이터베이스에 접근할 수 있는 데이터베이스의 하부 언어를 의미하며 다른 표현으로는 구조화 쿼리문이라고 합니다. 데이터베이스용 질의 언어인 SQL문에는 데이터 정의어DDL;Data Definition Language와 데이터 조작어DML;Data Definition Language를 포함하고 있습니다. SQL문과 관련하여 많은 내용들이 있지만 여기서는 꼭 필요한 요건들에 대해서만 살펴보도록 하고 SQL문에 대한 자세한 내용은 다음 장에서 다루기로 하겠습니다.

1 데이터베이스 쿼리문

먼저 데이터베이스의 생성, 삭제, 조회, 사용과 관련된 SQL문을 살펴보도록 하겠습니다. SQL문에서는 알파벳 대/소문자를 구별하지 않으며 각 문장의 끝에는 세미콜론으로 끝내야 합니다. 그 이유는 한 문장의 명령은 여기까지라는 의미를 부여하기 위함입니다.

① 데이터베이스 조회 : show 명령으로 기존에 생성된 데이터베이스 목록을 출력합니다.

```
show databases;
```

② 데이터베이스 생성 : create 명령으로 새로운 데이터베이스를 생성합니다.

```
create database DB이름;
```

③ 데이터베이스 지정 : use 명령으로 기존에 존재하는 여러 데이터베이스 중에서 작업할

특정 데이터베이스를 선택합니다.

```
use DB이름;
```

④ 데이터베이스 삭제 : drop 명령으로 특정 데이터베이스를 지정하여 삭제합니다. 이때 해당 DB에 존재하는 테이블도 함께 삭제됨을 주의해야 합니다.

```
drop database DB이름;
```

2 테이블 쿼리문

데이터베이스를 생성한 다음에는 테이블을 생성하는 과정으로 DBMS가 전개되므로 선행되어야 할 부분은 DB 생성이 우선이라는 점입니다. 생성된 DB를 삭제하게 되면 그와 관련된 모든 테이블도 함께 삭제됩니다. 그리고 테이블에 대해 조작하려면 먼저 소속되어 있는 데이터베이스와 관련됨을 통찰해야 합니다. 여기서는 테이블 관련 쿼리문에 대해 살펴보도록 하겠습니다.

① 테이블 조회 : show 명령을 사용하여 기존에 생성된 테이블 목록을 출력합니다.

```
show tables;
```

② 테이블 생성 : create 명령으로 새로운 테이블을 생성합니다. 테이블을 생성할 때는 각 필드에 어떠한 데이터를 저장할 것인지에 대한 데이터 타입을 정해 주어야 합니다. 테이블에서 사용되는 데이터 타입을 다음 표와 같이 정리하였습니다.

[표 6-2] 테이블 필드의 데이터 타입

데이터 타입	의미
varchar(n)	개수 n개를 지정하여 가변성 문자열 지정 (메모리 효율성)
char(n)	개수 n개를 지정하여 고정성 문자열 지정 (메모리 비효율성)
int	정수형 숫자를 입력받을 필드의 데이터 타입 지정

float	실수형 숫자를 입력받을 필드의 데이터 타입 지정
date	날짜를 입력받을 필드의 데이터 타입 지정
time	시각을 입력받을 필드의 데이터 타입 지정

테이블을 생성할 때는 테이블 이름 다음에 괄호를 열고 필드명과 데이터 타입을 다음과 같은 형태로 지정합니다.

```
create table 테이블명(필드명1 데이터타입1, 필드명2 데이터타입2, …);
```

③ 테이블 구조 조회 : explain 또는 desc 명령을 사용하여 테이블의 구조를 조회합니다.

```
explain 테이블명; 또는 desc 테이블명;
```

④ 테이블 수정 : alter 명령을 사용하여 테이블의 구조와 필드명 등을 수정합니다.

```
alter table 테이블명 수정할 내용;
```

⑤ 테이블 삭제 : drop 명령을 사용하여 테이블을 삭제합니다.

```
drop table 테이블명;
```

3 레코드 쿼리문

데이터베이스의 테이블에 데이터를 입력하거나 삭제할 때는 레코드 단위로 작업이 수행됩니다. 레코드를 삽입하거나 삭제, 수정하기 위해서 사용되는 SQL문에 대해 살펴보도록 하겠습니다.

① 레코드 삽입 : insert into 명령을 사용하여 지정한 테이블에 새로운 레코드를 추가합니다. 이 과정에서 주의해야 할 점은 테이블을 생성할 때 지정한 데이터 타입과 일치되

도록 데이터를 입력해야 합니다.

```
insert into 테이블명 values(값1, 값2, …);
```

② 레코드 수정 : update 명령을 사용하여 기존 테이블에 저장되어 있는 레코드를 수정합니다.

```
update 테이블명 set 필드명1=수정할 값, 필드명2=수정할 값, … where 조건;
```

③ 레코드 삭제 : delete 명령을 사용하여 기존 테이블에 저장된 레코드 중에서 지정한 레코드를 삭제합니다.

```
delete from 테이블명 where 조건;
```

④ 레코드 조회 : select 명령을 사용하여 테이블에 저장된 레코드를 조회합니다.

```
select 필드명1, 필드명2, … from 테이블명 where 조건;
```

4 접근권한 부여

데이터베이스 작업은 주로 관리자가 DB를 생성하여 관리하지만 때로는 사용자에게 권한을 부여하는 경우도 있습니다. 예를 들어 제로보드와 같은 게시판을 설치하고자 할 때는 관리자가 일일이 데이터베이스를 관리하는 것보다는 해당 사용자에게 모든 권한을 부여하여 관리하도록 하는 것이 유지관리 측면에서 훨씬 더 효과적일 수 있습니다. 데이터베이스에 대한 접근권한은 grant 명령을 사용하여 다음과 같이 권한을 부여합니다.

```
grant all privileges on DB명.* to 사용자계정@localhost identified by '암호';
```

성적처리 데이터베이스인 score_db를 cskisa 사용자에게 관리자 계정 암호를 123456으로 지정하여 다음과 같이 접근권한을 부여하면 됩니다.

```
grant all privileges on score.db.* to cskisa@localhost identified by '123456';
```

이와 같이 DBMS와 SQL문에 대해서 간략하게 살펴봤습니다. DB를 처음 접하는 독자들에게는 다소 어렵게 느껴지는 부분이겠지만 실습을 통해 차츰 익숙해 질 용어들과 사용방법이니 너무 걱정하지 않아도 됩니다. SQL문에 대한 내용은 훨씬 다양하고 복잡한 기능을 제공하고 있지만 여기서는 꼭 필요한 내용만 다루었습니다. 더 자세한 내용은 7장에서 다루기로 하겠습니다.

5 기초 쿼리문 활용

여기서는 MariaDB에서 제공하는 기초 쿼리문에 대해 다루도록 하겠습니다.

데이터베이스 버전과 오늘 날짜 출력

MariaDB 데이터베이스에서 제공하고 있는 데이터베이스의 버전과 오늘의 날짜를 다음 예제를 통해 살펴보도록 하겠습니다.

| 예제 6-4 |

명령 프롬프트 창에서 아래와 같이 쿼리문을 입력하고 Enter↵를 누릅니다. 쿼리문에서 사용되는 키워드, 함수, 테이블명, 속성명, 수식 등에 대해 알파벳 대/소문자를 구별할 필요는 없지만 문장의 끝은 반드시 세미콜론;으로 마무리해야 합니다.

```
MariaDB[(none)]> SELECT VERSION(), CURRENT _ DATE;
또는
MariaDB[(none)]> select version(), current _ date;
```

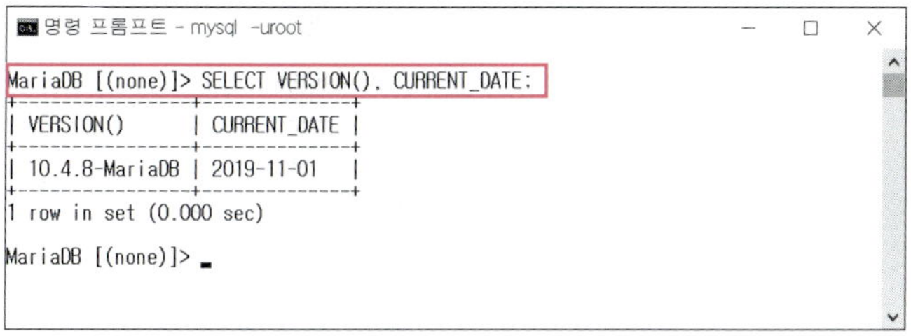

[그림 6-11] MariaDB 버전과 오늘 날짜 출력

MariaDB 쿼리문 수행결과는 테이블의 형태로 출력되고 테이블 하단에는 수행결과가 반영된 레코드의 개수와 질의에 수행된 시간이 출력됩니다. SELECT절은 사용자가 보기를 원하는 항목의 목록을 지정하면 테이블에서 부분 집합을 구하는 연산으로 처리되며 VERSION( )함수는 MariaDB의 버전을 출력하라는 쿼리문입니다.

이와 같이 쿼리문의 항목을 하나가 아닌 두 개 이상의 항목을 검색하기 위해서는 각 항목의 구분자를 콤마로 구분합니다. 그리고 CURRENT_DATE는 오늘의 날짜를 출력하는 항목이며 문장의 끝에 세미콜론이 없으면 완전한 쿼리문으로 인식하지 않습니다. 즉 쿼리문의 끝이 여기까지가 아니고 다음에 또 다른 쿼리문이 오기만을 기다리고 있는 상태임을 의미하기 때문입니다.

두 개의 쿼리문을 한 줄로 작성

MariaDB에서 두 개 이상의 쿼리문을 사용하고자 할 때는 쿼리문을 두 줄이 아닌 한 줄로 선언할 경우에는 두 개의 문장을 세미콜론으로 구분하여 각 문장의 끝을 표현해야 합니다. 다음 예제를 통해 자세히 살펴보도록 하겠습니다.

| 예제 6-5 |

MariaDB의 버전과 오늘 날짜를 출력하는 두 개의 쿼리문을 세미콜론으로 구분하여 한 줄로 작성하기 위해 다음과 같이 명령을 수행합니다.

```
MariaDB[(none)]> SELECT VERSION(); SELECT NOW();
```

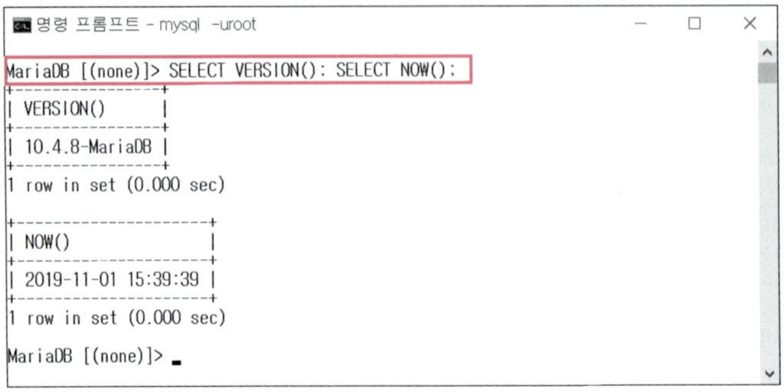

[그림 6-12] 두 개의 쿼리문을 한꺼번에 수행

MariaDB에서의 쿼리문은 반드시 한 줄에 입력해야만 하는 것은 아닙니다. 문장의 끝은 세미콜론으로 구분되므로 세미콜론을 만나기 전까지는 쿼리문이 완성되지 않았음을 의미하기 때문입니다.

쿼리문을 여러 줄로 작성

쿼리문을 작성함에 있어 한 줄이 아닌 여러 줄로 쿼리문을 작성할 수도 있습니다. 앞에서 실습했던 MariaDB의 버전과 오늘의 날짜를 출력할 때 쿼리문을 여러 줄로 입력하려면 다음과 같이 수행하면 됩니다.

```
MariaDB[(none)]> SELECT
    -> VERSION(),
    -> CURRENT_DATE;
```

쿼리문 강제 취소

쿼리문을 여러 줄로 입력하는 경우에는 각 줄마다 질의가 끝나지 않았음을 표현하는 프롬프트 ->가 표시되고 쿼리문을 입력하다가 취소하려면 ₩c[반드시 소문자를 적용]를 입력한 다음 Enter↵를 누릅니다. 다음 예제를 통해 자세히 살펴보도록 하겠습니다.

| 예제 6-6 |

MariaDB의 버전과 오늘 날짜를 출력하는 쿼리문을 작성하는 도중에 입력 중인 쿼리문을 강제로 취소할 수도 있습니다. 쿼리문 강제 취소방법은 명령을 수행하는 과정에서 ₩c를 입력하고 [Enter↵]를 치면 명령을 취소할 수 있습니다.

```
MariaDB[(none)]> SELECT
-> VERSION(),
-> CURR
-> ₩c
```

[그림 6-13] 쿼리문 강제 취소

쿼리문을 취소할 때 ₩c를 대문자 ₩C로 선언하면 에러 메시지가 출력됩니다. 쿼리문에서의 대/소문자를 구별하지는 않지만 예외의 경우도 존재합니다.

6 데이터베이스 생성 및 삭제

데이터베이스의 생성과 삭제 및 업데이트와 관련해서는 관리자 계정인 root 계정으로 접속해야 합니다. 사용자 계정에서 사용하게 될 데이터베이스도 관리자 계정에서 DB를 생성한 다음 관리자 계정에게 데이터베이스의 모든 권한을 부여받게 됩니다. 다음 예제를 통해 자세히 살펴보도록 하겠습니다.

| 예제 6-7 |

- **Step 01** | 새로운 데이터베이스인 test_db를 CREATE 명령으로 생성한 다음 test_db가 존재하는지를 확인하기 위해 데이터베이스의 목록을 출력합니다.

```
MariaDB[(none)]> CREATE DATABASE test _ db;
MariaDB[(none)]> SHOW DATABASES;
```

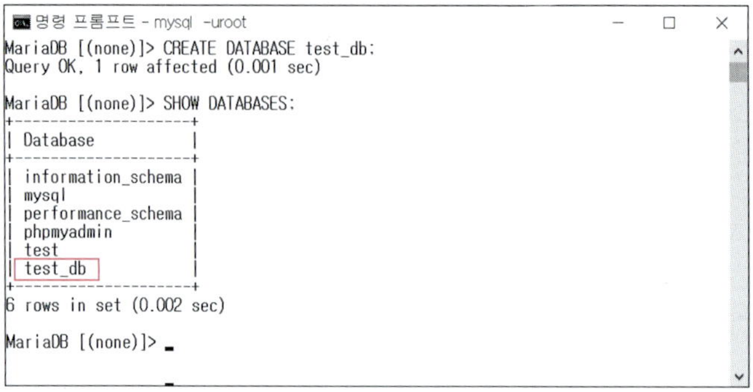

[그림 6-14] test_db 데이터베이스 생성 및 확인

- **Step 02** | 새로운 데이터베이스를 생성하는 도중 데이터베이스의 이름을 잘못 입력하였을 경우에는 DROP 명령으로 생성된 데이터베이스를 삭제하면 됩니다. 이 과정은 자칫 잘못 수행할 경우 중요한 데이터베이스를 삭제할 수도 있기 때문에 신중하게 수행해야 합니다. 다음 실습을 위해 여기서는 데이터베이스를 삭제하는 명령어에 대해서만 이해하고 넘어가기로 하겠습니다.

```
MariaDB[(none)]> DROP DATABASE test _ db;
```

이와 같이 기초 쿼리문에 대한 부분을 살펴봤습니다. 아직 전문적인 쿼리문에 대해서 다루지는 않았지만 DBMS를 사용하는 목적과 효율성을 제고하기 위해 기초적인 부분에 대해서만 쿼리문을 실습하였습니다. 본격적인 쿼리문은 7장에서 다루기로 하고 여기서는 기초 쿼리문의 작성 및 취소방법 등에 대해서만 이해하고 넘어가기로 하겠습니다.

SECTION 05

사용자 계정 관리

PART 01 PART 02 PART 03 PART 04 PART 05

MariaDB 데이터베이스를 사용하기 위해 사용자 계정을 새로 만들기 위해서는 반드시 관리자 계정인 root로 접속된 상태에서 계정을 만들어야 합니다. 왜냐하면 데이터베이스의 생성과 권한 부여 등 데이터베이스의 전반적인 관리에 대한 모든 권한이 관리자 계정에게 있기 때문입니다. 새로 생성할 사용자 계정과 쿼리문 작성 순서를 다음 표와 같이 정리하였습니다.

[표 6-3] 새롭게 생성할 계정 이름과 패스워드

사용자계정	패스워드	MySQL 쿼리문 작성 순서
spacezone	123456	MariaDB[(none)]> CREATE USER 'spacezone'@'localhost' IDENTIFIED BY '123456'; MariaDB[(none)]> GRANT ALL PRIVILEGES ON test_db.* TO spacezone@'localhost'; MariaDB[(none)]> flush privileges;

1 사용자 계정 생성

새로운 계정 spacezone을 생성하는 과정에 대해 예제를 통해 자세히 살펴보도록 하겠습니다.

| 예제 6-8 |

패스워드가 123456인 spacezone 계정을 생성하기 위해 다음과 같이 명령을 수행합니다.

```
MariaDB[(none)]> CREATE USER 'spacezone'@'localhost' IDENTIFIED BY '123456';
```

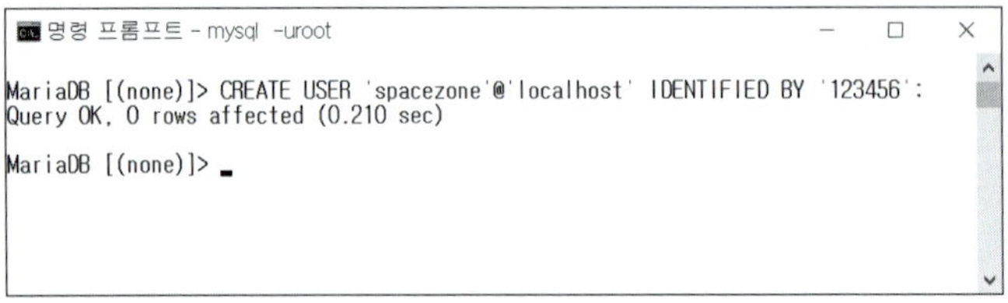

[그림 6-15] spacezone 사용자 계정 생성

2 사용자 계정 권한부여

새로 생성한 spacezone 계정에게 앞에서 미리 만들어 둔 test_db의 모든 권한을 부여하는 과정에 대해 다음 예제를 통해 자세히 살펴보도록 하겠습니다.

| 예제 6-9 |

spacezone 계정에게 test_db 데이터베이스에 관한 모든 권한을 부여하고 권한설정을 새롭게 반영하기 위해 다음과 같이 명령을 수행합니다.

```
MariaDB[(none)]> GRANT ALL PRIVILEGES ON test _ db.* TO spacezone@'localhost';
MariaDB[(none)]> flush privileges;
```

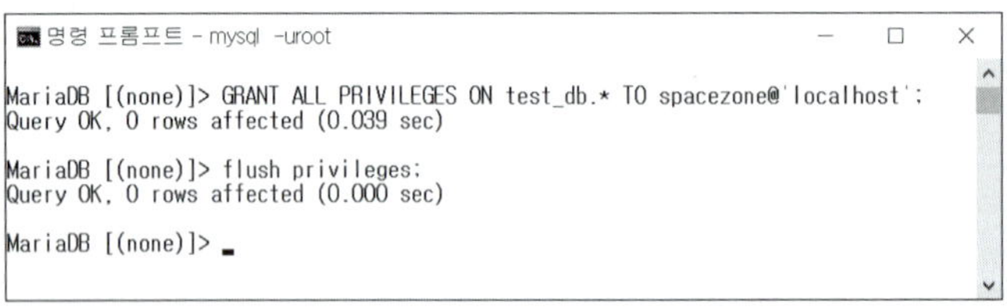

[그림 6-16] spacezoe 계정 권한 부여

이제 spacezone 계정은 test_db에 대한 모든 권한을 부여받았으며 새롭게 받은 권한설정이 반영되었습니다. 앞으로 spacezone 계정은 test_db 데이터베이스의 모든 권한을 부여받았으므로 test_db를 관리할 수 있게 되었습니다.

3 사용자 계정 접속

새롭게 생성된 spacezone 계정으로 MariaDB에 접속하기 위해 현재 관리자 계정으로 접속 중인 MariaDB를 종료하고 사용자 계정인 spacezone 계정으로 MariaDB에 접속합니다. 다음 예제를 통해 자세히 살펴보도록 하겠습니다.

| 예제 6-10 |

패스워드 123456으로 spacezone 계정에 접속하기 위해 다음과 같이 명령을 수행합니다.

```
MariaDB[(none)]> exit
D:₩xampp₩mysql₩bin> mysql -uspacezone -p123456
```

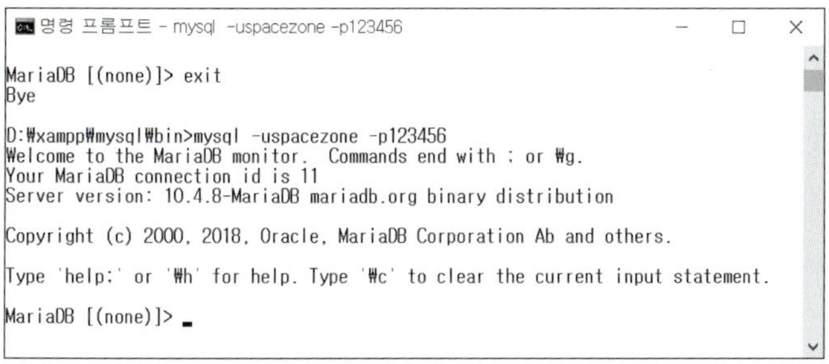

[그림 6-17] spacezone 계정으로 접속

사용자 계정인 spacezone 계정으로 MariaDB에 성공적으로 접속되었음을 확인할 수 있습니다. 사용자 계정으로 접속할 때 mysql -uspacezone -p123456으로 접속하게 되면 패스워드가 그대로 노출되기 때문에 패스워드를 노출시키지 않으려면 아래와 같이 접속을 수행하면 됩니다.

```
D:₩xampp₩mysql₩bin> mysql -uspacezone -p
Enter password : ******     → 실제로는 보이지 않지만 패스워드를 입력하면 됨
```

가급적이면 MariaDB에 접속할 때 패스워드가 노출되지 않도록 이와 같은 방법을 사용하는 것이 보안유지에 훨씬 유리하므로 앞으로는 이 방법으로 접속하기 바랍니다.

4 테이블 생성

이제 사용자 계정인 spacezone 계정으로 접속한 상태이므로 관리자 계정으로부터 권한을 부여 받은 test_db에 새로운 테이블 st_tbl을 생성하도록 하겠습니다. st_tbl 테이블에 저장할 레코드를 다음 표와 같이 정리하였습니다.

[표 6-4] 학생 테이블 : st_tbl

SNO	NAME	AGE	DEPT
101	홍길동	33	빅데이터분석학과
102	김가을	25	소프트웨어학과
103	이겨레	16	미래창조경영학부

새로 생성할 st_tbl 테이블의 구조를 살펴보면 SNO[학번]과 AGE[나이] 필드는 정수형 데이터 타입으로 정해야 하고 NAME[이름]과 DEPT[학과]는 문자열 타입으로 테이블의 구조를 정해야 합니다. 다음 예제를 통해 학생 테이블을 생성하는 과정에 대해 살펴보도록 하겠습니다.

|예제 6-11|

- **Step 01** | 테이블을 생성하기 위해서는 먼저 데이터베이스를 선택해야 합니다. test_db를 선택한 다음 테이블이 존재하는지에 대해 다음 명령을 수행하여 살펴보도록 합니다. 아직 test_db에는 생성한 테이블이 없으므로 테이블 목록에는 비어있다는 메시지가 출력됩니다.

```
MariaDB[(none)]> USE test _ db;
MariaDB[test _ db]> SHOW TABLES;
```

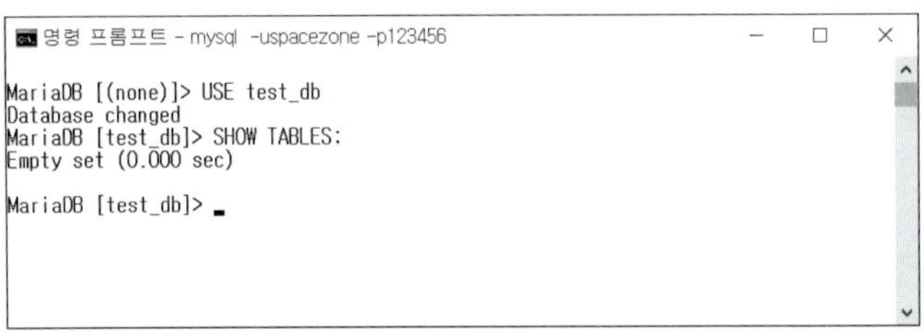

[그림 6-18] test_db 선택과 테이블 목록 출력

- **Step 02** | [표 6-4]에서 주어진 테이블을 CREATE 명령으로 생성합니다. 테이블에서 한글을 사용하고자 할 때 글자가 깨지지 않도록 default charset=utf8을 추가해 테이블을 생성한 다음 st_tbl 테이블이 존재하는지를 확인하기 위해 다음과 같이 쿼리문을 수행합니다.

```
MariaDB[test_db]> CREATE TABLE st_tbl (SNO int, NAME varchar(12), AGE int, DEPT varchar(30))
default charset=utf8;
MariaDB[test_db]> SHOW TABLES;
```

```
명령 프롬프트 - mysql -uspacezone -p123456

MariaDB [test_db]> CREATE TABLE st_tbl(SNO int, NAME varchar(12), AGE int, DEPT
varchar(30)) default charset=utf8;
Query OK, 0 rows affected (0.185 sec)

MariaDB [test_db]> SHOW TABLES;
+-------------------+
| Tables_in_test_db |
+-------------------+
| st_tbl            |
+-------------------+
1 row in set (0.000 sec)

MariaDB [test_db]> _
```

[그림 6-19] 학생 테이블(st_tbl) 생성 후 테이블 목록 확인

- **Step 03** | 테이블의 생성과 존재를 확인하였으면 이번에는 st_tbl의 테이블 구조에 대해 살펴보도록 하겠습니다.

```
MariaDB[test_db]> DESC st_tbl;
```

```
명령 프롬프트 - mysql -uspacezone -p123456

MariaDB [test_db]> DESC st_tbl;
+-------+-------------+------+-----+---------+-------+
| Field | Type        | Null | Key | Default | Extra |
+-------+-------------+------+-----+---------+-------+
| SNO   | int(11)     | YES  |     | NULL    |       |
| NAME  | varchar(12) | YES  |     | NULL    |       |
| AGE   | int(11)     | YES  |     | NULL    |       |
| DEPT  | varchar(30) | YES  |     | NULL    |       |
+-------+-------------+------+-----+---------+-------+
4 rows in set (0.006 sec)

MariaDB [test_db]> _
```

[그림 6-20] 학생 테이블(st_tbl)의 구조 확인

5 데이터 입력

입력할 데이터는 [표 6-4]에서 제시한 학생 테이블에 있는 3명의 데이터입니다. 테이블에 데이터를 입력할 때 주의해야 할 사항은 필드에 설정해 놓은 데이터 타입의 형태에 맞도록 데이터를 입력해야 한다는 점입니다. 다음 예제를 통해 자세히 살펴보도록 하겠습니다.

| 예제 6-12 |

- **Step 01** | 학생 테이블에 존재하는 3명의 데이터를 st_tbl 테이블에 저장하기 위해 다음과 같이 쿼리문을 작성합니다.

```
MariaDB[test_db]> INSERT INTO st_tbl (SNO, NAME, AGE, DEPT)
 -> VALUES(101, '홍길동', 33, '빅데이터분석학과');
MariaDB[test_db]> INSERT INTO st_tbl VALUES(102, '김가을', 25, '소프트웨어학과');
MariaDB[test_db]> INSERT INTO st_tbl VALUES(103, '이겨레', 16, '미래창조경영학부');
```

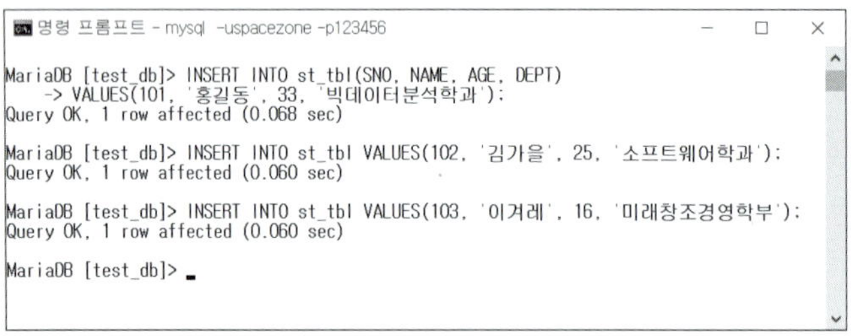

[그림 6-21] 학생 테이블에 3명의 데이터 입력

- **Step 02** | 학생 테이블에 입력한 3명의 데이터가 모두 존재하는지를 확인합니다.

```
MariaDB[test_db]> SELECT *FROM st_tbl;
```

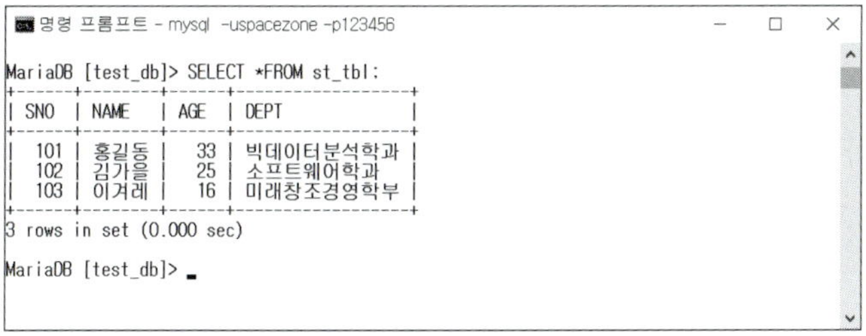

[그림 6-22] 학생 테이블에 저장되어 있는 3명의 데이터

6 사용자 계정 삭제

사용자 계정을 삭제하려고 할 경우에는 반드시 관리자 계정으로 접속하여 사용자 계정을 삭제해야 합니다. 이 과정은 매우 중요한 과정이므로 함부로 사용자 계정을 삭제할 경우 예기치 못한 데이터의 손실이 우려되기 때문에 신중하게 진행해야 합니다. 여기서는 어떻게 사용자 계정을 삭제하는지에 대해서만 다루기로 하겠습니다.

```
MariaDB[test _ db]> exit
D:₩xampp₩mysql₩bin> mysql -uroot
MariaDB[(none)]> USE mysql;
MariaDB[mysql]> DELETE FROM user WHERE user='계정이름';
MariaDB[mysql]> flush privileges;
```

이 단원은 사용자 계정을 삭제하는 방법에 대해서만 살펴보기로 하고 실제로 사용자 계정을 삭제함에 있어서는 주의를 요하므로 신중하게 결정해야 합니다. 다음 단원 실습을 위해 현재 접속된 MariaDB의 접속을 종료합니다.

```
MariaDB[mysql]> exit
```

사용자 계정은 관리자 계정으로 접속한 상태에서 생성해야 하며 사용자 계정에서 다른 사용자 계정을 생성할 수는 없습니다. 사용자 계정을 생성하고 삭제하는 과정은 실무에서는 중요한 사안이기 때문에 신중을 기해서 작업에 임해야 합니다.

지금까지 실습하면서 관리자 계정의 패스워드가 없어서 MariaDB에 접속하는 과정이 수월하였습니다. 하지만 패스워드가 설정되어 있지 않은 관리자 계정은 보안의 위협에 노출되어 있기 때문에 사용자 계정과 데이터 관리에 치명적인 피해를 초래할 수도 있습니다.

이와 같은 위협요인을 제거하기 위해서는 관리자 계정에게도 패스워드를 설정해 주는 것이 가장 기본적인 보안정책이라고 할 수 있겠습니다. 다음 절에서 관리자 계정에 대한 패스워드 설정방법과 변경하는 방법에 대해 자세히 다루도록 하겠습니다.

SECTION

06 관리자 계정 관리

MariaDB의 관리자 계정인 root 계정은 설치과정에서 패스워드가 설정되어 있지 않기 때문에 보안에 노출될 수 있는 위험요소를 가지고 있습니다. 관리자 계정의 패스워드를 변경하기 위해서는 반드시 관리자 계정인 root 계정으로 접속된 상태에서 진행해야 합니다. 다음 예제를 통해 자세히 살펴보도록 하겠습니다.

|예제 6-13|

- **Step 01** | 관리자 계정으로 접속하기 위해 다음과 같이 명령을 수행합니다.

```
D:₩xampp₩mysql₩bin> mysql -uroot
MariaDB[(none)]> _
```

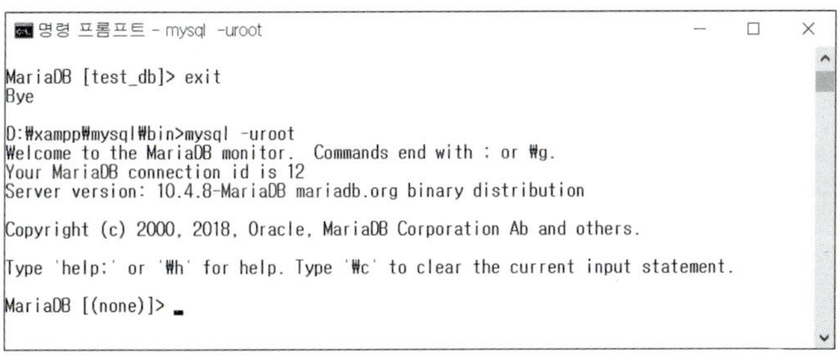

[그림 6-23] 관리자 계정으로 접속

- **Step 02** | 관리자 계정의 패스워드 관리는 mysql 데이터베이스에서 관리하므로 USE 명령으로 mysql 데이터베이스를 선택한 다음 user 테이블에 존재하는 계정이름과 패스워드를 확인합니다.

```
MariaDB[(none)]> USE mysql;
MariaDB[mysql]> SELECT host, user, password FROM user;
```

```
명령 프롬프트 - mysql -uroot

MariaDB [(none)]> USE mysql;
Database changed
MariaDB [mysql]> SELECT host, user, password FROM user;
+-----------+-----------+-------------------------------------------+
| Host      | User      | Password                                  |
+-----------+-----------+-------------------------------------------+
| localhost | root      |                                           |
| localhost | spacezone | *6BB4837EB74329105EE4568DDA7DC67ED2CA2AD9 |
| 127.0.0.1 | root      |                                           |
| ::1       | root      |                                           |
| localhost | pma       |                                           |
+-----------+-----------+-------------------------------------------+
5 rows in set (0.002 sec)

MariaDB [mysql]> _
```

[그림 6-24] user 테이블에 존재하는 계정이름과 패스워드

user 테이블을 살펴보면 사용자 계정인 spacezone 계정에는 패스워드가 암호화되어 존재하는 것을 볼 수 있지만 root 계정의 패스워드에는 빈 칸으로 비워져 있는 것을 확인할 수 있습니다.

- **Step 03** | 관리자 계정인 root 계정의 패스워드를 123456으로 설정하고 설정된 패스워드를 반영하기 위해 다음과 같이 명령을 수행합니다.

```
MariaDB[mysql]> SET password=password('123456');
MariaDB[mysql]> flush privileges;
```

```
명령 프롬프트 - mysql -uroot

MariaDB [mysql]> SET password=password('123456');
Query OK, 0 rows affected (0.025 sec)

MariaDB [mysql]> flush privileges;
Query OK, 0 rows affected (0.000 sec)

MariaDB [mysql]> _
```

[그림 6-25] root 관리자 계정 패스워드 설정

- **Step 04** | 설정한 관리자 계정의 패스워드가 정확하게 반영되었는지 확인하기 위해 다음과

같이 명령을 수행합니다.

```
MariaDB[mysql]> SELECT host, user, password FROM user;
```

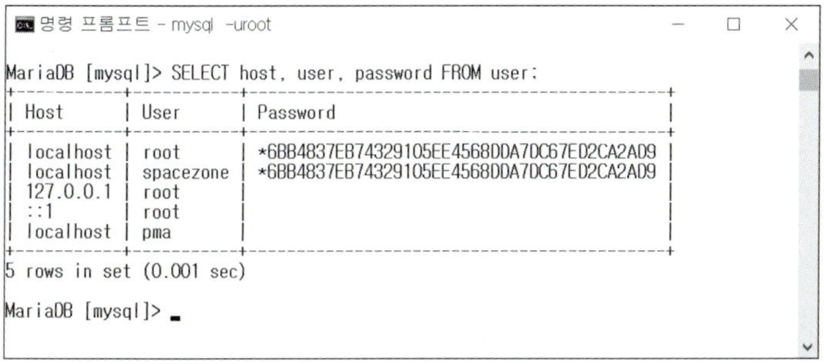

[그림 6-26] 관리자 계정의 패스워드 확인

- **Step 05** | 관리자 계정인 root의 패스워드를 변경한 다음에는 반드시 phpMyAdmin 접근 에러가 발생되지 않도록 XAMPP 패키지가 설치된 경로에서 config.inc.php 파일을 찾아서 변경된 패스워드를 입력한 다음 저장해야 합니다. 이 과정을 수행하지 않으면 PHP에서 MySQL[MariaDB]에 접속할 때 에러가 발생하게 됩니다.

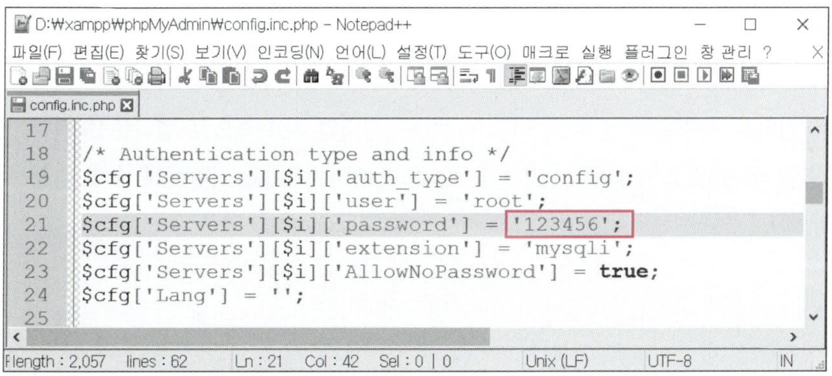

[그림 6-27] 패스워드 적용을 위한 config.inc.php 파일 내용 수정

필자가 설치한 XAMPP 패키지 경로는 d:₩xampp₩phpMyAdmin₩config.inc.php입니다. 독자분들은 설치한 경로를 반드시 확인 후 진행하기 바랍니다.

• **Step 06** | 관리자 계정의 패스워드가 변경되었으므로 MySQL[MariaDB]의 접속을 종료한 다음 다시 패스워드 123456으로 관리자 계정 접속을 시도합니다.

```
MariaDB[mysql]> exit
D:₩xampp₩mysql₩bin> mysql -uroot -p
Enter password : ******
MariaDB[(none)]> _
```

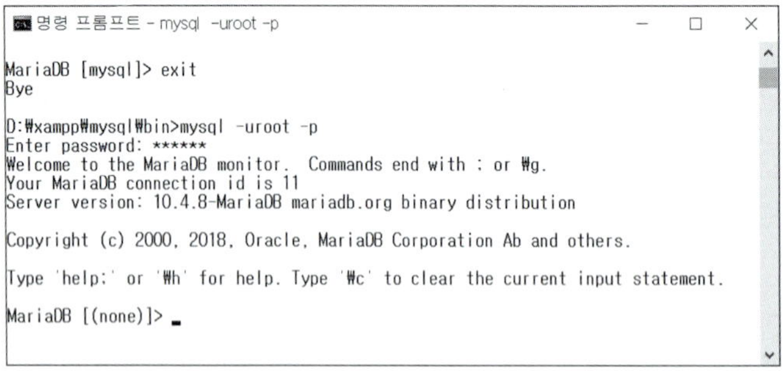

[그림 6-28] 관리자 계정 접속 확인

이와 같이 6장에서는 데이터베이스와 DBMS에 대해 살펴봤습니다. 본격적인 쿼리문은 다음 장에서 다루기로 하고 이 장에서는 MySQL[MariaDB]에 접속하는 방법과 데이터베이스의 생성 및 테이블 생성과 테이블의 구조, 데이터의 입력 등에 대해서 다루었습니다.

쿼리문을 처음 접하는 독자분들은 다소 어렵게 느껴지겠지만 지속적으로 쿼리문을 접하다 보면 나름 매력이 있음을 느끼게 될 것입니다. 다음 장에서는 SQL 명령어에 대해 다루도록 하겠습니다.

01 데이터베이스[DB;DataBase]란 어느 한 조직의 여러 응용 시스템들이 공유할 수 있도록 통합, 저장된 운영 데이터의 집합을 의미합니다.

02 데이터베이스는 많은 데이터를 모아 사용하고자 하는 목적에 따라 특정한 형식에 의거 저장되어 가공처리 되는 것을 의미합니다. 그냥 흩어져 있는 데이터만을 수집하는 것이 아니고 수집하는 방법과 절차에 대해서 다루고 있는 분야입니다.

03 제4차 산업혁명의 핵심은 인공지능, 로봇공학, 사물 인터넷, 무인 운송수단, 3차원 인쇄, 나노 기술 등과 같은 6대 분야에서 새로운 기술혁신으로 자리매김하고 있으므로 물리적, 생물학적, 디지털적 빅 데이터에 입각해서 통합시키고 경제 및 산업 등 모든 분야에 영향을 미치는 다양한 신기술을 반영함에 있어 데이터베이스는 모든 데이터 관리 분야에 있어서 근간이 되는 학문으로 재조명 받고 있는 추세입니다.

04 데이터베이스의 구성 요소로는 테이블[Table], 필드[Field], 레코드[Record]의 3가지가 있으며 테이블은 필요한 목적에 따라 사용하게 데이터를 필드 단위로 구분해 놓은 표와 같다고 표현할 수 있습니다.

■ 데이터베이스의 구성요소

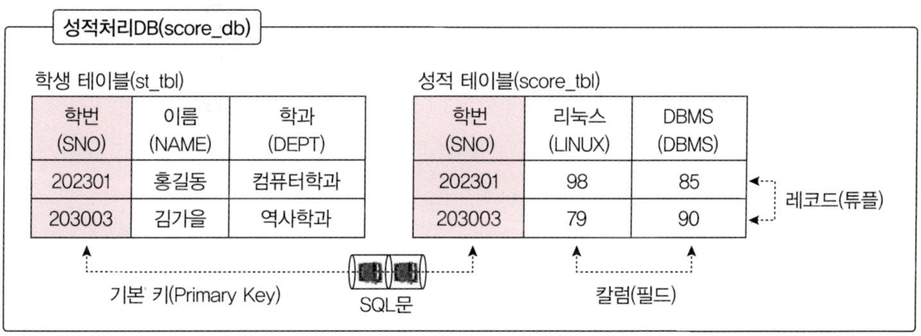

05 데이터베이스 관리 시스템[DBMS;DataBase Management System]이란 응용 프로그램과 데이터의 중재자로서 모든 응용 프로그램들이 데이터베이스를 공유할 수 있도록 관리해 주는 소프트웨어 시스템입니다. DBMS의 궁극적인 목적은 데이터의 독립성을 제공하는 것입니다.

06 MariaDB를 접속하는 방법은 명령 프롬프트 창에서 MariaDB 실행파일인 mysql.exe가 존재하는 디렉터리로 이동해서 MariaDB를 접속하는 방법과 XAMPP 패키지의 컨트롤 패널에서 [Shell]을 선택해서 접속하는 방법이 존재합니다.

07 MariaDB를 시작하기 위해서는 실행 파일인 mysql.exe가 어떤 폴더에 존재하는지를 먼저 살펴봐야 합니다.

08 MariaDB에 접속할 때 수행한 mysql -hlocalhost -uroot 명령을 사용하며 localhost는 기본값으로 설정되어 있으므로 생략하고 mysql -uroot와 같이 접속해도 됩니다.

■ 호스트와 계정 옵션

옵션	의미
-h	연결하려는 호스트의 이름이나 주소 (본인 컴퓨터를 지칭하는 localhost)
-u	mysql에 등록된 사용자 (관리자 계정으로 접속 -uroot)
-p	-u 옵션의 사용자에 대한 패스워드 (기본 설정값 apmsetup)

09 명령 프롬프트 창에서 mysql.exe 파일이 존재하는 D:₩xampp₩mysql₩bin 디렉터리로 이동하는 과정을 간단하게 배치파일 생성할 수 있습니다.

```
C:₩Users₩YHS>copy con m.bat
d:
cd ₩xampp₩mysql₩bin
^Z                          // [Ctrl]+Z
          1개 파일이 복사되었습니다
```

10 DBMS 쿼리문Query Language이란 데이터베이스를 사용할 때 데이터베이스에 접근할 수 있는 데이터베이스의 하부 언어를 의미하며 다른 표현으로는 구조화 쿼리문이라고 합니다. 데이터베이스용 질의 언어인 SQL문에는 데이터 정의어DDL:Data Definition Language와 데이터 조작어DML:Data Definition Language를 포함하고 있습니다.

① 데이터베이스 조회 : show 명령으로 기존에 생성된 데이터베이스 목록을 출력합니다.

```
show databases;
```

② 데이터베이스 생성 : create 명령으로 새로운 데이터베이스를 생성합니다.

```
create database DB이름;
```

③ 데이터베이스 지정 : use 명령으로 기존에 존재하는 여러 데이터베이스 중에서 작업할 특정 데이터베이스를 선택합니다.

```
use DB이름;
```

④ 데이터베이스 삭제 : drop 명령으로 특정 데이터베이스를 지정하여 삭제합니다. 이때 해당 DB에 존재하는 테이블도 함께 삭제됨을 주의해야 합니다.

```
drop database DB이름;
```

11 테이블에 대해 조작하려면 먼저 소속되어 있는 데이터베이스와 관련됨을 통찰해야 합니다. 테이블 관련 쿼리문은 다음과 같습니다.

① 테이블 조회 : show 명령을 사용하여 기존에 생성된 테이블 목록을 출력합니다.

```
show tables;
```

② 테이블 생성 : create 명령으로 새로운 테이블을 생성합니다. 테이블을 생성할 때는 각 필드에 어떠한 데이터를 저장할 것인지에 대한 데이터 타입을 정해 주어야 합니다. 테이블에서 사용되는 데이터 타입은 다음 표와 같습니다.

■ 테이블 필드의 데이터 타입

데이터 타입	의미
varchar(n)	개수 n개를 지정하여 가변성 문자열 지정 (메모리 효율성)
char(n)	개수 n개를 지정하여 고정성 문자열 지정 (메모리 비효율성)
int	정수형 숫자를 입력받을 필드의 데이터 타입 지정
float	실수형 숫자를 입력받을 필드의 데이터 타입 지정

date	날짜를 입력받을 필드의 데이터 타입 지정
time	시각을 입력받을 필드의 데이터 타입 지정

테이블을 생성할 때는 테이블 이름 다음에 괄호를 열고 필드명과 데이터 타입을 다음과 같은 형태로 지정합니다.

```
create table 테이블명(필드명1 데이터타입1, 필드명2 데이터타입2, …);
```

③ 테이블 구조 조회 : explain 또는 desc 명령을 사용하여 테이블의 구조를 조회합니다.

```
explain 테이블명; 또는 desc 테이블명;
```

④ 테이블 수정 : alter 명령을 사용하여 테이블의 구조와 필드명 등을 수정합니다.

```
alter table 테이블명 수정할 내용;
```

⑤ 테이블 삭제 : drop 명령을 사용하여 테이블을 삭제합니다.

```
drop table 테이블명;
```

12 데이터베이스의 테이블에 데이터를 입력하거나 삭제할 때는 레코드 단위로 작업이 수행되므로 레코드를 삽입하거나 삭제, 수정하기 위해서 사용되는 SQL문은 다음과 같습니다.

① 레코드 삽입 : insert into 명령을 사용하여 지정한 테이블에 새로운 레코드를 추가합니다. 이 과정에서 주의해야 할 점은 테이블을 생성할 때 지정한 데이터 타입과 일치되도록 데이터를 입력해야 합니다.

```
insert into 테이블명 values(값1, 값2, …);
```

② 레코드 수정 : update 명령을 사용하여 기존 테이블에 저장되어 있는 레코드를 수정합니다.

```
update 테이블명 set 필드명1=수정할 값, 필드명2=수정할 값, … where 조건;
```

③ 레코드 삭제 : delete 명령을 사용하여 기존 테이블에 저장된 레코드 중에서 지정한 레코드를 삭제합니다.

```
delete from 테이블명 where 조건;
```

④ 레코드 조회 : select 명령을 사용하여 테이블에 저장된 레코드를 조회합니다.

```
select 필드명1, 필드명2, … from 테이블명 where 조건;
```

13 데이터베이스 작업은 주로 관리자가 DB를 생성하여 관리하지만 때로는 사용자에게 권한을 부여하는 경우도 있습니다. 데이터베이스에 대한 접근권한은 grant명령을 사용하여 다음과 같이 권한을 부여합니다.

```
grant all privileges on DB명.* to 사용자계정@localhost identified by '암호';
```

14 쿼리문을 여러 줄로 입력하는 경우에는 각 줄마다 질의가 끝나지 않았음을 표현하는 프롬프트 ->가 표시되며 쿼리문을 입력하다가 취소하고 싶으면 ₩c[반드시 소문자를 적용]를 입력하고 Enter↵를 누르면 됩니다.

연습문제

01 다음 글을 읽고 빈 괄호를 채우시오.

(1) 데이터베이스란 어느 한 조직의 여러 응용 시스템들이 (   )할 수 있도록 통합, 저장된 운영 데이터의 (   )을 의미합니다.

(2) 데이터베이스의 구성 요소로는 테이블, 필드, 레코드의 3가지가 있으며 테이블은 필요한 목적에 따라 사용하게 (   )를 (   ) 단위로 구분해 놓은 표와 같다고 표현할 수 있습니다.

(3) DBMS란 응용 프로그램과 데이터의 (   )로서 모든 응용 프로그램들이 데이터베이스를 공유할 수 있도록 관리해 주는 소프트웨어 시스템입니다. DBMS의 궁극적인 목적은 데이터의 (   )을 제공하는 것입니다.

02 다음에 주어진 그림을 보고 데이터베이스의 구성요소에 대해 빈 괄호를 채우시오.

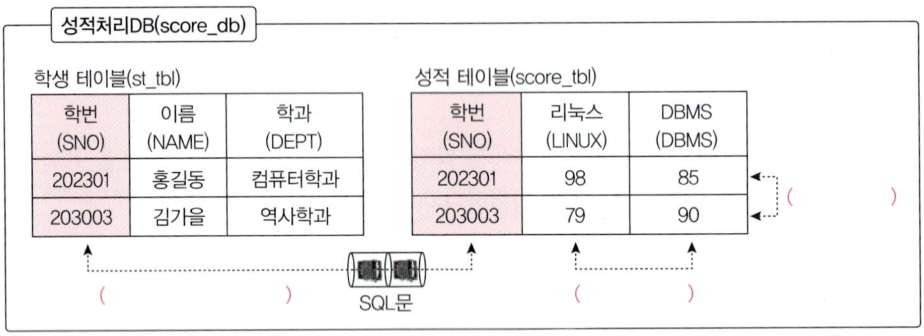

03 MariaDB에 접속할 때 수행하는 다음 명령을 보고 호스트와 계정옵션의 의미를 설명하시오.

```
> mysql -hlocalhost -uroot -P
```

■ 호스트와 계정 옵션

옵션	의미
-h	( )
-u	( )
-p	( )

04 테이블을 생성할 때 필드에 지정하는 데이터 타입을 빈 괄호에 채우시오.

■ 테이블 필드의 데이터 타입

데이터 타입	의미
(　　　　　)	개수 n개를 지정하여 가변성 문자열 지정 (메모리 효율성)
(　　　　　)	개수 n개를 지정하여 고정성 문자열 지정 (메모리 비효율성)
(　　　　　)	정수형 숫자를 입력받을 필드의 데이터 타입 지정
(　　　　　)	실수형 숫자를 입력받을 필드의 데이터 타입 지정
(　　　　　)	날짜를 입력받을 필드의 데이터 타입 지정
(　　　　　)	시각을 입력받을 필드의 데이터 타입 지정

05 관리자 계정의 패스워드를 201708로 변경하고 변경된 설정을 적용하기 위해 수행해야 하는 명령을 기술하시오.

CHAPTER 07
SQL 명령어

학습목표

- SQL 명령어의 종류에 대해 이해할 수 있습니다.
- 데이터베이스 명령어를 사용할 수 있습니다.
- 테이블과 데이터 조작 명령어를 사용할 수 있습니다.
- 데이터베이스 백업과 복원에 대해 이해할 수 있습니다.

SECTION 01

SQL 명령어의 종류

MariaDB는 오라클과 같은 하나의 독립적인 오픈 소스의 관계형 데이터베이스 관리 시스템RDBMS입니다. 현재 오라클 소유 MySQL의 라이선스 상태에 반발한 몬티 와이드니우스에 의해 만들어졌으며 MySQL과 동일한 소스 코드를 기반으로 하고 있습니다.

MariaDB는 쿼리 최적화와 서브쿼리 지원 부문에서는 MySQL 보다 더 뛰어난 성능을 보이며 초당 쿼리 처리 속도에서도 MySQL 보다 최대 10%나 빠른 서비스를 제공합니다. 그리고 오픈 소스이기 때문에 무료로 사용할 수 있다는 특징이 무엇보다도 가장 커다란 매력이라고 할 수 있습니다. 이와 같은 특징을 제공하고 있는 MariaDB의 SQL 명령에 대해 본격적으로 살펴보도록 하겠습니다.

1 DBMS에서 사용되는 SQL 명령어

MariaDB에서 사용되는 명령어를 크게 데이터베이스 명령어, 테이블 명령어, 데이터 조작 명령어, 데이터베이스의 백업 및 복원의 네 가지 형태로 구분하여 살펴보도록 하겠습니다. SQL 명령어의 종류에 대해 다음 표와 같이 정리하였습니다.

[표 7-1] SQL 명령어 종류

구분	명령어	의미
데이터베이스 명령어	CREATE	데이터베이스의 생성
	DROP	데이터베이스의 삭제
	USE	데이터베이스의 선택
테이블 명령어	CREATE	테이블의 생성
	DESC (또는 DESCRIBE)	테이블의 구조

	ALTER	테이블의 필드 변경
	RENAME	테이블의 이름 변경
	DROP	테이블의 삭제
데이터 조작 명령어	INSERT	레코드 삽입
	SELECT	레코드 검색
	UPDATE	레코드 변경
	DELETE	레코드 삭제
데이터베이스의 백업 및 복원	MYSQLDUMP	데이터베이스의 백업
	MYSQL	데이터베이스의 복원

2 사용 빈도가 높은 SQL 명령어

MariaDB에서 기본적으로 사용되는 SQL 명령어에 대해 다음 표와 같이 정리하였습니다.

[표 7-2] SQL 명령어 종류

구분	명령어 사용
데이터베이스 생성	CREATE DBATABASE 데이터베이스명;
데이터베이스 보기	SHOW DATABASES;
작업할 데이터베이스 선택	USE 데이터베이스명;
테이블 생성	CREATE TABLE 테이블명;
테이블내 모든 데이터 보기	DESC (또는 DESCRIBE) 테이블명;
테이블에 데이터를 추가	INSERT INTO 테이블명 VALUES ("데이터명")
테이블의 모든 필드 보기	SELECT *FROM 테이블명;

우리는 이미 6장에서 데이터베이스와 테이블 생성 및 데이터 추가하는 방법에 대해 배웠습니다. SQL 명령은 반드시 알파벳 대문자를 사용하는 것은 아니기 때문에 소문자를 사용해도 됩니다. 이 책에서는 독자분들의 이해를 돕기 위해 SQL 명령어를 대문자로 표기한 것뿐입니다.

SECTION 02

데이터베이스 명령어

이 섹션에서는 데이터베이스를 새로 생성하고 삭제하는 과정과 작업할 데이터베이스를 선택하는 과정에 대해 다루기로 하겠습니다.

1 데이터베이스 생성 : CREATE

여기에서는 데이터베이스 목록을 먼저 확인하고 새로운 데이터베이스를 생성한 다음 작업할 데이터베이스를 선택하는 과정에 대해 예제를 통해 자세히 살펴보도록 하겠습니다.

| 예제 7-1 |

- **Step 01** | 데이터베이스의 생성은 반드시 관리자 계정에서 생성해야 합니다. 관리자 계정이름 root와 패스워드 123456으로 MySQLMariaDB 데이터베이스에 접속합니다.

```
D:₩xampp₩mysql₩bin> mysql -uroot -p
Enter password : ******    → 실제로는 보이지 않지만 패스워드 123456을 입력
```

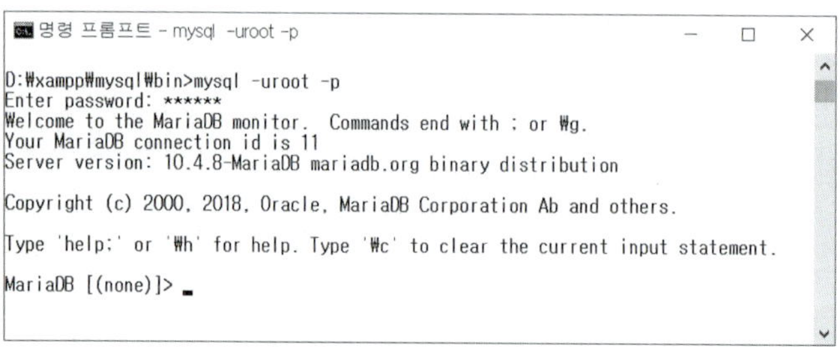

[그림 7-1] 관리자 계정으로 MySQL 접속

MySQL[MariaDB]에 접속할 때 계정이름과 패스워드를 mysql -uroot -p123456과 같이 선언하게 될 경우 프롬프트 창 왼쪽 상단에 패스워드가 그대로 노출되어 보안에 취약하게 됩니다. 그렇기 때문에 [그림 7-1]에서 수행한 것처럼 계정이름과 패스워드를 따로 입력하는 것이 패스워드를 노출시키는 위험으로부터 발생할 수 있는 불안요소를 어느 정도 미연에 방지할 수 있습니다.

- **Step 02** | 관리자 계정으로 접속하였으면 기존에 존재하는 데이터베이스 목록을 확인하기 위해 다음과 같이 SQL 명령문을 수행합니다.

```
MariaDB[(none)]> SHOW DATABASES;
```

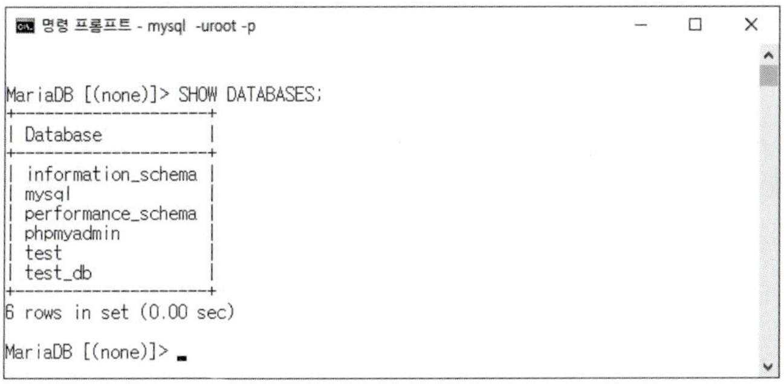

[그림 7-2] 기존에 존재하는 데이터베이스 목록

관리자 계정인 root로 접속하여 현재 존재하는 데이터베이스는 information_schema, mysql, performance_schema, phpmyadmin, test, test_db와 같이 전체 6개임을 보여줍니다. 그 중에서 test_db는 앞 단원에서 우리가 실습하면서 만들어 놓은 데이터베이스입니다.

이와 같이 MySQL[MariaDB] 데이터베이스에서 존재하는 데이터베이스의 전체 목록을 보려고 할 때는 SHOW DATABASES; 라고 대문자로 명령을 사용하였지만 반드시 대문자로만 사용해야 하는 것은 아닙니다. 소문자 show databases;와 같이 입력해도 됩니다. 다만 데이터베이스명 또는 테이블명 등과 구분하여 수행하기 위해서 MySQL[MariaDB] 명령어들을 대문자로 표기한 것뿐입니다.

• **Step 03** | sample01_db 데이터베이스를 생성한 다음 SHOW 명령으로 생성된 데이터베이스를 확인하기 위해 아래와 같이 SQL 명령문을 수행합니다.

```
MariaDB[(none)]> CREATE DATABASE sample01 _ db;
MariaDB[(none)]> SHOW DATABASES;
```

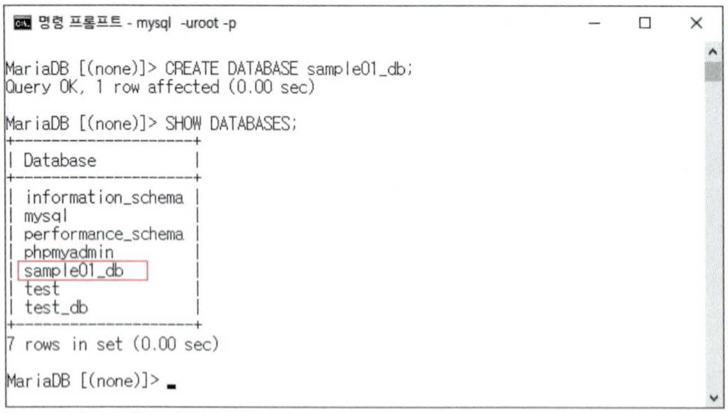

[그림 7-3] sample01_db 데이터베이스 생성 후 확인

새로운 데이터베이스를 생성할 때 가급적이면 데이터베이스 이름 뒤에 '_db'를 붙여 데이터베이스임을 확실하게 구분해 주는 것이 바람직합니다. 그 이유는 테이블과 데이터베이스의 이름을 쉽게 구별하기 위함입니다.

• **Step 04** | 새롭게 생성된 sample01_db 데이터베이스를 포함한 7개의 데이터베이스가 존재함을 테이블 형태로 보여줍니다. 같은 방법으로 sample02_db와 sample03_db를 생성하도록 합니다.

```
MariaDB[(none)]> CREATE DATABASE sample02 _ db;
MariaDB[(none)]> CREATE DATABASE sample03 _ db;
MariaDB[(none)]> SHOW DATABASES;
```

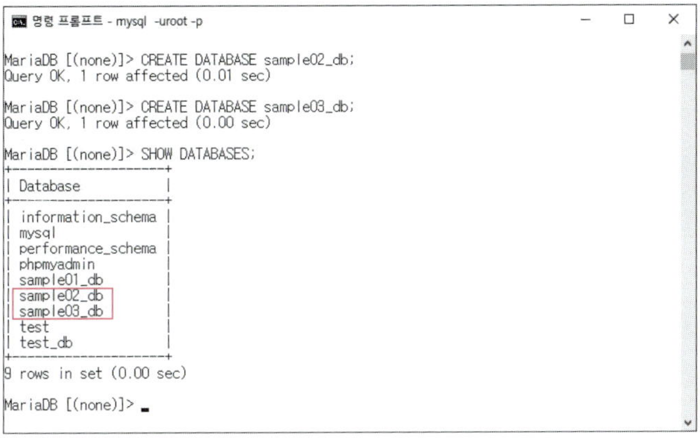

[그림 7-4] sample02_db와 sample03_db 생성 후 확인

이와 같이 sample01_db와 sample02_db, sample03_db 데이터베이스를 생성하는 과정에 대해 살펴봤습니다. 다음 절에서는 이미 존재하는 데이터베이스를 삭제하는 방법에 대해 살펴보도록 하겠습니다.

2 데이터베이스 삭제 : DROP

데이터베이스를 삭제할 때도 생성할 때와 마찬가지로 관리자 계정인 root에게만 권한이 있기 때문에 반드시 root로 MySQL^MariaDB 데이터베이스를 접속하여 명령을 실행해야 합니다. 데이터베이스의 삭제는 DROP DATABASE 명령을 사용합니다. 다음 예제를 통해 자세히 살펴보도록 하겠습니다.

| 예제 7-2 |

앞에서 새로 만든 sample02_db와 sample03_db 데이터베이스를 차례대로 하나씩 삭제한 다음 데이터베이스 목록에서 제거가 되었는지를 확인 해 보도록 합니다.

```
MariaDB[(none)]> DROP DATABASE sample02_db;
MariaDB[(none)]> DROP DATABASE sample03_db;
MariaDB[(none)]> SHOW DATABASES;
```

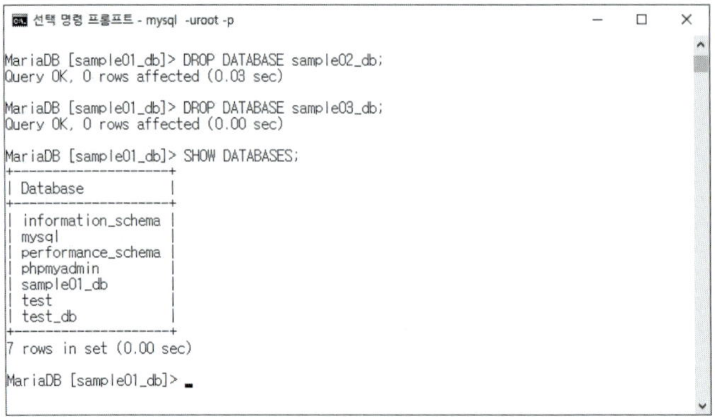

[그림 7-5] 2개의 데이터베이스를 삭제 후 데이터베이스 목록 출력

DROP 명령으로 삭제한 sample02_db와 sample03_db 데이터베이스가 목록에서 제거된 것을 확인할 수 있습니다. 데이터베이스를 삭제하는 실습을 수행할 때 반드시 주의해야 할 사항은 절대로 mysql 데이터베이스를 삭제해서는 안 된다는 점입니다.

mysql 데이터베이스는 MySQL[MariaDB]에 접속할 수 있는 계정과 비밀번호 등을 관리하고 각 계정에 사용권한을 부여하는 데이터베이스이기 때문에 삭제해서는 결코 안 되는 중요한 데이터베이스입니다.

데이터베이스를 삭제한다는 것은 데이터베이스에 속한 모든 테이블까지도 한꺼번에 삭제됨을 의미하므로 신중함을 잃지 말아야 합니다. 그 이유는 한 번 삭제해 버리게 되면 다시 복구하기가 어렵기 때문입니다. 반드시 데이터베이스를 삭제할 때는 몇 번이고 신중에 신중을 기하여 심사숙고해야 할 중요한 사항입니다.

3 데이터베이스 선택 : USE

이번에는 작업하기 위해 이미 존재하는 데이터베이스 중에서 특정 데이터베이스를 선택할 때 사용하는 SQL 명령문에 대해 다음 예제에서 자세히 살펴보도록 하겠습니다.

| 예제 7-3 |

앞에서 생성한 sample01_db 데이터베이스를 선택하고 선택한 데이터베이스에 존재하는 테이블 목록을 확인하기 위해 다음과 같이 SQL 명령문을 수행합니다.

```
MariaDB[(none)]> USE sample01 _ db;
MariaDB[sample01 _ db]> SHOW tables;
```

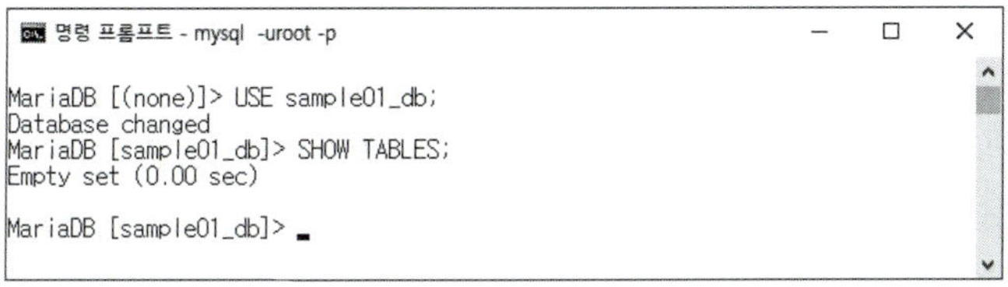

[그림 7-6] 데이터베이스 선택과 테이블 목록 출력

선택한 sample01_db 데이터베이스에는 아직 테이블을 생성하지 않았으므로 테이블 목록은 비어있다는 메시지가 출력됩니다.

SECTION 03

테이블 명령어

테이블은 데이터를 실제로 저장하기 위한 행과 열로 구성된 표와 같은 형태의 구조를 의미합니다. 테이블의 용도는 많은 데이터를 저장할 때 어떤 항목을 체계적으로 저장할 것인지를 결정하여 분류되도록 지정합니다. 테이블 작성은 데이터를 검색할 때 효과적으로 활용할 수 있도록 수행하기 위해 생성합니다. 이와 같이 테이블은 데이터를 저장하기 위한 프레임Frame을 만드는 과정이라고 표현할 수 있습니다.

1 데이터 타입 설정

테이블은 주변에 흩어져 있는 데이터들을 표와 같은 행과 열로 구분하여 관리하기 위해 사용됩니다. 예를 들어 학생들의 명단을 작성할 때 학번, 이름, 전공, 전화번호 등의 데이터들을 어떠한 형태로 저장할 것인지를 결정하기 위해 테이블을 설계합니다.

테이블을 만들기 전에 먼저 해야 할 일은 작업할 데이터베이스를 선택하고 선택된 데이터베이스에 테이블을 만드는 과정으로 수행해야 합니다. 테이블을 생성할 때는 필드의 데이터 타입을 설정해야 합니다. 각각의 필드에 지정하는 데이터 타입에 대해 자세히 살펴보도록 하겠습니다.

문자열형 데이터 타입 : char, varchar

테이블의 필드에 저장하려는 데이터가 문자열인 경우 사용되는 데이터 타입을 CHAR와 VARCHAR 두 가지 타입으로 지정할 수 있습니다. 각각의 문자형 데이터 타입의 특징은 다음과 같습니다.

■ char

고정폭 문자열로 최대 255자까지 문자를 저장할 수 있으며 char(10)으로 선언하고 5개의 문자만 입력하면 왼쪽부터 문자가 채워집니다. 그리고 나머지 5byte는 공백으로 처리되며 만약 12개의 문자를 입력한다면 마지막 2개의 문자는 잘리게 됩니다.

■ varchar

가변폭 문자열로 최대 255자까지 문자를 저장할 수 있으며 varchar(10)으로 선언하고 5개의 문자만 입력하면 왼쪽부터 문자가 채워지고 공백은 생기지 않습니다. char보다 메모리를 효율적으로 사용할 수 있지만 속도가 약간 느리다는 단점이 존재합니다. 최근에는 컴퓨터의 성능이 많이 발전하여 거의 차이가 없기 때문에 주로 varchar 타입이 더 많이 사용되고 있습니다. 문자열 데이터 타입의 길이에 대해 다음 표와 같이 정리하였습니다.

[표 7-3] 문자열 데이터 타입의 길이

데이터 타입	최대길이	저장 크기
char	255	입력한 숫자 byte
varchar	255	(입력한 숫자 +1) byte
tinylob, tinytext	255	(입력한 숫자 +1) byte
blob, text	65535	(입력한 숫자 +2) byte
mediumblob, mediumtext	16777215	(입력한 숫자 +3) byte
longblob, longtext	4294967295	(입력한 숫자 +4) byte
enum(문자열1, 문자열2)	1 또는 2 byte	

숫자형 데이터 타입

숫자형 데이터 타입을 사용할 때는 일반적으로 정수이면 int 또는 integer를 사용하고 숫자가 실수이면 double을 사용합니다. 숫자가 큰 정수는 unsignet int를 사용하거나 bigint를 사용하면 됩니다. 숫자형 데이터 타입의 길이에 대해 다음 표와 같이 정리하였습니다.

[표 7-4] 숫자형 데이터 타입의 길이

데이터 타입	최대길이	저장 크기
tinyint	-128 ~ 127 (unsigned : 0~255)	1 byte
smallint	-32768 ~ 32767 (unsigned : 0~65535)	2 byte
mediumint	-8388608 ~ 5388607 (unsigned : 0~16777215)	3 byte
int	-2147483648 ~ 2147483647 (unsigned : 0~4294967295)	4 byte
integer	-2147483648 ~ 2147483647 (unsigned : 0~4294967295)	4 byte
bitint	-9223372036854775808 ~ 9223372036854775807	4 byte
float	-3.402823466E+38 ~ -1.175494351E-38, 0, 1.175494351E-38 ~ 3.402823466E+38	8 byte
double	-1.7976931348623157E+308 ~ -2.2250738585072014E-308, 0, 2.2250738585072014E-308 ~-1.7976931348623157E+308	8 byte

날짜와 시간형 데이터 타입

날짜와 시간형 데이터 타입의 길이에 대해 다음 표와 같이 정리하였습니다.

[표 7-5] 날짜-시간형 데이터 타입의 길이

데이터 타입	표시 범위	형식	저장 크기
date	1000-01-01 ~ 9999-12-31	YYYY-MM-DD	3 byte
datetime	1000-01-01 00:00:00 ~ 9999-12-31 23:59:59	YYYY-MM-DD HH:MM:SS	8 byte
timestamp	1970-01-01 00:00:00 ~ 2037-12-31 23:59:59	YYYYMMDDHHMMSS	4 byte
time	-838:59:59 ~ 838:59:59	HH:MM:SS	3 byte
year	1901~2155		1 byte

2 테이블 생성 : CREATE

데이터를 저장할 테이블의 생성에 앞서 선행되어야 할 사항은 작업할 데이터베이스의 선택입니다. 어떤 데이터베이스에서 사용하게 될 테이블을 만들기 위한 것인지를 확실하게 정한 다음 테이블을 생성해야 합니다. 데이터 저장을 위한 새로운 테이블을 만들기 위한

SQL 명령은 다음과 같습니다.

```
MariaDB[sample01 _ db]> CREATE TABLE 테이블명(
        -> 필드명1 타입,
        -> 필드명2 타입,
        -> .....
        -> PRIMARY KEY(필드명)
        -> );
```

기본 키 : PRIMARY KEY

PRIMARY KEY란 테이블에서 필드를 식별할 수 있는 기본 키로서 특정 레코드를 검색하거나 레코드들을 정렬할 때 우선적으로 참조됩니다. 학생 테이블을 생성할 경우 동명이인의 학생들이 있을 수 있습니다. 이와 같이 학생들의 이름이 같더라도 중복되지 않게 고유의 식별자를 부여하여 데이터의 독립성을 확보하기 위해 사용되는 필드를 기본 키PRIMARY KEY라고 합니다. 학생 테이블에서 독립적으로 유일한 학생을 구별할 수 있는 기본 키는 바로 학번으로 지정하는 것이 바람직합니다.

기본 키 설정

이와 같은 기본 키 설정은 사용자가 직접 테이블 필드를 지정하여 설정하면 되고 기본 키는 중복해서 사용하거나 공백으로 두어서는 안 됩니다. 반드시 기본 키는 유일한 값을 보장받아야 합니다. 생성할 학생 테이블의 구조를 다음 표와 같이 정리하였습니다.

[표 7-6] 학생 테이블 : student_tbl

필드명	데이터 타입	의미	비고
SNO	int	학번	PRIMARY KEY, NOT NULL
NAME	varchar(12)	성명	
DEPT	varchar(20)	전공	
ADDR	varchar(80)	주소	
EMAIL	varchar(30)	이메일	

여기에서의 실습은 앞에서 생성한 sample01_db 데이터베이스가 선택된 상태임을 감안하여 진행하기 때문에 혹시라도 sample01_db 데이터베이스가 선택된 상태가 아니라면 먼저 USE 명령으로 sample01_db 데이터베이스를 선택한 다음 예제를 진행하기 바랍니다.

다음 예제에서는 [표 7-6]에서 주어진 학생 테이블 student_tbl을 생성하는 과정에 대해 다루도록 하겠습니다.

| 예제 7-4 |

- **Step 01** | 앞에서 생성한 sample01_db 데이터베이스가 선택된 상태라면 프롬프트에 선택된 데이터베이스의 이름이 나타납니다. sample01_db에 새로운 테이블 student_tbl을 생성하기 위해 다음과 같이 SQL 명령문을 수행합니다.

```
MariaDB[sample01 _ db]> CREATE TABLE student _ tbl (
      -> SNO int NOT NULL,
      -> NAME varchar(12),
      -> DEPT varchar(20),
      -> ADDR varchar(80),
      -> EMAIL varchar(30),
      -> PRIMARY KEY(SNO)
      -> );
```

필드명에 따른 데이터 타입은 반드시 필드의 사용 목적에 맞도록 선언하는 것이 바람직합니다. 테이블에 입력될 데이터가 한글인 경우 한 글자당 2byte씩 메모리 공간을 할당해 주어야 하므로 유효 데이터가 입력 될 수 있도록 크기를 적절하게 설정해 줍니다.

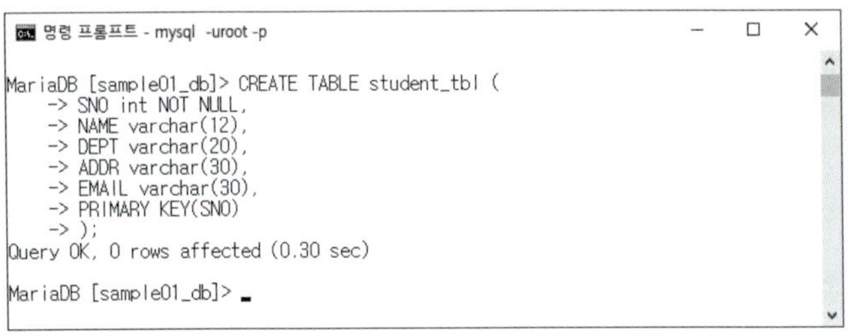

[그림 7-7] 학생테이블 student_tbl 생성

- **Step 02** | 학생 테이블 student_tbl이 제대로 생성되어 존재하는지를 확인하기 위해 다음과 같이 SQL 명령문을 수행합니다.

```
MariaDB[sample01 _ db]> SHOW TABLES;
```

```
명령 프롬프트 - mysql -uroot -p
MariaDB [sample01_db]> SHOW TABLES;
+------------------------+
| Tables_in_sample01_db |
+------------------------+
| student_tbl           |
+------------------------+
1 row in set (0.01 sec)

MariaDB [sample01_db]> _
```

[그림 7-8] 학생 테이블 student_tbl 생성 확인

sample01_db 데이터베이스에 student_tbl 테이블이 새롭게 생성된 것을 확인할 수 있습니다. 앞에서 생성한 student_tb 테이블의 필드에 대한 필드명, 데이터 타입, 기본 키, 공백 등이 제대로 설정되었는지를 확인하기 위해 테이블의 구조를 다음 절에서 살펴보도록 하겠습니다.

3 테이블 구조 확인 : DESC

테이블의 구조를 살펴보기 위해서는 DESC 명령 또는 DESCRIBE 명령을 사용합니다. 다음 예제를 통해 테이블의 구조를 확인하도록 하겠습니다.

| 예제 7-5 |

앞에서 새로 만든 student_tbl 테이블의 필드명, 타입, 기본 키, 공백 등의 테이블 구조를 자세히 살펴보기 위해 다음과 같이 SQL 명령을 수행합니다.

```
MariaDB[sample01 _ db]> DESC student _ tbl;
```

```
MariaDB [sample01_db]> DESC student_tbl;
+-------+-------------+------+-----+---------+-------+
| Field | Type        | Null | Key | Default | Extra |
+-------+-------------+------+-----+---------+-------+
| SNO   | int(11)     | NO   | PRI | NULL    |       |
| NAME  | varchar(12) | YES  |     | NULL    |       |
| DEPT  | varchar(20) | YES  |     | NULL    |       |
| ADDR  | varchar(30) | YES  |     | NULL    |       |
| EMAIL | varchar(30) | YES  |     | NULL    |       |
+-------+-------------+------+-----+---------+-------+
5 rows in set (0.02 sec)

MariaDB [sample01_db]>
```

[그림 7-9] student_tbl 테이블의 구조

student_tbl 테이블의 구조에서 첫 번째 칼럼인 Field는 테이블을 선언할 때의 필드명에 해당되고 두 번째 칼럼인 Type은 필드명이 갖고 있는 데이터 타입의 표현 방식을 보여줍니다. 세 번째 칼럼인 Null은 공백을 인정할 것인지의 유/무를 나타내는 것으로 필드명 SNO에만 NO으로 표시되고 나머지 4개의 필드는 모두 YES로 표시된 것은 테이블의 생성 당시 NULL 값을 허용하지 않겠다고 설정하였기 때문입니다. 이와 같이 테이블 생성 시 SNO 필드의 속성을 SNO int NOT NULL과 같이 선언하게 되면 SNO 필드에는 Null의 속성을 허용하지 않겠다는 의미입니다.

네 번째 필드인 Key는 PRIMARY KEY를 의미하며 필드명 SNO를 기본 키로 지정해 주었기 때문에 PRIMARY KEY로 등록되어 있는 것입니다. 다섯 번째 필드인 Default는 필드의 초기 값을 의미하며 모두 NULL 값으로 설정되어 있습니다. 테이블을 작성하다 보면 이미 만들어진 필드의 사항을 변경하게 되는 경우가 종종 발생하게 됩니다. 예를 들어 누락된 필드 또는 필요 없게 된 필드이거나 이미 만들어 놓은 필드명과 타입의 변경 그리고 필드의 타입 만을 변경하는 경우와 테이블의 이름 변경 및 테이블의 삭제 등의 테이블 관련 구조를 변경하는 경우가 자주 발생하게 됩니다.

4 테이블 필드 변경 : ALTER

여기서는 이미 만들어진 테이블의 형식을 변경하기 위해 사용되는 ALTER 명령에 대해 살펴보도록 하겠습니다.

필드의 새로운 추가 : ADD

앞에서 생성해 놓은 student_tbl 테이블에 새로운 항목을 추가하기 위해서는 ALTER 명령과 함께 ADD 옵션을 사용합니다. 기존 테이블에 새로운 필드를 추가하기 위해 사용되는 명령형식은 다음과 같습니다.

```
MariaDB[sample01 _ db]> ALTER TABLE 테이블명 ADD 새로 추가될 필드명과 타입 [AFTER 필드
```

필드를 추가하는 SQL 명령문은 ALTER 명령이며 추가되는 필드의 위치를 지정하려면 [AFTER 필드명]과 같이 기존에 존재하는 필드의 뒤[AFTER]에 추가되도록 위치를 지정해 줍니다. [AFTER 필드명]의 옵션을 선언하지 않으면 새롭게 추가되는 필드는 맨 마지막의 위치에 추가됩니다. 다음 예제를 통해 기존 테이블에 새 필드를 추가하는 과정을 살펴보도록 하겠습니다.

| 예제 7-6 |

- **Step 01** | student_tbl 테이블에서 NAME 필드 다음 위치에 AGE 필드를 추가하고 추가된 AGE 필드가 존재하는지를 확인하기 위해 SQL 명령문을 다음과 같이 수행합니다.

```
MariaDB[sample01 _ db]> alter table student _ tbl add AGE int after NAME;
MariaDB[sample01 _ db]> desc student _ tbl;
```

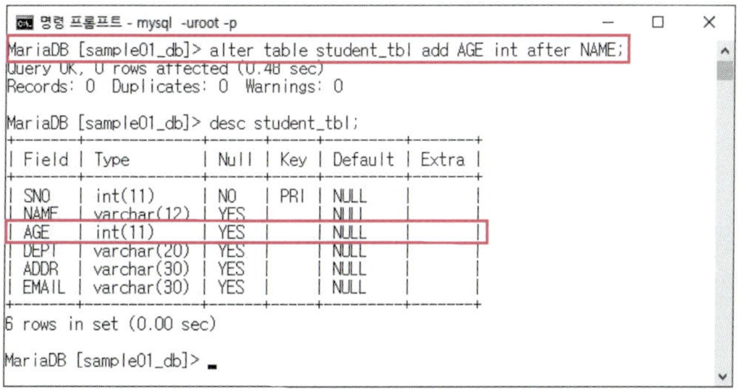

[그림 7-10] student_tbl 테이블에 AGE 필드 추가

[그림 7-10]에서 보는 바와 같이 student_tbl 테이블의 NAME 필드 다음 위치에 AGE 필드가 정수형으로 추가된 것을 확인할 수 있습니다.

- **Step 02** | 이번에는 [AFTER 필드명]의 옵션을 선언하지 않고 GENDER라는 필드를 정수형 데이터 타입으로 새롭게 추가한 다음 테이블에 추가된 필드명을 확인하기 위해 다음과 같이 SQL 명령을 수행합니다.

```
MariaDB[sample01 _ db]> alter table student _ tbl add GENDER int;
MariaDB[sample01 _ db]> desc student _ tbl;
```

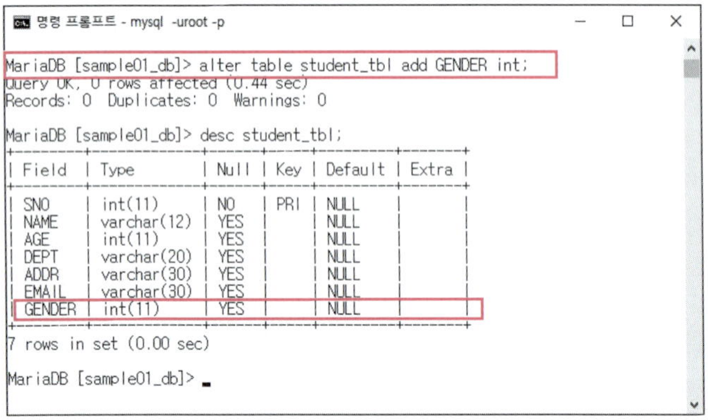

[그림 7-11] student_tbl 테이블의 맨 끝에 GENDER 필드 추가

새로운 GENDER 필드가 테이블의 맨 마지막에 추가된 것을 확인할 수 있습니다. 다음 절에서는 기존 테이블이 존재하는 필드 중에서 필요치 않은 필드를 삭제해 보도록 하겠습니다.

기존에 존재하는 필드 삭제 : DROP

테이블에 이미 존재하는 필드를 삭제하기 위해서는 DROP 명령을 사용합니다. 필드를 삭제하는 명령어의 사용형식은 다음과 같습니다.

```
MariaDB[sample01 _ db]> ALTER TABLE 테이블명 DROP 삭제할 필드명;
```

다음 예제를 통해 student_tbl 테이블에 존재하는 AGE 필드를 삭제하는 과정을 살펴보도록 하겠습니다.

| 예제 7-7 |

- **Step 01** | student_tbl 테이블에서 존재하는 AGE 필드를 삭제하기 위해 SQL 명령을 다음과 같이 수행합니다.

```
MariaDB[sample01 _ db]> alter table student _ tbl drop AGE;
```

```
명령 프롬프트 - mysql -uroot -p

MariaDB [sample01_db]> alter table student_tbl drop AGE;
Query OK, 0 rows affected (0.47 sec)
Records: 0  Duplicates: 0  Warnings: 0

MariaDB [sample01_db]>
```

[그림 7-12] student_tbl 테이블에서 AGE 필드 삭제

- **Step 02** | student_tb 테이블에서 AGE 필드가 삭제되었음을 확인하였다면 같은 방법으로 student_ tbl 테이블에 존재하는 GENDER 필드를 삭제하고 삭제된 테이블의 결과를 살펴보기 위해 다음과 같이 SQL 명령문을 수행합니다.

```
MariaDB[sample01 _ db]> alter table student _ tbl drop AGE;
MariaDB[sample01 _ db]> desc student _ tbl;
```

```
명령 프롬프트 - mysql -uroot -p

MariaDB [sample01_db]> alter table student_tbl drop GENDER;
Query OK, 0 rows affected (0.46 sec)
Records: 0  Duplicates: 0  Warnings: 0

MariaDB [sample01_db]> desc student_tbl;
+-------+-------------+------+-----+---------+-------+
| Field | Type        | Null | Key | Default | Extra |
+-------+-------------+------+-----+---------+-------+
| SNO   | int(11)     | NO   | PRI | NULL    |       |
| NAME  | varchar(12) | YES  |     | NULL    |       |
| DEPT  | varchar(20) | YES  |     | NULL    |       |
| ADDR  | varchar(30) | YES  |     | NULL    |       |
| EMAIL | varchar(30) | YES  |     | NULL    |       |
+-------+-------------+------+-----+---------+-------+
5 rows in set (0.00 sec)

MariaDB [sample01_db]>
```

[그림 7-13] GENDER 필드 삭제 후 테이블의 구조 확인

student_tbl 테이블에 존재하던 AGE 필드와 GENDER 필드가 모두 삭제된 것을 확인할 수 있습니다. 여기서는 기존 테이블에 필드를 삭제하는 방법에 대해 살펴봤습니다. 다음 절에서는 테이블의 필드명과 데이터 타입을 변경하는 방법에 대해 살펴보도록 하겠습니다.

테이블의 필드명과 데이터 타입 변경 : CHANGE

기존 테이블에 존재하는 필드에 대한 필드명 변경과 필드의 데이터 타입을 변경하고자 할 때는 CHANGE 명령을 사용하여 필드명과 데이터 타입을 변경할 수 있습니다. 테이블의 필드명과 데이터 타입을 변경하는 SQL 명령문의 사용형식은 다음과 같습니다.

```
MariaDB[sample01 _ db]> ALTER TABLE 테이블명 CHANGE 기존 필드명 새로운 필드명 타입;
```

기존에 존재하는 테이블의 필드명과 필드의 데이터 타입을 변경하는 과정을 다음 예제를 통해 자세히 살펴보도록 하겠습니다.

| 예제 7-8 |

- **Step 01** | student_tbl 테이블에 존재하는 EMAIL varchar(30)의 필드를 MOBILE int로 테이블의 필드명과 타입을 변경하고 그 결과를 확인하기 위해 다음과 같이 SQL 명령문을 수행합니다.

```
MariaDB[sample01 _ db]> alter table student _ tbl change EMAIL MOBILE int;
MariaDB[sample01 _ db]> desc student _ tb;
```

```
명령 프롬프트 - mysql -uroot -p

MariaDB [sample01_db]> alter table student_tbl change EMAIL MOBILE int;
Query OK, 0 rows affected (0.79 sec)
Records: 0  Duplicates: 0  Warnings: 0

MariaDB [sample01_db]> desc student_tbl;
+--------+-------------+------+-----+---------+-------+
| Field  | Type        | Null | Key | Default | Extra |
+--------+-------------+------+-----+---------+-------+
| SNO    | int(11)     | NO   | PRI | NULL    |       |
| NAME   | varchar(12) | YES  |     | NULL    |       |
| DEPT   | varchar(20) | YES  |     | NULL    |       |
| ADDR   | varchar(30) | YES  |     | NULL    |       |
| MOBILE | int(11)     | YES  |     | NULL    |       |
+--------+-------------+------+-----+---------+-------+
5 rows in set (0.00 sec)

MariaDB [sample01_db]>
```

[그림 7-14] EMAIL 필드를 MOBILE 정수형 필드로 변경

student_tbl 테이블에 존재하는 EMAIL 필드는 varchar(30) 데이터 타입에서 MOBILE int 데이터 타입의 형태로 필드명과 데이터 타입이 모두 변경되었음을 확인할 수 있습니다. 다음 단계에서는 변경한 필드명과 데이터 타입을 원래의 필드명과 데이터 타입으로 변경하는 방법에 대해 살펴보겠습니다.

- **Step 02** | 여기서는 앞 단계에서 student_tbl 테이블에 대해 변경한 MOBILE 필드명을 다시 원래의 필드명과 데이터 타입으로 변경하도록 하겠습니다. 이 방법도 마찬가지로 alter 명령과 change 명령을 함께 사용하여 테이블의 타입을 변경한 다음 변경된 테이블의 구조를 확인하기 위해 SQL 명령문을 다음과 같이 수행합니다.

```
MariaDB[sample01_db]> alter table student_tbl change MOBILE EMAIL varchar(30);
MariaDB[sample01_db]> desc student_tbl;
```

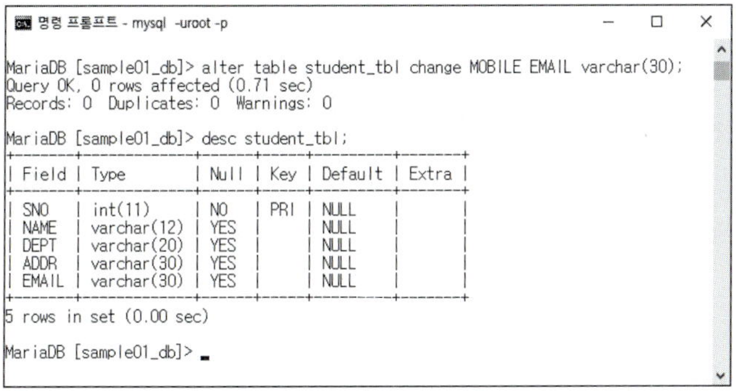

```
명령 프롬프트 - mysql -uroot -p

MariaDB [sample01_db]> alter table student_tbl change MOBILE EMAIL varchar(30);
Query OK, 0 rows affected (0.71 sec)
Records: 0  Duplicates: 0  Warnings: 0

MariaDB [sample01_db]> desc student_tbl;
+-------+-------------+------+-----+---------+-------+
| Field | Type        | Null | Key | Default | Extra |
+-------+-------------+------+-----+---------+-------+
| SNO   | int(11)     | NO   | PRI | NULL    |       |
| NAME  | varchar(12) | YES  |     | NULL    |       |
| DEPT  | varchar(20) | YES  |     | NULL    |       |
| ADDR  | varchar(30) | YES  |     | NULL    |       |
| EMAIL | varchar(30) | YES  |     | NULL    |       |
+-------+-------------+------+-----+---------+-------+
5 rows in set (0.00 sec)

MariaDB [sample01_db]>
```

[그림 7-15] MOBILE 필드를 EMAIL 필드명으로 변경

이와 같이 student_tbl 테이블에 존재하는 필드명과 데이터 타입을 변경하는 방법에 대해 살펴봤습니다. 다음 절에서는 필드명은 그대로 두고 필드의 데이터 타입만을 변경하는 방법에 대해 살펴보도록 하겠습니다.

테이블 필드의 데이터 타입만 변경 : MODIFY

기존 테이블에 존재하는 필드 중에서 특정 필드의 데이터 타입만을 변경하기 위해 사용되는 명령은 MODIFY이며 SQL 명령문의 사용형식은 다음과 같습니다.

```
MariaDB[sample01 _ db]> ALTER TABLE 테이블명 MODIFY 기존 필드명 새로운 타입;
```

MODIFY 명령 다음에는 테이블에 존재하는 기존 필드명을 입력하고 데이터 타입은 변경하고자 하는 새로운 데이터 타입을 선언해 주면 됩니다. 기존 테이블에 존재하는 필드의 데이터 타입만을 변경하는 방법에 대해 다음 예제를 통해 살펴보도록 하겠습니다.

| 예제 7-9 |

- **Step 01** | student_tbl 테이블에 존재하는 DEPT varchar(20) 필드의 데이터 타입을 정수형으로 변경하고 그 결과를 확인하기 위해 다음과 같이 SQL 명령문을 수행합니다.

```
MariaDB[sample01 _ db]> alter table student _ tbl modify DEPT int;
MariaDB[sample01 _ db]> desc student _ tbl;
```

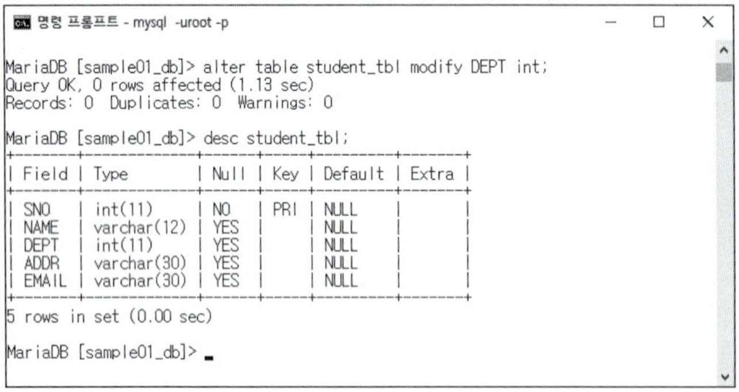

```
명령 프롬프트 - mysql -uroot -p

MariaDB [sample01_db]> alter table student_tbl modify DEPT int;
Query OK, 0 rows affected (1.13 sec)
Records: 0  Duplicates: 0  Warnings: 0

MariaDB [sample01_db]> desc student_tbl;
+-------+-------------+------+-----+---------+-------+
| Field | Type        | Null | Key | Default | Extra |
+-------+-------------+------+-----+---------+-------+
| SNO   | int(11)     | NO   | PRI | NULL    |       |
| NAME  | varchar(12) | YES  |     | NULL    |       |
| DEPT  | int(11)     | YES  |     | NULL    |       |
| ADDR  | varchar(30) | YES  |     | NULL    |       |
| EMAIL | varchar(30) | YES  |     | NULL    |       |
+-------+-------------+------+-----+---------+-------+
5 rows in set (0.00 sec)

MariaDB [sample01_db]>
```

[그림 7-16] DEPT 필드의 데이터 타입을 정수형으로 변경

- **Step 02** | student_tbl 테이블에 존재하는 DEPT 필드의 데이터 타입이 정수형으로 변경된 것을 확인하였습니다. 이번에는 DEPT 필드의 데이터 타입을 varchar(20)으로 변경하고 그 결과를 확인하기 위해 다음과 같이 SQL 명령문을 수행합니다.

```
MariaDB[sample01 _ db]> alter table student _ tbl modify DEPT varchar(20);
MariaDB[sample01 _ db]> desc student _ tbl;
```

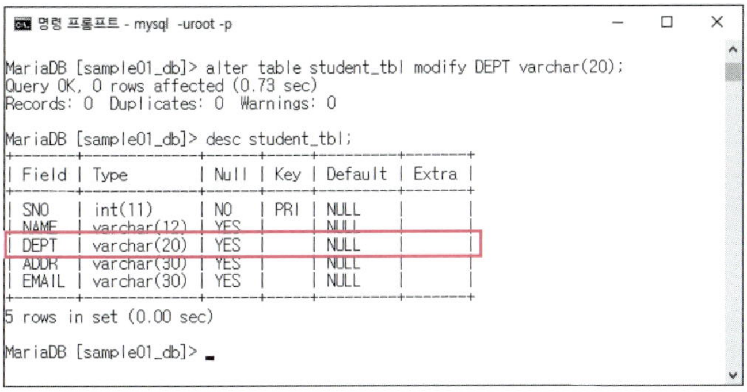

[그림 7-17] DEPT 필드의 데이터 타입 변경 후 확인

5 테이블 이름 변경 : RENAME

기존에 만들어 놓은 테이블의 이름을 변경하기 위해 사용되는 명령은 RENAME 명령어이며 테이블의 이름을 변경하기 위해 사용되는 SQL 명령문의 형식은 다음과 같습니다.

```
MariaDB[sample01 _ db]> ALTER TABLE 기존 테이블명 RENAME 새 테이블명;
```

테이블의 이름을 변경하는 방법에 대해 다음 예제를 통해 자세히 살펴보도록 하겠습니다.

예제 7-10

- **Step 01** | student_tbl 테이블의 이름을 haksa_tbl 테이블 이름으로 변경하고 변경된 결과를 확인하기 위해 SLQ 명령문을 다음과 같이 수행합니다.

```
MariaDB[sample01 _ db]> alter table student _ tbl rename haksa _ tbl;
MariaDB[sample01 _ db]> show tables;
MariaDB[sample01 _ db]> desc haksa _ tb;
```

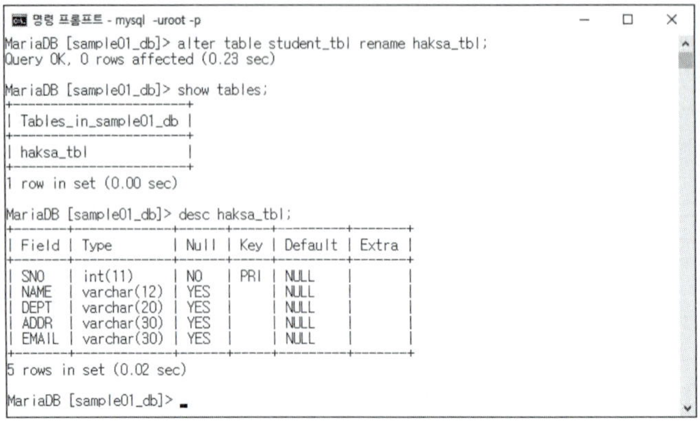

[그림 7-18] 테이블 이름 변경 후 결과 확인

당초 student_tbl 테이블의 이름이 haksa_tbl 테이블 이름으로 변경되었습니다. 테이블의 구조도 변함없이 필드명과 데이터 타입이 그대로 존재함을 확인하였습니다. RENAME 명령은 테이블의 구조는 원래 상태대로 변함없이 보존하면서 테이블의 이름만 변경해 주는 명령어입니다. 다음 단계에서는 테이블 이름을 원래의 이름으로 다시 변경하는 과정에 대해서 다루도록 하겠습니다.

- **Step 02** | 변경된 haksa_tbl 테이블을 student_tbl 테이블 이름으로 다시 변경하고 변경된 테이블의 이름을 확인하기 위해 다음과 같이 SQL 명령문을 수행합니다.

```
MariaDB[sample01 _ db]> alter table haksa _ tbl rename student _ tbl;
MariaDB[sample01 _ db]> show tables;
```

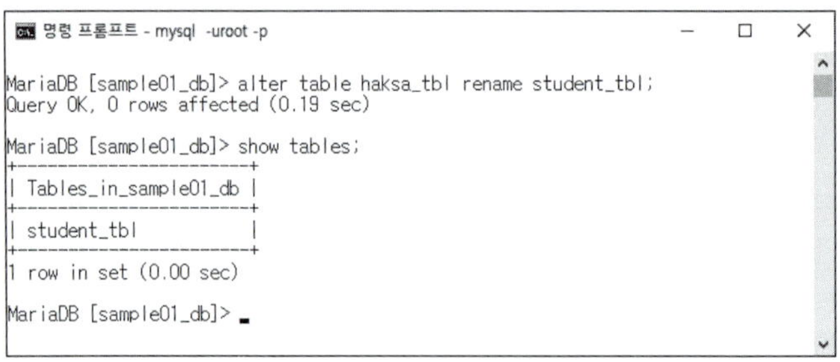

[그림 7-19] haksa_tbl 테이블을 student_tbl 테이블 이름으로 변경

이와 같이 RENAME 명령으로 테이블의 이름을 변경해도 테이블의 구조와 필드의 타입에는 아무런 변화가 없다는 것을 확인하였습니다. 다음 절에서는 테이블의 삭제에 대해 살펴보도록 하겠습니다.

6 테이블 삭제 : DROP

기존에 존재하는 테이블을 삭제할 때는 DROP 명령어를 사용합니다. 이 명령어는 데이터베이스와 테이블을 삭제할 때도 사용되는 SQL 명령어입니다. 테이블을 삭제하기 위해 사용되는 SQL 명령문은 다음과 같습니다.

```
MariaDB[sample01 _ db]>  DROP TABLE 삭제할 테이블명;
```

여기서는 기존에 있는 테이블은 그대로 두고 새로운 테이블을 생성한 다음 테이블을 삭제하는 과정으로 전개하겠습니다. 테이블을 삭제하는 과정을 다음 예제를 통해 자세히 살펴보도록 하겠습니다.

|예제 7-11|

- **Step 01** | 테이블 삭제 실습을 위해 sample01_db 데이터베이스에 새로운 테이블 test_tbl을 생성한 다음 생성된 테이블을 확인하기 위해 다음과 같이 SQL 명령문을 수행합니다.

```
MariaDB[sample01 _ db]> create table test _ tbl (
-> NAME varchar(10),
-> TEL varchar(20)
-> );
MariaDB[sample01 _ db]> show tables;
```

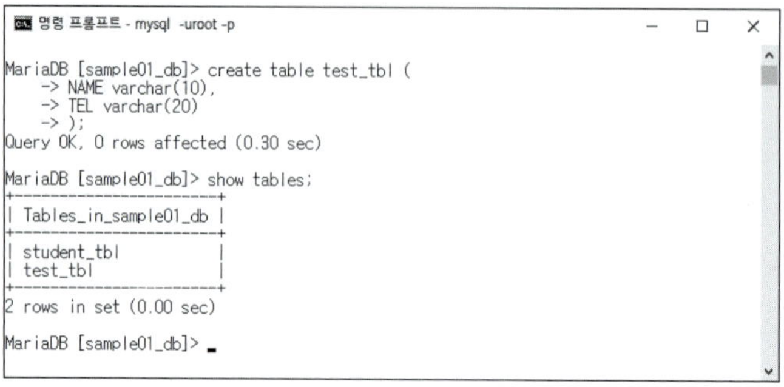

[그림 7-20] test_tbl 테이블 생성과 확인

- **Step 02** | sample01_db 데이터베이스에 존재하는 test_tbl 테이블을 삭제하기 위해 다음과 같이 SQL 명령문을 수행합니다.

```
MariaDB[sample01 _ db]> drop table test _ tbl;
MariaDB[sample01 _ db]> show tables;
```

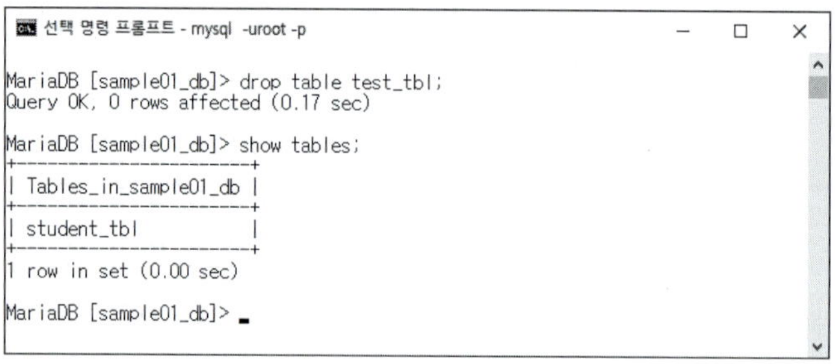

[그림 7-21] test_tbl 테이블 삭제 후 확인

SECTION

04 데이터 조작 명령어

PART 01 PART 02 PART 03 PART 04 PART 05

이 섹션에서는 데이터를 조작하는 SQL 명령어에 대해서 다루도록 하겠습니다. 데이터 조작과 관련된 자세한 내용은 실습을 통해 살펴보도록 하겠습니다.

1 데이터 일괄실행

지금까지는 명령 프롬프트 창에서 MySQL^MariaDB 데이터베이스에 접속하여 데이터베이스를 생성하고 테이블을 생성하였습니다. 하지만 테이블 생성 명령을 입력하다 보면 의도하지 않게 오타가 발생되거나 명령어가 누락되는 경우가 발생하게 되어 다시 명령문을 입력해야 하는 번거로움이 발생 할 수 있습니다.

이와 같은 경우를 대비하여 MySQL^MariaDB에서는 데이터를 메모장이나 에디터 창에서 SQL 명령문을 작성하여 테이블이 생성될 수 있도록 SQL 명령어를 일괄실행할 수 있습니다. 이와 같은 SQL 명령어 일괄명령을 실행하고자 할 경우에는 먼저 데이터베이스를 생성해 두고 테이블의 생성과 관련된 필드명과 데이터 타입은 메모장이나 에디터 창에서 SQL 명령문을 작성한 다음 '파일명.sql'과 같이 저장해야 합니다.

메모장 또는 에디터에서 작성된 sql 파일은 반드시 MySQL^MariaDB 실행파일인 mysql.exe 파일이 존재하는 폴더(여기서는 D:₩xampp₩mysql₩bin)안에 저장해야 합니다. 다른 폴더에 sql 파일을 저장할 경우 SQL 명령어 일괄실행은 제대로 수행되지 않게 됩니다. 이 점을 유념해야 합니다.

SQL 명령어 일괄실행은 MySQL^MariaDB 데이터베이스가 접속된 상태에서 실행하는 것이 아니고 MySQL^MariaDB 데이터베이스가 종료된 상태에서 수행해야 합니다. 그리고 SQL 명령어 일괄실행을 수행하기 위한 데이터베이스는 먼저 생성되어 있어야 합니다. 이와 같은

SQL 명령어 일괄실행 절차에 대해 다음 예제를 통해 자세히 살펴보도록 하겠습니다.

|예제 7-12|

• **Step 01** | 현재 접속 중인 MySQL^MariaDB^를 종료하기 전에 SQL 데이터 일괄실행을 수행할 때 사용할 새로운 study_db 데이터베이스를 생성하기 위해 다음과 같이 SQL 명령문을 수행합니다.

```
MariaDB[(sample01 _ db)]> create database study _ db;
MariaDB[(sample01 _ db)]> show databases;
```

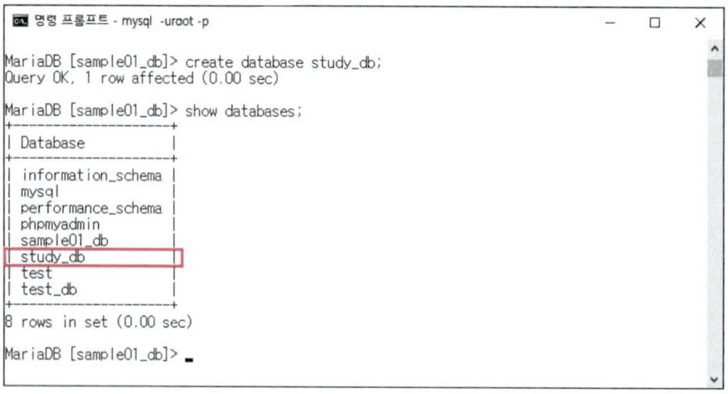

[그림 7-22] study_db 데이터베이스 생성 후 확인

• **Step 02** | SQL 명령어 일괄실행을 위해 현재 접속 중인 MySQL^MariaDB^ 데이터베이스의 접속을 종료합니다.

```
MariaDB[sample01 _ db]> exit (QUIT 또는 ₩q)
```

• **Step 03** | 여기서는 exam_tbl을 생성하기 위해 노트패드 편집 창에서 다음과 같이 테이블명과 필드명 및 데이터 타입을 설정하고 exam_tbl.sql 파일명으로 mysql.exe 파일이 존재하는 D:₩xampp₩mysql₩bin 폴더 안에 저장합니다.

```
create table exam _ tbl (SNO int NOT NULL,
NAME varchar(10), DEPT varchar(20),
```

```
ADDR varchar(80), TEL varchar(20),
PRIMARY KEY(SNO));
default charset=utf8;
```

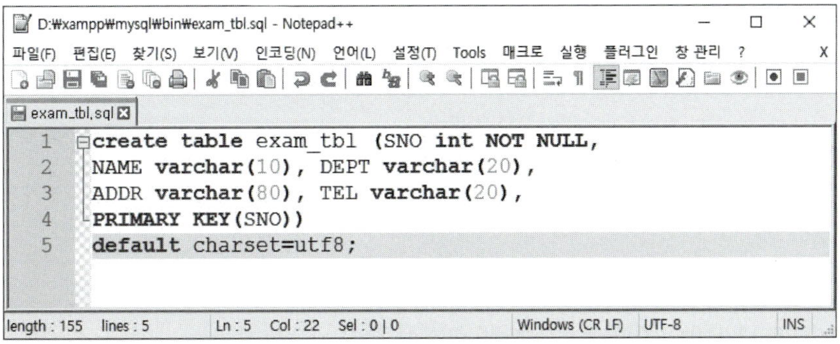

[그림 7-23] 노트패드 편집 창에서 exam_tbl.sql 파일 작성 후 저장

• **Step 04** | 정확한 폴더 안에 exam_tbl.sql 파일을 성공적으로 저장하였다면 SQL 명령어 일괄실행으로 exam_tbl 테이블이 생성되도록 다음과 같이 명령을 수행합니다.

```
D:₩xampp₩mysql₩bin> mysql -uroot -p123456 study_db < exam_tbl.sql
```

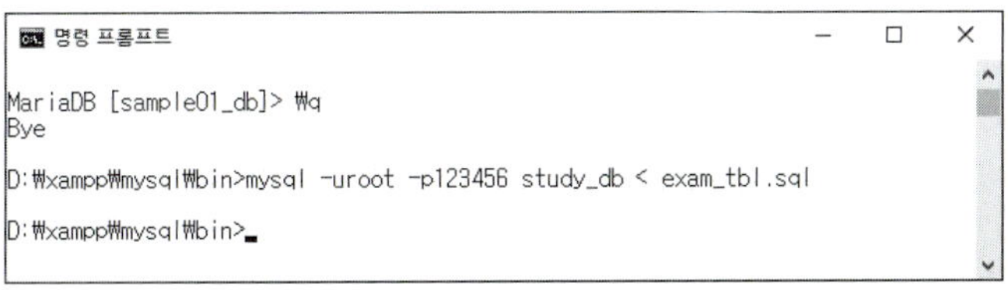

[그림 7-24] exam_tbl 테이블 생성을 위한 SQL 명령어 일괄실행

SQL 명령어 일괄실행 후 별다른 메시지가 없다면 study_db 데이터베이스에 exam_tbl 테이블 생성이 성공적으로 수행되었음을 의미합니다.

• **Step 05** | 여기서는 study_db로 곧바로 MySQL[MariaDB]를 접속하여 exam_tbl 테이블이 실제로 존재하는지 살펴보기 위해 다음과 같이 SQL 명령문을 수행합니다.

```
D:₩xampp₩mysql₩bin> mysql -uroot -p123456 study _ db
MariaDB[study _ db]> show tables;
```

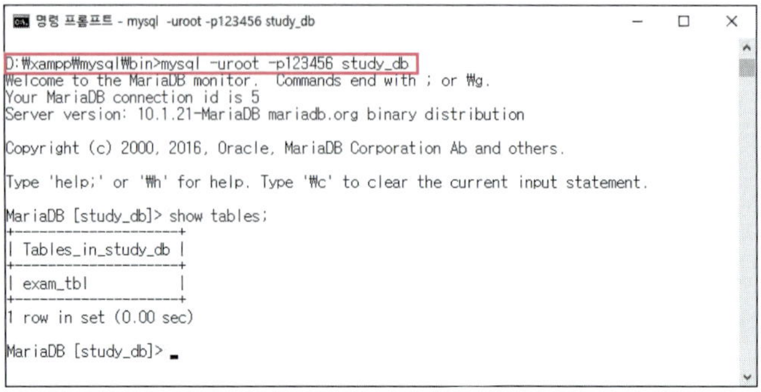

```
명령 프롬프트 - mysql -uroot -p123456 study_db
D:₩xampp₩mysql₩bin>mysql -uroot -p123456 study_db
Welcome to the MariaDB monitor.  Commands end with ; or ₩g.
Your MariaDB connection id is 5
Server version: 10.1.21-MariaDB mariadb.org binary distribution

Copyright (c) 2000, 2016, Oracle, MariaDB Corporation Ab and others.

Type 'help;' or '₩h' for help. Type '₩c' to clear the current input statement.

MariaDB [study_db]> show tables;
+--------------------+
| Tables_in_study_db |
+--------------------+
| exam_tbl           |
+--------------------+
1 row in set (0.00 sec)

MariaDB [study_db]> _
```

[그림 7-25] study_db 데이터베이스에 exam_tbl 테이블 생성 확인

MySQL[MariaDB] 데이터베이스에 접속할 때 데이터베이스를 지정해 주게 되면 접속과 동시에 지정한 데이터베이스를 선택해 줍니다. 이와 같은 방법을 사용하면 [그림 7-25]에서 보는 바와 같이 프롬프트의 모양이 MariaDB [study_db]〉와 같이 출력된 것을 확인 할 수 있습니다. 이 과정을 통해 MySQL[MariaDB] 데이터베이스에 접속됨과 동시에 study_db 데이터베이스가 선택되었음을 알 수 있습니다.

- **Step 06** | 노트패드 편집 창에서 작성한 exam_tbl 테이블의 필드명과 데이터 타입이 제대로 생성되었는지를 확인하기 위해 다음과 같이 SQL 명령문을 수행합니다.

```
MariaDB[study _ db]> desc exam _ tbl;
```

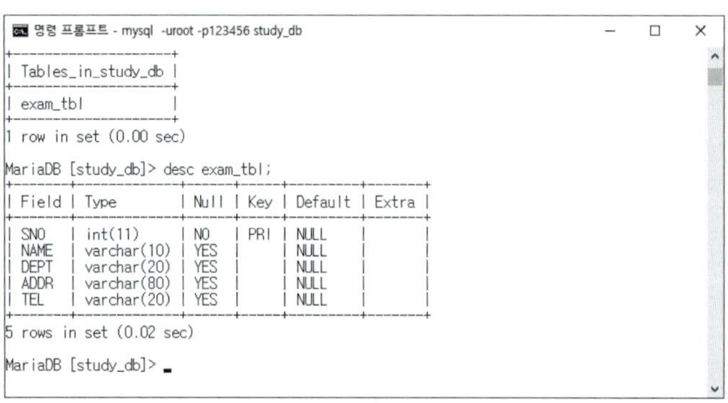

```
명령 프롬프트 - mysql -uroot -p123456 study_db
+--------------------+
| Tables_in_study_db |
+--------------------+
| exam_tbl           |
+--------------------+
1 row in set (0.00 sec)

MariaDB [study_db]> desc exam_tbl;
+-------+-------------+------+-----+---------+-------+
| Field | Type        | Null | Key | Default | Extra |
+-------+-------------+------+-----+---------+-------+
| SNO   | int(11)     | NO   | PRI | NULL    |       |
| NAME  | varchar(10) | YES  |     | NULL    |       |
| DEPT  | varchar(20) | YES  |     | NULL    |       |
| ADDR  | varchar(80) | YES  |     | NULL    |       |
| TEL   | varchar(20) | YES  |     | NULL    |       |
+-------+-------------+------+-----+---------+-------+
5 rows in set (0.02 sec)

MariaDB [study_db]> _
```

[그림 7-26] exam_tbl 테이블의 구조 확인

[그림 7-26]에서 보는 바와 같이 exam_tbl 테이블의 구조를 살펴보면 노트패드 편집 창에서 작성한 필드명과 데이터 타입의 형태가 그대로 적용되어 테이블이 생성되었음을 확인할 수 있습니다.

- **Step 07** | 다음 단원 실습을 위해 현재 접속 중인 MySQL[MariaDB] 데이터베이스의 접속을 종료합니다.

```
MariaDB[study _ db]> ₩q (exit 또는 QUIT)
```

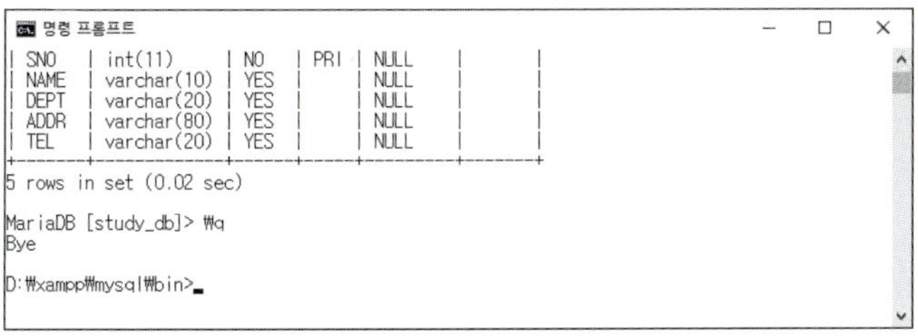

[그림 7-27] ₩q 명령으로 MariaDB 접속 종료

2 데이터 삽입 명령 : INSERT

데이터베이스에는 각각 데이터를 입력할 수 있는 테이블을 생성해야 합니다. 생성된 테이블에 한 사람에 대한 학번, 성명, 성별, 학과, 주소, 전화번호 등과 같이 일련의 정보를 입력하는 단위를 레코드[Record]라고 합니다.

학사 테이블 생성

여기서는 study_db 데이터베이스에 SQL 명령어 일괄실행으로 다음 표에서 주어진 학사 테이블을 생성하도록 하겠습니다.

[표 7-7] 학사 테이블 : haksa_tbl

SNO	NAME	MW	DEPT	ADDR	EMAIL
20152356	홍길동	M	법학과	서울특별시 종로구 세종대로	aa@lime-view.com
20177321	변창순	W	한의예학과	부산광역시 영도구 감지길	bb@spacezone.kr
20161233	이기동	M	행정학과	전북 정읍시 벚꽃로	cc@lime-view.com
20186892	김두한	M	컴퓨터학과	경남 거제시 거제중앙로	dd@spacezone.kr
20193209	고장순	W	바이오의약과	대구광역시 동구 도평로	ee@lime-view.com
20165278	심청이	W	빅데이터학과	경북 포항시 남구 호미곶면	ff@spacezone.kr
20173225	강태공	M	의료정보학과	경기도 성남시 중원구 성남대로	gg@lime-view.com

study_db 데이터베이스에 haksa_tbl 테이블의 필드명과 데이터 타입의 구성을 다음 표와 같이 정리하였습니다.

[표 7-8] haksa_tbl의 필드명과 데이터 타입

필드명	데이터 타입	의미	NULL	기본 키 설정
SNO	int	학번	NO	PRIMARY KEY
NAME	varchar(10)	성명	YES	
MW	varchar(2)	성별 (남: M, 여: W)	YES	
DEPT	varchar(20)	전공	YES	
ADDR	varchar(60)	주소	YES	
EMAIL	varchar(30)	이메일 주소	YES	

study_db 데이터베이스에 haksa_tbl 테이블을 SQL 명령어 일괄실행으로 생성하는 과정에 대해 다음 예제를 통해 자세히 살펴보도록 하겠습니다.

|예제 7-13|

- **Step 01** | 노트패드 편집 창에서 [표 7-8]에서 주어진 테이블의 구조와 데이터 타입을 설정하여 haksa_tbl 테이블을 생성하는 명령을 입력하고 haksa_tbl.sql 파일명으로 저장합니다. 파일저장 경로명은 D:₩xampp₩mysql₩bin 폴더 안에 저장합니다.

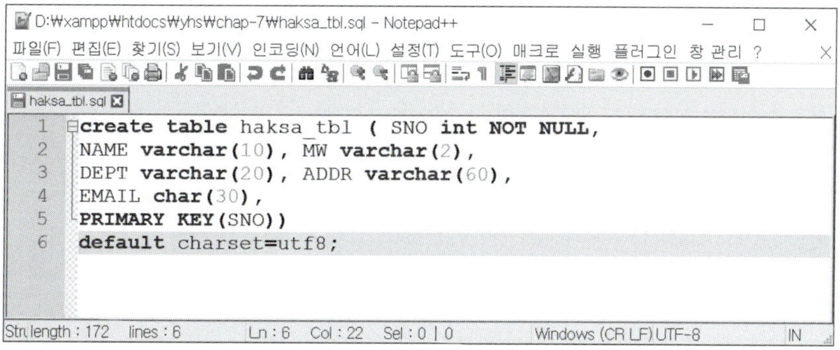

[그림 7-28] 노트패드 편집 창에서 haksa_tbl.sql 파일 작성 후 저장

- **Step 02** | 정확한 폴더 안에 haksa_tbl.sql 파일을 성공적으로 저장하였다면 SQL 명령어 일괄실행으로 haksa_tbl 테이블이 생성되도록 다음과 같이 명령을 수행합니다.

```
D:₩xampp₩mysql₩bin> mysql -uroot -p123456 study_db < haksa_tbl.sql
```

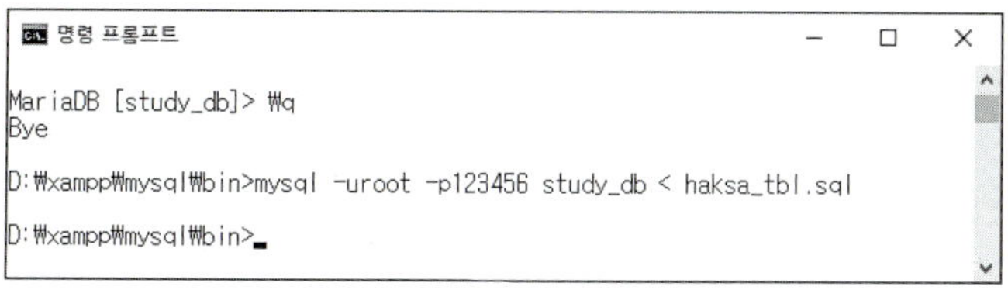

[그림 7-29] haksa_tbl 테이블 생성을 위한 SQL 명령어 일괄실행

SQL 명령어 일괄실행 후 별다른 메시지가 없다면 study_db 데이터베이스에 haksa_tbl 테이블 생성이 성공적으로 수행되었음을 의미합니다.

- **Step 03** | 여기서는 study_db로 곧바로 MySQL^MariaDB을 접속하여 haksa_tbl 테이블이 실제로 존재하는지를 살펴보기 위해 다음과 같이 SQL 명령문을 수행합니다.

```
D:₩xampp₩mysql₩bin> mysql -uroot -p123456 study_db
MariaDB[study_db]> show tables;
```

```
명령 프롬프트 - mysql -uroot -p123456 study_db

D:\xampp\mysql\bin>mysql -uroot -p123456 study_db
Welcome to the MariaDB monitor.  Commands end with ; or \g.
Your MariaDB connection id is 7
Server version: 10.1.21-MariaDB mariadb.org binary distribution

Copyright (c) 2000, 2016, Oracle, MariaDB Corporation Ab and others.

Type 'help;' or '\h' for help. Type '\c' to clear the current input statement.

MariaDB [study_db]> show tables;
+--------------------+
| Tables_in_study_db |
+--------------------+
| exam_tbl           |
| haksa_tbl          |
+--------------------+
2 rows in set (0.00 sec)

MariaDB [study_db]>
```

[그림 7-30] study_db 데이터베이스에 haksa_tbl 테이블 생성 확인

- **Step 04** | 노트패드 편집 창에서 작성한 haksa_tbl 테이블의 필드명과 데이터 타입이 제대로 생성되었는지를 확인하기 위해 다음과 같이 SQL 명령문을 수행합니다.

```
MariaDB[study_db]> desc haksa_tbl;
```

```
명령 프롬프트 - mysql -uroot -p123456 study_db

MariaDB [study_db]> desc haksa_tbl;
+-------+-------------+------+-----+---------+-------+
| Field | Type        | Null | Key | Default | Extra |
+-------+-------------+------+-----+---------+-------+
| SNO   | int(11)     | NO   | PRI | NULL    |       |
| NAME  | varchar(10) | YES  |     | NULL    |       |
| MW    | varchar(2)  | YES  |     | NULL    |       |
| DEPT  | varchar(20) | YES  |     | NULL    |       |
| ADDR  | varchar(60) | YES  |     | NULL    |       |
| EMAIL | varchar(30) | YES  |     | NULL    |       |
+-------+-------------+------+-----+---------+-------+
6 rows in set (0.00 sec)

MariaDB [study_db]>
```

[그림 7-31] haksa_tbl 테이블의 구조 확인

위 그림에서 보는 바와 같이 haksa_tbl 테이블의 구조를 살펴보면 노트패드 편집 창에서 작성한 필드명과 데이터 타입의 형태가 그대로 적용되어 테이블이 생성되었음을 확인할 수 있습니다. 이제 데이터를 입력할 테이블을 생성하였으므로 [표 7-7]에서 주어진 데이터를 입력하기 위한 SQL 명령문에 대해서 살펴보도록 하겠습니다.

학사 테이블 레코드 입력 : INSERT 구문

테이블에 주어진 데이터를 입력하기 위해서는 INSERT 구문을 사용하며 사용형식은 다음

과 같습니다.

```
MariaDB[study _ db]> INSERT INTO 테이블명 (필드명1, 필드명2, ... )
    -> VALUES (필드값1, 필드값2, ...);
```

[표 7-7]에서 주어진 haksa_tbl 테이블의 데이터를 입력하는 과정은 다음 예제를 통해 자세히 살펴보도록 하겠습니다.

|예제 7-14|

- **Step 01** | [예제 7-13]에서 SQL 데이터 일괄실행으로 생성된 haksa_tbl 테이블에 [표 7-7]에서 주어진 데이터를 haksa_tbl 테이블에 입력하기 위해 다음과 같이 SQL 명령문으로 수행합니다.

```
MariaDB[study _ db]> insert into haksa _ tbl (SNO, NAME, MW, DEPT, ADDR, EMAIL)
    -> values (20152356, '홍길동', 'M', '법학과', '서울특별시 종로구 세종대로',
    -> 'aa@lime-view.com');
```

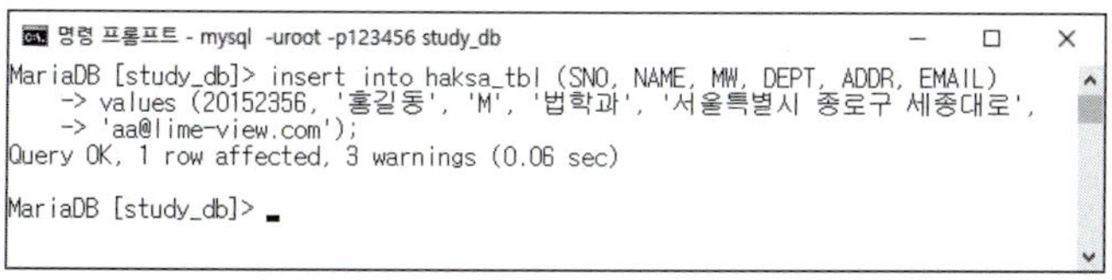

[그림 7-32] 홍길동 레코드 입력

첫 번째 레코드인 홍길동에 대한 학번, 성명, 성별, 학과, 주소, 이메일 주소의 데이터가 모두 입력되었다는 메시지가 출력되었습니다.

- **Step 02** | 두 번째 레코드부터는 입력할 때 필드명을 선언하지 않고 데이터 타입만 준수하여 데이터를 입력하면 됩니다.

```
MariaDB[study _ db]> insert into haksa _ tbl
    -> values (20177321, '변창순', 'W', '한의예학과', '부산광역시 영도구 감지길',
    -> 'bb@spacezone.kr);
```

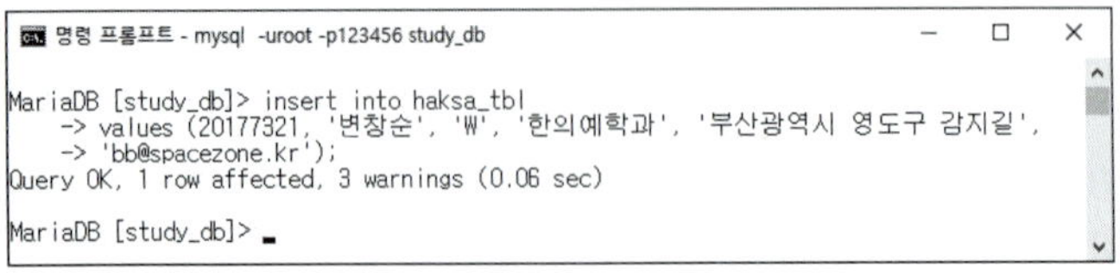

[그림 7-33] 변창순 레코드 입력

- **Step 03** | haksa_tbl 테이블의 나머지 레코드들도 INSERT 구문으로 입력합니다.

```
MariaDB[study_db]> insert into haksa_tbl
    -> values (20161233, '이기동', 'M', '행정학과', '전북 정읍시 벚꽃로',
    -> 'cc@lime-view.com');

MariaDB[study_db]> insert into haksa_tbl
    -> values (20186892, '김두한', 'M', '컴퓨터학과', '경남 거제시 거제중앙로',
    -> 'dd@spacezone.kr');

MariaDB[study_db]> Iinsert into haksa_tbl
    -> values (20193209, '고장순', 'W', '바이오의약과', '대구광역시 동구 도평로',
    -> 'ee@lime-view.com');

MariaDB[study_db]> insert into haksa_tbl
    -> values (20165278, '심청이', 'W', '빅데이터학과', '경북 포항시 남구 호미곶면',
    -> 'ff@spacezone.kr');

MariaDB[study_db]> insert into haksa_tbl
    -> values (20173225, '강태공', 'M', '의료정보학과', '경기도 성남시 중원구 성남대로',
    -> 'gg@lime-view.com');
```

```
명령 프롬프트 - mysql -uroot -p123456 study_db

MariaDB [study_db]> insert into haksa_tbl
    -> values (20161233, '이기동', 'M', '행정학과', '전북 정읍시 벚꽃로',
    -> 'cc@lime-view.com');
Query OK, 1 row affected, 3 warnings (0.06 sec)

MariaDB [study_db]> insert into haksa_tbl
    -> values (20186892, '김두한', 'M', '컴퓨터학과', '경남 거제시 거제중앙로',
    -> 'dd@spacezone.kr');
Query OK, 1 row affected, 3 warnings (0.05 sec)

MariaDB [study_db]> insert into haksa_tbl
    -> values (20193209, '고장순', 'W', '바이오의약과', '대구광역시 동구 도평로',
    -> 'ee@lime-view.com');
Query OK, 1 row affected, 3 warnings (0.05 sec)

MariaDB [study_db]> insert into haksa_tbl
    -> values (20165278, '심청이', 'W', '빅데이터학과', '경북 포항시 남구 호미곶면',
    -> 'ff@spacezone.kr');
Query OK, 1 row affected, 3 warnings (0.06 sec)

MariaDB [study_db]> insert into haksa_tbl
    -> values (20173225, '강태공', 'M', '의료정보학과', '경기도 성남시 중원구 성남대로',
    -> 'gg@lime-view.com');
Query OK, 1 row affected, 3 warnings (0.06 sec)

MariaDB [study_db]> _
```

[그림 7-34] haksa_tbl 테이블에 5개의 레코드 입력

• **Step 04** | haksa_tbl 테이블에 7개의 레코드가 모두 입력되었는지를 확인하기 위해 다음과 같이 SQL 명령문을 수행합니다.

```
MariaDB[study _ db]> select *from haksa _ tbl;
```

```
명령 프롬프트 - mysql -uroot -p123456 study_db

MariaDB [study_db]> select *from haksa_tbl;
+----------+--------+----+--------------+-------------------------------+------------------+
| SNO      | NAME   | MW | DEPT         | ADDR                          | EMAIL            |
+----------+--------+----+--------------+-------------------------------+------------------+
| 20152356 | 홍길동 | M  | 법학과       | 서울특별시 종로구 세종대로    | aa@lime-view.com |
| 20161233 | 이기동 | M  | 행정학과     | 전북 정읍시 벚꽃로            | cc@lime-view.com |
| 20165278 | 심청이 | W  | 빅데이터학과 | 경북 포항시 남구 호미곶면     | ff@spacezone.kr  |
| 20173225 | 강태공 | M  | 의료정보학과 | 경기도 성남시 중원구 성남대로 | gg@lime-view.com |
| 20177321 | 변창순 | W  | 한의예학과   | 부산광역시 영도구 감지길      | bb@spacezone.kr  |
| 20186892 | 김두한 | M  | 컴퓨터학과   | 경남 거제시 거제중앙로        | dd@spacezone.kr  |
| 20193209 | 고장순 | W  | 바이오의약과 | 대구광역시 동구 도평로        | ee@lime-view.com |
+----------+--------+----+--------------+-------------------------------+------------------+
7 rows in set (0.00 sec)

MariaDB [study_db]> _
```

[그림 7-35] haksa_tbl 테이블의 모든 레코드 검색

위 그림에서 보는 바와 같이 [표 7-7]의 학사 테이블에 있는 7명의 레코드가 모두 입력되어 출력된 것을 확인할 수 있습니다.

과목 테이블 생성

이번에는 다음 표에서 주어진 5개 과목에 대한 테이블을 명령 프롬프트 창에서 생성하도록 하겠습니다.

[표 7-9] 과목 테이블 : gwamok_tbl

CODE	GNAME	HAKJUM	TIME
1001	정보처리실무	3	4
1002	사상체질학	2	3
1003	데이터베이스	3	3
1004	빅데이터 분석기법	2	3
1005	데이터마이닝	3	4

과목 테이블에 대한 필드명과 데이터 타입의 구성을 다음 표와 같이 정리하였습니다.

[표 7-10] gwamok_tbl의 필드명과 데이터 타입

필드명	데이터 타입	의미
CODE	int	과목코드
GNAME	varchar(20)	신청과목
HAKJUM	int	과목별 학점
TIME	int	배정 시간 수

이제 본격적으로 과목 테이블을 생성하는 과정을 수행하기 위해 다음 예제를 실습하도록 하겠습니다.

|예제 7-15|

- **Step 01** | 명령 프롬프트 창에서 gwamok_tbl 테이블을 생성한 다음 테이블의 구조를 확인하기 위해 다음과 같이 SQL 명령문을 수행합니다.

```
MariaDB[study_db]> create table gwamok_tbl (
    -> CODE int, GNAME varchar(20),
    -> HAKJUM int, TIME int)
    -> default charset=utf8;
MariaDB[study_db]> desc gwamok_tbl;
```

```
명령 프롬프트 - mysql -uroot -p123456 study_db

MariaDB [study_db]> create table gwamok_tbl (
    -> CODE int, GNAME varchar(20),
    -> HAKJUM int, TIME int)
    -> default charset=utf8;
Query OK, 0 rows affected (0.28 sec)

MariaDB [study_db]> desc gwamok_tbl;
+--------+-------------+------+-----+---------+-------+
| Field  | Type        | Null | Key | Default | Extra |
+--------+-------------+------+-----+---------+-------+
| CODE   | int(11)     | YES  |     | NULL    |       |
| GNAME  | varchar(20) | YES  |     | NULL    |       |
| HAKJUM | int(11)     | YES  |     | NULL    |       |
| TIME   | int(11)     | YES  |     | NULL    |       |
+--------+-------------+------+-----+---------+-------+
4 rows in set (0.01 sec)

MariaDB [study_db]> _
```

[그림 7-36] gwamok_tbl 테이블 생성과 구조 확인

- **Step 02** | gwamok_tbl 테이블에 있는 5개 레코드를 모두 입력하기 위해 SQL 명령을 다음과 같이 수행합니다.

```
MariaDB[study_db]> insert into gwamok_tbl (CODE, GNAME, HAKJUM, TIME)
    -> values (1001, '정보처리실무', 3, 4);
MariaDB[study_db]> insert into gwamok_tbl
    -> values (1002, '사상체질학', 2, 3);
MariaDB[study_db]> insert into gwamok_tbl
    -> values (1003, '데이터베이스', 3, 3);
MariaDB[study_db]> insert into gwamok_tbl
    -> values (1004, '빅데이터 분석기법', 2, 3);
MariaDB[study_db]> insert into gwamok_tbl
    -> values (1005, '데이터마이닝', 3, 4);
```

```
명령 프롬프트 - mysql -uroot -p123456 study_db

MariaDB [study_db]> insert into gwamok_tbl(CODE,GNAME,HAKJUM,TIME)
    -> values(1001,'정보처리실무',3,4);
Query OK, 1 row affected (0.06 sec)

MariaDB [study_db]> insert into gwamok_tbl
    -> values(1002,'사상체질학',2,3);
Query OK, 1 row affected (0.06 sec)

MariaDB [study_db]> insert into gwamok_tbl
    -> values(1003,'데이터베이스',3,3);
Query OK, 1 row affected (0.03 sec)

MariaDB [study_db]> insert into gwamok_tbl
    -> values(1004,'빅데이터 분석기법',2,3);
Query OK, 1 row affected (0.04 sec)

MariaDB [study_db]> insert into gwamok_tbl
    -> values(1005,'데이터마이닝',3,4);
Query OK, 1 row affected (0.03 sec)

MariaDB [study_db]> _
```

[그림 7-37] gwamok_tbl 테이블에 5개 레코드 입력

• **Step 03** | gwamok_tbl 테이블에 5개의 레코드가 모두 입력되었는지 확인하기 위해 다음과 같이 SQL 명령문을 수행합니다.

```
MariaDB[study _ db]> select *from gwamok _ tbl;
```

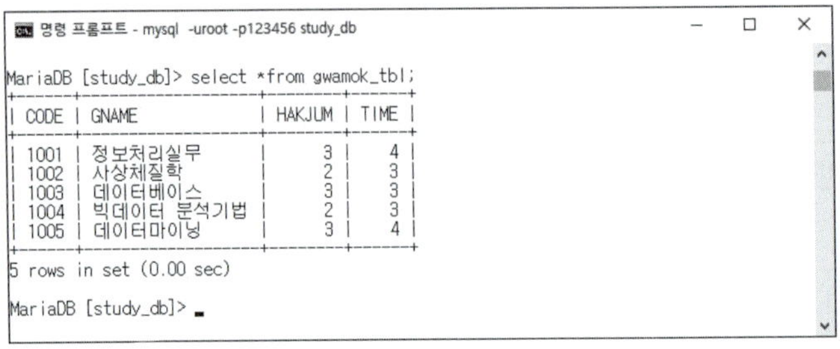

[그림 7-38] gwamok_tbl 테이블의 모든 레코드 검색

[그림 7-38]에서 보는 바와 같이 [표 7-9]의 과목 테이블에 있는 5개의 레코드가 모두 입력되어 출력된 것을 확인할 수 있습니다.

점수 테이블 레코드 입력 : LOAD DATA 구문

LOAD DATA 구문은 텍스트 파일을 이용하여 레코드를 한꺼번에 적재할 수 있는 명령입니다. 텍스트 파일의 한 줄은 한 개의 레코드를 의미하며 [Tab]키로 필드를 구분합니다. 텍스트 파일에 입력된 속성 값들의 순서는 테이블을 정의했을 때에 지정된 순서대로 작성해야 합니다. LOAD DATA 구문으로 테이블에 레코드가 입력되도록 하는 명령형식은 다음과 같습니다.

```
D:₩xampp₩mysql₩bin> LOAD DATA INFILE "텍스트파일" INTO TABLE 테이블명;
```

점수 테이블에 입력할 레코드를 다음 표와 같이 정리하였습니다.

[표 7-11] 점수 테이블 : jumsu_tbl

SNO	CODE	SCORE
20152356	1001	88
20152356	1004	76
20177321	1003	85
20177321	1005	98
20161233	1002	69
20186892	1001	92
20193209	1003	59
20165278	1004	93
20173225	1005	75
20173225	1003	55

점수 테이블에 대한 테이블의 필드명과 데이터 타입의 구성을 다음 표와 같이 정리하였습니다.

[표 7-12] jumsu_tbl의 필드명과 데이터 타입

필드명	데이터 타입	의미
SNO	int	학번
CODE	int	과목코드
SCORE	int	점수

점수에 대한 데이터를 가지고 있는 jumsu_tbl 테이블을 메모장 또는 노트패드 편집 창에서 작성하여 jumsu_tbl.txt 텍스트 파일로 저장한 다음 점수 테이블의 레코드를 한꺼번에 적재할 수 있는 LOAD DATA 명령어 활용방법에 대해 다음 예제를 통해 자세히 살펴보도록 하겠습니다.

|예제 7-16|

- **Step 01** | LOAD DATA 구문을 사용하기 전에 관리자 계정으로 MySQL^MariaDB^에 접속된 상태에서 study_db 데이터베이스에 jumsu_tbl 테이블을 먼저 생성한 다음 테이블의 구

조를 확인합니다.

```
MariaDB[study _ db]> create table jumsu _ tbl (
    -> SNO int, CODE int, SCORE int )
    -> default charset=utf8;
MariaDB[study _ db]> desc jumsu _ tbl;
```

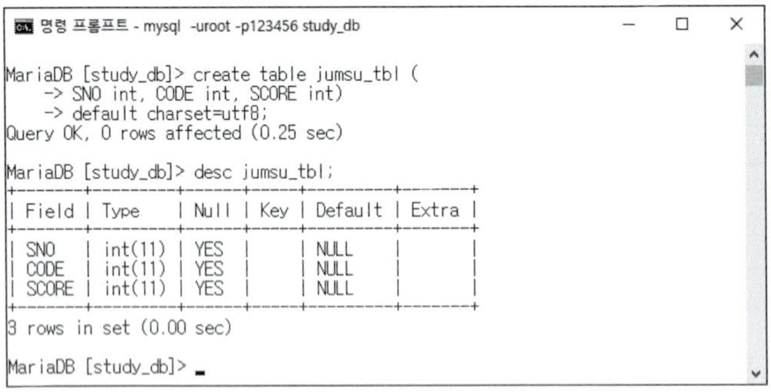

[그림 7-39] jumsu_tbl 테이블 생성 및 구조 확인

• **Step 02** | 여기서는 jumsu_tbl 테이블에 저장할 데이터를 노트패드 편집 창에서 작성하도록 하겠습니다. 각 필드의 구분은 [Tab]키를 눌러 구분하도록 하고 jumsu_tbl.txt 파일명으로 d:₩xampp₩htdocs₩yhs 위치에 텍스트 파일형식으로 저장합니다. 파일을 저장한 경로명은 꼭 기억하고 있어야 합니다.

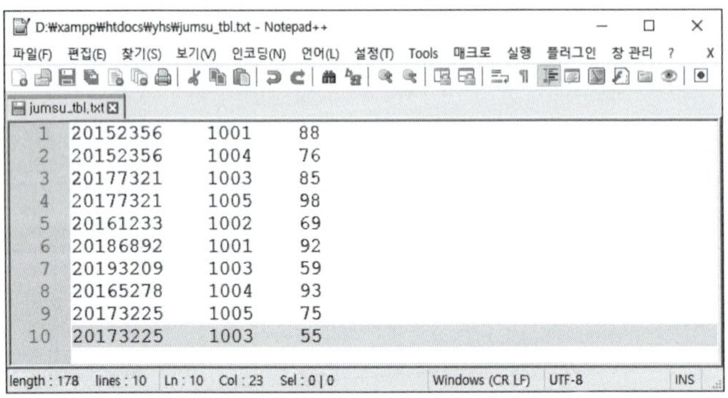

[그림 7-40] 노트패드 편집 창에서 jujsu_tbl.txt 파일 작성 후 저장

• **Step 03** | 노트패드 편집 창에서 작성한 jumsu_tbl.txt 텍스트 파일을 LOAD DATA 구문으로 반영하기 위해 다음과 같이 SQL 명령문을 수행합니다. 경로명의 구분은 슬래시(/)를 사용하면 됩니다.

```
MariaDB[study_db]> load data infile "d:/xampp/htdocs/yhs/jumsu_tbl.txt"
    -> into table jumsu_tbl;
```

```
명령 프롬프트 - mysql -uroot -p123456 study_db

MariaDB [study_db]> load data infile "d:/xampp/htdocs/yhs/jumsu_tbl.txt"
    -> into table jumsu_tbl;
Query OK, 10 rows affected, 9 warnings (0.08 sec)
Records: 10  Deleted: 0  Skipped: 0  Warnings: 9

MariaDB [study_db]>
```

[그림 7-41] LOAD DATA 구문을 활용한 레코드 입력

• **Step 04** | jumsu_tbl 테이블에 점수 레코드가 정상적으로 입력되었는지를 확인하기 위해 다음과 같이 SQL 명령문을 수행합니다.

```
MariaDB[study_db]> select *from jumsu_tbl;
```

```
명령 프롬프트 - mysql -uroot -p123456 study_db

MariaDB [study_db]> select *from jumsu_tbl;
+----------+------+-------+
| SNO      | CODE | SCORE |
+----------+------+-------+
| 20152356 | 1001 |    88 |
| 20152356 | 1004 |    76 |
| 20177321 | 1003 |    85 |
| 20177321 | 1005 |    98 |
| 20161233 | 1002 |    69 |
| 20186892 | 1001 |    92 |
| 20193209 | 1003 |    59 |
| 20165278 | 1004 |    93 |
| 20173225 | 1005 |    75 |
| 20173225 | 1003 |    55 |
+----------+------+-------+
10 rows in set (0.00 sec)

MariaDB [study_db]>
```

[그림 7-42] jumsu_tbl 테이블의 모든 레코드 검색

[표 7-11]의 데이터를 jumsu_tbl.txt 텍스트 파일에 저장하여 LOAD DATA 구문으로 실행하였더니 10개의 레코드가 모두 jumsu_tbl 테이블에 입력되었음을 확인할 수 있습니다.

3 레코드 검색 명령 : SELECT

레코드에 대한 검색은 SELECT 명령을 사용하여 테이블 전체 데이터를 검색하거나 필요한 필드명을 지정하여 검색할 수 있습니다. 테이블에 저장되어 있는 레코드를 검색하기 위한 SQL 명령문의 사용형식은 다음과 같습니다.

```
MariaDB[study _ db]> SELECT 필드명1, 필드명2, 필드명3...
      -> FROM 테이블명
      -> WHERE 조건;
```

SELECT절은 사용자가 검색 항목의 목록을 지정하고 테이블에서 수직적 부분집합을 구하는 연산으로 처리됩니다. FROM절은 해당 테이블을 지정하고 WHERE절은 사용자가 검색하고자 하는 조건을 지정하며 테이블에서 수평적 부분집합을 구하는 연산으로 처리할 때 사용됩니다.

전체 레코드 검색 : *FROM

study_db 데이터베이스가 선택되어 있는 상태에서 haksa_tbl 테이블에 있는 전체 레코드를 검색하는 SQL 명령에 대한 자세한 사항은 다음 예제를 통해 살펴보도록 하겠습니다.

|예제 7-17|

- **Step 01** | study_db 데이터베이스에 존재하는 haksa_tbl 테이블의 전체 레코드를 검색하기 위해 다음과 같이 SQL 명령을 입력합니다. 전체 대상 테이블은 haksa_tbl 테이블이고 '*'는 모든 속성을 정의된 순서대로 출력하라는 의미입니다. WHERE절을 선언하지 않았으므로 전체 레코드를 검색합니다.

```
MariaDB[study _ db]> select *from haksa _ tb;
```

```
명령 프롬프트 - mysql -uroot -p123456 study_db

MariaDB [study_db]> select *from haksa_tbl;
+----------+--------+----+--------------+----------------------------+-------------------+
| SNO      | NAME   | MW | DEPT         | ADDR                       | EMAIL             |
+----------+--------+----+--------------+----------------------------+-------------------+
| 20152356 | 홍길동 | M  | 법학과       | 서울특별시 종로구 세종대로 | aa@lime-view.com  |
| 20161233 | 이기동 | M  | 행정학과     | 전북 정읍시 벚꽃로         | cc@lime-view.com  |
| 20165278 | 심청이 | W  | 빅데이터학과 | 경북 포항시 남구 호미곶면  | ff@spacezone.kr   |
| 20173225 | 강태공 | M  | 의료정보학과 | 경기도 성남시 중원구 성남대로 | gg@lime-view.com |
| 20177321 | 변창순 | W  | 한의예학과   | 부산광역시 영도구 감지길   | bb@spacezone.kr   |
| 20186892 | 김두한 | M  | 컴퓨터학과   | 경남 거제시 거제중앙로     | dd@spacezone.kr   |
| 20193209 | 고장순 | W  | 바이오의약과 | 대구광역시 동구 도평로     | ee@lime-view.com  |
+----------+--------+----+--------------+----------------------------+-------------------+
7 rows in set (0.06 sec)

MariaDB [study_db]>
```

[그림 7-43] haksa_tbl 테이블의 모든 레코드 검색

• **Step 02** | 이번에는 gwamok_tbl 테이블의 전체 레코드를 검색하기 위해 다음과 같이 SQL 명령문을 수행합니다.

```
MariaDB[study _ db]> select *from gwamok _ tbl;
```

```
명령 프롬프트 - mysql -uroot -p123456 study_db

MariaDB [study_db]> select *from gwamok_tbl;
+------+-------------------+--------+------+
| CODE | GNAME             | HAKJUM | TIME |
+------+-------------------+--------+------+
| 1001 | 정보처리실무      |      3 |    4 |
| 1002 | 사상체질학        |      2 |    3 |
| 1003 | 데이터베이스      |      3 |    3 |
| 1004 | 빅데이터 분석기법 |      2 |    3 |
| 1005 | 데이터마이닝      |      3 |    4 |
+------+-------------------+--------+------+
5 rows in set (0.00 sec)

MariaDB [study_db]>
```

[그림 7-44] gwamok_tbl 테이블의 모든 레코드 검색

• **Step 03** | jumsu_tbl 테이블에 대한 전체 레코드를 검색하기 위해 다음과 같이 SQL 명령문을 수행합니다.

```
MariaDB[study _ db]> select *from jumsu _ tbl;
```

```
명령 프롬프트 - mysql -uroot -p123456 study_db

MariaDB [study_db]> select *from jumsu_tbl;
+----------+------+-------+
| SNO      | CODE | SCORE |
+----------+------+-------+
| 20152356 | 1001 |    88 |
| 20152356 | 1004 |    76 |
| 20177321 | 1003 |    85 |
| 20177321 | 1005 |    98 |
| 20161233 | 1002 |    69 |
| 20186892 | 1001 |    92 |
| 20193209 | 1003 |    59 |
| 20165278 | 1004 |    93 |
| 20173225 | 1005 |    75 |
| 20173225 | 1003 |    55 |
+----------+------+-------+
10 rows in set (0.00 sec)

MariaDB [study_db]>
```

[그림 7-45] jumsu_tbl 테이블의 모든 레코드 검색

이와 같이 3개의 테이블 haksa_tbl, gwamok_tbl, Jumsu_tbl에 대한 모든 레코드를 검색하였습니다. 다음 절에서는 전체 레코드 중에서 일부 부분만을 검색하는 방법에 대해 살펴보도록 하겠습니다.

레코드 부분 검색 : 필드명

테이블의 전체 레코드 중에서 특정 필드에 대한 내용을 검색하고자 할 때는 특정 필드명을 지정해 주면 됩니다. 다음 예제를 통해 레코드 부분 검색방법에 대해 자세히 살펴보도록 하겠습니다.

|예제 7-18|

- **Step 01** | jumsu_tbl 테이블에서 취득한 점수의 과목 코드만을 검색하기 위해 다음과 같이 SQL 명령문을 수행합니다.

```
MariaDB[study_db]> select CODE from jumsu_tbl;
```

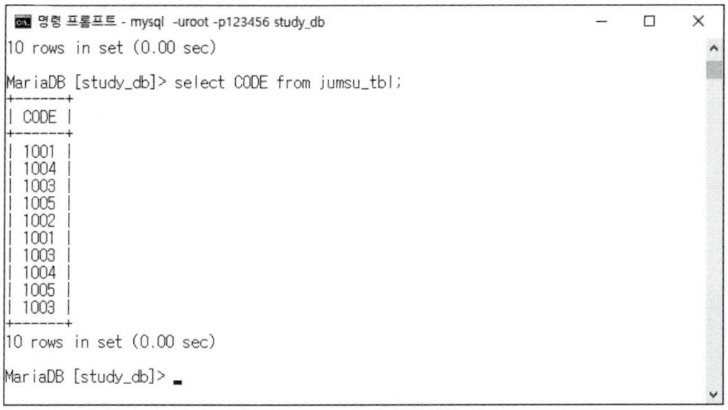

[그림 7-46] jumsu_tbl 테이블의 레코드 부분 검색

- **Step 02** | jumsu_tbl 테이블에서 취득한 중복된 데이터는 효용 가치가 없으므로 DISTINCT 명령으로 중복된 결과를 제거하여 검색하기 위해 다음과 같이 SQL 명령문을 수행합니다.

```
MariaDB[study_db]> select distinct CODE from jumsu_tbl;
```

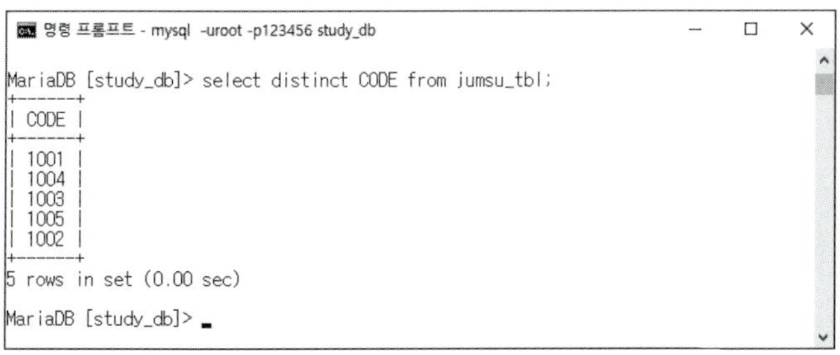

[그림 7-47] jumsu_tbl 테이블의 중복결과 제거 검색

조건에 맞는 레코드 검색 : SELECT~WHERE

테이블에서 특정 조건에 맞는 레코드를 검색하기 위해서는 WHERE절을 이용합니다. 이때 사용되는 SQL 명령문의 형식은 다음과 같습니다.

```
MariaDB[study_db]>  SELECT 필드명1, 필드명2, 필드명3...
    -> FROM 테이블명
    -> WHERE 조건;
```

다음 예제를 통해 테이블에서 특정 조건에 맞는 레코드를 검색하는 과정에 대해 살펴보도록 하겠습니다.

|예제 7-19|

haksa_tbl 테이블에서 남성의 성명, 성별, 전공, 주소에 대해서만 레코드를 검색하기 위해 다음과 같이 SQL 명령문을 수행합니다.

```
MariaDB[study _ db]> select NAME, MW, DEPT, ADDR
    -> from haksa _ tbl
    -> where MW = 'M';
```

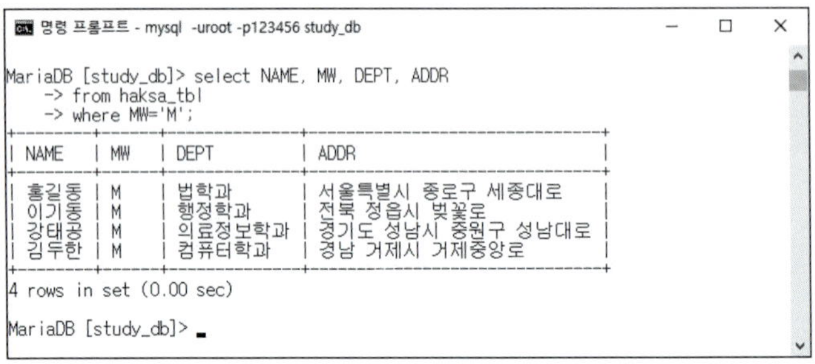

[그림 7-48] haksa_tbl 테이블에서 조건 검색

haksa_tbl 테이블에 등록된 필드 순서가 아닌 임의의 순서대로 필드명을 나열하여 검색하였더니 테이블 생성과정에서 작성된 필드의 순서는 무시되고 검색 명령에서 나열한 필드의 순서대로 레코드가 검색되었습니다.

검색된 필드의 정렬 : ORDER BY

SELECT 구문과 WHERE절을 이용하여 특정 조건에 맞는 레코드들을 검색하면 입력된 순서대로 검색 결과가 출력됩니다. 출력되는 검색 결과에 대한 필드를 정렬하기 위해서는 ORDER BY의 속성을 이용합니다. 각 속성의 후미에 ASC(오름차순)과 DESC(내림차순)을 첨부하여 검색된 필드의 결과를 순서적으로 정렬할 수 있으며 이와 관련된 SQL 명령문 사용형식은 다음과 같습니다.

```
MariaDB[study _ db]> SELECT 필드명1, 필드명2, 필드명3...
     -> FROM 테이블명
     -> WHERE 조건
     -> ORDER BY 필드명 오름차순(ASC) 또는 내림차순(DESC);
```

특정 테이블에서 검색되는 필드를 정렬하기 위해 사용되는 SQL 명령문에 대해서는 다음 예제를 통해 자세히 살펴보도록 하겠습니다.

|예제 7-20|

haksa_tbl 테이블에서 남성의 성명, 성별, 전공, 주소에 대해 레코드를 검색하여 출력하는 과정에서 성명 순으로 출력하기 위해 다음과 같이 SQL 명령문을 수행합니다.

```
MariaDB[study _ db]> select NAME, MW, DEPT, ADDR
     -> from haksa _ tbl
     -> where MW = 'M'
     -> order by NAME asc; (오름차순의 경우에는 'ASC'를 생략해도 됨)
```

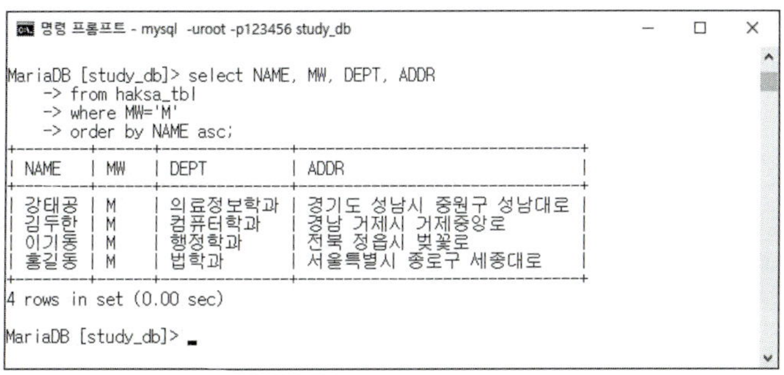

```
명령 프롬프트 - mysql -uroot -p123456 study_db

MariaDB [study_db]> select NAME, MW, DEPT, ADDR
    -> from haksa_tbl
    -> where MW='M'
    -> order by NAME asc;
+--------+----+--------------+---------------------------+
| NAME   | MW | DEPT         | ADDR                      |
+--------+----+--------------+---------------------------+
| 강태공 | M  | 의료정보학과 | 경기도 성남시 중원구 성남대로 |
| 김두한 | M  | 컴퓨터학과   | 경남 거제시 거제중앙로      |
| 이기동 | M  | 행정학과     | 전북 정읍시 벚꽃로          |
| 홍길동 | M  | 법학과       | 서울특별시 종로구 세종대로   |
+--------+----+--------------+---------------------------+
4 rows in set (0.00 sec)

MariaDB [study_db]> _
```

[그림 7-49] 성명 필드를 오름차순으로 레코드 검색

haksa_tbl 테이블에 존재하는 레코드 중에서 남성의 성명, 성별, 전공, 주소에 대한 검색 결과가 성명 순[ASC:오름차순]으로 검색되었음을 확인할 수 있습니다.

이번에는 성적 테이블에서 점수가 80점 이상인 레코드를 검색하는 과정에 대해 다음 예제를 통해 살펴보도록 하겠습니다.

|예제 7-21|

jumsu_tbl 테이블에서 점수가 80점 이상인 학생의 학번을 내림차순으로 검색하기 위해 다음과 같이 SQL 명령문을 수행합니다.

```
MariaDB[study _ db]> select *from jumsu _ tbl
      -> where SCORE >= 80
      -> order by SNO desc;
```

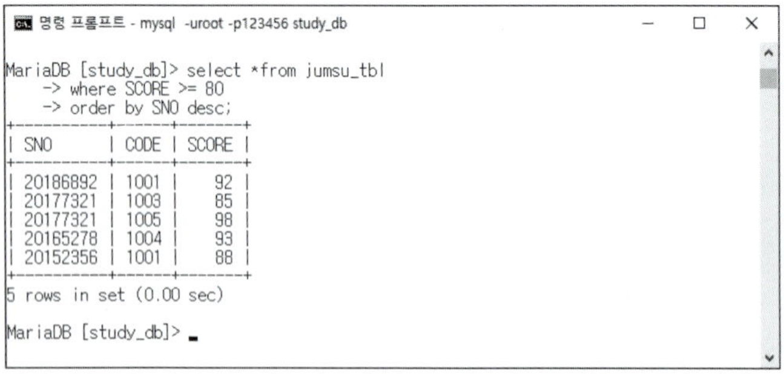

```
명령 프롬프트 - mysql -uroot -p123456 study_db

MariaDB [study_db]> select *from jumsu_tbl
    -> where SCORE >= 80
    -> order by SNO desc;
+----------+------+-------+
| SNO      | CODE | SCORE |
+----------+------+-------+
| 20186892 | 1001 |    92 |
| 20177321 | 1003 |    85 |
| 20177321 | 1005 |    98 |
| 20165278 | 1004 |    93 |
| 20152356 | 1001 |    88 |
+----------+------+-------+
5 rows in set (0.00 sec)

MariaDB [study_db]>
```

[그림 7-50] 점수 테이블의 80점 이상 레코드를 내림차순으로 검색

다음 예제에서는 점수 테이블에서 점수가 80점대에 해당하는 레코드를 검색하여 학번과 점수 필드만을 출력하는 과정에 대해 살펴보도록 하겠습니다.

|예제 7-22|

jumsu_tbl 테이블에서 점수가 80점대에 해당하는 레코드에 대해 점수를 기준하여 내림차순으로 학번과 성적을 출력하기 위해 다음과 같이 SQL 명령문을 수행합니다.

```
MariaDB[study _ db]> select SNO, SCORE from jumsu _ tbl
     -> where SCORE >= 80 and SCORE < 90
     -> order by SCORE desc;
```

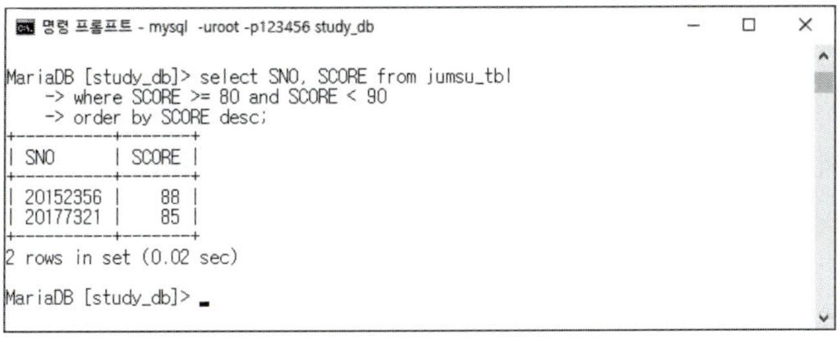

[그림 7-51] 점수 테이블에서 80점대 레코드만 검색

다음 예제에서는 과목 테이블에서 모든 과목의 학점을 내림차순으로 검색하되 동일한 학점일 경우에는 과목 코드를 오름차순으로 검색하는 과정에 대해 살펴보도록 하겠습니다.

예제 7-23

gwamok_tbl 테이블에서 모든 과목의 학점을 내림차순으로 검색하되 동일한 학점이 있을 경우에는 CODE 필드를 오름차순으로 검색되도록 SQL 명령문을 다음과 같이 수행합니다.

```
MariaDB[study _ db]> select *from gwamok _ tbl
    -> order by HAKJUM desc, CODE asc;
```

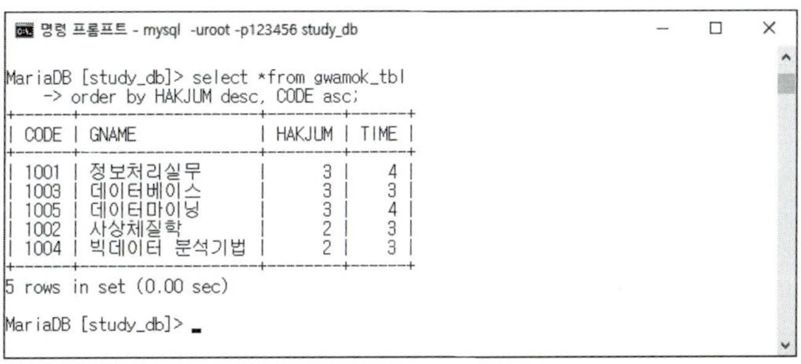

[그림 7-52] gwamok_tbl 테이블의 필드정렬 검색

이번에는 점수 테이블에서 80점 이상에 해당하는 학번을 오름차순으로 정하고 학번이 같을 경우에는 과목코드가 높은 순으로 레코드가 검색되는 과정에 대해 다음 예제를 통해 살펴보도록 하겠습니다.

|예제 7-24|

jumsu_tbl 테이블에서 점수가 80점 이상인 학번을 빠른 학번 순으로 정하고 동일한 학번일 경우에는 과목코드가 높은 순서부터 검색되도록 SQL 명령문을 다음과 같이 수행합니다. 검색조건은 학번SNO의 경우 오름차순이고 과목코드CODE는 내림차순에 대한 요구사항입니다.

```
MariaDB[study _ db]> select *from jumsu _ tbl
    -> where SCORE >= 80
    -> order by SNO, CODE desc;
```

이 과정에서 순서를 정렬하는 ORDER BY 다음에 필드명 SNO를 선언하고 오름차순ASC 또는 내림차순DESC의 선언을 생략했습니다. 정렬 순서에 대한 옵션을 생략하면 기본적으로 오름차순의 순서로 테이블이 정렬되어 검색 결과가 출력됩니다.

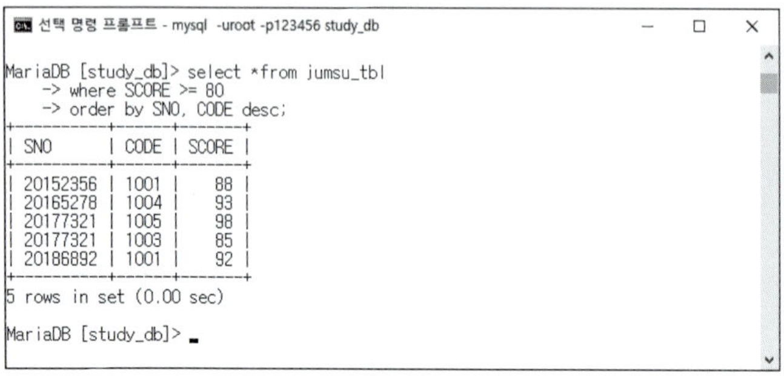

```
선택 명령 프롬프트 - mysql -uroot -p123456 study_db
MariaDB [study_db]> select *from jumsu_tbl
    -> where SCORE >= 80
    -> order by SNO, CODE desc;
+----------+------+-------+
| SNO      | CODE | SCORE |
+----------+------+-------+
| 20152356 | 1001 |    88 |
| 20165278 | 1004 |    93 |
| 20177321 | 1005 |    98 |
| 20177321 | 1003 |    85 |
| 20186892 | 1001 |    92 |
+----------+------+-------+
5 rows in set (0.00 sec)

MariaDB [study_db]>
```

[그림 7-53] jumsu_tbl 테이블의 80점 이상 레코드 검색

SNO 필드명 다음에 ASC오름차순을 생략했음에도 SNO학번이 오름차순으로 정렬되었고 CODE과목코드는 주어진 옵션 DESC에 의해 내림차순으로 검색되었습니다. SNO학번이 중복되는 20177321 학번의 경우 CODE과목코드 순서는 내림차순DESC의 형태로 정렬된 것을 확인할 수 있습니다.

결과값의 제한 검색 : LIMIT

SELECT 구문을 사용하여 레코드 검색결과를 제한하고자 할 때는 LIMIT 명령을 사용합니다. 점수가 높은 순으로 5명만 출력하거나 나이가 많은 순서로 3명만 출력할 때 제한 검색 명령을 사용하면 매우 편리하게 결과값을 제한하여 검색할 수 있습니다. 이와 관련된

SQL 명령문 사용형식은 다음과 같습니다.

```
MariaDB[study_db]> SELECT *FROM 테이블명
    -> ORDER BY 필드명 (ASC 또는 DESC) LIMIT 숫자;
```

다음 예제에서는 점수 테이블에서 점수가 높은 순으로 3명에 대한 모든 정보가 검색되도록 SQL 명령문의 수행과정에 대해 살펴보도록 하겠습니다.

| 예제 7-25 |

- **Step 01** | jumsu_tbl 테이블에서 점수가 높은 순으로 3명에 대한 정보만 출력되도록 SQL 명령문을 다음과 같이 수행합니다.

```
MariaDB[study_db]> select *from jumsu_tbl
    -> order by SCORE desc limit 3;
```

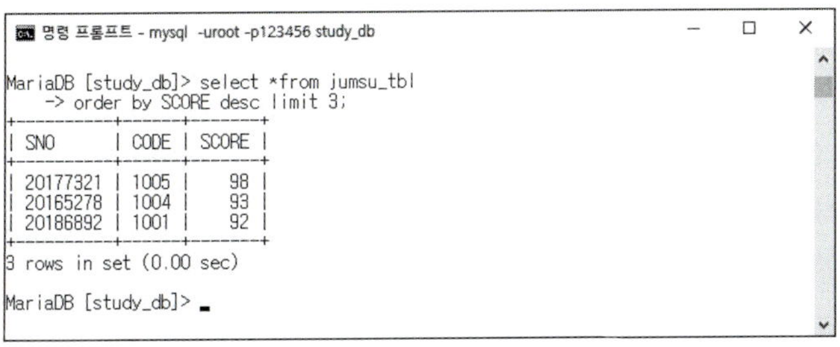

[그림 7-54] jumsu_tbl 테이블에서 높은 성적 3명의 레코드 검색

- **Step 02** | 이번에는 jumsu_tbl에서 성적이 가장 낮은 순서부터 5명의 레코드가 검색되도록 다음과 같이 SQL 명령문을 수행합니다.

```
MariaDB[study_db]> select *from jumsu_tbl
    -> order by SCORE limit 5; (ASC는 생략해도 됨)
```

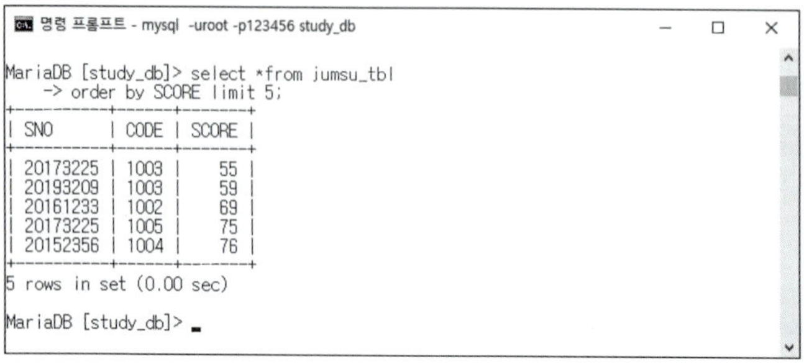

[그림 7-55] 성적이 가장 낮은 5명의 레코드 검색

레코드 집계함수 : COUNT

집계함수는 결과 레코드들에 대한 레코드의 개수, 값들의 합, 평균, 최댓값, 최솟값 등의 산술적인 연산을 한 결과값을 출력합니다. MySQL^MariaDB^에서 사용하는 집계함수를 다음 표와 같이 정리하였습니다.

[표 7-13] 집계함수의 종류와 의미

집계 함수	의미
count(*)	테이블에 속하는 레코드의 개수
count(필드명)	null 값이 아닌 레코드의 개수
sum(필드명)	필드명의 값들의 합계
avg(필드명)	필드명의 값들의 평균
max(필드명)	필드명의 값들 중 최댓값
min(필드명)	필드명의 값들 중 최솟값

다음 예제에서는 집계함수를 사용하여 테이블의 전체 학생 수를 검색하는 과정에 대해 살펴보도록 하겠습니다.

|예제 7-26|

haksa_tbl 테이블에 존재하는 전체 학생 수를 검색하기 위해 SQL 명령문을 다음과 같이 수행합니다.

```
MariaDB[study _ db]> select count(*) from haksa _ tbl;
```

```
명령 프롬프트 - mysql -uroot -p123456 study_db

MariaDB [study_db]> select count(*) from haksa_tbl;
+----------+
| count(*) |
+----------+
|        7 |
+----------+
1 row in set (0.00 sec)

MariaDB [study_db]>
```

[그림 7-56] haksa_tbl 테이블의 전체 레코드 수 검색

그룹별 집계 산출을 위한 함수 사용

테이블에 주어진 필드의 집계를 따로 산출할 수 있다면 부분적으로 통계를 산출하는 과정에 있어서 데이터의 효율성을 높일 수 있습니다. 그룹별 집계 산출을 위한 함수 사용방법에 대한 SQL 명령문의 사용형식은 다음과 같습니다.

```
MariaDB[study_db]> SELECT 필드명1, 집계함수(필드명2)
    -> FROM 테이블명
    -> GROUP BY 필드명1;
```

'GROUP BY 필드명'절은 결과값에 대해 필드명을 기준으로 검색하기 위한 명령으로 그 결과를 그룹화하고 각 그룹에 대한 집계함수를 적용해 줍니다. 다음 예제를 통해 자세히 살펴보도록 하겠습니다.

|예제 7-27|

jumsu_tbl 테이블에서 학번별로 총점을 구하기 위해 SQL 명령문을 다음과 같이 수행합니다.

```
MariaDB[study_db]> select SNO, SUM(SCORE)
    -> from jumsu_tbl
    -> group by SNO;
```

```
명령 프롬프트 - mysql -uroot -p123456 study_db

MariaDB [study_db]> select SNO, SUM(SCORE)
    -> from jumsu_tbl
    -> group by SNO;
+----------+------------+
| SNO      | SUM(SCORE) |
+----------+------------+
| 20152356 |        164 |
| 20161233 |         69 |
| 20165278 |         93 |
| 20173225 |        130 |
| 20177321 |        183 |
| 20186892 |         92 |
| 20193209 |         59 |
+----------+------------+
7 rows in set (0.00 sec)

MariaDB [study_db]> _
```

[그림 7-57] jumsu_tbl 테이블의 학번별 총점결과

수행 결과에 대한 조건 검색 : HAVING

GROUP BY에 의해 수행된 결과에 대해 조건을 적용하여 검색하려면 HAVING절을 이용해야 합니다. 여기에서 주의할 점은 반드시 GROUP BY절을 먼저 기술해야 하며 사용형식은 다음과 같습니다.

```
MariaDB[study_db]> SELECT 필드명
    -> FROM 테이블명
    -> GROUP BY 필드명
    -> HAVING 집계함수 조건;
```

다음 예제에서는 두 과목 이상의 점수를 취득한 학생의 학번을 검색하는 과정에 대해 살펴보도록 하겠습니다.

|예제 7-28|

jumsu_tbl 테이블에서 두 과목 이상의 점수를 취득한 학생의 학번을 검색하기 위해 다음과 같이 SQL 명령문을 수행합니다.

```
MariaDB[study_db]> select SNO
-> from jumsu_tbl
-> group by SNO
-> having count(*) >= 2;
```

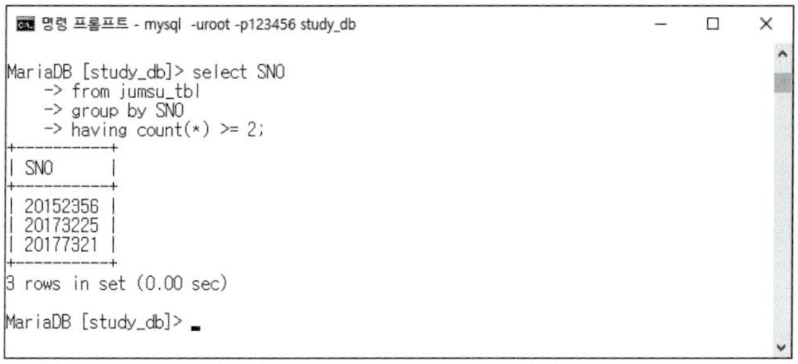

[그림 7-58] 두 과목 이상의 점수를 취득한 학생의 학번 검색

특정 문자열을 가진 레코드 검색 : LIKE

SQL 명령어에서 특정 문자열을 가진 레코드를 검색하기 위해 제공되는 연산자는 LIKE이며 문자열 상수에 일치여부를 판별하기 위한 에스케이프 문자 _[언더스코어]와 %[퍼센트]가 제공됩니다. 에스케이스 문자와 의미에 대해 다음 표와 같이 정리하였습니다.

[표 7-14] 에스케이프 문자와 의미

에스케이프 문자	의미
_ (언더스코어)	임의의 한 문자 (한글의 경우 2byte이므로 2개 사용)
% (퍼센트)	임의의 여러 문자 (숫자 0을 포함)

다음 예제에서는 테이블의 필드를 검색하는 과정에서 데이터의 전체 문자열을 입력하지 않고 일부 문자와 에스케이프 문자를 함께 사용하여 레코드를 검색하는 과정에 대해 살펴보도록 하겠습니다.

|예제 7-29|

- **Step 01** | haksa_tbl 테이블에서 '홍'씨 성을 가진 사람의 학번과 성명, 전공, 이메일 주소를 검색하기 위해 다음과 같이 SQL 명령문을 수행합니다.

```
MariaDB[study _ db]> select SNO, NAME, DEPT, EMAIL
    -> from haksa _ tbl
    -> where NAME like '홍%';
```

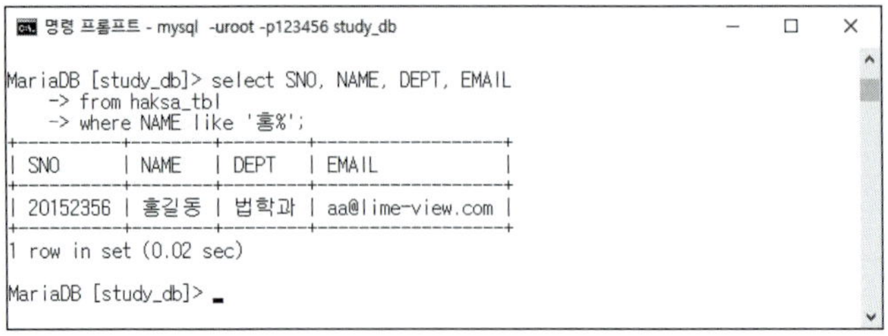

[그림 7-59] '홍'씨 성을 가진 레코드 검색

• **Step 02** | 이번에는 haksa_tbl 테이블에서 LIKE 연산자의 부정을 의미하는 NOT LIKE를 사용하여 성명의 끝에 '순'자가 들어있지 않은 학생의 학번과 성명, 에메일 주소를 검색하기 위해 SQL 명령문을 다음과 같이 수행합니다.

```
MariaDB[study_db]> select SNO, NAME, EMAIL
    -> from haksa_tbl
    -> where NAME not like '__순';
```

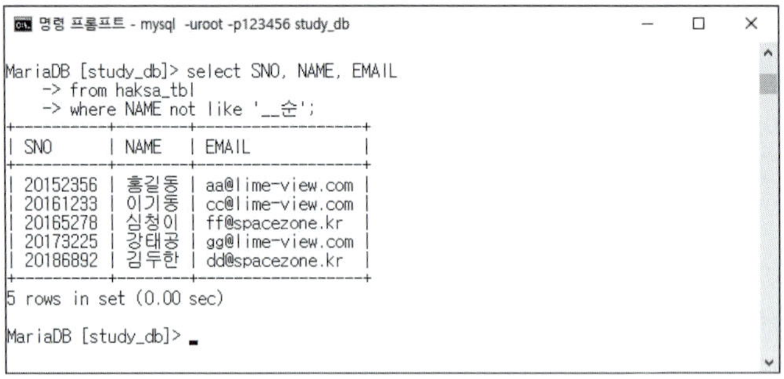

[그림 7-60] 성명의 끝에 '순'자가 들어가지 않는 레코드만 검색

• **Step 03** | haksa_tbl 테이블에서 주소지가 '경기도'이면서 성명에 '태'자가 들어가는 학생의 모든 레코드 정보를 검색하기 위해 다음과 같이 SQL 명령문을 수행합니다.

```
MariaDB[study_db]> select *from haksa_tbl
    -> where ADDR like '경기%' and NAME like '_태%';
```

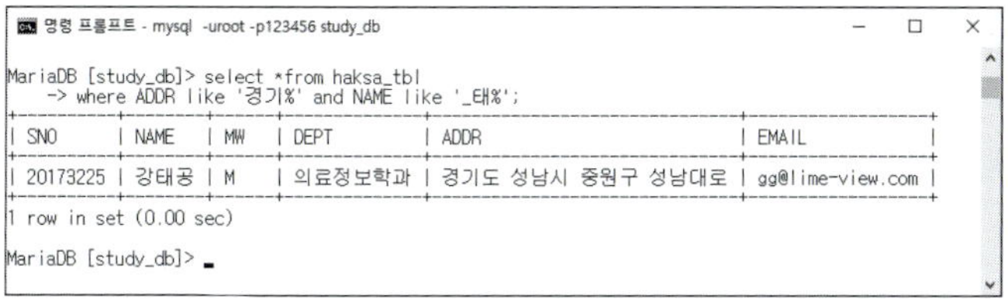

```
명령 프롬프트 - mysql -uroot -p123456 study_db
MariaDB [study_db]> select *from haksa_tbl
    -> where ADDR like '경기%' and NAME like '_태%';
+----------+--------+----+------------+------------------------------+-------------------+
| SNO      | NAME   | MW | DEPT       | ADDR                         | EMAIL             |
+----------+--------+----+------------+------------------------------+-------------------+
| 20173225 | 강태공 | M  | 의료정보학과 | 경기도 성남시 중원구 성남대로 | gg@lime-view.com |
+----------+--------+----+------------+------------------------------+-------------------+
1 row in set (0.00 sec)

MariaDB [study_db]> _
```

[그림 7-61] 경기도에 살면서 성명에 '태'가 들어가는 레코드 검색

NULL 값을 가지는 검색

NULL 값은 알 수 없는 값을 나타내기 위해 사용되는 특별한 값으로 입력되지 않은 값이 저장장치에 초기값으로 표현되어 조건 검색에 악영향을 끼치는 것을 방지하기 위해 사용됩니다. 다음 예제를 통해 NULL 값을 가지는 레코드를 검색하는 과정에 대해 살펴보도록 하겠습니다.

|예제 7-30|

- **Step 01** | gwamok_tbl 테이블에서 학점이 NULL 값인 레코드의 모든 정보를 검색하기 위해 다음과 같이 SQL 명령문을 수행합니다.

```
MariaDB[study _ db]> select *from gwamok _ tbl
    -> where HAKJUM is null;
```

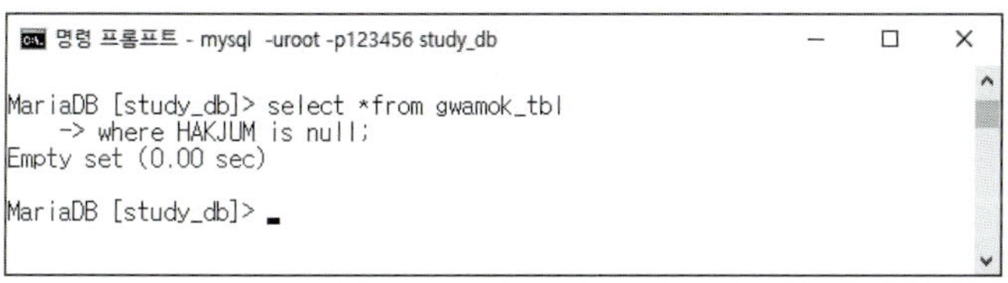

```
명령 프롬프트 - mysql -uroot -p123456 study_db
MariaDB [study_db]> select *from gwamok_tbl
    -> where HAKJUM is null;
Empty set (0.00 sec)

MariaDB [study_db]> _
```

[그림 7-62] 학점이 NULL 값인 모든 레코드 검색

- **Step 02** | 이번에는 gwamok_tbl 테이블에서 학점이 NULL 값이 아닌 레코드의 모든 정보를 검색하기 위해 SQL 명령문을 다음과 같이 수행합니다.

```
MariaDB[study _ db]> select *from gwamok _ tbl
    -> where HAKJUM is not null;
```

```
MariaDB [study_db]> select *from gwamok_tbl
    -> where HAKJUM is not null;
+------+------------------+--------+------+
| CODE | GNAME            | HAKJUM | TIME |
+------+------------------+--------+------+
| 1001 | 정보처리실무     |      3 |    4 |
| 1002 | 사상체질학       |      2 |    3 |
| 1003 | 데이터베이스     |      3 |    3 |
| 1004 | 빅데이터 분석기법 |      2 |    3 |
| 1005 | 데이터마이닝     |      3 |    4 |
+------+------------------+--------+------+
5 rows in set (0.00 sec)

MariaDB [study_db]>
```

[그림 7-63] 학점이 NULL 값이 아닌 모든 레코드 검색

조인검색 : JOIN

두 개 이상의 테이블로부터 결과를 검색하는 과정을 조인검색이라고 하며 조인[Join]이란 테이블 상호간의 특정 관련성을 갖는 두 개 이상의 테이블로부터 새로운 테이블을 생성하는데 사용되는 연산입니다. 다음 예제를 통해 두 개 이상의 테이블에서 조인검색을 수행하는 과정에 대해 자세히 살펴보도록 하겠습니다.

|예제 7-31|

- **Step 01** | 점수 테이블[jumsu_tbl]의 과목코드[CODE]에서 1001의 점수를 획득한 학생의 성명을 학사 테이블haksa_tbl에서 조인 검색하기 위해 다음과 같이 SQL 명령문을 수행합니다.

```
MariaDB[study_db]> select haksa_tbl.NAME
      -> from haksa_tbl, jumsu_tbl
      -> where haksa_tbl.SNO = jumsu_tbl.SNO and jumsu_tbl.CODE = 1001;
```

```
MariaDB [study_db]> select haksa_tbl.NAME
    -> from haksa_tbl, jumsu_tbl
    -> where haksa_tbl.SNO = jumsu_tbl.SNO and jumsu_tbl.CODE = 1001;
+--------+
| NAME   |
+--------+
| 홍길동 |
| 김두한 |
+--------+
2 rows in set (0.04 sec)

MariaDB [study_db]>
```

[그림 7-64] 1001 코드의 점수를 획득한 학생의 이름 조인검색

조인[Join]검색에 관련된 테이블은 학사 테이블[haksa_tbl]과 점수 테이블[jumsu_tbl]이며 공통적인 속성은 SNO[학번] 필드입니다. SELECT haksa_tbl.NAME은 haksa_tbl 테이블의 이름에 대한 NAME 필드의 속성을 점(.)으로 구분하고 두 테이블의 조건에 따라 NAME[이름] 필드를 출력하라는 의미입니다.

FROM haksa_tbl, jumsu_tbl의 명령은 관련 있는 두 개의 테이블을 콤마(,)로 구분하고 WHERE haksa_tbl.SNO = jumsu_tbl.SNO는 두 테이블의 SNO[학번] 필드가 서로 같음을 의미합니다. AND jumsu_tbl.CODE = 1001은 jumsu_tbl 테이블의 CODE[과목코드] 필드의 속성이 1001을 가지고 있으면서 haksa_tbl 테이블과 jumsu_tb 테이블의 SNO[학번] 필드가 같은 학생의 이름을 출력하라는 조인검색을 의미합니다.

- **Step 02** | 이번에는 과목 중에서 '빅 데이터 분석기법'을 수강한 학생의 성명을 조인 검색하기 위해 다음과 같이 SQL 명령문을 수행합니다.

```
MariaDB[study_db]> select haksa_tbl.NAME
    -> from haksa_tbl, gwamok_tbl, jumsu_tbl
    -> where haksa_tbl.SNO = jumsu_tbl.SNO
    -> and gwamok_tbl.CODE = jumsu_tbl.CODE
    -> and gwamok_tbl.GNAME = '빅데이터 분석기법';
```

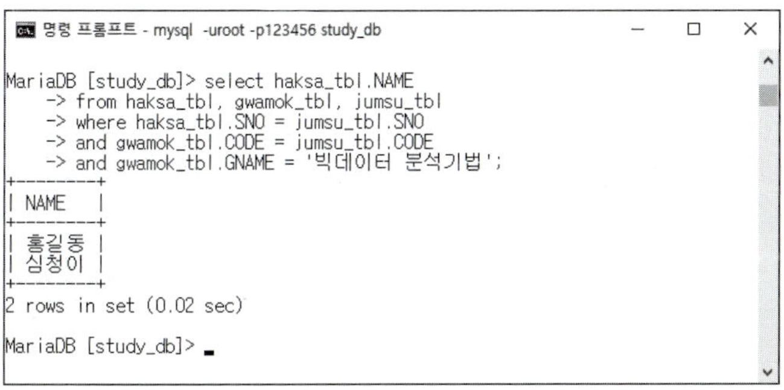

[그림 7-65] 빅데이터 분석기법 과목을 수강한 학생의 이름 검색

위의 질의문은 haksa_tbl, gwamok_tbl, jumsu_tbl 세 개의 테이블에 모두 관련이 있으며 과목 빅데이터 분석기법은 gwamok_tbl 테이블에 존재합니다. 빅데이터 분석기법 과목을 수강한 학생의 성명을 알기 위해서는 jumsu_tbl 테이블에 있는 CODE[과목코드] 필드

와 gwamok_tbl 테이블의 CODE과목코드 필드가 같은 값을 가지고 있는지를 먼저 비교해야 합니다.

gwamok_tbl과 jumsu_tb 두 테이블의 CODE 필드 값이 같다면 빅데이터 분석기법 과목에 해당하는 과목코드 1004를 가지고 있는 jumsu_tbl 테이블의 SNO학번 필드와 haksa_tbl 테이블의 SNO학번 필드가 가지는 있는 값이 같은지를 비교합니다. and 연산을 두 번 선언한 이유는 세 개 테이블의 상호 연관성을 비교하여 조건이 참인 경우 해당되는 학생의 성명을 출력하기 위한 조인검색을 위함입니다.

조인검색은 일반 검색과는 달리 복잡하기 때문에 많은 실습을 요구하는 부분입니다. 단순히 하나의 테이블에서 레코드를 검색하는 한정적인 방법의 영역을 탈피하여 여러 개의 테이블과 관련된 레코드를 검색하는 과정이 조인검색이기 때문에 처음 SQL 명령문을 접하는 독자 분들에게는 다소 어렵게만 느껴질 것입니다. 하지만 원리를 찬찬히 살펴보면 충분히 따라 할 수 있으므로 자신감 있게 따라하다 보면 차츰 흥미를 느끼게 될 것입니다.

4 레코드 변경 명령 : UPDATE

레코드 변경 명령은 테이블에 입력된 데이터를 수정하기 위해 사용되는 명령으로 특정 필드의 값을 조건으로 지정하여 새로운 값으로 변경할 때 UPDATE 명령어를 사용합니다. UPDATE 명령문의 사용형식은 다음과 같습니다.

```
MariaDB[study _ db]> UPDATE 테이블명
     -> SET 필드명 = 변경할 조건
     -> WHERE 필드명 = 기존 속성값 ;
```

단일 레코드의 변경 : WHERE

레코드를 변경하기 위해서 사용되는 WHERE절은 기존 속성에 대한 값을 지정할 때 사용하며 단일 필드만 검색하는 조건이 있는 경우 한 개의 레코드에 대해서만 데이터를 변경할 수 있습니다. 단일 레코드를 변경하는 방법에 대해 다음 예제를 통해 자세히 살펴보도록 하겠습니다.

| 예제 7-32 |

- **Step 01** | 학번이 20152356인 학생의 과목코드 1004의 기존 점수 76점을 95점으로 변경하고 변경된 레코드 결과를 출력하기 위해 다음과 같이 SQL 명령문을 수행합니다.

```
MariaDB[study_db]> update jumsu_tbl
    -> set SCORE = 95
    -> where SNO = 20152356 and CODE = 1004;
```

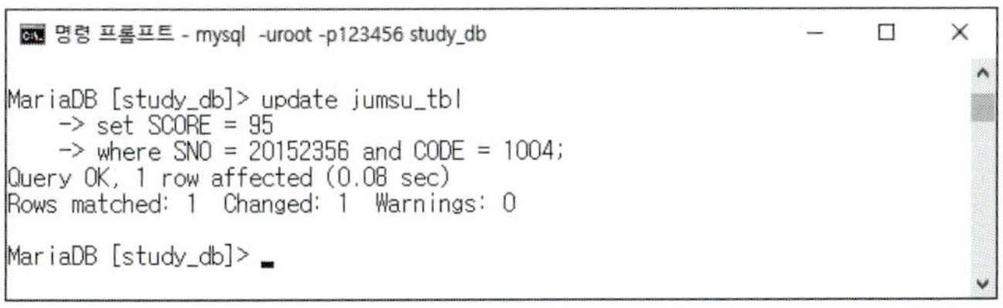

[그림 7-66] 20152356 학생의 과목코드 1004의 점수 변경

학번이 20152356인 학생의 과목코드 1004의 점수가 SQL 명령문의 수행으로 변경되었다는 메시지가 출력되었습니다. 다음 단계에서는 변경된 점수가 제대로 반영되었는지에 대해 조인 검색으로 살펴보도록 하겠습니다.

- **Step 02** | 학번이 20152356인 학생의 과목코드 1004의 점수가 SQL 명령문의 수행으로 변경된 점수가 제대로 반영되었는지를 확인하기 위해 다음과 같이 SQL 명령문을 수행합니다.

```
MariaDB[study_db]> select haksa_tbl.SNO, haksa_tbl.NAME, gwamok_tbl.CODE jumsu_tbl.SCORE
    -> from haksa_tbl, gwamok_tbl, jumsu_tbl
    -> where haksa_tbl.SNO = jumsu_tbl.SNO
    -> and gwamok_tbl.CODE = jumsu_tbl.CODE
    -> and haksa_tbl.SNO = 20152356
    -> and jumsu_tbl.CODE = 1004;
```

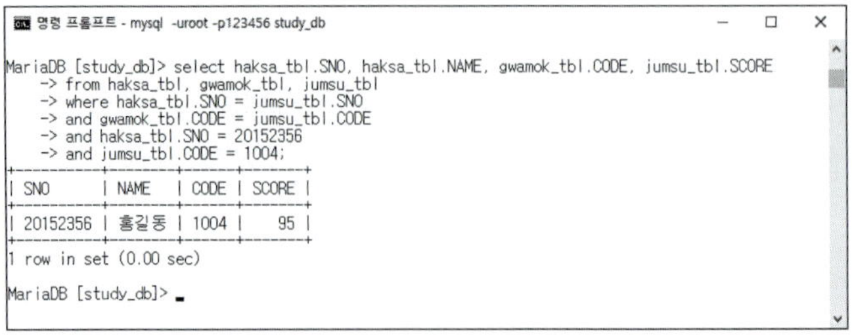

[그림 7-67] 20152356 학생의 변경된 점수 확인

조인검색을 통해 20152356 홍길동 학생의 과목코드 1004에 대한 점수가 95점으로 변경되어 있음을 확인하였습니다.

- **Step 03** | 이번에는 이기동의 성별을 남자에서 여자로 변경하여 업데이트하는 과정에 대해 살펴보겠습니다. 이기동에 대한 구분 조건은 성명으로 설정하여 다음과 같이 SQL 명령문을 수행합니다.

```
MariaDB[study_db]> update haksa_tbl set MW = 'W' where NAME = '이기동' ;
MariaDB[study_db]> select NAME, MW from haksa_tbl where NAME = '이기동' ;
```

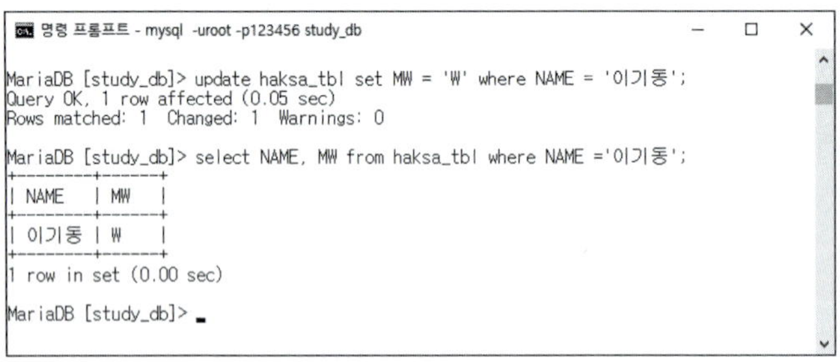

[그림 7-68] 이기동의 성별 변경 후 레코드 검색

전체 레코드의 변경 : UPDATE

대상 테이블에 존재하는 모든 레코드들의 속성 값을 한꺼번에 변경할 때는 UPDATE 명령을 사용하며 SQL 명령문의 사용형식은 다음과 같습니다.

```
MariaDB[study _ db]> UPDATE 테이블명
    -> SET 필드명 = 조건 ;
```

[표 7-9]와 같이 주어진 gwamok_tbl과목 테이블에서 배정된 시간 수를 1시간씩 감소하는 과정에 대해 다음 예제를 통해 살펴보도록 하겠습니다.

|예제 7-33|

gwamok_tbl[과목 테이블]에서 레코드 강좌 시간 수인 TIME[시간] 필드에 대해 5개의 레코드를 한꺼번에 1시간 씩을 줄이기 위해 다음과 같이 SQL 명령문을 수행합니다.

```
MariaDB[study _ db]> select *from gwamok _ tbl ;
MariaDB[study _ db]> update gwamok _ tbl set TIME = TIME - 1 ;
MariaDB[study _ db]> select *from gwamok _ tbl ;
```

```
명령 프롬프트 - mysql -uroot -p123456 study_db

MariaDB [study_db]> select *from gwamok_tbl;
+------+------------------+--------+------+
| CODE | GNAME            | HAKJUM | TIME |
+------+------------------+--------+------+
| 1001 | 정보처리실무     |      3 |    4 |
| 1002 | 사상체질학       |      2 |    3 |
| 1003 | 데이터베이스     |      3 |    3 |
| 1004 | 빅데이터 분석기법 |      2 |    3 |
| 1005 | 데이터마이닝     |      3 |    4 |
+------+------------------+--------+------+
5 rows in set (0.00 sec)

MariaDB [study_db]> update gwamok_tbl set TIME = TIME - 1;
Query OK, 5 rows affected (0.06 sec)
Rows matched: 5  Changed: 5  Warnings: 0

MariaDB [study_db]> select *from gwamok_tbl;
+------+------------------+--------+------+
| CODE | GNAME            | HAKJUM | TIME |
+------+------------------+--------+------+
| 1001 | 정보처리실무     |      3 |    3 |
| 1002 | 사상체질학       |      2 |    2 |
| 1003 | 데이터베이스     |      3 |    2 |
| 1004 | 빅데이터 분석기법 |      2 |    2 |
| 1005 | 데이터마이닝     |      3 |    3 |
+------+------------------+--------+------+
5 rows in set (0.00 sec)

MariaDB [study_db]> _
```

[그림 7-69] gwamok_tbl 테이블의 전체 레코드 변경

과목 테이블의 전체 레코드를 변경하기 전과 후를 출력하여 TIME 필드의 변경된 사항을 살펴봤습니다. 다음 절에서는 기존에 저장되어 있는 레코드를 삭제하는 방법에 대해 살펴보도록 하겠습니다.

5 레코드 삭제 명령 : DELETE

테이블에 존재하는 레코드를 삭제하기 위해서는 DELETE 명령을 사용합니다. 테이블에서 특정 레코드를 삭제하는 SQL 명령문의 사용형식은 다음과 같습니다.

```
MariaDB[study _ db]> DELETE
    -> FROM 테이블명
    -> WHERE 필드명 = 조건 ;
```

단일 레코드의 삭제 : LIKE

테이블에 존재하는 레코드 중에서 한 개의 레코드에 대해서만 삭제하는 과정에 대해 다음 예제를 통해 살펴보도록 하겠습니다.

|예제 7-34|

haksa_tbl 테이블에서 주소가 '경남'으로 시작하는 레코드를 삭제하기 위해 SQL 명령문을 다음과 같이 수행합니다.

```
MariaDB[study _ db]> select *from haksa _ tbl ;
MariaDB[study _ db]> delete from haksa _ tbl where ADDR like '경남%' ;
MariaDB[study _ db]> select *from haksa _ tbl ;
```

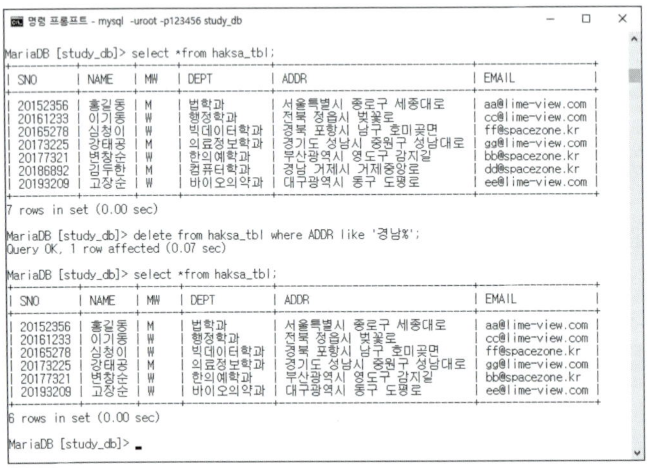

```
명령 프롬프트 - mysql -uroot -p123456 study_db

MariaDB [study_db]> select *from haksa_tbl;
+----------+--------+----+--------------+------------------------------+--------------------+
| SNO      | NAME   | MW | DEPT         | ADDR                         | EMAIL              |
+----------+--------+----+--------------+------------------------------+--------------------+
| 20152356 | 홍길동 | M  | 법학과       | 서울특별시 종로구 세종대로   | aa@lime-view.com   |
| 20161233 | 이기동 | W  | 행정학과     | 전북 정읍시 벚꽃로           | cc@lime-view.com   |
| 20165278 | 심청이 | W  | 빅데이터학과 | 경북 포항시 남구 호미곶면    | ff@spacezone.kr    |
| 20173225 | 강태공 | M  | 의료정보학과 | 경기도 성남시 중원구 성남대로 | gg@lime-view.com   |
| 20177321 | 변창순 | W  | 한의예학과   | 부산광역시 영도구 감지길     | bb@spacezone.kr    |
| 20186892 | 김두한 | M  | 컴퓨터학과   | 경남 거제시 거제중앙로       | dd@spacezone.kr    |
| 20193209 | 고장순 | W  | 바이오의약과 | 대구광역시 동구 도평로       | ee@lime-view.com   |
+----------+--------+----+--------------+------------------------------+--------------------+
7 rows in set (0.00 sec)

MariaDB [study_db]> delete from haksa_tbl where ADDR like '경남%';
Query OK, 1 row affected (0.07 sec)

MariaDB [study_db]> select *from haksa_tbl;
+----------+--------+----+--------------+------------------------------+--------------------+
| SNO      | NAME   | MW | DEPT         | ADDR                         | EMAIL              |
+----------+--------+----+--------------+------------------------------+--------------------+
| 20152356 | 홍길동 | M  | 법학과       | 서울특별시 종로구 세종대로   | aa@lime-view.com   |
| 20161233 | 이기동 | W  | 행정학과     | 전북 정읍시 벚꽃로           | cc@lime-view.com   |
| 20165278 | 심청이 | W  | 빅데이터학과 | 경북 포항시 남구 호미곶면    | ff@spacezone.kr    |
| 20173225 | 강태공 | M  | 의료정보학과 | 경기도 성남시 중원구 성남대로 | gg@lime-view.com   |
| 20177321 | 변창순 | W  | 한의예학과   | 부산광역시 영도구 감지길     | bb@spacezone.kr    |
| 20193209 | 고장순 | W  | 바이오의약과 | 대구광역시 동구 도평로       | ee@lime-view.com   |
+----------+--------+----+--------------+------------------------------+--------------------+
6 rows in set (0.00 sec)

MariaDB [study_db]>
```

[그림 7-70] 단일 레코드 삭제 후 전체 레코드 검색

특정 레코드의 삭제 : WHERE

WHERE절의 검색조건에 맞는 레코드들을 한꺼번에 삭제할 수 있는 SQL 명령문으로 점수 테이블[jumsu_tbl]에서 점수가 50점대에 해당하는 레코드를 삭제하기 위해 SQL 명령문을 다음과 같이 수행합니다.

```
MariaDB[study _ db]> delete from 테이블명
    -> where SCORE >= 50 and SCORE < 60 ;
```

특정 레코드의 삭제와 전체 레코드의 삭제는 실습하지 않고 그냥 레코드를 삭제하는 방법에 대해서만 알아두고 다음 실습을 위해 실제로 레코드를 남겨두기로 합니다.

전체 레코드의 삭제 : DELETE

대상 테이블에 존재하는 모든 레코드를 한꺼번에 삭제하기 위해서는 SQL 명령문을 다음과 같이 수행합니다.

```
MariaDB[study _ db]> DELETE from 테이블명 ;
```

이 명령을 실행할 때는 조심해야 합니다. 실수로 테이블의 모든 레코드들을 한꺼번에 잃어버릴 수 있기 때문입니다. 앞에서 실습했던 'DROP TABLE 테이블명' 명령과의 차이점을 살펴보면 'DROP TABLE 테이블명'의 경우에는 테이블 자체를 삭제하지만 'DELETE FROM 테이블명'의 경우에는 레코드가 하나도 존재하지 않는 빈 테이블만 남게 됩니다.

이와 같이 데이터 일괄실행, 레코드 삽입 명령, 레코드 검색 명령, 레코드 변경 명령, 레코드 삭제 명령 등 데이터 조작 명령어에 대해 다루었습니다. 다음 절에서는 데이터베이스의 백업과 복원에 대해 살펴보도록 하겠습니다.

SECTION

05 데이터베이스 백업 및 복원

이 섹션에서는 지금까지 작성한 데이터베이스에 대해 백업하는 과정과 복원하는 과정에 대해 살펴보도록 하겠습니다.

1 데이터베이스 백업 : MYSQLDUMP

앞에서 생성한 study_db 데이터베이스와 학사[haksa_tbl]테이블, 과목[gwamokk_tbl]테이블, 점수[jumsu_tbl] 테이블에 각각 저장되어 있는 데이터들을 백업해 두지 않으면 한꺼번에 모든 데이터를 잃어버리게 될 수도 있습니다. 힘들게 구축해 놓은 데이터를 한순간에 잃어버리게 된다면 그 허무함이야 말로 경험해 보지 못한 사람들은 미루어 짐작하기 조차 어려울 정도입니다. 그렇기 때문에 데이터베이스를 작성하였으면 반드시 백업을 해 두어야만 만일의 사태에 대비할 수 있습니다.

데이터베이스를 백업하기 위해서는 먼저 접속된 MySQL[MariaDB]의 접속을 종료해야 합니다. 그리고 mysqldump.exe 명령이 속해 있는 디렉터리의 위치에서 백업 명령을 수행해야 합니다. MySQL[MariaDB]에서 지금까지 생성한 데이터베이스를 백업하기 위해 수행되는 SQL 명령문의 사용형식은 다음과 같습니다.

```
d:₩xampp₩mysql₩bin> mysqldump -u계정 -p비밀번호 데이터베이스명 > 백업파일명
```

데이터베이스 백업과정은 다음 예제를 통해 자세히 살펴보도록 하겠습니다.

| 예제 7-2 |

- **Step 01** | 현재 접속 중인 MaraiDB 접속을 종료하고 지금까지 생성한 데이터베이스를 백업하기 위해 다음과 같이 SQL 명령문을 수행합니다.

```
d:₩xampp₩mysql₩bin> MYSQLDUMP -uroot -p123456 study_db > study_db_back.sql
```

```
MariaDB [study_db]> exit
Bye

D:₩xampp₩mysql₩bin>MYSQLDUMP -uroot -p123456 study_db > study_db_back.sql

D:₩xampp₩mysql₩bin>
```

[그림 7-71] 데이터베이스 백업

• **Step 02** | 백업 명령을 수행하여 아무런 메시지가 나타나지 않는다면 데이터베이스의 백업은 성공적으로 이루어진 것입니다. 지금까지 실습해 온 study_db 데이터베이스를 성공적으로 백업한 study_db_back.sql 파일은 d:₩xampp₩mysql₩bin 폴더에 저장되어 있습니다. 메모장 또는 노트패드 편집 창을 이용하여 study_db_back.sql 파일을 열어보면 백업된 데이터베이스에 대한 정보를 확인할 수 있습니다.

```
-- MySQL dump 10.16  Distrib 10.1.21-MariaDB, for Win32 (AMD64)
--
-- Host: localhost    Database: localhost
-- ------------------------------------------------------
-- Server version   10.1.21-MariaDB

/*!40101 SET @OLD_CHARACTER_SET_CLIENT=@@CHARACTER_SET_CLIENT */;
/*!40101 SET @OLD_CHARACTER_SET_RESULTS=@@CHARACTER_SET_RESULTS */;
/*!40101 SET @OLD_COLLATION_CONNECTION=@@COLLATION_CONNECTION */;
/*!40101 SET NAMES utf8 */;
/*!40103 SET @OLD_TIME_ZONE=@@TIME_ZONE */;
/*!40103 SET TIME_ZONE='+00:00' */;
/*!40014 SET @OLD_UNIQUE_CHECKS=@@UNIQUE_CHECKS, UNIQUE_CHECKS=0 */;
/*!40014 SET @OLD_FOREIGN_KEY_CHECKS=@@FOREIGN_KEY_CHECKS, FOREIGN_KEY_CHECKS=0 */;
/*!40101 SET @OLD_SQL_MODE=@@SQL_MODE, SQL_MODE='NO_AUTO_VALUE_ON_ZERO' */;
/*!40111 SET @OLD_SQL_NOTES=@@SQL_NOTES, SQL_NOTES=0 */;

--
-- Table structure for table `exam_tbl`
--

DROP TABLE IF EXISTS `exam_tbl`;
/*!40101 SET @saved_cs_client     = @@character_set_client */;
/*!40101 SET character_set_client = utf8 */;
CREATE TABLE `exam_tbl` (
  `SNO` int(11) NOT NULL,
  `NAME` varchar(10) DEFAULT NULL,
  `DEPT` varchar(20) DEFAULT NULL,
  `ADDR` varchar(80) DEFAULT NULL,
  `TEL` varchar(20) DEFAULT NULL,
  PRIMARY KEY (`SNO`)
) ENGINE=InnoDB DEFAULT CHARSET=utf8;
/*!40101 SET character_set_client = @saved_cs_client */;
```

[그림 7-72] 백업된 데이터베이스의 정보

백업된 데이터베이스의 정보를 확인해 보면 지금까지 수행한 데이터베이스 및 테이블 생성과 관련된 SQL 명령문들이 저장되어 있습니다. 다음 단원에서는 백업된 데이터베이스 파일을 가지고 원래의 데이터베이스로 복원하는 과정에 대해 살펴보도록 하겠습니다.

2 데이터베이스 복원 : MYSQL

백업 받은 데이터베이스를 다시 복원하기 위해 사용되는 SQL 명령문의 사용형식은 다음과 같습니다.

```
d:₩xampp₩mysql₩bin> mysql -u계정 -p비밀번호 데이터베이스명 < 백업파일명
```

데이터베이스를 복원하는 방법에 대해 두 가지의 형태로 진행하도록 하겠습니다. 첫 번째 방법은 원래의 데이터베이스 이름으로 복원하는 방법이고 두 번째 방법은 원래의 데이터베이스 이름과 다른 데이터베이스 이름으로 복원하는 방법에 대해 다루도록 하겠습니다.

원래의 데이터베이스 이름으로 복원

다음 예제를 통해 백업한 데이터베이스 파일을 사용하여 원래의 데이터베이스 이름으로 복원하는 과정에 대해 살펴보도록 하겠습니다.

|예제 7-36|

데이터베이스를 백업한 study_db_back.sql 파일을 원래의 데이터베이스 이름인 study_db로 복원하기 위해 다음과 같이 SQL 명령문을 수행합니다.

```
d:₩xampp₩mysql₩bin> mysql -uroot -p123456 study_db < study_db_back.sql
```

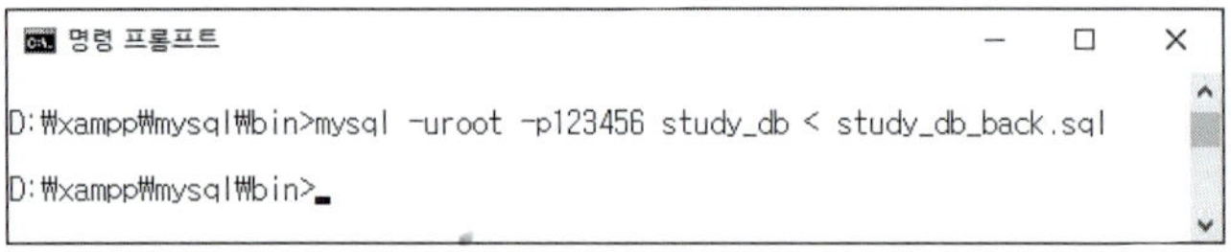

[그림 7-73] 동일한 이름으로 데이터베이스 복원

데이터베이스를 원래의 이름으로 복원하는 과정에서도 마찬가지로 아무런 에러 메시지가 출력되지 않았다면 성공적으로 복원이 수행된 것입니다. 이제 MySQL[MariaDB]에 관리자 계정으로 접속하여 데이터베이스가 존재하는지를 확인할 수 있습니다.

원래와 다른 데이터베이스 이름으로 복원

이번에는 백업할 때의 데이터베이스 이름과 다른 데이터베이스 이름으로 복원하는 과정에 대해 살펴보도록 하겠습니다. 이 과정에서 주의 깊게 살펴봐야 할 부분은 복원하려고 하는 데이터베이스는 반드시 존재해야 한다는 점입니다. 만약 복원하려는 데이터베이스가 존재하지 않은 상태에서 데이터베이스를 복원하려 한다면 에러가 발생하게 됩니다. 다음 예제를 통해 자세히 살펴보도록 하겠습니다.

예제 7-37

- **Step 01** | 이미 앞에서 데이터베이스 복원하는 과정을 실습하였으므로 다시 데이터베이스를 백업하기 위해 다음과 같이 SQL 명령문을 수행합니다.

```
d:₩xampp₩mysql₩bin> mysqldump -uroot -p123456 study_db > study_db_back.sql
```

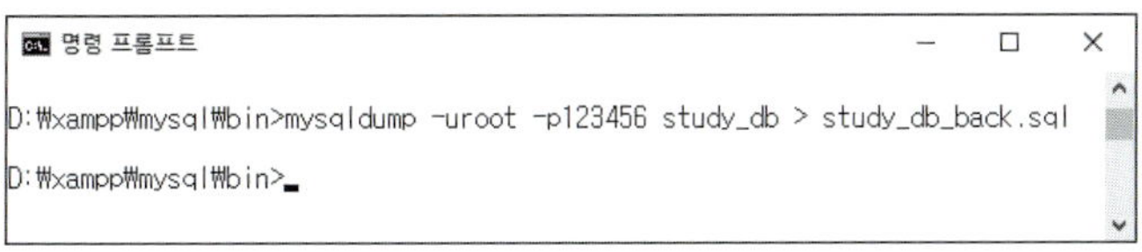

[그림 7-74] study_db 데이터베이스 백업

- **Step 02** | 관리자 계정에서 생성해 놓지 않은 데이터베이스 이름으로 백업된 데이터베이스를 복원하려고 SQL 명령문을 수행하면 다음과 같이 에러 메시지가 출력됩니다.

```
d:₩xampp₩mysql₩bin> mysql -uroot -p123456 example_db < study_db_back.sql
```

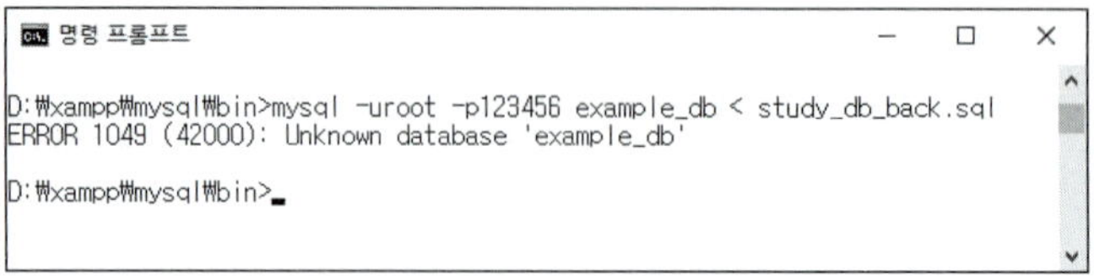

[그림 7-75] 존재하지 않는 데이터베이스 이름으로 복원할 경우

에러 메시지를 살펴보면 복원하려고 하는 데이터베이스[example_db]가 존재하지 않기 때문에 복원할 수 없다는 메시지가 출력됩니다.

- **Step 03** | 새로운 데이터베이스 이름인 example_db로 백업된 데이터베이스를 복원하기 위해서는 먼저 관리자 계정으로 MySQL[MariaDB]에 접속하여 example_db 데이터베이스를 생성해 주어야 합니다.

```
d:₩xampp₩mysql₩bin> mysql -uroot -p
Enter password : 123456
MariaDB[(none)]> create database example_db;
MariaDB[(none)]> exit
```

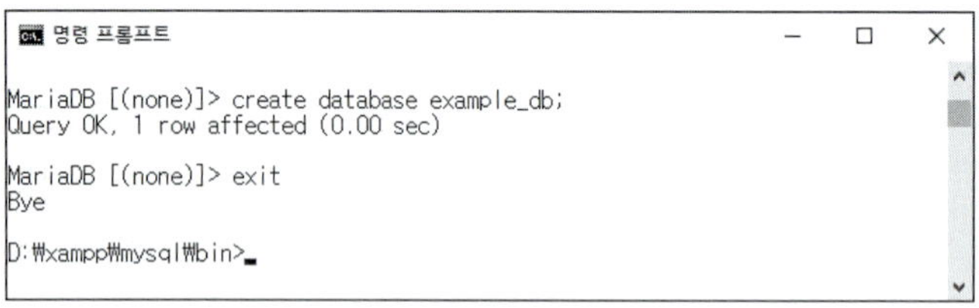

[그림 7-76] 새로운 데이터베이스 example_db 생성

- **Step 04** | 복원하려고 하는 데이터베이스 example_db를 생성하였으므로 이제는 example_db 이름으로 데이터베이스 복원이 가능합니다. example_db 데이터베이스 이름으로 백업된 데이터베이스를 복원하기 위해 다음과 같이 SQL 명령문을 수행합니다.

```
d:₩xampp₩mysql₩bin> mysql -uroot -p123456 example_db < study_db_back.sql
```

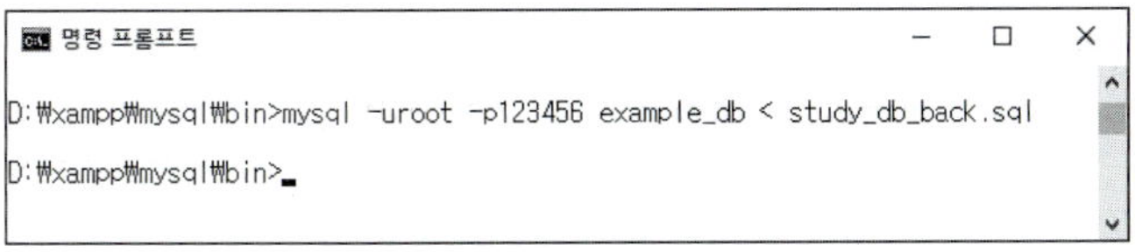

[그림 7-77] example_db 데이터베이스 이름으로 복원 성공

데이터베이스 복원 명령을 수행하였더니 아무런 메시지가 출력되지 않고 성공적으로 백업된 데이터베이스가 example_db 데이터베이스 이름으로 복원되었습니다. 복원된 데이터베이스에 존재하는 테이블과 레코드를 검색하기 위해 다음 단계를 수행하도록 합니다.

- **Step 05** | 관리자 계정으로 접속하여 example_db 데이터베이스가 존재하는지를 확인하기 위해 다음과 같이 SQL 명령을 수행합니다.

```
d:₩xampp₩mysql₩bin> mysql -uroot -p
Enter password : 123456
MariaDB[(none)]> show databases;
```

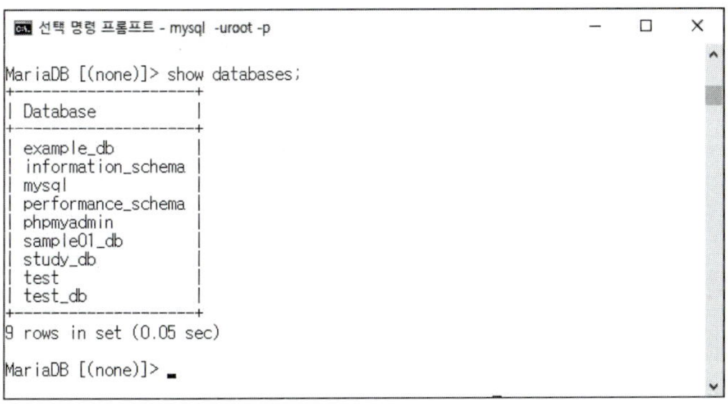

[그림 7-78] 관리자 계정으로 접속 후 데이터베이스 목록 확인

- **Step 06** | 이번에는 example_db 데이터베이스를 선택하고 존재하는 테이블 목록을 확인하기 위해 다음과 같이 SQL 명령문을 수행합니다.

```
MariaDB[(none)]> use example _ db;
MariaDB[example _ db]> show tables;
```

```
명령 프롬프트 - mysql -uroot -p

MariaDB [(none)]> use example_db;
Database changed
MariaDB [example_db]> show tables;
+----------------------+
| Tables_in_example_db |
+----------------------+
| exam_tbl             |
| gwamok_tbl           |
| haksa_tbl            |
| jumsu_tbl            |
+----------------------+
4 rows in set (0.00 sec)

MariaDB [example_db]> _
```

[그림 7-79] 데이터베이스 선택과 테이블 목록 확인

테이블의 목록이 모두 출력된 것을 확인할 수 있습니다. 테이블에 저장되어 있는 레코드에 대해서도 검색하기 위해 다음 단계를 수행합니다.

- **Step 07** | haksa_tbl 테이블에 저장되어 있는 모든 레코드를 검색하기 위해 SQL 명령문을 다음과 같이 수행합니다.

```
MariaDB[example _ db]> select *from haksa _ tbl;
```

```
명령 프롬프트 - mysql -uroot -p

MariaDB [example_db]> select *from haksa_tbl;
+----------+--------+----+--------------+------------------------------+-------------------+
| SNO      | NAME   | MW | DEPT         | ADDR                         | EMAIL             |
+----------+--------+----+--------------+------------------------------+-------------------+
| 20152356 | 홍길동 | M  | 법학과       | 서울특별시 종로구 세종대로   | aa@lime-view.com  |
| 20161233 | 이기동 | W  | 행정학과     | 전북 정읍시 벚꽃로           | cc@lime-view.com  |
| 20165278 | 심청이 | W  | 빅데이터학과 | 경북 포항시 남구 호미곶면    | ff@spacezone.kr   |
| 20173225 | 강태공 | M  | 의료정보학과 | 경기도 성남시 중원구 성남대로 | gg@lime-view.com  |
| 20177321 | 변창순 | W  | 한의예학과   | 부산광역시 영도구 감지길     | bb@spacezone.kr   |
| 20193209 | 고장순 | W  | 바이오의약과 | 대구광역시 동구 도평로       | ee@lime-view.com  |
+----------+--------+----+--------------+------------------------------+-------------------+
6 rows in set (0.00 sec)

MariaDB [example_db]> _
```

[그림 7-80] gwamok_tbl 테이블의 모든 레코드 검색

이와 같이 데이터베이스 백업과 복원과정에 대해 모두 살펴봤습니다. 데이터베이스의 백업을 주기적으로 수행하여 소중한 데이터가 훼손될 경우를 대비하는 습관을 갖는 것이 바람직합니다. 언제 어떠한 상황으로 인해 데이터가 복구하기 어려운 상황이 발생될 수도 있기 때문에 데이터베이스 백업을 통해 위험에 대비할 수 있도록 관리에 소홀함이 없도록 항상 유념하기 바랍니다.

여기서는 SQL 명령어에 대해 주로 다루었습니다. 데이터베이스에 대한 학문을 전문적으로

다루었다면 쉽게 진도를 따라할 수 있었겠지만 처음 SQL 명령어를 접하는 독자들에게는 다소 어려움이 있었으리라 생각됩니다. SQL 명령어에 대해서는 아직도 다루어야 할 내용들이 많지만 여기서는 이 정도만 다루기로 하고 7장을 마무리하겠습니다.

이 장에서는 꼭 필요한 SQL 명령어들만 다루었기 때문에 이 정도만 따라 할 수 있다면 이 책에서 전개하는 후반부 내용에 대해서도 쉽게 따라할 수 있습니다. 다음 장에서는 DBMS와 PHP를 연동하는 과정에 대해 다루도록 하겠습니다. 하나의 장이 마무리 되면 핵심 요약을 다루고 있으므로 다시 한 번 기억을 되살리고 중요한 내용들에 대해 피드백할 수 있도록 전개하였으니 반드시 한 번 이상은 읽어보길 바랍니다.

01 MariaDB는 오라클과 같은 하나의 독립적인 오픈 소스의 관계형 데이터베이스 관리 시스템[RDBMS]입니다. 현재 오라클 소유의 MySQL의 라이선스 상태에 반발한 몬티 와이드니우스에 의해 만들어졌으며 MySQL과 동일한 소스 코드를 기반으로 하고 있습니다.

02 MariaDB에서 사용되는 명령어를 크게 데이터베이스 명령어, 테이블 명령어, 데이터 조작 명령어, 데이터베이스의 백업 및 복원 네 가지의 형태로 구분하여 다음과 같이 정리하였습니다.

■ SQL 명령어 종류

구분	명령어	의미
데이터베이스 명령어	CREATE	데이터베이스의 생성
	DROP	데이터베이스의 삭제
	USE	데이터베이스의 선택
테이블 명령어	CREATE	테이블의 생성
	DESC (또는 DESCRIBE)	테이블의 구조
	ALTER	테이블의 필드 변경
	RENAME	테이블의 이름 변경
	DROP	테이블의 삭제
데이터 조작 명령어	INSERT	레코드 삽입
	SELECT	레코드 검색
	UPDATE	레코드 변경
	DELETE	레코드 삭제
데이터베이스의 백업 및 복원	MYSQLDUMP	데이터베이스의 백업
	MYSQL	데이터베이스의 복원

03 MySQL[MariaDB]에서 기본적으로 사용되는 SQL 명령어에 대해 아래와 같이 정리하였습니다.

■ SQL 명령어 종류

구분	명령어 사용
데이터베이스 생성	CREATE DBATABASE 데이터베이스명;
데이터베이스 보기	SHOW DATABASES;
작업할 데이터베이스 선택	USE 데이터베이스명;
테이블 생성	CREATE TABLE 테이블명;
테이블내 모든 데이터 보기	DESC (또는 DESCRIBE) 테이블명;
테이블에 데이터를 추가	INSERT INTO 테이블명 VALUES ("데이터명")
테이블의 모든 필드 보기	SELECT *FROM 테이블명;

04 테이블의 필드에 저장하려는 데이터가 문자열인 경우 사용되는 데이터 타입은 CHAR과 VARCHAR 두 가지 타입으로 지정할 수 있습니다. 각각의 문자형 데이터 타입의 특징은 다음과 같습니다.

■ char

고정폭 문자열로 최대 255자까지 문자를 저장할 수 있으며 char(10)으로 선언하고 5개의 문자만 입력하면 왼쪽부터 문자가 채워지고 나머지 5byte는 공백으로 처리됩니다. 만약 12개의 문자를 입력한다면 마지막 2개의 문자는 잘리게 됩니다.

■ varchar

가변폭 문자열로 최대 255자까지 문자를 저장할 수 있으며 varchar(10)으로 선언하고 5개의 문자만 입력하면 왼쪽부터 문자가 채워지고 공백은 생기지 않습니다. char보다 메모리를 효율적으로 사용할 수 있지만 속도가 약간 느리다는 단점이 존재하지만 최근에는 컴퓨터의 성능이 많이 발전하여 거의 차이가 없기 때문에 주로 varchar 타입이 더 많이 사용되고 있습니다.

05 문자열 데이터 타입의 길이는 다음 표와 같습니다.

■ 문자열 데이터 타입의 길이

데이터 타입	최대길이	저장 크기
char	255	입력한 숫자 byte
varchar	255	(입력한 숫자 +1)byte

tinylob, tinytext	255	(입력한 숫자 +1)byte
blob, text	65535	(입력한 숫자 +2)byte
mediumblob, mediumtext	16777215	(입력한 숫자 +3)byte
longblob, longtext	4294967295	(입력한 숫자 +4)byte
enum(문자열1, 문자열2)	1 또는 2 byte	

06 숫자형 데이터 타입을 사용할 때는 일반적으로 정수이면 int 또는 integer를 사용하고 숫자가 실수이면 double을 사용합니다. 숫자가 큰 정수는 unsignet int를 사용하거나 bigint를 사용하면 됩니다. 숫자형 데이터 타입의 길이는 다음 표와 같습니다.

■ 숫자형 데이터 타입의 길이

데이터 타입	최대길이	저장 크기
tinyint	-128 ~ 127 (unsigned : 0~255)	1 byte
smallint	-32768 ~ 32767 (unsigned : 0~65535)	2 byte
mediumint	-8388608 ~ 5388607 (unsigned : 0~16777215)	3 byte
int	-2147483648 ~ 2147483647 (unsigned : 0~4294967295)	4 byte
integer	-2147483648 ~ 2147483647 (unsigned : 0~4294967295)	4 byte
bitint	-9223372036854775808 ~ 9223372036854775807	4 byte
float	-3.402823466E+38 ~ -1.175494351E-38, 0, 1.175494351E-38 ~ 3.402823466E+38	8 byte
double	-1.7976931348623157E+308 ~ -2.2250738585072014E-308, 0, 2.2250738585072014E-308 ~-1.7976931348623157E+308	8 byte

07 날짜와 시간형 데이터 타입의 길이는 다음 표와 같습니다.

■ 날짜-시간형 데이터 타입의 길이

데이터 타입	표시 범위	형 식	저장 크기
date	1000-01-01 ~ 9999-12-31	YYYY-MM-DD	3 byte
datetime	1000-01-01 00:00:00 ~ 9999-12-31 23:59:59	YYYY-MM-DD HH:MM:SS	8 byte
timestamp	1970-01-01 00:00:00 ~ 2037-12-31 23:59:59	YYYYMMDDHHMMSS	4 byte

time	-838:59:59 ~ 838:59:59	HH:MM:SS	3 byte
year	1901~2155		1 byte

08 집계함수는 결과 레코드들에 대한 레코드의 개수, 값들의 합, 평균, 최댓값, 최솟값 등의 산술적인 연산을 한 결과값을 출력합니다. MySQL[MariaDB]에서 사용하는 집계함수는 다음 표와 같습니다.

■ 집계함수의 종류와 의미

집계 함수	의미
count(*)	테이블에 속하는 레코드의 개수
count(필드명)	null 값이 아닌 레코드의 개수
sum(필드명)	필드명의 값들의 합계
avg(필드명)	필드명의 값들의 평균
max(필드명)	필드명의 값들 중 최댓값
min(필드명)	필드명의 값들 중 최솟값

09 SQL 명령어에서는 특정 문자열을 가진 레코드를 검색하기 위해 제공되는 연산자는 LIKE이며 문자열 상수에 일치여부를 판별하기 위한 에스케이프 문자 _[언더스코어]와 %[퍼센트]가 제공됩니다.

■ 에스케이프 문자와 의미

에스케이프 문자	의미
_ (언더스코어)	임의의 한 문자 (한글의 경우 2byte이므로 2개 사용)
% (퍼센트)	임의의 여러 문자 (숫자 0을 포함)

10 데이터베이스를 백업하기 위해서는 먼저 접속된 MySQL[MariaDB] 데이터베이스의 접속을 종료해야 합니다. 그리고 mysqldump.exe 명령이 속해 있는 디렉터리의 위치에서 백업 명령을 수행해야 합니다. MySQL[MariaDB]에서 지금까지 생성한 데이터베이스를 백업하기 위해 수행되는 SQL 명령문의 사용형식은 다음과 같습니다.

```
d:₩xampp₩mysql₩bin> mysqldump -u계정 -p비밀번호 데이터베이스명 > 백업파일명
```

11 백업 받은 데이터베이스를 다시 복원하기 위해 사용되는 SQL 명령문의 사용형식은 다음과 같습니다.

```
d:₩xampp₩mysql₩bin> mysql -u계정 -p비밀번호 데이터베이스명 < 백업파일명
```

01 다음 글을 읽고 빈 괄호를 채우시오

(1) MariaDB는 오라클과 같은 하나의 독립적인 오픈 소스의 (　　　　) 데이터베이스 관리 시스템입니다. 현재 오라클 소유의 MySQL의 라이선스 상태에 반발한 몬티 와이드니우스에 의해 만들어졌으며 MySQL과 동일한 (　　　　)를 기반으로 하고 있습니다.

(2) MariaDB에서 사용되는 명령어를 크게 (　　　　) 명령어, (　　　　) 명령어, 데이터 조작 명령어, 데이터베이스의 백업 및 복원 네 가지의 형태로 구분되어 제공되고 있습니다.

(3) char보다 메모리를 효율적으로 사용할 수 있지만 (　　　)가 약간 느리다는 단점이 있지만 최근에는 (　　　　)의 성능이 많이 발전하여 거의 차이가 없기 때문에 주로 varchar 타입이 더 많이 사용되고 있습니다.

(4) 집계함수는 결과 레코드들에 대한 (　　　　), 값들의 합, 평균, 최대값, 최소값 등의 (　　　　) 연산을 한 결과값을 출력합니다.

(5) SQL 명령어에서는 특정 문자열을 가진 레코드를 검색하기 위해 제공되는 연산자는 (　　　)이며 문자열 상수에 (　　　　)를 판별하기 위한 에스케이프 문자 '_'(언더스코어)와 %(퍼센트)가 제공됩니다.

02 에스케이프 문자에 대한 의미를 빈 괄호에 설명하시오.

에스케이프 문자	의미
_ (언더스코어)	(　　　　　　　　　　　　)
% (퍼센트)	(　　　　　　　　　　　　)

03 SQL 명령어의 의미를 보고 해당하는 명령어를 빈 괄호에 채우시오.

구분	명령어	의미
데이터베이스 명령어	(　　　　　　)	데이터베이스의 생성
	(　　　　　　)	데이터베이스의 삭제
	(　　　　　　)	데이터베이스의 선택
테이블 명령어	(　　　　　　)	테이블의 생성
	(　　　　　　)	테이블의 구조
	(　　　　　　)	테이블의 필드 변경

	( )	테이블의 이름 변경
	( )	테이블의 삭제
데이터 조작 명령어	( )	레코드 삽입
	( )	레코드 검색
	( )	레코드 변경
	( )	레코드 삭제
데이터베이스의 백업 및 복원	( )	데이터베이스의 백업
	( )	데이터베이스의 복원

04 다음 사용된 SQL 명령어의 형식을 보고 수행하는 명령의 구분을 빈 괄호에 채우시오

구분	명령어 사용
( )	CREATE DBATABASE 데이터베이스명;
( )	SHOW DATABASES;
( )	USE 데이터베이스명;
( )	CREATE TABLE 테이블명;
( )	DESC (또는 DESCRIBE) 테이블명;
( )	INSERT INTO 테이블명 VALUES ("데이터명")
( )	SELECT *FROM 테이블명;

05 다음 주어진 테이블의 구조를 보고 물음에 답하시오.

〈test_tbl 테이블의 구조〉

필드명	타입	설명	비고
SNO	char(6)	학번	primary key, not null
NAME	varchar(10)	이름	not null
ADDR	varchar(80)	주소	

(1) exam_db 데이터베이스를 생성하고 test_tbl 테이블을 생성한 다음 테이블의 구조를 확인하는 명령을 서술하시오.

(2) test_tbl 테이블의 NAME 필드 다음에 AGE 정수형 필드가 추가한 다음 테이블의 구조를 살펴볼 수 있도록 SQL 명령문을 작성하시오.

(3) SNO 필드의 데이터 타입을 정수형으로 변경하는 SQL 명령문을 작성하시오.

06 다음 주어진 테이블을 보고 물음에 답하시오.

〈test_tbl 테이블의 레코드〉

SNO	NAME	AGE	MW	ADDR
123	홍길동	19	남	서울특별시 강남구 테헤란로
380	김가을	23	여	제주특별자치도 제주시 516로
286	홍여인	35	여	서울특별시 중구 세종로

(1) test_tbl 테이블의 AGE 필드 다음에 MW 필드를 varchar(4) 데이터 타입으로 추가한 다음 테이블의 구조를 살펴볼 수 있도록 SQL 명령문을 작성하시오.

(2) test_tbl 테이블에 3명의 레코드를 모두 입력한 다음 전체 레코드를 검색하는 SQL 명령문을 작성하시오.

(3) 에스케이프 문자를 사용하여 주소지가 서울에 사는 남자들의 레코드를 검색하는 SQL 명령문을 작성하시오.

(4) test_tbl 테이블에서 나이가 20대인 여성의 학번과 이름, 성별, 주소를 검색하는 SQL 명령문을 작성하시오.

(5) test_tbl 테이블에서 서울에 사는 사람 중에서 10대인 사람의 모든 필드를 검색하는 SQL 명령문을 작성하시오.

(6) test_tbl 테이블에서 전체 레코드를 나이가 많은 순으로 검색되도록 SQL 명령문을 작성하시오.

(7) test_tbl 테이블에서 AGE 필드를 삭제 후 전체 레코드를 검색하는 SQL 명령문을 작성하시오.

(8) exam_db 데이터베이스에 존재하는 test_tbl 테이블을 삭제한 후 테이블 목록을 검색하는 SQL 명령문을 작성하시오.

PART 04

PHP 연동과 세션

CHAPTER 08
DBMS와 PHP 연동

학습목표

- DBMS 접속과 종료하는 방법에 대해 이해할 수 있습니다.
- PHP 프로그램에서 데이터베이스를 선택할 수 있습니다.
- 화면에 나타나는 한글 깨짐 현상을 방지할 수 있습니다.
- 레코드와 필드의 개수를 산출할 수 있습니다.

SECTION

01 DBMS 접속과 종료

이 섹션에서는 DBMS와 PHP의 연동에 대해 살펴보도록 하겠습니다. 먼저 MariaDB의 범용성에 대해 살펴보고 DBMS 접속 및 종료에 사용되는 함수를 소개하겠습니다. 그리고 Apache와 DBMS의 구동과정을 살펴보고 웹 브라우저 화면에서 DBMS와 PHP의 연동을 확인하도록 하겠습니다.

1 MariaDB의 범용성

오픈소스 기반의 관계형 데이터베이스[RDBMS]인 MariaDB는 MySQL을 기반으로 만든 것이기 때문에 소스 코드와 사용방법이 거의 동일합니다. 그러므로 MySQL 사용자가 DBMS를 MariaDB로 바꿔도 애플리케이션을 수정할 필요가 없습니다. MariaDB의 이와 같은 편의성 제공은 오픈소스를 기반으로 제공되는 소프트웨어이기 때문에 가능한 것입니다.

오픈소스 소프트웨어인 MariaDB는 커뮤니티의 수많은 개발자와 사용자들이 모두 동참하여 함께 소스 코드를 수정해 나가기 때문에 특정 기능만을 테스트하는 상용 소프트웨어보다는 훨씬 더 안정적이라는 평가를 받고 있습니다. 이제 본격적으로 DBMS와 PHP를 연동하는 과정에 대해 살펴보도록 하겠습니다.

2 DBMS 접속 및 종료 함수

PHP에서 MySQL[MariaDB]에 접속하기 위해 사용되는 함수는 mysqli_connect( ) 함수이고 MySQL[MariaDB]의 접속을 종료하는 함수는 mysqli_close( ) 함수이며 사용형식은 다음과 같습니다.

```
$변수명 = mysqli_connect(호스트명[:port] 변수, 계정 변수, 비밀번호 변수 ); // mysql 접속
mysqli_close($변수명);        // mysql 접속 종료
```

이미 우리는 6장에서 관리자 계정인 root 계정에게 패스워드를 123456으로 설정하고 설정 값을 반영하기 위해 [예제 6-13]을 수행하였습니다.

여기서는 mysqli_connect( ) 함수를 사용하여 PHP에서 MySQL^MariaDB^에 성공적으로 접속하고 접속된 MySQL^MariaDB^의 연결을 종료하려면 mysqli_close( ) 함수를 사용합니다. MySQL^MariaDB^의 접속과 종료에 대한 과정을 살펴보기에 앞서 Apache 서버와 DBMS의 구동상태부터 살펴보도록 하겠습니다.

3 Apache 서버와 DBMS 구동

DBMS와 PHP를 연동하기 위해서는 먼저 XAMPP 패키지가 활성화되어 있는지에 대해 살펴봐야 합니다. 만약 XAMPP 패키지가 활성화 되어있지 않다면 다음과 같이 XAMPP 패키지를 활성화합니다.

- **Step 01** | [윈도우탐색기]를 사용하여 D:₩xampp₩xamppp-control.exe를 실행합니다.

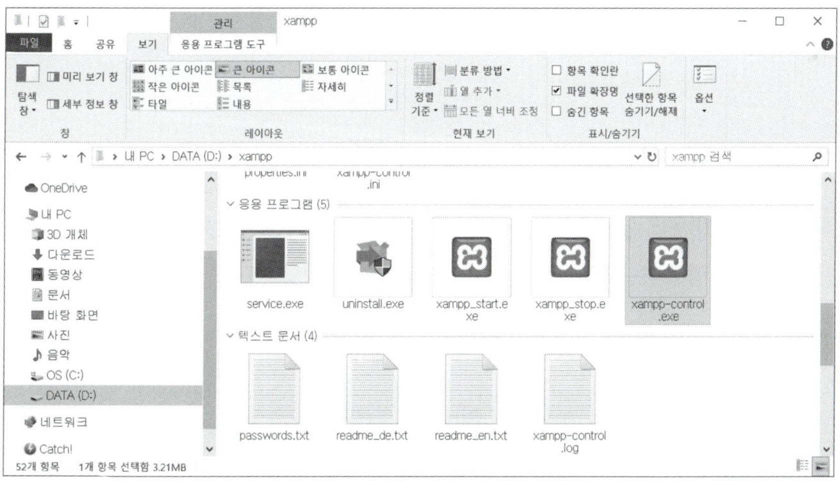

[그림 8-1] xampp-control 실행

• **Step 02** | XAMPP Control Panel에서 Apache와 MySQL의 [Start]를 각각 눌러 활성화 되도록 합니다.

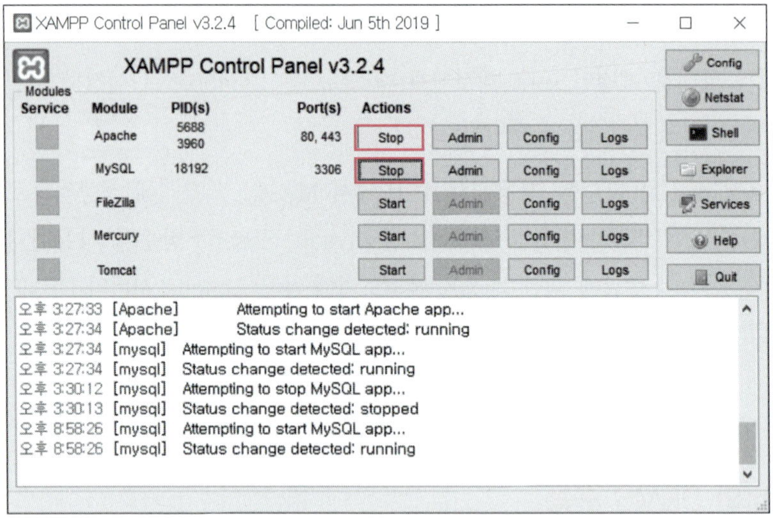

[그림 8-2] XAMPP 컨트롤 패널에서 Apache와 MySQL 모듈 활성화

4 DBMS와 PHP의 연동 확인

XAMPP 패키지를 통해 Apache 서버와 MySQL[MariaDB] DBMS가 구동된 상태를 확인하였으면 다음 예제를 통해 PHP 프로그램에서 DBMS와의 연동과정에 대해 자세히 살펴보도록 하겠습니다.

| 예제 8-1 |

• **Step 01** | 관리자 계정에서 mysqli_connect( ) 함수로 MySQL 서버에 접속한 다음 MySQL 서버 접속을 종료하는 프로그램을 다음과 같이 작성합니다.

ex8-1.php

```
<?php

  echo "<h3>■ mysqli _ connect 함수 사용</h3>";
  echo "<hr>";

```

```php
  $db_host = "localhost";
  $db_user = "root";
  $db_passwd = "123456";

  $conn = mysqli_connect($db_host, $db_user, $db_passwd);   // mysql 관리자 계정으로 접속

  if($conn)
  {
    echo "> mysql 서버에 성공적으로 연결되었습니다. <br><br>";
    echo " o 호스트 : ".$db_host."<br>";
    echo " o 사용자 : ".$db_user."<br>";
    echo " o 패스워드 : ".$db_passwd."<br><br>";
    echo "> 성공적인 APM의 고수가 되십시오. <br>";
    echo "<hr>";
  } else {
    echo "<hr>";
    echo "..... 접속이 안 됩니다..... <br>";
    echo "계정 또는 비밀번호를 확인 하십시요 !!! <br>";
  }

  if(is_resource($conn))
  {
    mysqli_close($conn);     // mysql 접속 종료
  }

?>
```

• **Step 02** | 웹 브라우저에서 [예제 8-1]을 실행합니다.

[그림 8-3] ex8-1.php 실행 결과 화면

/ 소스 설명 /

- 태그 문자

3행의 <h3>...</h3>은 단락 제목의 글씨크기를 결정하는 태그 문자이며 4행의 <hr>은 수평선을 그려주는 태그 문자입니다.

- mysql_connect ( ) 함수 사용

6행에서 8행의 변수는 localhost, root, 123456으로 MySQL 서버에 접속하기 위해 mysqli_conncet( ) 함수를 사용하였으며 관리자 계정인 root의 비밀번호 123456으로 MySQL 서버에 접속하라는 의미입니다.

- if(조건)

12행의 if($conn)는 6행에서 선언한 변수 $conn에 대입된 mysqli_connect( ) 함수의 선언이 참인지 거짓인지를 판별하여 참인 경우 14행부터 19행까지의 문장이 수행됩니다. 12행의 if($conn)문의 조건이 거짓으로 판명될 경우에는 21행부터 23행까지의 문장을 수행합니다.

- mysql 접속 종료

28행의 mysqli_close($good)는 6행에서 선언된 변수($conn)가 12행의 if($conn)의 조건식이 참일 때 MySQL 서버에 접속되어 14부터 19행의 명령을 수행하고 mysqli_close( ) 함수를 사용하여 접속된 MySQL 서버와의 접속을 종료합니다.

SECTION

02 PHP에서 데이터베이스 선택

1 데이터베이스 선택 함수

PHP 프로그램에서 데이터베이스를 선택할 때는 mysqli_select_db( ) 함수를 사용하며 사용형식은 다음과 같습니다. 여기서 주의해야 할 사항은 함수 안에 들어가는 인수의 순서를 반드시 준수해야 한다는 부분입니다. MySQL[MariaDB]에 연결할 변수명과 데이터베이스명의 순서가 뒤바뀌면 프로그램 실행과정에서 오류가 발생하게 되므로 주의해야 합니다.

```
$변수명 = mysqli _ select _ db(mysql에 연결할 $변수명, '데이터베이스명')
```

2 데이터베이스 존재 확인

MySQL[MariaDB] 데이터베이스에 접속한 다음 study_db 데이터베이스가 존재하는지를 확인하고 만약 study_db 데이터베이스가 없다면 CREATE DATABASE study_db 명령으로 데이터베이스를 생성합니다. 선택할 데이터베이스가 관리자 계정인 root에 존재하는지를 확인하였다면 다음 실습 과정을 위해 MySQL[MariaDB] 접속을 종료합니다.

```
D:₩xampp₩mysql₩bin> mysql -uroot -p123456
MariaDB[(none)]> SHOW DATABASES;
MariaDB[(none)]> USE study _ db;
MariaDB[study _ db]> exit
```

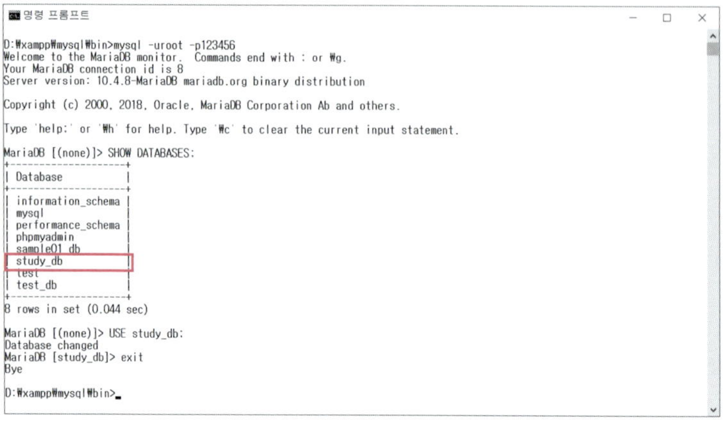

[그림 8-4] 관리자 계정에서 study_db 데이터베이스 존재 여부 확인

데이터베이스 존재유무에 따라 출력되는 메시지가 각각 다르게 출력되는 과정을 다음 예제를 통해 자세히 살펴보도록 하겠습니다.

| 예제 8-2 |

- **Step 01** | PHP 프로그램에서 mysqli_select_db( ) 함수를 사용하여 study_db 데이터베이스를 선택한 다음 if~else문으로 study_db 데이터베이스의 존재 유무에 따라 출력되는 메시지가 각각 다르게 출력되도록 다음과 같이 프로그램을 작성합니다.

ex8-2.php

```
<?php

  echo "<h3>■ mysqli_select_db( ) 함수로 study_db 데이터베이스 선택</h3>";
  echo "<hr>";

  $connect = mysqli_connect('localhost', 'root', '123456');    // mysql 관리자 계정으로 접속
  $db = mysqli_select_db($connect, 'study_db');

  if($db)
  {
    echo " ★ 데이터베이스 선택 성공 ..... <br><br>";
    echo " ..... 선택한 데이터베이스는 <B> 'study_db' </B>입니다.<br><br>";
    echo "<hr>";
```

```
14      }
15      else
16      {
17        echo "<hr>";
18        echo "▲ 데이터베이스 선택에 실패했습니다 .....  <br><br>";
19        echo "...... 함수 또는 문장, 데이터베이스 명의 오류를 검토하십시요  !!! <br>";
20      }
21
22    mysqli_close($connect);
23    echo " ▣ mysql 접속이 종료되었습니다  !!!";
24
25  ?>
```

• **Step 02** | 웹 브라우저에서 [예제 8-2]를 실행합니다.

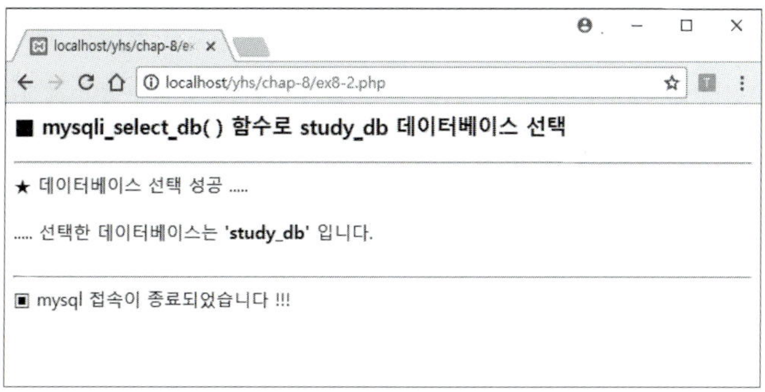

[그림 8-5] ex8-2.php 정상적인 실행 결과 화면

• **Step 03** | [예제 8-2] 프로그램의 6행에서 비밀번호를 틀리게 입력한 다음 실행 결과를 확인합니다.

```
6   $connect = mysqli_connect ('localhost', 'root', '8282');
7   $db = mysqli_select_db ($connect, 'study_db');
```

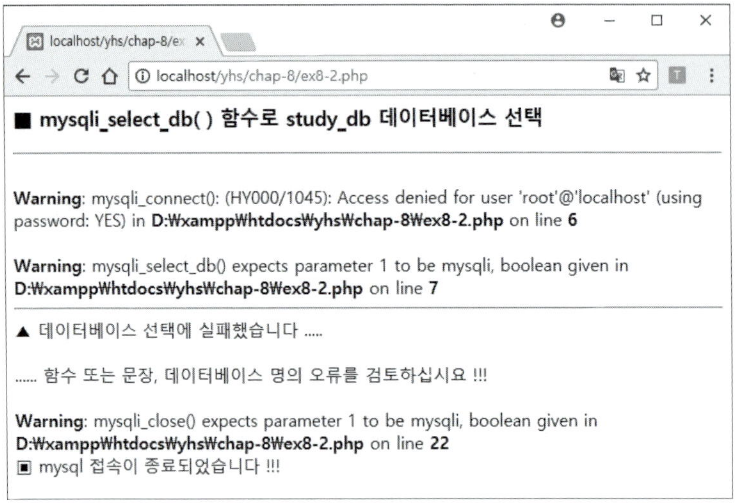

[그림 8-6] 예제 8-2에서 패스워드를 오류로 입력할 경우의 실행 결과

[예제 8-2] 프로그램 코드의 23행 문장은 9행의 if(조건)에서 조건식이 참으로 판별된 경우에 해당하는 명령을 수행하고 난 다음 mysqli_close( ) 함수로 접속된 MySQL의 종료를 알리기 위한 명령입니다. 여기서는 참과 거짓의 판별과는 전혀 상관없이 23행의 명령이 수행되어 메시지가 출력되었습니다.

/ 소스 설명 /

- **mysql 접속**

  6행의 변수 $connect=mysql_connect('localhost', 'root', '123456')는 관리자 계정으로 접속하기 위해 mysqli_connect( ) 함수를 변수 $connect에 저장합니다. 9행의 if($db) 조건식에서는 study_db가 이미 생성되어 있다면 참이 되어 11행부터 13행까지의 명령을 수행하지만 데이터베이스 study_db가 존재하지 않는다면 조건식은 거짓이 되므로 17행부터 19행까지의 명령이 수행됩니다.

- **mysqli_select_db ( ) 함수 사용**

  7행은 study_db 데이터베이스를 선택하기 위해 mysqli_select_db( ) 함수를 사용하여 변수 $db=mysqli_select_db($connect, 'study_db')와 같이 대입하고 mysql에 접속하기 위해 6행에서 함수의 괄호 안에 변수 $connect와 선택할 데이터베이스 study_db를 선언합니다.

- if(조건)

  9행의 if($db)는 7행에서 선언한 변수 $db에 대입된 mysqli_select_db( ) 함수의 선언이 참인지 거짓인지를 판별하여 참인 경우 11행부터 13행까지의 명령을 수행하고 거짓인 경우 17행부터 19행까지의 명령을 수행합니다.

- mysql **접속 종료**

  22행의 mysqli_close($connect)는 6행에서 선언된 변수 $connect가 9행의 if($db)의 조건에 참일 때 11부터 13행의 명령이 수행되어 mysql 서버의 관리자 계정에 접속되었음을 출력합니다. 22행에서 선언한 mysqli_close( ) 함수를 사용하여 mysql과의 접속을 종료하고 23행은 MySQL 접속이 종료되었음을 알리는 문장을 출력합니다.

SECTION

03 데이터베이스 쿼리문

이 섹션에서는 PHP 프로그램을 통해서 데이터베이스 쿼리문을 사용할 때 관련된 함수와 사용방법에 대해서 배우도록 하겠습니다. 여기서는 PHP와 MySQL[MariaDB] 데이터베이스가 Apache 웹 서버를 통해 연동되는 과정에 대해 배우는 단계로 한글 깨짐 현상이 일어나지 않도록 먼저 환경변수 설정을 수행하도록 하겠습니다.

1 한글 깨짐 방지를 위한 환경변수 설정

PHP 프로그램에서 만든 guest 테이블에 저장된 한글이 깨져서 나타날 경우에는 XAMPP 패키지에서 Apache 웹 서버와 MySQL에 대해 [Stop]을 눌러 중지시킨 다음 Apache와 PHP 환경변수를 수정하면 됩니다.

환경변수를 수정한 다음에는 XAMPP 패널에서 중지시켰던 Apache 웹 서버와 MySQL에 대해 [Start]를 눌러 다시 구동합니다. 환경변수를 수정하면 PHP 프로그램을 통해 작성한 guest 테이블에 저장되어 있는 한글이 MariaDB에서 깨지지 않고 정상적으로 출력됩니다.

Apache 웹 서버의 httpd-languages.conf 파일 환경변수 설정

노트패드에서 D:₩xampp₩apache₩conf₩extra₩httpd-languages.conf 파일을 열어서 환경변수를 수정합니다. 이 환경변수의 경로는 XAMPP 패키지를 설치할 때 설정 값 그대로 변경하지 않고 기본 값으로 설치하였을 경우에 해당하는 경로입니다.

혹시라도 XAMPP 패키지를 설치하면서 설치경로를 다르게 설정한 독자 분들은 해당 파일이 어느 디렉터리에 있는지를 정확하게 찾아서 환경변수를 설정해야 합니다. 환경변수가 위치한 행 번호는 다를 수 있으므로 Ctrl+F를 눌러 키워드 검색으로 환경변수를 찾아서 작업하면 편리합니다. 코드 라인은 버전에 따라 다를 수도 있습니다.

```
<IfModule mime _ module>
<IfModule negotiation _ module>
:           :
DefaultLanguage ko              ← DefaultLanguage nl로 설정된 값을 ko로 변경(#은 제거)
:           :
AddDefaultCharset utf-8         ← 환경변수를 추가
</IfModule>
<ifMoudule>
```

PHP 웹 언어의 php.ini 파일 환경변수 설정

XAMPP 패키지에 함께 설치된 PHP 프로그램 경로에서 D:₩xampp₩php₩php.ini 파일을 찾아 노트패드로 연 다음 환경변수를 설정합니다. 환경변수 설정 값을 표기하는 행 번호는 컴퓨터 시스템에 따라 다르게 나타날 수도 있으니 참고하기 바라며 Ctrl+F를 눌러 키워드 검색으로 환경변수를 찾는 방법을 권장합니다. 코드 라인은 버전에 따라 다를 수 도 있습니다.

```
[PHP]
:    :
http://php.net/extension-dir                    ← ; 기호를 제거하여 주석문 해제
:    :
[mbstring]
:    :
mbstring.language = Korean                      ← ; 기호를 제거하고 Japanese를 Korean으로 변경
:    :
mbstring.internal _ encoding = utf-8            ← 주석문 해제 후 utf-8 추가
:    :
mbstring.http _ input = auto                    ← 주석문 해제 후 auto 추가
:    :
mbstring.http _ output = utf-8                  ← 주석문 해제 후 utf-8 추가
:    :
mbstring.encoding _ translation = On            ← 주석문 해제 후 Off를 On으로 변경
:    :
mbstring.detect _ order = auto                  ← ; 기호를 제거하여 주석문 해제
:    :
mbstring.substitute _ character = none          ← ; 기호를 제거하여 주석문 해제
:    :
mbstring.func _ overload = 0                    ← ; 기호를 제거하여 주석문 해제
:    :
```

2 데이터베이스 쿼리문 관련 함수

데이터베이스에 존재하는 테이블과 레코드 등과 관련된 질의는 mysqli_query( ) 함수를 사용합니다. 이 함수를 사용하여 SQL 문법에 의해 작성된 질의 또는 접속을 식별하는 식별자(변수명)를 매개변수로 받아 질의를 수행하게 되며 사용형식은 다음과 같습니다.

```
mysqli_query (mysql에 연결할 $변수명, 질의문이 저장된 변수명)
```

데이터베이스 질의는 데이터베이스에 존재하는 테이블의 생성과 레코드 삽입 등에 관련된 데이터베이스 질의어를 PHP 프로그램에서 작성한 다음 MySQL[MariaDB] 서버에 접속하여 확인하는 과정으로 전개하도록 하겠습니다.

3 테이블 생성과 레코드 삽입

관리자 계정인 root에 존재하는 study_db 데이터베이스에 고객관리를 위한 guest 테이블을 생성한 다음 레코드를 삽입하도록 하겠습니다. 고객 테이블에 저장할 레코드를 다음 표와 같이 정리하였습니다.

[표 8-1] 고객 테이블 : guest

id	name	sex	age	point	email
sagang	강산애	남	23	250	sagang@hanmail.net
sbhwang	황산벌	남	37	308	sbhwang @nate.com
grlee	이겨레	여	19	123	grlee@hanmail.net
cskim	김찬성	남	45	569	cskim@naver.com
nrshin	신나라	여	33	625	nrshin@hanmail.net

고객 테이블을 생성하기 위한 필드명과 데이터 타입의 구성을 다음 표와 같이 정리하였습니다.

[표 8-2] 고객 테이블의 구조 : 데이터 타입 지정

필드명	데이터타입	의미	선택사항
id	varchar(12)	아이디	NOT NULL, Primary Key
name	char(10)	성명	NOT NULL
sex	char(4)	성별	
age	int	나이	
point	int	포인트 점수	
email	varchar(30)	이메일	

테이블 생성 : CREATE

study_db 데이터베이스에 새로운 guest 테이블을 생성하기 위한 SQL명령문은 다음과 같이 작성하면 됩니다.

```
CREATE TABLE guest (
id varchar (10) NOT NULL,
name char (10) NOT NULL,
sex char (4),
age int,
point int,
email varchar (30),
Primary Key (id)
default charset=utf8 );
```

레코드 삽입 : INSERT

guest 테이블이 생성된 다음에는 테이블에 데이터를 입력하는 레코드 삽입과정을 수행하기 위해 변수 $sql을 선언하여 [표 8-1]에 존재하는 레코드를 전부 입력합니다. 여기서는 변수에 대입한 쿼리문에 대해서만 이해하고 실질적인 레코드 삽입은 PHP 프로그램에서 모두 작성하도록 하겠습니다.

```
$sql = "INSERT INTO guest VALUES";
$sql = $sql."('sagang', '강산애', '남', 23, 250, 'sagnag@hanmail.net')";
mysql _ query($connect, $sql);

$sql = "INSERT INTO guest VALUES";
$sql = $sql."('sbhwang', '황산벌', '남', 37, 308, 'sbhwang@nate.com')";
mysql _ query($connect, $sql);

$sql = "INSERT INTO guest VALUES";
$sql = $sql."('grlee', '이겨레', '여', 19, 123, 'grlee@hanmail.net')";
mysql _ query($connect, $sql);

$sql = "INSERT INTO guest VALUES";
$sql = $sql."('cskim', '김찬성', '남', 45, 569, 'cskim@naver.com')";
mysql _ query($connect, $sql);

$sql = "INSERT INTO guest VALUES";
$sql = $sql."('nrshin', '신나라', '여', 33, 625, 'nrshin@hanmail.net')";
mysql _ query($connect, $sql);
```

PHP 프로그램으로 테이블 생성과 5개의 레코드를 한꺼번에 삽입

여기서는 study_db 데이터베이스에 존재하는 guest 테이블과 5명의 레코드가 모두 PHP 프로그램에서 생성되도록 실습하겠습니다. 다음 예제를 통해 자세히 살펴보도록 하겠습니다.

| 예제 8-3 |

- **Step 01** | 테이블 생성과 5개의 레코드를 한꺼번에 삽입하는 프로그램을 다음과 같이 작성합니다.

ex8-3.php

```
<?php

  echo "<h3>■ mysqli _ query( ) 함수를 이용한 테이블 생성</h3>";
  echo "<hr><br>";

```

```
$connect = mysqli_connect ('localhost', 'root', '123456');
$db = mysqli_select_db ($connect, 'study_db');

/* -----  study_db 데이터베이스의 선택 성공 여부 -----  */

if($db)
{
  echo "  1. mysql 접속 : <B> root 계정 접속 </B> ..... [성공] <br><br>";
  echo "  2. 데이터베이스 선택 : <B> study_db </B> ..... [성공] <br><br> ";
}
else
{
  echo " ※ study_db 데이터베이스 선택 실패 ";
  echo " ........프로그램을 종료합니다.";
  exit;
}

/*  --------    guest 테이블의 생성  --------    */

$sql = "CREATE TABLE guest ( ";
$sql = $sql. "id varchar (12) NOT NULL, ";
$sql = $sql. "name varchar(10) NOT NULL, ";
$sql = $sql. "sex char (4) , ";
$sql = $sql. "age int , ";
$sql = $sql. "point int , ";
$sql = $sql. "email varchar (30) , ";
$sql = $sql. "Primary Key (id)) ";
$sql = $sql. "default charset=utf8 ";

$result = mysqli_query ($connect, $sql);

if($result)
{
  echo "  3.  테이블 생성 : <B> guest 테이블 </B>..... [성공]<br><br>";
}
else
{
  echo "<hr>";
  echo " ※ 'guest' 테이블 생성에 실패했습니다 .....  <br><br>";
```

```
    exit;
  }

  /*  --------    guest 테이블에 레코드 삽입  --------    */

  $sql = "INSERT INTO guest VALUES";
  $sql = $sql."('sagang', '강산애', '남', 23, 250, 'sagnag@hanmail.net')";
  mysqli_query($connect, $sql);

  $sql = "INSERT INTO guest VALUES";
  $sql = $sql."('sbhwang', '황산벌', '남', 37, 308, 'sbhwang@nate.com')";
  mysqli_query($connect, $sql);

  $sql = "INSERT INTO guest VALUES";
  $sql = $sql."('grlee', '이겨레', '여', 19, 123, 'grlee@hanmail.net')";
  mysqli_query($connect, $sql);

  $sql = "INSERT INTO guest VALUES";
  $sql = $sql."('cskim', '김찬성', '남', 45, 569, 'cskim@naver.com')";
  mysqli_query($connect, $sql);

  $sql = "INSERT INTO guest VALUES";
  $sql = $sql."('nrshin', '신나라', '여', 33, 625, 'nrshin@hanmail.net')";

  $result = mysqli_query($connect, $sql);

  if($result)
  {
    echo "  4. 레코드 삽입 :  <B> 5명의 데이터 </B>  ..... [성공]<br><br>";
  }
  else
  {
    echo "<hr>";
    echo " ※ 'guest' 테이블레 레코드 삽입 실패 .....  <br><br>";
    exit;
  }

  mysqli_close($connect);
  echo "  5. mysql 접속이 <B> 종료 </B>되었습니다  !!! <br><br>";
```

```
    echo "<hr>";
    echo "  ~~~ 정말 수고 많이 하셨습니다. ~~~  ";

?>
```

• **Step 02** | 웹 브라우저에서 [예제 8-3]을 실행합니다.

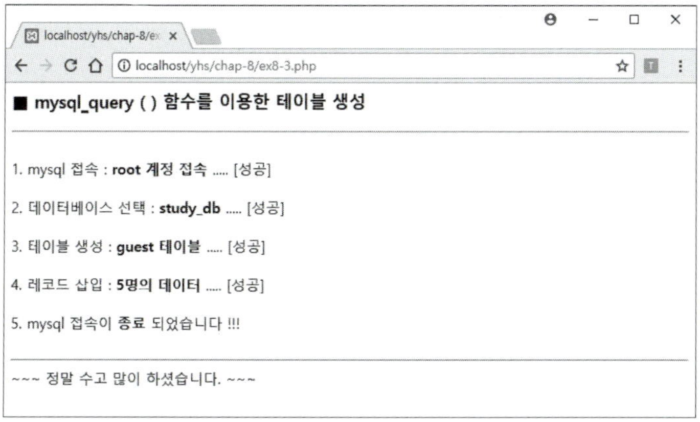

[그림 8-7] 예제 8-3 실행 결과 화면

여기에서 주의해야 할 사항은 [새로 고침]을 여러 번 누르면 테이블 생성을 실패했다는 메시지가 출력되는 부분입니다. 그러므로 웹 브라우저에서 테이블을 다시 생성하려면 MySQL[MariaDB]에 접속하여 이미 생성되어 존재하는 guest 테이블을 먼저 삭제 후 웹 브라우저에서 다시 실행해야 합니다.

• **Step 03** | MySQL[MariaDB] 데이터베이스에 접속하여 5명의 데이터가 모두 입력된 guest 테이블이 존재하는지와 5개의 레코드가 모두 출력되는지를 확인합니다.

```
D:₩xampp₩mysql₩bin> mysql -uroot -p123456 study_db
MariaDB [study_db]> show tables;
MariaDB [study_db]> select *from guest;
```

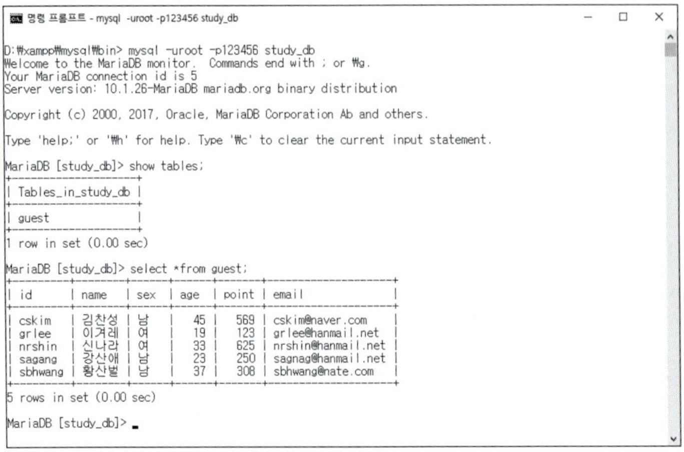

[그림 8-8] guest 테이블 생성과 5개 레코드 입력 확인

PHP 프로그램을 수행하여 생성된 guest 테이블에 5개의 레코드가 저장되어 있는 것을 확인할 수 있습니다.

/ 소스 설명 /

- **MySQL 접속**

  6행의 변수 $connect=mysqli_connect('localhost', 'root', '123456')는 관리자 계정으로 접속하기 위해 mysqli_connect( ) 함수를 변수 $connect에 저장합니다.

- **study_db 데이터베이스의 선택**

  7행은 데이터베이스를 선택하기 위해 mysqli_select_db( ) 함수를 사용하여 변수 $db에 대입하고 함수의 괄호 안에 데이터베이스에 접속할 관리자 계정과 작업할 데이터베이스 study_db를 매개인수로 입력합니다.

- **선택한 study_db 데이터베이스에 대한 성공 여부**

  11행의 if($db)는 7행에서 선언한 변수 $db에 대입된 mysqli_select_db($connect, 'study_db') 함수의 선언이 참인지 거짓인지를 판별하여 참인 경우 13행과 14행의 문장을 수행하고 거짓인 경우 18행부터 19행까지 수행 후 20행의 exit 명령을 통해 프로그램을 종료합니다.

- **exit 명령**

  20행에 선언된 exit 명령은 11행의 if($db) 조건에 거짓이 되는 경우 18행과 19행을 출력하고 종료하라는 의미입니다. 앞에서 실습한 [예제 8-2]에서는 else문에 exit 명령을 선언하지 않았기 때문에 '■ mysql 접속이 종료되었습니다 !!!'라는 메시지가 함께 출력되었습니다.

- 테이블 생성

25행부터 32행까지는 guest 테이블을 생성하기 위한 명령이고 33행은 한글이 깨지는 것을 방지하기 위한 명령입니다. PHP 프로그램에서 테이블을 생성하는 방법은 CERATE TABLE 테이블명 형태를 변수 $sql에 저장한 다음 문자열 대입 연산자 =.를 활용하여 필드의 타입을 정의합니다.

- 생성된 테이블의 성공 여부

35행의 $result=mysqli_query($connect, $sql)은 테이블이 제대로 생성되었는지에 대해 성공 여부를 37행 if($result)문의 참과 거짓으로 판별하여 참인 경우 39행을 수행하고 거짓인 경우 43행과 44행을 수행한 다음 45행의 exit 명령으로 프로그램을 종료합니다.

- 레코드 삽입

50행부터 67행까지의 명령을 통해 guest 테이블에 5명의 레코드를 삽입합니다. 52행, 56행, 60행, 64행의 mysqli_query($connect, $sql)는 레코드 삽입에 대한 질의문을 수행하라는 명령입니다. 69행의 $result=mysqli_query($connect, $sql)는 5명째 레코드를 삽입하고 변수 $result에 저장하여 71행의 if($result)문에서 5명의 레코드가 성공적으로 삽입되었는지의 참, 거짓을 판별하여 해당되는 메시지를 출력하도록 명령을 수행합니다.

- MySQL 접속 종료

82행에서는 mysqli_close($connect) 함수를 사용하여 MySQL 접속을 종료하고 83행부터 85행까지는 프로그램이 종료되었음을 보여주는 메시지를 출력합니다.

PHP 프로그램으로 테이블만 생성

이번에는 PHP 프로그램을 통해 space_tbl 테이블을 새로 생성하도록 하겠습니다. [예제 8-3]에서와 같이 테이블의 생성과 5개의 레코드를 한꺼번에 처리하는 프로그램은 다소 복잡하게 코딩됩니다.

여기서는 PHP 프로그램을 통해 테이블만 생성하는 과정에 대해서만 살펴보도록 하겠습니다. space_tbl 테이블을 생성하기 위한 필드명과 데이터 타입의 구성을 다음 표와 같이 정리하였습니다.

[표 8-3] 테이블 생성 : space_tbl

필드명	데이터 타입과 크기	필드 의미	선택사항
ID	varchar(12)	아이디	NOT NULL, Primary Key
NAME	varchar(10)	성명	NOT NULL
GENDER	varchar(4)	성별	
AGE	int	나이	

PHP 프로그램에서 테이블을 생성하는 명령을 $sql 변수에 저장한 다음 쿼리문을 실행하는 과정으로 전개하겠습니다.

```
$sql = "CREATE TABLE space_tbl (
    ID varchar (10) primary key NOT NULL,
    NAME varchar (10) NOT NULL,
    GENDER varchar (4),
    AGE int )
    default charset=utf8" );
```

다음 예제를 통해 PHP 프로그램으로 테이블을 생성하는 과정에 대해 자세히 살펴보도록 하겠습니다.

| 예제 8-4 |

- **Step 01** | PHP 프로그램으로 space_tbl 테이블을 생성하기 위해 프로그램을 다음과 같이 작성합니다.

ex8-4.php

```
<?php

  echo "<h3>■ mysqli_query( ) 함수를 이용한 space_tbl 테이블 생성</h3>";
  echo "<hr><br>";

  $connect = mysqli_connect('localhost', 'root', '123456');
  $db = mysqli_select_db($connect, 'study_db');

```

```
/* -----  study_db 데이터베이스의 선택 성공 여부 -----  */

if($db)
{
  echo " ★ MySQL 접속 : <B> root 계정 접속 </B> ..... [성공] <br><br>";
  echo " ★ <B>study_db </B> 데이터베이스 선택 ......... [성공] <br><br> ";
  echo "<hr>";
}
else
{
  echo " <B> study_db 데이터베이스 선택 실패 </B> ";
  echo " 프로그램을 종료합니다...";
  exit;
}

/*  --------    space_tbl 테이블의 생성   --------    */

$sql = "CREATE TABLE space_tbl (
        ID varchar(12) primary key NOT NULL,
        NAME varchar(10) NOT NULL,
        GENDER varchar(4),
        AGE int )
        default charset=utf8 ";

$result = mysqli_query($connect, $sql);

if($result)
{
  echo " <B> ● space_tbl 테이블 생성 성공 ..... </B><br><br>";
  echo " ....... 이제 레코드를 삽입할 준비가 되었습니다.. <br>" ;
  echo "<hr>";
}
else
{
  echo "<hr>";
  echo " <B> ● space_tbl 테이블 생성에 실패했습니다 .....  </B><br><br>";
  echo "...... 함수 또는 SQL문법, 세미콜론(;), 데이터베이스 선택, <br> ";
  echo "이미 존재하는 테이블인지 등의 오류를 검토하십시요.....  !!! <br>";
  exit;
```

```
    }

    mysqli_close($connect);
    echo " ▣ mysql 접속이 종료되었습니다  !!!";

?>
```

• **Step 02** | 웹 브라우저에서 [예제 8-4]를 실행합니다.

[그림 8-9] 예제 8-4 실행 결과 화면

여기에서 주의해야 할 사항은 [새로 고침]을 여러 번 누를 경우 테이블 생성에 실패했다는 메시지가 출력된다는 부분입니다.

• **Step 03** | 새로 생성된 space_tbl 테이블이 study_db 데이터베이스에 존재하는지와 설정한 필드의 타입으로 테이블의 구조가 생성되었는지를 확인하기 위해 MySQL^MariaDB에 접속하여 다음 명령을 수행합니다.

```
MariaDB [study_db]> show tables;
MariaDB [study_db]> desc space_tbl;
```

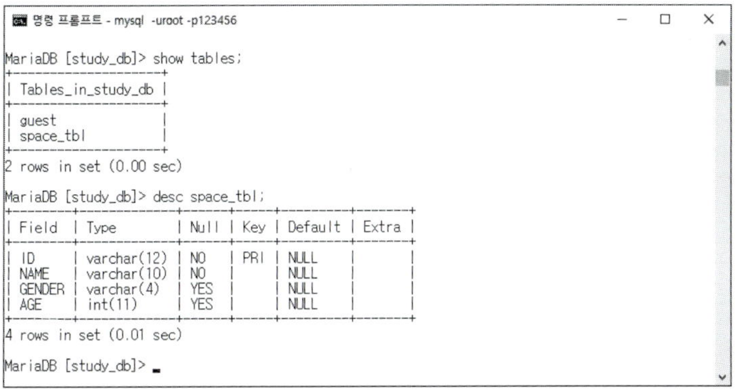

```
명령 프롬프트 - mysql -uroot -p123456

MariaDB [study_db]> show tables;
+---------------------+
| Tables_in_study_db |
+---------------------+
| guest               |
| space_tbl           |
+---------------------+
2 rows in set (0.00 sec)

MariaDB [study_db]> desc space_tbl;
+--------+-------------+------+-----+---------+-------+
| Field  | Type        | Null | Key | Default | Extra |
+--------+-------------+------+-----+---------+-------+
| ID     | varchar(12) | NO   | PRI | NULL    |       |
| NAME   | varchar(10) | NO   |     | NULL    |       |
| GENDER | varchar(4)  | YES  |     | NULL    |       |
| AGE    | int(11)     | YES  |     | NULL    |       |
+--------+-------------+------+-----+---------+-------+
4 rows in set (0.01 sec)

MariaDB [study_db]>
```

[그림 8-10] space_tbl 테이블 존재와 필드 구조 확인

PHP 프로그램에서 생성된 테이블에 데이터 입력

PHP 프로그램에서 지정된 테이블에 데이터를 저장할 때 한글이 지원되지 않으면 깨지는 현상이 발생하게 되므로 볼드체로 표시한 코드를 추가적으로 코딩해줘야 한글이 깨지지 않고 정상적으로 MySQL[MariaDB] 화면에 출력됩니다.

```
$connect = mysqli_connect ('localhost', 'root', '123456');
                              :
mysqli_query($connect, "set session character_set_connection=utf8;");
mysqli_query($connect, "set session character_set_results=utf8;");
mysqli_query($connect, "set session character_set_client=utf8;");
```

[예제 8-4]에서 생성한 space_tbl 테이블에 입력할 데이터를 다음 표와 같이 정리하였습니다.

[표 8-4] space_tbl 테이블에 저장할 3명의 데이터 목록

ID	NAME	GENDER	AGE
kumgang	금강산	남	38
hanla	한라산	여	29
taeback	태백산	남	53

PHP 프로그램에서 space_tbl 테이블에 3명의 데이터를 입력하는 과정에 대해 다음 예제에서 자세히 살펴보도록 하겠습니다.

| 예제 8-5 |

- **Step 01** | 생성된 space_tbl 테이블에 3명의 데이터를 입력하는 프로그램을 다음과 같이 작성합니다.

ex8-5.php

```
<?php

  echo "<h3>■ space_tbl 테이블에 3명의 데이터 입력 </h3>";
  echo "<hr>";

  $connect = mysqli_connect ('localhost', 'root', '123456');
  $db = mysqli_select_db ($connect, 'study_db');

  /* -----  study_db 데이터베이스의 선택 성공 여부 -----  */

  if($db)
  {
    echo "<B> ★ study_db 데이터베이스 선택 성공 </B><br><br> ";
    echo "<hr>";
  }
  else
  {
    echo "<B> ▲ study_db 데이터베이스 선택 실패 </B>";
    echo " 프로그램을 종료합니다...";
    exit;
  }

  /*  --------    PHP와 MySQL 한글 깨짐 방지  --------   */

  mysqli_query($connect, "set session character_set_connection=utf8;");
  mysqli_query($connect, "set session character_set_results=utf8;");
  mysqli_query($connect, "set session character_set_client=utf8;");

  /*  --------    space_tbl 테이블에 레코드 삽입  --------   */
```

```
  $sql = "INSERT INTO space_tbl VALUES
          ('kumgang', '금강산', '남', 38)";
  mysqli_query($connect, $sql);

  $sql = "INSERT INTO space_tbl VALUES
          ('hanla', '한라산', '여', 29)";
  mysqli_query($connect, $sql);

  $sql = "INSERT INTO space_tbl VALUES
          ('taeback', '태백산', '남', 53)";
  $result = mysqli_query($connect, $sql);

  if($result)
  {
    echo "<B> ● space_tbl 테이블에 3명의 레코드 삽입 성공 ..... </B><br><br>";
    echo " ..... 축하 합니다.  " ;
    echo "<hr>";
  }
  else
  {
    echo "<hr>";
    echo "<B> ▲ space_tbl 테이블에 레코드 삽입 실패 .....  </B><br><br>";
    echo "...... 함수 또는 SQL문법, 데이터베이스 선택 <br> ";
    echo " 등의 오류를 검토하십시요.....  !!! <br>";
    exit;
  }

  mysqli_close($connect);
  echo " ▣ mysql 접속이 종료되었습니다  !!!";

?>
```

• **Step 02** | 웹 브라우저에서 [예제 8-5]를 실행하여 space_tbl 테이블에 데이터가 입력되는 과정이 정상적으로 수행되었는지를 확인합니다.

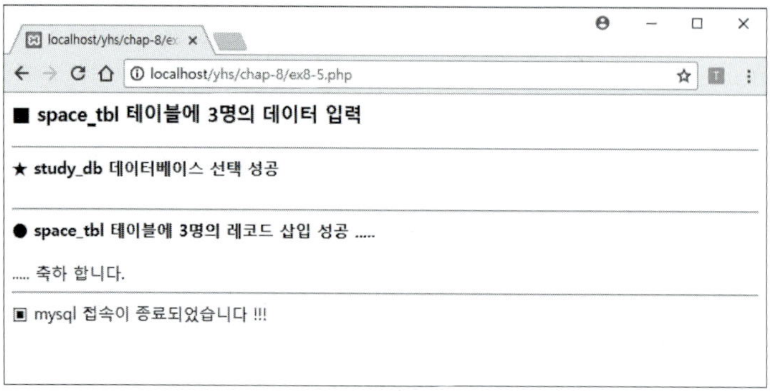

[그림 8-11] 예제 8-5 실행 결과 화면

• **Step 03** | space_tbl 테이블에 3명의 데이터가 모두 입력되었는지를 확인하기 위해 MySQL[MariaDB]에 접속하여 다음 명령을 수행합니다.

```
MariaDB [study_db]> select *from space_tbl;
```

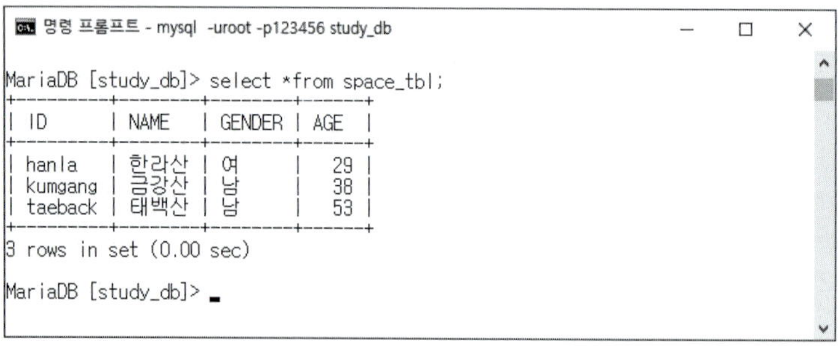

[그림 8-12] space_tbl 테이블에 저장된 3명 레코드 출력

MySQL[MariaDB] 창에 출력된 space_tbl 테이블의 데이터가 한글이 깨지지 않고 정상적으로 출력된 것을 확인할 수 있습니다. 컴퓨터 시스템 환경에 따라 한글이 깨지게 나타날 수도 있으니 이와 같은 문제를 해결하려면 환경변수 설정부분을 다시 한 번 검토해 보기 바랍니다.

4 레코드와 필드 개수 구하기

[예제 8-3]과 [예제 8-5]에서 각각 생성된 guest 테이블과 space_tbl 테이블의 필드 수와 각 테이블에 저장되어 있는 레코드의 개수는 함수를 사용하여 구할 수 있습니다. 테이블의 레코드 개수를 구하기 위해서는 MySQL[MariaDB]에서 제공하는 mysqli_num_rows( ) 함수를 사용하고 테이블의 필드 개수를 구하기 위해서는 mysqli_num_fields( ) 함수를 사용합니다. 먼저 guest 테이블에 저장되어 있는 레코드의 개수를 구하기로 합니다.

레코드의 개수 구하기 : mysqli_num_rows( ) 함수

테이블에 저장된 레코드의 전체 개수를 구하기 위해 사용되는 mysqli_num_rows( ) 함수의 사용형식은 다음과 같습니다.

```
$변수1 = mysql_connect('localhost', 'root', '123456');  // mysql 접속
mysqli_select_db('데이터베이스명', $변수1);              // 데이터베이스 선택
$변수2 = "select *from 테이블명";                        // 테이블 전체를 검색질의
$변수3 = mysqli_query ($변수1, $변수2);                  // 질의 수행
$변수4 = mysqli_num_rows($변수3);                        // 테이블의 전체 레코드의 수 획득
```

이제 본격적으로 guest 테이블에 존재하는 레코드의 개수를 구하는 과정에 대해 다음예제에서 자세히 살펴보도록 하겠습니다.

| 예제 8-6 |

- **Step 01** | guest 테이블에 존재하는 레코드의 개수를 구하는 프로그램을 다음과 같이 작성합니다.

ex8-6.php

```
<?php

  echo "<h3>■ guest 테이블에 존재하는 레코드의 개수 구하기</h3>";
  echo "<hr>";

  $connect = mysqli_connect ('localhost', 'root', '123456'); // mysql 접속
```

```
07    mysqli _ select _ db ($connect, 'study _ db');              // 질의 수행
08
09    $sql = "select *from guest";                                // 테이블 검색 질의
10    $result = mysqli _ query ($connect, $sql);                  // 질의 수행
11    $count = mysqli _ num _ rows ($result);                     // 레코드의 개수 구하기
12
13    echo " >> guest 테이블의 전체 레코드 수 : <B> [ {$count} 개 ] </B> <br>";
14    echo "<hr>";
15
16    mysqli _ close($connect);
17    echo " ▣ mysql 접속이 종료되었습니다  !!!";
18
19 ?>
```

• **Step 02** | 웹 브라우저에서 [예제 8-6]을 실행하여 guest 테이블에 존재하는 레코드의 개수가 몇 개인지를 확인합니다.

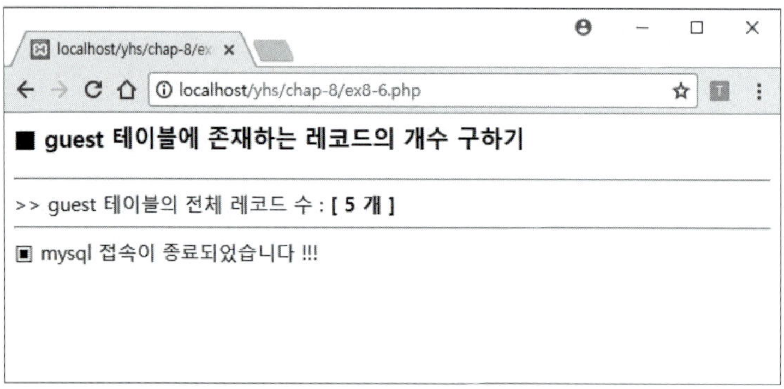

[그림 8-13] guest 테이블에 저장된 레코드의 개수 출력

/ 소스 설명 /

• mysql 접속

6행의 변수 $connect=mysqli_connect('localhost', 'root', '123456')는 관리자 계정으로 접속하기 위해 mysqli_connect( ) 함수를 변수 $connect에 저장합니다.

• study_db 데이터베이스의 선택

7행은 데이터베이스를 선택하기 위해 mysqli_select_db( ) 함수를 사용하여 $db=mysqli_select_db($connect, 'study_db')와 같이 변수에 저장하고 함수의 괄호 안에 선택할 데이

터베이스 study_db와 MySQL에 접속하기 위해 선언한 6행에서 선언한 변수 $connect를 인수로 사용합니다.

- 테이블 검색 질의

  9행의 $sql="select *from geust"는 study_db 데이터베이스에 존재하는 guest 테이블을 검색하는 질의이고 10행의 $result= mysql_query($connect, $sql)은 6행과 10행의 질의에 대해 쿼리문을 실행하라는 의미입니다.

- 레코드 개수 구하기

  11행의 $count=mysqli_num_rows($result)에서 레코드의 개수를 구하여 변수 $count에 저장한 다음 레코드의 개수를 13행에서 출력합니다.

- mysql 접속 종료

  16행의 mysqli_close( )함수는 접속된 MySQL을 종료하고 17행은 MySQL이 종료되었음을 알리는 문장을 출력합니다.

필드의 개수 구하기 : mysqli_num_fields( ) 함수

테이블에 생성된 필드의 개수를 구할 때는 mysqli_num_fields( ) 함수를 사용하며 함수의 사용형식은 다음과 같습니다.

```
$변수1 = mysqli _ connect('localhost', 'root', '123456')     // mysql 접속
mysqli _ select _ db($변수1 '데이터베이스명')                 // 데이터베이스 선택
$변수2 = "select *from 테이블명";                            // 테이블 검색 질의
$변수3 = mysqli _ query ($변수1, $변수2);                     // 질의 수행
$변수4 = mysqli _ num _ fields($변수3);                       // 필드의 수 획득
```

여기서는 space_tbl 테이블에 존재하는 필드의 전체 개수를 다음 예제를 통해 구하도록 하겠습니다.

| 예제 8-7 |

- **Step 01** | space_tbl 테이블에 존재하는 필드의 개수를 구하는 프로그램을 다음과 같이 작성합니다.

ex8-7.php

```php
<?php

  echo "<h3>■ space_tbl 테이블에 존재하는 필드의 개수 구하기</h3>";
  echo "<hr>";

  $connect = mysqli_connect ('localhost', 'root', '123456');
  mysqli_select_db ($connect, 'study_db');        // 질의 수행

  $sql = "select *from space_tbl";                // 테이블 검색 질의
  $result = mysqli_query ($connect, $sql);        // 질의 수행
  $count = mysqli_num_fields ($result);           // 필드의 개수 구하기

  echo " >> space_tbl 테이블의 전체 필드의 수 : <B>[ {$count} 개 ] </B> <br>";
  echo "<hr>";

  mysqli_close($connect);
  echo " ▣ mysql 접속이 종료되었습니다  !!!";

?>
```

• **Step 02** | 웹 브라우저에서 [예제 8-7]을 실행하여 space_tbl 테이블에 존재하는 필드의 개수가 몇 개인지를 확인합니다.

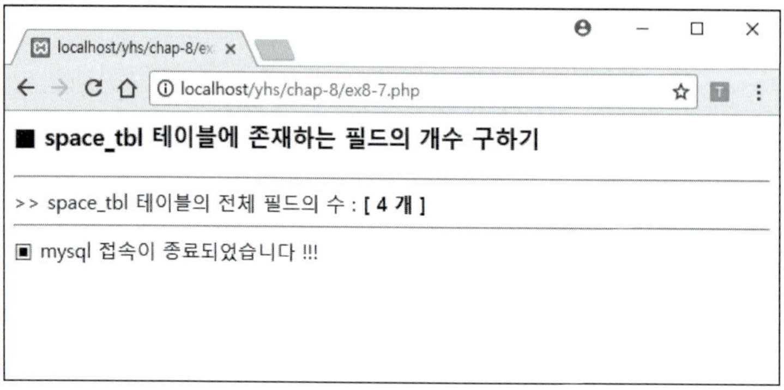

[그림 8-14] guest 테이블에 저장된 필드의 개수 출력

/ 소스 설명 /

- mysql 접속

  6행의 변수 $connect=mysqli_connect('localhost', 'root', '123456')는 관리자 계정으로 접속하기 위해 mysqli_connect( ) 함수를 변수 $connect에 저장합니다.

- 필드의 개수 구하기

  11행의 $count=mysqli_num_fields($result)는 필드의 개수를 구하여 변수 $count에 저장한 다음 14행에서 출력합니다.

- mysql 접속 종료

  16행에서는 mysqli_close($connect) 함수를 사용하여 MySQL 접속을 종료하고 17행은 MySQL 접속이 종료되었음을 알려주는 메시지를 출력합니다.

5 레코드 불러오기

데이터베이스에 존재하는 특정 테이블에는 어떤 레코드들이 저장되어 있는지를 확인하고 레코드를 하나 또는 여러 개를 불러올 수 있습니다. 테이블에 존재하는 전체 레코드 중에서 하나씩 호출할 때는 mysqli_fetch_row( ) 함수를 사용하고 배열을 이용하여 레코드를 하나씩 호출할 경우에는 mysqli_fetch_array( ) 함수를 사용합니다.

테이블에 저장되어 있는 여러 개의 레코드들 중에서 행과 열을 기준으로 특정 레코드를 하나씩 호출할 때는 mysqli_result( ) 함수를 사용합니다. 테이블에 저장되어 있는 전체 레코드 중에서 하나의 레코드 단위로 호출할 때 사용되는 함수는 mysqli_fetch_row( ) 함수이며 배열을 사용하여 레코드를 호출할 때 사용하는 함수는 mysqli_fetch_array( ) 함수를 사용합니다. 함수의 사용형식은 다음과 같습니다.

```
$변수1 = mysqli_connect('localhost', 'root', '123456')      // mysql 접속
mysqli_select_db($변수1, '데이터베이스명')                  // 데이터베이스 선택
$변수2 = "select *from 테이블명";                           // 테이블 검색 질의
$변수3 = mysqli_query ($변수1, $변수2);                     // 질의 수행
$변수4 = mysqli_fetch_row($변수3);                          // 레코드 불러오기
```

여기서는 guest 테이블에 존재하는 레코드를 하나씩 호출하여 반복문으로 전체 레코드를 출력하는 과정에 대해 다음 예제를 통해 자세히 살펴보도록 하겠습니다.

| 예제 8-8 |

Step 01_guest 테이블에 존재하는 레코드를 하나씩 호출하여 웹 브라우저 화면에 출력되는 프로그램을 다음과 같이 작성합니다.

ex8-8.php

```
<?php

  echo "<br><h3>■ 테이블에 존재하는 레코드를 하나씩 호출하여 화면에 출력 </h3>";
  echo "<hr>";

  $connect = mysqli_connect ('localhost', 'root', '123456');
  mysqli_select_db ($connect, 'study_db');          // 질의 수행

  /* ---------- 한글 깨짐 방지 코드 -----------------*/

  mysqli_query($connect, "set session character_set_connection=utf8;");
  mysqli_query($connect, "set session character_set_results=utf8;");
  mysqli_query($connect, "set session character_set_client=utf8;");

  $sql = "select *from guest";                      // 테이블 검색 질의
  $result = mysqli_query ($connect, $sql);          // 질의 수행
  $count = mysqli_num_fields ($result);             // 필드의 개수 구하기

  echo "<B> ● 테이블 이름 : guest </B><br><br>";

?>

<table width='600' border='2' bordercolor='blue' cellpadding='10'>
  <tr>
    <td bgcolor='#FFFF00' align='center'><B> 아이디 </B></td>
    <td bgcolor='#FFFF00' align='center'><B> 성명 </B></td>
    <td bgcolor='#FFFF00' align='center'><B> 성별 </B></td>
    <td bgcolor='#FFFF00' align='center'><B> 나이 </B></td>
    <td bgcolor='#FFFF00' align='center'><B> 포인트 </B></td>
```

```
    <td bgcolor='#FFFF00' align='center'><B> 이메일 </B></td>
  </tr>

<?php

  while ($rows=mysqli_fetch_row($result))     // 레코드의 개수만큼 반복
  {
    echo "<tr>";
    for ($a = 0; $a < $count; $a++)          // 필드의 수만큼 반복
    {
      echo "<td> $rows[$a] </td>";
    }
    echo "</tr>";
  }

?>

</table><br>

<?php

  $row_count = mysqli_num_rows($result);     // 레코드 개수 구하기
  echo "● 전체 레코드의 수 : <B>[ {$row_count} 개 ] </B>";
  mysqli_close($connect);
  echo " <hr> >> mysql 접속이 종료되었습니다 !!! ";

?>
```

- **Step 02** | 웹 브라우저에서 [예제 8-8]을 실행하여 guest 테이블에 존재하는 전체 레코드가 정상적으로 출력되는지를 확인합니다.

[그림 8-15] 예제 8-8 실행 결과 화면

guest 테이블에 존재하는 레코드가 하나씩 호출되어 while문을 통해 전체 5개의 레코드가 표의 형태로 화면에 출력된 것을 확인할 수 있습니다. 이와 같이 표의 형태로 화면에 출력되도록 한 것은 〈table〉 태그를 사용하여 작성된 것입니다.

/ 소스 설명 /

- 한글 깨짐 방지 코드

  11행부터 13은 PHP 프로그램에서 MySQL 데이터베이스로 데이터를 넘기는 과정에서 한글이 깨지는 것을 방지하는 코드입니다.

- 필드의 개수 구하기

  17행의 $count=mysqlI_num_fields($result)는 필드의 개수를 구하기 위한 명령이며 여기에서 산출된 필드의 수를 38행의 for($a=0; $a<$count; $a++)문에서 존재하는 레코드의 개수만큼 반복 수행합니다.

- 태그문자 사용

  23행부터 31행까지와 47행은 HTML 태그문자를 사용하였으며 <table> 태그는 표와 같은 모양으로 웹 브라우저에 나타나도록 해 주고 옵션입니다. bgcolor는 테이블의 칸을 어떤 색상으로 채울 것인지를 정의한 것이고 border='2'는 표의 테두리 선의 두께를 나타낸 것입니다. bordercolor는 표의 테두리 선의 색상을 의미하며 <tr> 태그는 행을 나타내고 <td> 태그는 열(칸)을 의미합니다. cellpadding 옵션은 이중선의 간격을 설정할 때 사용합니다.

- **레코드의 수만큼 반복**

  35행의 `while($rows=mysqlI_fetch_row($result))`문은 하나의 레코드를 불러오는 함수를 `$rows` 변수에 저장하여 레코드가 존재하는 동안은 계속해서 37행의 `<tr>` 태그를 반복 수행하고 38행의 `for`문은 존재하는 레코드의 개수만큼 명령을 반복 수행합니다.

이와 같이 8장에서는 PHP 프로그램을 통해 DBMS 접속 및 종료방법에 대해 다루었고 작업할 데이터베이스를 선택하는 방법에 대해 배웠습니다. 그리고 저장된 테이블에 존재하는 데이터를 조회하기 위해 데이터베이스 쿼리문에 대해서도 살펴봤습니다. 다음 장에서는 FORM 태그와 PHP와의 연동 관계에 대해 다루도록 하겠습니다.

핵심요약

01 PHP에서 MySQLMariaDB에 접속하기 위해 사용되는 함수는 mysqli_connect( ) 함수이고 MySQLMariaDB 접속을 종료하는 함수는 mysqli_close( ) 함수이며 사용형식은 다음과 같습니다.

```
$변수명 = mysqli_connect (호스트명[:port] 변수, 계정 변수, 비밀번호 변수 ); // mysql 접속
mysqli_close($변수명);        // mysql 접속 종료
```

02 PHP 프로그램에서 데이터베이스를 선택할 때는 mysqli_select_db( ) 함수를 사용할 때 주의해야 할 사항은 함수 안에 들어가는 인수의 순서를 반드시 준수해야 한다는 부분입니다.

```
$변수명 = mysqli_select_db(mysql에 연결할 $변수명, '데이터베이스명')
```

03 PHP와 MySQL^{MariaDB}의 연동관계에서 한글이 깨지게 되는 경우를 해결하기 위해서는 Apache 웹 서버의 httpd-languages.conf 파일과 PHP 프로그램의 php.int 파일의 환경변수를 노트패드를 사용하여 정확하게 설정해 주어야 합니다.

- Apache 웹 서버의 D:₩xampp₩apache₩conf₩extra₩httpd-languages.conf 파일

```
<IfModule mime_module>
<IfModule negotiation_module>
:          :
DefaultLanguage ko          ← DefaultLanguage nl로 설정된 값을 ko로 변경
:          :
AddDefaultCharset utf-8     ← 환경변수를 추가
</IfModule>
<ifMoudule>
```

- PHP 웹 언어의D:₩xampp₩php₩php.ini

```
[PHP]
:      :
http://php.net/extension-dir          ← ; 기호를 제거하여 주석문 해제
:      :
```

```
[mbstring]
 :       :
mbstring.language = Korean                    ← ; 기호를 제거하여 주석문 해제
 :       :
mbstring.internal_encoding = utf-8            ← 주석문 해제 후 utf-8 추가
 :       :
mbstring.http_input = auto                    ← 주석문 해제 후 auto 추가
 :     :
mbstring.http_output = utf-8                  ← 주석문 해제 후 utf-8 추가
 :     :
mbstring.encoding_translation = On            ← 주석문 해제 후 Off를 On으로 변경
 :     :
mbstring.detect_order = auto                  ← ; 기호를 제거하여 주석문 해제
 :     :
mbstring.substitute_character = none          ← ; 기호를 제거하여 주석문 해제
 :     :
mbstring.func_overload = 0                    ← ; 기호를 제거하여 주석문 해제
 :     :
```

04 데이터베이스에 존재하는 테이블 및 레코드 등과 관련된 질의에 사용되는 함수는 mysqli_query( ) 함수를 사용합니다. 이 함수를 사용하여 SQL 문법에 의해 작성된 질의 또는 접속을 식별하는 식별자(변수명)를 매개변수로 받아 질의를 수행하게 되며 사용형식은 다음과 같습니다.

```
mysqli_query (mysql에 연결할 $변수명, 질의문이 저장된 변수명)
```

05 PHP 프로그램에서 지정된 테이블에 데이터를 저장할 때 한글이 지원되지 않으면 깨지는 현상이 발생하게 되므로 볼드체로 표시한 코드를 추가적으로 코딩해줘야 한글이 깨지지 않고 정상적으로 MySQL[MariaDB] 화면에 출력됩니다.

```
$connect = mysqli_connect ('localhost', 'root', '123456');
                              :
mysqli_query($connect, "set session character_set_connection=utf8;");
mysqli_query($connect, "set session character_set_results=utf8;");
mysqli_query($connect, "set session character_set_client=utf8;");
```

06 테이블에 저장된 레코드의 전체 개수를 구하기 위해 사용되는 mysqli_num_rows( ) 함수의 사용형식은 다음과 같습니다.

```
$변수1 = mysql _ connect('localhost', 'root', '123456');  // mysql 접속
mysqli _ select _ db('데이터베이스명', $변수1);            // 데이터베이스 선택
$변수2 = "select *from 테이블명";                         // 테이블 전체를 검색질의
$변수3 = mysqli _ query ($변수1, $변수2);                  // 질의 수행
$변수4 = mysqli _ num _ rows($변수3);                     // 테이블의 전체 레코드의 수 획득
```

07 테이블에 생성된 필드의 개수를 구할 때는 mysqli_num_fields( ) 함수를 사용하며 함수의 사용형식은 다음과 같습니다.

```
$변수1 = mysqli _ connect('localhost', 'root', '123456')   // mysql 접속
mysqli _ select _ db($변수1 '데이터베이스명')               // 데이터베이스 선택
$변수2 = "select *from 테이블명";                          // 테이블 검색 질의
$변수3 = mysqli _ query ($변수1, $변수2);                   // 질의 수행
$변수4 = mysqli _ num _ fields($변수3);                     // 필드의 수 획득
```

08 테이블에 저장되어 있는 전체 레코드 중에서 하나의 레코드 단위로 호출할 때 사용되는 함수는 mysqli_fetch_row( ) 함수이며 배열을 사용하여 레코드를 호출할 때 사용하는 함수는 mysqli_fetch_array( ) 함수를 사용합니다. 함수의 사용형식은 다음과 같습니다.

```
$변수1 = mysqli _ connect('localhost', 'root', '123456')   // mysql 접속
mysqli _ select _ db($변수1, '데이터베이스명')              // 데이터베이스 선택
$변수2 = "select *from 테이블명";                          // 테이블 검색 질의
$변수3 = mysqli _ query ($변수1, $변수2);                   // 질의 수행
$변수4 = mysqli _ fetch _ row($변수3);                      // 레코드 불러오기
```

01 PHP에서 MySQL^MariaDB에 연동될 때 사용되는 함수에 대하여 자세히 설명하시오.

(1) mysqli_connect( ) 함수 –

(2) mysqli_close( ) 함수 –

(3) mysqli_select_db( ) 함수 –

(4) mysqli_query( ) 함수 –

(5) mysqli_num_rows( ) 함수 –

(6) mysqli_num_fields( ) 함수 –

(7) mysqli_fetch_row( )와 mysqli_fetch_array( ) 함수 –

(8) mysqli_result( ) 함수 –

02 레코드의 개수를 구하는 다음 프로그램의 빈 칸을 채우시오.

```
<?
  echo "<h3>■ 테이블에 존재하는 레코드 개수 구하기</h3>";
  echo "<hr>";
  $connect = mysqli _ connect ('localhost', 'root', '123456');
  mysqli _ select _ db ( [          ] 'study _ db');
  $sql = "select *from guest";
  $result = mysqli _ query ($connect, [          ] );
  $count = mysqli _ num _ rows [          ]
  echo " ..... 'guest' 테이블의 전체 레코드 수 : <B> [          ]개 </B> <br>";
  echo "<hr>";
  mysql _ close [          ]
  echo " ▣ mysql 접속이 종료되었습니다  !!!";
?>
```

CHAPTER 09
FORM 태그와 PHP 연동

학습목표

- FORM 태그 컨트롤 도구가 무엇인지에 대해 이해할 수 있습니다.
- PHP 프로그램에서 FORM 태그를 사용할 수 있습니다.
- FORM 태그를 사용하여 회원등록 화면을 제작할 수 있습니다.
- POST 방식과 GET 방식의 차이점에 대해 이해할 수 있습니다.

SECTION 01

FORM 태그

1 FORM 태그 컨트롤 도구

FORM 태그는 HTML에서 사용자의 입력을 받아들이는 인터페이스의 역할을 수행하며 컨트롤Control을 사용도구로 PHP 프로그램에서 〈input〉 태그를 통해 구현됩니다. FORM 컨트롤 태그의 사용 용도에 대해 다음 표와 같이 정리하였습니다.

[표 9-1] FORM 컨트롤 태그

컨트롤	의미	용도
text	일반 텍스트	한 줄의 문자열을 입력 받음
password	암호 텍스트	비밀번호를 입력 받음 (•••••• 형태로 출력)
button	일반 버튼	클릭할 때 발생하는 조건을 실행하는 버튼
reset	리셋 버튼	FORM 안의 모든 컨트롤들을 초기화하는 버튼
submit	제출 버튼	FORM 안의 컨트롤 데이터를 입력 인자로 갖고 action의 파일 또는 URL을 실행
checkbox	체크 박스	복수의 항목을 선택할 수 있는 컨트롤
radio	라디오 버튼	오직 한 개의 항목만 선택할 수 있는 컨트롤
select	선택	풀-다운 형식의 메뉴로 한 개의 항목을 선택
file	파일 선택	클라이언트에 존재하는 파일을 선택
hidden	숨김 컨트롤	브라우저에 나타나지 않고, 전달 인자로만 사용
textarea	텍스트 영역	텍스트를 입력 받을 수 있는 텍스트의 영역

텍스트 필드

웹 브라우저 화면을 통해 사용자로부터 텍스트를 입력받을 때 사용하는 FORM 태그입니다. 긴 문장의 경우에는 〈textarea〉 태그를 사용하면 됩니다.

<input type="text" name="값의 이름" value="값" disabled="disabled" readonly="readonly">

type : text를 사용해야만 텍스트 필드로 인식됨
name : 입력한 데이터의 이름을 의미
value : 입력한 데이터의 기본 값으로 텍스트 필드에 표시됨
disabled : 텍스트 필드가 불가능 상태가 되며 서버로 전송하고 싶지 않을 때 설정
readonly : 텍스트 필드에 값을 입력할 수는 없지만 서버로는 전송이 됨

라디오 버튼

여러 개의 항목 중에서 원하는 것을 유일한 값을 선택할 수 있는 태그입니다.

<input type="radio" name="값의 이름" value="값" checked="checked">

name : 속성의 값은 같은 값을 사용해야 함
value : 속성의 값을 다른 값을 사용해야 함

2 FORM 태그 속성

FORM 태그는 폼이 연동할 파일 또는 URL 주소를 지정하고 POST 방식과 GET 방식 등을 지정할 수 있는 속성을 제공해 줍니다. FORM 태그와 관련된 속성을 다음 표와 같이 정리하였습니다.

[표 9-2] FORM 태그 속성

속성	의미
action	폼이 연동할 파일 또는 URL을 지정
method	CGI(Common Gateway Interface) 방식 지정 - POST/GET 방식
enctype	POST방식에서 전송 데이터의 형식을 지정. 기본값은 "application/x-www-form-urlencoded"이며 파일업로드의 경우엔 "multipart/form-data"로 지정해야 함
accept-charset	연동할 CGI 프로그램에게 전송되는 인자의 문자 코드방식 알림
accept	서버가 바르게 처리할 수 있도록 전송데이터의 MIME(데이터의 송/수신 규약) 형식 목록을 콤마로 분리 지정
name	폼의 이름을 지정(연동되는 PHP에서 변수명으로 활용)

입력양식 정보제어 객체

FORM 태그의 입력양식 정보를 제어하기 위한 객체에 대해 형식, 속성, 메소드가 수행하는 역할을 다음과 같이 정리하였습니다.

[형식]

속성 : document.폼객체명(name 속성).속성
메소드 : document.폼객체명(name 속성).메소드

<input type="radio" name="값의 이름" value="값" checked="checked">

action : 이동할 파일명 또는 URL 주소
elements : 입력양식을 배열로 정의
name : <form> 태그 안의 name 속성 반환
target : <form> 태그 안의 target 속성 반환
method : <form> 태그 안의 메소드 속성 반환(POST, GET)

[메소드]

submit( ) : 입력 폼 양식에 입력한 내용을 서버로 전송
reset( ) : 입력 폼 양식에 입력한 내용을 초기화

Text 객체 / Textarea 객체 / Password 객체

Text, Textarea, Password 정보를 제어하기 위한 객체에 대해 형식, 속성, 메소드가 수행하는 역할을 다음과 같이 정리하였습니다.

[형식]

속성 : document.폼객체명.text 객체명.속성
메소드 : document.폼객체명.text 객체명.메소드
예시 : document.test_form.fname.focus( )

[속성]

value : text에 입력한 문자열을 알아냄
defaultvalue : 기본적으로 setting 되어 있는 문자열

[메소드]

blur( ) : 텍스트 입력 양식의 커서를 제거
focus( ) : 폼 양식 안에서 커서의 위치를 지정
eval( ) : 문자열로 입력된 수식을 계산해 주는 내장 함수
select( ) : 텍스트 입력 양식 안에 있는 문자열을 모두 선택

Hidden 객체

숨겨진 Hidden 입력양식의 정보를 제어하기 위한 객체에 대해 속성과 메소드가 수행하는 역할을 다음과 같이 정리하였습니다.

[속성]

value : text 객체에 입력한 문자열을 알아냄

[메소드]

eval( ) : 문자열로 입력된 수식을 계산해 주는 내장 함수

Checkbox 객체

사용자로부터 여러 개의 선택된 입력 값을 받을 수 있는 Checkbox 입력양식의 정보를 제어하기 위한 객체에 대해 속성과 메소드가 수행하는 역할을 다음과 같이 정리하였습니다.

[속성]

value : input 태그에서의 value 속성
checked : 체크를 기본값으로 표시하여 설정하거나 반환

[메소드]

blur( ) : 텍스트 입력 양식의 커서를 제거
focus( ) : 폼 양식 안에서 커서의 위치를 지정
eval( ) : 문자열로 입력된 수식을 계산해 주는 내장 함수
click( ) : 체크 박스를 클릭

Radio 객체

같은 그룹에서는 하나의 유일한 입력 값만을 받기 위한 Checkbox에 대한 입력양식의 정보를 제어하기 위한 객체에 대해 속성과 메소드가 수행하는 역할을 다음과 같이 정리하였습니다.

[속성]

value : input 태그에서 value 속성
length : 같은 그룹 안에 있는 버튼 개수를 반환
checked : 체크 상태 설정

[메소드]

blur( ) : 텍스트 입력 양식의 커서를 제거
focus( ) : 폼 양식 안에서 커서의 위치를 지정
eval( ) : 문자열로 입력된 수식을 계산해 주는 내장 함수
click( ) : 버튼을 클릭
** name 값이 동일하기 때문에 참조할 때 name 값이 배열로 들어감
** form 객체에서 이벤트에 this를 인자로 넘겨주면 각각의 객체가 넘어감

Select 객체

리스트 안에 들어있는 값을 가져오기 위해서는 options[ ] 배열을 사용하며 리스트 또는 콤보 박스에 대해 입력양식의 정보를 제어하기 위한 객체에 대해 속성과 메소드가 수행하는 역할을 다음과 같이 정리하였습니다.

[속성]

length : 항목의 개수를 알아냄
selectedindex : 선택된 항목의 인덱스 번호를 반환
options : 옵션 태그 정보를 배열로 포함
name : name 속성

[메소드]

blur( ) : 커서가 제거되었을 때의 동작 설정
window.print( ) : 인쇄 창을 보여주는 메소드

SECTION 02

PHP에서 FORM 태그 활용

1 FORM 태그와 PHP 연동 구조

FORM 태그와 PHP의 연동은 전통적인 CGI[Common Gateway Interface] 방식을 따릅니다. CGI란 인터넷에서 서비스를 제공하는 서버와 클라이언트[접속하는 사람]간의 정보를 주고받을 수 있는 기능을 제공해 주며 웹브라우저에서 HTML로 여러 가지 정보를 처리합니다.

그렇지만 그 기능만으로 모든 정보처리를 다 할 수는 없습니다. 이와 같이 충분하지 못한 부분들을 보충하기 위해 외부 프로그램과 HTTP Server, 즉 Apache 웹 서버간의 연결 역할을 수행하기 위한 규약이 CGI이며 다음과 같은 연동 구조를 가지고 있습니다.

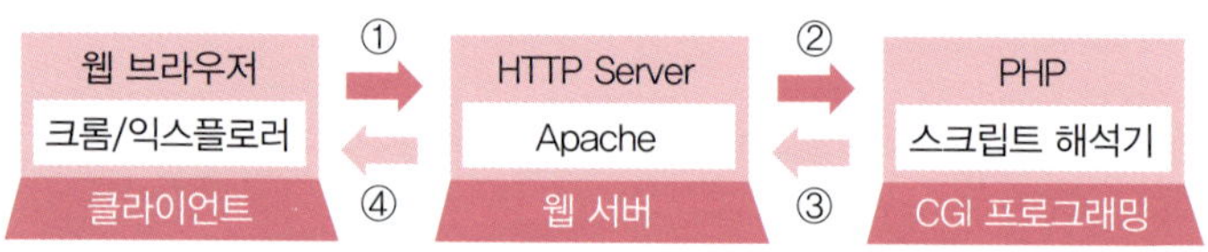

[그림 9-1] CGI 연동 구조

- 클라이언트인 웹 브라우저에서 Apache 웹 서버로 http://localhost 또는 http://127.0.0.1 연결을 통해 데이터 파일을 요청합니다.
- Apache 웹 서버가 CGI 프로그램인 PHP에게 실행을 하도록 요청을 전달합니다.
- CGI 프로그램인 PHP에서 Apache 웹 서버로 출력을 전달합니다.
- 적절한 MIME[Multipurpose Internet Mail Extensions] 헤더를 갖고 Apache 웹 서버가 클라이언트인 웹 브라우저로 응답한 후 연결을 해제합니다.

2 회원등록 화면

회원등록을 위한 아이디, 성명, 비밀번호, 비밀번호 확인, 핸드폰, 성별, 관심분야, 남기고 싶은 글 항목 등을 입력양식 태그를 사용하여 다음 그림과 같이 작성하도록 하겠습니다.

[그림 9-2] 회원가입 정보를 입력할 양식

회원등록 화면과 같은 개인 정보를 입력할 수 있는 양식 태그를 작성하려면 HTML에 대한 기초 지식이 필요합니다. 이미 HTML 태그에 대한 어느 정도의 지식을 갖추고 있다면 실습할 때 많은 도움이 될 것입니다. 하지만 초보자도 충분히 따라올 수 있도록 실습과정에서 필요한 HTML 태그 지식을 쉽게 다루고 있으므로 너무 걱정하지 않아도 됩니다.

많은 시간을 투자해서 HTML 태그에 대해 배우기가 번거롭다면 앞으로 실습할 예제에서 다루는 HTML 태그의 사용방법과 기능, 태그의 종류에 대해 반드시 알아두기 바랍니다. 다음 예제를 통해 회원등록 화면을 만드는 HTML 태그에 대해 자세히 살펴보도록 하겠습니다.

| 예제 9-1 |

- **Step 01** | 회원가입 정보를 입력할 폼 양식을 만들기 위해 프로그램을 다음과 같이 작성합니다.

ex9-1.php

```
<html>
  <head>
    <title> FROM 태그와 컨트롤 - 회원등록 </title>
  </head>

  <body>
    <br><h2><center>  회원등록 화면  </center>  </h2><hr>

    <form  method="post" action= "ex9-2.php">
    <center>
    <table border=0 bordercolor="blue" width=700 cellspacing=1 cellpadding=5>

      <tr>
        <td width=450 align=right> 아이디 : </td>
        <td width=330>
          <input type="text" size=10 maxlength=10 name="id">
        </td>

        <td width=200 align=right> 성명 : </td>
        <td width=300>
          <input type="text" size=10 maxlength=10 name="name">
        </td>
      </tr>

      <tr>
        <td align=right> 비밀번호 : </td>
        <td>
          <input type="password" size=10 maxlength=10 name="pw1">
        </td>

        <td align=right> 비밀번호 확인 : </td>
        <td>
          <input type="password" size=10 maxlength=10 name="pw2">
        </td>
      </tr>

      <tr>
        <td align=right> 핸드폰 : </td>
```

```
      <td>
        <select name="p1">
          <option value=" "> 선택 </option>
          <option value="010 "> 010 </option>
          <option value="011 "> 011 </option>
          <option value="016 "> 016 </option>
          <option value="017 "> 017 </option>
          <option value="019 "> 019 </option>
        </select> -
        <input type="text" size=4 name="p2" maxlength=4> -
        <input type="text" size=4 name="p3" maxlength=4>
      </td>

      <td align=right> 성별 : </td>
      <td>
        <input type="radio" name="sex" value="남자" checked> 남
        <input type="radio" name="sex" value="여자"> 여
      </td>
    </tr>

    <tr>
      <td align=right>  주소 : </td>
      <td colspan=3>
        <input type="text" size=62 name="addr">
      </td>
    </tr>

    <tr>
      <td align=right>  남기고 싶은 글 : </td>
      <td colspan=3>
        <textarea name="memo" rows=8 cols=64> </textarea>
      </td>
    </tr>

  </table><br>

  <table border=0 width=800>
    <tr>
      <td align=center>
```

```
        <input type="submit" value=" ◀ 회원등록 ▶ ">     
      <input type ="reset" value=" ▶ 다시 작성 ◀ ">
    </td>
      </tr>
    </table>
    <center>
      <input type="hidden" name="thema" value="회원등록 서식">
    </center>
    </form>
  </body>
</html>
```

• **Step 02** | 웹 브라우저에서 [예제 9-1]을 실행합니다.

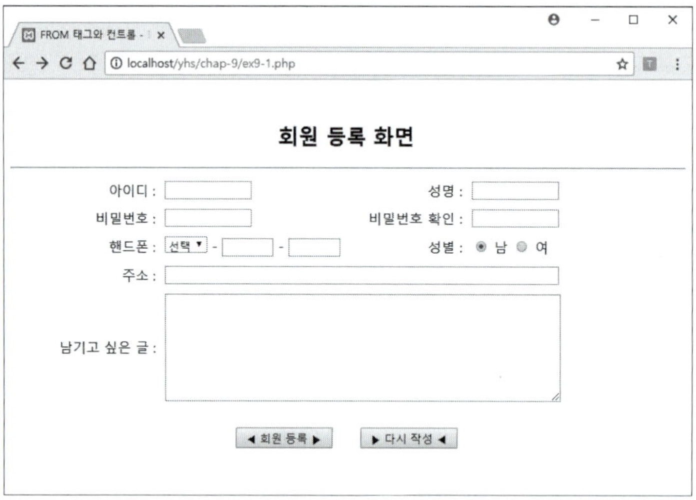

[그림 9-3] 예제 9-1 실행 결과

• **Step 03** | 웹 브라우저 화면에 나타난 회원등록 사항에 대해 입력 후 〈회원등록〉 버튼을 클릭합니다.

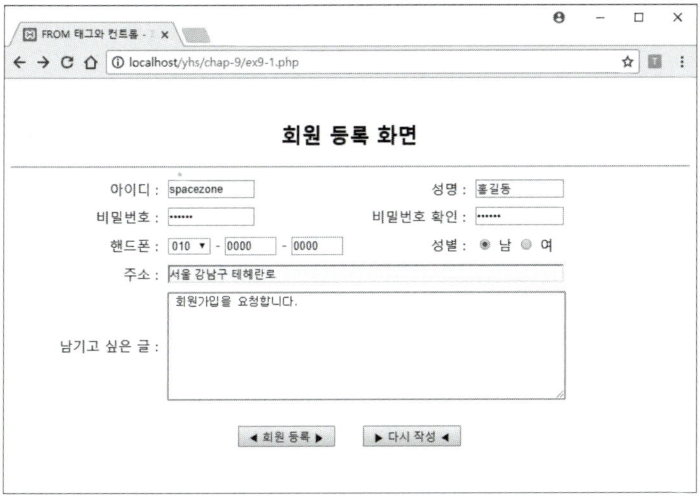

[그림 9-4] 회원등록 화면에서 정보 입력

• **Step 04** | 회원등록을 위해 정보를 입력 후 〈회원등록〉 버튼을 클릭하였더니 '객체 없음!'이라는 메시지가 나타났습니다. 이와 같은 메시지가 나타난 이유는 회원등록 화면에서 입력한 값들을 받아 줄 파일이 존재하지 않기 때문입니다. 이 문제는 다음 섹션에서 해결하기로 하겠습니다.

[그림 9-5] 회원등록 화면에서 〈회원등록〉 버튼 클릭결과 화면

/ 소스 설명 /

- <from> 태그

<from> 태그는 9행에서 시작하여 86행의 </form>으로 끝나고 9행의 method=post 명령으로 전달되는 폼의 입력 값들은 post 방식으로 전송하게 됩니다. 9행의 action=ex9-2.php는 연결될 파일 또는 URL 주소를 정의한 것입니다.

- <table> 태그

10행은 표를 만들기 위한 <table> 태그로 행을 만들 때는 <tr>...</tr>, 열은 <td>...</td>로 선언합니다. border=0은 테두리 선의 두께를 0으로 선언하여 선이 나타나지 않도록 설정한 것입니다. 선의 색상을 파란색으로 bordercolor=blue와 같이 설정하고 이중 테두리 선의 간격을 1만큼 두기 위해 cellspacing=1과 같이 설정합니다. cellpadding=5는 테두리 선과 글자와의 간격을 조절할 수 있습니다.

- 입력 컨트롤 지정

15행의 <input="text" size=10 maxlength=10 name="id">는 입력할 컨트롤을 텍스트 형식으로 하고 텍스트 박스의 길이와 최대 입력할 문자열의 길이를 영문자 10자까지 입력할 수 있도록 설정하였습니다. 이 FORM 태그 컨트롤의 이름은 name="id"로 지정하였으며 name은 ex9-2.php에서 사용될 변수로서의 의미를 지니고 있습니다.

- 선택과 라디오 버튼

41행과 46행에서는 핸드폰 번호 앞자리를 선택할 수 있도록 설정하였고 54행과 55행은 남자와 여자를 구분하기 위해 라디오 버튼을 사용하였습니다. 라디오 버튼은 중복되지 않는 유일한 값을 지니고 있습니다.

- 칸 합치기

61행과 68행에서 선언한 <td colspan=3>은 세 칸을 한 칸으로 합치라는 의미이며 행을 합칠 때는 <td lowspan=행의 수>와 같이 선언합니다.

- 텍스트 영역 지정

69행의 <textarea name="memo" rows=8 cols=60>은 텍스트를 입력할 수 있는 영역으로 8행과 60열을 크기를 의미하고 name=memo는 <textarea>...</textarea> 태그의 사용을 구분하기 위한 고유의 변수로 활용됩니다.

- 버튼 활용

78행의 <input type="submit" value="◀ 회원등록 ▶">에서 반드시 type 속성은 submit로 선언해야 하며 생성된 <회원등록> 버튼을 클릭하면 ex9-1.php에서 입력한 개인 정보가

ex9-2.php로 전달됩니다. 92행의 <input type="reset" value="▶ 다시 작성 ◀">은 회원 등록 화면에 입력한 개인정보를 다시 작성할 때 사용되는 버튼이며 type 속성 또한 반드시 reset로 선언해야 합니다. 참고로 'type="reset", value="▶ 다시 작성 ◀"'과 같이 값을 입력할 때의 겹따옴표는 반드시 넣어야 할 사항은 아닙니다. 다만 옆에 있는 여러 옵션들과 구분하기 위해서 사용될 뿐입니다.

- 화면에서 감추기

84행의 <input type="hidden" name="thema" value="회원등록 서식">은 웹 브라우저 화면에는 출력되지 않지만 value="회원등록 서식"의 값을 변수 thema를 매개체로 9행에서 선언한 <form> 태그의 auction=ex9-2.php 파일에게 전달합니다.

SECTION

03 POST 방식과 GET 방식

1 POST와 GET 방식 비교

회원정보를 입력하기 위해 작성한 [예제 9-1]을 실행하여 웹 브라우저 화면에서 정보를 입력하고 〈회원등록〉 버튼을 클릭하였으나 입력한 값이 출력되지 않았습니다. 여기서는 입력된 회원정보를 웹 브라우저 화면에 출력되도록 데이터를 전송하는 방식에 대해 자세히 살펴보도록 하겠습니다.

입력된 회원정보를 PHP 프로그램에서 받아들여 웹 브라우저에 출력되도록 수행하기 위해서는 [예제 9-2]를 수행해야 합니다. 이 예제를 수행하기에 앞서 FORM 태그를 통해 데이터를 전송하는 방식은 두 가지 방식이 있습니다. FORM 태그에서 입력되는 값을 어떻게 전달하는지에 대해 POST 방식과 GET 방식을 비교하여 다음 표와 같이 정리하였습니다.

[표 9-3] POST 방식과 GET 방식 전송방법 비교

방식	의미
POST 방식	<FROM> 태그 내에서 사용된 각 컨트롤의 선택 사항을 auction에 명시된 URL로 전달하게 됩니다. 이때 입력상자나 버튼에 사용된 name 속성 값을 변수명으로 하고 폼 양식에서 사용자가 입력한 내용이나 버튼에 사용된 value 속성 값을 그 변수의 값으로 전달되며 데이터의 길이에 제약이 없고 보안에 강합니다.
GET 방식	이동해 가는 URL 뒤에 ?를 붙이고 변수명과 값을 쌍으로 구성해서 원하는 정보를 전달하게 되고 변수가 여러 개일 경우에는 &로 구분됩니다. GET 방식은 간단하게 변수를 통하여 원하는 값을 전달할 때 사용하며 웹 브라우저의 주소 창에 전달되는 값이 노출되는 단점이 있어 보안에 취약한 측면이 있습니다.

2 슈퍼 전역변수

PHP 4.2.0부터 FORM 태그에서 입력한 정보에 대해 참조방법을 간단하게 이용하여 출력하는 방법에 약간의 문제가 발생하게 되었습니다. 이를 보완하기 위하여 PHP에서는 슈퍼 전역변수를 제공하고 있습니다. FORM 태그에서 입력한 정보를 POST 방식과 GET 방식 중 어느 하나의 방식을 선택하여 입력한 정보를 다른 파일로 전달할 수 있습니다.

POST 방식의 $_POST[ ]와 GET 방식의 $_GET[ ]은 슈퍼 전역변수를 사용함에 있어 대/소문자를 엄격히 구별하므로 반드시 대문자로 사용해야 합니다. PHP에서 제공하는 슈퍼 전역변수를 다음 표와 같이 정리하였습니다.

[표 9-4] PHP에서 제공하는 슈퍼 전역변수

슈퍼 전역변수	의미
$GLOBALS[ ]	스크립트의 전역 유효영역에서 사용할 수 있는 모든 변수에 대한 참조를 포함
$_SERVER[ ]	웹 서버 또는 현재 스크립트의 실행환경에 직접적으로 관련되어 설정되는 변수
$_GET[ ]	HTTP GET에 의해 스크립트로 제공되는 변수
$_POST[ ]	HTTP POST에 의해 스크립트로 제공되는 변수
$_FILES[ ]	HTTP POST 파일 업로드에 의해 스크립트로 제공되는 변수
$_COOKIE[ ]	HTTP 쿠키에 의해 스크립트로 제공되는 변수
$_SESSION[ ]	스크립트의 세션에 등록되는 변수
$_REQUEST[ ]	GET, POST, COOKIE 입력 메커니즘을 통해 스크립트로 제공되는 변수

3 회원 입력정보 출력

여기서는 회원등록 화면을 통해 입력한 정보를 POST 방식으로 가져와서 화면에 출력하도록 하겠습니다. 앞에서 살펴봤던 [그림 9-5]와 같이 웹 브라우저 화면에 객체가 없다는 메시지가 출력된 이유는 입력한 정보를 받아 줄 파일이 존재하지 않았기 때문입니다. 이와 같은 문제는 다음 예제를 통해 해결됩니다.

| 예제 9-2 |

- **Step 01** | 회원등록 화면에서 입력한 정보를 가져오기 위해 사용되는 슈퍼 환경변수는 대/소문자를 엄격하게 구별하므로 반드시 대문자로 작성해야 합니다. [예제 9-1]에서 입력한 정보를 가져오는 프로그램을 다음과 같이 작성합니다.

ex9-2.php

```php
<?php

  echo "<br><h3> ♣  FORM에 입력된 개인정보를 POST방식으로 웹 브라우저에 출력 ♣ </h3>";
  echo "<hr> ";

  echo " o 아이디 ................ <B>{$_POST['id']} </B><br>" ;
  echo " o 성명 .................... <B>{$_POST['name']} </B><br><hr>";
  echo " o 비밀번호 ............. <B>{$_POST['pw1']} </B><br>";
  echo " o 비밀번호 확인 ...... <B>{$_POST['pw2']} </B><br><hr>";
  echo " o 성별 ................... <B>{$_POST['sex']} </B><br><hr>";
  echo " o 핸드폰 ...... <B>{$_POST['p1']} - {$_POST['p2']} - {$_POST['p3']}</B><br>";
  echo " o 주소 ................... <B>{$_POST['addr']} </B><br><hr>";
  echo " o 남기고 싶은 글 ............ <B>{$_POST['memo']} </B><br>";
  echo " o 숨긴내용 ...............  <B>{$_POST['thema']} </B><br>";

  echo "<hr> ";
  echo "<B>회원등록에 기입한 내용을 모두 출력하였습니다...</B>"

?>
```

- **Step 02** | 웹 브라우저 화면에 나타난 회원등록 사항에 대해 입력한 다음 〈회원등록〉 버튼을 클릭합니다.

[그림 9-6] 예제 9-1을 실행한 회원등록 화면에서 정보 입력

• **Step 03** | 회원등록 정보를 입력한 다음 〈회원등록〉 버튼을 클릭하면 [예제 9-2]가 자동으로 실행되면서 입력한 회원등록 정보가 웹 브라우저 화면에 정상적으로 출력됩니다.

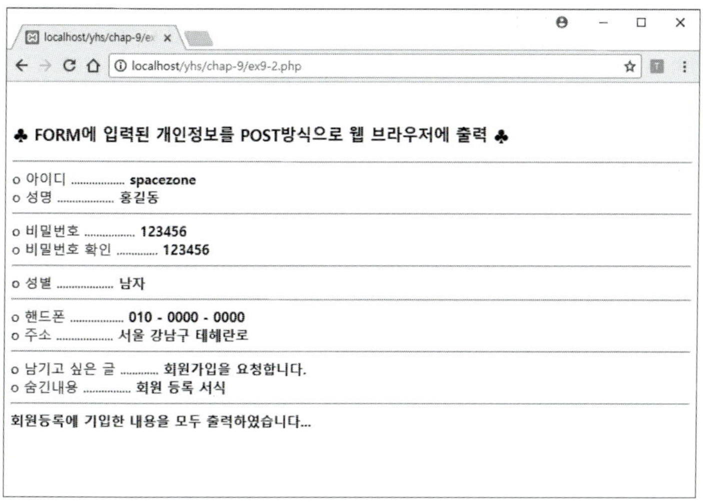

[그림 9-7] 회원등록 화면에서 입력한 정보 출력화면

01 FORM 태그는 HTML에서 사용자의 입력을 받아들이는 인터페이스의 역할을 수행하며 컨트롤을 사용도구로 PHP 프로그램에서 <input>태그를 통해 구현됩니다.

■ FORM 컨트롤 태그

컨트롤	의미	용도
text	일반 텍스트	한 줄의 문자열을 입력 받음
password	암호 텍스트	비밀번호를 입력 받음 (•••••• 형태로 출력)
button	일반 버튼	클릭할 때 발생하는 조건을 실행하는 버튼
reset	리셋 버튼	FORM 안의 모든 컨트롤들을 초기화하는 버튼
submit	제출 버튼	FORM 안의 컨트롤 데이터를 입력 인자로 갖고 action의 파일 또는 URL을 실행
checkbox	체크 박스	복수의 항목을 선택할 수 있는 컨트롤
radio	라디오 버튼	오직 한 개의 항목만 선택할 수 있는 컨트롤
select	선택	풀-다운 형식의 메뉴로 한 개의 항목을 선택
file	파일 선택	클라이언트에 존재하는 파일을 선택
hidden	숨김 컨트롤	브라우저에 나타나지 않고 전달 인자로만 사용
textarea	텍스트 영역	텍스트를 입력 받을 수 있는 텍스트의 영역

텍스트 필드

웹 브라우저 화면을 통해 사용자로부터 텍스트를 입력받을 때 사용하는 FORM 태그입니다. 긴 문장의 경우에는 <textarea> 태그를 사용하면 됩니다.

<input type="text" name="값의 이름" value="값" disabled="disabled" readonly="readonly">

type : text를 사용해야만 텍스트 필드로 인식됨
name : 입력한 데이터의 이름을 의미
value : 입력한 데이터의 기본 값으로 텍스트 필드에 표시됨
disabled : 텍스트 필드가 불가능 상태가 되며 서버로 전송하고 싶지 않을 때 설정
readonly : 텍스트 필드에 값을 입력할 수는 없지만 서버로는 전송이 됨

라디오 버튼

여러 개의 항목 중에서 원하는 것을 유일한 값을 선택할 수 있는 태그입니다.

<input type="radio" name="값의 이름" value="값" checked="checked">

name : 값은 같은 값을 사용해야 함
value : 속성의 값을 다른 값을 사용해야 함

02 FORM 태그는 폼이 연동할 파일 또는 URL 주소를 지정하고 POST 방식과 GET 방식 등을 지정할 수 있는 속성을 제공해 줍니다.

■ FORM 태그 속성

속성	의미
action	폼이 연동할 파일 또는 URL을 지정
method	CGI(Common Gateway Interface) 방식 지정 - POST/GET 방식
enctype	POST방식에서 전송 데이터의 형식을 지정. 기본값은 "application/x-www-form-urlencoded"이며 파일업로드의 경우엔 "multipart/form-data"로 지정해야 함
accept-charset	연동할 CGI 프로그램에게 전송되는 인자의 문자 코드방식 알림
accept	서버가 바르게 처리할 수 있도록 전송데이터의 MIME(데이터의 송/수신 규약) 형식 목록을 콤마로 분리 지정
name	폼의 이름을 지정(연동되는 PHP에서 변수명으로 활용)

03 FORM 태그의 입력양식 정보를 제어하기 위한 객체를 다음과 같이 정리하였습니다.

■ 폼 태그의 입력양식 정보 제어

[형식]

속성 : document.폼객체명(name 속성).속성
메소드 : document.폼객체명(name 속성).메소드

[속성]

action : 이동할 파일명 또는 URL 주소
elements : 입력양식을 배열로 정의
name : <form> 태그 안의 name 속성 반환
target : <form> 태그 안의 target 속성 반환
method : <form> 태그 안의 메소드 속성 반환(POST, GET)

[메소드]

submit( ) : 입력 폼 양식에 입력한 내용을 서버로 전송
reset( ) : 입력 폼 양식에 입력한 내용을 초기화

- Text 객체 / Textarea 객체 / Password 객체

[형식]

속성 : document.폼객체명.text 객체명.속성
메소드 : document.폼객체명.text 객체명.메소드
예시 : document.test_form.fname.focus( )

[속성]

value : text에 입력한 문자열을 알아냄
defaultvalue : 기본적으로 setting 되어 있는 문자열

[메소드]

blur( ) : 텍스트 입력 양식의 커서를 제거
focus( ) : 폼 양식 안에서 커서의 위치를 지정
eval( ) : 문자열로 입력된 수식을 계산해 주는 내장 함수
select( ) : 텍스트 입력 양식 안에 있는 문자열을 모두 선택

- Hidden 객체 : 숨겨진 입력 양식을 위한 객체

[속성]

value : text 객체에 입력한 문자열을 알아냄

[메소드]

eval( ) : 문자열로 입력된 수식을 계산해 주는 내장 함수

- Checkbox 객체 : 사용자로부터 여러 개의 선택된 입력 값을 받을 수 있음

[속성]

value : input 태그에서의 value 속성
checked : 체크를 기본 값으로 표시하여 설정하거나 반환

[메소드]

blur( ) : 텍스트 입력 양식의 커서를 제거
focus( ) : 폼 양식 안에서 커서의 위치를 지정
eval( ) : 문자열로 입력된 수식을 계산해 주는 내장 함수
click( ) : 체크박스를 클릭

- Radio 객체 : 같은 그룹에서는 하나의 입력 값만을 받기 위한 객체

[속성]

value : input 태그에서 value 속성
length : 같은 그룹 안에 있는 버튼 개수를 반환
checked : 체크 상태 설정

[메소드]

blur( ) : 텍스트 입력 양식의 커서를 제거
focus( ) : 폼 양식 안에서 커서의 위치를 지정
eval( ) : 문자열로 입력된 수식을 계산해 주는 내장 함수
click( ) : 버튼을 클릭
** name 값이 동일하기 때문에 참조할 때 name 값이 배열로 들어감
** form 객체에서 이벤트에 this를 인자로 넘겨주면 각각의 객체가 넘어감

- Select 객체 : 리스트 또는 콤보 박스를 위한 객체

** 리스트 안에 들어있는 값을 가져오기 위해서 options[ ] 배열을 이용합니다. 즉 options[ ] 배열 내부에는 리스트 안의 값이 들어있습니다

[속성]

length : 항목의 개수를 알아냄
selectedindex : 선택된 항목의 인덱스 번호를 반환
options : 옵션 태그 정보를 배열로 포함
name : name 속성

[메소드]

blur( ) : 커서가 제거되었을 때의 동작 설정
window.print( ) : 인쇄 창을 보여주는 메소드

04 FORM 태그와 PHP의 연동은 전통적인 CGI 방식을 따릅니다. CGI란 인터넷에서 서비스를 제공하는 서버와 클라이언트 간의 정보를 주고받을 수 있는 기능을 제공해 주며 웹브라우저에서 HTML로 여러 가지 정보를 처리합니다.

■ CGI 연동 구조

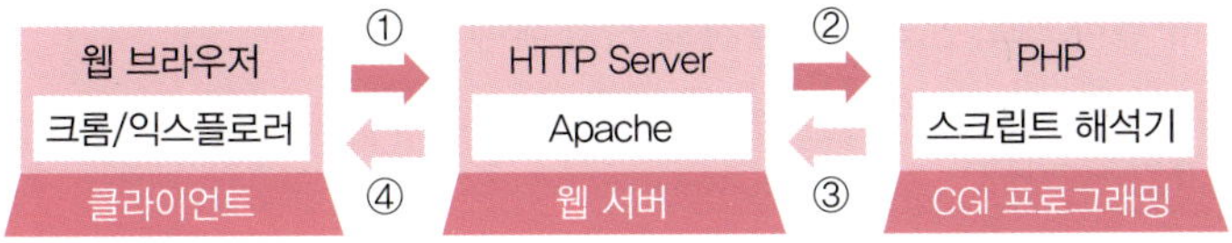

① 클라이언트인 웹 브라우저에서 Apache 웹 서버로 http://localhost 또는 http://127.0.0.1 연결을 통해 데이터 파일을 요청합니다.
② Apache 웹 서버가 CGI 프로그램인 PHP에게 실행을 하도록 요청을 전달합니다.
③ CGI 프로그램인 PHP에서 Apache 웹 서버로 출력을 전달합니다.
④ 적절한 MIME[Multipurpose Internet Mail Extensions] 헤더를 갖고 Apache 웹 서버가 클라이언트인 웹 브라우저로 응답한 후 연결 해제합니다.

05 FORM 태그에서 입력되는 값은 PHP 프로그램에서 POST 방식과 GET 방식으로 전달됩니다.

■ POST와 GET 방식 전송방법 비교

방식	의미
POST 방식	<FROM> 태그 내에서 사용된 각 컨트롤의 선택 사항을 auction에 명시된 URL로 전달하게 됩니다. 이때 입력상자나 버튼에 사용된 name 속성 값을 변수명으로 하고 폼 양식에서 사용자가 입력한 내용이나 버튼에 사용된 value 속성 값을 그 변수의 값으로 전달되며 데이터의 길이에 제약이 없고 보안에 강합니다.
GET 방식	이동해 가는 URL 뒤에 ?를 붙이고 변수명과 값을 쌍으로 구성해서 원하는 정보를 전달하게 되고 변수가 여러 개일 경우에는 &로 구분됩니다. GET 방식은 간단하게 변수를 통하여 원하는 값을 전달할 때 사용하며 웹 브라우저의 주소 창에 전달되는 값이 노출되는 단점이 있어 보안에 취약한 측면이 있습니다.

06 PHP 4.2.0부터 FORM 태그에서 입력한 정보에 대해 참조방법을 간단하게 이용하여 출력하는 방법에 약간의 문제가 발생하게 되었습니다. 이를 보완하기 위하여 PHP에서는 슈퍼 전역변수를 제공하고 있습니다. FORM 태그에서 입력한 정보를 POST 방식과 GET 방식 중 어느 하나의 방식을 선택하여 입력한 정보를 다른 파일로 전달할 수 있습니다.

07 POST 방식의 $_POST[ ]와 GET 방식의 $_GET[ ]은 슈퍼 전역변수를 사용함에 있어 대/소문자를 엄격히 구별하므로 반드시 대문자로 사용해야 합니다.

■ PHP에서 제공하는 슈퍼 전역변수

슈퍼 전역 변수	의미
$GLOBALS[ ]	스크립트의 전역 유효영역에서 사용할 수 있는 모든 변수에 대한 참조를 포함
$_SERVER[ ]	웹 서버 또는 현재 스크립트의 실행환경에 직접적으로 관련되어 설정되는 변수
$_GET[ ]	HTTP GET에 의해 스크립트로 제공되는 변수
$_POST[ ]	HTTP POST에 의해 스크립트로 제공되는 변수
$_FILES[ ]	HTTP POST 파일 업로드에 의해 스크립트로 제공되는 변수
$_COOKIE[ ]	HTTP 쿠키에 의해 스크립트로 제공되는 변수
$_SESSION[ ]	스크립트의 세션에 등록되는 변수
$_REQUEST[ ]	GET, POST, COOKIE 입력 메커니즘을 통해 스크립트로 제공되는 변수

연습문제

01 FORM 태그의 컨트롤 중에서 submit와 hidden컨트롤에 대하여 자세히 설명하시오.

02 FORM 태그의 속성 6가지에 대하여 상세히 설명하시오.

03 FORM과 PHP의 연동 방식에 대하여 자세히 서술하시오.

04 POST방식과 GET방식의 장단점에 대하여 비교 설명하시오.

05 슈퍼 전역변수란 무엇이며, 사용하는 용도에 대하여 자세히 설명하시오.

06 CGI(Common Gateway Interface)에 대하여 자세히 설명하시오.

07 〈html〉의 기본 골격에 대하여 서술하시오.

08 〈table border=2 bordercolor="blue" cellspacing=1 cellpadding=5〉태그에서'border color', 'cellspacing', 'cellpadding'에 대하여 설명하시오.

09 〈input type="text" size=15 maxlength=8 name="id"〉에 대하여 설명하시오.

10 〈td colspan=3〉태그에서 'colspan'이 가지는 의미를 설명하시오.

11 FORM 태그에서 POST방식으로 전송받은 정보를 레코드에 삽입하는 아래 프로그램의 빈 칸을 채우시오.

```
<?php
  $sno = [          ]
  $name = $_POST['name'];
  $addr = $_POST['addr'];
    $connect = [          ] ('localhost',  'root', '123456');
    mysqlI_select_db( [          ] 'addr_db' );
    $sql="insert into member (sno, name, addr) ";
    [          ] "values('$sno', '$name', '$addr')";
    mysqlI_query ($connect, $sql) ;
    mysqlI_close [          ]
    echo "<center><h3><br><br>등록 완료. 축하드립니다. <br><br><hr><br>";
    echo "이동할 화면을 선택하세요. <br><br>";
    echo "<a href='ex9-5.php'>■ 주소입력</a> <br><br>";
    echo "<a href='ex9-7.php'>■ 결과 화면</a></h3></center>" ;
?>
```

CHAPTER 10
PHP 파일 시스템

학습목표

- 파일 업로드 폼 양식에 대해 이해할 수 있습니다.
- 슈퍼 전역변수를 사용할 수 있습니다.
- 파일 관련 함수를 사용할 수 있습니다.
- 디렉터리 관련 함수를 사용할 수 있습니다.

SECTION

01 파일 업로드 전역변수

1 파일 업로드 폼 양식

홈페이지에서 자료실을 만들거나 관련된 파일 또는 이미지를 업로드 할 때는 〈input〉 태그의 type 속성을 file로 설정해 〈input type= "file"〉과 같이 코딩하면 됩니다. 특히 file을 사용할 때에는 〈form〉 태그에 enctype="multipart/form-data"를 사용해야 합니다.

여기에서 주의할 사항은 웹 브라우저를 반드시 익스플로러를 사용해야 한다는 부분입니다. 크롬 등 다른 웹 브라우저를 사용할 경우 enctype 설정이 제대로 실행되지 않기 때문에 정확한 실행 결과 화면이 나타나지 않을 수 있으므로 웹 브라우저는 반드시 익스플로러를 선택해서 실습할 수 있도록 주의를 기울여야 합니다. 다음 예제를 통해 익스플로러 화면에서 파일을 업로드 할 수 있도록 FORM을 수행하겠습니다.

|예제 10-1|

- **Step 01** | 노트패드 창에서 파일을 업로드 할 수 있는 FORM을 만들기 위해 다음과 같이 프로그램을 작성합니다.

ex10-1.php

```
<?php
  echo "<B><br> ※ 파일 업로드 프로그램 작성 </B> <hr>";
  echo "전송할 파일을 선택하세요...";
?>

<form enctype="multipart/form-data" action="ex10-2.php" method="post" >
    <input type="file" size="60" name="upload"><hr>
    <input type="submit" value="  >> 전송하기 <<   ">
</form>
```

• **Step 02** | 익스플로러 웹 브라우저 화면에서 [예제 10-1]을 실행한 다음 〈찾아보기〉를 누릅니다.

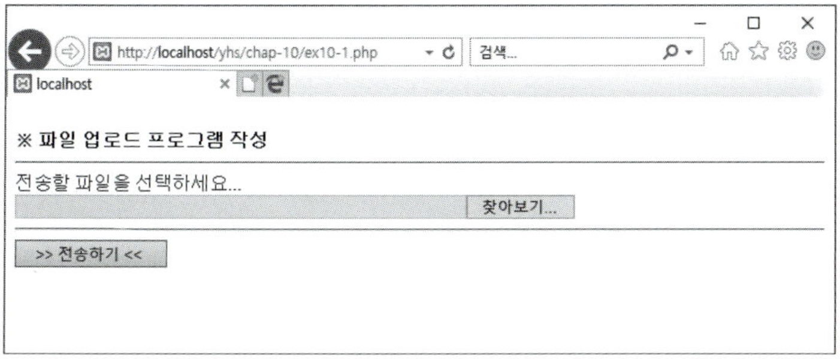

[그림 10-1] 예제 10-1 실행 결과

• **Step 03** | 업로드 할 파일을 선택합니다.

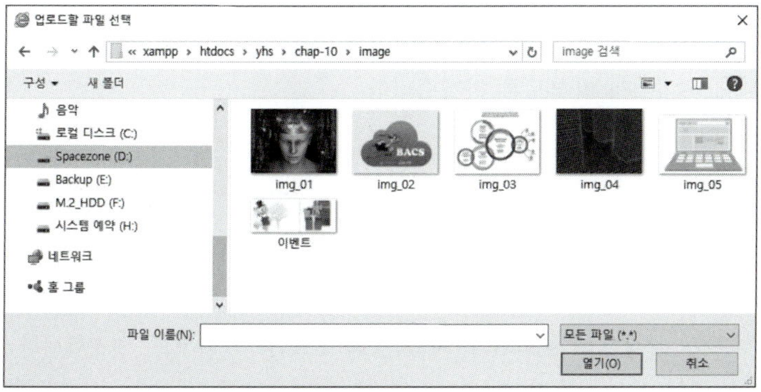

[그림 10-2] 업로드를 수행할 파일 선택

• **Step 04** | 전송하려는 파일을 선택한 다음 〈전송하기〉 버튼을 클릭합니다.

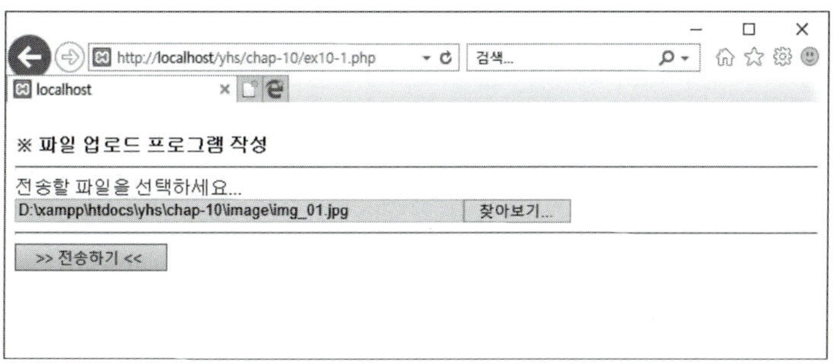

[그림 10-3] 선택한 파일의 경로명 확인

• **Step 05** | 파일을 전송하기 위해 〈전송하기〉 버튼을 클릭하였더니 객체가 없다는 메시지가 출력되었습니다. 이와 같은 메시지가 출력된 이유는 아직 전송해 주는 파일을 받아 줄 프로그램이 존재하지 않기 때문입니다.

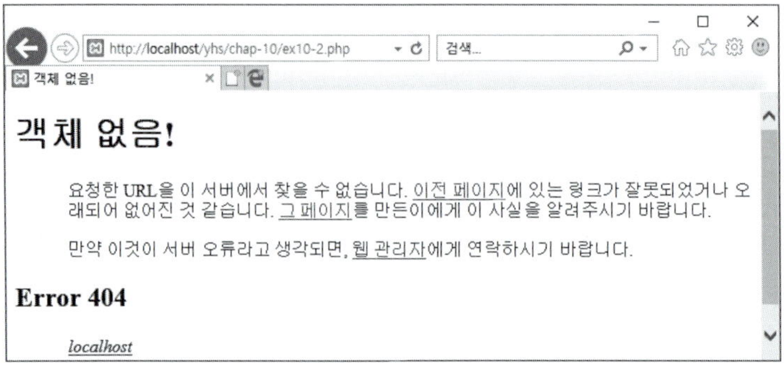

[그림 10-4] 〈전송하기〉 버튼 클릭 시 에러 발생

여기서는 그냥 파일을 전송해 주기 위한 폼의 구성에 대해서만 살펴보도록 하고 파일 전송과 관련된 자세한 내용은 [예제 10-2]에서 다루도록 하겠습니다.

/ 소스 설명 /

• <form> 태그의 활용

6행의 <form method="post" action="ex10-2.php" enctype="multipart/form-data">에서 전송방식을 POST 방식으로 설정하고 출력결과 파일은 ex10-2.php 파일로 설정합니다. 파일을 업로드 할 경우에는 반드시 enctype="multipart/form-data"를 선언해 주어야 합니다.

• 전송 파일 찾기

7행의 <input type="file" size="60" name="upload">에서 type="file"와 같이 타입을 파일로 설정하였으며 업로드를 수행하기 위해 찾은 파일의 경로를 보여줄 크기를 size="60"으로 설정하였습니다. 파일을 전송할 때의 이름을 name="upload"로 설정하였으며 여기서 주의할 점은 name의 선언이 upload로 되어 있음을 꼭 기억해야 합니다.

2 슈퍼 전역변수

PHP 프로그램을 통해 파일을 전송할 때 파일 전송과 관련된 슈퍼 전역변수를 사용해야 합니다. 슈퍼 전역변수는 PHP 환경변수 설정파일의 속성에 대한 기본 값이 다르게 적용되므로 주의해야 합니다. PHP에서는 파일 전송 및 폼 태그에서의 컨트롤에 입력된 값들을 전송할 때 POST 방식과 GET 방식으로의 선택은 환경변수 설정파일인 php.ini 파일에서 환경변수에 대한 설정을 변경할 수 있습니다.

php.ini 환경변수 파일의 기본설정 값은 register_globals=Off로 설정되어 있으므로 폼 태그에서 전송되는 값들은 전부 POST 방식으로 전송해야 합니다. 만약 php.ini 환경변수 파일의 기본설정 값을 register_globals=On과 같이 Off를 On으로 변경한다면 파일 전송방식을 GET 방식으로 전송해야 합니다. 그렇지 않으면 폼 태그에서 입력한 값들이 정상적으로 전달되지 못해 결과화면에는 전송한 값들이 나타나지 않게 됩니다.

하지만 php.ini 파일의 환경변수 설정을 register_globals=On으로 변경하게 되면 슈퍼 전역변수를 사용하지 않아도 되는 편리함이 제공되지만 보안에 취약할 수 있으므로 우리는 안전한 실습을 위해 기본 설정되어 있는 register_globals=Off 상태 그대로 두고 실습하도록 하겠습니다.

레지스터 환경변수를 Off로 설정하였을 때

php.ini 환경변수 파일의 기본설정 값을 register_globals=Off로 설정된 상태에서의 POST 방식으로 전송할 때 파일의 색인에 대해 다음 표와 같이 정리하였습니다.

[표 10-1] POST 방식으로 전송 : register_globals=Off 설정

$_FILE의 색인	의미
$_FILE['userfile']['name']	클라이언트에 존재하는 원래의 파일이름
$_FILE['userfile']['type']	브라우저가 이 정보를 제공할 경우에 파일의 MIME형식(예:"image/gif")
$_FILE['userfile']['size']	업로드 된 파일의 크기(byte)
$_FILE['userfile']['tmp_name']	서버에 전송(업로드)된 파일의 임시 파일 이름
$_FILE['userfile']['error']	파일 업로드에 관련한 에러 코드

레지스터 환경변수를 On으로 설정하였을 때

php.ini 환경변수 파일의 기본설정 값을 register_globals=On으로 설정된 상태에서의 GET 방식으로 전송할 때 파일의 색인에 대해 다음 표와 같이 정리하였습니다.

[표 10-2] GET 방식으로 전송 : register_globals=On 설정

$_FILE의 색인	의미
$userfile_name	클라이언트에 존재하는 원래의 파일이름
$userfile_type	브라우저가 이 정보를 제공할 경우에 파일의 MIME형식(예:"image/gif")
$userfile_size	업로드 된 파일의 크기(byte)
$userfile	서버에 전송또는 업로드 된 파일의 임시 파일 이름
$userfile_error	파일 업로드에 관련한 에러 코드

[예제 10-1]에서 작성한 파일전송 폼에서 업로드하려는 파일의 정보를 출력하기 위한 프로그램을 다음 예제와 같이 작성하도록 하겠습니다.

예제 10-2

- **Step 01** | 노트패드 창에서 업로드하려는 파일의 정보가 웹 브라우저 화면에 출력될 수 있도록 다음과 같이 프로그램을 작성합니다.

ex10-2.php

```
<?php
  echo "<br><B> ※ 업로드 된 파일의 정보 확인 </B> <hr>";

  $uploadfile = $_FILES['upload'] ['name'];  // POST 방식으로 전송

  if(move_uploaded_file($_FILES['upload'] ['tmp_name'], $uploadfile))
  {
      echo "■ 파일 업로드 성공 !! <p>";
      echo "<img src={$_FILES['upload'] ['name'] }> <p><hr> ";
      echo " 1. 파일 이름 : {$_FILES['upload'] ['name'] }<br>";
      echo " 2. 파일 타입 : {$_FILES['upload'] ['type'] } <br>";
      echo " 3. 파일 크기 : {$_FILES['upload'] ['size'] } byte <br>";
      echo " 4. 임시 파일명 : {$_FILES['upload'] ['tmp_name'] }";
```

```
    }
    else
    {
        echo " 파일 업로드 실패 !! ";
     }
?>
```

• **Step 02** | 익스플로러 웹 브라우저 화면에서 [예제 10-1]을 다시 실행하여 업로드 할 파일을 선택한 다음 〈전송하기〉 버튼을 클릭합니다.

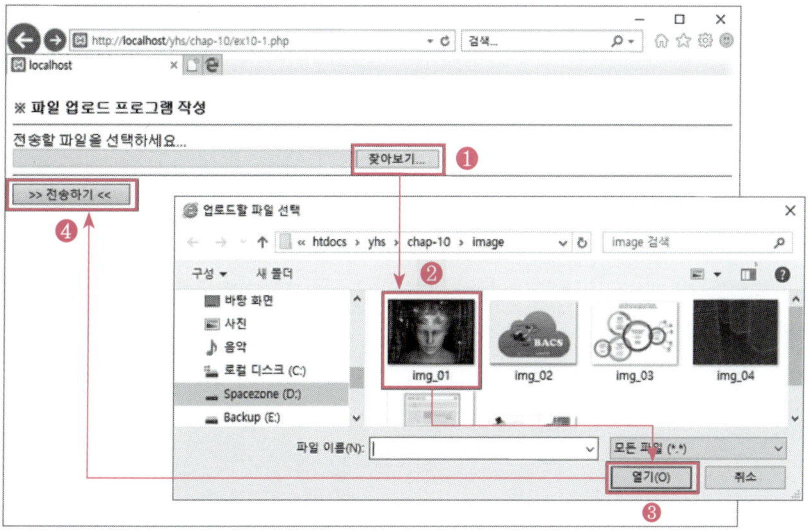

[그림 10-4] 업로드 할 파일 선택 화면

• **Step 03** | [예제 10-1] 화면에서 〈전송하기〉 버튼을 클릭하면 자동으로 [예제 10-2]가 실행되면서 웹 브라우저 화면에는 선택한 파일의 이름과 파일타입, 파일크기, 임시 파일명에 대한 정보가 화면에 출력됩니다.

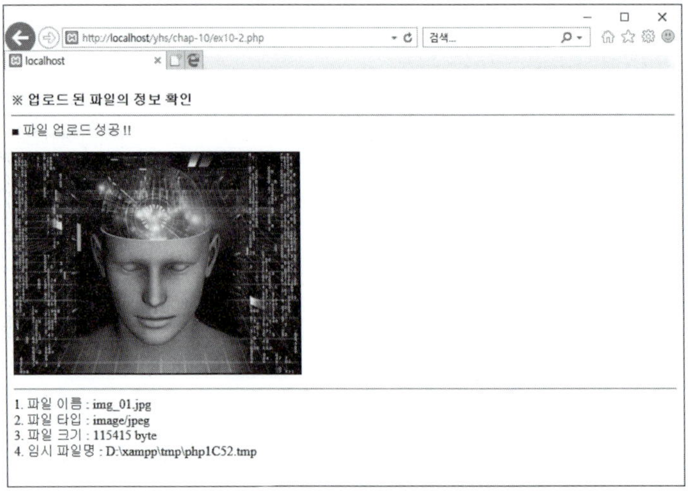

[그림 10-6] 업로드 할 img_01.jpg 파일에 대한 정보 출력

/ 소스 설명 /

- POST 방식으로 입력받음

  4행에서 선언된 $uploadfile = $_FILES['upload'] ['name']은 <form> 태그에서 전송한 파일을 POST 방식을 입력받기 위해 반드시 선언해야 합니다. 하지만 변수명 $uploadfile은 다르게 선언해도 되며 10행부터 13행까지는 업로드 할 대상 파일에 대한 정보를 POST 방식으로 가져옵니다.

- 임시 파일

  4행의 if(move_uploaded_file($_FILES['upload'] ['tmp_name'], $uploadfile))는 [예제10-1]에서 업로드할 대상 파일을 선택한 다음 <전송하기> 버튼을 클릭하면 클라이언트의 파일은 서버의 임시 디렉터리인 D:₩xampp₩temp\php 디렉터리에 임시 파일명으로 전송됩니다. 그렇기 때문에 임시 디렉터리 파일을 원하는 장소로 가져가기 위해서는 move_uploaded_file( ) 함수를 사용해야 합니다. 이때 생성된 임시파일은 자동으로 삭제되고 업로드 대상 파일은 [예제 10-2] 프로그램 파일이 들어있는 폴더에 복사됩니다.

- 이미지 파일 보기

  9행의 <img src={$_FILES['upload']['name']}>은 [예제 10-1]에서 선택한 이미지를 보여줍니다. 9행의 <p> 태그는
 태그를 두 번 사용한 것과 같은 효과를 주기 위해 사용한 태그입니다. 두 줄을 띄우고자 할 때는
 태그보다 <p> 태그를 사용하면 훨씬 편리합니다.

SECTION

02 파일 관련 함수

파일과 관련된 함수를 사용함에 있어 먼저 알아두어야 할 기본사항이 있습니다. 그것은 바로 파일의 입출력 작업이 크게 3단계의 과정으로 처리된다는 부분입니다. 이와 같은 파일의 입출력과 관련하여 3단계 처리 과정을 다음 표와 같이 정리하였습니다.

[표 10-3] 파일의 3단계 입출력 단계별 작업

단계별 작업	의미
여는 단계	파일을 조작하기 전의 준비 단계로 파일조작 방식, 파일존재 확인, 메모리 공간을 확보하는 단계
조작 단계	실제 파일을 읽거나 쓸 수 있는 조작 단계
닫는 단계	파일 조작에 사용하였던 메모리 등의 자원을 반환하는 단계

1 파일 열기와 닫기

fopen( ) 함수는 문서, 그림 등의 외부 파일을 열어주는 함수이고 fclose( ) 함수는 열린 파일을 닫아주는 함수입니다. fopen( ) 함수는 열고 싶은 파일의 경로와 파일 모드 설정내용을 인자로 받아들입니다. 여기서 파일모드는 반드시 설정해야만 함수의 사용이 가능합니다. 파일 경로에서 파일을 찾지 못하게 되는 경우가 발생하면 false 값을 반환해 줍니다. fopen( ) 함수로 파일을 사용한 다음에는 반드시 fclose( ) 함수로 파일을 닫아주어야 하며 두 함수의 사용형식은 다음과 같습니다.

```
$변수명 = fopen(파일명, 파일모드, 인크루트 경로)
$변수명 = fclose(fopen( ) 함수로 설정한 $변수명)
```

fopen( ) 함수에서 사용되는 파일모드에 대해 다음 표와 같이 정리하였습니다.

[표 10-4] fopen( ) 함수의 파일모드

모드	의미
r	파일 읽기 전용
w	파일 쓰기 전용(파일이 있으면 파일의 크기를 0으로 만들고 없으면 새 파일을 만듦)
a	파일 쓰기 전용(파일이 존재하면 그 파일의 끝에 덧붙여 쓰고 없으면 새 파일을 만듦)
r+	파일 읽고 쓰기 전용
w+	파일 읽고 쓰기 전용(파일이 존재하면 크기를 0으로 만들고 없으면 새 파일을 만듦)
a+	파일 읽고 쓰기 전용(파일이 이미 존재하면 끝에 덧붙여 쓰고 없으면 새 파일을 만듦)
b	바이너리 데이터로 설정(생략 가능)

fopen( ) 함수로 파일을 열 경우에는 경로 설정에 특히 주의해야 하며 윈도우에서 파일을 불러 올 경우에는 슬래시/와 역슬래시\또는 ₩ 모두 경로 구분자로 사용됩니다. 그 외의 운영체제에서는 슬래시만 허용됨을 참고하기 바랍니다. fopen( ) 함수 사용에 따른 경로 설정에 대해 다음 표와 같이 정리하였습니다.

[표 10-5] fopen( ) 함수의 파일 경로 설정

경로 구분	경로 설정 방법
windows의 경로 지정	`$fp = fopen("c:/apm_setup/htdocs/test.txt", "r")`
http server의 경로 지정	`$fp = fopen("http://www.prozin.net/", "r")`
ftp server의 경로 지정	`$fp = fopen("ftp://user:pass@prozin.net/", "w")`

다음 예제는 PHP 프로그램 소스 파일인 ex10-3.php 파일과 데이터 파일인 test.dat 파일이 같은 폴더 안에 있다는 가정 하에 존재하지 않는 test.dat 파일을 열고자 할 때 발생되는 에러 메시지를 웹 브라우저 화면에 의도적으로 출력하기 위해 유도한 예제입니다.

예제 10-3

- **Step 01** | 존재하지 않는 파일을 열고자 할 때 에러 메시지가 출력되도록 프로그램을 다음과 같이 작성합니다.

ex10-3.php

```
01 <?php
02     echo "<br><B> ※ 존재하지 않는 파일을 열고자 할 경우 에러 메시지 출력 </B> <hr>";
03     $fp = fopen("test.dat", "r");     // php 소스파일과 같은 폴더에 있으면 경로명 생략
04     if($fp == null)
05     {
06         echo "<hr> ■ 존재하지 않는 파일 !! ";
07     }
08     else
09     {
10         echo " ■ 파일 열기 성공 !! ";
11         fclose($fp);                  // 파일 닫기 함수
12     }
13 ?>
```

• **Step 02** | 익스플로러 웹 브라우저 화면에서 [예제 10-3]을 실행합니다.

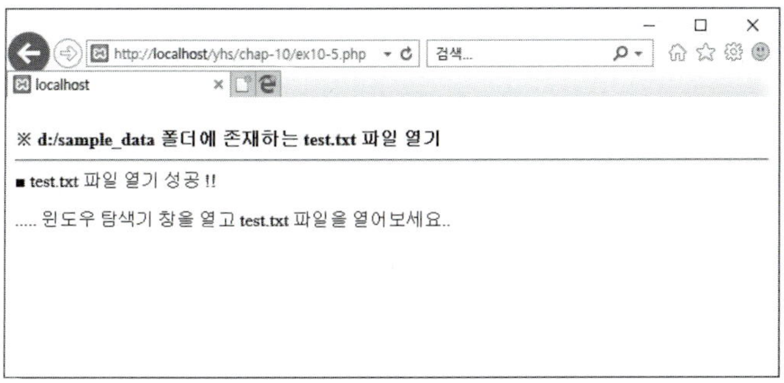

[그림 10-7] 존재하지 않는 파일을 열고자 할 때의 에러 메시지

[예제 10-3] 프로그램을 실행한 결과를 살펴보면 fopen( ) 함수를 사용하여 test.dat 파일을 열기 위해 3행에서 $fp = fopen("test.dat", "r")과 같이 선언하였지만 test.dat 파일은 존재하지 않는 파일이므로 4행의 if($fp==null) 조건이 거짓으로 판별되어 웹 브라우저 화면에 경고 메시지와 함께 소스 코드의 5행에서 명령한 에러 메시지가 함께 출력되었습니다.

다음 예제는 D:₩sample_data 폴더 안에 실제로 존재하는 big_data.jpg 파일을 열기 위해 fopen( ) 함수를 사용한 예제입니다. 컴퓨터 시스템 설정 환경에 따라 파일 경로명이 다를 수 있으므로 독자 분들은 각자 개인 컴퓨터에 존재하는 파일을 대상으로 실습하면 됩니다.

|예제 10-4|

• **Step 01** | 노트패드 창에서 D:₩sample_data 폴더 안에 실제로 존재하는 big_data.jpg 파일을 열기 위해 프로그램을 다음과 같이 작성합니다.

ex10-4.php

```
<?php
    echo "<br><B> ※ 존재하는 파일을 열기 위한 fopen( )함수 사용</B> <hr>";
    $fp = fopen("d:/sample_data/big_data.jpg", "r");
    if($fp == null)
    {
        echo " <hr> ■ big_data.jpg는 존재하지 않는 파일 !! ";
    }
    else
    {
        echo " ■ big_data.jpg 파일 열기 성공 !! ";
        fclose($fp);
    }
?>
```

• **Step 02** | 익스플로러 웹 브라우저 화면에서 [예제 10-4]를 실행합니다.

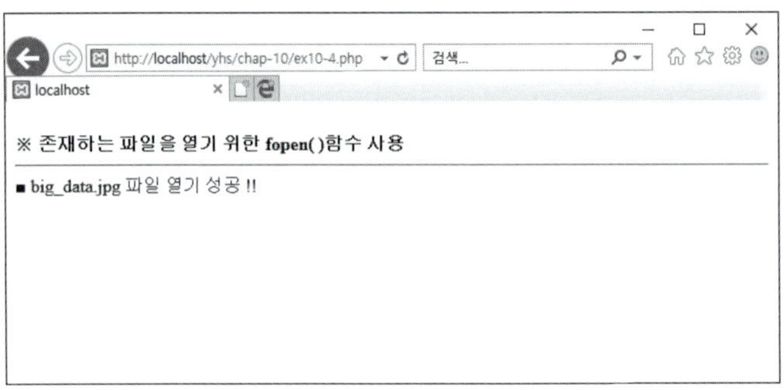

[그림 10-8] big_data.jpg 파일 열기 성공 화면

만약 웹 브라우저 화면에 [그림 10-8]과 같은 메시지가 출력되지 않고 에러 메시지가 출력될 경우에는 파일을 열기 위한 big_data.jpg 파일의 존재 유무와 파일이 존재하는 경로명을 다시 한 번 확인하기 바랍니다. 특히 파일 경로명을 슬래시로 구분해야 하는 부분에 대해서도 다시 한 번 살펴본다면 에러 메시지는 출력되지 않을 것입니다.

다음 예제에서는 fopen( ) 함수를 사용하여 D:₩sample_data 폴더에 존재하는 test.txt 파일을 열기 위한 프로그램을 작성하도록 하겠습니다. 여기에서 주의해야 할 사항은 이미 존재하는 파일을 열고자 할 때 사용되는 모드는 절대로 w 또는 w+를 사용해서는 안 됩니다.

그 이유는 이미 존재하는 파일의 경우 파일을 불러올 때 w 또는 w+를 파일모드로 정의할 경우 파일의 크기를 모두 0으로 초기화시키기 때문에 기존 데이터의 내용이 모두 없어지기 때문입니다. 이와 같은 과정을 다음 예제를 통해 자세히 살펴보도록 하겠습니다.

|예제 10-5|

- **Step 01** | 먼저 D:₩sample_data 폴더 안에 test.txt 파일이 존재하지 않으므로 노트패드 창에서 다음과 같은 내용을 입력 후 D:₩sample_data 폴더 안에 test.txt 파일명으로 저장합니다. 파일 내용은 본인이 좋아하는 글이나 메시지 등을 작성하면 됩니다.

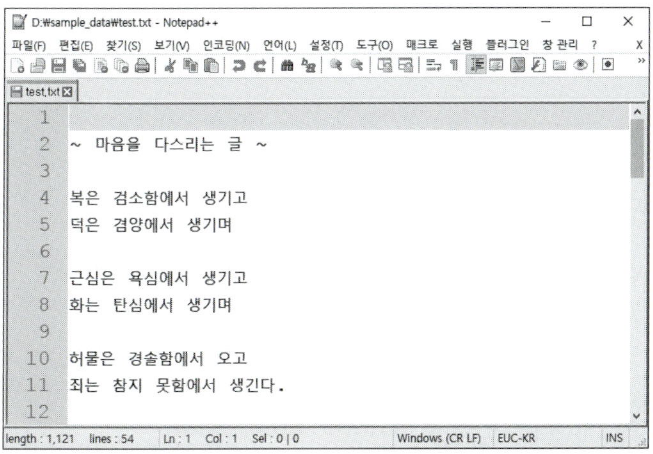

[그림 10-9] 노트패드에서 test.txt 파일 작성

- **Step 02** | 노트패드 창에서 D:₩sample_data 폴더 안에 존재하는 test.txt 파일을 열기 위해 프로그램을 다음과 같이 작성합니다.

ex10-5.php

```php
<?php
    echo "<br><B> ※ d:/sample_data 폴더에 존재하는 test.txt 파일 열기 </B> <hr>";
    $fp=fopen("d:/sample_data/test.txt", "r");
    if($fp == null)
    {
        echo " <hr> ■ test.txt는 존재하지 않는 파일 !! ";
    }
    else
    {
        echo " ■ test.txt 파일 열기 성공 !! <p> ";
        echo " ..... 윈도우 탐색기 창을 열고 test.txt 파일을 열어보세요..";
    fclose($fp);
    }
?>
```

• **Step 02** | 익스플로러 웹 브라우저 화면에서 [예제 10-5]를 실행합니다.

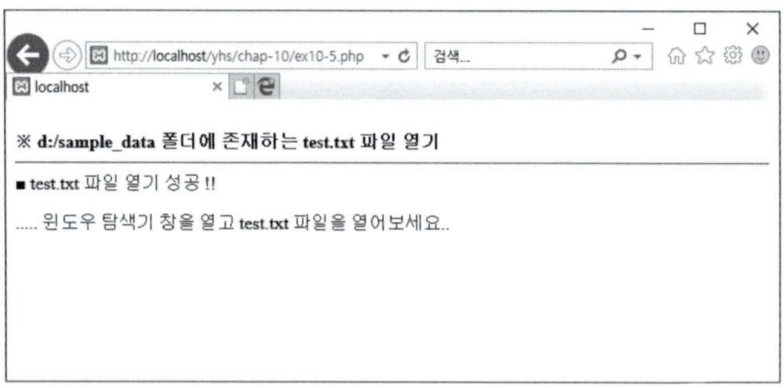

[그림 10-10] d:/sample_data/test.txt 파일열기 성공화면

• **Step 03** | 만약 d:/sample_data 폴더 안에 test.txt 파일이 존재하지 않는다면 아래 그림과 같은 에러 메시지가 웹 브라우저 화면에 나타납니다.

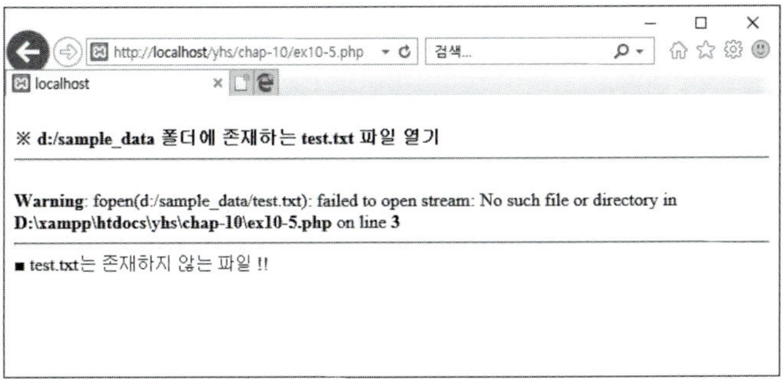

[그림 10-11] test.txt 파일이 존재하지 않을 경우 에러 메시지

2 파일 존재 여부 확인

파일을 열고자 할 때 파일이 존재하지 않으면 에러가 발생하기 때문에 파일이 존재하는지를 먼저 검사한 다음에 파일을 열어야 합니다. 파일 존재 여부를 확인하려면 file_exists( ) 함수를 사용해야 하며 이 함수의 특징은 파일이 지정한 경로에 존재하면 1, 존재하지 않으면 0의 값을 반환합니다. file_exists( ) 함수의 사용형식은 다음과 같습니다.

```
file_exists (파일 경로)
```

다음 예제는 PHP 프로그램 소스 파일이 저장되어 있는 폴더 안에 space.dat 파일이 존재하는지에 대해 검사하는 프로그램입니다.

|예제 10-6|

- **Step 01** | PHP 프로그램 소스 파일이 저장되어 있는 폴더 안에 space.dat 파일의 존재유무를 확인하기 위해 프로그램을 다음과 같이 작성합니다.

ex10-6.php

```
<?php
    echo "<br><B> ※ 파일의 존재 유무를 확인하는 file_exists( )함수 </B> <hr>";
    echo "■ 찾고자 하는 파일명 : <b> [ space.dat ] </b><br>";

    $a = "space.dat";
```

```
    if(file_exists($a))        // space.dat 파일의 존재여부 체크
    {
        echo "<hr> >> {$a} 파일 존재 확인완료 !! ";
    }
    else
    {
        echo "<hr> >> <font color=red> {$a} </font> 파일은 존재하지 않는 파일 !! ";
    }
?>
```

• **Step 02** | 익스플로러 웹 브라우저 화면에서 [예제 10-6]을 실행합니다.

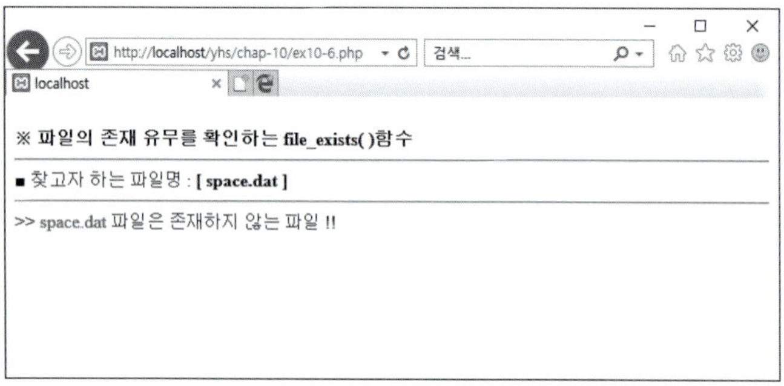

[그림 10-12] 존재하지 않는 파일이라는 메시지 출력

다음 예제에서는 d:/sample_data 폴더 안에 test.txt 파일이 존재하는지에 대해 살펴보도록 하겠습니다.

|예제 10-7|

• **Step 01** | d:/sample_data 폴더 안에 존재하는 파일들 중에서 test.txt 파일의 존재유무를 확인하기 위해 프로그램을 다음과 같이 작성합니다.

ex10-7.php

```
<?php
    echo "<br><B> ※ 파일의 존재 유무를 확인하는 file_exists( )함수 </B> <hr>";
    echo "■ 찾고자 하는 파일명 : <b> [ test.txt ] </b><br>";

    $a = "d:/sample_data/test.txt";
```

```
06      if(file_exists($a))              // test.txt 파일의 존재여부 체크
07      {
08          echo "<hr> >> <font color=blue> {$a} </font> 파일 존재 확인완료 !! ";
09      }
10      else
11      {
12          echo "<hr> >> <font color=red> {$a} </font> 파일은 존재하지 않는 파일 !! ";
13      }
14  ?>
```

• **Step 02** | 익스플로러 웹 브라우저 화면에서 [예제 10-7]을 실행합니다.

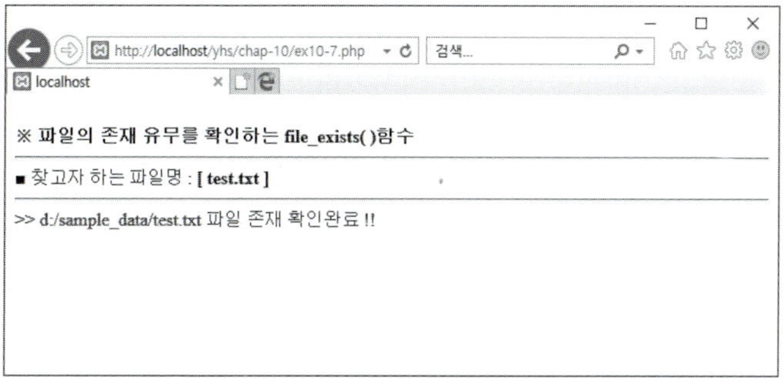

[그림 10-13] 존재하는 파일이라는 메시지 출력

[예제 10-6]과 [예제 10-7] 프로그램의 가장 커다란 차이점은 프로그램 소스 코드 5행에 있습니다. 5행의 코드를 [예제 10-6]에서는 $a="space.dat"와 같이 파일명만 선언하였고 [예제 10-7]에서는 $a="d:/sample_data/test.txt"와 같이 경로명과 파일명을 함께 선언하였습니다.

이와 같이 찾고자 하는 파일명을 변수에 대입할 때 파일이 존재하는 경로명과 파일명을 함께 선언하게 되면 파일의 존재유무를 좀 더 명확하게 판별할 수 있습니다.

3 파일 크기 알림

filesize( ) 함수는 파일의 크기를 byte 단위로 알려주는 함수이며 영문은 1byte로 계산되고 한글과 Enter↵를 눌렀을 경우에는 2byte로 계산됩니다. 하지만 메모장에서 작성하는

텍스트 문서와 노트패드 창에서 작성하는 문서의 내용에 대한 크기는 다르게 산정될 수도 있습니다.

노드패드에서는 메모장에서의 작업과는 달리 한글이 깨지지 않도록 UTF-8로 인코딩 해주는 과정이 수행되기 때문에 byte의 크기 산출방법에 약간의 차이가 있습니다. 이 점을 유의하기 바라며 filesize( ) 함수의 사용형식은 다음과 같습니다.

```
filesize (파일)
```

다음 예제를 통해 이미 존재하는 파일의 크기 값을 byte로 출력하는 과정에 대해 자세히 살펴보도록 하겠습니다.

예제 10-8

- **Step 01** | 실습을 위해 먼저 d:/sample_data 폴더 안에 exam.txt 파일을 생성합니다. 파일의 내용은 여기에서 보여주는 문장과 똑같이 입력하여 저장하기 바랍니다. 그 이유는 파일에 저장되어 있는 내용을 파일의 크기로 계산되기 때문에 예제에서 수행하는 과정을 좀 더 이해하기 쉽게 실습하기 위함입니다.

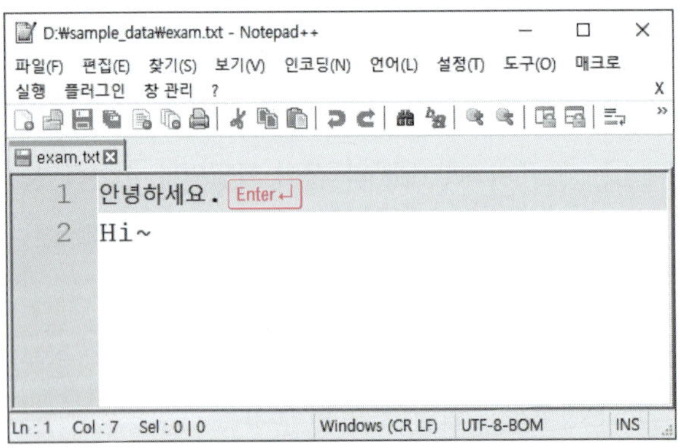

[그림 10-14] 노트패드에서 작성한 exam.txt 파일

exam.txt 파일은 메모장을 이용하지 말고 반드시 노트패드를 사용하기 바랍니다. 메모장으로 작성할 경우 파일의 내용을 불러오는 과정에서 한글이 깨져서 출력될 수 있기 때문입니다.

• **Step 02** | d:/sample_data 폴더 안에 생성된 exam.txt 파일의 크기를 출력하기 위해 프로그램을 다음과 같이 작성합니다.

ex10-8.php

```
01 <?php
02     echo "<br><B> ※ filesize( )함수로 파일의 크기 값 출력 </B> <hr>";
03     echo " ■ 대상 파일명 : <b> [ exam.txt ]</b><br> ";
04
05     $file_name ="d:/sample_data/exam.txt";
06     $size = filesize("$file_name");
07
08     echo "<hr> >> {$file_name} 파일의 크기는 [ {$size} ] byte 입니다.";
09 ?>
```

• **Step 03** | 익스플로러 웹 브라우저 화면에서 [예제 10-8]을 실행합니다.

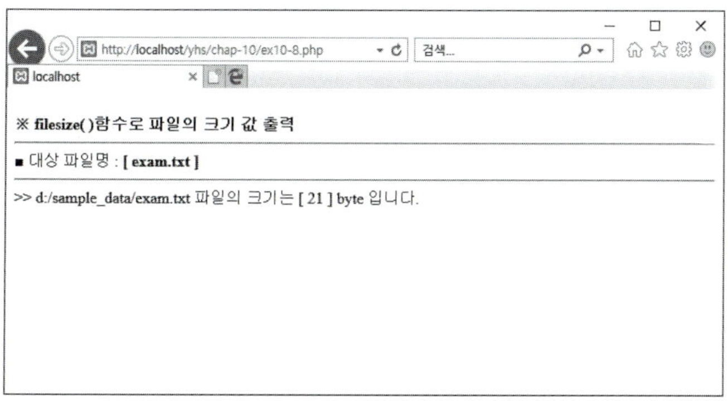

[그림 10-15] 예제 10-8 실행 결과 화면

프로그램 소스 코드 5행에서 d:/sample_data/exam.txt 파일이 존재하는 경로명 전체를 선언하여 변수 $filename에 대입하였으며 6행에서는 exam.txt 파일을 대상으로 filesize( ) 함수를 사용하여 파일의 크기를 계산한 다음 $size 변수에 저장하고 이 변수의 값을 8행에서 출력하였습니다.

4 데이터 읽고 쓰기

기존에 존재하는 파일의 데이터를 읽을 때는 fread( ) 함수를 사용하고 파일에 데이터를 기록할 때는 fwrite( ) 함수를 사용합니다. fread( ) 함수는 파일 포인터 위치에서 크기만큼 읽어서 문자열을 반환해 주고 2진수 파일인 바이너리로 읽습니다. 파일 포인터란 파일의 주소 값을 의미하며 파일의 주소부터 크기만큼 읽어옵니다.

fwrite( ) 함수는 파일의 내용을 기록하며 파일 포인터 위치에 문자열을 기록하고 바이너리로 씁니다. length값이 주어지지 않았을 경우에는 주어진 문자열 길이만큼 기록하고 실제 문자열보다 긴 문자열의 길이가 주어지면 문자열의 길이만큼만 기록합니다. 두 함수의 사용형식은 다음과 같습니다.

```
fread (파일 포인터, 크기)
fwrite (파일 포인터, 내용)
```

다음 예제에서는 d:/sample_data/exam.txt 파일의 내용을 읽어와 다른 파일로 기록하는 예제입니다. 이 예제를 통해 파일의 내용을 읽고 쓰는 함수에 대해 자세히 살펴보기 바랍니다.

|예제 10-9|

- **Step 01** | d:/sample_data/exam.txt 파일의 내용을 읽어와 happy.txt 파일로 기록하기 위해 프로그램을 다음과 같이 작성합니다.

ex10-9.php

```
<?php
    echo "<br><B> ※ 파일의 내용을 읽어와 다른 파일로 기록하는 함수 </B> <hr>";
    $fn = "d:/sample_data/exam.txt";
    echo " ■ 읽어올 파일 : <b> {$fn} </b><br>";

    if(file_exists($fn))            // 파일 존재 유무 확인
    {
        $fp = fopen($fn, "r");      // 파일이 존재하면 파일 열기
        echo " >> 파일 열기 성공 !! (파일에 들어있는 내용입니다..)<br><hr>";
    }
```

```
    else
    {
        echo " >> 파일이 없습니다... <br>";
        exit;
    }

    $content = fread($fp, filesize($fn));
    $content = str _ replace("₩n", "<br>", $content);
    $size=filesize($fn);

    echo " a. 읽어온 파일의 크기 : <b>{$size} byte </b><br>";
    echo "---------------------------------------------<br>";
    echo "<b> {$content} </b>";
    $fw = fopen("d:/sample _ data/happy.txt", "a"); // 새로운 happy.txt 파일을 생성 (모드 a적용)
    fwrite($fw, $content);                          // 새로 생성된 happy.txt 파일에 기록
    echo "<br>--------------------------------------------<br>";
    echo " b. 읽어온 파일의 크기 : [ <b> {$size} ] byte </b>만큼 기록합니다...<br>";
    fclose($fp);
    echo "<hr>";
    echo " ▶ 노트패드 창에서 새롭게 만들어진 ";
    echo " <b>₩"happy.txt₩" </b>파일을 열어서 확인해 보세요 !! <br>";
?>
```

• **Step 02** | 익스플로러 웹 브라우저 화면에서 [예제 10-9]를 실행합니다.

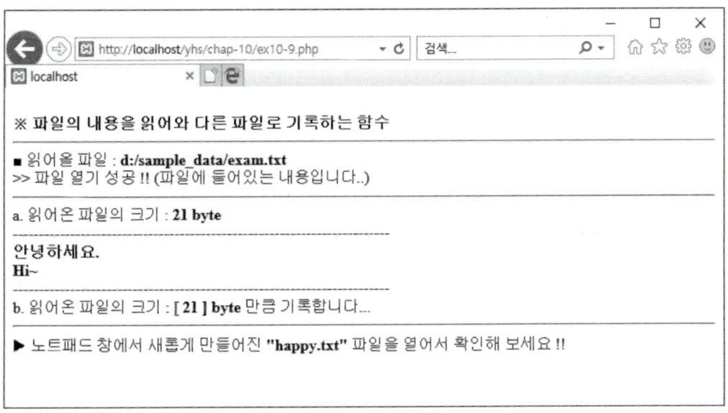

[그림 10-16] 예제 10-9 실행 결과

• **Step 03** | 노트패드 창에서 happy.txt 파일을 열어서 파일 내용을 확인합니다.

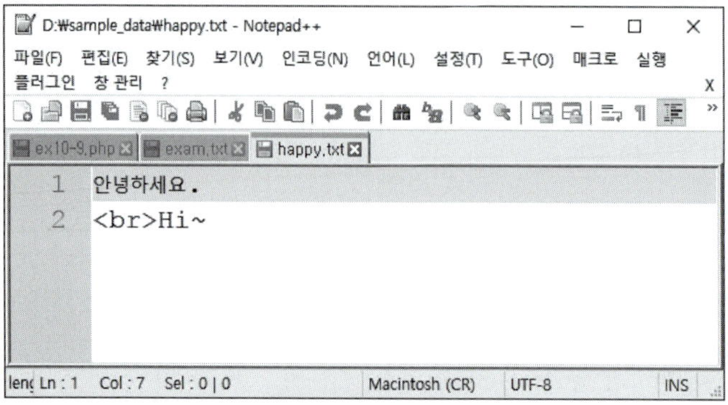

[그림 10-17] happy.txt 파일내용 확인

원본 파일 d:/sample_data/exam.txt 파일을 열어서 파일 내용을 출력한 다음 exam.txt 파일 내용의 크기만큼을 새로운 파일명인 happ.txt 파일에 그대로 기록하는 과정에 대해 [예제 10-9]를 통해 자세히 살펴봤습니다. 이제는 [예제 10-9] 프로그램의 코드해석 부분에 대해서도 살펴보기 바랍니다.

/ 소스 설명 /

• 읽어올 파일

3행의 $fn="d:/sample_data/exam.txt" 파일을 6행의 if(file_exists($fn))에서 존재 유무를 판별하고 파일이 존재하면 8행에서 $fp=fopen($fn,"r") 함수를 사용하여 파일 읽기전용 모드로 파일을 연 다음 17행의 $content =fread($fp, filesize($fn)) 명령으로 대상 파일을 읽어옵니다.

• 새로운 파일에 기록할 데이터

18행의 $content = str_replace("₩n", "<br>", $content)에서 원본파일을 불러올 때 exam.txt에서 줄 바꿈(₩n)이 있는 곳에는
 태그로 대체하여 줄을 바꿀 수 있도록 삽입한 다음 23행에서 내용을 출력하기 위해 echo $content 명령을 수행합니다. 25행의 명령으로 새로운 파일에 원본 데이터의 내용을 모두 기록합니다.

• 새로운 파일 열기와 닫기

24행의 $fw=fopen("happy.txt", "a")에서 선언한 파일모드 "a"는 파일이 존재하면 그 파일의 끝에 덧붙여 쓰고 파일이 존재하지 않으면 새 파일 happy.txt을 만든 다음 원본파일의 내용을 모두 기록한 다음 28행의 fopen( ) 함수로 열린 파일을 닫습니다.

5 디스크 공간 확인

해당 파일의 시스템 또는 논리적 디스크의 전체 공간과 여유 공간의 크기를 byte 단위로 반환해 줄 때 사용하는 함수는 disk_total_space( ) 함수와 disk_free_space( ) 함수가 있으며 사용형식은 다음과 같습니다.

```
disk_total_space ("디스크명")   // 디스크의 전체 공간
disk_free_space ("디스크명")    // 디스크의 여유 공간
```

다음 예제를 통해 디스크 공간을 확인하는 함수의 사용방법에 대해 자세히 살펴보도록 하겠습니다.

| 예제 10-10 |

- **Step 01** | 하드디스크인 C 드라이브의 전체 용량과 남은 용량이 얼마나 되는지를 확인하기 위해 프로그램을 다음과 같이 작성합니다.

ex10-10.php

```
<?php
    echo "<br><B> ※ 디스크의 전체 용량과 남은 용량을 반환하는 함수 </B> <hr>";
    echo " ■ C 드라이브의 전체 용량   <br> ";

    $dsize = disk_total_space("c:/");            // 전체 용량
    $gsize = ($dsize / 1024 / 1024 / 1024);      // GB로 환산
    $by = number_format($dsize);                 // 세자리마다 콤마(소수점 없어짐)
    $gb1 = number_format($gsize);                // 세자리마다 콤마(소수점 없어짐)

    echo " ---------------------------------------<br>";
    echo " > byte 단위로 출력 ... [ {$by} ] bytes<br>";         // byte 단위로 출력
    echo " > GB 단위로 출력 ..... [ {$gb1} ] GB <br><hr>";      // GB 단위로 출력
    echo " ■ C 드라이브의 남은 용량  <br>";
    echo " ---------------------------------------<br>";

    $dsize = disk_free_space("c:/");             // 남은 용량
    $gsize = ($dsize / 1024 / 1024 / 1024);      // GB로 환산
    $by = number_format($dsize);                 // 세자리마다 콤마(소수점 없어짐)
```

```
19     $gb2 = number _ format($gsize);              // 세자리마다 콤마(소수점 없어짐)
20
21     echo " > byte 단위로 출력 ... [ {$by} ] bytes <br>";
22     echo " > GB 단위로 출력 ..... [ {$gb2} ] GB <hr>";
23
24     $tot = ($gb2 / $gb1) * 100 ;                 // 남은 비율 계산(%)
25     $total = number _ format($tot);
26
27     echo " ▣  전체<b><font color=blue> {$gb1} GB</font></b> 중 ";
28     echo " <b><font color=red> {$gb2} GB</b> ( {$total} % ) </font>남음 <b><br>";
29  ?>
```

• **Step 02** | 익스플로러 웹 브라우저 화면에서 [예제 10-10]을 실행합니다.

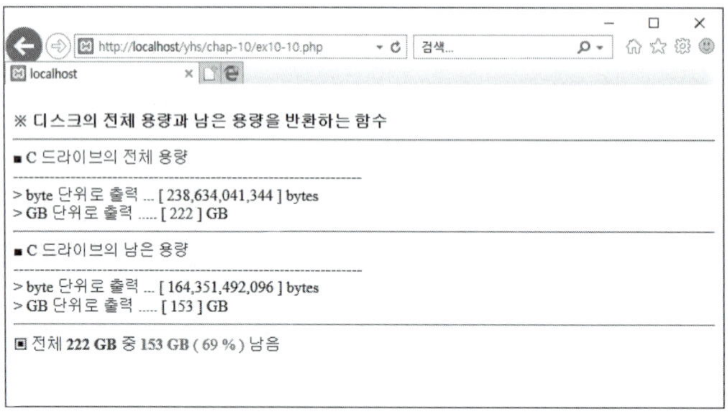

[그림 10-18] 예제 10-10 실행 결과

/ 소스 설명 /

• 디스크의 전체 용량

5행의 $dsize = disk_total_space("c:/")에서 함수를 사용하여 C 드라이브의 전체 용량을 byte 단위로 산출합니다. 6행은 byte 단위를 GB 단위로 환산하고 7행에서는 세 자리마다 콤마와 소수점을 잘라내기 위해 number_fromat( ) 함수를 적용한 다음 11행과 12행에서 byte와 GB 단위로 출력합니다.

• 남은 디스크의 용량

16행의 $dsize = disk_free_space("c:/")에서 함수를 사용하여 C 드라이브의 남은 용량을 byte 단위로 산출합니다. 17행은 byte 단위를 GB 단위로 환산하고 18행에서는 세 자리마다 콤마와 소수점을 잘라내기 위해 number_fromat( ) 함수를 적용한 다음 27행과 28행에서

byte와 GB 단위로 출력합니다.

- 전체 용량에서 남은 용량의 비율

24행의 $tot=($gb2/$gb1)*100에서 C 드라이브에 남은 용량을 전체 용량으로 나누어 남은 비율을 산출하고 number_fromat( ) 함수를 사용하여 소수점을 잘라냅니다.

- 하드디스크의 용량 차이

6행과 17행에서 byte 단위를 GB 단위로 환산할 때 1kb를 1024byte로 계산한 것은 컴퓨터에서 단위를 나타낼 때의 기준 수치로 계산되었습니다. 하지만 공장에서 실질적으로 하드디스크(HDD)를 만들 때의 단위는 1kb를 1000byte로 계산하기 때문에 관념적인 견해 차이에 따른 용량의 차이가 있습니다.

6 파일정보 검출

fgets( ) 함수는 파일에서 크기만큼 데이터를 읽어오는 함수로 크기가 파일의 한 행의 크기보다 크더라도 한 행씩 읽어 들이고 fputs( ) 함수는 내용을 파일에 기록하는 함수입니다. 또한 feof( ) 함수는 파일에서 파일의 끝을 검사하는 함수이며 사용형식은 다음과 같습니다.

```
fgets (열고자 하는 파일명의 변수, 크기);
fputs (열고자 하는 파일명의 변수, 내용);
feop (파일 포인터)
```

다음 예제는 파일을 읽어 들인 후 d:/sample_data 폴더에 존재해 있는 good.txt 파일의 내용을 읽어 와서 exam.txt 파일에 읽어 들인 파일의 내용을 쓰는 과정을 수행하는 예제입니다. 이 예제의 핵심은 파일 포인터가 파일의 끝에 있는지 체크하면서 한 라인씩 읽은 다음 good.txt 파일의 내용 전부를 exam.txt 파일에 내용을 기록한다는 점입니다.

| 예제 10-11 |

- **Step 01** | exam.txt 파일은 앞에서 d:/sample_data 폴더 안에 미리 생성했기 때문에 추가로 생성할 필요는 없지만 good.txt 파일은 d:/sample_data 폴더 안에 새로 생성해야

합니다.

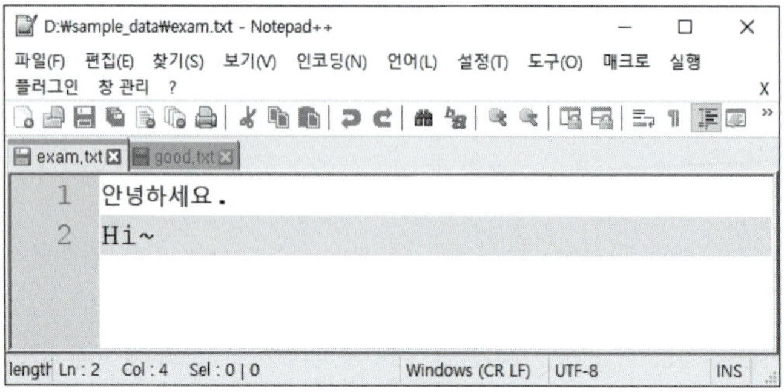

[그림 10-19] 이미 존재하는 d:/sample_data/exam.txt 파일 내용

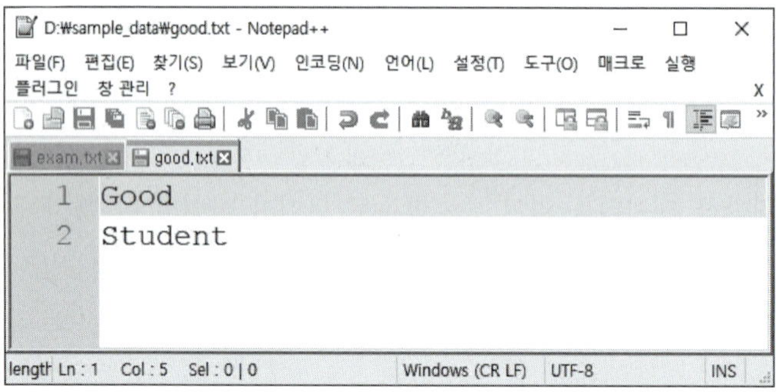

[그림 10-20] 새로 만든 d:/sample_data/good.txt 파일 내용

- **Step 02** | d:/sample_data/good.txt 파일의 내용을 읽어와서 d:/sample_data/exam.txt 파일에 읽어 들인 파일의 내용을 쓰는 과정을 수행하기 위해 프로그램을 다음과 같이 작성합니다.

ex10-11.php

```
<?php
    echo "<br><B> ※ 파일의 정보를 검출하는 함수 </B> <hr>";
    $fn = "d:/sample_data/good.txt";
    if(file_exists($fn))                          // 파일 존재 여부
    {
        $fp = fopen($fn, "r");                    // 파일 열기
    }
    else
    {
```

```
        echo " > 파일이 없습니다. 확인하세요... </font>";
        exit;
     }
    $fw = fopen("d:/sample _ data/exam.txt", "a");      // 파일 열기
    while(!feof($fp))                                   // 파일의 끝이 아닐 동안 실행
    {
        $line = fgets($fp, 800);                        // 한 라인씩 읽어 들임
        echo " > 읽어온 내용 : {$line} <br> ";
        fputs($fw, $line);                              // 파일에 기록
    }
    fclose($fp);
?>
```

• **Step 03** | 익스플로러 웹 브라우저 화면에서 [예제 10-11]을 실행합니다.

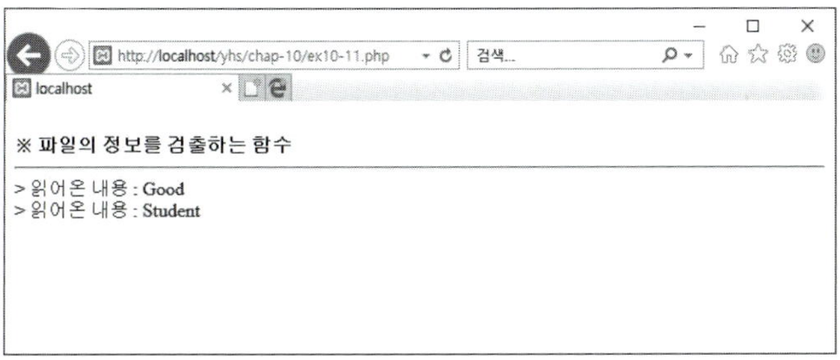

[그림 10-21] 예제 10-11 실행 결과

• **Step 04** | 노트패드 창에서 d:/sample_data/exam.txt 파일을 열어서 추가된 내용이 있는지에 대해 확인합니다.

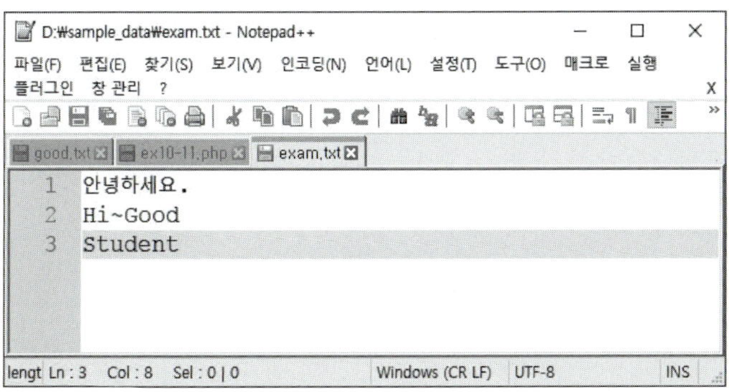

[그림 10-22] good.txt 파일의 내용이 추가된 exam.txt 파일 내용

d:/sample_data/good.txt 파일에서 검출한 두 줄의 내용이 d:/sample_data/exam.txt 파일에 추가되었음을 확인할 수 있습니다. d:/sample_data/exam.txt 파일에서 Hi~good과 같이 출력된 것은 Hi~ 문장 다음에 Enter↵를 누른 부분이 없으므로 다시 말해 줄 바꿈이 없기 때문에 문장의 뒤에 바로 이어서 검출한 내용이 추가된 것입니다.

파일 함수는 용량이 비교적 작은 데이터나 비교적 큰 데이터를 읽고 저장할 때 효율적이며 파일 함수를 적절히 이용함으로써 데이터베이스의 부하를 줄일 수 있습니다. 필요할 때 적절하게 사용할 수 있도록 숙지하기 바랍니다.

SECTION 03

디렉터리 관련 함수

1 디렉터리 열기와 닫기

디렉터리 관련 함수는 응용 프로그램에서 디렉터리를 생성하거나 삭제하는 작업, 디렉터리 자체의 정보와 디렉터리에 포함된 파일들의 정보를 참조하는 작업에 사용됩니다. 웹 프로젝트에서는 디렉터리의 파일 정보를 출력하거나 개인별 자료실을 구현하는데 사용됩니다.

디렉터리를 열 때는 opendir( ) 함수를 사용하고 닫을 때는 closedir( ) 함수를 사용합니다. 디렉터리도 파일과 마찬가지로 디렉터리를 열면 반드시 닫아주어야 합니다. 디렉터리를 opendir( ) 함수로 연 다음 readdir( ) 함수로 연 디렉터리의 내용을 읽어옵니다.

```
opendir (디렉터리 경로)
closedir (디렉터리 경로)
```

디렉터리에 존재하는 파일 목록 출력

다음 예제는 d:/sample_data/dir_ex 경로를 갖고 있는 dir_ex 디렉터리를 열고 디렉터리 안에 존재하는 파일명을 추출해 내기 위한 예제입니다. 일단 dir_ex 디렉터리를 먼저 d:/sample_data 디렉터리의 하위 디렉터리로 d:/sample_data/dir_ex와 같이 생성해 놓고 실습해야 합니다.

예제 10-12

- **Step 01** | d:/sample_data 디렉터리에 dir_ex 디렉터리를 생성하고 d:/sample_data/dir_ex 디렉터리에 실습할 그림 파일 몇 개를 저장합니다.

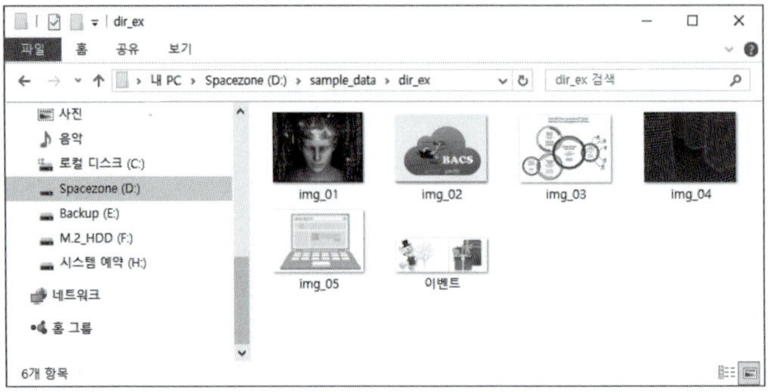

[그림 10-23] c:/sample_data/dir_ex 디렉터리에 존재하는 파일들

- **Step 02** | d:/sample_data/dir_ex 디렉터리를 열어서 디렉터리에 존재하는 파일을 출력하기 위해 프로그램을 다음과 같이 작성합니다.

ex10-12.php

```
<?php
    echo "<br><B> ※ dir_ex 디렉터리를 열고 파일 목록을 출력하는 프로그램 </B> <hr>";
    echo " ■ 디렉터리 경로명 ... <B> [ d:/sample_data/dir_ex/ ] </B><br><hr>";
    $dir = "d:/sample_data/dir_ex/";            // 경로명을 변수에 저장
    if(is_dir($dir))                            // 디렉터리 존재 유무 판별
    {
        echo " >> 디렉터리에 존재하는 파일 목록 <br>";
        echo " --------------------------------------------------<br>";
        if($dirop = opendir($dir))              // 디렉터리가 존재하면 열기
        {
    while(($filerd = readdir($dirop)) != false)     // 열려진 디렉터리 파일 읽기
    {
        echo " > 파일명 : [  {$filerd}  ]<br> ";    // 읽어 들인 파일 출력
    }
        echo " <hr>";
        }
        echo " >> d:/sampl_data/dir_ex 디렉터리에 존재하는 모든 파일을 출력했습니다.";
    }
    else
    {
        echo " 존재하지 않는 디렉터리입니다.";
    }
    closedir($dirop);      // 열려진 디렉터리 닫기
?>
```

• **Step 03** | 익스플로러 웹 브라우저 화면에서 [예제 10-12]를 실행합니다.

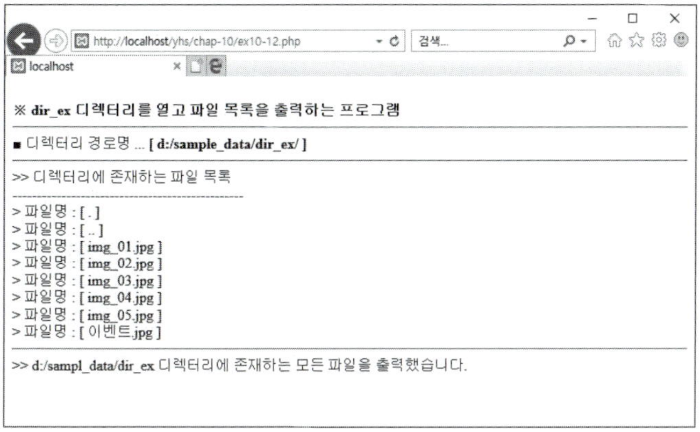

[그림 10-24] d:sampl_data/dir_ex 디렉터리에 존재하는 파일 목록

/ 소스 설명 /

• 디렉터리 경로명

4행에서 `$dir="d:/sample_data/dir_ex/"` 경로명을 지정할 때는 반드시 슬래시(/)를 사용하여 설정하고 경로명은 `$dir` 변수에 대입하여 처리합니다.

• 디렉터리 존재 확인과 파일 출력

5행의 `if(is_dir($dir))`에서 `is_dir( )` 함수를 사용하여 디렉터리가 존재하는지를 확인합니다. 4행의 경로명에 디렉터리가 존재하면 9행의 `if($dirop = opendir($dir))` 조건문에서 디렉터리를 열고 디렉터리 안에 존재하는 파일을 11행의 `while(($filerd = readdir($dirop)) != false)` 반복문으로 출력합니다.

• 변수 사용 구분

4행의 `$dir` 변수는 경로명을 저장하기 위한 변수이고 9행의 `$dirop` 변수는 연 디렉터리를 대입하기 위한 변수로 사용합니다. 11행의 `$filerd` 변수는 디렉터리 안에 존재하는 파일들을 출력하기 위한 변수로 사용합니다.

• 디렉터리 닫기

23행의 `closedir($dirop)`은 9행의 `if($dirop = opendir($dir))`에서 열린 디렉터리를 닫기 위한 함수를 사용한 것입니다.

• 디렉터리 표현방법

디렉터리 표현 방법에는 '.'과 '..'이 있으며 '.'은 현재의 디렉터리를 나타내고 '..'은 부모 디렉터리를 나타냅니다.

디렉터리와 파일의 타입 출력

[예제 10-12]에서 출력된 결과는 d:/sample_data/dir_ex 디렉터리에 존재하는 파일 목록을 출력하였더니 6개의 파일과 2개의 디렉터리가 존재함을 보여주었습니다. 하지만 파일과 디렉터리에 대한 구분이 없어 파일인지 디렉터리인지를 확인하기가 어렵습니다. 그렇기 때문에 파일과 디렉터리를 명확하게 구분해 줄 작업이 필요합니다.

여기서는 filetype( ) 함수를 사용하여 파일과 디렉터리의 타입을 명확하게 구분하여 출력되도록 수행하겠습니다. filetype( ) 함수의 사용형식은 다음과 같습니다.

```
filetype (디렉터리 경로)
```

다음 예제를 통해 d:/sample_data/dir_ex 디렉터리에 존재하는 파일 목록을 filetype( ) 함수를 사용하여 디렉터리와 파일로 명확하게 구분하여 출력될 수 있도록 프로그램을 작성하겠습니다.

예제 10-13

- **Step 01** | d:/sample_data/dir_ex 디렉터리에 존재하는 파일목록을 디렉터리와 파일로 명확하게 구분하여 출력될 수 있도록 프로그램을 다음과 같이 작성합니다.

ex10-13.php

```
<?php
    echo "<br><B> ※  파일 목록을 디렉터리와 파일로 구분하여 출력하는 프로그램  </B> <hr>";
    echo " ■ 디렉터리 경로명 ... <B>[ d:/sample_data/dir_ex/ ] </B><hr>";
    echo " [ 범례 ] <br> ";
    echo " > dir type ...... 디렉터리 <br> ";
    echo " > file type ..... 파일 <hr>";

    $dir = "d:/sample_data/dir_ex/";                    // 경로명을 변수에 저장

    if(is_dir($dir))                                    // 디렉터리 존재 유무 판별
    {
        if($dirop = opendir($dir))                      // 디렉터리가 존재하면 열기
        {
    while(($filerd = readdir($dirop)) != false)         // 열려진 디렉터리 파일 읽기
```

```
    {
        echo " > 파일명 : [ {$filerd} ]  ..... ";          // 읽어 들인 파일 출력
        echo filetype($dir . $filerd) . " type <br>";    // 파일과 디렉터리 타입
    }
         }
     }
    else
     {
         echo " >존재하지 않는 디렉터리입니다. <br>";
     }

    echo " <hr>";
    closedir($dirop);      // 열려진 디렉터리 닫기
?>
```

• **Step 03** | 익스플로러 웹 브라우저 화면에서 [예제 10-13]을 실행합니다.

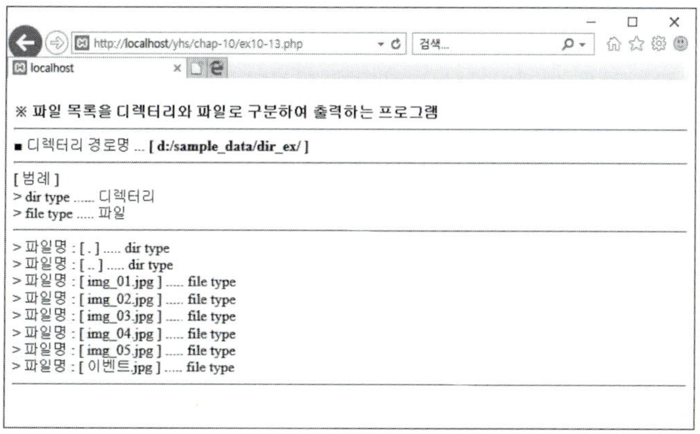

[그림 10-25] 예제 10-13 실행 결과

[예제 10-12]에서 수행한 결과와 달리 [예제 10-13]에서는 디렉터리와 파일에 대해 명확하게 구분하여 출력되었습니다. [그림 10-25]에서 보는 바와 같이 디렉터리를 알려주는 dir type과 파일을 알려주는 file type으로 출력된 것을 확인할 수 있습니다.

2 디렉터리 위치 변경

현재 디렉터리의 위치를 알아내는 getcwd( ) 함수를 사용하여 현재 디렉터리의 위치를 알아낸 다음 chdir( ) 함수를 사용하여 위치를 변경할 디렉터리의 경로를 지정합니다. 현재의 위치에서 변경된 디렉터리의 위치를 확인하기 위해 getcwd( ) 함수를 사용하며 각 함수를 사용하는 형식은 다음과 같습니다.

```
getcwd ( )  // 현재의 디렉터리 위치를 확인
chdir (디렉터리의 위치를 변경할 경로명)
```

다음 예제에서는 getcwd( ) 함수를 사용하여 현재 디렉터리의 위치에서 d:/sample_data 디렉터리 위치로 변경하는 예제입니다. 예제를 수행하기에 앞서 위치를 변경하고자 하는 d:/sample_data 디렉터리는 반드시 존재하는 디렉터리여야 합니다.

| 예제 10-14 |

- **Step 01** | 윈도우 탐색기 창에서 현재 디렉터리에서 이동할 위치의 대상인 d:/sample_data 디렉터리가 실제로 존재하는지에 대해 먼저 확인합니다.

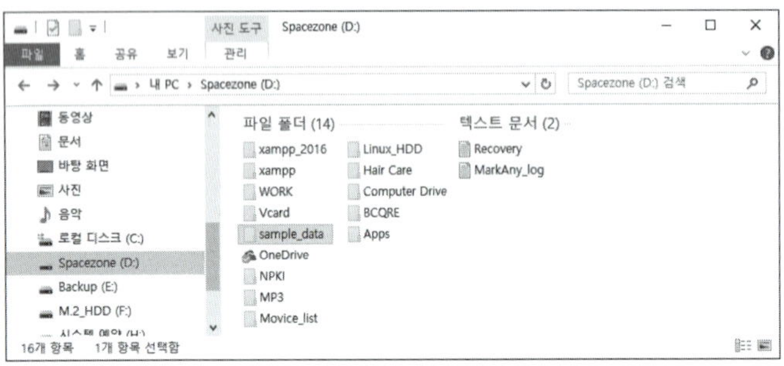

[그림 10-26] 이동할 위치의 d:/sample_data 디렉터리 존재여부 확인

만약 위치를 이동하려는 디렉터리가 존재하지 않거나 디렉터리명을 틀리게 선언할 경우에는 이 프로그램을 제대로 수행할 수 없으므로 주의하기 바랍니다.

- **Step 02** | 현재 디렉터리의 위치에서 d:/sample_data 디렉터리로 위치를 변경하기 위해 프로그램을 다음과 같이 작성합니다.

ex10-14.php

```
<?php
    echo "<br><B> ※ 현재 디렉터리 위치에서 다른 디렉터리 위치로 변경 후 확인  </B> <hr>";

    echo " ■ 현재 디렉터리의 위치 ........................... ";
    $path = getcwd( );                          // 현재 디렉터리의 위치
    echo " [ {$path} ] <p>";                    // 현재 디렉터리의 위치 출력

    chdir("d:/sample _ data");                  // 변경할 디렉터리의 위치
    $path = getcwd( );                          // 변경 후 디렉터리 현재 위치

    echo "  ■ 위치 변경 후 현재 디렉터리의 위치 ..... ";
    echo " [ {$path} ] <hr>";

    echo " >> 현재 디렉터리 위치에서 {$path} 디렉터리 위치로 변경 성공!! <br>";
?>
```

• **Step 03** | 익스플로러 웹 브라우저 화면에서 [예제 10-14]를 실행합니다.

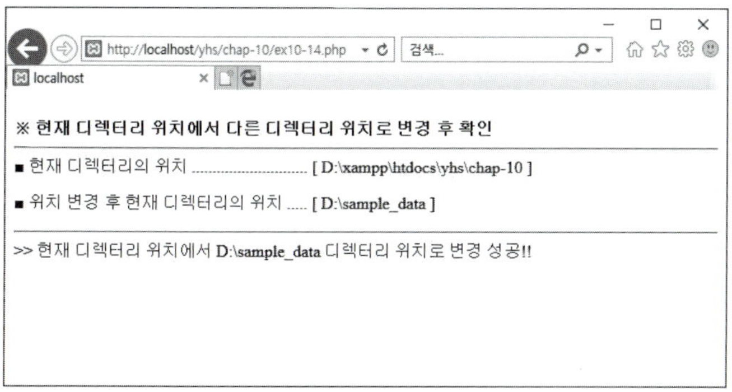

[그림 10-27] 예제 10-14 실행 결과

[그림 10-27]에서 보는 바와 같이 현재 디렉터리 위치에서 d:/sample_data 디렉터리의 위치로 변경되었음을 확인하였습니다.

이와 같이 PHP 프로그램에서 사용되는 파일 업로드 전역변수와 파일 및 디렉터리와 관련된 함수에 대해 살펴봤습니다. 다음 장에서는 쿠키와 세션에 대해 다루도록 하겠습니다.

핵심요약

01 홈페이지에서 자료실을 만들거나 관련된 파일 또는 이미지를 업로드 할 때는 〈input〉 태그의 type 속성을 file로 설정해 〈input type="file"〉과 같이 코딩하면 됩니다. 특히 file을 사용할 때에는 〈form〉 태그에 enctype="multipart/form-data"를 사용해야 합니다.

02 PHP 프로그램을 통해 파일을 전송할 때 파일 전송과 관련된 슈퍼 전역변수를 사용해야 합니다. 슈퍼 전역변수는 PHP 환경변수 설정파일의 속성에 대한 기본 값이 다르게 적용되므로 주의해야 합니다.

03 PHP에서는 파일 전송 및 폼 태그에서의 컨트롤에 입력된 값들을 전송할 때 POST 방식과 GET 방식으로의 선택은 환경변수 설정파일인 php.ini 파일에서 환경변수에 대한 설정을 변경할 수 있습니다.

04 php.ini 환경변수 파일의 기본설정 값은 register_globals=Off로 설정되어 있으므로 폼 태그에서 전송되는 값들은 전부 POST 방식으로 전송해야 합니다. 만약 php.ini 환경변수 파일의 기본설정 값을 register_globals=On과 같이 Off를 On으로 변경한다면 파일 전송방식을 GET 방식으로 전송해야 합니다.

05 php.ini 파일의 환경변수 설정을 register_globals=On으로 변경하게 되면 슈퍼 전역변수를 사용하지 않아도 되는 편리함이 제공되지만 보안에 취약할 수 있으므로 우리는 안전한 실습을 위해 기본 설정되어 있는 register_globals=Off 상태 그대로 두고 실습하는 것을 권장합니다.

06 php.ini 환경변수 파일의 기본설정 값을 register_globals=Off로 설정된 상태에서의 파일의 색인은 다음과 같습니다.

■ POST 방식으로 전송 : register_globals=Off 설정

$_FILE의 색인	의미
$_FILE['userfile']['name']	클라이언트에 존재하는 원래의 파일이름
$_FILE['userfile']['type']	브라우저가 이 정보를 제공할 경우에 파일의 MIME형식(예:"image/gif")
$_FILE['userfile']['size']	업로드 된 파일의 크기(byte)

$_FILE['userfile']['tmp_name']	서버에 전송(업로드)된 파일의 임시 파일 이름
$_FILE['userfile']['error']	파일 업로드에 관련한 에러 코드

07 php.ini 환경변수 파일의 기본설정 값을 register_globals=On으로 설정된 상태에서의 파일의 색인은 다음과 같습니다.

■ GET 방식으로 전송 : register_globals=On 설정

$_FILE의 색인	의미
$userfile_name	클라이언트에 존재하는 원래의 파일이름
$userfile_type	브라우저가 이 정보를 제공할 경우에 파일의 MIME형식 (예:"image/gif")
$userfile_size	업로드 된 파일의 크기(byte)
$userfile	서버에 전송또는 업로드 된 파일의 임시 파일 이름
$userfile_error	파일 업로드에 관련한 에러 코드

08 파일의 입출력 작업은 크게 3단계의 과정으로 처리됩니다.

■ 파일의 3단계 입출력 단계별 작업

단계별 작업	의미
여는 단계	파일을 조작하기 전의 준비 단계로 파일조작 방식, 파일존재 확인, 메모리 공간을 확보하는 단계
조작 단계	실제 파일을 읽거나 쓸 수 있는 조작 단계
닫는 단계	파일 조작에 사용하였던 메모리 등의 자원을 반환하는 단계

09 fopen( ) 함수는 문서, 그림 등의 외부 파일을 열어주는 함수이고 fclose( ) 함수는 열린 파일을 닫아주는 함수입니다. fopen( ) 함수는 열고 싶은 파일의 경로와 파일 모드 설정내용을 인자로 받아들입니다. fopen( ) 함수로 파일을 사용한 다음에는 반드시 fclose( ) 함수로 파일을 닫아주어야 하며 사용형식은 다음과 같습니다.

```
$변수명 = fopen(파일명, 파일모드, 인크루트 경로)
$변수명 = fclose(fopen( ) 함수로 설정한 $변수명)
```

10 fopen( ) 함수에서 사용되는 파일모드는 다음과 같습니다.

■ fopen( ) 함수의 파일모드

모드	의미
r	파일 읽기 전용
w	파일 쓰기 전용 (파일이 있으면 파일의 크기를 0으로 만들고 없으면 새 파일을 만듦)
a	파일 쓰기 전용 (파일이 존재하면 그 파일의 끝에 덧붙여 쓰고 없으면 새 파일을 만듦)
r+	파일 읽고 쓰기 전용
w+	파일 읽고 쓰기 전용 (파일이 존재하면 크기를 0으로 만들고 없으면 새 파일을 만듦)
a+	파일 읽고 쓰기 전용 (파일이 이미 존재하면 끝에 덧붙여 쓰고 없으면 새 파일을 만듦)
b	바이너리 데이터로 설정 (생략 가능)

11 fopen( ) 함수로 파일을 열 경우에는 경로설정에 특히 주의해야 하며 윈도우에서 파일을 불러 올 경우에는 슬래시/와 역슬래시\또는 ₩ 모두 경로 구분자로 사용됩니다. 그 외의 운영체제에서는 슬래시만 허용됨을 참고하기 바랍니다.

12 fopen( ) 함수 사용에 따른 경로명 설정은 다음과 같습니다.

■ fopen( ) 함수의 파일모드

경로 구분	경로 설정 방법
windows의 경로 지정	$fp = fopen("c:/apm_setup/htdocs/test.txt", "r")
http server의 경로 지정	$fp = fopen("http://www.prozin.net/", "r")
ftp server의 경로 지정	$fp = fopen("ftp://user:pass@prozin.net/", "w")

13 파일 존재여부를 확인하려면 file_exists( ) 함수를 사용해야 하며 이 함수의 특징은 파일이 지정한 경로에 존재하면 1, 존재하지 않으면 0의 값을 반환합니다. file_exists( ) 함수의 사용형식은 다음과 같습니다.

```
file_exists (파일 경로)
```

14 filesize( ) 함수는 파일의 크기를 byte 단위로 알려주는 함수이며 영문은 1 byte로 계산되고 한글과 Enter↵를 눌렀을 경우에는 2 byte로 계산됩니다. 하지만 메모장에서 작성하는 텍스트 문서와 노트패드 창에서 작성하는 문서의 내용에 대한 크기는 다르게 산정될 수도 있습니다.

15 노드패드에서는 메모장에서의 작업과는 달리 한글이 깨지지 않도록 UTF-8로 인코딩해 주는 과정이 수행되기 때문에 byte의 크기 산출방법에 약간의 차이가 있습니다. 이 점을 유의하기 바라며 filesize( ) 함수의 사용형식은 다음과 같습니다.

```
filesize (파일)
```

16 기존에 존재하는 파일의 데이터를 읽을 때는 fread( ) 함수를 사용하고 파일에 데이터를 기록할 때는 fwrite( ) 함수를 사용합니다. fread( ) 함수는 파일 포인터 위치에서 크기만큼 읽어서 문자열을 반환해 주고 2진수 파일인 바이너리로 읽습니다. 파일 포인터란 파일의 주소 값을 의미하며 파일의 주소부터 크기만큼 읽어옵니다.

17 fwrite( ) 함수는 파일의 내용을 기록하며 파일 포인터 위치에 문자열을 기록하고 바이너리로 씁니다. length값이 주어지지 않았을 경우에는 주어진 문자열 길이만큼 기록하고 실제 문자열보다 긴 문자열의 길이가 주어지면 문자열의 길이만큼만 기록합니다. 함수의 사용형식은 다음과 같습니다.

```
fread (파일 포인터, 크기)
fwrite (파일 포인터, 내용)
```

18 해당 파일의 시스템 또는 논리적 디스크의 전체 공간과 여유 공간의 크기를 byte 단위로 반환해 줄 때 사용하는 함수는 disk_total_space( ) 함수와 disk_free_space( ) 함수가 있으며 사용형식은 다음과 같습니다.

```
disk_total_space ("디스크명")   // 디스크의 전체 공간
disk_free_space ("디스크명")    // 디스크의 여유 공간
```

19 fgets( ) 함수는 파일에서 크기만큼 데이터를 읽어오는 함수로 크기가 파일의 한 행의 크기보다 크더라도 한 행씩 읽어 들이고 fputs( ) 함수는 내용을 파일에 기록하는 함수입니다. 또한 feof( ) 함수는 파일에서 파일의 끝을 검사하는 함수이며 사용형식은 다음과 같습니다.

```
fgets (열고자 하는 파일명의 변수, 크기);
fputs (열고자 하는 파일명의 변수, 내용);
feop (파일 포인터)
```

20 디렉터리를 열 때는 opendir( ) 함수를 사용하고 닫을 때는 closedir( ) 함수를 사용합니다. 디렉터리도 파일과 마찬가지로 디렉터리를 열면 반드시 닫아주어야 합니다. 디렉터리를 opendir( ) 함수로 연 다음 readdir( ) 함수로 연 디렉터리의 내용을 읽어옵니다.

```
opendir (디렉터리 경로)
closedir (디렉터리 경로)
```

21 filetype( ) 함수를 사용하면 파일과 디렉터리의 타입을 명확하게 구분하여 출력되도록 수행할 수 있으며 함수의 사용형식은 다음과 같습니다.

```
filetype (디렉터리 경로)
```

22 현재 디렉터리의 위치를 알아내는 getcwd( ) 함수를 사용하여 현재 디렉터리의 위치를 알아낸 다음 chdir( ) 함수를 사용하여 위치를 변경할 디렉터리의 경로를 지정합니다. 현재의 위치에서 변경된 디렉터리의 위치를 확인하기 위해 getcwd( ) 함수를 사용하며 각 함수를 사용하는 형식은 다음과 같습니다.

```
getcwd ( )  // 현재의 디렉터리 위치를 확인
chdir (디렉터리의 위치를 변경할 경로명)
```

연습문제

01 PHP의 설정파일(php.ini)의 기본값이 register_globals=Off로 설정되어 있을 경우와 register_globals=On으로 설정되어 있을 경우에 대하여 비교 설명하시오.

02 파일의 3단계 입출력 작업에 대하여 설명하시오.

03 fopen() 함수의 사용 용도와 파일 모드에 대하여 설명하시오.

04 윈도우에서 파일을 불러올 경우 사용되는 경로명 설정에 대하여 서술하시오.

05 다음 함수에 대하여 설명하시오.

(1) file_exists() 함수 -

(2) filesize() 함수 -

(3) fread() 함수 -

(4) fwrite() 함수 -

(5) disk_total_space() 함수와 disk_free_space() 함수-

(6) fgets(), fputs(), feof() 함수 -

(7) opendir(), readdir() 함수, closedir() 함수 -

(8) getcwd() 함수와 chdir() 함수 -

06 다음과 같이 출력되도록 프로그램을 작성하시오.

※ 디스크의 저장 공간과 전체 공간 byte를 반환하는 함수
■ C 드라이브의 전체 용량 ... [104,855,834,624 bytes] ... **[98 GB]**
▲ C 드라이브의 남은 용량 ... [14,420,480,000 bytes] ... **[13 GB]**
▣ 전체 **98GB** 중 **13GB** 남음 **[13%]**

07 다음 프로그램을 보고 빈 칸을 채우시오.

```
<?php
    echo "<B> ※ 디스크의 저장공간과 전체공간 byte를 반환하는 함수 </B><hr>";
    echo " ■ C 드라이브의 전체 용량 <br><br> ";
    $dsize = [          ] ("c:/");
    $gsize = ($dsize / 1024 / 1024 / 1024);
    $by = number_format    ($dsize);
    $gb1 = number_format($gsize);
    echo " ... [ [          ] bytes ]<br>";
    echo " ... <b>[ {$gb1} GB ] </b><br><hr>";
    echo " ▲ C 드라이브의 남은 용량 <br><br>";
    $dsize = [          ] ("c:/");
    $gsize = ($dsize / 1024 / 1024 / 1024);
    $by = number_format($dsize);
    $gb2 = number_format($gsize);
    echo " ... [ [          ] bytes ]<br>";
    echo " ... <b>[ {$gb2} GB ] </b><hr>";
    $tot = ([          ] * 100 ;
    $total = number_format($tot);
    echo " ▣  전체<b> {$gb1}GB</b> 중 ";
    echo " <b>{$gb2}GB</b> 남음 <b>[{$total}%]</b><br>";
?>
```

CHAPTER 11
쿠키와 세션

학습목표

- 쿠키와 세션이 무엇인지에 대해 이해할 수 있습니다.
- 쿠키를 사용할 때 문제점이 무엇인지에 대해 이해할 수 있습니다.
- 세션을 사용하면 쿠키보다 좋은 점에 대해 이해할 수 있습니다.
- 세션을 생성하고 삭제할 수 있습니다.

SECTION

01 COOKIES

1 쿠키의 개념

쿠키는 사용자가 웹서버에 접속하여 로그인 하였을 때 접속과 관련된 어떠한 정보를 클라이언트 컴퓨터에 저장해 놓은 것을 의미합니다. 어떤 사이트에 로그인을 하게 되면 사용자 컴퓨터에 쿠키를 저장해 놓고 그 쿠키를 갖고 있는지를 확인하여 회원인지 아닌지를 판별합니다. 쉽게 비유하자면 학교에서 학생들을 쉽게 알아보기 위해 가슴에 이름표를 달아주는데 그것이 바로 쿠키인 것입니다.

쿠키는 기억할 수 있는 총 용량이 4KB를 넘을 수 없기 때문에 많은 정보를 기억해야 하는 경우에는 쿠키를 사용하지 않고 데이터베이스를 사용합니다. 데이터베이스를 사용하면 상태를 확인하기 위해 매번 데이터베이스에 접속하여 그 정보를 가지고 와야 합니다. 쿠키와 데이터베이스를 이용하는 두 가지 방법은 나름대로 장단점을 가지고 있으며 두 가지 방법을 함께 사용하기도 합니다.

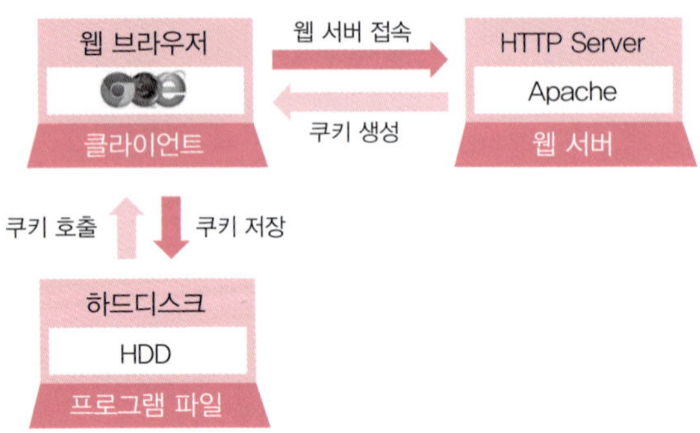

[그림 11-1] 쿠키의 생성과 호출 과정

2 쿠키 생성 및 삭제

이제부터 본격적으로 쿠키를 어떻게 생성하고 삭제하는지에 대해 자세히 살펴보도록 하겠습니다.

쿠키 생성방법

쿠키를 만들고 삭제하기 위해서는 setcookie( ) 함수를 사용하며 이 함수는 헤더에 보낼 쿠키를 정의하기 때문에 〈html〉이나 〈head〉 태그 또는 echo( ) 함수를 사용하기 전에 가장 먼저 선언해야 합니다.

setcookie( ) 함수를 가장 먼저 선언하지 않으면 함수의 사용은 무의미해지며 쿠키의 생성은 실패로 돌아갑니다. 쿠키를 생성하기 위해 사용되는 함수의 형식은 다음과 같습니다.

```
setcookie("쿠키 이름", "쿠키값", 폐기시간, "경로", "호스트", "보안 사용")
```

쿠키에 사용되는 함수의 인자는 주로 쿠키 이름, 쿠키값, 폐기시간, 경로의 네 가지 매개변수만을 사용하여 생성합니다. 쿠키를 생성하는 setcookie( ) 함수의 인자에 대해 다음 표와 같이 정리하였습니다.

[표 11-1] setcookie( ) 함수의 인자

함수의 인자	속성 값
쿠키 이름	쿠키의 이름
쿠키값	쿠키의 값으로 클라이언트 컴퓨터에 저장
폐기 시간	쿠키의 폐기시간 time( )+60(초)*60(분)*24(시간)*30은 30일 동안 쿠키의 값이 존재합니다.
경로	쿠키가 적용될 경로를 의미하며 슬래시(/)로 설정하면 전체 도메인에서 쿠키를 사용할 수 있습니다. 예를 들어 /apm/이라고 설정하면 /apm/ 디렉터리와 하위 디렉터리에서만 쿠키를 사용합니다. 기본 값은 현재 디렉터리를 기준으로 설정합니다.
호스트	쿠키가 적용될 호스트 이름
보안 사용	HTTPS 프로토콜에 true로 설정할 경우 보안접속 시에만 쿠키를 생성하고 기본 값은 false 임

쿠키 생성의 틀린 방법

다음 예제는 setcookie( ) 함수를 사용하기 전에 echo 함수를 먼저 선언했기 때문에 쿠키가 올바르게 생성되지 않고 경고 메시지가 출력되는 예제입니다.

|예제 11-1|

• **Step 01** | 쿠키를 생성하기 위해 프로그램을 다음과 같이 작성합니다.

11-1.php

```
<?php

    echo "<br><b> ■ 쿠키 생성 시 주의할 사항 → 생성 안 될 때의 이유 ???</b> ";
    echo "<hr>";
    echo " > 증상 판단 : 쿠키 생성 오류 !! <p>";
    echo " > 해결 방법 : setcookie( )함수보다 echo 출력문을 먼저 선언하면 안 됨 !!<p> ";

    setcookie("err_test", "apm");   // err_test 쿠키 이름에 apm값을 넣어 줌

    echo " > 주의 사항 : setcookie( ) 함수를 제일 먼저 선언해야 함!! <hr>";

?>
```

• **Step 02** | 웹 브라우저 화면에서 [예제 11-1]을 실행합니다.

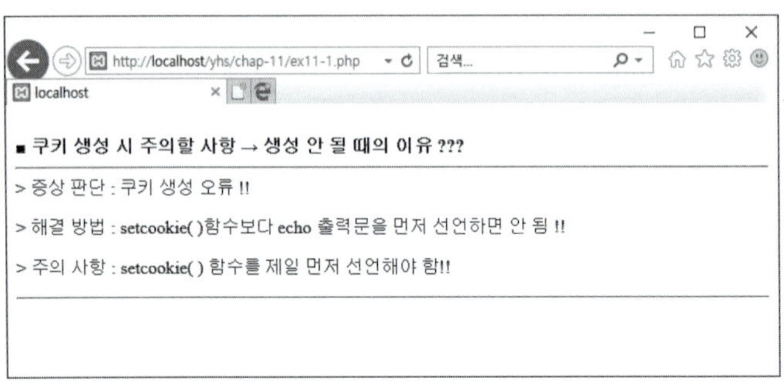

[그림 11-2] 예제 11-1 실행 결과

이와 같은 에러를 방지하기 위해서는 ob_start( ) 함수를 사용해야 합니다. 이 함수를 호출하여 출력 버퍼링을 사용하면 [예제 11-1]에서 발생하는 문제점을 해결할 수 있습니다.

올바른 쿠키 생성

ob_start( ) 함수는 출력 버퍼링이라는 기능을 사용하도록 해주는 함수로서 페이지의 첫 부분에 사용하면 출력문의 내용을 출력하지 않고 페이지의 내용을 모두 처리한 다음에 비로소 출력문의 내용을 출력합니다. 다음 예제를 통해 자세히 살펴보기 바랍니다.

|예제 11-2|

- **Step 01** | 출력문을 먼저 사용할 경우 출력 버퍼링 기능을 제공하는 ob_start( ) 함수를 사용하기 위해 프로그램을 다음과 같이 작성합니다.

ex11-2.php

```
<?php

    ob _ start( );                          // 출력 버퍼링 기능을 사용
    echo "<br><b> ■ 출력 버퍼링 함수를 적용한 쿠키 생성 </b><hr>";
    echo " >> 출력 버퍼링 함수 : obstart( ) 함수 <hr>";

    setcookie("cook _ test", "apm");  // err _ test 쿠키 이름에 apm값을 넣어 줌

    echo " > 쿠키 이름 ............ <b> [ cook _ test ]</b><br>";
    echo " > 쿠키 값 ............... <b> [ apm ] </b><hr>";

?>
```

- **Step 02** | 웹 브라우저 화면에서 [예제 11-2]를 실행합니다.

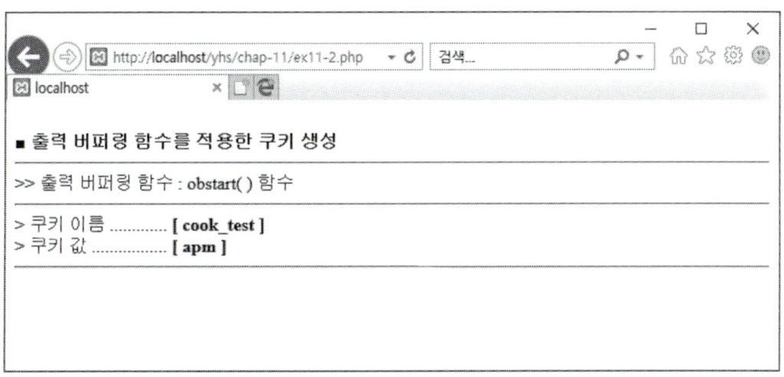

[그림 11-3] 예제 11-2 실행 결과

[예제 11-2]에서 실습한 바와 같이 echo 출력문을 setcookie( ) 함수보다 먼저 선언했음에도 정상적으로 쿠키가 생성된 것을 확인하였습니다.

이번에는 출력 버퍼링을 지원하는 ob_start( ) 함수를 사용하지 않고 setcookie( ) 함수를 제일 먼저 선언하여 쿠키를 생성하는 과정에 대해 살펴보도록 하겠습니다.

|예제 11-3|

- **Step 01** | 출력 버퍼링을 지원하는 ob_start( ) 함수를 사용하지 않기 위해 setcookie( ) 함수를 제일 먼저 선언하여 쿠키를 생성하기 위해 프로그램을 다음과 같이 작성합니다.

ex11-3.php

```php
<?php

    setcookie("sno", "2018005");   // 쿠키 이름을 sno, 쿠키값은 2018005 선언

    echo "<br> ■ 출력 버퍼링 함수를 사용하지 않고 쿠키 생성  <hr>";
    echo " > 쿠키이름 .................. <b> [ sno ] </b><br>";
    echo " > 쿠키값 ..................... <b> [ 2018005 ] </b>";

?>
```

- **Step 02** | 웹 브라우저 화면에서 [예제 11-3]을 실행합니다.

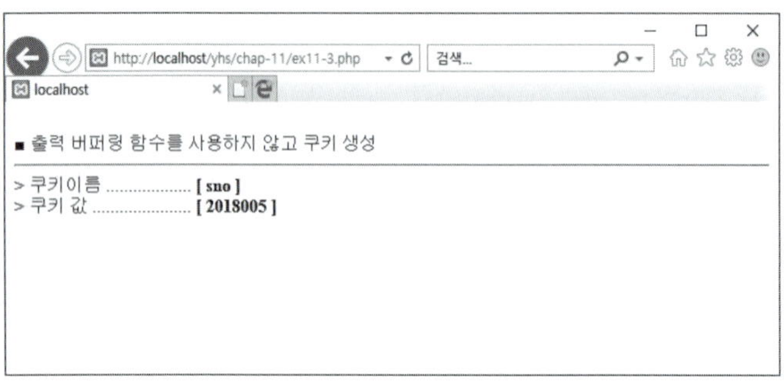

[그림 11-4] 예제 11-3 실행 결과

다음 예제는 2개의 쿠키를 생성하여 30초 동안 지속된 다음 자동으로 폐기되는 예제입니다. 쿠키 이름은 id와 dept로 설정하고 쿠키값은 각각 space와 bigdata로 설정하도록 하

겠습니다.

|예제 11-4|

- **Step 01** | 2개의 쿠키를 생성하여 30초 동안 지속된 다음 자동으로 폐기되도록 실행하기 위해 프로그램을 다음과 같이 작성합니다.

ex11-4.php

```
<?php

  $cook1 = setcookie("id", "space", time( ) + 30);
  $cook2 = setcookie("dept", "bigdata", time( ) + 30);

  echo " <br><b> ■ 2개의 쿠키를 생성하여 30초 동안 유지 후 자동 폐기되는 프로그램 </b><hr>";

  if($cook1 && $cook2) {
    echo " >> 2개의 쿠키가 성공적으로 생성되어 30초 후 삭제됩니다... <hr>";

    echo " 1. 첫 번째 쿠키 내용 <br>";
    echo "  o 쿠키 이름 ... <b> [ id ] </b> <br>";
    echo "  o 쿠키값 ....... <b> [ space ] </b><hr>";

    echo " 2. 두 번째 쿠키 내용 <br>";
    echo "  o 쿠키 이름 ... <b> [ dept ] </b> <br>";
    echo "  o 쿠키값 ....... <b> [ bigdata ] </b><hr>";

    echo " >> 이 쿠키는 30초 동안만 지속됩니다...";
  }
  else
  {
    echo " >> 쿠키 생성을 실패했습니다...";
  }

?>
```

• **Step 02** | 웹 브라우저 화면에서 [예제 11-4]를 실행합니다.

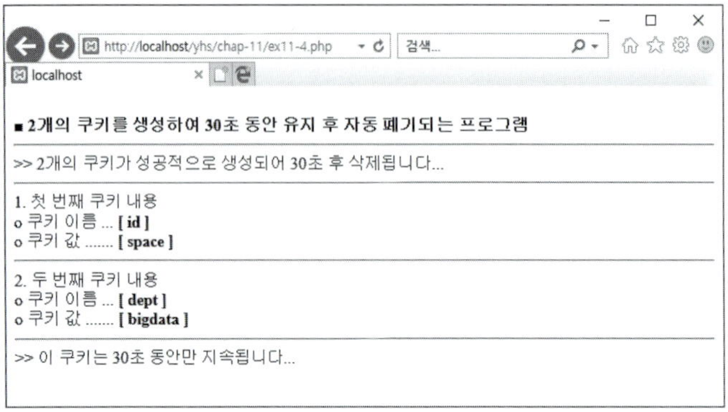

[그림 11-5] 예제 11-4 실행 결과

[예제 11-4]에서 생성된 2개의 쿠키는 30초 후 자동으로 폐기되도록 현재 시간을 알려주는 time( ) 함수를 사용하여 time( )+30과 같이 30초 후에 자동으로 쿠키가 폐기되도록 설정하였습니다.

쿠키 사용 방법

[예제 11-4]에서 생성한 쿠키가 30초 후에 자동으로 폐기되는지를 확인하려면 [예제 11-5]를 실행하여 확인해야 합니다. 생성된 쿠키 이름을 확인하기 위해 사용되는 슈퍼 전역변수는 $_COOKIE[쿠키 이름]이며 사용형식은 다음과 같습니다. 슈퍼 전역변수 이름은 반드시 대문자를 사용해야 합니다.

```
$_COOKIE ['쿠키 이름'];    // 반드시 대문자
```

다음 예제를 통해 앞에서 생성한 2개의 쿠키가 정말 30초 후에 폐기되었는지를 확인하도록 하겠습니다.

|예제 11-5|

• **Step 01** | 생성된 id와 dept 2개의 쿠키가 30초 후 자동으로 폐기되었는지를 확인하기 위해 프로그램을 다음과 같이 작성합니다.

ex11-5.php

```
<?php

    echo " <br><b>■ 생성된 2개의 쿠키를 30초간 사용하기 </b><hr>";

    echo " 1. 생성된 id 쿠키 ............. ";
    echo "[ ";

    echo $_COOKIE ['id'];
    echo " ] <hr> ";

    echo " 2. 생성된 name 쿠키 ....... ";
    echo "[ ";

    echo $_COOKIE ['dept'];
    echo " ] <hr> ";

    echo " > 2개의 쿠키는 30초 후에 자동으로 삭제됩니다.. <br>";

?>
```

• **Step 02** | 웹 브라우저 화면에서 [예제 11-5]를 실행하기에 앞서 [예제 11-4]를 먼저 수행합니다.

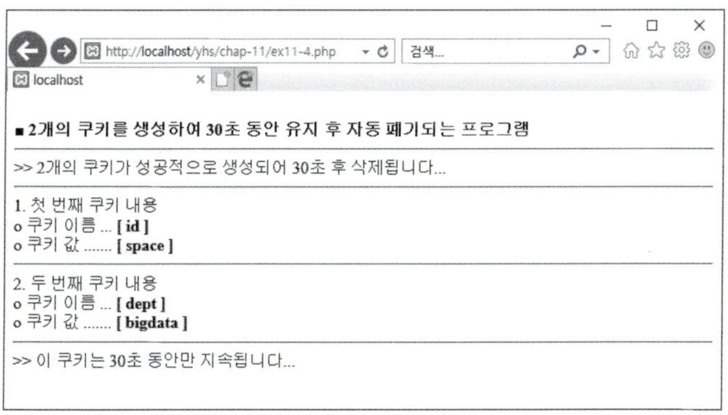

[그림 11-6] 예제 11-4를 먼저 실행

• **Step 03** | 웹 브라우저 화면에서 [예제 11-4]를 수행한 후 30초 이내 [예제 11-5]를 실행하

면 사용되는 쿠키에 대한 정보가 출력됩니다.

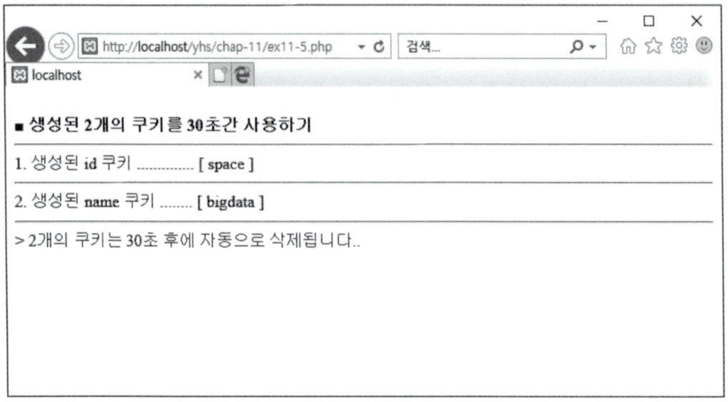

[그림 11-7] 30초 이내에 예제 11-5 실행 결과

- **Step 04** | [예제 11-5]를 실행 후 30초가 경과된 다음 웹 브라우저 화면에서 [새로 고침]을 누르게 되면 이미 2개의 쿠키는 삭제된 상태이므로 해당 코드 라인에서의 에러가 있다는 메시지가 출력됩니다.

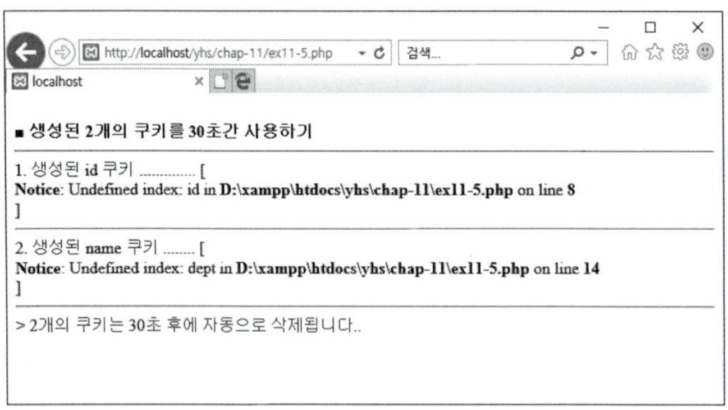

[그림 11-8] 예제 11-5 화면을 새로 고침

이와 같이 [예제 11-4]에서 생성한 id 쿠키와 dept 쿠키가 30초 경과 후 모두 삭제된 것을 확인할 수 있습니다.

쿠키 삭제 방법

쿠키는 웹 페이지에서 사용자 컴퓨터에 기록하는 데이터를 의미하며 이러한 데이터를 사용하여 사이트의 아이디와 패스워드를 기억하고 있기 때문에 항상 자신의 컴퓨터가 아닌 외부 컴퓨터를 이용했을 경우 사용 후에는 반드시 쿠키를 삭제하는 것이 바람직합니다. 쿠키를 삭제해 주는 함수나 명령어는 존재하지 않으므로 setcookie( ) 함수를 사용할 때 쿠키 이름만 선언하고 쿠키값은 지정하지 않게 되면 해당 쿠키는 삭제됩니다.

```
setcookie("쿠키 이름");
```

다음 예제를 통해 [예제 11-4]에서 생성한 id 쿠키를 삭제하도록 하겠습니다. id 쿠키는 30초 후 삭제되므로 반드시 30초 안에 프로그램을 실행해야 합니다.

|예제 11-6|

- **Step 01** | 생성된 id 쿠키를 강제로 삭제하기 위해 프로그램을 다음과 같이 작성합니다.

ex11-6.php

```
<?php

    setcookie("id");

    echo " <br><b>■ 생성된 id 쿠키를 30초 이내에 삭제하기 </b><br>";
    echo " <hr>";
    echo " > [예제 11-4]에서 생성된 id 쿠키가 삭제되었습니다. <p>";
    echo " ..... [예제 11-5]를 실행해서 확인하세요.";

?>
```

- **Step 02** | 웹 브라우저 화면에서 [예제 11-6]을 실행하기 전에 [예제 11-4]를 먼저 수행하여 id 쿠키를 생성합니다.

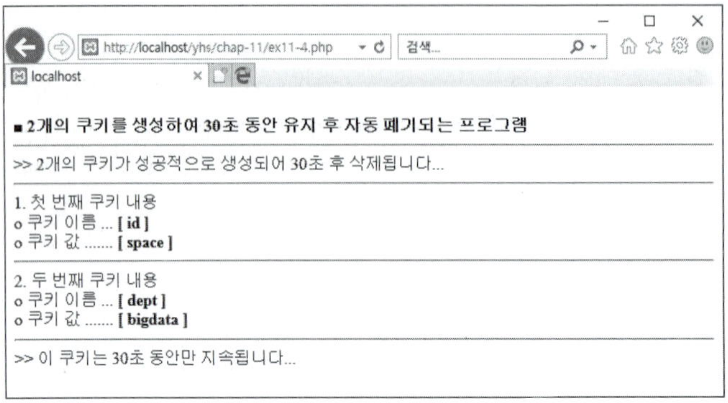

[그림 11-9] 예제 11-4를 실행하여 id 쿠키를 생성

• **Step 03** | [예제 11-4]를 실행하여 생성된 id 쿠키를 삭제하기 위해 웹 브라우저 화면에서 [예제 11-6]을 실행합니다.

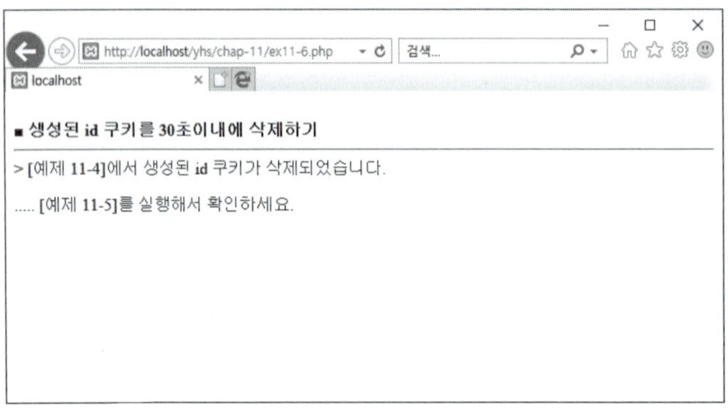

[그림 11-10] 예제 11-6 실행 결과

• **Step 04** | 웹 브라우저 화면에서 [예제 11-5]를 실행하면 [예제 11-6]에서 id쿠키가 이미 삭제되었기 때문에 id 쿠키가 생성되었던 코드 라인에서 에러가 있다는 메시지 화면이 출력됩니다.

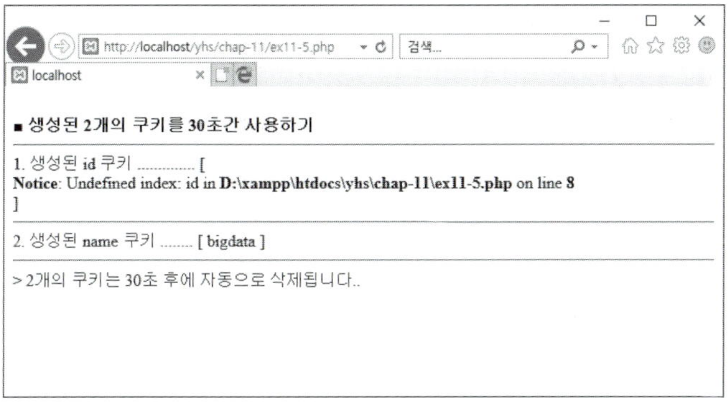

[그림 11-11] 예제 11-5 실행 결과

이번 실습은 3개의 예제를 번갈아 가며 실행하다 보니 다소 복잡하게 느껴질 수 있겠지만 찬찬히 실습하다 보면 충분히 이해할 수 있으리라 믿습니다.

쿠키의 문제점

웹 프로그램에 있어서 시간이라는 것은 서버의 시간과 클라이언트의 시간으로 나누어 생각할 수 있는데 우리가 쿠키를 생성할 때 사용하는 time( ) 함수는 서버의 시간을 기준으로 현재 시각을 가져옵니다.

그러나 쿠키의 폐기시간이 되었는지 확인하는 것은 바로 클라이언트입니다. 쿠키에 대한 폐기의 유/무는 클라이언트시간을 기준으로 판단하는 것이므로 서버 시간과 클라이언트 시간이 다르면 쿠키 관리에 있어서 문제가 발생할 수 있습니다. 이제 쿠키에 대해서는 충분히 살펴봤으니까 다음 섹션으로 넘어가 세션에 대해서도 자세히 살펴보도록 하겠습니다.

SECTION 02

SESSION

1 세션의 개념

세션이란 프로세스들 사이에서 통신을 수행하기 위해 메시지 교환을 통해 서로를 인식한 이후부터 통신을 마칠 때까지의 기간을 의미합니다. 세션은 쿠키와 달리 보안상 로그인 정보를 서버에 저장하여 사용자들의 로그인 정보에 대한 보안을 한층 업그레이드 할 수 있게 해 줍니다.

웹 사이트에 방문하여 접속을 계속해서 유지하고자 할 때는 이전에 접속했었던 정보를 이용하게 됩니다. 서버는 웹 사이트를 방문하는 사용자들에게 유일한 세션 아이디인 SID를 부여하여 서버의 특정 디렉터리에 저장해 놓고 사용자가 로그인을 신청하면 서버에 저장되어 있는 SID를 부여해 줌으로써 로그인 상태를 그대로 유지할 수 있도록 서비스를 제공해 줍니다.

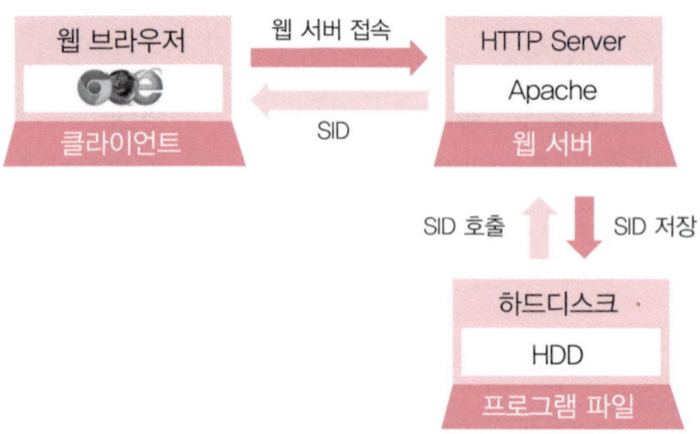

[그림 11-12] 세션의 생성과 호출 과정

세션을 쿠키와 비교할 때 보안적인 측면에서의 커다란 차이점이 있습니다. 쿠키는 사용자의 컴퓨터에 저장되어 사용자가 쿠키를 생성하거나 웹 서버로부터 만들어진 쿠키값을 변조하는 것이 가능한 반면 세션은 서버 측에 로그인 정보를 저장하므로 세션 값을 변조할 수 없습니다. 이와 같은 보안적인 측면에서 쿠키와 세션을 비교한다면 쿠키보다 세션이 훨씬 보안 관리가 우수하다는 것을 알 수 있습니다.

2 세션 생성 및 삭제

세션을 생성하고 삭제하는 방법에 대해 자세히 살펴보도록 하겠습니다.

세션 생성 방법

세션을 사용하기 위해서는 가장 먼저 세션을 초기화하여 세션을 생성하고 현재의 세션 아이디를 활성화시키기 위해 session_start( ) 함수를 사용합니다. 이 함수의 사용 형식은 다음과 같습니다.

```
session_start( );          // 세션의 초기화
$_SESSION['변수명']         // 세션의 등록
```

다음 예제를 통해 세션을 생성하는 방법에 대해 자세히 살펴보도록 하겠습니다.

|예제 11-7|

• **Step 01** | 세션을 생성하기 위해 프로그램을 다음과 같이 작성합니다.

ex11-7.php

```
<?PHP

    session_start ( );              // 세션의 시작(반드시 가장 먼저 선언)

    $_SESSION['car'] = 'BMW';
    $_SESSION['color'] = 'silver';

    echo "<br><b>■ 세션 생성 프로그램 </b><hr>";
    echo " 1. 세션 초기화 ..... <b> session_start( )함수</b> 사용 <br>";
    echo " 2. 세션 등록 ........ <b> \$SESSION['변수명'] </b> 정의 <hr>";
```

```

    echo " <br> ->>>>>  세션 등록 성공 <<<<<-      <p><hr>";

    echo " > 이 프로그램에서는 세션만 생성됩니다. <br> ";
    echo " > 세션을 사용하려면 [예제 11-8] 프로그램이 존재해야 합니다.<br> ";

?>
```

• **Step 02** | 웹 브라우저 화면에서 [예제 11-7]을 실행합니다.

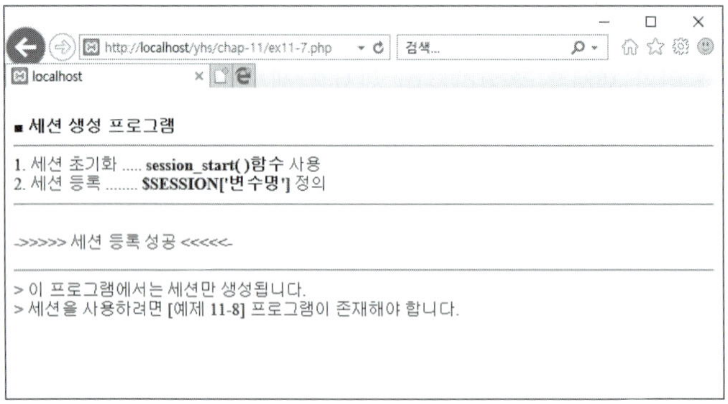

[그림 11-13] 예제 11-7 실행 결과

성공적으로 세션을 생성하였다면 이제는 세션을 어떻게 사용하는지에 대해 살펴보도록 하겠습니다.

세션 사용 방법

다음 예제를 통해 $_SESSION[ ] 슈퍼 전역변수를 사용하여 세션을 사용하는 방법에 대해 자세히 살펴보도록 하겠습니다.

|예제 11-8|

• **Step 01** | 생성된 세션을 사용하기 위해 프로그램을 다음과 같이 작성합니다.

ex11-8.php

```
<?php

    session_start ( );               // 세션의 시작(반드시 가장 먼저 선언)
    $id = session_id( );             // 세션의 아이디 확인

    echo "<br> ■ 세션 ID ..... [ <b> {$id} </b> ] <hr><p>";
    echo " <<<<<----- 세션 사용중  ----->>>>> <p><hr>";

    echo " ▶  세션에 등록된 내용 <br><br>";

    echo " ..... 1. 차  종 :  [ <b>";
    echo $_SESSION['car'];
    echo " </b> ] <p>  ";

    echo " ..... 2. 색  상 :  [ <b>";
    echo $_SESSION['color'];
    echo " </b> ] <br>  ";

?>
```

• **Step 02** | 웹 브라우저 화면에서 [예제 11-8]을 실행하면 [예제 11-7]에서 생성한 세션을 사용할 수 있습니다.

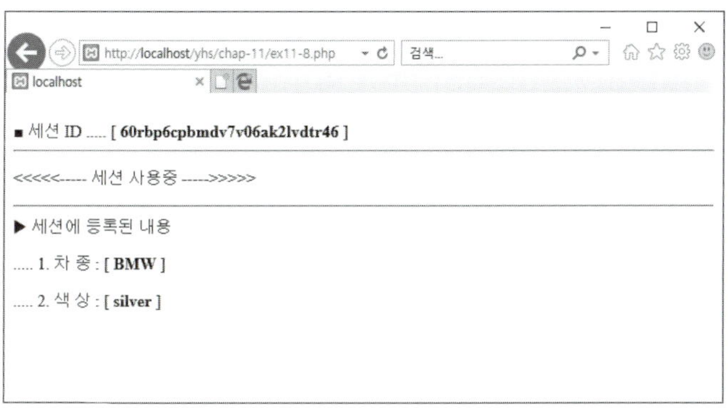

[그림 11-14] 예제 11-8 실행 결과

세션에서는 쿠키와 달리 프로그램 코드를 작성함에 있어 맨 앞에는 세션 생성함수를 먼저

선언하지 않고 출력문을 먼저 선언해도 쿠키처럼 에러 메시지가 출력되지는 않습니다. 만약 session_start( ) 함수 앞에 출력문을 코딩할 경우 에러 메시지가 화면에 나타날 경우에는 출력문 앞에 출력 버퍼링 기능을 해주는 ob_start( ) 함수를 맨 앞에 선언하여 해결하면 됩니다.

다음 예제를 통해 session_start( ) 함수보다 먼저 echo( ) 출력문을 입력할 경우 어떤 결과가 출력되는지를 살펴보도록 하겠습니다.

| 예제 11-9 |

- **Step 01** | 세션 함수보다 먼저 출력문을 선언했을 때 출력되는 메시지를 확인하기 위해 프로그램을 다음과 같이 작성합니다.

ex11-9.php

```
<?php

   echo "<br> ▣ 세션 함수보다 출력문을 먼저 선언한 프로그램 <hr>";

   session_start ( );              // 세션의 시작(반드시 가장 먼저 선언)
   $id = session_id( );            // 세션의 아이디 확인

   echo " ■ 세션 ID ..... [ <b> {$id} </b> ] <hr>";
   echo " <<<<<----- 세션 사용중  ----->>>>> <p><hr>";

   echo " ▶  세션에 등록된 내용 <br><br>";

   echo " ..... 1. 차  종 :  [ <b>";
   echo $_SESSION['car'];
   echo " </b> ] <p>  ";

   echo " ..... 2. 색  상 :  [ <b>";
   echo $_SESSION['color'];
   echo " </b> ] <br>  ";

?>
```

- **Step 02** | 웹 브라우저 화면에서 [예제 11-9]를 실행합니다.

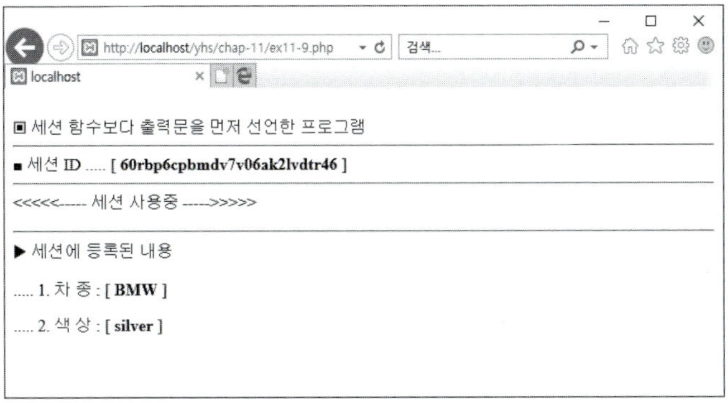

[그림 11-15] 예제 11-9 실행 결과

[그림 11-15]에서 보는 바와 같이 세션을 생성해 주는 sesion_start( ) 함수 앞에 출력문을 코딩하였음에도 화면에는 에러 메시지가 출력되지 않고 정상적으로 세션이 사용되고 있음을 확인할 수 있습니다.

세션 삭제 방법

생성된 세션을 삭제하려면 unset( ) 함수와 함께 $_SESSION 슈퍼 전역변수를 함께 사용해야 합니다. 세션을 삭제하는 함수의 사용방법은 다음과 같습니다.

```
unset($_SESSION['변수명']);
```

다음 예제를 통해 세션을 삭제하는 방법에 대해 자세히 살펴보도록 하겠습니다.

| 예제 11-10 |

• **Step 01** | 생성된 세션을 삭제하기 위해 프로그램을 다음과 같이 작성합니다.

ex11-10.php

```
<?php

    session_start ( );
    $id = session_id( );

```

```
    echo "<br><b> ■ 등록된 세션 중 일부 세션 삭제하기 </b><hr>";

    unset ($_SESSION['color']);

    echo "   <<<-x-x-x-  <b>'color' </b>세션 삭제 중  x-x-x->>> <p><hr>";
    echo " ▶  'color' 세션이 삭제되었습니다.  <hr>";

    echo " ..... 1. 차  종 :  [ <b>";
    echo $_SESSION['car'];
    echo " </b> ] <p>  ";

    echo " ..... 2. 색  상 :  [ <b>";
    echo $_SESSION['color'];
    echo " </b> ] <hr>  ";

    echo " ▶ 세션 ID ..... [  <b> {$id} </b> ] ";

?>
```

• **Step 02** | 웹 브라우저 화면에서 [예제 11-10]을 실행합니다.

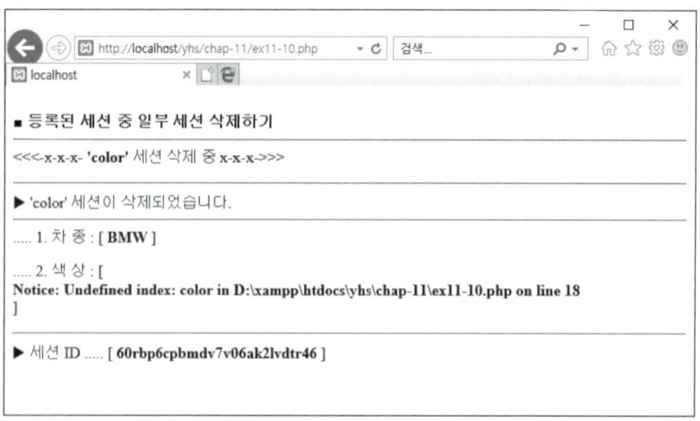

[그림 11-16] 예제 11-10 실행 결과

[그림 11-16]에서 보는 바와 같이 [예제 11-10] 프로그램을 통해 2개의 세션 중에서 color 세션만 삭제하였더니 웹 브라우저 화면에는 삭제된 color 세션부분에 대한 코딩라인에서 에러 메시지가 출력되었습니다. 동일한 방법으로 다른 세션도 삭제하면 됩니다.

이와 같이 쿠키의 개념과 생성 및 삭제 방법, 세션의 개념과 생성 및 삭제 방법에 대해 자세히 살펴봤습니다. 다음 Part에서는 지금까지 배운 내용을 바탕으로 실력 향상을 위한 실전 PHP 프로그래밍이 기다리고 있습니다. 더욱 분발하여 실전 프로그래머가 될 수 있기를 기원합니다.

핵심요약

01 쿠키는 사용자가 웹서버에 접속하여 로그인 하였을 때 접속과 관련된 어떠한 정보를 클라이언트 컴퓨터에 저장해 놓은 것을 의미하며 쿠키를 갖고 있는지를 구분하여 회원인지 아닌지를 판별합니다.

02 쿠키는 기억할 수 있는 총 용량이 4KB를 넘을 수 없기 때문에 많은 정보를 기억해야 하는 경우에는 쿠키를 사용하지 않고 데이터베이스를 사용합니다. 데이터베이스를 사용하면 상태를 확인하기 위해 매번 데이터베이스에 접속하여 그 정보를 가지고 와야 합니다. 쿠키와 데이터베이스를 이용하는 두 가지 방법은 나름대로 장단점을 가지고 있으며 두 가지 방법을 함께 사용하기도 합니다.

■ 쿠키의 생성과 호출 과정

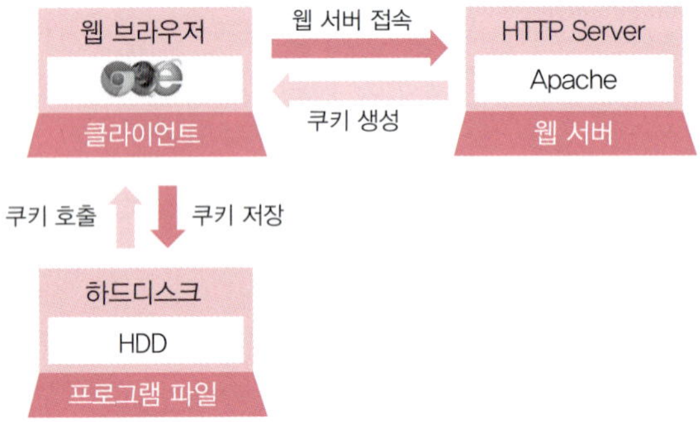

03 쿠키를 만들고 삭제하기 위해서는 setcookie( ) 함수를 사용하며 이 함수는 헤더에 보낼 쿠키를 정의하기 때문에 〈html〉이나 〈head〉태그 또는 echo 함수를 사용하기 전에 가장 먼저 선언해야 합니다.

04 setcookie( ) 함수를 가장 먼저 선언하지 않으면 함수의 사용은 무의미해지며 쿠키의 생성은 실패로 돌아갑니다. 쿠키를 생성하기 위해 사용되는 함수의 형식은 다음과 같습니다.

```
setcookie("쿠키 이름", "쿠키값", 폐기시간, "경로", "호스트", "보안 사용")
```

05 쿠키에 사용되는 함수의 인자는 주로 쿠키 이름, 쿠키값, 폐기시간, 경로의 네 가지 매개 변수만을 사용하여 생성합니다.

■ setcookie( ) 함수의 인자

함수의 인자	속성 값
쿠키 이름	쿠키의 이름
쿠키값	쿠키의 값으로 클라이언트 컴퓨터에 저장
폐기 시간	쿠키의 폐기시간 time( )+60(초)*60(분)*24(시간)*30은 30일 동안 쿠키의 값이 존재합니다.
경로	쿠키가 적용될 경로를 의미하며 슬래시(/)로 설정하면 전체 도메인에서 쿠키를 사용할 수 있음. 예를 들어 /apm/이라고 설정하면 /apm/ 디렉터리와 하위 디렉터리에서만 쿠키를 사용함. 기본 값은 현재 디렉터리를 기준으로 설정합니다.
호스트	쿠키가 적용될 호스트 이름
보안 사용	HTTPS 프로토콜에 true로 설정할 경우 보안접속 시에만 쿠키를 생성하고 기본 값은 false 임

06 생성된 쿠키 이름을 확인하기 위해 사용되는 슈퍼 전역변수는 $_COOKIE[쿠키이름]이며 사용형식은 다음과 같습니다. 슈퍼 전역변수 이름은 반드시 대문자를 사용해야 합니다.

```
$_COOKIE ['쿠키 이름'];    // 반드시 대문자
```

07 쿠키를 삭제해 주는 함수나 명령어는 존재하지 않으므로 setcookie( ) 함수를 사용할 때 쿠키 이름만 선언하고 쿠키값은 지정하지 않게 되면 해당 쿠키는 삭제됩니다.

```
setcookie("쿠키 이름");
```

08 웹 프로그램에 있어서 시간이라는 것은 서버의 시간과 클라이언트의 시간으로 나누어 생각할 수 있는데 우리가 쿠키를 생성할 때 사용하는 time( ) 함수는 서버의 시간을 기준으로 현재 시간을 가져옵니다.

09 쿠키의 폐기 시간이 되었는지 확인하는 것은 바로 클라이언트이며 폐기의 유무는 클라이언트시간을 기준으로 판단하는 것이기에 서버 시간과 클라이언트 시간이 다르면 쿠키 관리에 있어서 문제가 발생할 수 있습니다.

10 세션이란 프로세스들 사이에서 통신을 수행하기 위해 메시지 교환을 통해 서로를 인식한 이후부터 통신을 마칠 때까지의 기간을 의미합니다. 세션은 쿠키와 달리 보안상 로그인 정보를 서버에 저장하여 사용자들의 로그인 정보에 대한 보안을 한층 업그레이드 할 수 있게 해 줍니다.

■ 세션의 생성과 호출 과정

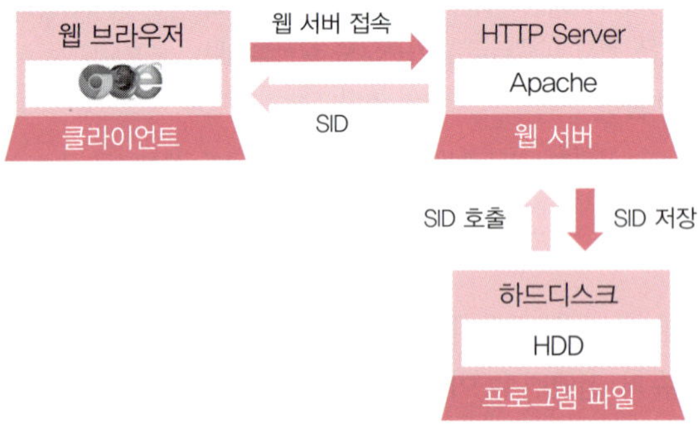

11 세션을 사용하기 위해서는 가장 먼저 세션을 초기화 하여 세션을 생성하고 현재의 세션 아이디를 활성화시키기 위해 session_start( ) 함수를 사용합니다. 이 함수의 사용 형식은 다음과 같습니다.

```
session_start( );          // 세션의 초기화
$_SESSION['변수명']         // 세션의 등록
```

12 생성된 세션을 삭제하려면 unset( ) 함수와 함께 $_SESSION 슈퍼 전역변수를 함께 사용해야 합니다. 세션을 삭제하는 함수의 사용방법은 다음과 같습니다.

```
unset($_SESSION['변수명']);
```

연습문제

01 쿠키와 세션에 대하여 비교 설명하시오.

02 쿠키를 생성할 때 필요한 인자의 구성요소와 함수 인자가 가지는 특징에 대하여 설명하시오.

03 쿠키를 생성하고, 삭제하는 일련의 과정을 서술하시오.

04 세션을 생성하고, 사용한 다음 삭제하는 과정을 서술하시오.

05 자주 사용되는 환경변수에 대하여 서술하시오.

PART **05**

실력 향상을 위한 실전 PHP 프로젝트

CHAPTER 12
카운트 프로젝트

학습목표

- 홈페이지 방문횟수를 카운트하는 방법에 대해 이해할 수 있습니다.
- 데이터베이스를 활용하여 방문횟수를 카운트할 수 있습니다.
- 이미지 파일과 프로그램 코딩으로 방문횟수를 카운트할 수 있습니다.
- 데이터베이스와 이미지 파일 카운트 방법의 차이점을 이해할 수 있습니다.

SECTION

01 데이터베이스 카운트

12장에서는 홈페이지에 접속된 사용자의 방문 횟수를 파악하기 위해 카운트 프로젝트를 작성하는 두 가지 방법에 대해 살펴보도록 하겠습니다. 먼저 방문자 수를 데이터베이스와 연동하여 카운트하는 방법에 대해 살펴본 다음 텍스트 파일을 이용하여 방문자의 수를 저장하고 카운트 횟수를 이미지 파일의 숫자로 보여주는 두 가지 방법에 대해 실습하도록 하겠습니다.

1 프로젝트 시뮬레이션

데이터베이스를 이용하여 카운트 된 횟수를 화면에 보여주는 프로젝트를 작성하기 위해서는 가장 먼저 데이터베이스를 생성해야 합니다. 그리고 테이블을 생성하는 순서로 진행해야 합니다. 여기서 실습할 데이터베이스와 테이블 생성은 다음과 같이 진행하도록 하겠습니다.

- 데이터베이스 : apm_db
- 테이블 : count_table
- 호스트 : localhost
- 계정 : root
- 패스워드 : 123456

카운트 화면에서는 오늘 접속한 횟수와 전체 접속한 횟수를 따로 나타나도록 화면을 구성하였습니다. 데이터베이스를 이용한 카운트 화면을 미리 살펴보면 다음 [그림 12-1]과 같습니다.

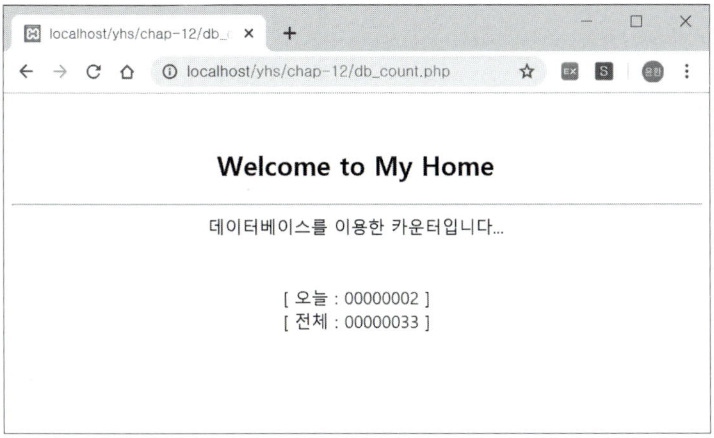

[그림 12-1] 데이터베이스를 이용한 카운트 화면

2 데이터베이스 생성

여기서는 관리자 계정으로 MySQL^MariaDB^에 접속하여 apm_db 데이터베이스를 생성하도록 하겠습니다. 만약 apm_db 데이터베이스가 이미 생성되어 있다면 이 과정을 생략해도 됩니다.

|예제 12-1|

- **Step 01** | 관리자 계정으로 MySQL^MariaDB^에 접속한 다음 apm_db 데이터베이스를 생성합니다.

```
D:₩xampp₩mysql₩bin> mysql -uroot -p
Enter password : ******
MariaDB[(none)]> create database apm _ db;
```

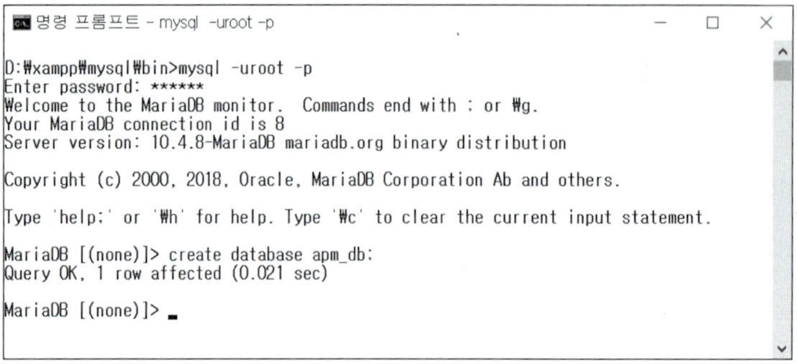

[그림 12-2] apm_db 데이터베이스 생성

• **Step 02** | 생성한 apm_db 데이터베이스가 데이터베이스 목록에 존재하는지를 확인합니다.

```
MariaDB[(none)]> show databases;
```

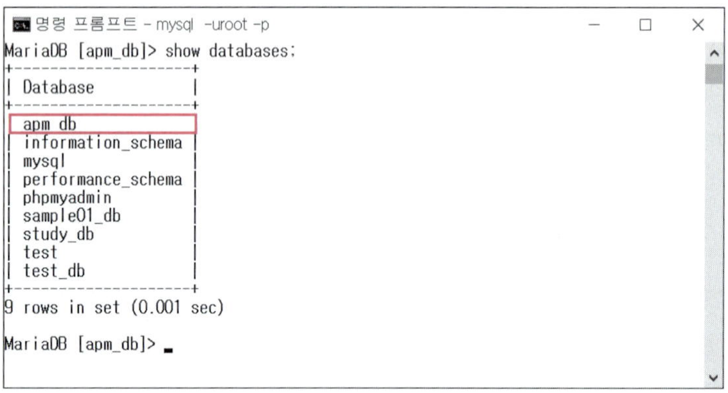

[그림 12-3] apm_db 데이터베이스 생성 확인

3 테이블 생성

apm_db 데이터베이스를 생성하였으면 USE 명령으로 apm_db 데이터베이스를 선택한 다음 count_table을 생성하도록 하겠습니다. count_table의 필드명과 데이터 타입의 구성을 다음 표와 같이 정리하였습니다.

[표 12-1] 카운트 테이블 : count_table

필드명	데이터 타입	비고
NO	int	일련번호, primary key, auto_increment
CNT	int	방문 횟수를 기록
REDATE	datetime	방문자 접속 일시

다음 예제를 통해 [표 12-1]의 테이블 구조를 가진 count_table을 생성하도록 하겠습니다.

|예제 12-2|

- **Step 01** | 새로 생성한 apm_db 데이터베이스를 선택한 다음 count_table 테이블을 생성합니다.

```
MariaDB[(none)]> use apm _ db
MariaDB[apm _ db]> create table count _ table (
-> NO int primary key auto _ increment,
-> CNT int,
-> REDATE datetime );
```

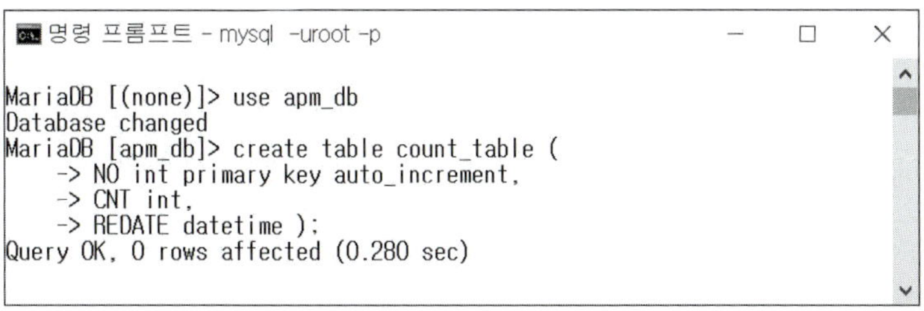

[그림 12-4] count_table 생성

- **Step 02** | apm_db 데이터베이스에 count_table이 생성되었는지와 테이블 구조를 확인합니다.

```
MariaDB[apm _ db]> show tables;
MariaDB[apm _ db]> desc count _ table;
```

```
명령 프롬프트 - mysql -uroot -p
MariaDB [apm_db]> show tables;
+------------------+
| Tables_in_apm_db |
+------------------+
| count_table      |
+------------------+
1 row in set (0.000 sec)

MariaDB [apm_db]> desc count_table;
+--------+----------+------+-----+---------+----------------+
| Field  | Type     | Null | Key | Default | Extra          |
+--------+----------+------+-----+---------+----------------+
| NO     | int(11)  | NO   | PRI | NULL    | auto_increment |
| CNT    | int(11)  | YES  |     | NULL    |                |
| REDATE | datetime | YES  |     | NULL    |                |
+--------+----------+------+-----+---------+----------------+
3 rows in set (0.014 sec)

MariaDB [apm_db]>
```

[그림 12-5] count_table 구조 확인

4 프로젝트 만들기

이제 본격적으로 데이터베이스를 이용한 방문 횟수를 카운트하는 프로젝트를 작성하도록 하겠습니다.

|예제 12-3|

PHP 프로그램과 MySQL(MariaDB)을 연동하여 방문 횟수를 카운트하기 위한 db_count.php 프로그램을 다음과 같이 작성합니다.

db_count.php

```
<?php
  $host = "localhost";            // 호스트 이름
  $user = "root";                 // 사용자 계정
  $passwd = "123456";             // 비밀번호

  /* --- mysql서버와 데이터베이스 접속 --- */
  $connect = mysqli_connect($host, $user, $passwd) or die("mysql서버 접속 에러");
  mysqli_select_db($connect, 'apm_db') or die("DB 접속 에러");      // apm_db 선택

  $YY = date('Y');
```

```
$MM = date('m');
$DD = date('d');
$dat = $YY . "-" . $MM . "-" . $DD;           // 날짜의 형식 지정 (예 : 2025-8-15)

/* --- 테이블에서 등록일자가 오늘인 레코드 조회 쿼리 --- */
$sql = "select *from count_table where REDATE = '$dat' ";
$result = mysqli_query($connect, $sql);          // 쿼리문 수행
$list = mysqli_num_rows($result);                // 레코드 조회 건수를 할당

/* -- 레코드 조회 건수를 구분하여 수행 -- */
if(!$list) {
 $count = 0;                                     // 조회 건수가 1미만이면 '0'으로 초기화
} else {                                         // 오늘 날짜의 카운터가 있을 경우
 $row = mysqli_fetch_array($result);             // 레코드를 배열로 불러옴
 $count = $row['CNT'];                           // count_table 테이블의 CNT 필드
}

/* --- 오늘 처음 방문인지, 기존 방문자가 있는지에 대한 처리 --- */
if($count == 0) {                                // 처음 방문자의 경우
 $count++;
 $to_sql = "insert into count_table (CNT, REDATE) values ($count, '$dat')";
} else {                                         // 기존 방문자가 있을 경우
 $count++;
 $to_sql = "update count_table set CNT = $count where redate='$dat' ";
}

/* --- 생성된 방문자 수의 업데이트 --- */
mysqli_query($connect, $to_sql);

/* ---전체 방문자 수를 조회 --- */
$tot_sql = "select sum(CNT) from count_table";
$tot_rst = mysqli_query($connect, $tot_sql);

/* --- 조회 쿼리 실행 후 결과 셋에서 첫번째 레코드를 할당 --- */
$tot_row = mysqli_fetch_array($tot_rst);
$total = $tot_row[0];          // 첫 번째 필드 값을 할당
mysqli_close($connect);

/* -- 카운터의 자리수를 8자리로 출력 -- */
```

```
50    echo " <br><center><h2> Welcome to My Home </h2><hr>";
51    echo " 데이터베이스를 이용한 카운터입니다... <br><br><br> ";
52    echo " [ 오늘 :  <font color = blue>";
53    for($a = 0; $a < 8 - strlen(strval($count)); $a++) echo "0";
54     echo $count . "</font> ] <br> ";
55     echo "  [ 전체 : <font color = blue>";
56    for($a = 0; $a < 8 - strlen(strval($total)); $a++) echo "0";
57     echo $total . "</font> ]" ;
58  ?>
```

/ 소스 설명 /

• MySQL 서버와 DB 접속

7행은 MySQL 서버에 접속하기 위한 명령이고 8행은 apm_db에 접속하기 위한 명령입니다. die( ) 함수는 에러 메시지를 출력하고 프로그램 실행을 종료하는 함수입니다.

• 날짜의 형식 지정

10행부터 12행은 '년-월-일'의 형식으로 날짜의 형식을 지정하고 변수 $dat에 저장합니다.

• 오늘의 레코드 조회

16행의 $sql=" select *from count_table where redate='$dat' "는 count_table의 REDATE 필드에 있는 오늘의 날짜를 조회하고 17행에서 쿼리문 수행한 다음 18행의 $list 변수에 레코드 조회 건수를 할당합니다.

• 레코드 조회 건수

21행의 if(!$list)문은 조회 건수가 1미만이면 0으로 초기화하는 22행의 문장과 오늘 날짜의 카운트가 있을 경우 24행에서 mysqli_fetch_array($result) 함수를 이용하여 질의 결과를 배열로 정의하고 그 결과를 변수 $row에 저장하여 25행의 $count=$row[cnt]에 현재 방문 횟수가 변수 $count에 저장됩니다.

• 방문 기록을 구분

29행의 if($count==0)문은 처음 방문자의 경우 30행에서 방문 횟수를 1증가 $count++ 시키고 31행 $to_sql = "insert into count_table (cnt, redate) values ($count, '$dat')"의 명령으로 count_table의 CNT 필드와 REDATE 필드에 각각 방문횟수 $count와 날짜의 형식을 갖고 있는 $dat를 삽입합니다. 기존 방문자가 있을 경우 33행에서 방문횟수를 1증가 $count++ 시키고 34행에서 count_table의 CNT 필드와 REDATE 필드의 값을 각각 업데이트 한 다음 생성된 방문자의 수를 38행의 쿼리문으로 수행합니다.

- 전체 방문자 수를 조회

  41행의 $tot_sql="select sum(CNT) from count_table"은 전체 방문자의 수를 count_table 테이블 CNT 필드의 레코드 수를 sum( ) 함수로 산출하고 42행에서 쿼리문을 수행한 다음 45행 $tot_row=mysqli_fetch_array($tot_rst)에서 첫 번째 레코드를 $tot_row 변수에 할당하여 46행 $total=$tot_row[0]에 카운트 필드 CNT의 전체 방문자의 수를 저장합니다.

- mysql 서버 접속종료

  47행의 mysqli_close($connect)에서 접속된 MySQL 서버를 종료합니다.

- 방문 횟수를 8자리로 출력

  53행의 for($a=0; $a<8-strlen(strval($count)); $a++) echo "0"에서 방문 횟수를 8자리로 출력하려면 8-1=7 자리를 0으로 출력하고 연이어 방문 횟수를 출력합니다. 변수의 값을 문자형으로 변환해 주는 strval( ) 함수와 문자열의 길이를 반환해 주는 strlen( ) 함수를 이용하여 반복문으로 수행합니다.

5 데이터베이스 카운트 실행

db_count.php 프로그램 코드를 모두 작성하였다면 웹 브라우저 화면에서 프로그램을 실행하도록 하겠습니다.

예제 12-4

- **Step 01** | 웹 브라우저 화면에서 db_count.php를 실행합니다. 카운트 횟수를 늘리려면 F5를 누르거나 [새로 고침]을 눌러주면 방문 횟수가 1씩 증가합니다.

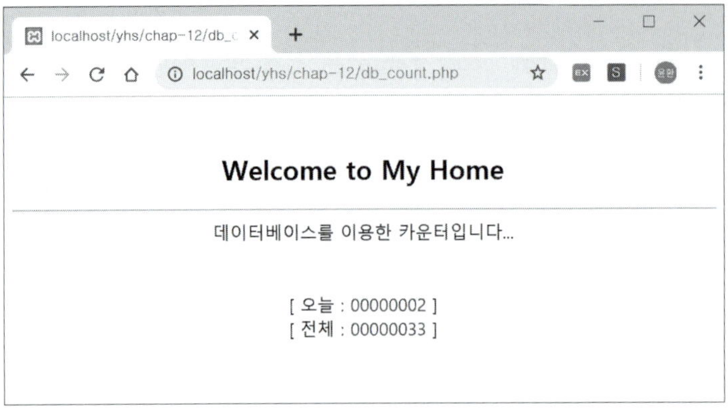

[그림 12-6] db_count.php 실행 화면

• **Step 02** | 웹 브라우저 화면에서 카운트한 방문 횟수가 count_table에 어떻게 저장되었는지를 MySQL[MariaDB]에서 검색하도록 하겠습니다.

```
MariaDB[apm _ db]> select *from count _ table;
```

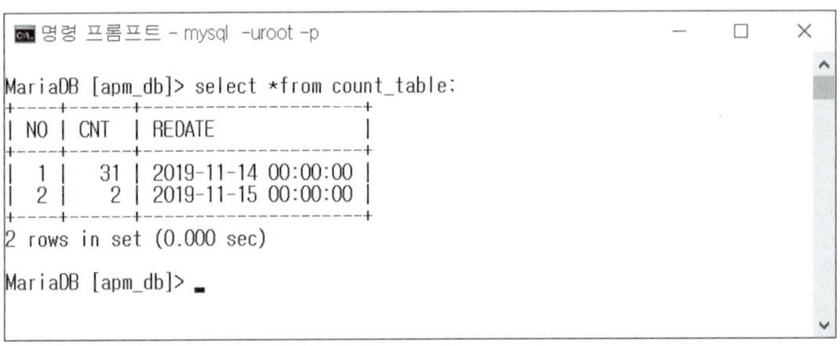

[그림 12-7] count_table 카운트 결과

웹 브라우저에서 [예제 12-2]를 실행한 다음 MySQL[MariaDB]에서 count_table을 검색해 보면 몇 번을 실행했는지에 대한 횟수가 카운트되어 테이블의 형태로 보여줍니다. 데이터베이스를 이용하여 만든 카운트에서 오늘과 전체의 방문자 수를 구분해 주는 구분자는 사용자가 접속할 때 접속한 날짜를 기준으로 합니다.

데이터베이스에 저장되어 있는 날짜와 방문자가 접속한 날짜를 비교하여 날짜가 동일하면 오늘 방문자 수와 전체 방문자의 수가 모두 1씩 증가하고 비교한 날짜가 다르면 총 방문자 수는 1 증가하며 오늘 방문자 수는 1로 초기화됩니다.

SECTION 02

이미지 카운트

1 프로젝트 시뮬레이션

여기서는 카운트 숫자를 이미지 파일로 나타나도록 카운트 프로젝트를 작성하도록 하겠습니다. 이미지 파일을 가지고 어떻게 방문 횟수를 구할 것인지에 대한 의문은 텍스트 파일을 이용하여 해결할 것입니다. 이미지를 이용한 카운트 화면을 미리 살펴보면 다음 그림과 같습니다.

[그림 12-8] 숫자 이미지를 이용한 카운트 화면

2 필요한 파일 목록

이미지를 이용한 카운트 프로젝트를 만들기 위해서는 필요한 파일들이 있습니다. 화면에 보여주기 위한 숫자 0부터 9까지의 이미지 파일과 카운트 횟수를 저장할 텍스트 파일이 존재해야 합니다. 이미지 파일과 텍스트 파일에 대한 내용을 다음 표와 같이 정리하였습니다.

[표 12-2] 이미지 카운트 제작을 위해 필요한 파일 목록

프로그램	기능
숫자 이미지	0~9까지의 숫자를 이미지로 사용하기 위해 0.gif, 1.gif, ... 9.gif의 이미지 파일을 만들어 둡니다.
count.txt	현재까지의 방문자 수를 저장하기 위한 텍스트 파일이며 파일의 내용에 초기 방문자 횟수인 0 을 입력하여 저장합니다.

다음 그림에서 보는 바와 같이 이미지 파일과 텍스트 파일은 프로그램 소스 코드와 같은 폴더 안에 저장해 두고 프로그램을 수행하도록 하겠습니다.

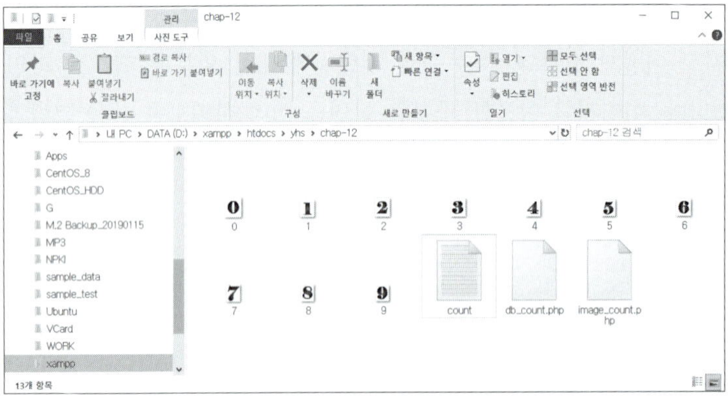

[그림 12-9] 숫자 이미지 파일과 텍스트 파일 목록

count.txt 텍스트 파일은 방문 횟수를 카운트하기 위해 숫자 0으로 초기화하여 저장합니다.

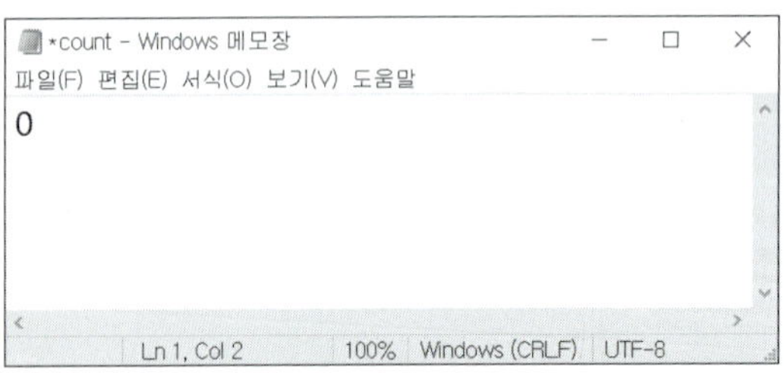

[그림 12-10] count.txt 파일을 0으로 초기화

3 프로젝트 만들기

숫자 이미지 파일과 텍스트 문서가 모두 준비되었다면 본격적으로 프로젝트를 작성하도록 하겠습니다.

예제 12-5

숫자 이미지를 이용하여 홈페이지 방문 횟수를 카운트하기 위한 image_count.php 프로그램을 다음과 같이 작성합니다.

image_count.php

```
<?php
  $fp = fopen("count.txt", "r+");  // count.txt 파일을 읽고, 쓰기 위해 열기
  $num = fgets($fp, 10);           // count.txt 파일에서 10byte만큼 읽어오기
  $num = $num + 1;                 // 방문자 수를 1 증가
  rewind($fp);                     // count.txt 파일의 제일 처음으로 파일 포인터 이동
  fputs($fp, $num, 10);            // 파일을 10byte 크기로 $num 값 사용
  $num = strval($num);             // $num값을 배열로 변환
  $len = strlen($num);             // $num의 길이
    echo " <center><b>Welcome </b><br><hr>";
    echo " 그래픽 이미지를 이용한 카운트 입니다... <br><br>";
  for($s=0; $s <= $len-1; $s++)
  {
    echo "<img src = $num[$s].gif >";
  }
  echo " </center>";
  fclose($fp);
?>
```

4 이미지 카운트 실행

프로젝트 만들기를 모두 마쳤다면 이제는 본격적으로 숫자 이미지를 이용한 카운트 화면을 실행하도록 하겠습니다.

|예제 12-5|

- **Step 01** | 웹 브라우저 화면에서 image_count.php를 실행합니다. 카운트 횟수를 늘리려면 F5를 누르거나 [새로 고침]을 눌러주면 방문 횟수가 1씩 증가합니다.

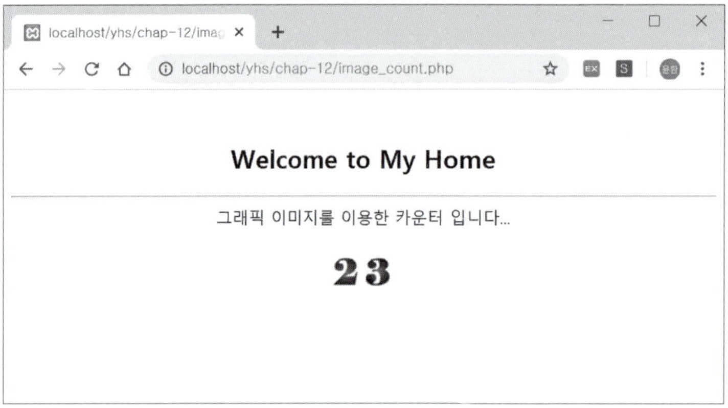

[그림 12-11] image_count.php 실행 화면

- **Step 02** | 웹 브라우저 화면에 나타난 카운트 숫자는 23입니다. count.txt 파일을 열어서 화면에 나타난 숫자만큼 카운트가 되어 있는지를 확인합니다.

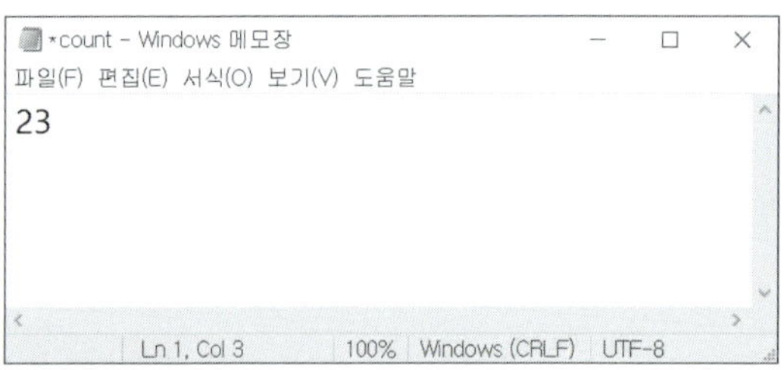

[그림 12-12] count.txt 파일 내용

count.txt 파일에는 웹 브라우저에 나타난 방문 횟수에 해당하는 숫자가 입력되어 있는 것을 확인할 수 있습니다. 이상으로 데이터베이스와 이미지 파일을 이용한 카운트 프로젝트를 만들어 봤습니다. 방문 횟수는 많이 사용되는 만큼 꼭 알아두면 홈페이지 제작 시 많은 도움이 될 것입니다.

이와 같이 카운트 만드는 과정에 대해 데이터베이스를 이용하는 방법과 이미지 파일을 이용하는 방법에 대해 살펴봤습니다. 다음 장에서는 회원 관리를 할 수 있는 프로젝트를 제작하는 과정에 대해 다루도록 하겠습니다.

핵심요약

01 데이터베이스를 이용하여 카운트 된 횟수를 화면에 보여주는 프로젝트를 작성하기 위해서는 가장 먼저 데이터베이스를 생성해야 합니다. 그리고 테이블을 생성하는 순서로 진행해야 합니다.

02 데이터베이스를 이용하여 카운트 된 횟수를 화면에 보여주는 프로젝트를 작성하기 위해 MariaDB에 접속하여 데이터베이스와 테이블명을 생성해야 합니다.

- 데이터베이스 : apm _ db
- 테이블 : count _ table
- 호스트 : localhost
- 계정 : root
- 패스워드 : 123456

03 apm_db 데이터베이스를 생성하였으면 USE 명령으로 apm_db 데이터베이스를 선택한 다음 count_table 테이블을 생성합니다.

■ 테이블명 : count_table

필드명	데이터 타입	비고
NO	int	일련번호, primary key, auto_increment
CNT	int	방문 횟수를 기록
REDATE	datetime	방문자 접속 일시

04 데이터베이스를 이용하여 만든 카운트에서 오늘과 전체의 방문자 수를 구분해 주는 구분자는 사용자가 접속할 때 접속한 날짜를 기준으로 합니다.

05 데이터베이스에 저장되어 있는 날짜와 방문자가 접속한 날짜를 비교하여 날짜가 동일하면 오늘 방문자 수와 전체 방문자의 수가 모두 1씩 증가하고 비교한 날짜가 다르면 총 방문자 수는 1 증가하며 오늘 방문자 수는 1로 초기화됩니다.

06 이미지를 이용한 카운트 프로젝트를 만들기 위해서는 필요한 파일들이 있습니다. 화면에 보여주기 위한 숫자 0부터 9까지의 이미지 파일과 카운트 횟수를 저장할 텍스트 파일이 존재해야 합니다.

■ 이미지 카운트 제작을 위해 필요한 파일 목록

프로그램	기능
숫자 이미지	0~9까지의 숫자를 이미지로 사용하기 위해 0.gif, 1.gif, ... 9.gif의 이미지 파일을 만들어 둡니다.
count.txt	현재까지의 방문자 수를 저장하기 위한 텍스트 파일이며, 파일의 내용에 초기 방문자 횟수인 0 을 입력하여 저장합니다.

07 count.txt 파일에는 웹 브라우저에 나타난 방문 횟수에 해당하는 숫자가 입력되어 있는 것을 확인할 수 있습니다.

연습문제

01 데이터베이스를 이용하여 카운트를 제작하는 과정에서 오늘 방문횟수와 전체 방문횟수에 대한 카운트를 구분하는 방법에 대하여 설명하시오.

02 MySQL[MariaDB] 데이터베이스에 접속된 프롬프트 창에서 'test_2'테이블을 생성하시오.

필드명	데이터 타입	비고
no	int	일련번호, primary key, auto_increment
cnt	int	방문 횟수를 기록
redate	datetime	방문자 접속 일시

03 텍스트 파일을 이용하여 이미지 카운트를 제작하는 과정에 대하여 설명하시오.

CHAPTER 13
주소록 관리 프로젝트

학습목표

- 주소록 관리 프로젝트 제작에 필요한 파일목록에 대해 이해할 수 있습니다.
- 프로그램에서 필요한 데이터베이스를 생성할 수 있습니다.
- 주소록 관리 프로젝트의 메인 화면을 제작할 수 있습니다.
- 주소록 관리 프로젝트에 데이터를 입력하고 출력할 수 있습니다.

SECTION

01 프로젝트 시뮬레이션

이 섹션에서는 FORM 태그 입력양식에 의해 입력되는 데이터에 대해 PHP 프로그램과 MySQL의 연동 과정에 대해 살펴보도록 하겠습니다. 연동 과정을 이해하기 위해 주소록 관리 프로젝트를 통해 살펴보도록 하겠습니다. 주소록 관리 프로젝트는 어떻게 구동되는지에 대한 시뮬레이션을 통해 우리가 만들고자 하는 화면의 구성과 필요한 파일들에 대해 미리 살펴보고 넘어가도록 하겠습니다.

1 스토리보드

주소록 관리 프로젝트에서 수행되는 과정의 스토리보드는 다음 그림과 같습니다.

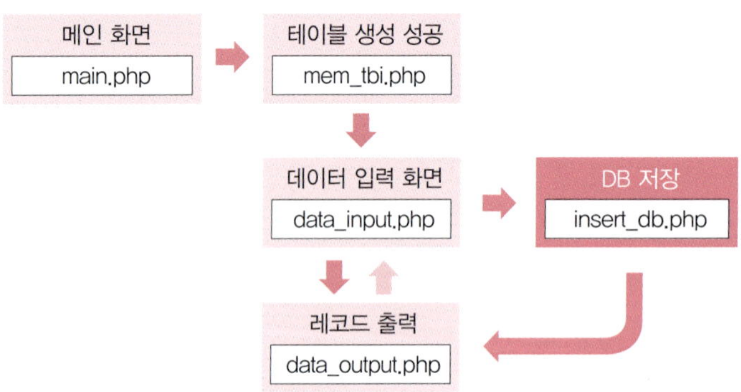

[그림 13-1] 주소록 관리 프로젝트 스토리보드

2 프로젝트 리허설

주소록 프로젝트를 아직 작성하지는 않았지만 우리가 작성해야 할 프로그램에 대해 미리 살펴보도록 하겠습니다.

- **Step 01** | 웹 브라우저 화면의 주소 입력 창에 localhost/chap-13/yhs/main.php 파일을 실행하면 메인 화면이 나타납니다. 화면의 하단에 있는 〈테이블 생성하기〉를 클릭합니다.

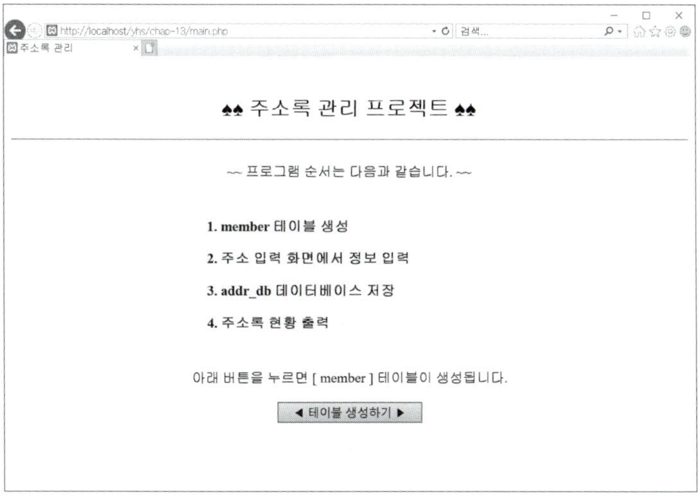

[그림 13-2] 주소록 관리 프로젝트 메인 화면

- **Step 02** | 주소록 관리 프로젝트에서 사용할 member 테이블이 성공적으로 만들어졌다는 메시지가 화면에 출력됩니다. 화면 하단의 〈주소 입력 화면〉을 클릭합니다.

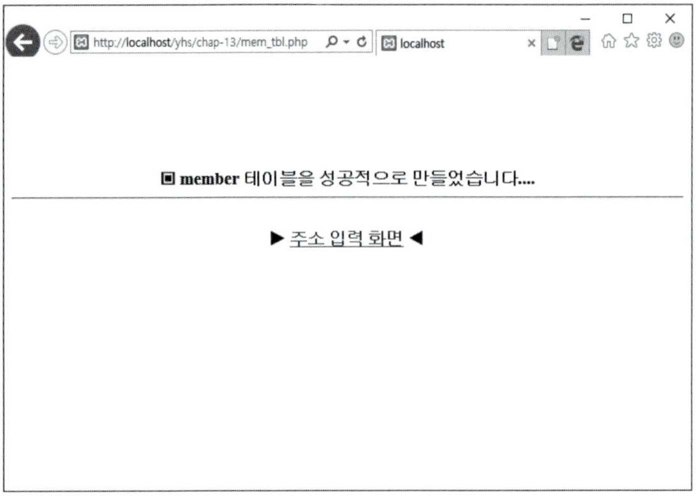

[그림 13-3] 테이블 생성 완료 화면

- **Step 03** | 주소 입력 화면이 나타나면 학번과 이름, 주소를 입력 후 〈입력하기〉 버튼을 클릭합니다.

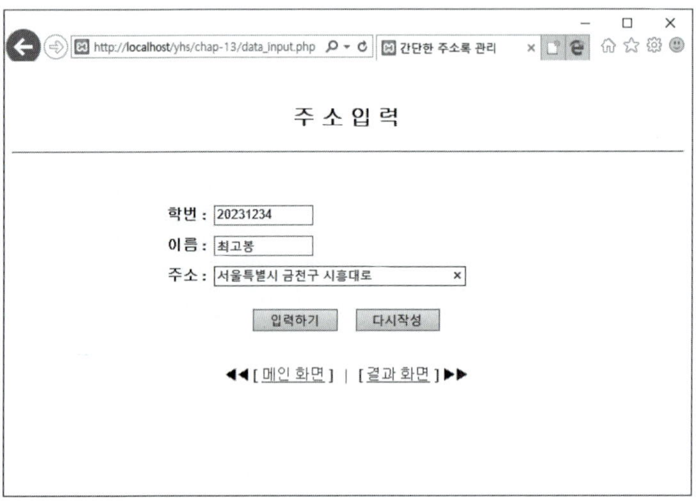

[그림 13-4] 주소 입력 화면

- **Step 04** | 주소 입력 화면에서 입력한 정보가 데이터베이스에 저장됩니다. 이 화면에서 저장된 레코드를 출력하기 위해 〈결과화면〉을 클릭합니다.

[그림 13-5] 입력한 데이터를 데이터베이스에 저장 완료 화면

• **Step 05** | 지금까지 입력한 주소록 리스트가 출력됩니다.

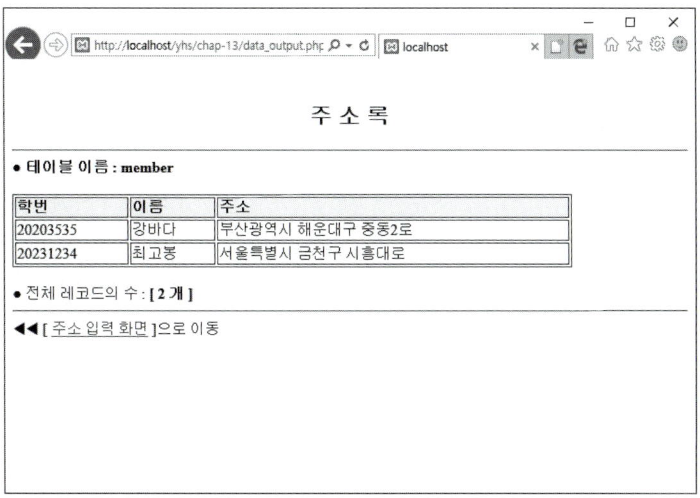

[그림 13-6] 등록된 주소록 출력 화면

• **Step 06** | MySQL에 접속하여 member 테이블에 저장되어 있는 레코드를 검색합니다.

```
MariaDB [addr_db]> select *from member;
```

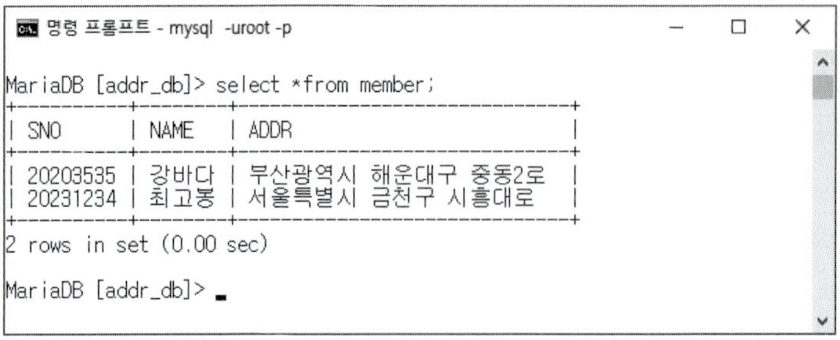

[그림 13-7] member 테이블에 저장되어 있는 레코드

이와 같은 순서로 주소록 관리 프로젝트가 수행됩니다. 이제 본격적으로 이 프로젝트를 만들기 위해 필요한 파일 리스트와 소스 코드에 대해 다음 섹션에서 자세히 살펴보도록 하겠습니다.

SECTION

02 프로젝트 만들기

여기서는 주소록 관리 프로젝트를 만들기 위해 필요한 파일과 프로그램 소스 코드를 직접 작성하도록 하겠습니다. 주소록 관리 프로젝트는 addr_db 데이터베이스를 새로 생성하여 수행하도록 합니다.

1 데이터베이스 생성

주소록 관리 프로젝트에서 사용하기 위해 생성하는 데이터베이스와 테이블, 그리고 호스트와 MySQL[MariaDB] 데이터베이스에 접속할 관리자 계정 및 패스워드는 다음과 같이 설정합니다.

- 데이터베이스 : addr_db
- 테이블 : member
- 호스트 : localhost
- 계정 : root
- 패스워드 : 123456

주소록 관리 프로젝트를 작성하기 위해 관리자 계정인 root 계정과 패스워드 12346으로 MySQL[MariaDB]에 접속하여 addr_db 데이터베이스를 생성한 다음 생성 여부를 확인하기 위해 명령 프롬프트 창에서 다음과 같이 수행합니다.

```
D:₩xampp₩mysql₩bin> mysql -uroot -p
Enter password : ******
MariaDB [(none)]> CREATE DATABASE addr_db;
MariaDB [(none)]> SHOW DATABASES;
```

PART 01 PART 02 PART 03 PART 04 PART 05

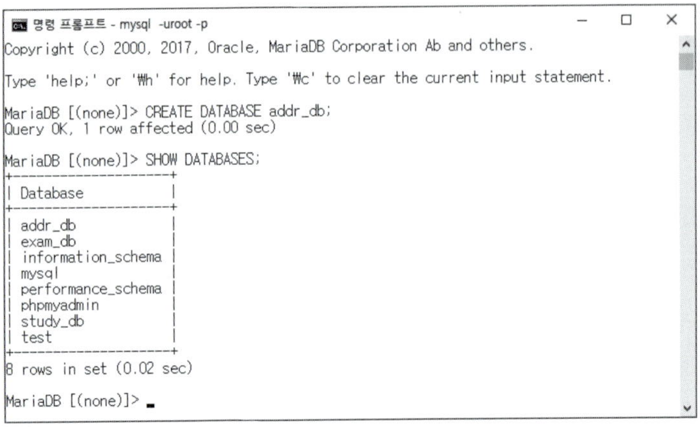

[그림 13-8] addr_db 데이터베이스 생성 및 확인

2 생성 파일 리스트

실습을 위한 파일은 하나씩 차근차근 생성하도록 하겠습니다. 주소록 관리 프로젝트에서 생성할 파일 리스트를 다음 표와 같이 정리하였습니다.

[표 13-1] 프로젝트 파일 리스트

프로그램	기능
main.php	주소록 관리 프로젝트 메인 화면
mem_tbl.php	member 테이블 생성 명령 수행
data_input.php	주소록 입력 화면
insert_db.php	주소록 입력 화면에 입력한 데이터를 데이터베이스에 저장
data_output.php	입력된 모든 주소록을 화면에 출력

3 메인 화면 구성

addr_db 데이터베이스에 생성할 member 테이블은 메인 화면에서 생성되도록 PHP 프로그램을 코딩하는 과정으로 수행하도록 하겠습니다. 메인 화면의 구성은 주소록 관리 프로젝트의 진행 과정에 대한 순서를 간단히 소개하고 이 프로젝트에서 필요한 member 테이블을 생성하기 위해 메인 화면의 하단에 위치한 〈테이블 생성하기〉 버튼을 클릭하면 테이블이 생성되도록 프로그램을 수행하겠습니다.

예제 13-1

• **Step 01** | 주소록 관리 프로젝트의 메인 화면을 보여주기 위한 main.php 프로그램을 다음과 같이 작성합니다.

main.php

```
<html>
  <head><title> 주소록 관리 </title></head>
  <body><center><br><h2> ♠♠ 주소록 관리 프로젝트 ♠♠ </h2><hr><br>
       ~~ 프로그램 순서는 다음과 같습니다. ~~ <br><br>
    <form name=f1 method=post action="mem_tbl.php">
      <table width=400 border=0  bordercolor=#000000
       cellspacing=1  height=180 bgcolor=#FFFFCC>
       <tr ><td width=5%></td>
       <td> <br><b>   1. member 테이블 생성 <br><br>
              2. 주소 입력 화면에서 정보 입력<br><br>
              3. addr_db 데이터베이스 저장<br><br>
              4. 주소록 현황 출력</b><br><br>
       </td><td width=5%></td>
           </tr>
       </table><br>
       아래 버튼을 누르면 [ member ] 테이블이 생성됩니다.<br><br>
      <input type="submit" value="  ◀ 테이블 생성하기 ▶  ">
    </form>
    </center>
  </body>
</html>
```

• **Step 02** | 웹 브라우저에서 [예제 13-1]을 실행합니다. 이 화면 하단의 〈테이블 생성하기〉 버튼을 눌러도 아직은 member 테이블 생성이 수행되지 않습니다. 그 이유는 아직 [예제 13-2]를 수행하지 않았기 때문입니다. 일단 여기서는 주소록 관리 프로젝트의 메인 화면의 구성에 대해서만 살펴보도록 하고 member 테이블 생성에 대해서는 [예제 13-2]에서 자세히 살펴보도록 하겠습니다.

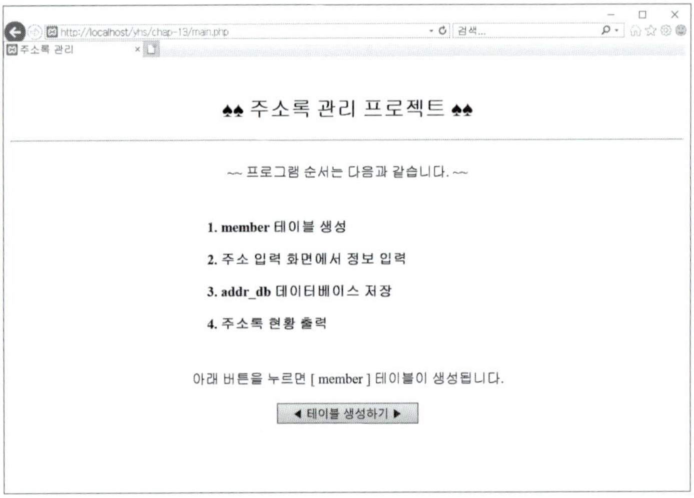

[그림 13-9] 주소록 관리 프로젝트 메인 화면 – main.php

주소록 관리 프로젝트 메인 화면을 만드는 main.php 프로그램 소스 코드에 대해 살펴보도록 하겠습니다.

소스 코드 설명

5행의 〈form name=f1 method=post action=mem_tbl.php〉 태그에서 name=f1은 폼 태그 고유의 이름을 의미하고 method=post는 〈form〉 태그에서 데이터를 전송하는 방식을 POST 방식으로 전송하라는 의미입니다. 17행의 〈input type="submit" value="◀ 테이블 생성하기 ▶"〉는 테이블 생성을 위한 버튼이며 이 버튼을 클릭하면 5행의 action="mem_tbl.php"로 전송되어 테이블 생성 명령이 수행됩니다.

```
05  <form name=f1 method=post action="mem_tbl.php">
 :       :
 :       :
17  <input type="submit" value=" ◀ 테이블 생성하기 ▶ ">
```

5행과 17행의 연관 관계에 대해서도 면밀히 살펴두길 바랍니다. 앞으로도 계속해서 이 부분에 대한 활용도가 높아지고 있으므로 반드시 알아두면 실습하는데 많은 도움이 될 것입니다.

4 테이블 생성

주소록 관리 프로젝트에서 사용할 member 테이블의 필드명과 데이터 타입의 구성을 다음 표와 같이 정리하였습니다. 이 테이블의 생성은 PHP 프로그램을 통해 생성되도록 진행합니다.

[표 13-2] member 테이블 구조

필드명	데이터타입	의미	선택사항
SNO	int	학번	not null, primary key
NAME	varchar(10)	이름	
ADDR	varchar(80)	주소	

다음 예제를 통해 member 테이블을 생성하는 mem_tbl.php 프로그램을 작성하도록 하겠습니다.

예제 13-2

- **Step 01** | 주소록 관리 프로젝트에서 사용할 member 테이블 생성을 위한 mem_tbl.php 프로그램을 다음과 같이 작성합니다.

mem_tbl.php

```
<?php

 $connect = mysqli_connect('localhost', 'root', '123456');
 $result = mysqli_select_db($connect, 'addr_db');

 if($result == 1)
 {
   $sql = "create table member (
          SNO int primary key NOT NULL,
          NAME varchar(10),
          ADDR varchar(80) )
          default charset=utf8 ";
   $result = mysqli_query($connect, $sql);
 }
```

```
else
{
  echo " <center> 데이터베이스가 존재하지 않습니다. </center>)";
}
echo "<h3><br><center><br><br><br><br>
    ■ member 테이블을 성공적으로 만들었습니다.... <br><hr><br> ";
echo "▶ <a href=data_input.php>주소 입력 화면</a> ◀ </center></h3>";
mysqli_close($connect);                    // db 연결 종료

?>
```

- **Step 02** | 웹 브라우저에서 [예제 13-2]를 실행합니다. 이 화면은 PHP 프로그램으로 생성한 member 테이블의 생성완료 메시지와 함께 나타난 하단의 [주소 입력 화면]에 설정된 하이퍼링크는 해당 화면으로 이동하기 위한 설정입니다. 아직 [예제 13-3] 프로그램을 작성하기 이전이므로 하이퍼링크 설정된 부분을 눌러도 실제로 화면이 이동되지는 않습니다.

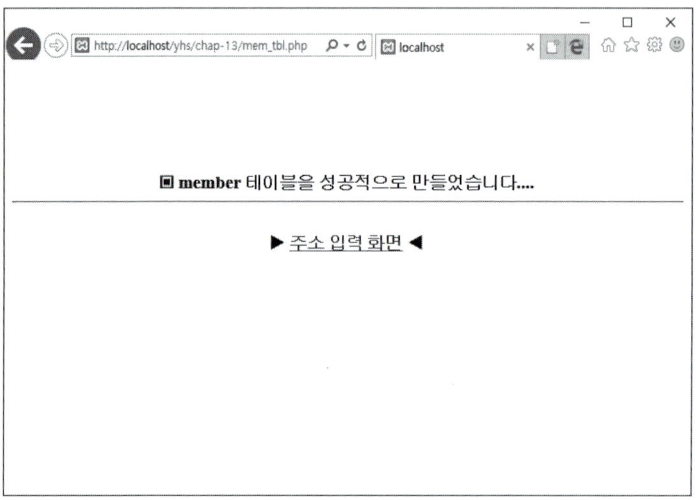

[그림 13-10] member 테이블 생성 완료 화면 – mem_tbl.php

- **Step 03** | MySQL^MariaDB^에 접속하여 PHP 프로그램을 통해 생성한 member 테이블의 존재여부와 테이블 구조에 대해 살펴보도록 하겠습니다.

```
MariaDB [(none)]> use addr_db;
MariaDB [addr_db]> show tables;
MariaDB [addr_db]> desc member;
```

```
명령 프롬프트 - mysql -uroot -p

MariaDB [(none)]> use addr_db;
Database changed
MariaDB [addr_db]> show tables;
+-------------------+
| Tables_in_addr_db |
+-------------------+
| member            |
+-------------------+
1 row in set (0.00 sec)

MariaDB [addr_db]> desc member;
+-------+-------------+------+-----+---------+-------+
| Field | Type        | Null | Key | Default | Extra |
+-------+-------------+------+-----+---------+-------+
| SNO   | int(11)     | NO   | PRI | NULL    |       |
| NAME  | varchar(10) | YES  |     | NULL    |       |
| ADDR  | varchar(80) | YES  |     | NULL    |       |
+-------+-------------+------+-----+---------+-------+
3 rows in set (0.02 sec)

MariaDB [addr_db]> _
```

[그림 13-11] member 테이블 존재여부와 테이블 구조 확인

member 테이블을 생성하는 mem_tbl.php 프로그램의 소스 코드에 대해 살펴보도록 하겠습니다.

소스 코드 설명

3행에서는 관리자 계정인 root와 비밀번호 123456으로 MySQL에 접속하고 4행에서는 테이블을 생성할 addr_db 데이터베이스를 선택합니다.

```
03  $connect = mysqli_connect('localhost', 'root', '123456');
04  $result = mysqli_select_db($connect, 'addr_db');
 :   :
06  if($result == 1)
07  {
08    $sql = "create table member (
09            SNO int primary key NOT NULL,
10            NAME varchar(10),
11            ADDR varchar(80) )
```

```
12            default charset=utf8 ";
13      $result = mysqli_query($connect, $sql);
14    }
15    else
16    {
17      echo " <center> 데이터베이스가 존재하지 않습니다. </center>)";
18    }
```

6행의 if($result ==1)은 addr_db 데이터베이스가 존재하는지를 판별하기 위한 조건문으로 숫자 1은 존재한다는 의미입니다. addr_db가 존재하지 않을 경우에는 15행의 else문을 수행하게 됩니다. 8행부터 11행까지는 member 테이블을 생성하는 명령이고 12행에서 선언한 default charset=utf8은 한글이 깨지지 않게 방지해 주는 설정입니다.

21행은 주소를 입력할 수 있도록 해당 화면으로 이동하기 위해 설정한 하이퍼링크입니다. 아직 다음 예제가 작성되지 않았으므로 이 설정은 [예제 13-3]을 수행한 다음에 사용해야 합니다.

5 주소입력 화면

여기서는 addr_db 데이터베이스에 생성된 member 테이블에 저장될 정보를 입력받기 위한 화면을 생성하겠습니다. 필요한 정보는 간단하게 학번과 이름, 주소의 3개 항목에 대해서만 진행하도록 하겠습니다.

예제 13-3

- **Step 01** | 주소입력 화면을 생성하기 위한 data_input.php 프로그램을 다음과 같이 작성합니다.

data_input.php

```
<html>
  <head><title> 간단한 주소록 관리 </title></head>
  <body><br><center> <h2> 주 소 입 력 </h2><hr>
    <form name=f2 method=post action="insert_db.php">
```

```
    <table border=0 width=500 height=180 bgcolor=#FFFFCC >
      <tr>
             <td height=20></td>
     </tr>
     <tr>
          <br>
          <td width=20% height=30 align=right><b> 학번  : </b></td>
          <td>  <input type="text" size=12 maxlength=10 name='sno'></td>
      </tr>
      <tr>
          <td width=20% height=30 align=right><b> 이름  : </b></td>
          <td>  <input type="text" size=12 maxlength=10 name='name'></td>
      </tr>
      <tr>
          <td height=30 align=right><b> 주소  :    </b></td>
          <td>  <input type="text" size=40 name='addr'></td>
      </tr>
      <tr>
          <td height=40% align=center colspan=2>
              <input type=submit value="  입력하기  ">    
              <input type=reset value= "  다시작성  ">
          </td>
      </tr>
    </table>
    </form>
    ◀◀ [ <a href="main.php"> 메인 화면</a> ]   |  
         [ <a href="data_out.php"> 결과 화면</a> ] ▶▶</center>
  </body>
</html>
```

• **Step 02** | 웹 브라우저에서 [예제 13-3]을 실행합니다. 아직 다음 예제를 수행하기 전이라서 정보를 입력해도 전달되지 않습니다. 여기서는 주소를 입력할 수 있는 화면의 구성에 대해서만 살펴보고 넘어가도록 하겠습니다.

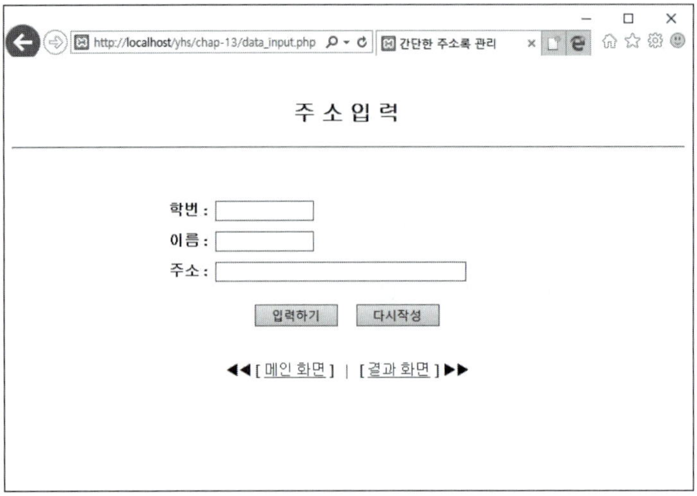

[그림 13-12] 주소 입력 화면 – data_input.php

주소입력 화면은 HTML 태그로 작성되었으므로 특별히 어려운 태그는 없습니다. 혹시라도 HTML 태그에 대한 상식이 부족한 독자 분들은 따로 HTML에 대해 살펴보기 바랍니다.

6 데이터베이스 저장

여기에서는 [예제 13-3]에서 작성한 주소 입력 화면에 학번, 이름, 주소를 입력하면 입력한 정보를 받아들여 addr_db 데이터베이스의 member 테이블에 저장할 수 있도록 진행하겠습니다.

예제 13-4

- **Step 01** | 주소 입력 화면에서 입력한 학번, 이름, 주소의 값을 전송받아 member 테이블에 저장하기 위한 insert_db.php 프로그램을 다음과 같이 작성합니다.

insert_db.php

```
<?php

  $sno = $_POST['sno'];
  $name = $_POST['name'];
  $addr = $_POST['addr'];

  $connect = mysqli_connect('localhost',  'root', '123456');
  mysqli_select_db($connect, 'addr_db');

   /*  --------    PHP와 MySQL 한글 깨짐 방지  --------   */

  mysqli_query($connect, "set session character_set_connection=utf8;");
  mysqli_query($connect, "set session character_set_results=utf8;");
  mysqli_query($connect, "set session character_set_client=utf8;");

  $sql="insert into member (sno, name, addr) ";
  $sql.= "values('$sno', '$name', '$addr')";

  mysqli_query($connect, $sql) ;           // sql 질의 수행.
  mysqli_close($connect);                  // db 연결 종료

  echo "<center><h3><br><br>등록 완료. 축하드립니다. <br><br><hr><br>";
  echo "이동할 화면을 선택하세요. <br><br>";
  echo "◀◀ [ <a href='data_input.php'>주소 입력</a> ]  |   ";
  echo "[ <a href='data_output.php'>결과 화면</a> ] ▶▶</h3></center>" ;

?>
```

• **Step 02** | 웹 브라우저에서 [예제 13-3]을 실행하여 나타난 화면에서 학번, 이름, 주소를 입력한 다음 〈입력하기〉 버튼을 클릭합니다.

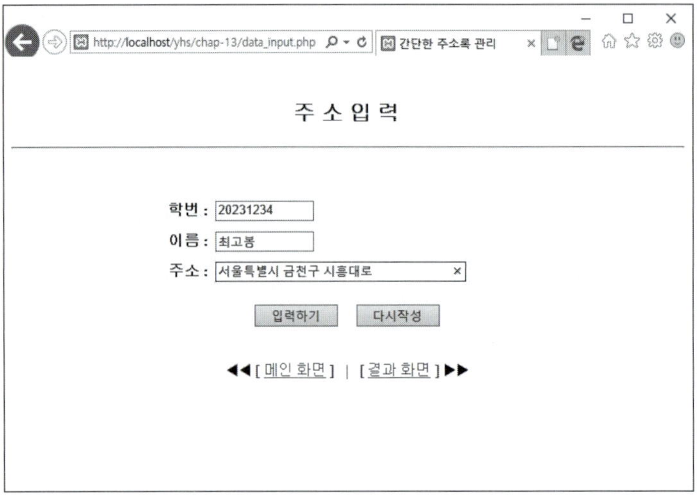

[그림 13-13] 주소 입력 화면 – data_input.php

• **Step 03** | 웹 브라우저 화면에서 입력한 3개의 데이터가 등록되었다는 화면이 나타납니다. 하지만 실질적으로 데이터베이스에 정확하게 데이터가 저장되었는지를 화면에서 확인하기는 어렵습니다. 일단 여기서는 화면의 구성에 대해서만 살펴보도록 하겠습니다.

[그림 13-14] 데이터베이스에 저장완료 화면 – insert_db.php

• **Step 04** | 웹 브라우저 화면에서 입력한 3개의 데이터가 member 테이블에 정확하게 저장되었는지를 MySQL^MariaDB^에 접속하여 다음과 같이 확인합니다.

```
MariaDB [addr_db]> select *from member;
```

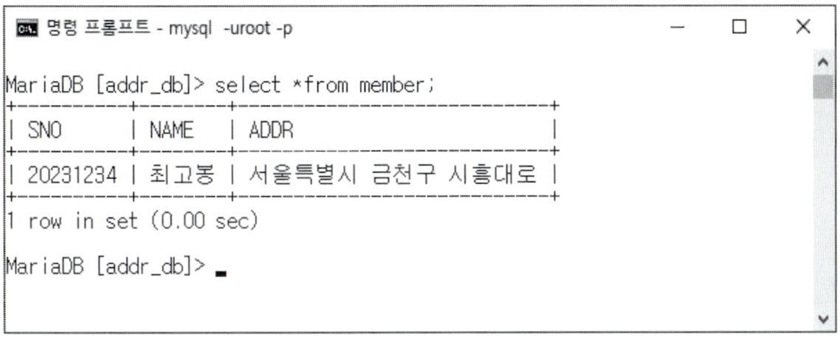

[그림 13-15] member 테이블에 저장되어 있는 1개의 레코드

- **Step 05** | 한 사람에 대한 학번, 이름, 주소를 입력하는 Step_02 과정을 또 한 번 수행하고 나서 member 테이블에 하나의 레코드가 더 입력되어 있는지에 대해 확인합니다.

```
MariaDB [addr_db]> select *from member;
```

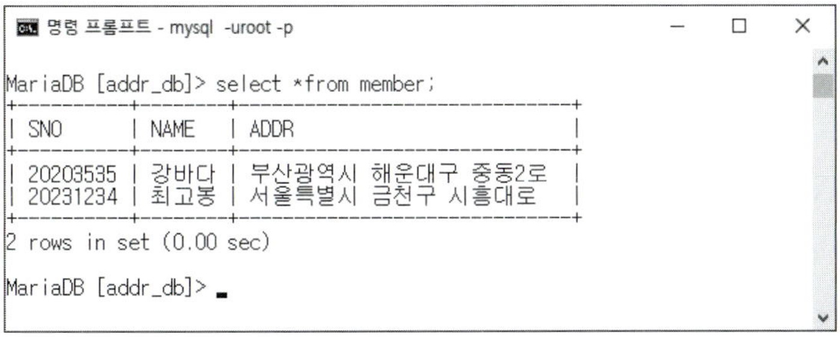

[그림 13-16] member 테이블에 저장되어 있는 5개의 레코드

주소 입력 화면에서 입력한 데이터를 데이터베이스에 저장하기 위한 insert_db.php 프로그램의 소스 코드에 대해 자세히 살펴보도록 하겠습니다.

소스 코드 설명

3행부터 5행까지는 [예제 13-3]에서 〈form〉 태그로 작성된 text 컨트롤에 입력된 개인 정보를 POST 방식으로 데이터를 받기 위한 코드입니다. php.ini 파일에 보안을 위해 register_globals=off로 설정된 상태에서의 〈form〉 태그에서 작성된 데이터의 전송은 안 됩니다.

```
03    $sno = $_POST['sno'];
04    $name = $_POST['name'];
05    $addr = $_POST['addr'];
```

〈form〉에서의 변수 값을 받아오는 방식은 POST와 GET 방식이 있으며 POST 방식으로 데이터를 받으려면 $변수명=$_POST['변수명']으로 선언하고 GET방식으로 데이터를 받으려면 $변수명=$_GET['변수명']으로 선언하면 됩니다.

12행부터 14행까지는 PHP와 MySQL 연동과정에서 한글이 깨지는 것을 방지하기 위해 선언한 명령입니다.

```
12    mysqli_query($connect, "set session character_set_connection=utf8;");
13    mysqli_query($connect, "set session character_set_results=utf8;");
14    mysqli_query($connect, "set session character_set_client=utf8;");
```

이 명령을 수행하지 않을 경우 한글로 입력한 데이터가 데이터베이스에 저장되는 과정에서 한글이 깨져서 저장되므로 식별하기가 어렵게 됩니다. 12행부터 14행까지의 한글 깨짐 방지 설정 코드는 반드시 선언해 주어야 합니다.

24행은 주소를 입력할 수 있는 화면으로 이동하기 위해 설정한 하이퍼링크이고 25행은 주소를 입력한 결과를 확인하기 위한 화면으로 이동하는 하이퍼링크 설정이지만 아직 [예제 13-5]를 수행하기 전이라서 하이퍼링크를 클릭해도 원하는 화면으로 이동은 안 됩니다.

```
24    echo "◀◀ [ <a href='data_input.php'>주소 입력</a> ]  |   ";
25    echo "[ <a href='data_output.php'>결과 화면</a> ] ▶▶</h3></center>" ;
```

7 레코드 출력하기

여기서는 [예제 13-3]에서 입력한 데이터가 [예제 13-4]에 저장된 데이터를 레코드 단위로 출력하는 과정에 대해 다음 예제를 통해 자세히 살펴보도록 하겠습니다.

|예제 13-5|

- **Step 01** | [그림 13-14] 화면의 하단에 하이퍼링크가 설정된 [결과 화면]을 클릭하여 member 테이블에 저장되어 있는 레코드를 출력하기 위한 data_output.php 프로그램을 다음과 같이 작성합니다.

data_output.php

```
<?php

  echo "<br><h2><center> 주  소  록 </center></h2>";
  echo "<hr>";

  $connect = mysqli_connect ('localhost', 'root', '123456');
  mysqli_select_db ($connect, 'addr_db');             // 질의 수행

  /* ---------- 한글 깨짐 방지 코드 -----------------*/

  mysqli_query($connect, "set session character_set_connection=utf8;");
  mysqli_query($connect, "set session character_set_results=utf8;");
  mysqli_query($connect, "set session character_set_client=utf8;");

  $sql = "select *from member";                       // 테이블 검색 질의
  $result = mysqli_query ($connect, $sql);            // 질의 수행
  $count = mysqli_num_fields ($result);               // 필드의 개수 구하기

  echo "<B> ● 테이블 이름 : member </B><br><br>";

?>

  <table width='600' border='1' bordercolor='blue' cellpadding='1'>
    <tr>
        <td bgcolor='#FFFF00'><B> 학번 </B></td>
        <td bgcolor='#FFFF00'><B> 이름 </B></td>
```

```
            <td bgcolor='#FFFF00'><B> 주소 </B></td>
        </tr>

<?php

    while ($rows=mysqli_fetch_row($result))          // 레코드의 개수만큼 반복
    {
        echo "<tr>";
        for ($a = 0; $a < $count; $a++)              // 필드의 수만큼 반복
        {
    echo "<td> $rows[$a] </td>";
        }
    echo "</tr>";
    }

?>

  </table><br>

<?php

    $row_count = mysqli_num_rows($result);          // 레코드 개수 구하기
    echo "● 전체 레코드의 수 : <B>[ {$row_count} 개 ] </B>";
    mysqli_close($connect);

?>

<html>
    <body>
    ◀◀ [ <a href="data_input.php">주소 입력 화면</a> ]으로 이동
    </head>
</html>
```

• **Step 02** | 웹 브라우저에서 [예제 13-4]를 실행하여 나타난 화면의 하단에 하이퍼링크를 설정한 [결과 화면]을 클릭합니다.

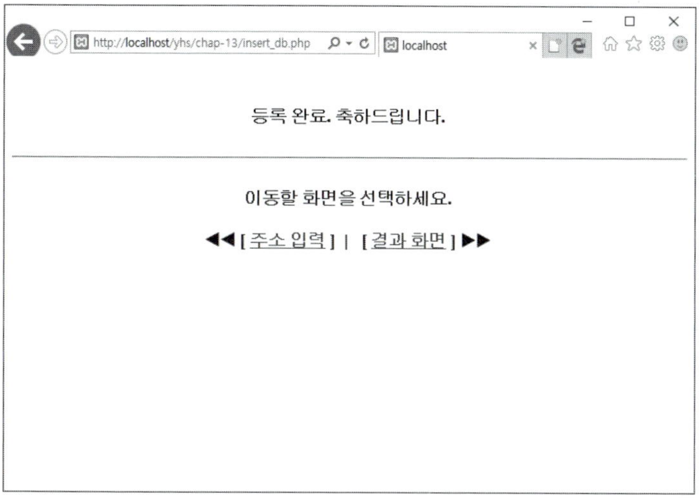

[그림 13-17] 등록 완료 화면에서 [결과 화면] 하이퍼링크 클릭

• **Step 03** | 하이퍼링크가 설정된 [주소 입력]과 [결과 화면]을 번갈아가면서 데이터를 입력한 다음 [결과 화면]을 클릭하면 addr_db 데이터베이스의 member 테이블에 지금까지 입력된 모든 레코드를 불러와 화면에 출력해 줍니다.

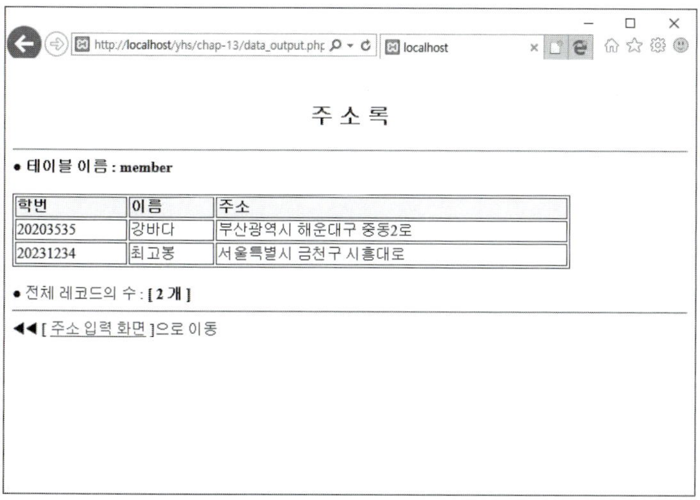

[그림 13-18] 등록된 주소록 출력 화면 - data_output.php

지금까지 입력한 데이터가 저장되어 있는 데이터베이스에서 불러와 웹 브라우저 화면에 출력하기 위한 data_output.php 프로그램의 소스 코드에 대해 살펴보도록 하겠습니다.

소스 코드 설명

15행의 $sql="select *from member"은 member 테이블에 존재하는 모든 레코드를 불러오는 쿼리문이고 16행의 mysqli_query($connect, $sql)은 15행의 쿼리문을 수행하는 명령입니다. 17행의 $count=mysqli_num_fields($result)는 필드의 개수를 구하는 명령으로 여기에서 구한 필드의 개수를 이용하여 35행 for($a = 0; $a 〈 $count; $a++)문의 조건문에 활용됩니다.

```
15    $sql = "select *from member";                        // 테이블 검색 질의
16    $result = mysqli _ query ($connect, $sql);           // 질의 수행
17    $count = mysqli _ num _ fields ($result);            // 필드의 개수 구하기
```

32행부터 40행까지는 데이터베이스에 저장되어 있는 레코드의 개수만큼 반복해서 화면에 출력하기 위한 반복문의 수행입니다.

```
32      while ($rows=mysqli _ fetch _ row($result))        // 레코드의 개수만큼 반복
33      {
34          echo "<tr>";
35          for ($a = 0; $a < $count; $a++)                // 필드의 수만큼 반복
36          {
37      echo "<td> $rows[$a] </td>";
38          }
39      echo "</tr>";
40      }
```

이와 같이 주소록 프로젝트에 대한 전반적인 과정을 모두 마쳤습니다. 하나의 파일로만 구성된 것이 아니고 [예제 13-1]부터 [예제 13-5]까지 모두 5개의 파일이 연동되면서 수행되기 때문에 다소 어려움이 많았으리라 생각됩니다. 하나의 파일만 다루는 것이 아니었기 때문에 복잡한 과정을 모두 마친 만큼 여러분의 실력도 어느새 향상되어 있음을 느끼게 될 것입니다.

특히 PHP 프로그램과 MySQL[MariaDB]의 연동 관계에서 한글이 깨지는 현상 때문에 이를 해결하기 위해 가장 쉬운 방법은 선택하여 코딩하였습니다. 그리고 양식 입력 태그를 통해 입력되는 데이터를 다른 파일로 전송할 때 사용되는 슈퍼 환경변수는 반드시 대문자로 사

용해야 한다는 점을 다시 한번 강조합니다. 다음 장에서는 회원 관리 프로젝트에 대해서 다루기로 하겠습니다.

핵심요약

01 주소록 관리 프로젝트에서 사용하기 위해 생성하는 데이터베이스와 테이블, 그리고 호스트와 MySQL[MariaDB] 데이터베이스에 접속할 관리자 계정 및 패스워드는 다음과 같이 설정합니다.

- 데이터베이스 : addr _ db
- 테이블 : member
- 호스트 : localhost
- 계정 : root
- 패스워드 : 123456

02 주소록 관리 프로젝트를 작성하기 위해 관리자 계정인 root 계정과 패스워드 12346으로 MySQL[MariaDB] 데이터베이스에 접속하여 addr_db 데이터베이스를 생성한 다음 생성여부를 확인하기 위해 명령 프롬프트 창에서 다음과 같이 수행합니다.

```
D:₩xampp₩mysql₩bin> mysql -uroot -p
Enter password : ******
MariaDB [(none)]> CREATE DATABASE addr _ db;
MariaDB [(none)]> SHOW DATABASES;
```

03 〈form name = f1 method = post action = mem_tbl.php〉태그에서 name = f1은 폼 태그 고유의 이름을 의미하고 method = post는 〈form〉 태그에서 데이터를 전송하는 방식을 POST 방식으로 전송하라는 의미입니다. action = mem_tbl.php는 버튼을 클릭했을 때 mem_tbl.php 파일로 이동하라는 의미입니다.

04 다음 코드는 〈form〉 태그로 작성된 text 컨트롤에 입력된 개인 정보를 POST 방식으로 데이터를 받기 위한 코드입니다. php.ini 파일에 보안을 위해 register_globals=off로 설정된 상태에서의 〈form〉 태그에서 작성된 데이터의 전송은 안 됩니다.

```
$sno = $ _ POST['sno'];
$name = $ _ POST['name'];
$addr = $ _ POST['addr'];
```

05 〈form〉에서의 변수 값을 받아오는 방식은 POST와 GET 방식이 있으며 POST 방식으로 데이터를 받으려면 $변수명 = $_POST['변수명']으로 선언하고 GET방식으로 데이터를 받으려면 $변수명 = $_GET['변수명']으로 선언하면 됩니다.

06 다음은 PHP와 MySQL 연동과정에서 한글이 깨지는 것을 방지하기 위해 선언한 명령입니다. insert문을 선언하기 전에 다음 명령을 선언해야 합니다.

```
mysqli _ query($connect, "set session character _ set _ connection=utf8;");
mysqli _ query($connect, "set session character _ set _ results=utf8;");
mysqli _ query($connect, "set session character _ set _ client=utf8;");
```

07 $sql = "select *from member"은 member 테이블에 존재하는 모든 레코드를 불러오는 쿼리문이고 mysqli_query($connect, $sql)은 $sql 변수에 저장된 명령을 쿼리문으로 수행하라는 명령입니다.

연습문제

01 관리자 계정으로 MySQL에 접속하여 sample_db 데이터베이스를 생성하고 생성된 sample_db 데이터베이스에 exam_tbl 테이블을 생성하는 명령을 프롬프트 창에서 수행하는 과정을 서술하시오.

02 〈form name = f1 method = post action = mem_tbl.php〉에서 수행하는 의미에 대해 간략하게 설명하시오.

(1) name=f1 –

(2) method=post –

(3) action=mem_tbl.php –

03 〈form〉 태그로 작성된 text 컨트롤에 입력된 개인 정보를 POST 방식으로 데이터를 받기 위한 코드입니다. 대괄호에 들어갈 변수명을 입력하시오.

(1) $sno = $_POST[ ];

(2) $name = $_POST[ ];

(3) $addr = $_POST[ ];

CHAPTER 14
회원 관리 프로젝트 – 관리자 모드

학습목표

- 회원 관리 프로젝트 제작에 필요한 파일목록에 대해 이해할 수 있습니다.
- 프로그램에서 필요한 데이터베이스를 생성할 수 있습니다.
- 회원 관리 프로젝트를 관리자 모드로 제작할 수 있습니다.
- 관리자 모드에서 회원을 관리할 수 있습니다.

SECTION 01

프로젝트 시뮬레이션

이 섹션에서는 FORM 태그 입력양식에 의해 입력되는 데이터에 대해 PHP 프로그램과 MySQL을 연동하여 회원 관리 프로젝트의 관리자 모드 작성방법에 대해 살펴보도록 하겠습니다. 실습을 통해 회원 관리 프로젝트를 구동하기 위해서는 관리자 모드에서 수행해야 할 프로그램들에 대해 어떻게 구동되는지 시뮬레이션을 통해 우리가 만들고자 하는 화면의 구성과 필요한 파일들을 미리 살펴보고 넘어가도록 하겠습니다.

1 스토리보드

회원 관리 프로젝트의 관리자 모드에서 수행되는 과정의 스토리보드는 다음 그림과 같습니다.

[그림 14-1] 회원 관리 프로젝트의 관리자 모드에 대한 스토리보드

회원 관리 프로젝트의 관리자 모드에서는 웹 브라우저 화면을 통해 테이블을 생성할 수 있도록 수행하는 과정을 관리합니다. 관리자 모드에서 수행하는 과정에 대해 살펴보도록 하겠습니다.

2 프로젝트 리허설

회원 관리 프로젝트의 관리자 모드에서 수행할 프로그램을 아직 작성하지는 않았지만 우리가 작성해야할 프로그램에 대해 미리 살펴보도록 하겠습니다.

- **Step 01** | 웹 브라우저 화면의 주소 입력 창에 localhost/chap-14/yhs/start.php 파일을 실행하면 관리자 모드의 초기화면이 나타납니다. [테이블(user_tbl) 만들기]를 클릭합니다.

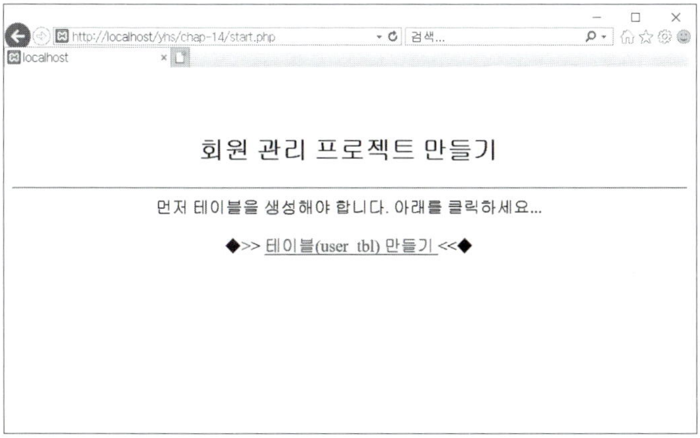

[그림 14-2] 회원 관리 프로젝트 관리자 모드 시작 화면

- **Step 02** | 회원 관리 프로젝트에서 사용할 user_tbl 테이블이 성공적으로 만들어졌다는 메시지가 화면에 출력됩니다. 화면 하단의 〈메인 화면으로 이동〉을 클릭하면 사용자 모드로 이동하게 됩니다. 여기서는 관리자 모드에 대해서만 프로젝트 리허설을 진행하도록 하겠습니다.

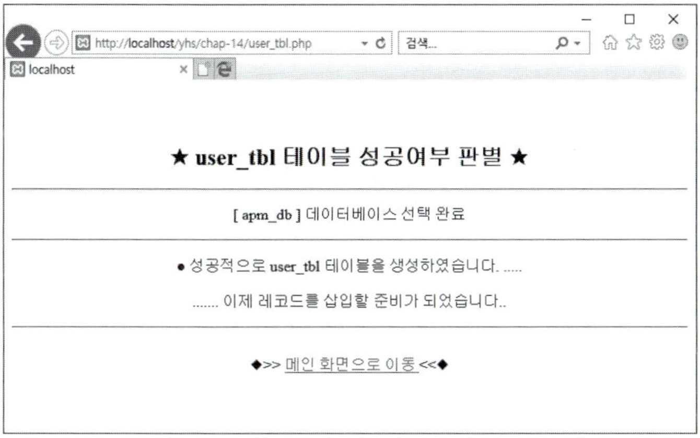

[그림 14-3] user_tbl 테이블 생성 여부 판별

• **Step 03** | MySQL에 접속하여 apm_db 데이터베이스를 선택한 다음 user_tbl 테이블의 존재여부와 테이블 구조를 확인합니다.

```
MariaDB [(none)]> use apm _ db
MariaDB [apmr _ db]> show tables;
MariaDB [apmr _ db]> desc user _ tbl;
```

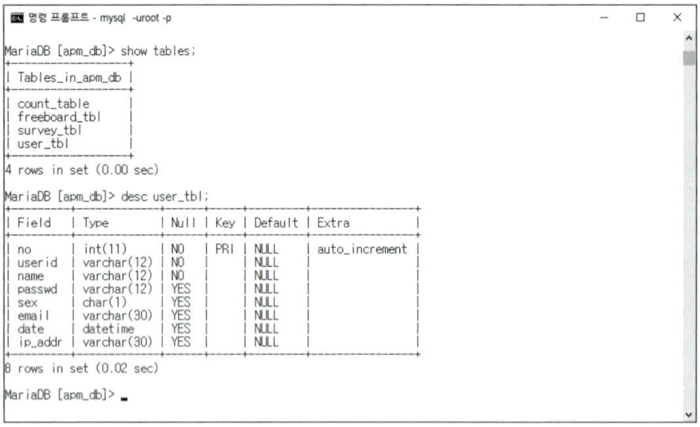

[그림 14-4] user_tbl 테이블의 존재와 테이블 구조 확인

• **Step 04** | apm_db 데이터베이스에 user_tbl 테이블이 생성되었음을 확인하였습니다. 이와 같이 이미 테이블이 생성되었음을 확인하였음에도 불구하고 Step01 과정을 다시 수행하게 되면 다음 그림과 같은 화면이 출력됩니다.

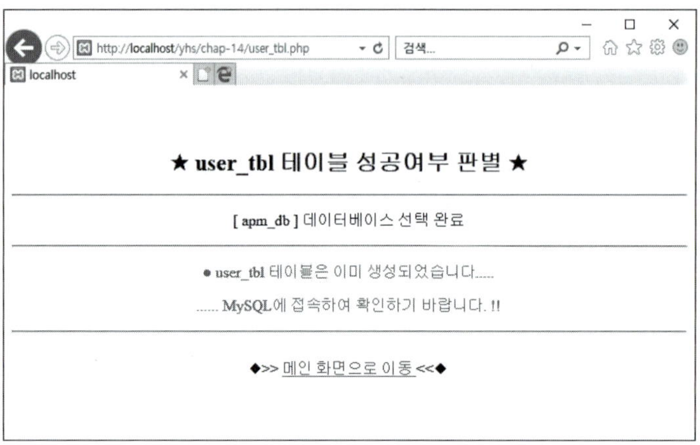

[그림 14-5] Step01 과정을 반복 수행할 경우의 화면

이와 같은 순서로 회원 관리 프로젝트의 관리자 모드가 실행됩니다. 본격적으로 관리자 모드에서 수행해야 할 파일 리스트와 소스 코드에 대해 다음 섹션에서 자세히 살펴보도록 하겠습니다.

SECTION

02 프로젝트 만들기

여기서는 회원 관리 프로젝트의 관리자 모드를 만들기 위해 필요한 파일과 프로그램 소스 코드를 직접 작성하도록 하겠습니다. 회원 관리 프로젝트는 apm_db 데이터베이스에서 만들도록 하겠습니다. 만약 apm_db 데이터베이스가 존재하지 않을 경우에는 MySQL에 접속하여 apm_db를 생성한 다음 프로그램을 만들도록 합니다.

1 데이터베이스 생성

회원 관리 프로젝트에서 사용하기 위해 생성하는 데이터베이스와 테이블 그리고 호스트와 MySQL[MariaDB] 데이터베이스에 접속할 관리자 계정 및 패스워드는 다음과 같이 설정합니다. apm_db 데이터베이스가 이미 생성되어 있다면 이 과정은 생략하도록 합니다.

- 데이터베이스 : apm_db
- 테이블 : user_tbl
- 호스트 : localhost
- 계정 : root
- 패스워드 : 123456

회원 관리 프로젝트를 작성하기 위해 관리자 계정인 root 계정과 패스워드 123456으로 MySQL[MariaDB]에 접속하여 addr_db 데이터베이스 존재여부를 확인하기 위해 명령 프롬프트 창에서 다음과 같이 수행합니다.

```
D:₩xampp₩mysql₩bin> mysql -uroot -p
Enter password : ******
MariaDB [(none)]> show databases;
```

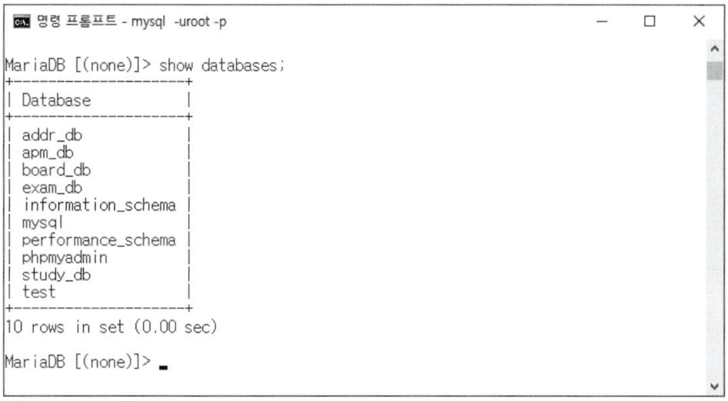

[그림 14-6] apm_db 데이터베이스 존재 확인

2 생성 파일 리스트

회원 관리 프로젝트의 관리자 모드에서 생성하는 파일 리스트를 다음 표와 같이 정리하였습니다. 실습을 위한 파일은 하나씩 차근차근 생성하도록 하겠습니다.

[표 14-1] 프로젝트 파일 리스트

프로그램	기능
start.php	회원 관리 프로젝트 관리자 모드 시작 화면
connect_db.php	데이터베이스 접속 (호스트:localhost, 계정:root, 비밀번호:123456, DB:apm_db)
user_tbl.php	회원 관리 프로젝트 DB의 테이블 생성 프로그램

회원 관리 프로젝트의 관리자 모드에서 시작 화면을 보여주기 위해 start.php 프로그램부터 만들도록 하겠습니다.

3 프로젝트 시작 화면 : start.php

회원 관리 프로젝트 시작은 관리자 화면인 start.php 프로그램부터 시작됩니다. 관리자 모드의 시작 화면 구성은 간단하게 구성하였으며 PHP 프로그램으로 테이블 생성하는 과정을 가장 먼저 수행할 수 있도록 시작 화면의 하단에 하이퍼링크를 설정하였습니다.

|예제 14-1|

• **Step 01** | 회원 관리 프로젝트 시작 화면을 생성하기 위해 start.php 프로그램을 다음과 같이 작성합니다.

start.php

```
01 <?php
02     echo "<br><br><center><h2> 회원 관리 프로젝트 만들기 </h2><hr>";
03     echo " 먼저 테이블을 생성해야 합니다. 아래를 클릭하세요... <br><br>";
04     echo " ◆>> <a href=user_tbl.php> 테이블(user_tbl) 만들기 </a><<◆ <br></center>";
05 ?>
```

• **Step 02** | 웹 브라우저 화면에서 start.php 프로그램을 실행합니다.

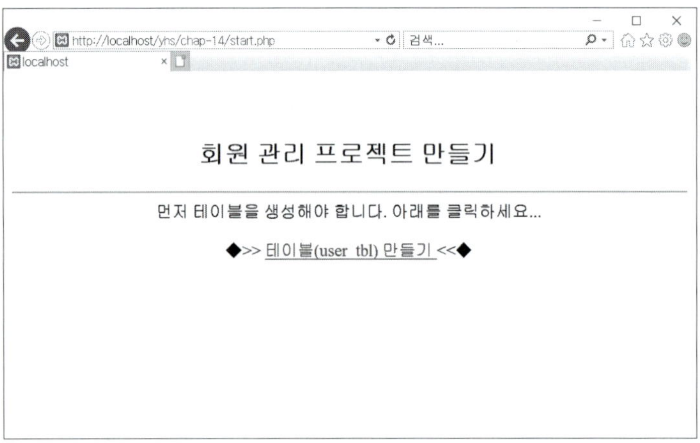

[그림 14-7] 회원 관리 프로젝트 시작 화면 – start.php

회원 관리 프로젝트 시작 화면을 보여주는 start.php 프로그램의 4행에 선언된 하이퍼링크 〈a href=user_tbl〉 테이블(user_tbl)만들기〈/a〉를 클릭하면 회원의 정보를 저장할 수 있는 user_tbl 테이블이 생성됩니다. 테이블 생성을 위해 apm_db 데이터베이스에 접속하기 위한 connect_db.php 프로그램을 먼저 작성해야 합니다.

4 데이터베이스 접속 : connect_db.php

이 프로그램은 MySQL[MariaDB]에 접속하기 위한 프로그램입니다. 매번 테이블을 생성할 때마다 코딩하는 과정이 번거롭기 때문에 데이터베이스 접속 프로그램을 따로 만들어 필요할 때마다 호출하여 사용할 수 있도록 편의성을 제공하기 위함입니다.

이와 같이 프로그램을 만들어 두면 필요할 때마다 include 명령으로 가져와 편리하게 사용할 수 있습니다. 이 프로그램은 따로 폴더를 만들어 보관하여 필요할 때마다 호출하기로 합니다. 새로운 폴더 [lib]의 경로를 D:₩xampp₩htdocs₩yhs₩lib와 같이 생성하도록 합니다.

|예제 14-2|

- **Step 01** | 데이터베이스 접속 프로그램을 생성하기 위해 다음과 같이 프로그램을 작성한 다음 connect_db.php 파일명으로 D:₩xampp₩htdocs₩yhs₩lib 폴더에 저장합니다.

connect_db.php

```php
<?php
    $host = "localhost";          // 호스트 이름
    $user = "root";               // 사용자 계정
    $passwd = "123456";           // 비밀번호
    $connect = mysqli_connect($host, $user, $passwd) or die("mysql서버 접속 에러");
    $db = mysqli_select_db($connect, 'apm_db');
    mysqli_select_db($connect, 'apm_db') or die("DB 접속 에러");    // my_db 선택
?>
```

- **Step 02** | 윈도우 탐색기 창에서 D:₩xampp₩htdocs₩yhs₩lib 폴더에 connect_db.php 파일이 존재하는지를 확인합니다.

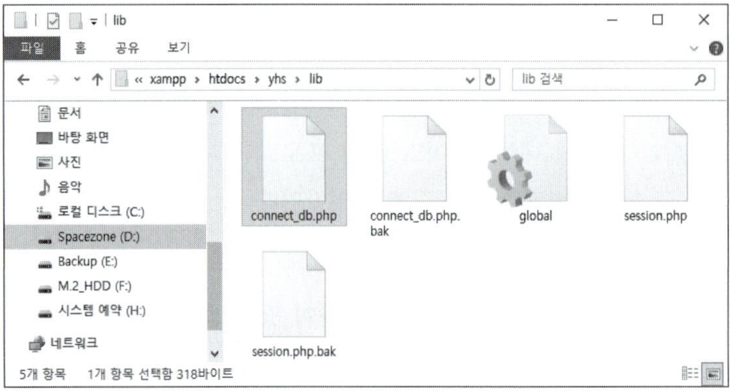

[그림 14-8] connect_db.php 파일 존재 확인

데이터베이스 접속 프로그램인 connect_db.php 프로그램을 완성하였으므로 이제는 본격적으로 테이블을 생성하도록 하겠습니다.

5 테이블 생성

회원 가입 테이블의 생성은 프로젝트 시작 화면start.php에서 하이퍼링크를 클릭하면 생성되도록 설계하였습니다. 여기서는 생성할 user_tbl 테이블의 구조를 살펴보고 테이블 생성 프로그램과 생성된 테이블의 존재 여부를 확인하도록 하겠습니다.

테이블 구조 : user_tbl.php

회원 관리 프로젝트에서 사용할 user_tbl 테이블의 필드명과 데이터 타입의 구성을 다음 표와 같이 정리하였습니다.

[표 14-2] 테이블명 : user_tbl

필드명	데이터 타입	의미	비고
no	int	일련번호	primary key, not null, auto_increment
userid	varchar(12)	아이디	not null
name	varchar(12)	이름	not null
passwd	varchar(12)	비밀번호	not null

sex	char(1)	성별	
email	varchar(30)	이메일	
date	datetime	가입일자	
ip_addr	varchar(30)	회원의 IP 주소	

테이블 생성 프로그램 : user_tbl.php

여기서는 apm_db 데이터베이스에 user_tbl 테이블을 생성하는 과정에 대해 살펴보도록 하겠습니다. 앞에서 미리 만들어 놓은 데이터베이스 접속 프로그램인 connect_db.php 프로그램을 include 명령으로 불러오도록 합니다.

이 프로그램을 작성할 때 주의해야 할 사항은 테이블 생성 프로그램인 user_tbl.php 프로그램과 데이터베이스 접속 프로그램인 connect_db.php 프로그램은 각각 다른 폴더에 저장되어 있으므로 해당 경로명을 지정해 주어야 합니다. 경로명은 ../lib/connect_db.php와 같이 지정해 주어야 하며 데이터베이스 접속 프로그램을 불러오기 위해서는 include "../lib/connect_db.php"라고 정의해야 합니다. 다음 예제를 통해 자세히 살펴보도록 하겠습니다.

|예제 14-3|

- **Step 01** | 회원 관리 프로젝트의 관리자 모드에서 테이블을 생성하는 user_tbl.php 프로그램을 다음과 같이 작성합니다.

user_tbl.php

```
<?php
    include "../lib/connect _ db.php";
    echo "<center><p><br><b><h2>★ user _ tbl 테이블 성공여부 판별 ★ </h2></b><hr><p>";
    /* -----  study _ db 데이터베이스의 선택 성공 여부 -----  */
    if($db)
    {
        echo " [ apm _ db ] 데이터베이스 선택 완료 <br> ";
    }
    else
    {
        echo " <B> apm _ db 데이터베이스 선택 실패 </B><br> ";
```

```
        echo " 프로그램을 종료합니다...";
        exit;
    }
    /* -----  user_tbl 테이블 생성 -----  */
    $sql = "create table user_tbl (
        no int primary key not null auto_increment,
        userid varchar(12)  not null,
        name varchar(12) not null,
        passwd varchar(12),
        sex char(1),
        email varchar(30),
        date datetime,
        ip_addr varchar(30))
        default charset=utf8 ";
    $result = mysqli_query($connect, $sql);
    /* -----  user_tbl 테이블 존재여부 -----  */
    if($result)
    {
        echo "<hr>";
        echo "<p> ● 성공적으로 user_tbl 테이블을 생성하였습니다. ..... <br><br>";
        echo " ....... 이제 레코드를 삽입할 준비가 되었습니다.. <hr><br>" ;
        echo "◆>> <a href=../chap-15/main.php> 메인 화면으로 이동 </a><<◆ <br>";
    }
    else
    {
        echo "<hr>";
        echo "<p><font color=red> ● user_tbl 테이블은 이미 생성되었습니다.....  <p>";
        echo "...... MySQL에 접속하여 확인하기 바랍니다. !! <hr><br></font> ";
           echo "◆>> <a href=../chap-15/main.php> 메인 화면으로 이동 </a><<◆ <br>";
    exit;
    }
    echo "</center>";
    mysqli_close($connect);                  // db 연결 종료
?>
```

• **Step 02** | 테이블을 생성하는 user_tbl.php 프로그램을 실행하기에 앞서 회원 관리 프로젝트 시작 화면을 출력하는 start.php 프로그램을 먼저 실행합니다. 그리고 화면 하단에 하이퍼링크가 설정된 [테이블 만들기]를 클릭합니다.

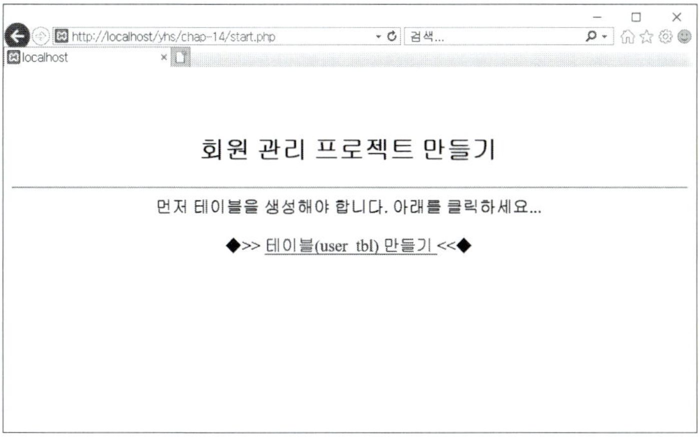

[그림 14-9] 시작 화면인 start.php 프로그램에서 하이퍼링크 클릭 - 1

• **Step 03** | 웹 브라우저 화면에 자동으로 테이블을 생성하는 user_tbl.php 프로그램이 실행되면서 user_tbl 테이블이 생성되었다는 메시지가 출력됩니다. 화면 하단에 위치한 하이퍼링크를 클릭하면 회원가입과 로그인을 선택할 수 있는 메인 화면으로 이동하게 됩니다.

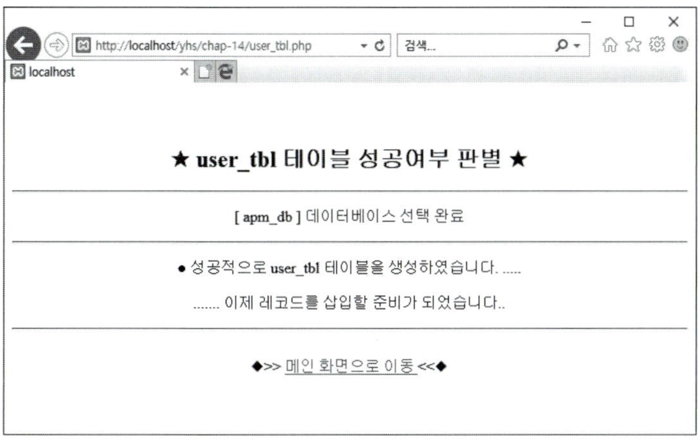

[그림 14-10] user_tbl.php 프로그램 실행 화면 - 테이블 생성

• **Step 04** | 회원 관리 프로젝트의 시작 화면을 보여주는 start.php 프로그램 화면에서 테이블을 다시 생성하게 되면 어떤 결과가 나타나는지를 확인하기 위해 [테이블 만들기]를 다시 클릭합니다.

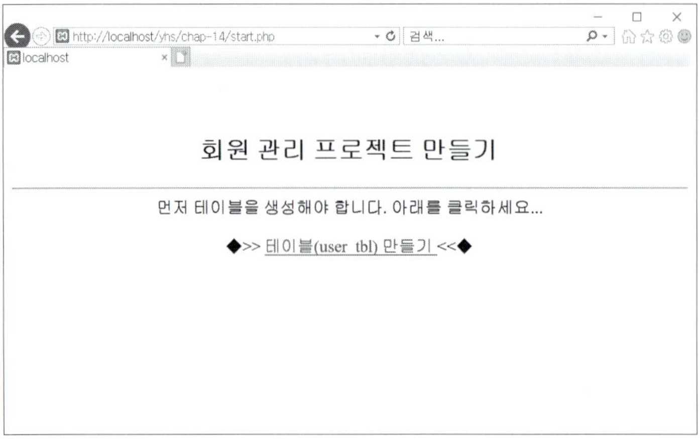

[그림 14-11] 시작 화면인 start.php 프로그램에서 하이퍼링크 클릭 - 2

- **Step 05** | Step 02과정에서 이미 user_tbl 테이블을 생성했기 때문에 테이블이 존재한다는 메시지가 출력됩니다. 화면 하단에 위치한 하이퍼링크를 클릭하면 회원 가입과 로그인을 선택할 수 있는 메인 화면으로 이동할 수 있습니다.

[그림 14-12] user_tbl.php 프로그램 중복 실행 - 존재하는 테이블

MySQL에서 생성된 테이블 존재 확인 및 테이블 삭제

여기서는 MySQL[MariaDB]에 접속하여 user_tbl 테이블이 존재하는지를 살펴보고 존재한다면 테이블을 삭제하는 과정에 대해 살펴보도록 하겠습니다.

|예제 14-4|

- **Step 01** | MySQL^MariaDB^에 접속하여 PHP 프로그램으로 생성한 user_tbl 테이블이 존재하는지를 확인합니다.

```
MariaDB[apm_db]> show tables;
MariaDB[apm_db]> desc user_tbl;
```

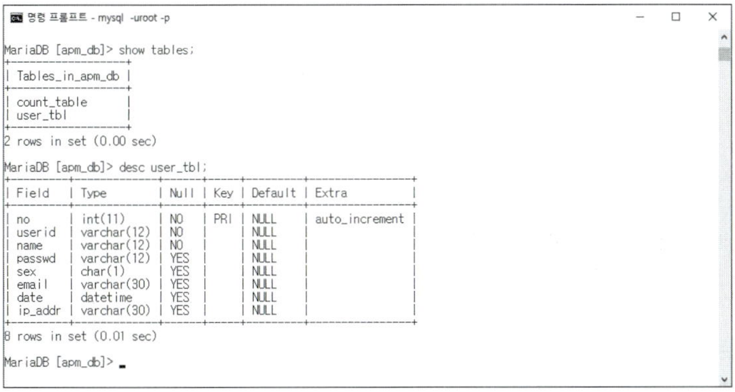

[그림 14-13] 테이블의 존재와 구조 확인

- **Step 02** | MySQL^MariaDB^에서 존재하는 user_tbl 테이블을 삭제하고 테이블 존재유무를 확인합니다.

```
MariaDB[apm_db]> drop table user_tbl;
MariaDB[apm_db]> show tables;
```

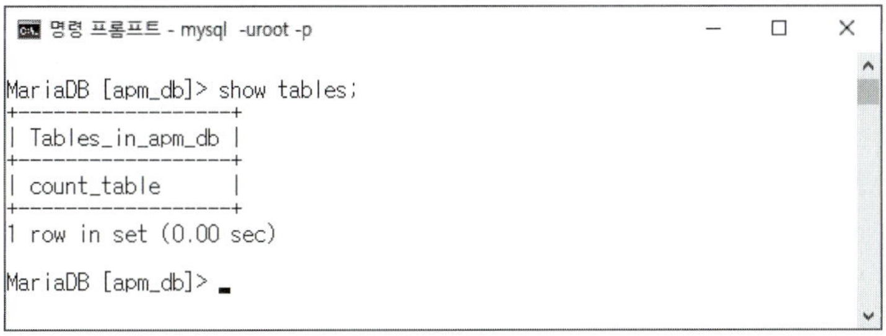

[그림 14-14] user_tbl 테이블 삭제 후 테이블 목록 확인

• **Step 03** | 다음 과정 실습을 위해 start.php 프로그램을 실행하여 테이블을 다시 생성합니다.

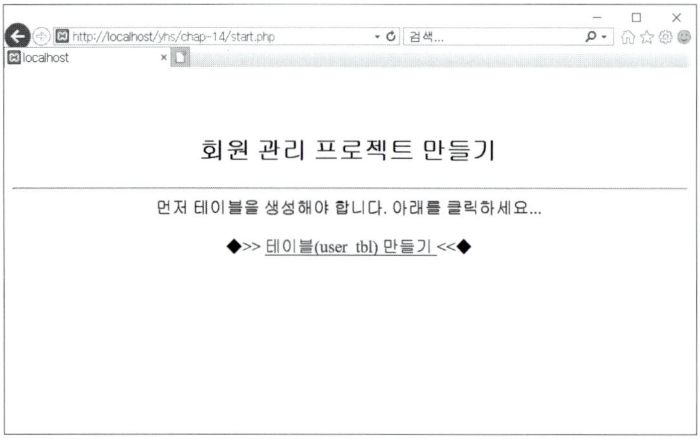

[그림 14-15] 시작 화면인 start.php 프로그램에서 하이퍼링크 클릭 - 3

이와 같이 회원 관리 프로젝트의 관리자 모드에서 PHP 프로그램을 통해 user_tbl 테이블을 생성하였고 MySQL[MariaDB]에서 테이블을 삭제 후 다시 생성하는 과정에 대해 살펴봤습니다. 다음 장에서는 회원 관리 프로그램의 사용자 모드에 대해서 다루도록 하겠습니다.

01 자주 사용하는 데이터베이스 접속 프로그램은 따로 만들어 두고 필요할 때마다 호출하여 사용하는 방법이 편리합니다. ../는 상위 디렉터리를 의미합니다.

```
include "../lib/connect_db.php"
```

02 PHP에서 테이블을 생성할 때는 MySQL과 연동될 때 한글이 깨지지 않도록 테이블 생성 명령 맨 마지막에 default charset=utf8을 추가해 줍니다.

```
$sql = "create table user_tbl (
        no int primary key not null auto_increment,
        userid varchar(12)  not null,
        name varchar(12) not null,
        passwd varchar(12),
        sex char(1),
        email varchar(30),
        date datetime,
        ip_addr varchar(30))
        default charset=utf8 ";
$result = mysqli_query($connect, $sql);
```

03 테이블의 필드 속성 설정 중에서 레코드를 추가할 때 값이 자동으로 증가하도록 하여 별도의 프로그래밍 없이도 고유 번호가 만들어지도록 하는 구문은 auto_increment입니다.

연습문제

01 include 하는 방법을 선택할 때의 장점을 설명하시오.

02 PHP에서 테이블을 생성할 때는 MySQL과 연동될 때 한글이 깨지지 않도록 test_02 테이블을 생성하시오.

■ 테이블명 : test_02

필드명	데이터 타입	의미	비고
no	int	일련번호	primary key, not null, auto_increment
userid	varchar(12)	아이디	not null
name	varchar(12)	이름	not null
passwd	varchar(12)	비밀번호	not null
sex	char(1)	성별	
email	varchar(30)	이메일	
date	datetime	가입일자	
ip_addr	varchar(30)	회원의 IP 주소	

03 데이터베이스와 MySQL 서버에 접속하는 아래의 프로그램에서 공백 란을 채우시오.

```
<?php
  $host = "localhost";
  $user = "root";
  $passwd = "123456";

  $connect = [          ] ($host, $user, $passwd)   or die [          ]
  ("mysql서버 접속 에러");
  [          ] ('apm_db', $connect) [          ] ("DB 접속 에러");
?>
```

CHAPTER 15
회원 관리 프로젝트 – 사용자 모드

학습목표

- 회원 관리 프로젝트 제작에 필요한 파일목록에 대해 이해할 수 있습니다.
- ID를 체크하여 기존 회원 ID와 중복성을 구별할 수 있습니다.
- 회원 관리 프로젝트의 사용자 모드 화면을 제작할 수 있습니다.
- 사용자 모드에서 회원을 등록할 수 있습니다.

SECTION 01

프로젝트 시뮬레이션

이 섹션에서는 회원 관리 프로젝트의 사용자 모드에 대해 살펴보도록 하겠습니다. 14장에서 회원 관리 프로젝트의 user_tbl 테이블을 생성해 놓았으므로 회원가입 화면에서 입력되는 데이터를 데이터베이스에 저장하고 로그인을 시도하면 데이터베이스에서 저장된 아이디에 해당하는 레코드를 보여주는 과정을 실습하도록 하겠습니다.

1 스토리보드

회원 관리 프로젝트의 사용자 모드에서 수행되는 과정의 스토리보드는 다음 그림과 같습니다.

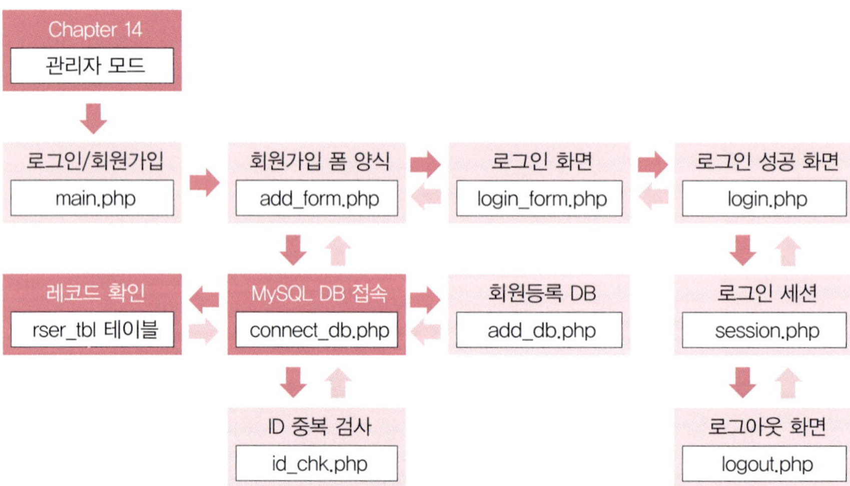

[그림 15-1] 회원 관리 프로젝트의 사용자 모드에 대한 스토리보드

2 프로젝트 리허설

회원 관리 프로젝트의 사용자 모드에서 수행할 프로그램을 아직 작성하지는 않았지만 앞으로 작성해야 할 프로그램에 대해 미리 살펴보도록 하겠습니다.

- **Step 01** | 웹 브라우저 화면의 주소 입력 창에 localhost/chap-15/yhs/main.php 파일을 실행하면 사용자 모드의 메인 화면이 나타납니다. 화면 하단 우측의 〈회원가입〉을 클릭합니다.

[그림 15-2] 회원 관리 프로젝트 사용자 모드 시작 화면

- **Step 02** | 회원가입 화면이 나타나면 아이디 입력 칸에 space를 입력하고 〈중복검사〉 버튼을 누릅니다.

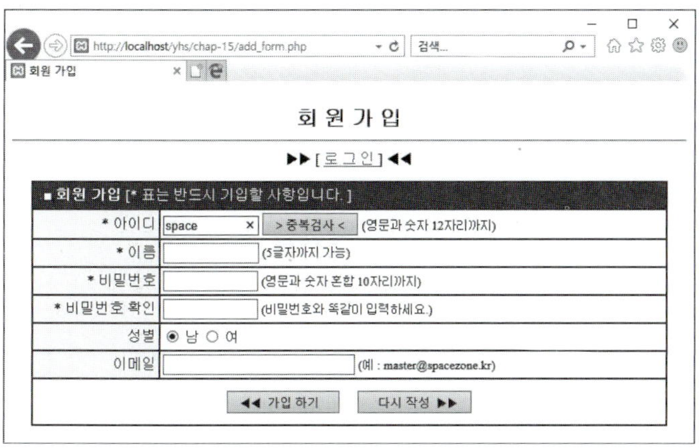

[그림 15-3] 회원가입 화면

• **Step 03** | 아이디 중복검사 결과 창이 [그림 15-4]와 같이 나타납니다. 만일 이미 등록된 아이디라면 [그림 15-5]와 같은 메시지 창이 출력됩니다.

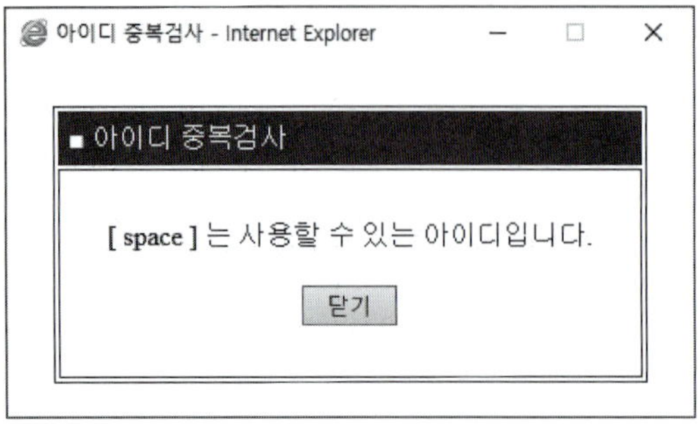

[그림 15-4] 사용할 수 있는 아이디

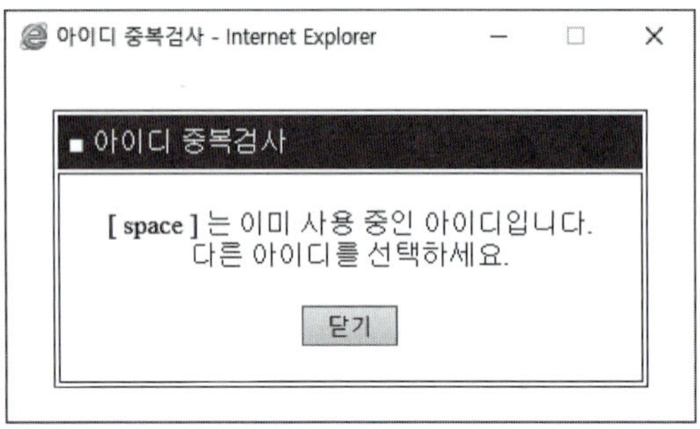

[그림 15-5] 이미 등록된 아이디로 사용할 수 없음

• **Step 04** | 회원 데이터를 모두 입력한 다음 〈가입하기〉 버튼을 누릅니다.

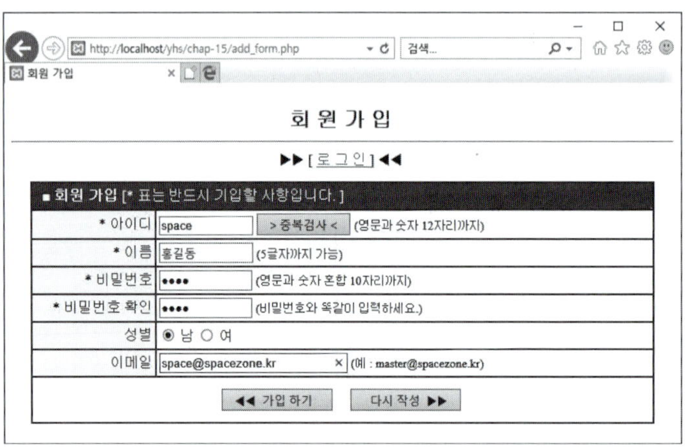

[그림 15-6] 회원 데이터 모두 입력

• **Step 05** | 회원등록이 성공적으로 수행되었습니다. 메시지 창의 〈확인〉 버튼을 눌러 로그인 화면으로 이동합니다.

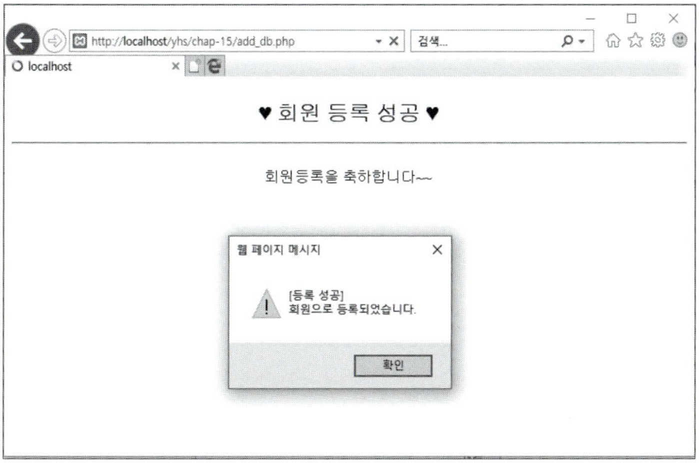

[그림 15-7] 회원가입 성공

• **Step 06** | 가입할 당시 아이디와 비밀번호를 입력 후 〈로그인〉 버튼을 누릅니다.

[그림 15-8] 로그인 화면

• **Step 07** | 로그인이 정상적으로 수행되어 회원 전용 페이지로 이동합니다. 화면 하단에 위치한 〈로그아웃〉 버튼을 누릅니다.

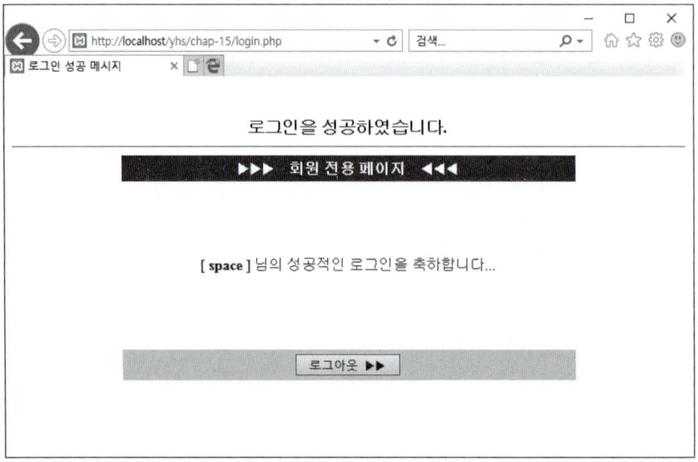

[그림 15-9] 로그인 성공 화면

• **Step 08** | 정상적으로 로그아웃이 수행됩니다.

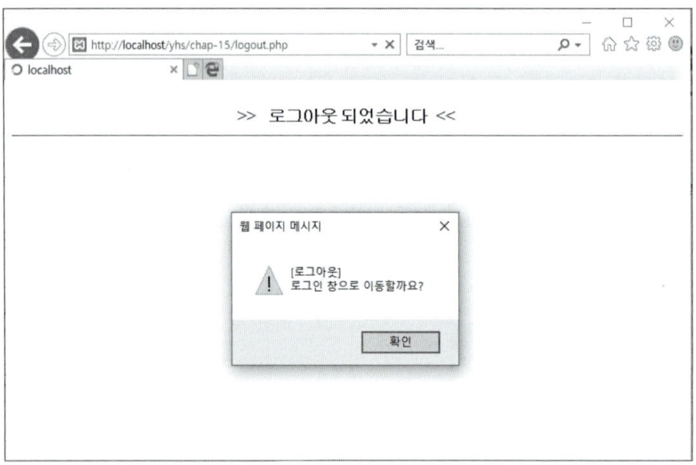

[그림 15-10] 로그아웃 화면

이와 같은 순서로 회원 관리 프로그램의 사용자 모드가 실행됩니다. 본격적으로 사용자 모드에서 수행해야 할 파일 리스트와 소스 코드에 대해 다음 섹션에서 자세히 살펴보도록 하겠습니다.

SECTION 02

프로젝트 만들기

여기서는 회원 관리 프로젝트의 사용자 모드를 만들기 위해 필요한 파일과 프로그램 소스 코드를 직접 작성하도록 하겠습니다. 회원 관리 프로젝트는 apm_db 데이터베이스에서 수행되는 과정으로 진행하겠습니다. 이 섹션에서 수행하는 모든 실습은 include 명령을 사용하여 데이터베이스와 연동하도록 하겠습니다. apm_db 데이터베이스는 이미 생성되어 있으므로 여기서는 데이터베이스 생성과정을 생략합니다.

1 생성 파일 리스트

회원 관리 프로젝트의 사용자 모드를 만들기 위한 파일 리스트를 다음 표와 같이 정리하였습니다.

[표 15-1] 프로젝트 파일 리스트

프로그램	기능
main.php	회원 관리 프로젝트 사용자 모드의 메인 화면
add_form.php	회원가입을 위한 폼 양식
id_chk.php	데이터베이스에 저장되어 있는 아이디와 중복 검사 (회원가입 중 등록된 아이디)
add_db.php	회원가입 폼에서 입력된 정보 데이터베이스에 저장
login_form.php	로그인 화면
login.php	로그인이 성공적으로 수행되었음을 나타내 주는 화면 (회원전용 화면)
session.php	로그인과 로그아웃을 구분하기 위한 세션 사용
logout.php	회원전용 화면에서 로그아웃 하였을 때 보여주는 화면

2 사용자 모드 메인 화면 : main.php

이 화면은 테이블 생성 여부 판별 user_tbl.php 프로그램 실행 화면의 하단에 위치한 하이퍼링크를 클릭하여 이동하는 메인 화면으로써 로그인 또는 회원가입을 수행할 수 있습니다. 다음 예제를 통해 메인 화면을 만들기 위한 프로그램에 대해 자세히 살펴보도록 하겠습니다.

|예제 15-1|

- **Step 01** | 테이블 생성 여부 판별 user_tbl.php 프로그램 화면의 하단에 위치한 하이퍼링크를 클릭하면 로그인 또는 회원가입을 수행할 수 있는 메인 화면으로 이동하는 main.php 프로그램을 생성하기 위해 main.php 프로그램을 다음과 같이 작성합니다.

main.php

```
<?php
    echo "<br><br><center><h2> ♠ 회원 관리 프로젝트 ♠</h2><hr>";
    echo " <br><br> ~ 회원 관리 프로그램을 가동합니다. ~ <br>";
    echo " <br><br><font size=4> ->>> 이동할 화면을 선택하십시요. <<<- <br><br><br></font>";
    echo " ◀◀  [ <a href=login_form.php>로그인</a> ]    ";
    echo " |    [ <a href=add_form.php>회원가입</a> ] ▶▶ </center>";
?>
```

- **Step 02** | 웹 브라우저 화면에서 프로그램 메인 화면인 main.php 프로그램을 실행합니다.

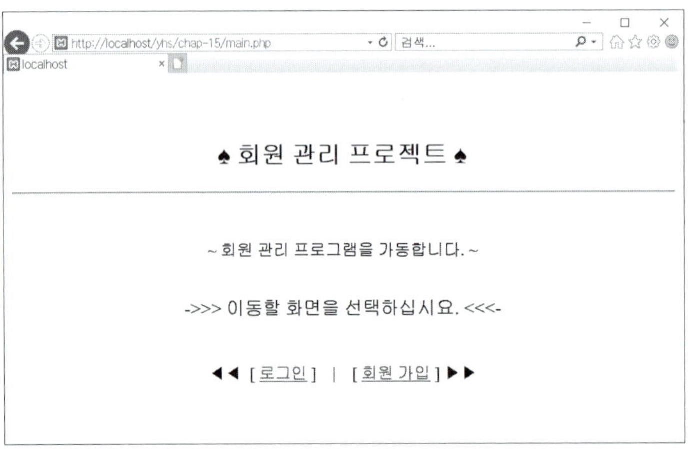

[그림 15-11] 메인 프로그램인 main.php 실행 화면

3 회원가입 폼 양식 : add_form.php

여기서는 회원 관리 프로젝트에서 회원으로 가입하고자 할 때 개인 정보를 입력할 수 있는 화면을 만들도록 하겠습니다.

텍스트 컨트롤 사용

회원가입 화면에서 사용될 〈form〉 태그의 텍스트 컨트롤의 구성을 다음 표와 같이 정리하였습니다.

[표 15-2] 회원가입 폼에서 사용될 텍스트 컨트롤

컨트롤	구분자	의미	용도
text	fuserid	아이디	로그인에 필요한 사용자 아이디
text	fname	이름	회원의 이름
password	fpasswd	비밀번호	회원가입 시 등록할 비밀번호
password	fpasswd_re	비밀번호 확인	회원가입 시 등록할 비밀번호 확인
radio	fsex	성별	남, 여 구별
text	femail	이메일	회원가입자의 이메일 주소

[표 15-3] 항목 중에서 구분자는 폼으로 회원가입 양식을 만들 때 텍스트 컨트롤을 구분하기 위해 〈input type name="구분자"〉의 형태로 사용합니다. 다음 예제를 통해 회원가입 화면을 만들기 위한 프로그램에 대해 자세히 살펴보도록 하겠습니다.

|예제 15-2|

• **Step 01** | 회원가입 화면을 보여주는 add.form.php 프로그램을 다음과 같이 작성합니다.

add_form.php

```
<html>
<head><title> 회원가입 </title>
</head>
<body>
<center><br><font size=5><b> 회 원 가 입</b> </font><hr>
▶▶ [ <a href="login_form.php"> 로 그 인 </a> ] ◀◀ <p>
```

```
<form name="user_form" action="add_db.php" method="post" onSubmit="return chk_input( )">
<table border=1 width=700 align=center cellspacing=0 cellpadding="3">
<tr>
  <td width="696" height="30" colspan="2" bgcolor="blue"> <font color="white">
  <b> ■ 회원가입</b> [* 표는 반드시 기입할 사항입니다. ] </font></td>
</tr>

<tr>     <!-- 아이디 입력상자에 변수 fuserid 선언  -->
  <td width="20%" height="30" bgcolor="#FFFF99"><p align="right"> * 아이디  </p></td>
  <td width="80%"><input type="text" name="fuserid" id="fuserid" size="12"
   maxlength="12" onblur="if(fuserid.value!='') chk_id( );">
  <input type="button" name="Button" value=" > 중복검사 < " onClick="chk_id( );">
  <font size="2"> (영문과 숫자 12자리까지) </font>

<script>
  function chk_id( )
  {
   if(user_form.fuserid.value=='') {
      alert('● [ 아이디 ]를 입력해야 검사할 수 있습니다...');
      user_form.fuserid.focus( );
   } else {
window.open('id_chk.php?fuserid='+user_form.fuserid.value,'IDwin', 'width=400, height=200');
   }
  }
</script>

  </td>
</tr>

<tr>     <!-- 성명 입력상자에 변수 fname 선언  -->
  <td width="20%" height="30" bgcolor="#FFFF99"><p align="right"> * 이름  </p></td>
  <td width="80%"><input type="text" name="fname" id="fname" size="12" maxlength="10">
  <font size="2"> (5글자까지 가능)  </font></td>
</tr>

<tr>     <!-- 비밀번호 입력상자에 변수 fpasswd 선언  -->
  <td width="20%" height="30" bgcolor="#FFFF99"><p align="right"> * 비밀번호  </p></td>
  <td width="80%"><input type="password" name="fpasswd" id="fpasswd" size="13"
   maxlength="13">
```

```
  <font size="2"> (영문과 숫자 혼합 10자리까지) </font></td>
</tr>

<tr>    <!-- 비밀번호 확인 입력상자에 변수 fpasswd _ re 선언 -->
  <td width="20%" height="30" bgcolor="#FFFF99"><p align="right"> * 비밀번호 확인 </p></td>
  <td width="80%"><input type="password" name="fpasswd _ re" id="fpasswd _ re"
   size="13" maxlength="13" onblur="chk _ passwd( )">
  <font size="2"> (비밀번호와 똑같이 입력하세요.) </font></td>

<script>
  function chk _ passwd( )
  {
   if(user _ form.fpasswd.value != user _ form.fpasswd _ re.value) {
   alert("• [ 비밀번호 입력 오류 ] ₩r₩n -> [ 비밀번호 ]를 다시 입력하세요.");
      user _ form.fpasswd.value="";
      user _ form.fpasswd _ re.value="";
      user _ form.fpasswd.focus( );
      return false;
   }
  }

  function chk _ input( ) {
   if(user _ form.fuserid.value=="") {
      alert("• [ 아이디 ]를 입력하세요.");
      user _ form.fuserid.focus( );
      return false;

   } else if(user _ form.fname.value=="") {
      alert("• [ 이름 ]을 입력하세요.")
      user _ form.fname.focus( );
      return false;

   } else if(user _ form.fpasswd.value=="") {
      alert("• [ 비밀번호 ]를 입력하세요.")
      user _ form.fpasswd.focus( );
      return false;

   } else if(user _ form.fpasswd _ re.value=="") {
      alert("• [ 비밀번호 확인 ]을 입력하세요.")
```

```
        user _ form.fpasswd _ re.focus( );
        return false;

    } else {
        return true;
    }
}
</script>

</tr>

<tr>    <!-- 성별 (남: M, 여 : W) 변수 fsex 선언 -->
  <td width="20%" height="30" bgcolor="#FFFF99"><p align="right"> 성별  </p></td>
  <td width="80%">
   <input type="radio" name="fsex" value="M" checked> 남
   <input type="radio" name="fsex" value="W"> 여 </td>
</tr>

<tr>    <!-- 이메일 변수 femail 선언 -->
  <td width="20%" height="30" bgcolor="#FFFF99"><p align="right">  이메일  </p></td>
  <td width="80%">
   <input type="text" name="femail" size="30" maxlength="30">
   <font size="2"> (예 : master@spacezone.kr) </font></td>
</tr>

<tr>
  <td width="696" height="50" colspan="2"><p align="center">
  <input type="submit" name="smt" value=" ◀◀  가입 하기   " >    
  <input type="reset" name="rst" value="   다시 작성  ▶▶ ">
</tr>
</table>
</form>
</body>
</html>
```

• **Step 02** | 웹 브라우저 화면에서 프로그램 회원가입 화면인 add_form.php 프로그램을 실행합니다.

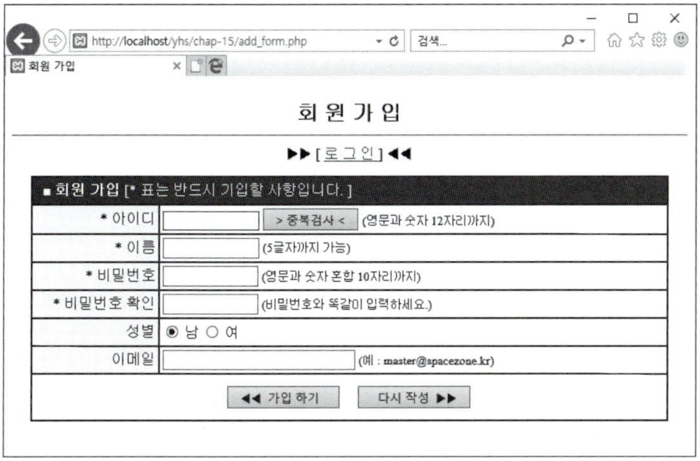

[그림 15-12] 회원가입 폼 add_form.php 실행 화면

회원가입 폼 양식인 add_form 프로그램 소스 코드의 양이 많습니다. 이 많은 소스 코드를 다 이해하기는 어렵겠지만 그래도 중요한 소스 코드에 대해서는 살펴보고 넘어가도록 하겠습니다.

로그인 화면으로 이동 할 때 회원가입 화면에 누락된 항목 체크

6행 선언한 〈a href="login_form.php"〉은 로그인 화면으로 이동하기 위한 하이퍼링크 설정입니다.

```
006  ▶▶ [ <a href="login_form.php"> 로 그 인 </a> ] ◀◀ <p>
007  <form name="user_form" action="add_db.php" method="post" onSubmit="return chk_input( )">
 :
112  <input type="submit" name="smt" value=" ◀◀  가입 하기   " >
```

7행의 〈form name="user_form" action="add_db.php" methoe="post" onSubmit="return chk_input( )"〉은 폼 양식의 이름을 user_form으로 지정합니다. 112행의 〈input type="submit" name="smt" value=" ◀◀ 가입 하기" 〉 버튼을 클릭하여 폼이 실행되면 add_db.php 프로그램으로 이동하게 됩니다. 이 과정에서 전송방식은 POST 방식으로 전송됩니다. 그리고 회원가입 화면에 입력할 항목들이 누락된 것은 없는지에 대해 chk_input( ) 함수를 정의하여 체크하는 과정을 수행합니다.

입력한 아이디 입력 여부와 중복성 체크

16행과 17행에서 선언한 〈input type="text" name="fuserid" id="fuserid" size="12" maxlengh="12" coblue="if(fuserid.value != ' ') chk_id( );"〉는 아이디 입력 항목의 크기와 최대 입력 값을 선언함과 동시에 아이디 입력항목에서 다른 항목으로 커서를 이동할 경우 22행에서 정의한 chk_id( ) 함수를 호출하여 아이디 항목이 비어있는지를 체크합니다.

```
016  <td width="80%"><input type="text" name="fuserid" id="fuserid" size="12"
017            maxlength="12" onblur="if(fuserid.value!='') chk _ id( );">
018    <input type="button" name="Button" value=" > 중복검사 < " onClick="chk _ id( );">
```

18행의 〈중복검사〉 버튼을 클릭하면 22행의 chk_id( ) 함수가 실행됩니다. 이 함수에서 24행은 아이디 입력항목이 비어있는지를 판별하고 아이디가 입력된 상태라면 아이디 중복 여부를 체크를 위해 id_chk.php 프로그램을 수행합니다.

```
022    function chk _ id( )
023    {
024            if(user _ form.fuserid.value=='') {
025               alert('● [ 아이디 ]를 입력해야 검사할 수 있습니다...');
026               user _ form.fuserid.focus( );
027            } else {
028  window.open('id _ chk.php?fuserid='+user _ form.fuserid.value,'IDwin', 'width=400, height=200');
029       }
030    }
```

아이디가 공백인 상태에서 〈중복검사〉 버튼을 클릭하면 다음 그림과 같은 메시지 창이 출력됩니다.

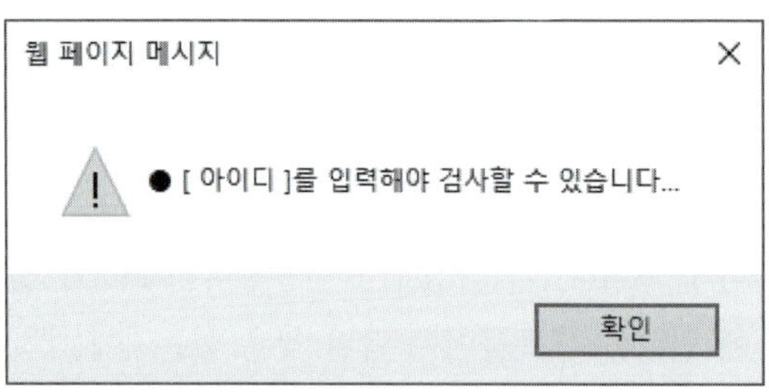

[그림 15-13] 아이디 공백 상태로 중복 검사 결과

아이디를 입력한 다음 〈중복검사〉를 클릭하면 user_tbl 테이블에 이미 저장되어 있는 아이디 인지를 확인하는 id_chk.php 프로그램을 실행하기 위해 프로그램 소스 코드 28행에서 window.open('id_chk.php?fuserid='+user_form.fuserid.value, 'IDwin', 'width=400, height=200') 명령으로 팝업창이 다음 그림과 같이 출력됩니다.

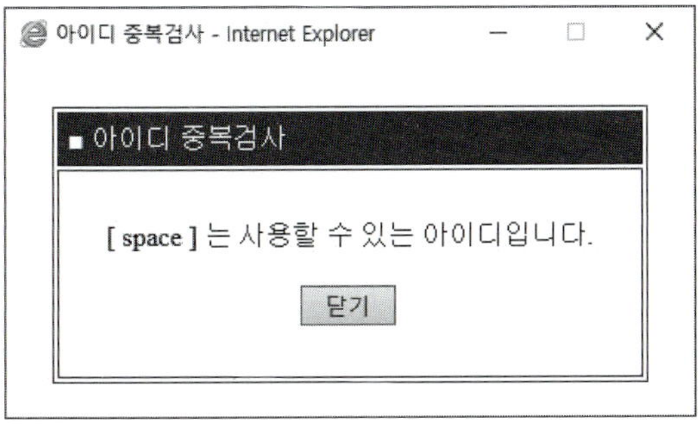

[그림 15-14] 아이디 중복검사 결과

아직은 id_chk.php 프로그램을 작성하기 전이라 팝업창이 출력되지는 않습니다. 반드시 id_chk.php 프로그램을 작성해야만 위 그림과 같은 팝업창이 출력됩니다.

윈도우 팝업창 사용방법

PHP 프로그램에서 윈도우 팝업창에 대한 사용방법에 대해 다음과 같이 정리하였습니다.

window.open('팝업파일 주소', '윈도우 이름', '윈도우 옵션');

- '팝업파일 주소'에는 id_chk.php?fuserid 팝업 파일에 전달해야 하는 전달 변수 fuserid가 GET방식으로 전달됩니다.(GET 방식은 파일 또는 URL주소 뒤에 '?'를 붙여 보내는 방식)
- '윈도우 이름'은 팝업 창의 이름을 의미하며 윈도우 옵션은 팝업 창의 크기(width, height), 스크롤바의 사용 여부(scrollabrs=yes/no), 창의 크기 조절 가능 여부(resizable=yes/no) 등을 정의합니다.(줄바꿈은 ₩r₩n, echo 안에서는 ₩₩r₩₩n으로 사용)
- 팝업창이 나타나 있는 상태에서 오프너 창(opener:팝업창을 호출한 창)에서 다시 팝업 창을 호출하면 팝업 창이 오픈 창에 가려서 보이지 않는 경우에는 아래와 같이 객체 'chkidWin'를 생성하여 객체에 기억 시켜두면 됩니다.

```
var chkidWin=window.open('id_chk.php?fuserid='+user_form.fuserid.value,'IDwin',
    'width=400, height=200');
chkidWin.focus();
```

비밀번호와 비밀번호 확인 일치성 체크

51행과 52행에서는 비밀번호를 입력하고 비밀번호 확인을 입력하면 56행부터 65행까지 정의한 chk_passwd( ) 함수를 호출합니다.

```
051  <td width="80%"><input type="password" name="fpasswd_re" id="fpasswd_re"
052      size="13" maxlength="13" onblur="chk_passwd( )">
```

56행에서 정의한 chk_passwd( ) 함수는 비밀번호와 비밀번호 확인을 각각 입력한 두 개 값이 일치하는지를 58행의 if(user_form.fpasswd.value != user_form.fpasswd_re.value) 문으로 판별합니다.

```
056    function chk_passwd( )
057    {
058            if(user_form.fpasswd.value != user_form.fpasswd_re.value) {
059            alert("• [ 비밀번호 입력 오류 ] ₩r₩n -> [ 비밀번호 ]를 다시 입력하세요.");
060                user_form.fpasswd.value="";
061                user_form.fpasswd_re.value="";
062                user_form.fpasswd.focus( );
063                return false;
064            }
065    }
```

아이디 입력 여부 판별

67행에서 정의한 chk_input( ) 함수에서 68행에 선언한 if(user_form.fuserid.value==“”)문으로 아이디 입력 항목이 비어있는지를 판별합니다. 아이디가 입력되지 않은 공백 상태일 경우 69행에서 메시지 창을 출력한 다음 71행에서 false 값을 반환하여 다시 아이디를 입력 할 수 있도록 명령을 수행합니다.

```
067    function chk_input( ) {
068     if(user_form.fuserid.value=="") {
069     alert("• [ 아이디 ]를 입력하세요.");
070     user_form.fuserid.focus( );
071     return false;
```

웹 브라우저 화면에서 add_form.php 프로그램을 실행하여 나타난 회원가입 폼 화면에서 아이디를 입력하지 않은 채 〈가입하기〉 버튼을 클릭하면 68행의 if문에 의해 아이디가 입력되지 않았음이 판별되어 69행의 메시지 창이 [그림 15-15]와 같이 출력되고 70행 focus( ) 함수에 의해 아이디 입력항목으로 커서를 다시 이동시켜 줍니다. focus( ) 함수는 페이지 로드될 때 지정된 영역으로 이동하는 함수입니다.

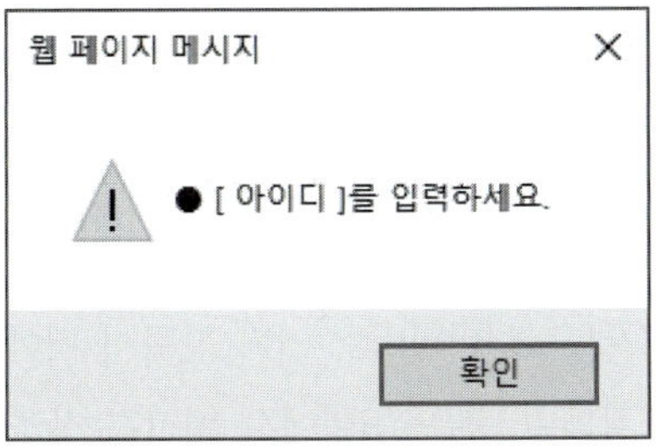

[그림 15-15] 아이디 공백인 경우

이름 입력 여부 판별

73행에 선언한 else if(user_form.fname.value==“”)문으로 이름 입력 항목이 비어있는지를 판별합니다. 이름이 입력되지 않은 공백 상태일 경우 74행에서 메시지 창을 출력한 다음 76행에서 false 값을 반환하여 다시 이름을 입력 할 수 있도록 명령을 수행합니다.

```
073 } else if(user_form.fname.value=="") {
074     alert("● [ 이름 ]을 입력하세요.")
075     user_form.fname.focus( );
076     return false;
```

회원가입 폼 화면에서 이름을 입력하지 않은 채 〈가입하기〉 버튼을 클릭하면 73행의 else if문에 의해 이름이 입력되지 않았음이 판별되어 74행의 메시지 창이 [그림 15-16]과 같이 출력되고 75행 focus( ) 함수에 의해 이름 입력 항목으로 커서를 다시 이동시켜 줍니다.

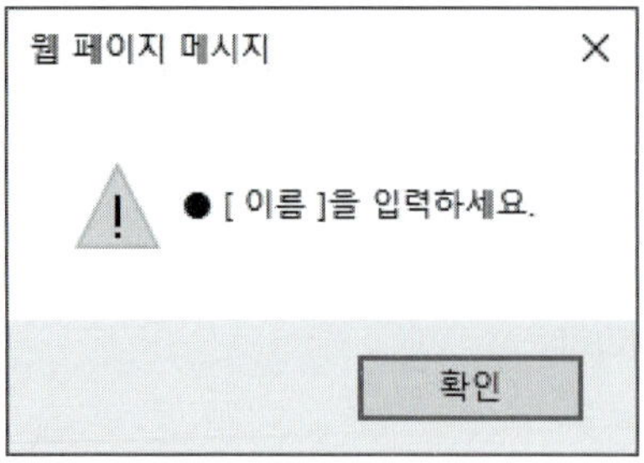

[그림 15-16] 이름 공백인 경우

비밀번호 입력 여부 판별

78행에 선언한 else if(user_form.fpasswd.value=="")문으로 비밀번호 입력 항목이 비어 있는지를 판별합니다. 비밀번호가 입력되지 않은 공백 상태일 경우 79행에서 메시지 창을 출력한 다음 81행에서 false 값을 반환하여 다시 비밀번호를 입력 할 수 있도록 명령을 수행합니다.

```
078  } else if(user _ form.fpasswd.value=="") {
079      alert("● [ 비밀번호 ]를 입력하세요.")
080      user _ form.fpasswd.focus( );
081      return false;
```

회원가입 폼 화면에서 비밀번호를 입력하지 않은 채 〈가입하기〉 버튼을 클릭하면 78행의 else if문에 의해 비밀번호가 입력되지 않았음이 판별되어 79행의 메시지 창이 [그림 15-17]과 같이 출력되고 75행 focus( ) 함수에 의해 비밀번호 입력항목으로 커서를 다시 이동시켜 줍니다.

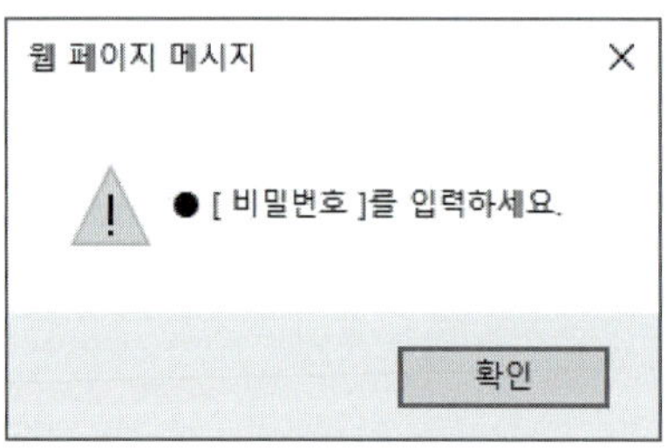

[그림 15-17] 비밀번호 공백인 경우

비밀번호 확인 입력 여부 판별

83행에 선언한 else if(user_form.fpasswd_re.value==“”)문으로 비밀번호 확인 입력 항목이 비어있는지를 판별합니다. 비밀번호 확인이 입력되지 않은 공백 상태일 경우 84행에서 메시지 창을 출력한 다음 86행에서 false 값을 반환하여 다시 비밀번호 확인을 입력할 수 있도록 명령을 수행합니다.

```
083  } else if(user_form.fpasswd_re.value=="") {
084      alert("● [ 비밀번호 확인 ]을 입력하세요.")
085      user_form.fpasswd_re.focus( );
086      return false;
```

회원가입 폼 화면에서 비밀번호 확인을 입력하지 않은 채 〈가입하기〉 버튼을 클릭하면 83행의 else if문에 의해 비밀번호 확인이 입력되지 않았음이 판별되어 84행의 메시지 창이 [그림 15-18]과 같이 출력되고 85행 focus( ) 함수에 의해 비밀번호 확인 입력 항목으로 커서를 다시 이동시켜 줍니다.

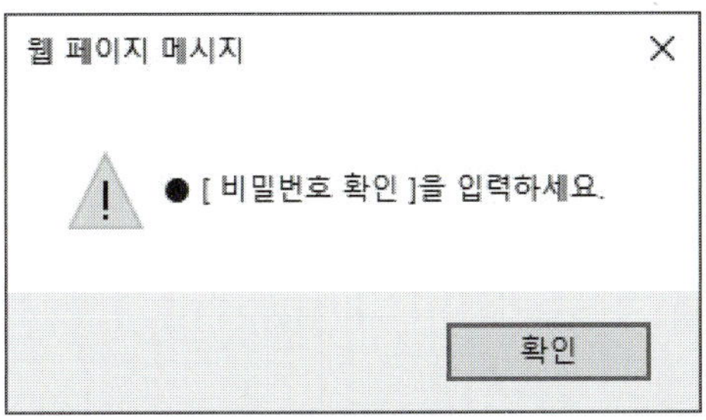

[그림 15-18] 비밀번호 확인 공백인 경우

4 아이디 중복 체크 : id_chk.php

여기서는 회원가입 폼 양식에서 사용하려는 아이디를 입력하고 〈중복검사〉 버튼을 클릭했을 때 입력한 아이디의 중복 여부를 체크하는 프로그램을 작성하도록 하겠습니다.

예제 15-3

• **Step 01** | 회원가입 폼 양식 프로그램인 add_form.php 실행 화면에서 〈중복검사〉 버튼을 클릭했을 때 입력한 아이디를 검사할 수 있도록 수행하기 위해 id_chk.php 프로그램을 다음과 같이 작성합니다.

id_chk.php

```
<?php
    $fuserid=$_GET['fuserid'];              // GET 방식으로 전송받음
    include "../lib/connect_db.php";

    $sql="select count(*) from user_tbl where userid='$fuserid' ";
    $res=mysqli_query($connect, $sql);
    $rs=mysqli_fetch_array($res);
    $num=$rs[0];
?>

<html>
    <head><title> 아이디 중복검사 </title>
    </head>
    <body>
    <form name="chkid_form">
    <table width="350" border="1" bordercolor="blue"align="center" cellpadding="5" >
    <tr bgcolor="#3300CC"><td><font color="#FFFFFF"> ■ 아이디 중복검사
    </font></td>
    </tr>
    <tr height="120"><td align="center">

<?php
    if($num>0) {
        echo "[ ";
        echo $fuserid;
        echo " ] 는 이미 사용 중인 아이디입니다. <br> ";
        echo " 다른 아이디를 선택하세요.<br><br>";
    } else {
        echo "[ ";
        echo $fuserid;
        echo " ] 는 사용할 수 있는 아이디입니다.<br><br> ";
    }
```

```
?>

  <input type="button" name="Button" value=" 닫기 " onClick="self.close( );"></td>
        </tr>
        </table>
        </form>
        </body>
</html>
```

• **Step 02** | 웹 브라우저 화면에서 프로그램 회원가입 화면인 add_form.php 프로그램을 실행하여 아이디를 space로 입력한 다음 〈중복검사〉 버튼을 클릭합니다.

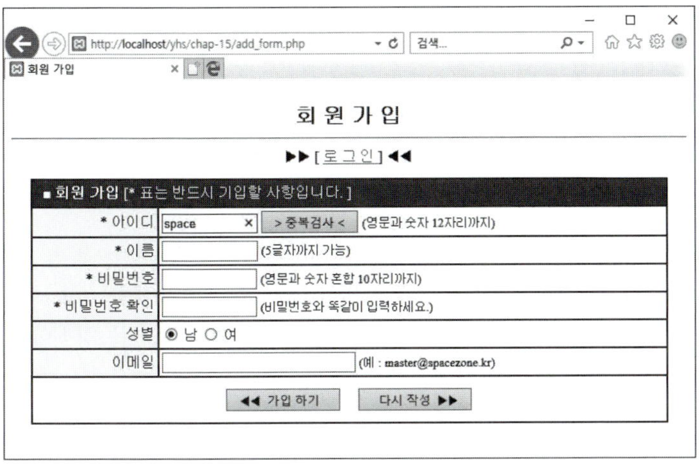

[그림 15-19] 회원가입 폼 add_form.php 실행화면

• **Step 03** | 회원가입 화면에서 아이디 space를 입력 후 〈중복검사〉를 클릭하면 user_tbl 테이블에서 등록된 아이디를 전부 검사하여 중복 여부를 판별한 다음 윈도우 팝업창에 아이디 사용 여부를 출력해줍니다.

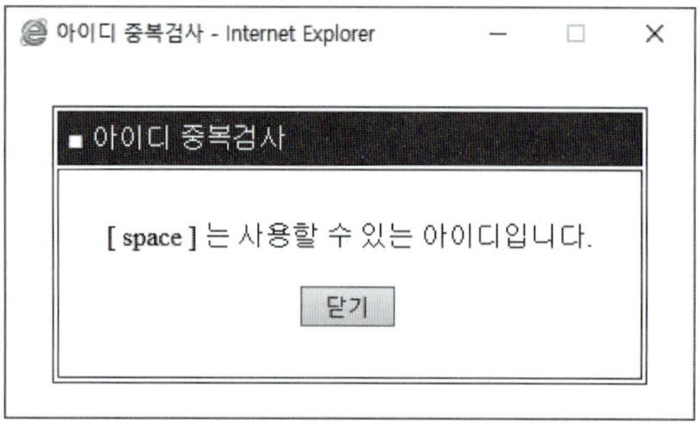

[그림 15-20] 사용할 아이디 중복 검사 결과

아직은 user_tbl 테이블에 저장된 아이디는 하나도 없으므로 위 그림과 같이 신청한 아이디를 사용할 수 있다는 팝업창이 출력되었습니다. 만약 user_tbl 테이블에 저장된 아이디와 동일한 아이디를 신청하면 중복된 아이디이므로 사용할 수 없다는 팝업창이 출력됩니다.

5 등록정보 DB 저장 : add_db.php

웹 브라우저 화면에서 add_form.php 프로그램을 실행하여 나타난 회원가입 폼 양식에서 입력한 정보를 데이터베이스에 저장하는 프로그램을 작성하는 과정에 대해 살펴보도록 하겠습니다.

|예제 15-4|

- **Step 01** | 회원가입 폼 양식에서 입력한 정보를 apm_db 데이터베이스의 user_tbl 테이블에 저장하기 위해 add_db.php 프로그램을 다음과 같이 작성합니다.

add_db.php

```
<?php
    $fuserid=$_POST['fuserid'];                          // 제일 먼저 선언해야 됨
    $fname=$_POST['fname'];
    $fpasswd=$_POST['fpasswd'];
    $fpasswd_re=$_POST['fpasswd_re'];
    $fsex=$_POST['fsex'];
    $femail=$_POST['femail'];
```

```
    $userip = $_SERVER['REMOTE_ADDR'];          // 사용자 주소 IP

    include "../lib/connect_db.php";

    /* --- 필수 입력 항목에 대한 입력 여부 검사  --- */
if($fuserid=="" || $fname=="" || $fpasswd=="" || $fpasswd_re=="" || $fpasswd != $fpasswd_re)
    {
   echo "<script>
   alert(' * 필수 입력사항은 반드시 입력해야 합니다...');
   history.back( );
   </script>";
   die;     // 프로그램을 중단
    }

   /*  --------    PHP와 MySQL 한글 깨짐 방지  --------    */

   mysqli_query($connect, "set session character_set_connection=utf8;");
   mysqli_query($connect, "set session character_set_results=utf8;");
   mysqli_query($connect, "set session character_set_client=utf8;");

   /* --- 데이터베이스에 입력된 정보 저장  --- */
   $sql="insert into user_tbl (userid, name, passwd,  sex, email, date, ip_addr)";
   $sql.="values ('$fuserid', '$fname', '$fpasswd', '$fsex', '$femail', now( ), '$userip')";
   $res=mysqli_query($connect, $sql);

   echo "<center><br><font size=5> ♥ 회원등록 성공 ♥ </font><p><hr>";
   echo "<br> 회원등록을 축하합니다~~ </font></center>";

   if($res > 0) {
  echo " <script>
  alert('[등록 성공]₩₩r₩₩n회원으로 등록되었습니다.');
  location.replace('login_form.php');
  </script> ";
   } else {
  echo " <script>
  alert('[등록 실패]₩₩r₩₩n회원으로 등록을 실패했습니다.');
  history.back( );
  </script> ";
   }
  mysqli_close($connect);
?>
```

• **Step 02** | 회원가입 폼 양식화면에서 정보를 입력 후 〈가입하기〉 버튼을 누릅니다.

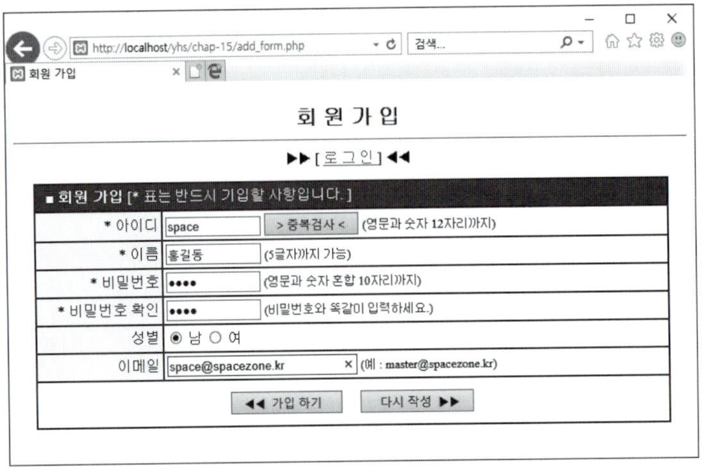

[그림 15-21] 회원가입 폼 양식에서 회원가입 정보 입력

• **Step 03** | 회원등록 성공화면 메시지 창이 출력됩니다.

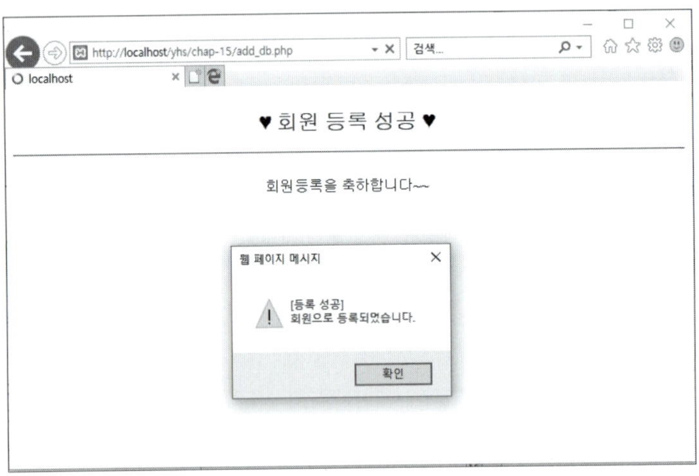

[그림 15-22] 회원등록 성공

[그림 15-22]에서 나타난 메시지 창의 〈확인〉 버튼을 클릭하면 로그인 화면으로 이동됩니다. 하지만 login_form.php 프로그램을 작성하지 않았기 때문에 여기서는 객체를 찾을 수 없다는 메시지가 화면에 출력됩니다.

• **Step 04** | MySQLMariaDB에 접속하여 user_tbl 테이블에 회원등록을 위해 입력한 정보가 저장된 레코드가 테이블에 존재하는지에 대해 확인합니다.

```
MariaDB[apm_db]> select *from user_tbl;
```

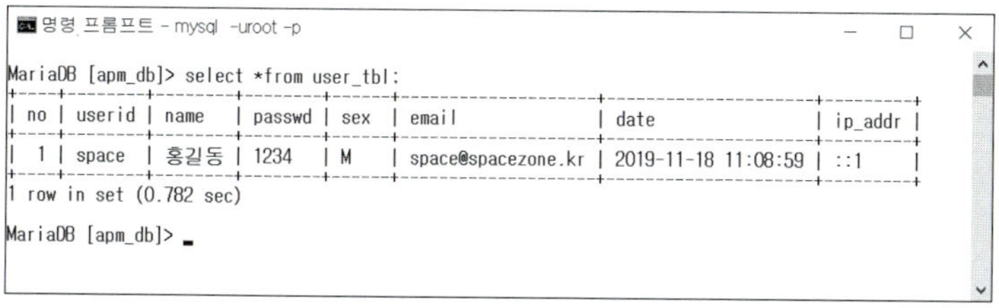

[그림 15-23] user_tbl 테이블에 등록된 레코드 검색

일단 여기까지의 과정에서 잠시 숨을 고르기 위해 add_db.php 프로그램 소스 코드에 대한 의미를 살펴보고 넘어가도록 하겠습니다.

전송방식을 POST 방식으로 설정

2행부터 8행까지의 소스 코드는 회원가입 폼 양식 프로그램인 add_form.php에서 전송되는 데이터를 add_db.php 프로그램에서 전송받기 위한 방식을 POST 방식으로 설정하기 위한 소스 코드입니다.

```
02    $fuserid=$_POST['fuserid'];                    // 제일 먼저 선언해야 됨
03    $fname=$_POST['fname'];
04    $fpasswd=$_POST['fpasswd'];
05    $fpasswd_re=$_POST['fpasswd_re'];
06    $fsex=$_POST['fsex'];
07    $femail=$_POST['femail'];
08    $userip = $_SERVER['REMOTE_ADDR'];              // 사용자 주소 IP
```

회원가입 폼 양식화면에서 필수 항목 입력 여부 체크

회원가입 폼 양식에서 *로 표시된 필수 입력항목에 대해 공백이 존재하는지를 확인하기 위해 13행의 if문으로 판별합니다. 회원가입 폼 양식의 필수 입력항목 중 어느 하나라도

입력되지 않은 상태로 〈등록하기〉 버튼을 클릭하면 16행에서 설정한 메시지 창이 출력됩니다.

```
13 if($fuserid=="" || $fname=="" || $fpasswd=="" || $fpasswd_re=="" || $fpasswd != $fpasswd_re)
14     {
15     echo "<script>
16     alert(' * 필수 입력사항은 반드시 입력해야 합니다...');
17     history.back( );
18     </script>";
19     die;      // 프로그램을 중단
20     }
```

17행에서는 회원가입 폼 양식의 필수 입력항목 중 어느 하나라도 공백이 존재하면 다시 이전 과정으로 돌아가기 위해 history.back( ) 함수를 사용하였습니다.

PHP와 MySQL 연동 과정에서 한글 깨짐 방지

24행부터 26행까지는 PHP 프로그램과 MySQL[MariaDB] 데이터베이스와 연동과정에서 한글이 깨져서 저장되는 것을 방지하기 위해 선언합니다.

```
24 mysqli_query($connect, "set session character_set_connection=utf8;");
25 mysqli_query($connect, "set session character_set_results=utf8;");
26 mysqli_query($connect, "set session character_set_client=utf8;");
```

입력된 정보 데이터베이스에 저장

29행은 MySQL[MariaDB]에서 apm_db 데이터베이스의 user_tbl 테이블에 정보를 입력하기 위한 명령이고 30행은 회원가입 폼 양식화면에서 입력한 정보를 해당 필드에 입력 값으로 저장하기 위해 31행에서 쿼리문을 수행합니다.

```
29  $sql="insert into user_tbl (userid, name, passwd,  sex, email, date, ip_addr)";
30  $sql.="values ('$fuserid', '$fname', '$fpasswd', '$fsex', '$femail', now( ), '$userip')";
31  $res=mysqli_query($connect, $sql);
32
33  echo "<center><br><font size=5> ♥ 회원등록 성공 ♥ </font><p><hr>";
34  echo "<br> 회원등록을 축하합니다~~ </font></center>";
```

33행과 34행은 회원등록이 성공적으로 수행되었다는 메시지를 add_db.php 프로그램의 화면에 출력합니다.

신청한 회원등록 성공 여부

36행의 if문은 31행의 쿼리문으로 등록할 회원 정보가 성공적으로 입력되었는지를 판별하여 성공 여부에 따라 해당 메시지 창을 출력해줍니다.

```
36  if($res > 0) {
37    echo " <script>
38    alert('[등록 성공]₩₩r₩₩n회원으로 등록되었습니다.');
39    location.replace('login_form.php');
40    </script> ";
41  } else {
42    echo " <script>
43    alert('[등록 실패]₩₩r₩₩n회원으로 등록을 실패했습니다.');
44    history.back( );
45    </script> ";
46  }
```

회원가입 폼 양식화면에서 입력한 정보가 정상적으로 해당 데이터베이스의 user_tbl 테이블에 정확하게 저장되면 38행에서 선언한 소스 코드에 의해 [그림 15-24]와 같은 메시지 창이 출력됩니다.

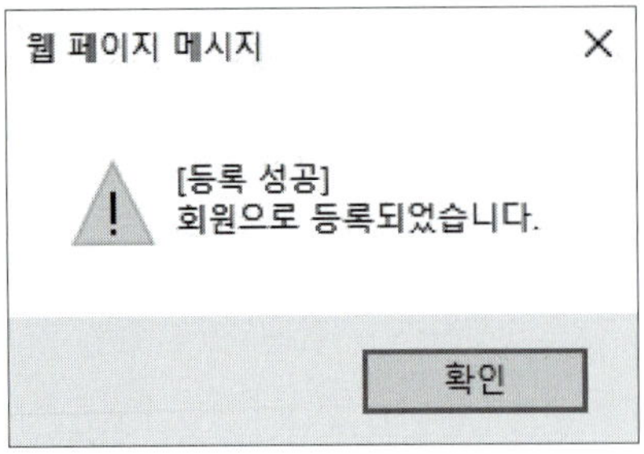

[그림 15-24] 회원등록 성공

39행에서 선언한 location.replace('login_form.php')은 [그림 15-24]의 메시지 창에서 〈확인〉 버튼을 클릭하면 login_form.php 프로그램으로 이동하게 됩니다. 회원등록을 실패하게 되면 43행의 메시지 창이 출력되고 44행의 history.back( ) 함수에 의해 회원가입 폼 화면으로 되돌아갑니다.

6 로그인 폼 양식 : login_form.php

여기서는 회원 관리 프로그램에 등록된 회원이 로그인할 때 보여주는 화면이 웹 브라우저에 나타나도록 login_form.php 프로그램을 작성하도록 하겠습니다.

|예제 15-5|

- **Step 01** | 로그인 화면을 웹 브라우저 화면에 보여주는 login_form.php 프로그램을 다음과 같이 작성합니다.

login_form.php

```
<html>
<head><title> 로그인 폼 </title></head>
<body>
<script>
  function chk_logform( ) {
    if(login_form.fuserid.value=="") {
   alert('● [ 아이디 ]를 입력하세요.');
   login_form.fuserid.focus( );
```

```
      return false;
      } else if(login_form.fpasswd.value=="") {
      alert('● [ 비밀번호 ]를 입력하세요.');
      login_form.fpasswd.focus( );
      return false;
      } else {
      return true;
      }
    }
</script>
  <center><font size=4><br><b> 로그인 하세요. </b></font><hr>
  <br>▶▶ [ <a href="add_form.php"> 회원가입 </a> ] ◀◀</center><br>
  <form name="login_form" action="login.php" method="post" onsubmit="return chk_logform();">
  <table width="350" border="0" align="center" cellpadding="5" cellspacing="0">
    <tr bgcolor=#3300CC>
      <td colspan="2"><font color=#FFFFFF><b> ■ 로그인 폼<b> </font></td>
    </tr>
    <tr bgcolor=#FFFFCC><td width="35%" align="right"> 아이디 </td>
      <td align="left"><input type="text" name="fuserid" id="fuserid" size="19"></td>
    </tr>
    <tr bgcolor=#FFFFCC><td align="right"> 비밀번호 </td>
      <td align="left"><input type="password"name="fpasswd" id="fpasswd" size="20"></td>
    </tr>
    <tr bgcolor=#CCCCFF><td colspan="2" align="center">
      <input type="submit" name="Submit" value=" ▲ 로그인   ">  
      <input type="reset" name="Reset" value="   취  소  ▼  "></td>
  </tr>
  </table></form>
</body>
</html>
```

• **Step 02** | 웹 브라우저 화면에서 login_form.php 프로그램을 실행합니다.

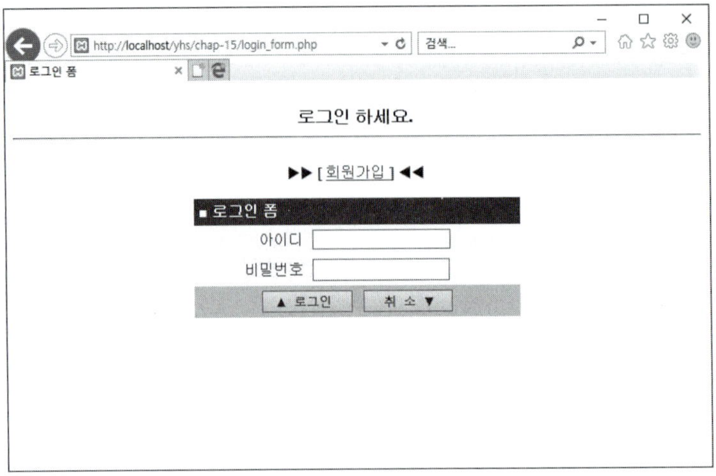

[그림 15-25] login_form.php 실행 화면

로그인을 수행하기 위한 login_form.php 프로그램 소스 코드에 대한 의미를 살펴보고 넘어가도록 하겠습니다.

로그인을 위한 아이디와 비밀번호 입력여부 판별

5행에서 정의한 chk_logform( ) 함수는 로그인 화면에서 입력할 아이디와 비밀번호를 입력하지 않고 로그인을 수행할 때 입력하지 않은 항목에 대한 메시지 창을 출력해 주기 위한 함수입니다.

```
05  function chk_logform( ) {
06      if(login_form.fuserid.value=="") {
07     alert('아이디를 입력하세요.');
08     login_form.fuserid.focus( );
09     return false;
10      } else if(login_form.fpasswd.value=="") {
11     alert('비밀번호를 입력하세요.');
12     login_form.fpasswd.focus( );
13     return false;
14      } else {
15     return true;
16       }
17    }
```

로그인 화면에 아이디를 입력하지 않고 〈로그인〉 버튼을 클릭하면 7행의 소스 코드에 의해 [그림 15-26]과 같은 메시지 창이 나타되고 8행의 login_form.fuserid.focus( ) 함수에 의해 로그인 화면의 아이디 입력란의 위치로 되돌아갑니다.

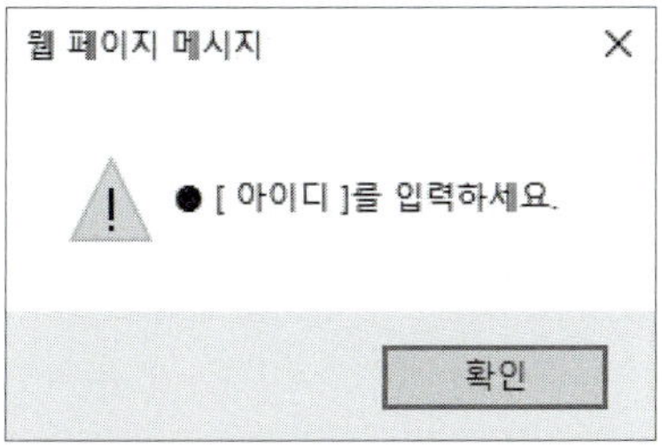

[그림 15-26] 아이디 공백인 경우

아이디는 입력했지만 비밀번호를 입력하지 않고 〈로그인〉을 클릭하면 11행의 소스 코드에 의해 [그림 15-27]과 같은 메시지 창이 나타나고 12행의 login_form.fpasswd.focus( ) 함수에 의해 로그인 화면의 비밀번호 입력란의 위치로 되돌아갑니다.

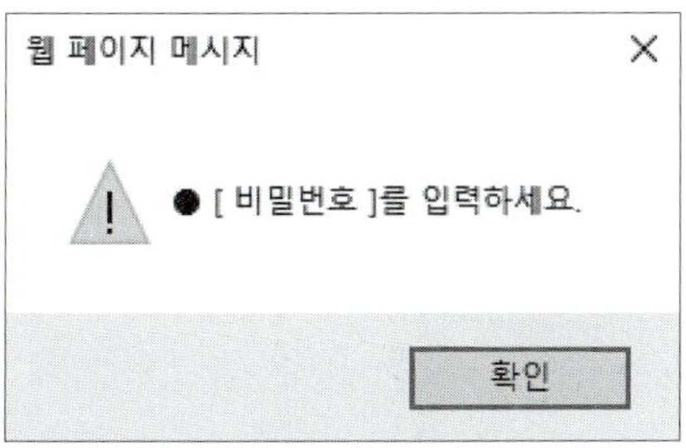

[그림 15-27] 아이디 공백인 경우

7 세션 프로그램 : session.php

회원 관리 프로젝트에서 등록된 회원 아이디와 비밀번호로 로그인을 수행할 때 사용자의 아이디가 현재 로그인 상태인지 로그아웃 상태인지를 구분하기 위해서 필요한 것이 바로 세션입니다. 다음 예제를 통해 세션을 생성하는 session.php 프로그램을 작성하도록 하겠습니다.

| 예제 15-6 |

• **Step 01** | 세션을 생성하기 위한 session.php 프로그램을 다음과 같이 작성합니다.

session.php

```
<?php
    session_start( );                    // 세션의 시작

    $fuserid = $_POST['fuserid'];        // POST 방식으로 전송 받음 (로그인 폼의 아이디)
    $fpasswd = $_POST['fpasswd'];        // POST 방식으로 전송 받음( 로그인 폼의 비밀번호)

    $_SESSION['ses_userid'] = $fuserid;
    $_SESSION['ses_pass'] = $fpasswd;
?>
```

• **Step 02** | 생성한 세션 프로그램 session.php는 반드시 D:₩xampp₩htdocs₩yhs₩lib 폴더에 저장합니다.

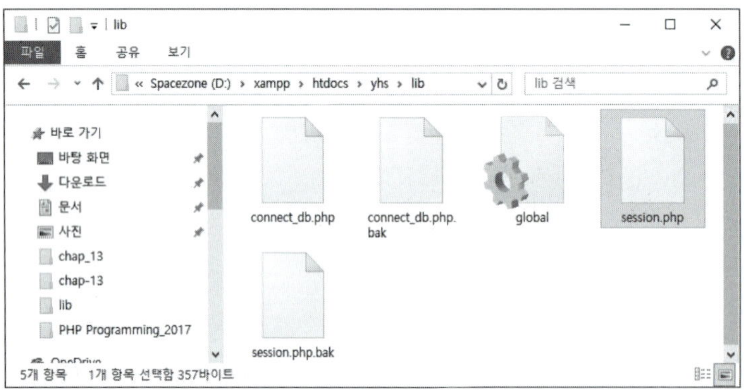

[그림 15-28] session.php 파일 저장 경로

8 로그인 성공 화면 : login.php

여기서는 등록된 회원의 아이디와 비밀번호로 성공적인 로그인이 진행되면 회원 전용 화면이 나타나도록 프로그램을 작성하겠습니다.

|예제 15-7|

- **Step 01** | 등록된 회원의 아이디와 비밀번호로 성공적인 로그인이 진행되면 회원 전용 화면이 나타날 수 있도록 login.php 프로그램을 다음과 같이 작성합니다.

login.php

```
<?php
  include "../lib/session.php";                // 세션 선언 파일 호출
  include "../lib/connect_db.php";             // DB 접속 파일 호출

  $sql="select *from user_tbl where userid = '$fuserid' and passwd='$fpasswd' ";
  $res=mysqli_query($connect, $sql);
  $list = mysqli_num_rows($res);

  if($list)           // 일치하는 사용자 레코드 수가 1건 이상이면
  {
    $row = mysqli_fetch_array($res);
    $ses_userid = $row['userid'];
    $ses_pass = $row['passwd'];

    echo "<center><br><font size=4><b> 로그인을 성공하였습니다.
    </b></font><br><hr>";
  } else {
    echo " <center><br><h3> ?? 아이디 또는 비밀번호가 틀립니다 ??</h3> </center><hr>";
    echo "<script>
   alert('[로그인 실패]₩₩r₩₩n로그인 화면으로 이동할까요?');
   location.replace('login_form.php');
   </script>";
  }
mysqli_close($connect);
?>

<html>
  <head><title> 로그인 성공 메시지 </title></head>
  <body>
  <form name="login_form_msg">
  <table width="500" border="0" align="center" cellpadding="5" cellspacing="0">
  <tr bgcolor=#3300CC>
      <td align="center"><font color=#FFFFFF>
```

```
        ▶▶▶    <b> 회원 전용 페이지 </b>    ◀◀◀ </font>
          </td>
    </tr>
    <tr height="180"bgcolor=#FFFFCC><td width="40%" align="center">
          [  <b><?php  echo $ses_userid;  ?></b>  ]
           님의 성공적인 로그인을 축하합니다... </td>
    </tr>
    <tr bgcolor=#CCCCFF><td align="center">
    <input type="button" name="Button" value=" 로그아웃 " onClick="location.replace('logout.php')">
    </tr>
    </table></form>
  </body>
  </html>
```

• **Step 02** | 웹 브라우저에서 로그인 폼 양식 login_form 프로그램을 실행하여 나타난 화면에서 등록된 회원의 아이디 space와 비밀번호 1234를 입력하고 〈로그인〉 버튼을 클릭합니다.

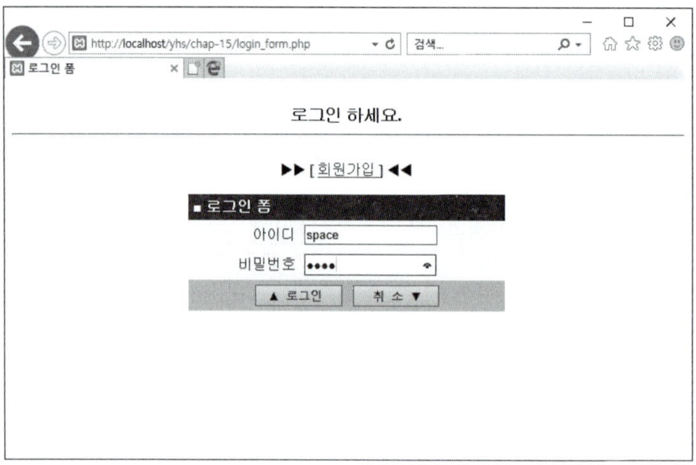

[그림 15-29] 등록된 회원으로 로그인

• **Step 03** | 입력한 아이디와 비밀번호가 일치하면 login.php 프로그램이 자동으로 실행되면서 회원 전용 페이지로 이동합니다. 화면의 내용을 확인하였으면 〈로그아웃〉 버튼을 클릭하여 회원 전용 페이지에서 로그아웃을 수행합니다.

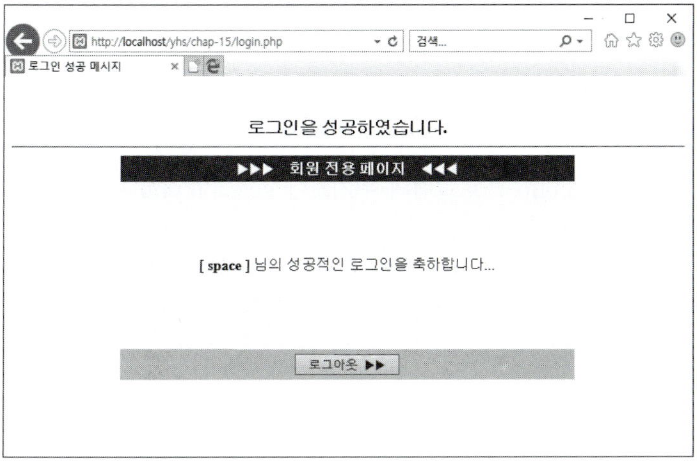

[그림 15-30] 로그인 성공 화면

• **Step 04** | 아직 로그아웃 화면을 보여주는 logout.php 파일을 작성하기 전이라서 다음 그림과 같은 화면이 나타납니다.

[그림 15-31] 로그아웃 화면 실행 결과

아직 logout.php 파일을 작성하기 전이라서 로그아웃 화면이 나타나지는 않습니다. 로그아웃 화면이 나타나게 하려면 [예제 15-8]을 수행하여 logout.php 파일을 생성해야 합니다.

로그인과 로그아웃을 구분하는 세션 프로그램

2행에서는 D:₩xampp₩htdocs₩yhs₩lib 폴더에 저장되어 있는 session.php 파일을 불러와서 로그인 상태여부를 판단하게 됩니다. 세션 선언 파일의 경로를 ../lib/session.php와 같이 선언한 것은 현재 login.php 프로그램의 위치보다 session.php 파일이 상위 폴더에 저장되어 있음을 ../와 같이 표현한 것입니다.

```
02  include "../lib/session.php";            // 세션 선언 파일 호출
03  include "../lib/connect_db.php";         // DB접속 파일 호출
```

3행은 MySQL^{MariaDB} 데이터베이스에 접속할 때 아이디와 비밀번호, 그리고 접속할 데이터베이스 apm_db와 연동하기 위한 프로그램을 불러오기 위해 선언한 것입니다.

등록된 아이디와 비밀번호 일치 여부 확인

5행부터 7행까지는 로그인 화면에서 입력한 아이디와 비밀번호가 등록된 정보와 일치하는지에 대해 판별하기에 앞서 조건을 설정하기 위한 쿼리문을 수행한 것입니다.

```
05  $sql="select *from user_tbl where userid = '$fuserid' and passwd='$fpasswd'    ";
06  $res=mysqli_query($connect, $sql);
07  $list = mysqli_num_rows($res);
```

7행에서 수행한 쿼리문이 저장된 $list 변수를 9행에서 if($list)문의 조건으로 11행부터 13행까지를 수행하여 기존에 등록된 아이디와 비밀번호와 일치하는지를 판별합니다.

```
09    if($list)          // 일치하는 사용자 레코드 수가 1건 이상이면
10    {
11      $row = mysqli_fetch_array($res);
12      $ses_userid = $row['userid'];
13      $ses_pass = $row['passwd'];
14
15      echo "<center><br><font size=4><b> 로그인을 성공하였습니다.
16      </b></font><br><hr>";
```

```
17    } else {
18      echo " <center><br><h3> ?? 아이디 또는 비밀번호가 틀립니다 ??</h3> </center><hr>";
19      echo "<script>
20     alert('[로그인 실패]₩₩r₩₩n로그인 화면으로 이동할까요?');
21     location.replace('login_form.php');
22     </script>";
23    }
```

기존에 등록된 아이디와 비밀번호로 로그인을 수행하였으면 15행의 메시지가 화면에 출력되고 아이디와 비밀번호가 일치하지 않을 경우에는 17행의 else문을 수행하게 되어 20행의 명령이 수행되어 다음 그림과 같은 메시지 창이 나타납니다.

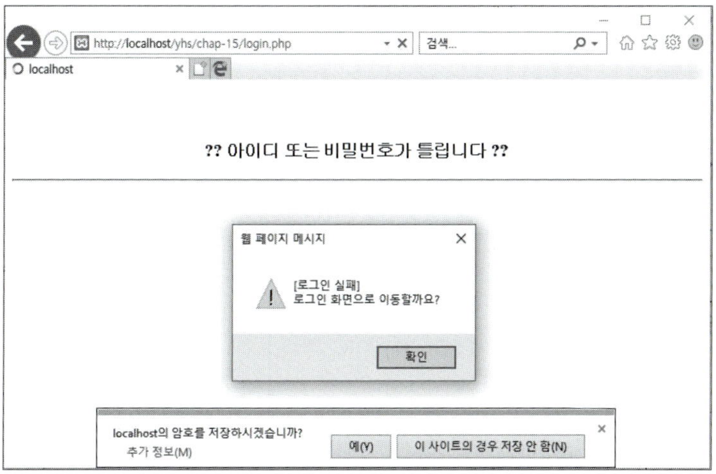

[그림 15-32] 로그인 실패 화면

로그인 실패를 알려주는 메시지 창의 〈확인〉 버튼을 클릭하면 21행의 명령이 수행되어 로그인 폼 양식화면 프로그램인 login_form.php를 다시 실행하게 됩니다.

9 로그아웃 화면 : logout.php

여기서는 로그인을 수행하여 접속된 회원 전용 페이지에서 〈로그아웃〉 버튼을 클릭하면 로그아웃 화면이 나타나도록 logout.php 프로그램을 작성하도록 하겠습니다.

예제 15-8

• **Step 01** | 로그인을 수행하여 접속된 회원 전용 페이지에서 〈로그아웃〉 버튼을 클릭하면 로그아웃 화면이 나타나도록 logout.php 프로그램을 다음과 같이 작성합니다.

logout.php

```
<?php

    echo "<center><font size=4><br>";
    echo "<b> >>   로그아웃 되었습니다  << </b> </font></center><hr>";
    echo "<script>
    alert('[로그아웃] \\r\\n로그인 창으로 이동할까요?');
    location.replace('login_form.php');
    </script>";
?>
```

• **Step 02** | 회원으로 등록된 아이디 space와 비밀번호 1234로 성공적인 로그인을 수행하여 접속된 회원 전용 페이지에서 〈로그아웃〉 버튼을 클릭하면 다음 그림과 같은 화면과 메시지 창이 나타납니다. 메시지 창의 〈확인〉을 클릭하면 로그인 화면으로 이동합니다.

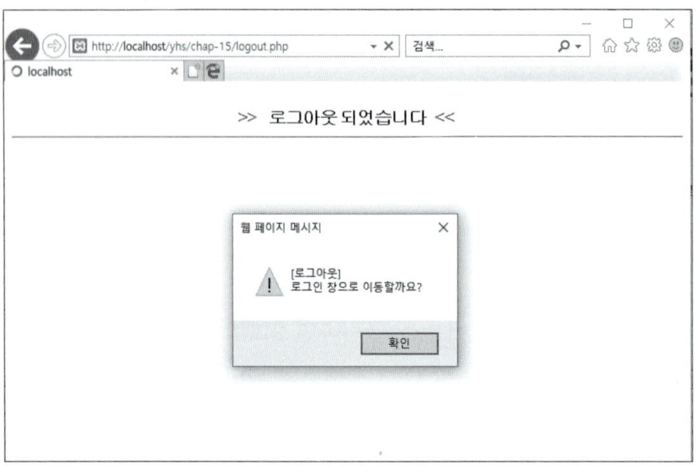

[그림 15-33] 로그아웃 실행 결과

10 등록된 레코드 확인

지금까지 실습하면서 등록된 회원 정보를 user_tbl 테이블에서 확인하도록 하겠습니다.

예제 15-9

MySQL[MariaDB]에 접속하여 apm_db 데이터베이스의 user_tbl 테이블에 저장되어 있는 레코드를 확인하기 위해 다음과 같이 쿼리문을 수행합니다.

```
MariaDB[apm _ db]> select *from user _ tbl;
```

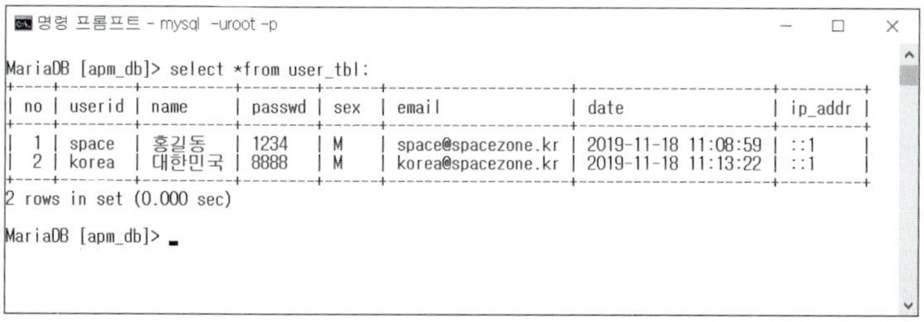

[그림 15-34] user_tbl 테이블에 등록된 전체 레코드 검색

이 장에서는 회원 관리 프로젝트의 사용자 모드를 만드는 실전 과정에 대해 살펴봤습니다. 다른 단원과는 달리 프로그램 코딩이 많았으리라 생각합니다. 필자도 독자분들이 쉽게 이해할 수 있도록 세심한 부분을 최대한 기술하려고 노력하였습니다. 조금 더 이해되지 않는 부분에 대해서는 반복 실습을 권장합니다.

이와 같이 PHP Programming의 모든 과정을 열심히 달려왔습니다. 때로는 포기하고 싶기도 하였겠지만 무사히 마지막 장에서 마무리하게 된 용기에 무한한 찬사를 드리며 앞으로도 자신에게 성실한 모습으로 열심히 노력하여 추구하고자 하는 목표를 달성하기를 바라는 마음 가득 담아 간절히 기원합니다. 정말 수고 많으셨습니다.

핵심요약

01 자바스크립트에서 메시지 창을 출력할 때는 window객체의 속성으로 alert('출력 문자열')를 사용하고 페이지를 자동으로 이동하게 할 때는 self.location( ) 함수와 location.replace( ) 함수를 사용하는 두 가지의 방식이 있습니다.

02 페이지를 자동으로 이동하는 할 때는 Refresh 메타 태그를 사용할 수도 있으며 사용형식은 다음과 같습니다.

■ Refresh 메타 태그 사용 형식

```
<meta http-equiv='Refresh' content='[이동하기전 지연시간(초)]; URL=[이동할 주소 또는 페이지]'>
```

03 HTML 태그에서 메타 태그를 활용하는 방법은 다음과 같습니다.

■ HTML 태그에서 활용 방법

```
<html>
  <head><title> 메타 태그 사용방법 </title>
      <meta http-equiv="Content _ Type" content="text/html; charset=euc-kr">
  </head>
  <body>
      <meta http-equiv='Refresh' content='0; URL=index.php'>
  </body>
</html>
```

04 PHP 프로그램에서 윈도우 팝업창에 대한 사용 방법은 다음과 같습니다.

```
window.open('팝업파일 주소', '윈도우 이름', '윈도우 옵션');
```

- '팝업파일 주소'에는 id _ chk.php?fuserid 팝업 파일에 전달해야 하는 전달 변수 fuserid가 GET방식으로 전달됩니다.(GET방식은 파일 또는 URL주소 뒤에 '?'를 붙여 보내는 방식)
- '윈도우 이름'은 팝업 창의 이름을 의미하며 윈도우 옵션은 팝업 창의 크기(width, height), 스크롤바의 사용 여부(scrollabrs=yes/no), 창의 크기 조절 가능 여부(resizable=yes/no) 등을 정의합니다.(줄바꿈은 ₩r₩n, echo안에서는 ₩₩r₩₩n으로 사용)

▪팝업창이 나타나 있는 상태에서 오프너 창(opener:팝업창을 호출한 창)에서 다시 팝업 창을 호출하면 팝업 창이 오픈 창에 가려서 보이지 않는 경우에는 아래와 같이 객체 'chkidWin'를 생성하여 객체에 기억 시켜두면 됩니다.

```
var chkidWin=window.open('id _ chk.php?fuserid='+user _ form.fuserid.value,'IDwin',
     'width=400, height=200');
chkidWin.focus();
```

05 아이디 중복 체크 또는 필수 입력항목 확인 등의 프로그램은 사용자 정의 함수로 선언하면 훨씬 프로그램의 효율성을 높일 수 있습니다.

06 〈form〉태그에서 onSubmit="return 사용자 정의함수( )"는 〈submit〉 버튼을 클릭할 때 사용자 정의함수가 호출되도록 수행합니다.

07 세션은 session_start( )함수로 시작하고 세션의 등록과 사용은 $_SESSION['세션 변수명']와 같이 정의하고 세션아이디는 session_id( )함수를 사용하여 볼 수 있으며 세션을 삭제할 때는 unset($_SESSION['세션변수명'])으로 선언합니다.

연습문제

01 윈도우 팝업 창에 대하여 설명하시오.

02 자바스크립트의 속성 중에서 메시지 창과 페이지의 자동이동 방식에 대하여 설명하시오.

03 메타 태그를 사용하여 페이지를 자동으로 이동하는 방식에 대하여 설명하시오.

04 테이블의 필드 속성 중에서 'primary key'와 'auto_increment'에 대하여 설명하시오.

05 extract( )함수의 사용목적에 대하여 설명하시오.

06 로그인 정보를 판별하는 아래의 프로그램에서 공백 란을 채우시오.

```
<?php
  include [          ]
  include "../lib/connect _ db.php";

  /* --- 로그인 폼에 입력되는 아이디와 비밀번호를 테이블에서 조회 --- */
  $sql = "select *from mem _ tbl where userid = '$fid' and passwd = '$fpass' ";
  $result = [                    ]
  $list = mysql _ num _ rows($result);

  if($list)
  {
    $row = mysql _ fetch _ array($result);
    $ses _ id = $row[userid];
    $ses _ pass = [          ]

  echo " <br><center><b>{$ses _ id}</b> 님은 로그인 되었습니다.<br><hr>";
  echo " <br>[ <a href='logout.php'> 로그아웃 </a> ] </center>";
  }
  else
  {
    echo "'<br><b><center>아이디와 비밀번호가 틀립니다. </center></b><hr>";
    echo "
    <script>
    alert('회원가입으로 이동합니다.')
    [          ]('mem _ input.php')
    </script>";
  }
  [          ] ($connect);
?>
```